Morceaux

L'ÉCRITOIRE

Lise GAUVIN, *À une enfant d'un autre siècle*

Fernand OUELLETTE, *Figures intérieures*

Sous la direction d'André MAJOR, *L'écriture en question : entretiens radiophoniques avec André Brochu, Mavis Gallant, Philippe Jaccottet, Gilles Marcotte, Pierre Mertens, Gaston Miron, Jacques Poulin, Yvon Rivard, Claude Roy, Nathalie Sarraute, Philippe Sollers*

Robertson DAVIES, *Lire et écrire*

Alberto MANGUEL, *La bibliothèque de Robinson*

Émile OLLIVIER, *Repérages*

Robertson DAVIES, *Entre vous et moi, lettres 1976-1995*

Hubert NYSSEN, *Sur les quatre claviers de mon petit orgue : lire, écrire, découvrir, éditer*

Jean-Marie POUPART, *J'écris tout le temps, par besoin, par plaisir, par passion*

Hélène DORION, *Sous l'arche du temps*

Martine BEAULNE, *Le passeur d'âmes*

Raymond JEAN, *Le livre et le mot*

Marc CHABOT, *Des corps et du papier*

Jean-François CÔTÉ, *Architecture d'un marcheur*

Hubert NYSSEN, *Neuf causeries promenades*

René-Daniel DUBOIS, *Entretiens*

Hubert NYSSEN, *Le mistral est dans l'escalier, journal de l'année 2006*

Hubert NYSSEN, *L'année des* Déchirements, *journal de l'année 2007*

Hubert NYSSEN, *Ce que me disent les choses, journal de l'année 2008*

Daniel &
René-Daniel Dubois

Morceaux

Entretiens sur l'écho du monde, l'imaginaire et l'écriture

juillet 2005 – janvier 2006

Leméac

Ouvrage édité sous la direction
de Marie-Josée Roy

Leméac Éditeur reconnaît l'aide financière du gouvernement du Canada par l'entremise du Programme d'aide au développement de l'industrie de l'édition (PADIÉ) pour ses activités d'édition et remercie le Conseil des arts du Canada, la Société de développement des entreprises culturelles du Québec (SODEC) et le Programme de crédit d'impôt pour l'édition de livres du Québec (Gestion SODEC) du soutien accordé à son programme de publication.

ISBN 978-2-7609-6067-1

4609, rue d'Iberville, 1er étage, Montréal (Québec) H2H 2L9
Dépôt légal – Bibliothèque et Archives nationales du Québec, 2009

Imprimé au Canada

Ce n'était pas trop de toute une vie
pour confronter l'un par l'autre
ce monde où nous sommes
*et ce monde qui est en nous**.

Marguerite Yourcenar

* *L'œuvre au noir*, Paris © Éditions Gallimard, 1968.

Introduction

D. Bonjour à vous, René-Daniel.
R. Bonjour.
D. Nous voici le vendredi 8 juillet 2005. Il est dix-sept heures dix. Nous sommes au Barbare.
R. Oui.
D. La grande porte de garage donnant sur la rue Saint-Denis est remontée. Il fait un temps paradisiaque.
R. Oui. Mais un paradis tout de même un tantinet… collant, non ?
D. Nous nous trouvons à quelques mètres à peine de l'endroit où, en janvier dernier, il y a donc à peine plus de six mois, nous avons entamé nos *Entretiens*.
R. Oui. Et ça semble à peine croyable. Ce soir-là, nous nous tenions en équilibre instable, prêts à basculer la tête la première dans le cœur de l'infini néant hivernal. Alors que cet après-midi, l'air est d'une douceur à faire pleurer, la lumière est une lente coulée d'or liquide et les arbres se tordent de jouissance jusqu'au bout des feuilles. La pure jouissance de vivre.
D. Oui.
R. Ce qui fait qu'à la fois ce que vous dites là est tout à fait vrai – nous ne sommes qu'à cinq ou six pas de l'endroit où nous étions attablés un soir du tout début de janvier – mais que pourtant nous en sommes tout autant aux antipodes.
D. Eh oui. On peut basculer d'une extrémité à l'autre de la vie rien qu'en faisant trois pas. Dire qu'il y a des gens qui

s'imaginent que le monde est ce qu'il est une fois pour toutes.

R. …

D. Nous amorçons un peu les choses ?

R. C'est vous le patron.

D. Ce n'est pas seulement en termes de géographie et de météo que, sans avoir bougé ou presque, nous nous retrouvons aujourd'hui dans une situation qui est l'inverse de celle du 2 janvier.

R. Ah bon ?

D. Nos raisons pour nous rencontrer à nouveau cet après-midi sont, elles aussi, sous certains aspects en tout cas, le contraire de ce qu'elles étaient alors. Cette fois-ci encore, il s'agit de débarrasser le pupitre, de faire le ménage et, surtout, de compléter l'image que je me fais de ma vie – de prendre le temps de réfléchir, quoi. Et pourtant, l'enjeu est tout de même essentiellement différent de ceux qui motivaient nos *Entretiens*.

R. Comment ça ?

D. Là, il s'agissait de profondeur.

R. Oui.

D. Ici, il va s'agir de surface. Là, d'une descente dans les mines, d'un voyage vertical. Ici, d'un trajet à plat, pas sous le monde, mais… dans la plaine. Couvrant la surface. La plaine du temps.

R. La « plaine du temps ». L'image est évocatrice. Vous la développez un peu ?

D. Il me semble que dans les *Entretiens* nous étions beaucoup dans l'instant. Ici, il me semble que nous aurons plutôt à parler de durée.

R. …

D. Là, il s'agissait de ce qui m'habite… et ici, de ce que j'ai dit.

R. Bon.

D. On plonge ?

R. Dans un instant. Juste avant de tenter le saut, je crois que nous devrions… euh… faire le point ?

D. C'est-à-dire ?
R. Deux choses : d'abord, donner un ou deux repères dans l'actualité.
D. Ah, toujours votre idée de permettre à d'éventuels lecteurs d'un peu situer le moment de nos discussions ?
R. Tout à fait. Et puis ensuite. Eh bien ensuite, vous verrez.
D. D'accord. En ce qui a trait à l'actualité, à ce qui occupe les médias, trois choses se sont produites, ces jours-ci. D'abord, le Sommet des empereurs, en Écosse.
R. Le G-8.
D. Oui : le petit coquetel annuel des Maîtres du monde. Ensuite, à moins de vingt-quatre heures d'intervalle, Londres obtient de tenir les Jeux olympiques de 2012, puis quatre bombes font explosion dans ses transports en commun. Vive la paix, la saine camaraderie, Vishnou, le p'tit Jésus, Mahomet et la Réserve fédérale.
R. Bien. À présent, enlevons les *Entretiens* de notre chemin, si vous le voulez bien.
D. C'est-à-dire ?
R. Qu'est-ce qui s'est passé, à leur sujet, depuis la fin de leur écriture, en avril ?
D. Vous voulez vraiment que nous entrions là-dedans ?
R. Certainement. Autrement, je suis convaincu que le sujet va sans cesse revenir nous jouer dans les pattes.
D. Parfait. Alors, allons-y.
R. Parlez-moi de la toute fin de l'écriture des *Entretiens*.
D. Immédiatement après que j'ai eu terminé – et quand je dis « immédiatement », c'est littéral : pas même quinze secondes après que j'ai eu tapé les derniers mots –, la magie a frappé… un très grand coup.
R. Qu'est-ce que vous voulez dire ?
D. À mesure que nous avions avancé dans l'écriture, un… un pressentiment, je suppose, s'était mis à prendre de plus en plus de place dans mon esprit. Mais uniquement quand j'étais en train d'écrire, je veux dire activement,

physiquement. Dès que je quittais le clavier ou le crayon, il s'évanouissait.

R. Quel pressentiment ?

D. Une certitude – inébranlable. Une... une connaissance immédiate, solide.

R. ...

D. Qu'aussitôt que j'aurais terminé, le téléphone sonnerait. Et que ce serait Billy qui appellerait[1].

R. Et... ?

D. Et c'est précisément ce qui s'est passé. J'ai tapé les derniers mots en sachant que cette fois, ça y était, j'avais fini : « Et maintenant, allons voir ce que la vie me réserve. » Ensuite, j'ai fait CTRL-S pour sauvegarder la version. J'ai immédiatement tendu la main vers mon paquet de cigarettes, et...

R. Et... ?

D. Le téléphone s'est mis à sonner.

---

1. R. « Billy » Nous expliquons de qui il s'agit ? – D. Oh ? Vous voulez dire : pour les « éventuels » qui n'auraient pas lu les *Entretiens* ? – R. Oui. – D. Je veux bien. Mais si nous nous lançons là-dedans, est-ce que nous ne risquons pas de devoir tout expliquer à nouveau, chaque fois que nous toucherons une question déjà abordée l'hiver dernier ? – R. Je ne crois pas. De toute manière, autant clarifier les choses d'entrée de jeu, vous ne pensez pas ? Qu'est-ce que vous préférez : que nous n'expliquions rien du tout ? Ou alors que nous le fassions systématiquement dans le corps du texte ? Moi, ce que je vous propose, c'est une solution intermédiaire : lorsqu'une référence aux *Entretiens* nous semble nécessaire mais que de la donner dans le texte impliquerait d'avoir à ouvrir une parenthèse gênante, que nous ayons recours à de courtes notes en bas de page. – D. Bon. Oui. Oui, je suppose que vous devez avoir raison. – R. Alors, « Billy » ? – D. C'est le pseudonyme que, dans les *Entretiens*, je donne à un jeune homme de très grand talent et profondément bouleversant, dont j'ai la fait la connaissance en 2004. Un jeune homme dont je suis tombé amoureux fou. Et qui est sans doute le destinataire principal du livre ou, en tout cas, une des personnes à qui je souhaitais le plus ardemment m'adresser dans ses pages. – R. Pourquoi ? – D. Pour... pour lui parler de moi, de ma vie, de ce que je comprends et conçois du monde et de la société où nous vivons. Pour tenter de l'aider, si c'est possible et s'il allait en avoir l'envie, à y voir un petit peu plus clair autour de lui... et en lui.

R. Non.
D. Oui.
R. Vous avez décroché, j'imagine ?
D. Pas du tout. J'ai laissé faire le répondeur. J'étais stupéfait. Pendant que mon message d'accueil jouait, en silence pour moi, mon sang s'est mis à simultanément glacer et bouillir. J'ai pris le temps de tirer une cigarette du paquet, en m'efforçant de ne pas trembler –, et j'y suis presque parvenu. À ne pas trembler, je veux dire. J'ai porté la cigarette à mes lèvres. Je l'ai allumée. J'ai pris une bouffée. Le bip électronique s'est fait entendre. Et puis, immédiatement : « Salut, R-D. C'est... »
R. C'était lui ?!
D. Oui.
R. Quel effet est-ce que ça vous a fait ?
D. Aucun. J'ai pris l'appel, c'est tout.
R. C'est tout...
D. ...
R. Et un événement comme celui-là, qu'est-ce qu'il signifie, d'après vous ?
D. Rien du tout. Rien qui me soit accessible, en tout cas. Rien d'autre que ce qu'il est, c'est-à-dire la réaffirmation, pour la énième fois au cours de mon existence, de l'immensité de la vie – vertigineuse, bouleversante, éblouissante, terrifiante. Sublime.
R. Bref, rien du tout, en effet. Et après ça ?
D. Après, au fil des jours, des semaines, j'ai émergé. Tout doucement. Comme un sous-marin. Ou plutôt, non : plus précisément, comme un bathyscaphe qui remonte après avoir passé un long moment en plongée abyssale. Il faut prendre le temps de revenir lentement, dans ces cas-là, faire très attention à une décompression soudaine. Alors, je l'ai pris. De toute manière, je n'avais pas le choix : si j'avais tenté le moindre mouvement brusque, j'aurais risqué d'éclater en une myriade de petits fragments. Ensuite, j'ai attendu, immobile. Au bout de quelques semaines, j'ai

commencé à ouvrir les écoutilles et à laisser entrer l'air du dehors.

R. Concrètement...

D. Le plus concrètement du monde, j'ai pris conscience de ce que j'avais été absent du monde extérieur des mois durant. Que je venais de faire un des plus prodigieux voyages de toute ma vie. Et que ce que j'en rapportais, trois cent cinquante pages, simple interligne, ne valait sans doute pas, pour qui que ce soit d'autre que moi, le papier qu'il aurait fallu pour en tirer un seul exemplaire en dur. Ça n'avait d'ailleurs strictement aucune importance : j'avais le cœur et l'âme remplis d'images et de sensations prodigieuses.

R. Cette remontée puis cette attente ont pris combien de temps ?

D. Je dirais... un mois et demi ? Non, plutôt deux. Disons. Attendez. J'ai écrit le post-scriptum le 6 avril. Je dirais qu'autour de la mi-juin, j'étais réellement de retour.

R. Deux mois ?!

D. Oui.

R. Mais comment est-ce que vous avez fait pour vivre ? Il me semblait qu'à ce moment-là, en avril, vous étiez déjà complètement au bout du rouleau, financièrement ?

D. C'est vrai, je l'étais. Et je le suis toujours, d'ailleurs. Je n'ai pas la moindre idée de comment je m'y suis pris.

R. ...

D. Je vous assure. Il faudrait que j'aille voir dans mon chiffrier ce qui a bien pu entrer comme paiements pour je ne sais quels contrats. Là, à froid... *zilch*, pas la moindre idée. D'ailleurs, je m'en contrefous. Non seulement la plongée a été fabuleuse, mais le retour a lui aussi été bouleversant. Je viens de dire que j'ai fait surface et laissé le temps passer pour ne pas risquer une attaque de mal des profondeurs, et c'est vrai, mais à elle seule cette image-là est très incomplète. Il y avait aussi que j'étais en quelque sorte prisonnier dans le sillage du navire que je venais de lancer.

R. Expliquez-moi ça.
D. Si la rédaction de nos entretiens a représenté la construction puis le lancement d'une espèce de gros bâtiment – ce qui est en grande partie l'effet que ça m'a fait… et me fait toujours –, eh bien, il m'a fallu deux mois pour commencer à sortir des remous et du sillage qu'il laissait derrière lui.
R. Dans le monde extérieur, ça a donné quoi ?
D. Il y a d'abord eu de faire lire à quelques personnes, autour de moi, ce que je venais d'écrire.
R. Et… ?
D. Un petit moment, vous voulez ? Il y a une précision importante à apporter, au sujet de cette période-là.
R. Allez-y.
D. Le 6 avril, au début du post-scriptum, j'ai écrit : « Je ne sais pas où est René-Daniel. Il n'y est pas. » Ou quelque chose d'approchant.
R. Oui.
D. C'était vrai.
R. En effet.
D. Vous n'y étiez pas.
R. Non.
D. Où étiez-vous ?
R. Je n'en sais rien. Nulle part ?
D. Et durant les mois qui ont suivi ?
R. J'ai. J'ai l'impression que là non plus, je n'y ai pour ainsi dire pas été. Quelques apparitions fugaces, et c'est tout.
D. Ça correspond tout à fait. Ce que je peux répondre de plus clair et de plus franc à votre question au sujet des conséquences de notre entreprise de l'hiver dernier, c'est ceci : je ne suis plus le même homme. Je ressens une solidité insensée. Un vertige d'être comme je n'aurais jamais cru possible d'en vivre.
R. Ce qui signifie ?
D. Que toutes ces transformations, en moi, que l'hiver dernier je vous ai dit avoir senti se préparer depuis des lustres, eh bien, qu'elles ont… qu'elles ont abouti. Je me sens…

advenu, voilà. Il découle de cette transformation une joie éblouissante. Et sereine. Une jubilation – calme, mais une jubilation tout de même. Jamais de ma vie je ne me suis senti aussi vibrant. Vivant. Et pourtant, la solitude n'a pas changé, et surtout pas diminué, pas d'un iota. Au contraire, même : si quoi que ce soit, je dirais qu'elle aussi, ma solitude, est encore plus grande que je ne l'ai jamais ressenti. Je me sens revenu à moi-même. Et nageant dans un sentiment d'étrangeté au monde qui est saisissant. Au risque de paraître épouvantablement présomptueux, je dirais que j'ai l'impression d'avoir enfin commencé à devenir moi-même. L'impression de rencontrer enfin celui que j'ai toujours espéré rencontrer en moi – sans être jamais arrivé à croire vraiment qu'il soit possible d'y parvenir.

R. Et au cœur de cette régénération, si je comprends bien, il y a mon absence ?

D. Je dirais plutôt votre transparence. La prise en charge par vous de ce que je fais dans le monde, et de ce que j'en reçois, ne va plus de soi. Toutes sortes de nouveaux possibles m'apparaissent qui ne vous apparaissaient pas, à vous. Vous n'êtes plus… nécessaire. Je dois cependant ajouter du même souffle que je serais ravi que vous acceptiez de participer à ce projet-ci. Je crois bien qu'il sera notre dernier. Je veux dire *votre* dernier. Votre participation m'en paraît d'autant plus essentielle. Précieuse.

R. …

D. Ça va ?

R. Oui. Je pense que vous avez raison. Je ne me suis, moi, jamais senti aussi évanescent. Comme si j'étais en train de me transformer en fantôme. Et je sais que le processus ne s'arrêtera pas là. Je suis, oui… vous dites juste, je suis en instance… d'évanouissement. Êtes-*vous* triste ?

D. Sincèrement, pas du tout. Je ne pourrais pas l'être. La lumière, le sentiment d'être vivant sont bien trop grands. Pourtant, je ressens une tendresse… essentielle. À l'égard de ce que vous avez été. Et, oui : une profonde, une très profonde reconnaissance. Mais...

R. Mais... ?

D. Là où je vais, vous ne pouvez pas venir.

R. ...

D. Vous le savez ?

R. Oui. Oui, je le sais.

D. ...

R. *Morceaux* sera donc notre ultime collaboration ?

D. C'est ce qu'il me semble, en tout cas.

*

Retour sur les *Entretiens*

R. Revenons à la période qui a suivi nos *Entretiens*, vous voulez ?

D. Bien sûr.

R. Cette période d'à peu près deux mois se caractérise donc de trois manières : d'abord par la décompression après notre longue plongée profonde, ensuite par votre captivité en solitaire dans le sillage de l'écriture et finalement par le début de... de quoi ? De ma désintégration ?

D. Non, pas du tout. De votre retraite de la vie active, tout simplement.

R. Autre chose d'important qui ait occupé ces deux mois ?

D. Oui, deux choses.

R. La première ?

D. À l'École de théâtre. Un des finissants dont nous avons parlé...

R. Un des étudiants qui ont participé au grand plateau de l'été et de l'automne 2004 ?

D. Précisément. Un être d'exception, à plusieurs titres. Eh bien, pour ses auditions de sortie, il décide qu'il va jouer un texte qu'il a lui-même écrit. Un texte extrêmement intéressant, vraiment très beau. Plein de fulgurances, d'éclairs de conscience et d'intelligence. Un texte qui annonce une quête véritable, je pense bien. À la fois profond et très drôle par moments. À propos de la poésie. Des poètes. De la violence. De l'abandon. De l'indifférence. Pour sa première prestation au terme de quatre années d'études, cet étudiant-là ne veut pas faire seulement «Coucou, c'est moi. Regardez comme je suis mignon. Allez, soyez *blood*, les copains, offrez-moi un petit rôle», il veut *dire* quelque chose : créer. Seulement, sa décision déclenche immédiatement une cascade d'événements burlesques, complètement loufoques.

R. Comment ça ?

D. Pour faire une histoire très courte, je dirais : parce que la bureaucratie théâtrale – qui gobe une part invraisemblable de l'énergie de ce qu'il est convenu d'appeler «le milieu» –, quand elle se met à se prendre au sérieux et à s'imaginer qu'elle est le nombril du monde, est aussi pointilleuse et idiote que n'importe quelle autre bureaucratie qui devient folle. La grande différence entre elle et les autres, c'est qu'elle, elle ne sert à toutes fins utiles à rien du tout sinon à stériliser ce qu'elle devrait plutôt encourager de toutes ses forces. Imaginez-vous qu'un geste qui soit essentiellement de création est, d'après elle, inadmissible de la part d'un finissant d'une école d'art. Joli, non ? Aux yeux de la bureaucratie théâtrale québécoise, la première chose que l'on doit faire en sortant d'une école, ce n'est pas créer – surtout pas ! –, mais faire acte de soumission à l'autorité. Se sacrer à genoux et se mettre à psalmodier : «Merci, mononk'.» Refusez de vous plier à ça, et aussitôt les poules se mettent à cracher le sang et à voltiger dans tous les coins comme des figurants de film de peur. Ce qui en dit déjà assez long, je crois, sur ce qu'est devenu l'art dans cette société. Y compris aux yeux de la plupart de celles et ceux qui prétendent en faire. Bref. Cet étudiant-là, pour ses auditions, veut jouer deux scènes qu'il a lui-même écrites, mais il se fait lancer tout net au visage que non, il n'a pas le droit de faire ce dont il a envie. Il risque de provoquer… je ne sais pas trop : une épidémie de peste bubonique ou de pied d'athlète. Mais il tient ferme. En dépit des menaces et en dépit, surtout, de tout le cirque d'infect chantage émotif qui se met en branle autour de lui. Il tient le coup : il se retire des auditions officielles et décide d'organiser les siennes propres, tout seul dans son coin. Il invente un nouveau « Off ».

R. Comme dans « Off-Broadway » ?

D. Oui. Depuis plusieurs années, les auditions de sortie des écoles de théâtre se tiennent au Théâtre de Quat'Sous, sur l'avenue des Pins, de sorte que les passer a fini par devenir, dans le jargon du métier, « faire son Quat'Sous ». Eh bien, le jeune comédien dont je vous parle, lui, a inventé cette année, à lui tout seul, le « Off Quat'Sous ». Ce qui demande quand même de l'estomac, c'est le moins qu'on puisse dire. Il me demande de lui donner un coup de main, de l'aider à répéter. Ce que je fais. Avec un plaisir immense.

R. Et la deuxième chose ?

D. Je fais lire nos *Entretiens*, bien entendu. Même si je suis convaincu que ce ne sera que pour voir confirmer mon intuition que c'est parfaitement inutile, qu'il n'y a pas une traître phrase, dans les trois cent cinquante pages de ce manuscrit-là, qui soit foutue d'intéresser le moindre chat de ce côté-ci d'Alpha du Centaure. Au total, une… une trentaine, peut-être, de personnes en reçoivent au moins une partie. Non, même pas trente. Vingt-cinq au grand maximum, plutôt, je crois. De ce nombre, à ce jour, douze ou quinze ont achevé la lecture complète.

R. Des commentaires de leur part ?

D. Oh que oui.

R. J'écoute.

D. À une exception près, ils sont extrêmement… comment dire ?… fertiles. J'entends par là qu'ils ont permis des discussions qui n'auraient sans doute pas été possibles sans cette lecture. Je n'ai strictement aucune envie de rapporter les commentaires qui m'ont été adressés. L'essentiel de ce que je retiens de ces réactions tient plutôt à ce qu'à leur tour elles ont déclenché en moi.

R. Quoi donc ?

D. Un extraordinaire sentiment de libération. Au fur et à mesure que je les recevais, ces commentaires, je sentais un immense poids quitter mes épaules. Comme si la conscience se distillait en moi, goutte à goutte, de ce qu'une tâche était enfin accomplie. Plusieurs fois, après avoir quitté mes lecteurs, j'ai vécu de véritables moments d'euphorie, d'exaltation. Je ne me sentais pas fier de moi, non, pas du tout : la vague de joie qui m'emportait n'avait rien à voir avec la satisfaction, c'était celle d'une… d'une libération, oui. D'une libération extraordinairement profonde. Un sentiment extrêmement concret – si je puis dire. Chacune des phrases qu'on m'adressait représentait un centimètre d'ouverture de plus aux grandes portes de ma prison, juste là, devant moi. Et aussitôt qu'eux et moi nous séparions, aussitôt que je me retrouvais tout seul, une grande explosion, douce et silencieuse, toute au ralenti, advenait dans ma poitrine. Une explosion de souffle frais. Un peu comme… tenez, comme ce que j'ai ressenti, il y a des dizaines d'années de ça, la première fois que j'ai vu *Zabriskie Point* d'Antonioni. À la toute fin du film, il y a une longue scène d'explosions : toute la société de consommation qui vole en éclats, *molto rallentendo*. Tout. Des boîtes de Corn Flakes aux téléviseurs. J'en avais été sidéré, j'en avais eu pour des jours et des jours, en sortant de là, à regarder le monde qui m'environnait exploser dans tous les sens. Je réalisais que le monde peut changer. Eh bien, par-delà les années, la plupart des commentaires que l'on m'a adressés à propos des *Entretiens* ont été l'écho des explosions d'Antonioni. Pour la première fois de ma vie peut-être, je me sens libre. J'étais – je suis – sorti de prison. Ou, à tout le moins, en train d'en sortir. Et c'étaient les commentaires des lecteurs qui commençaient de m'en faire prendre conscience.

Il y a même eu un moment tout à fait inattendu, où j'ai bien cru que c'était tout moi qui allais faire explosion. J'étais ici, au Barbare, assis à la table juste là, derrière moi, le long du mur. J'étais venu retrouver quelqu'un pour lui remettre la disquette de la troisième partie du livre – son service de courrier électronique, ou le mien, je ne sais plus, était en panne. Nous avions convenu qu'il ne me parlerait pas tout de suite de la deuxième partie, dont il venait à peine de terminer la lecture, qu'il réserverait ses commentaires pour le moment où il aurait fini la troisième. Mais, malgré tout, nous nous sommes mis à en parler. Et je me suis retrouvé dans un état tout à fait étonnant. Il me faisait des compliments invraisemblables, dithyrambiques, à pleins flots, je les recevais, j'étais totalement bouleversé… et je savais que ce n'étaient pas eux, les compliments, pas eux du tout, en aucune manière, qui me plongeaient dans cette émotion-là.

R. Ah ?

D. Je n'avais jamais vécu une chose semblable. Pas avec une pareille force, en tout cas. Ce n'étaient pas les compliments que je recevais. Je les entendais, bien évidemment, mais je crois qu'ils auraient presque pu être formulés en zoulou ou en serbo-croate. Ce qui me jetait à terre, c'était ce que le phrasé, la respiration, la gestuelle, la lumière dans le regard de mon interlocuteur me racontaient de ce qui se passait en lui. Je sentais les portes de la prison, en moi, qui roulaient sur leurs gonds, je les entendais grincer. Quelque chose, je… je *savais* que quelque chose, par l'entremise de sa lecture, était définitivement passé de moi à lui. Ou plutôt non, attendez : pas à lui en particulier. Que quelque chose… était passé de moi au monde, voilà. Et que, de ce fait, j'étais libéré. Je crois que, pour l'essentiel, cette chose avait à voir avec tous ces tabous dont nous avons longuement parlé au cours des *Entretiens*.

R. Tous ces sujets qu'il ne faut surtout pas aborder, dans notre société, si on veut *fitter* ? Si on ne veut pas de toutes parts se faire agonir d'injures ?

D. Oui. Pour une des premières fois de ma vie, je sentais que des pans entiers d'échanges à propos de la vie, de la beauté, de la quête pourraient bien devenir un jour accessibles par la discussion. Je ne sais pas quand, je ne sais pas comment, mais je ressentais que, si jamais cela allait advenir dans ma vie, ce serait grâce aux *Entretiens*. L'émotion qui m'habitait, et le torrent d'idées, étaient d'une telle force, et si profondément inconnus de moi – en tout cas en présence d'un autre –, que j'étais incapable de bouger. Presque de parler. Et puis soudain, un troisième larron a fait irruption. Il s'est tenu là, dans l'allée, près de la table où mon interlocuteur et moi étions installés. Le nouveau venu avait un grand sourire aux lèvres. Il s'est mis à me parler, mais j'étais dans un tel état que je n'ai pas compris un traître mot à ses quelques phrases. Il a fallu que je le fasse répéter. Et là ! J'ai compris que ce qu'il me disait, c'était qu'il venait lui aussi de commencer à lire la première partie, et qu'il était ravi. En une fraction de seconde, ça a été… trop. J'ai bondi sur mes pieds et je suis allé me cacher aux toilettes. J'ai cru que j'allais étouffer sur place. De sanglots, de… de je ne sais quoi… de… trop ! Oui, voilà : j'allais exploser de trop !

Tout ça pour dire que oui, il y a eu des commentaires. Nombre de commentaires. Dont plusieurs étaient extrêmement flatteurs. Mais que pour moi l'essentiel ne réside pas en eux. Oh, j'en suis content, bien entendu – je ne vais quand même pas prétendre que leur teneur ne m'a fait ni chaud ni froid –, mais l'essentiel ne réside tout de même pas du tout dans ce contentement. L'essentiel, et j'en ai été aussi étonné qu'on puisse l'être, a résidé dans le fait qu'ils m'ont permis de prendre conscience que ça y est : après plus de vingt ans de préparation, les *Entretiens* ont bel et bien été écrits. Ils sont sortis de moi. Et que, pour certains lecteurs au moins, ils semblent parler davantage encore que je ne l'aurais espéré dans mes délires les plus déments.

R. Excusez-moi de ramener la discussion à moi, mais… la prison dont vous êtes sorti, dont vous preniez conscience de commencer de sortir peu à peu, à chacune de ces occasions… c'était moi ?

D. Jamais de la vie ! Tout au contraire, même ! Non, non, je crois que vous avez été, comme je le pressentais et le nommais déjà au cours des *Entretiens*, la carapace qui m'a permis de survivre à… à « ça ». À la vie dans la prison qu'est cette société en perpétuelle agonie. Cette société qui ne supporte pas la présence de la vie. Vous étiez mon adaptation à la vie dans cette prison. Aussitôt que j'en sors… Eh bien, aussitôt que j'en sors, vous n'avez plus de raison d'être.

R. Mais qu'est-ce qui a changé ? Je veux dire, encore une fois : concrètement ?

D. Je serais bien en peine de vous en dresser une liste. Ce ne sont pas des traits de caractère, ni des comportements. Plutôt la couleur même des objets que je perçois. Et leur saveur. Et leur résonance en moi.

R. Autrement dit, c'est l'équilibre entre les différentes parties de ce qui constitue votre culture, votre rapport au monde qui s'est transformé ? Exactement comme, dans les *Entretiens*, vous avez parlé de la mutation soudaine que peuvent provoquer en nous l'amour, la magie, l'art ?

D. Tout à fait, très bien dit. À ceci près, toutefois, que ces transformations, lorsqu'elles sont provoquées par l'amour, la magie ou l'art sont, bien entendu, circonstanciées – elles sont liées à ce qui nous arrive de l'extérieur.

R. Bien entendu.

D. Tandis que celle dont je parle ici vient, elle, de l'intérieur. Ce qui engendre une formidable impression de profondeur, associée à elle.

R. Vous me dites que vous la ressentez encore plus profondément que celles suscitées par le trio magique, donc ?

D. Indubitablement. Et puis, je crois qu'il y a encore une autre différence capitale.
R. Laquelle ?
D. Son caractère... indéfaisable.
R. ...
D. De ça aussi nous avons longuement parlé au cours des *Entretiens*. Quand notre culture personnelle chavire, se rééquilibre, quand tout ce que nous voyons, entendons et ressentons du monde se transforme soudain du tout au tout parce que sur notre route vient de surgir un événement déclencheur qui, par exemple, fait apparaître des liens d'une extraordinaire richesse là où auparavant nous n'en concevions aucun, ou que nous croisons le chemin d'un individu qui bouleverse de fond en comble notre être au monde, ou que nous arrivons face à face avec une œuvre qui évoque des pans de l'univers et du regard sur lui qui chamboule en nous toute l'organisation de nos images... nous pouvons très bien décider de le refuser, ce trouble, ce chavirement.
R. Ce que vous appelez le deuil précoce.
D. Eh oui. En affirmant ce refus, et en le mettant en action, nous courons bien entendu le risque de nous couper de régions entières de la vie. De la vie *en* nous, et de la vie *autour* de nous. Cela provoque même souvent un terrible risque d'entrer ouvertement en guerre contre ces régions. Et contre la vie elle-même, puisque nous nous mettons alors à la percevoir essentiellement comme une menace.
R. Ce qui finit par entraîner la momification.
D. Tout à fait. La calcification de l'âme. Tandis que dans le cas d'une transformation venue de l'intérieur, comme celle que j'évoque ici, il me semble qu'un retour en arrière, ou un rejet, un refus, même une simple hésitation, sont tout bonnement inconcevables.
R. Vous voulez dire que même si vous souhaitiez mon retour à la vie active...
D. Je pense qu'il serait tout à fait impossible. Et encore : votre... l'atténuation de votre présence dans ma vie n'est

la marque la plus déterminante de ce qui m'arrive que dans une seule région de moi, puisque vos fonctions se résumaient à être un médiateur avec l'extérieur. Il y a d'autres régions en moi, en amont de vous, si je puis dire, dans celui que je suis dans la solitude, qui sont encore bien plus importantes à mes yeux et dont la transformation est incomparablement plus radicale que celle suscitée, entre le monde et moi, par votre retrait.

R. En… *amont* de moi ?

D. Oui.

R. Ce qui signifie, précisément ?

D. Que, pour utiliser une analogie bureaucratique, le service qui aurait éventuellement pu décider de vous réembaucher n'existe plus. D'autres sont apparus ou ont vu leur rôle s'accroître, mais lui, il a été dissous. Et, avec lui, toute la sous-structure dans laquelle il s'inscrivait.

R. Pas de retour en arrière possible, donc ?

D. Je ne crois pas, non. Aucun que je puisse même commencer de concevoir. Ce n'est pas seulement un état d'être qui s'est transformé, mais aussi la dynamique même qui l'engendrait.

R. …

D. Ce que je vous dis, en résumé, c'est ceci, René-Daniel : il ne peut pas y avoir de retour en arrière, parce que l'« en arrière » où il s'agirait de retourner n'existe plus. Non seulement il n'existe plus, mais il a même été remplacé par… par un projet, ou un état, ou une dynamique… – je suis encore incapable d'en parler clairement, c'est beaucoup trop tôt – qui est d'une force dont je ne peux même pas imaginer qu'elle puisse être détournée de son cours, si peu que ce soit, ni… ni même modérée. L'écriture des *Entretiens* a eu l'effet d'une fabuleuse libération. Qui se préparait depuis des dizaines d'années. Depuis avant même votre apparition. Je n'ai sans doute jamais rien préparé d'autre de toute ma vie.

R. …

D. Cela étant, il y a tout de même deux aspects de ma vie quotidienne qui ont profondément changé.

R. Lesquels ?

D. La solitude. Et la lecture.

R. Ah ?

D. Je vous ai dit l'hiver dernier que j'ai toujours été un solitaire, un ours. Que, ma vie durant, il a fallu, la plupart du temps, que je déploie des efforts considérables pour me maintenir « en société ».

R. Oui.

D. Eh bien, depuis avril, ce besoin de solitude a pris des proportions phénoménales. La plupart du temps, je n'ai tout simplement plus envie de parler. Du tout. J'ai envie de rester immobile. Silencieux. De me sentir être vivant. Et ça suffit. Simultanément, l'effet immédiat que provoquent mes lectures, lui, s'est incroyablement approfondi. Le changement est tout bonnement à couper le souffle. Il me semble que je n'avais jamais su, auparavant, ce que « lire » veut dire. C'est d'une richesse et d'une joie indescriptibles. Il me semble avoir gagné un accès direct à l'être au monde des auteurs. De certains d'entre eux, en tout cas. C'est passionnant.

R. Est-ce que ce que vous évoquez là ne ressemble pas beaucoup à « jouer à Beethoven[2] » ?

---

2. R. On explique ? En deux mots. – D. Il s'agit d'un jeu, d'un exercice que je me suis inventé, adolescent, à l'époque où je vivais au « camp de concentration de la rue Clark » : chez mes grands-parents paternels. Des heures et des heures durant, j'écoutais et réécoutais la *Neuvième Symphonie* de Beethoven et je m'immergeais en elle jusqu'à avoir l'impression que c'était moi qui étais en train de l'écrire. Il s'agissait en fait, comme je l'ai compris beaucoup plus tard, d'écouter *derrière* la musique, de tenter d'entendre ce qui animait le compositeur au moment où il écrivait. C'est de ce jeu, et des formidables richesses de notre imagination sur lesquelles il a commencé à m'ouvrir les portes, que me sont venues nombre d'impressions qui allaient me captiver ma vie durant. Ce sont aussi les découvertes que j'ai faites grâce à lui qui m'ont permis d'imaginer nombre d'autres exercices qui ont été capitaux

D. Ah, tiens, oui. Oui, vous avez raison. Le lien est très clair. Oui. Oui, c'est un peu comme si soudain jouer à Beethoven s'était mis à faire partie intégrante de ma manière d'être. Je n'ai plus à décider de le faire, je le fais en permanence ou presque.

R. Autre chose, concernant les effets qu'a produits chez vous l'écriture de nos *Entretiens* ?

D. Je ne crois pas, non. Pas pour l'instant.

*

Projet

R. Bon. Alors nous en venons à ce projet-ci ?

D. Oui.

R. Dites-moi.

D. D'entrée de jeu, lorsque nous nous sommes attaqués aux *Entretiens*, en janvier, vous m'avez demandé ce qui me poussait à les entreprendre. Je vous ai répondu que si j'avais un certain nombre d'excellentes raisons pour passer à l'action à ce moment-là, c'était pourtant un projet qui en fait m'habitait déjà depuis près de trente ans.

R. Oui.

D. Eh bien, il y a un autre projet qui m'habite, lui aussi, depuis très longtemps. Celui de réunir en un seul volume toutes sortes de textes que j'ai écrits au fil des ans, qui n'étaient la plupart du temps pas de théâtre et qui sont, à toutes fins utiles, restés inédits. Des articles. Des conférences. Des billets d'opinions. Des lettres. Des contes, même. Toutes sortes de…

R. De… morceaux ?

D. Précisément. Si l'écriture des *Entretiens* visait effectivement, comme vous l'avez si bien résumé alors, à me procurer à

---

pour moi. Des exercices à propos de mes interlocuteurs, par exemple, ou à propos de l'espace autour de nous tel que nous le percevons… ou pas.

moi-même un reflet de ma propre vie afin de pouvoir la lire, eh bien, le projet de ramasser les *Morceaux*, quant à lui, vise à réunir en un seul bloc, pour pouvoir le lire à son tour, ce que j'ai dit. Et, donc, ce que j'ai fait – ce que j'ai fait en tant qu'auteur.

R. Oh…

D. Oui. Comme nous l'avons annoncé plus tôt : si les *Entretiens* parlaient des sous-sols, cet ouvrage-ci parlera plutôt de la surface. Celui-là de l'intérieur, celui-ci de l'extérieur. Ou, en tout cas, de mes tentatives pour entrer en contact avec l'extérieur. Et pour le prendre en compte. C'est pourquoi, puisque c'est vous qui, dans une très large mesure, durant la presque totalité de ma vie, avez été chargé de négocier mes contacts avec le monde, je tiens tellement à votre participation.

R. Vous me demandez donc de… de quoi ?

D. De vous souvenir.

R. De quoi ?

D. Du travail que vous avez fait.

R. Je ne suis donc pas ici en tant que simple animateur de la discussion ?

D. Pas du tout.

R. Et il ne s'agit pas ici d'une suite des *Entretiens* ?

D. Oh non, pas du tout. C'en est même, en fait, le contraire. Ou, en tout cas, un des contraires possibles. J'ai dans mon ordinateur plus d'une centaine de textes de toutes sortes, écrits depuis à peu près vingt-cinq ans. Et il m'en vient bien d'autres à l'esprit, égarés depuis longtemps. J'aimerais que nous passions à travers la pile et que ces textes, nous les commentions, vous et moi. Que nous racontions les négociations entre nous deux et le monde qui leur ont donné la forme qui a fini par être la leur.

R. Hmmm…

D. Vous n'avez pas l'air convaincu.

R. Oh oui, oui. Je le suis. C'est simplement que… J'ai peur de me répéter, de reposer mot pour mot une question que je vous avais aussi adressée au début des *Entretiens*. Tant pis : pourquoi comme ça ? Je veux dire : pourquoi sous cette forme-là ?

D. Pour être tout à fait franc, je n'en sais strictement rien. Mais j'ai le pressentiment, extrêmement fort, aussi fort, sinon davantage encore que lors des *Entretiens*, qu'il le faut, c'est tout. Attendez, laissez-moi vous raconter un peu comment a pris forme l'idée de m'atteler dès à présent à la rédaction des *Morceaux* et je pense que vous allez comprendre.

R. D'accord.

D. Quand tout à coup, assis à la table, là, près de la porte, nous avons entrepris d'écrire les *Entretiens*, le soir du 2 janvier, nous n'avions, ni vous ni moi, strictement aucune idée d'où cette entreprise allait nous mener. Nous ne savions même pas si elle allait mener où que ce soit. Nous connaissions la direction que nous devions emprunter, mais il n'y avait pas, à proprement parler, de destination.

R. Très juste.

D. Ensuite, tout au long de l'écriture, nous avons continué d'avancer. Jour après jour. Ligne à ligne.

R. Oui.

D. Et nous n'allions toujours pas « quelque part ». C'était le trajet, le parcours, chacun des pas, chacun des mots qui était l'enjeu.

R. Tout à fait.

D. Sauf qu'en chemin, petit à petit, nous avons pris conscience de ce que nous étions en train d'entrer dans des régions essentielles. Puis nous avons aussi pris conscience, ne serait-ce que fugacement, de ce que ces régions n'auraient jamais pu être atteintes en les visant. On ne peut pas *souhaiter* rencontrer Virgile *par hasard* à l'entrée d'une grotte.

R. Oh, vous revenez sur *La divine comédie*, là[3] ?

3. D. Très tôt au cours de nos *Entretiens*, au moment où je parlais de l'âge de la maturité – qui est malheureusement, chez nous, souvent celui de la

D. Oui. Ce que je veux dire, c'est que je crois depuis longtemps que nombre de choses essentielles, dans nos vies, ne peuvent tout simplement pas être planifiées. Elles ne peuvent même pas être visées. Tout ce que nous pouvons faire, c'est laisser le désir d'elles croître en nous jusqu'à ce qu'il semble occuper tout notre espace intérieur, jusqu'à ce que quoi que ce soit d'autre qu'elles nous devienne un insupportable fardeau. À ce moment-là, on lâche tout et on prend la route. Parce qu'il n'y a strictement plus rien d'autre à faire, tout simplement. On emprunte le premier chemin qui se présente, en ne connaissant plus que deux choses : la route, sans destination, et le désir qui nous emplit. Il faut faire ce que nous croyons devoir être fait. Et attendre que la vie réponde – s'il y a lieu.

R. Je vois.

D. Je ne savais pas, je ne pouvais pas savoir, d'aucune manière, un midi du tout début de l'année scolaire 1969-1970, que le fait de me présenter aux auditions qu'avaient organisées deux professeurs de l'école secondaire que je fréquentais dans le but de trouver des acteurs pour jouer dans *Zone* de Marcel Dubé allait, pas à pas, de fil en aiguille, me mener à devenir un auteur.

R. Bien sûr que non.

D. Eh bien, la chose que j'ai commencé à apprendre ce midi-là de 1969, c'est qu'il arrive que je pressente que je dois emprunter certains chemins. Même si je n'ai strictement aucune idée de l'endroit où ils mènent. Celui des *Entretiens* en était un. Celui-ci, celui des *Morceaux*, en est un autre. Un autre dont, pour tout vous dire, je crois qu'il pourrait bien se révéler encore plus déroutant, révolutionnaire dans ma vie que le précédent.

---

momification réussie –, j'ai utilisé les premiers vers de *La divine comédie* de Dante pour illustrer mon propos : un homme égaré qui, « au milieu du chemin de sa vie », rencontre *le* poète qui va lui permettre d'accéder au sens de sa propre vie, de son propre sens de la beauté et du sacré.

R. P...
D. Ne me demandez pas pourquoi. Je n'en ai aucune idée.
R. Reprenez du début, vous voulez bien ? Mais en changeant d'angle.
D. D'accord. Nous nous sommes attelés à l'écriture des *Entretiens* parce qu'il n'y avait aucune autre possibilité. Je me suis amplement expliqué là-dessus dans leurs pages mêmes : il fallait absolument que je fonce, rien d'autre n'était envisageable.
R. D'accord.
D. Il n'y avait aucune autre possibilité envisageable, mais, bien entendu, cette absence d'alternative ne garantissait rien du tout, à quelque égard que ce soit, quant à un éventuel résultat.
R. Il *fallait* aller par là, mais ça n'impliquait pas nécessairement qu'il y aurait un village, ou même une cabane, au bout de la route ?
D. C'est ça. Nous avons écrit le bouquin dans le noir le plus complet, sans rien d'autre pour nous guider que la nécessité et l'urgence, d'un côté, et que le désir de parcourir un certain nombre de trajets pour pouvoir ensuite en lire les tracés, de l'autre.
R. Jusque-là, ça va.
D. À aucun moment, *aucun*, il n'y a eu de guide extérieur ou de garantie. D'un bout à l'autre du travail, il n'y a eu que ces trois éléments-là, tous intérieurs : nécessité, urgence, désir.
R. Tout à fait.
D. Et nous en sommes venus à bout. De notre mieux, en tout cas. C'est du moins ce que les commentaires de mes premiers lecteurs m'ont permis d'entendre. Ou, en fait, non : pas les commentaires eux-mêmes, mais plutôt, comme je viens de l'évoquer, la trame sous-jacente que ces commentaires-là m'ont permis de percevoir chez ces lecteurs.
R. Ça va toujours.

D. Eh bien, tout doucement, tandis qu'après l'achèvement de l'écriture je refaisais surface, que j'ouvrais ensuite les écoutilles et que finalement je parvenais à me dégager du sillage de l'entreprise, quelques images extrêmement fortes se sont imposées. Elles étaient liées aux *Entretiens*, mais... elles s'opposaient à eux, en quelque sorte.

R. Comment ça ?

D. Au total, elles semblaient dire que les *Entretiens* en tant que tels sont achevés – il n'y a pas à revenir là-dessus –, mais que la... la région... la région du monde en moi, voilà, dont sont issus les *Entretiens*, elle, n'a pas été couverte. C'est même à peine si elle a été indiquée.

R. Comment est-ce que ça s'est passé ?

D. Il y a d'abord eu un malaise. Assez léger. Mais qui ne se laissait pas chasser.

R. Lequel ?

D. Celui de... d'un manque. Je relisais les *Entretiens*, encore et encore, au complet ou par pans, et je ne peux pas dire que j'en étais content, non, le mot n'a strictement rien à voir, je savais que je ne pouvais pas faire mieux, c'est tout, mais ils me semblaient déséquilibrés. Pas déséquilibrés en eux-mêmes, pas déséquilibrés de l'intérieur, mais déséquilibrés par rapport à ce qui cherchait à sortir de moi. J'ai laissé monter les images. Et il m'est alors apparu que le premier aspect de ce manque que je pouvais identifier était celui-ci : les *Entretiens* parlent de l'intérieur de moi, de ma culture globale, mais ils parlent assez peu de ce que j'ai fait à l'extérieur, dans le monde. Très rapidement, il m'est alors apparu que la réponse à apporter à ce sentiment de déséquilibre était somme toute simple à concevoir : il me suffisait d'écrire un second bouquin dans lequel je raconterais, cette fois, ma vie « extérieure ».

R. Une autobiographie classique, quoi ?

D. C'est ça. L'idée m'a paru lumineuse sur le coup, mais deux heures plus tard à peine, elle me semblait déjà d'une platitude parfaite. Et j'ai compris que ce n'était pas du tout ça que j'avais à faire. Sauf que, malgré sa platitude, cette idée initiale d'une autobiographie *straight*, puis la critique que je m'en étais faite, m'avaient tout de même permis d'avancer. Elles m'avaient, d'une certaine manière, obligé à dégager le terrain. Je me suis rendu compte que, grâce à elles, d'autres images étaient en train d'émerger et de prendre forme.

R. Vous vous êtes d'abord dit: «Ah bon, eh bien, je vais faire mon autobiographie classique, c'est tout.» Et ensuite: «Que c'est étrange. Cette idée-là, en fait, ne me plaît pas du tout, mais elle me permet en tout cas de prendre conscience de ce qu'elle serait de toute manière insuffisante. Qu'est-ce qui manquerait?»

D. C'est ça. Et, là encore, tout de suite, la réponse est apparue. Il manquerait deux choses. Deux livres. Dans le premier des deux, je tenterais d'organiser mes idées artistiques, ne serait-ce que pour enfin les tirer au clair à mes propres yeux. Et dans le second… Dans le second, ce serait du sacré qu'il serait question. Ce serait une évocation des morts. Des morts de ma vie.

R. Wow! *Les morts de ma vie*?!

D. Oui.

R. Qu'est-ce qui s'est passé ensuite?

D. Très rapidement, j'ai bien vu qu'il y avait cinq éléments distincts, là-dedans. Il y avait d'abord l'idée même d'un ensemble de quatre livres: quatre livres qui ne se complèteraient pas – ce ne serait en tout cas pas leur but –, mais qui se répondraient. Puis les quatre idées directrices, chacune associée à l'un de ces livres-là.

R. Ce qui donnerait quatre livres comme… quatre pôles, en quelque sorte?

D. Comme quatre pôles, oui. Ou comme les quatre coins d'une page. Les quatre bornes de cette région que j'ai à peine commencé d'évoquer lors de nos *Entretiens*.

R. Quatre livres: *Entretiens*, *Autobiographie*, *Considérations sur l'art* et *Les morts de ma vie*.

D. C'est ça. C'est là que j'en étais... au début de juin, à peu près. Au moment où la remontée, l'ouverture des écoutilles et ma libération du sillage commençaient d'achever.

R. Ensuite?

D. Eh bien, ensuite, à force de les laisser me hanter, je me suis aperçu que sur les cinq éléments, il y en avait trois qui étaient très forts et deux qui frisaient l'insignifiance.

R. Commencez par ces deux derniers-là.

D. L'autobiographie et les considérations sur l'art.

R. Ah bon?

D. Oui. L'idée des quatre coins me parlait, et me parle toujours, avec énormément de force. Les *Entretiens*, de leur côté, ne peuvent pas, je crois, être remis en question : ils constituent la pierre d'angle, ou la clé de voûte, appelez ça comme vous voudrez, de tout l'édifice. L'idée des *Morts de ma vie*, quant à elle, me paraît extrêmement forte. Tellement forte, en fait, que j'ai bien failli me consacrer tout de suite à elle.

R. Qu'est-ce qui vous en a empêché?

D. Je ne suis pas prêt. Pour mille raisons que je serais bien en peine d'énumérer de manière compréhensible mais que je ressens, encore une fois, avec énormément de force. Non, je crois que quels que doivent être les deux livres du milieu de la série, *Les morts* doit venir en tout dernier.

R. J'insiste : pourquoi est-ce que vous n'êtes pas prêt à l'écrire tout de suite?

D. Vous voulez dire que puisque je sais que c'est là que je dois aller, pourquoi ne pas partir de là?

R. Tout à fait. Pour vous citer : « Ce que tu as à dire, *n'aboutis pas* à lui, *pars* de lui. »

D. Eh bien, je ne peux pour l'instant vous répondre que ceci : parce qu'il faudrait, si jamais je parviens à écrire les deux livres qui doivent encore – peut-être – mener à lui, ne plus rien avoir à expliquer quand j'y serai. Je voudrais pouvoir plonger dans ces ultimes évocations-là en ayant déjà donné toutes les clés nécessaires à leur compréhension et que ce chant-là, celui du quatrième livre, soit totalement différent des précédents. Un chant, justement.

R. Un chant… aux morts ?

D. Oui.

R. Pourquoi ?

D. Parce que dans les rapports que nous entretenons avec les êtres disparus, nous parlons souvent bien davantage encore que, dans la vie quotidienne, avec ceux qui nous entourent.

R. Et c…

D. Non. S'il vous plaît. Assez sur le sujet.

R. D'accord. Vous en êtes donc resté à votre idée de quatre livres, le premier étant les *Entretiens* et le dernier *Les morts de ma vie* ?

D. C'est ça.

R. Qu'est-ce que vous avez fait, à partir de là ?

D. Je me suis concentré uniquement sur ces trois éléments-là : l'idée d'un ensemble et deux thèmes. J'ai éliminé les deux livres intermédiaires – j'ai gardé l'idée de leur présence, mais j'ai effacé leur titre et leur sujet, je les ai laissés en blanc. Puis j'ai examiné la séquence qui se dessinait : quatre livres, le premier *Entretiens*, le dernier *Les morts de ma vie*. J'ai à nouveau laissé monter les images : qu'est-ce qui manquait, dans cette séquence ? Qu'est-ce qui pouvait bien compléter le schéma, remplir le trou entre les *Entretiens* et *Les morts de ma vie* ? Je le ressentais, le trou, le vide, mais je ne parvenais pas à le cerner. Et soudain, pif ! l'image est apparue. « Quatre », ce n'est pas seulement « les quatre coins d'une page » ou « d'un territoire », c'est aussi…

R. Les quatre points cardinaux ?

D. Voilà ! Et, là encore, l'image a surgi presque immédiatement : si, comme je le ressentais, le tout premier et le tout dernier livre de la série représentaient des polarités opposées sur un même axe – celui de la vie intérieure –, alors on pouvait dire que les *Entretiens* étaient le nord et *Les morts de ma vie*, le sud, par exemple.

R. Pourquoi pas l'inverse ?

D. Comment ça ?

R. Puisque *Les morts* semble être le point oméga de toute cette entreprise, pourquoi est-ce que ce n'est pas lui, le nord ?

D. Euh. Parce que le nord ne représente justement pas l'oméga, à mes yeux. Il constitue simplement un point de référence.

R. Oh, oh… les points cardinaux ne sont donc pas des destinations ?

D. Oh non. Non, pas du tout. Ils sont des… des horizons. Dans ces quatre livres, il ne s'agit pas de « partir » vers le nord dans un premier puis, dans le suivant, vers l'ouest ou le sud, non, non. Il s'agit au contraire de tout simplement rester debout à la même place et de *regarder* dans les quatre directions tour à tour. On commence par : « Alors ça, c'est le nord. Et par là, on trouve les souvenirs essentiels qui m'ont fait. Les histoires d'amour, d'espoir, de révolte aussi. En moi, amour, espoir et révolte sont indissociables. Tellement que les histoires d'amour qui m'ont le plus marqué étaient indéfaisablement liées non pas à la possibilité de partager un logement et de se chamailler sur l'heure de sortir les vidanges, mais à la lumière que certains êtres portent, parfois à leur corps défendant. Une lumière qui, lorsque je l'aperçois, m'apparaît comme le reflet de la vie elle-même, dans ce qu'elle a de plus éblouissant. »

R. Hmmm.

D. Ensuite, je fais un quart de tour, et je dis : « Et puis, par là, tout là-bas, c'est le pays de… de l'écriture, par exemple. Là, il n'est plus question au premier chef uniquement de ce que je porte en moi et des grands mouvements qui me font, mais aussi de comment je parle d'eux, de comment je les évoque. » Et ainsi de suite. Vous voyez ?

R. Je crois.

D. Le voyage des *Entretiens*, ce n'était pas un voyage à l'intérieur de moi, c'était un voyage à l'intérieur des *représentations* que je me fais de moi. Je vous l'ai d'ailleurs expliqué, rappelez-vous. Je tentais de vous faire comprendre qu'il m'était impensable d'aménager d'avance ce que je voulais évoquer au bénéfice de Billy. Vous vous souvenez ?

R. Oui. Je trouvais que vous y alliez vraiment un peu trop carré, avec lui.

D. Et moi, je vous ai répondu que je comprenais vos réticences mais que si je négociais d'emblée ce que j'avais à lui raconter, je fausserais tout. Au contraire d'aménager mon récit d'avance, ce que j'avais à tenter c'était de déballer mes souvenirs de voyages le plus explicitement possible pour lui fournir les meilleurs points de repère, si jamais il allait passer dans ces régions-là à son tour.

R. Oui, oui, je me souviens. Le minaret et les vieilles femmes qui prient en chantant, la nuit.

D. Eh bien, c'est aussi de… d'un déballage comme celui-là qu'il s'agit ici, sauf que nous parlons d'un voyage qui a été effectué dans une tout autre direction.

R. Bon d'accord. Ça, ça va. Mais… ?

D. Oui ?

R. S'il s'agit simplement de dire « Par là, il y a ça » puis « Par là, en revanche, il y a ça »…

D. Oui… ?

R. Comment est-ce que vous décidez de l'ordre ? Est-ce qu'il signifie quelque chose, lui ?

D. L'ordre ? Vous voulez dire : l'ordre dans lequel j'aborde chacun des horizons ?

R. Oui.

D. Eh bien oui. Oui, je crois qu'il parle. Je pense même qu'il est très important.

R. Expliquez.

D. Si nous arrivons dans une plaine, une vaste plaine à l'horizon dégagé dans toutes les directions, et que je vous place face au nord et vous dis : « Regarde. Là-bas, c'est le pays de l'espoir, de la révolte et de l'amour », qu'est-ce qui arrive ?

R. Euh. Je. Eh bien, je vois… ça.
D. Quoi : « ça » ?
R. Eh bien, le pays de l'espoir et de l'amour.
D. Pas seulement.
R. Hein ?
D. Je dis : vous ne voyez pas *seulement* ça.
R. …
D. Vous voyez aussi ce qui le borde, ce pays-là.
R. Hmmm ?
D. De chaque côté !
R. Oh ! Oh, vous voulez dire que le pays de… de l'espoir et de l'amour, par exemple, ne peut pas… ne peut pas apparaître tout seul, isolément ?
D. C'est ça. Il ne peut pas apparaître tout seul, parce qu'il *n'existe pas* tout seul. Aussitôt que vous le regardez, lui, au nord, du coin de l'œil vous apercevez nécessairement aussi l'est d'un côté et l'ouest de l'autre. Vous comprenez ?
R. Oui, oui. Chacun des quatre points cardinaux existe en lui-même, mais il est aussi, euh… éclairé, ou connoté, ou complété par les trois autres ?
D. Presque. Il est complété… mais par deux des autres à la fois, seulement.
R. Hein ?
R. Il y en a toujours un des quatre qui est *derrière* vous. Quand vous regardez vers le nord, vous le voyez, lui, le nord, et puis vous apercevez l'est et l'ouest du coin de l'œil, mais vous, où est-ce que vous êtes ?
R. Au sud ?
D. Tournez-vous vers l'ouest, à présent. Du coin de l'œil, vous avez désormais le nord à droite et le sud à gauche. Mais vous, où est-ce que vous êtes rendu ?
R. À l'est ?
D. Tout simplement. Et l'est, à ce moment-là, vous ne le voyez plus, vous y êtes. Chacun des quatre horizons, en nous, à la fois existe par et pour lui-même, et est totalement dépendant de ceux qui le bordent. Seulement, vous, vous

ne pouvez pas en voir plus de trois à la fois, pour la très simple raison que pour regarder n'importe lequel d'entre eux, il faut bien que vous soyez *quelque part*.

R. Une minute, une minute, une minute. On rembobine.

D. Allez-y.

R. Après l'écriture des *Entretiens*, vous vous rendez compte de ce que s'ils vous semblent incomplets, ou déséquilibrés, ce n'est pas tant à cause des sujets que nous avons abordés en discutant que du fait que ces sujets n'ont été traités que dans une seule perspective ?

D. C'est ça.

R. Et cette perspective, vous ressentez alors le besoin de l'éclairer par une autre ?

D. Voilà ! Je ne veux pas en dire davantage à propos de ce dont nous avons discuté durant nos *Entretiens*, je veux parler d'autres aspects de la vie qui, en moi, *répondent* à ce dont nous avons parlé l'hiver dernier. Et c'est pour ça que, dans le projet que j'évoque ici à très gros traits, il ne peut pas y avoir d'oméga, comme vous dites. Les quatre horizons sont essentiels *à la fois*. Simplement, pour assurer la cohérence de l'image que vous vous faites, s'il faut absolument nommer à quoi correspond le « nord », ça ne peut être qu'à ce que nous avons évoqué dans les *Entretiens*, puisque ce sont eux qui ont constitué notre point de départ, ou notre porte d'entrée dans la plaine, si vous préférez. Désormais, par la force des choses, les *Entretiens* sont donc notre nord – notre étoile polaire. Ça va ?

R. Oui, oui. Je crois.

D. Je continue. Si, donc, l'axe nord-sud est celui de la vie intérieure, que les *Entretiens* représentent le nord et *Les morts de ma vie*, le sud… que pouvaient bien être l'est et l'ouest ? Ce ne pouvaient être que des récits liés à l'extérieur. Je n'avais plus qu'à me demander ce que j'avais envie de raconter à ce sujet, et voir quelles images me viendraient.

R. Oui… ?
D. D'abord, les voyages.
R. Les voyages ?
D. Oui. Tous mes voyages. Mais attention : tous mes voyages concrets, dans le monde physique. Je me meurs d'envie d'écrire ça. Mes longues promenades dans Montréal, dans Paris, dans Londres, dans Vancouver, New York ou Toronto. L'Australie. Les appartements de certains de mes amis. Ceux que j'ai habités. La France. Charlevoix. L'Angleterre et Caracas. Et puis le Maghreb : le Maroc, la Tunisie, l'Algérie. Et une multitude de chambres d'hôtels.
R. La Russie.
D. Évidemment. Alors, si tous les voyages représentaient, disons, l'est… qu'est-ce qui pouvait bien rester à l'ouest ?
R. Je vous écoute.
D. Je vous ai soufflé la réponse il n'y a pas cinq minutes.
R. …
D. L'écriture, voyons ! Si je regarde ma vie, mais ma vie *dans le monde*, plutôt que ma vie intérieure, j'ai fait deux choses, au total : je me suis promené et j'ai écrit, c'est tout.
R. Ah. D'où l'idée des *Morceaux*, donc ?
D. En partie seulement. J'y arrive. Quand j'en ai été là, il m'a immédiatement semblé que l'écriture, l'ouest, devait venir tout de suite après les *Entretiens*. À ce moment-là, je ne savais pas pourquoi, mais je ressentais avec beaucoup de force que c'était incontournable et qu'il manquerait quelque chose d'essentiel à ma compréhension de l'entreprise globale tant que je n'aurais pas compris pourquoi : pourquoi *Morceaux* devait-il venir tout de suite en deuxième ? Je commençai par me dire, à l'aveuglette – il fallait bien que j'attrape un bout du fil, n'importe lequel –, que c'était parce qu'il serait le plus simple à écrire : les textes sont déjà tous là, dans mon ordinateur, bien classés et, dans de nombreux cas, déjà annotés. Mais ça ne pouvait pas être la bonne raison.

R. Pourquoi pas ?

D. Parce que l'esprit, et tout particulièrement l'imagination, le désir, ne fonctionne pas comme ça, tout simplement. Ce n'est pas la gestion qui détermine les ordres de priorité vraiment essentiels qui surgissent dans nos vies. C'est même le contraire : l'esprit fait de lui-même surgir les priorités, et ce n'est qu'après qu'intervient la gestion, dans le seul but de permettre la réalisation des projets. Il faut vivre dans un monde particulièrement pervers, qui se shoote littéralement à l'autorité, pour s'imaginer que ce serait la gestion qui serait déterminante des désirs qui animent nos vies. Bref, quelles qu'aient été les raisons que je pouvais me dénicher comme justification, j'avais au moins une séquence complète sur laquelle travailler. Avec laquelle vagabonder. Et par laquelle me laisser hanter.

R. Quatre livres. Qui ne représentent pas quatre étapes successives le long d'un trajet en ligne droite, mais plutôt quatre points cardinaux vers lesquels vous vous tournez l'un après l'autre : *Entretiens* – trajets intérieurs. *Morceaux* – trajets d'écritures. *Voyages* – trajets de trajets. *Morts* – trajets de… de quoi ?

D. D'âme, il me semble.

R. *Entretiens* – *Morceaux* – *Voyages* – *Morts*. Quatre mondes qui vivent en vous simultanément ?

D. Oh oui, tout à fait. Ce n'est pas le passage d'un horizon à l'autre qui constitue un périple, mais ce qui s'est passé sur chacun de ces horizons-là à la fois isolément et sur tous à la fois.

R. Sur tous à la fois puisque chacun des trajets que vous avez vécus dans votre vie a existé au même moment sur les quatre horizons ? C'est ça ?

D. Eh oui. Tous les gestes que nous posons, toutes les réflexions auxquelles nous nous abandonnons ont des répercussions en nous dans des provinces à première vue extrêmement différentes les unes des autres.

R. Nous disons donc : nord – ouest – est – sud. Euh… ?

D. Oui ?
R. Deux questions. Des détails, sans doute, mais tant qu'à y être.
D. Allez-y.
R. Pourquoi est-ce que vous n'y allez pas dans le sens des aiguilles d'une montre ?
D. Oh ? Je pense que c'est parce que je suis gaucher, tout simplement.
R. Ah ?
D. Si vous me demandez de tourner la tête mais sans me préciser de quel côté, j'ai de très bonnes chances de la tourner à gauche.
R. C'est tout ?
D. Je crois. Reposez-moi la question quand j'aurai complété le trajet, si jamais je le finis, nous verrons bien.
R. Deuxième détail : pourquoi est-ce que vous faites demi-tour, après l'ouest ?
D. Je vous demande pardon ?
R. Votre tour d'horizon n'est pas continu. Vous faites face au nord, vous tournez à gauche, mais ensuite, plutôt que de tout simplement continuer vers le sud, vous faites demi-tour vers l'est. Ça signifie quelque chose ?
D. Votre question, en tout cas, m'indique que vous ne manquez certainement pas de suite dans les idées.
R. Comment ça ?
D. C'est, posée sous une autre forme, encore une fois celle de la place des *Morts de ma vie* dans l'ensemble du projet, non ?
R. Non, pas vraiment, je ne crois pas. Tout à l'heure, je vous demandais pourquoi vous ne passiez pas tout de suite aux *Morts* parce que vous veniez tout juste de me dire que vous en aviez ressenti le désir très fort. Alors que là, je vous demande pourquoi vous sautez le sud, après avoir parlé de l'ouest. C'est assez différent, je trouve.
D. Oui, je vois. Eh bien, je pense qu'il y a d'abord, bien entendu, ce que je vous ai expliqué à propos du livre des *Morts* devant venir en tout dernier.

R. Le fait que vous voudriez avoir raconté « tout le reste » avant d'en venir à lui ?

D. Oui.

R. Mais c'est un argument qui a davantage à voir avec une progression rectiligne qu'avec un tour d'horizon, ça, non ?

D. Ah oui, tiens. Oui, c'est vrai. Attendez. Je crois... Non, il faut que je vous précise une chose, avant de tenter de répondre. Deux choses, même.

R. Allez-y.

D. D'abord : que ce que je vous ai raconté jusqu'à maintenant, c'est ce que je connais déjà. Des hypothèses, certes, mais identifiées avec plus ou moins de certitude.

R. Les quatre points cardinaux, et tout ça ?

D. Oui. Tandis qu'ici, pour tenter de parler un tout petit peu plus de ce que sera peut-être *Les morts*, il faut que je franchisse une ligne : celle de la spéculation. Et qu'en écriture, il faut toujours y aller très doucement, avec la spéculation. « La preuve est dans le pouding », comme disent les Anglais, pas dans les rêves qu'on fait à son sujet.

R. Vous n'allez pas me répondre, mais seulement le tenter... et même très délicatement, du bout des lèvres ? C'est ce que vous me dites ?

D. Même pas le tenter. À peine égrener quelques bouts d'images, d'instinct. Parce que tout ça, tout ce qui touche aux *Morts*, c'est trop loin. Trop loin devant moi. Ou trop loin *au fond* de moi. Et que, comme je vous l'ai dit, je ne veux pas plonger tout de suite. Or, tenter de vous répondre avec le moindrement de précision aurait des bonnes chances de lancer le processus.

R. Je comprends.

D. La deuxième précision est une mise en garde, conséquence directe de ce que je viens tout juste de dire : tout ce que je peux vous répondre au sujet des *Morts de ma vie*, c'est des miettes, à peine de minuscules éléments disparates et presque insaisissables. Alors ne tentez surtout pas de vous composer une image trop définitive à partir d'eux, vous auriez toutes les chances du monde de passer complètement à côté de la plaque.

R. Message reçu. Alors, cela étant dit, pourquoi est-ce que vous faites demi-tour après avoir parlé de l'écriture ? Ou, formulé autrement : pourquoi est-ce qu'après *Morceaux*, vous n'abordez pas directement *Les morts de ma vie* ?

D. Le premier fragment de réponse qui me passe par la tête, c'est que l'horizon qui nous est apparu en tout premier – le nord que représentent les *Entretiens* – est bordé par l'ouest et l'est, bien sûr. Alors je pense que j'ai simplement envie de compléter mon évocation de ce côté-là du monde avant de me retourner.

R. Le sud serait donc dans une catégorie à part ?

D. On le dirait bien. Une autre miette, c'est… que j'ai passé trop de temps – vraiment beaucoup trop –, ces quinze ou vingt dernières années, à m'intéresser à ce qui se passe dans notre société. Et dans le monde. Ce n'est absolument pas un regret que j'exprime là, ni une critique des priorités que j'ai faites miennes depuis vingt ans, mais un simple constat : il *fallait* que je me penche sur ce qui se passait dans le monde, mais il n'en reste pas moins que, de ce fait, j'ai été forcé de délaisser bien d'autres sujets de préoccupation tout aussi essentiels à mes yeux.

R. Des sujets tels que… la mort ?

D. Entre bien d'autres.

R. Je vois.

D. Je ne suis pas fasciné par la mort, mais elle est là. Là, dans nos vies. Partout. Inéluctable. Et, comme je vous l'ai déjà raconté, non seulement j'ai eu très tôt à croiser sa route, mais l'idée d'elle a même fait partie de mes jours, sous mille et mille formes, tout au long de mon existence.

R. Justement, parlant de ça…

D. Quoi ?

R. Dans les *Entretiens*, vous avez évoqué certains moments de votre vie qui... durant lesquels vous avez flirté avec elle d'assez près, non ?

D. Non.

R. Non ?! Mais... ? Et les moments « au bord du gouffre » ? Celui, par exemple, où vous vous êtes appuyé le dos à un arbre, un couteau à la main, prêt à vous ouvrir les veines ?!

D. J'ai dû vraiment très mal m'exprimer, parce que ce n'était pas du tout avec la mort que je flirtais à ces moments-là.

R. Non ?!

D. Avec la vie.

R. ...

D. Il ne s'agissait pas du tout de mourir, mais plutôt de m'arracher d'un coup sec à des ornières dans lesquelles j'étais empêtré jusqu'aux oreilles. C'étaient les ornières qui risquaient d'avoir ma peau, pas le saut dans lequel je me lançais à ces moments-là. D'ailleurs, je vous ai précisé que cette « danse au bord du précipice », je m'y suis livré bien des fois. Or je suis toujours vivant. Si le but que j'avais réellement visé en me livrant à elle avait été de mourir, la question serait réglée depuis un bon bout de temps. Seulement, il y a une condition *sine qua non* à remplir, pour que la danse au bord du précipice remplisse son rôle.

R. Laquelle ?

D. Il faut se livrer à elle sans la moindre réserve mentale.

R. Vous voulez dire qu'il faut y aller « pour de vrai » ?

D. C'est ça. Mais ce n'est vraiment pas le moment de nous éterniser sur le sujet, nous aurons très certainement l'occasion d'y revenir plus tard.

R. Comment ça, ce n'est pas le moment ? Nous ne parlons pas de la mort, là ?

D. Oui, sans doute. Mais nous ne parlons pas de la mienne en particulier, nous parlons du livre dans lequel j'aborderai celle d'êtres chers.

R. ...

D. Je peux quand même vous dire un mot à propos de mon sentiment à la pensée de la mienne, si ça vous chante.

R. Allez-y.

D. Une nuit d'été, il y a plusieurs années de ça, en me promenant avec quelqu'un de très proche, au cours d'une conversation extrêmement chaleureuse, touchante, douce, intime, une conversation sans armure, si vous voyez ce que je veux dire…

R. Oui…

D. … mon compagnon m'a soudain posé une question qui ne m'a pas surpris du tout… alors que la réponse spontanée qui a surgi entre mes lèvres, elle, m'a littéralement jeté à terre.

R. Quelle question ?

D. « Tu as peur de la mort ? »

R. Et votre réponse ?

D. « Pas une miette. »

R. Euh. Oui, en effet. C'est assez étonnant comme réponse.

D. Et parfaitement sincère. Je vous précise toutefois à vous, comme je le lui ai aussi souligné immédiatement, que cette réponse-là, c'est celle qui m'est venue à l'époque et qui me vient encore aujourd'hui, mais il n'en reste pas moins que c'est peut-être – et même sans doute – une réponse à la *Lord Jim*.

R. Une quoi ?

D. Une réponse à la *Lord Jim*. Du titre d'un magnifique roman de Joseph Conrad. C'est l'histoire d'un tout jeune homme qui s'engage dans la marine parce qu'il rêve d'héroïsme. À ses propres yeux, son courage ne fait pas le moindre doute, il a simplement hâte de pouvoir en faire la démonstration éclatante. Sauf qu'à la première grosse tempête que rencontre le navire sur lequel il est devenu officier, il panique complètement et s'enfuit en canot. Le roman ne s'arrête pas là, il s'en faut de beaucoup, mais ce début-là est tellement frappant que, depuis la toute première fois que je l'ai lu, il y a de ça des dizaines d'années, il y a toute une catégorie de comportements que j'ai baptisée «à la *Lord Jim*». Ce sont des comportements dont on peut être totalement convaincu, en toute légitimité, qu'ils seront les nôtres si jamais adviennent certains événements… alors qu'en fait on n'en sait strictement rien. Attention : ce ne sont pas du tout des ballounes, des prétentions ou des illusions, non. Ce sont simplement des connaissances qui n'ont pas encore été soumises au feu de la réalité. En fait, cette impression de lui-même qu'a le jeune homme dans le roman, elle est tout à fait fondée. Mais elle ne l'est pas du tout *de la manière à laquelle il s'attend* – et c'est ce que raconte la suite du livre.

R. Donc, vous n'avez pas peur de la mort, mais ça ne signifie pas pour autant que son approche vous laissera nécessairement indifférent ?

D. Voilà. Rien ne prouve que le jour où je verrai s'avancer vers moi la capuche noire et la faux, je serai calme, serein et dégagé de la moindre angoisse. Nous verrons bien en temps et lieu. Et je ne suis pas particulièrement pressé de l'apprendre.

R. …

D. Il n'en reste pas moins qu'il y a quinze ans – lors de cette promenade – ou aujourd'hui, c'est vraiment ce que je ressens : je n'ai pas peur de la mort. Seulement voilà, ne pas avoir peur d'elle n'implique pas du tout que je l'ignore. Bien au contraire. Je sais parfaitement qu'elle m'attend. Et qu'elle n'est quand même pas un détail. Alors… pourquoi est-ce que je réagis comme je le fais, moi, alors que je connais tellement de gens qui m'ont déjà raconté s'éveiller parfois la nuit pour trembler à sa seule pensée ? Ça, c'est une question qui m'a beaucoup chicoté.

R. Mais plus maintenant ? Pas depuis que vous vous êtes mis à étudier la société et la politique ? C'est ce que vous me dites ?

D. Beaucoup moins, en tout cas. Pour faire une réponse courte, je dirais que ça ne fait plus partie de mes sujets de méditation les plus fréquents. Même pas quand je reçois des menaces de mort. Or, pour revenir à votre question initiale, je crois qu'une des raisons pour lesquelles *Les morts de ma vie* doit venir en dernier, c'est que, pour pouvoir m'atteler à la tâche, je dois d'abord renouer avec ce train-là de ma pensée.

R. Ce qui implique de cesser de parler de la société ?

D. Comme je l'ai fait publiquement ces quinze dernières années ? Oui, absolument. D'ailleurs, ça tombe bien : j'en ai très largement mon *truck*. Ça achève.

R. Donc il faut repousser l'écriture des *Morts* parce que, pour pouvoir vous y mettre, il va vous falloir d'abord renouer avec vos méditations d'antan ?

D. Il va surtout me falloir découvrir où ces méditations en sont rendues. Je ne doute pas un instant que, même si je leur ai trop peu porté attention, elles ont tout de même continué d'évoluer, mais à l'arrière-plan. Il faut que je trouve le temps et l'occasion de m'écouter penser pour savoir où j'en suis rendu à ce sujet. Pas où je *pense* être rendu, mais où j'en suis vraiment.

R. D'autres miettes qui vous viennent à l'esprit ?

D. Juste une. Je suis… trop jeune. Sauf accident, j'ai bien l'air d'être fait pour durer encore un bout. Alors, il n'y a pas urgence. Et puis il n'y a pas seulement mille sujets dont j'ai encore envie de parler, il y a aussi, et surtout, mille choses que j'ai envie de faire, de voir… ou de palper, dans ma vie. Plus j'en aurai fait et plus, dans le livre, les discussions auront de chances d'être captivantes.

R. Oups ! Les « discussions »… dans le livre ? Vous voulez dire : dans *Les morts de ma vie* ?

D. Oui.

R. Donc, ce livre-là aussi sera un livre de discussions ?

D. C'est ce qu'il me semble.

R. De discussion avec… qui ?

D. Avec eux, je crois.

R. « Avec eux »… les morts ?

D. Oui. Mais attention : je n'en sais rien encore. Ce que je vous dis là, c'est des poussières d'images. N'oubliez pas mon avertissement.

R. *Les morts de ma vie* pourrait donc être un bouquin de dialogues avec les morts ?

D. Sans commentaire.

R. Bon. Euh. Nous disons donc : nord – ouest – est – sud. Le premier et le quatrième horizon s'opposent sur un axe, et le deuxième et le troisième sur l'autre.

D. C'est ça : le premier et le dernier parlent de l'intérieur, les deux autres de l'extérieur.

R. Et ensuite ? Une fois que vous avez eu attrapé ce bout-là du fil, qu'est-ce qui est arrivé ?

D. Pendant un long moment, rien du tout. J'avais l'idée. Elle m'obsédait de plus en plus. Je la sentais remuer en moi. Mais elle n'avait pas de… de versant concret.

R. Pourquoi pas ?

D. Eh bien, parce que les *Entretiens* eux-mêmes n'étaient pas encore concrets.

R. Expliquez.

D. Au moment où, en avril, j'ai commencé à les faire lire, l'une des toutes premières personnes à qui j'en avais envoyé le manuscrit était bien entendu Pierre Filion, mon éditeur. Mais le but visé par mon envoi n'était pas du tout une publication – en tout cas pas, selon moi, dans un avenir prévisible.

R. Pourquoi pas ?

D. Mais parce que cette éventualité me semblait totalement inimaginable. Je ne faisais pas de blagues, l'hiver dernier, quand je répétais sans cesse que je n'écrivais pas ces pages-là pour les voir diffuser, mais d'abord et avant tout pour pouvoir moi-même les lire. C'était littéral. Et l'émotion que j'ai ressentie plus tard, de fois en fois, lorsque certains lecteurs et certaines lectrices m'ont parlé de ce qu'avait suscité en eux ce qu'ils venaient de lire, ce n'était pas non plus de la blague. S'ils m'avaient tous psalmodié en chœur : « C'est de la merde, va te cacher ! » je n'aurais pas été étonné un seul instant. C'était même précisément la réaction à laquelle je m'attendais. Ça n'aurait rien changé à ma joie d'être venu à bout de l'entreprise, et ça ne m'aurait pas choqué non plus.

R. Non ? Vraiment pas ?

D. Vraiment pas. Je n'ai aucun problème à assumer ma « martianitude ». Les réactions à mes premières pièces m'ont enseigné trois ou quatre petites choses essentielles, à ce chapitre-là. Elles ont toutes été refusées partout où je les avais envoyées tant et aussi longtemps que je les ai pas eu défendues moi-même… pour qu'ensuite les personnes mêmes qui les avaient refusées viennent, les larmes aux yeux, me taper dans le dos en disant : « Ah oui, ah oui, vraiment excellent. Tu sais, je n'en ai jamais douté. Bravo. » Ça forme le caractère. Dans le cas des *Entretiens*, c'est seulement quand j'ai eu perçu l'émotion de certains des lecteurs que j'ai fini par avoir le souffle coupé : « Dieu du ciel ! C'est compréhensible ! Qu'est-ce que je viens de faire là ! » Je n'en revenais tout simplement pas. J'étais terrorisé.

R. Parmi vos premiers lecteurs, vous aviez donc envoyé le manuscrit à Pierre…

D. Oui. En lui précisant très clairement que je ne le lui soumettais pas pour publication, mais simplement pour qu'il le lise et qu'on s'en parle tous les deux. Point à la ligne. Il va sans dire que ce que nous venons tout juste d'évoquer, les quatre points cardinaux et tout ça, n'était absolument pas présent à mon esprit, au moment de l'envoi.

R. Et comment est-ce que Pierre a réagi, à la lecture ?

D. Eh bien, voilà. Il n'a pas pu lire immédiatement. Les circonstances l'en ont empêché. Tant et si bien que j'ai eu le temps de recevoir toutes sortes d'autres commentaires, de les assimiler, de faire surface, de me remettre à respirer… et de finalement décider que bon, si Pierre allait être intéressé, en définitive sans doute que oui, j'accepterais que le texte soit rendu public. C'est à ce moment-là, et à ce moment-là seulement, il y a quelques semaines à peine, donc, que l'idée des quatre points cardinaux a commencé à émerger, tout doucement.

R. Toujours sans avoir reçu de nouvelles de la part de Pierre ?

D. C'est ça. L'idée d'une série de quatre livres, qui a lentement germé, ne pouvait donc pas constituer un projet concret, pour moi, au moment où je lui ai envoyé le manuscrit : je ne savais même pas si, quand lui et moi nous verrions pour qu'il me parle des *Entretiens*, il n'allait pas me les faire bouffer entre deux tranches de pain-guenille, sans mayonnaise.

R. Ça vous aurait fait tout un repas.

D. Oui, j'en aurais eu pour un bout de temps à mastiquer.

R. Toujours est-il que… ?

D. Que Pierre et moi avons fini par nous rencontrer, une fois sa lecture achevée.

R. Et… ?

D. Et que l'objet de la discussion a été clair d'entrée de jeu : le livre va paraître, un point c'est tout. C'est dans ces termes-là qu'il a immédiatement posé les enjeux de notre rencontre. Nous avons alors eu une discussion passionnante, sur une foule de sujets. Et tandis que l'information poussait des racines en moi – « Saint Sacrebleu ! Les *Entretiens* vont paraître ! » –, j'ai senti les images et les idées se mettre en mouvement. Avec une énergie insensée. Comme si toute une partie de moi s'était, des mois durant, préparée, en silence, dans l'ombre, en n'attendant qu'un signal pour passer à l'action à la vitesse de l'éclair. À un moment de la conversation, j'ai senti qu'il fallait que je parle, tout de suite, que je dise à Pierre le fond de ma pensée. Je lui ai annoncé que j'avais à l'esprit trois autres ouvrages. Mais que pour l'heure, il y en avait un qui s'imposait tout particulièrement : *Morceaux*. Il a immédiatement compris de quoi il s'agissait et a donné son accord de principe.

Je suis incapable de décrire, si peu que ce soit, ce qui s'est alors déclenché au fin fond des replis de moi. Une. Un. Un véritable branle-bas. En un instant, j'ai vu… non pas la destination… il n'est absolument pas question de rien de tel… mais le portail… le grand portail sous lequel m'engager, de l'autre côté duquel se déroule la route. J'ai réalisé que ce que je m'étais raconté jusque-là à propos du second livre venait de partir en fumée. Ça n'avait été qu'un appât. En attendant. Que pour me permettre de faire chauffer les moteurs, en quelque sorte. Non, la tâche ne consiste absolument pas à simplement choisir vingt ou vingt-cinq textes parmi les cent cinquante possibles, puis à les enfiler sur une brochette entre des rondelles d'oignon et de tomate. Oh que non. Il s'agit de bien davantage, et de tout autre chose que ça. Il s'agit ni plus ni moins que d'entendre ce que j'ai dit et pensé au cours de ma vie. Il s'agit d'écriture. D'art. De parole. De combat et de beauté. De témoignage. Il s'agit de retracer le chemin du désir qui m'anime – du désir qui est, littéralement, la matière de mon âme.

Dans les *Entretiens*, nous avons vous et moi raconté le trajet de mes amours…

R. … s'ouvre aujourd'hui celui de la parole?

D. Précisément.

*

Morceaux

R. Donc, il y aura quatre livres?

D. Il n'est pas question de ça pour le moment. Rien que du deuxième. C'est plus que suffisant. En ce qui trait à la suite, nous verrons à mesure.

R. *Morceaux*, donc.

D. Oui.

R. Dites-m'en davantage.

D. Posez-moi des questions.
R. Vous m'avez dit plus tôt que la publication de vos textes autres que de théâtre vous titille depuis longtemps.
D. Oh que oui. C'est même comme ça qu'est né le projet de ce qui par la suite est devenu mon essai inachevé : *Les cahiers d'un Hobbit.*
R. Racontez-moi ça.
D. Très rapidement, alors.
R. D'accord.
D. Le projet de réunir mes textes non théâtraux m'a, à cette époque, plusieurs fois déjà traversé l'esprit, mais c'est au début de 1996, en mars, que je me rends compte que j'ai des tas et des tas de textes, sous toutes sortes de formes, éparpillés dans tous les coins. Certains sont vaguement classés dans des cahiers à anneaux, d'autres sont toujours manuscrits, dans des cahiers de notes, d'autres encore sont répartis dans différents répertoires de mon ordinateur, sauvegardés sous tous les formats imaginables. À ce moment-là, nous sommes quelques mois à peine après le second référendum et je viens pour la première fois de me rapprocher de dire publiquement le fond de ma pensée en ce qui a trait au nationalisme et à la société où je vis. Mais ma prise de parole, et la soudaineté avec laquelle j'ai dû me résoudre à elle, m'ont moi-même pris complètement par surprise. J'ai dû réagir à toute vapeur et, dans les contrecoups, je ressens soudain le besoin de… de me rapailler.
R. Vous voulez dire : de classer vos textes ?
D. Entre autres choses, oui. Pour essayer de prendre leur mesure. La mesure de ce qu'ils disent *tous ensemble.* De faire le point – tout seul, puisque dans cette société je n'ai jamais trouvé personne avec qui il m'aurait réellement été possible de discuter de ces sujets-là – en tout cas, pas si je souhaitais susciter une autre réaction qu'un véritable tir de barrage de clichés, de lieux communs et autres slogans tellement bien appris par cœur qu'on a fini par croire

qu'ils sont le fruit de notre propre réflexion. Alors je me lance dans un grand ménage. Et c'est en me livrant à lui que me revient une nouvelle fois l'idée de les publier, tous ces textes – en tout cas, les plus solides d'entre eux. Seulement, cette fois-ci, l'idée est nettement plus forte que précédemment. Je les organise. Je les regroupe. Les prépare. Je rédige même, pour plusieurs, de courtes présentations, histoire de raconter ce qui m'a poussé à les écrire, et les conséquences qu'ils ont eues... ou pas. La récapitulation est fascinante : j'observe à la fois les cohérences de mon discours, et toutes les manœuvres auxquelles je me suis au fil du temps senti obligé d'avoir recours, chaque fois que le fait de dire les choses trop clairement aurait risqué de me valoir des coups que je redoutais.

R. Vous voulez dire : les ruses que vous avez employées ?

D. Eh oui, exactement, c'est le mot – hélas. D'un texte à l'autre, sans même bien m'en rendre compte d'abord, j'étudie mes ruses. Et, à la longue, je me rends compte qu'elles me mettent de plus en plus mal à l'aise. C'est une chose de savoir que, quand on écrit, on tourne parfois les coins ronds pour ne pas trop choquer Unetelle ou ne pas trop froisser Telautre, mais repasser à travers des centaines et des centaines de pages, écrites dans des contextes aussi variés que possible, sur toutes sortes de sujets, et se rendre compte du véritable arsenal de demi-vérités et de trompe-l'œil auquel on a fait appel... c'en est une tout autre.

R. C'est seulement à ce moment-là de votre vie que vous vous rendez compte de la masse de ruses que, sans même en avoir été pleinement conscient, vous avez utilisées au fil des ans ?

D. Oui. Et je la trouve diablement impressionnante, cette masse-là. Et mauditement encombrante.

R. Qu'est-ce que ça vous fait ?

D. Je me mets à réfléchir. Mais alors là, ce qui s'appelle sérieusement. Comment est-ce que j'ai bien pu être amené à prononcer une telle quantité de paroles avec lesquelles je n'étais pas entièrement d'accord ? Comment me suis-je arrangé pour devenir aussi souvent allusif, alors que le désir qui me pousse à écrire a toujours tout eu à voir avec la nécessité de saisir le taureau par les cornes ? C'est quand même assez ahurissant comme constat, non ?

R. …

D. En même temps, le désir de les rendre publics tous ensemble, ces textes, ne me quitte pas. Alors je commence à leur rédiger une introduction générale. Pour guider le lecteur, en quelque sorte.

R. Qu'est-ce que vous voulez y dire ?

D. Essentiellement, deux choses. D'abord, indiquer le fil qui court entre ces écritures apparemment disparates, et le développer. L'ancrer encore davantage. Pour moi, surtout : pour me clarifier les idées en vue de mes textes futurs. Pour tenter une bonne fois de les exprimer « telles quelles », mes idées, plutôt qu'« aménagées d'avance ». Ensuite, je veux aussi attirer l'attention des éventuels lecteurs sur ces lâchetés, justement, sur ces ruses. Et m'interroger à leur propos : pourquoi ? comment ? et ainsi de suite. C'est là, en commençant à travailler à cette introduction que, très rapidement, tout bascule. Je réalise que la question de mes lâchetés ne peut pas être secondaire – elles sont beaucoup trop nombreuses pour qu'une pareille considération soit envisageable. Je veux donc me demander pourquoi je me suis livré à elles, mais me le demander, cette fois, non plus au cas par cas, mais globalement. Aussitôt, la réponse me saute aux yeux. Je réalise… l'évidence, tout simplement.

R. Assavoir ?

D. Assavoir que si j'ai été lâche, c'était parce que j'ai peur. Quelle autre espèce de réponse est-ce qu'il pourrait bien y avoir ? Sauf que cette réponse-là mène tout droit à un véritable gouffre : de *quoi* est-ce que j'ai donc tellement peur ?

Je me souviens de ce matin-là. J'ai déjà passé la journée entière de la veille, puis toute la nuit, à travailler. Je nage dans l'écriture comme un poisson dans l'eau. Et tout à coup, d'elle-même, la question trouve sa forme : « De quoi est-ce que j'ai donc tellement peur ? » Je lève les yeux. Regarde par la fenêtre. Balaie l'horizon du regard. Et me retrouve tout à coup submergé par la réponse.

R. J'écoute.

D. Ce dont j'ai si peur, c'est… de la société dans laquelle je vis.

R. Oh ?

D. Oui. La muraille vient de commencer à s'effondrer. Je me mets à prendre des notes, à toute allure. Tentant d'identifier des images précises, des moments exacts. Dressant des listes de questions sur lesquelles je vais devoir me pencher de toute urgence. Quelques semaines plus tard à peine, le projet de publier une collection de mes textes est déjà complètement englouti par l'écriture de ce qui, à l'origine, ne devait être qu'une intro mais qui va finir par compter plus d'un millier de pages et par avoir bouffé le plus clair de quatre années de ma vie.

R. C'est comme ça que vous avez commencé votre essai ?!

D. Oui. En réalisant que, sans même avoir jamais osé me l'avouer, le sentiment qui a mené le plus clairement ma vie, en tant que citoyen en tout cas, mais parfois aussi en tant qu'auteur, ça a été la peur. Une peur proprement abjecte. Sans forme précise. Et pourtant omniprésente.

R. La peur de quoi ?

D. De ne pas *fitter*.

R. Dans quoi ?

D. Dans tout ce qu'il faut être pour être un « vrai Québécois ». Je réalise avec quelle force elle est présente dans ma vie, cette peur. Comment on l'a implantée et nourrie dans mon esprit. Comment on continue de le faire. Et comment les mécanismes de sa reconduction, pas seulement dans mon esprit à moi, mais aussi dans celui de pratiquement tous ceux et toutes celles dont je croise la route, semblent tout-puissants. Et redoutablement rodés.

R. Et à présent ?

D. À présent ? Ce que je souhaiterais, ce serait que, vous et moi, nous nous assoyions et choisissions quelques textes dans cette pile-là. Et même parmi d'autres encore, si nous le voulons. Sans limites. Que nous fassions avec l'écriture de mes textes ce que, dans les *Entretiens*, nous avons fait pour une partie de ce qu'a été ma vie : laisser se dérouler ma pensée pour parvenir enfin à en saisir le fil. J'ai longuement insisté, dans les *Entretiens*, sur la momification et sur ce que je comprends de ses mécanismes. Mais ça ne suffit pas. Je dois aussi parler, pour pouvoir enfin le lire, de ce qui m'anime comme auteur.

R. Mais pourquoi donc ?

D. Parce que jusqu'à présent, je ne suis *jamais* parvenu à le faire d'une manière qui me paraisse satisfaisante.

R. Qu'est-ce que ça pourrait être, une « manière satisfaisante » ?

D. Je ne sais pas. Nous allons devoir l'inventer.

R. Et vous voulez parler de ça… comment ?

D. Dans le noir. Sans aucune destination préalable. Comme nous nous sommes abandonnés aux *Entretiens*.

R. Et advienne que pourra ?

D. Et advienne que pourra. Il y a des univers entiers qui tourbillonnent en moi. Et que je sais devoir écrire un jour. Tout bientôt. Mais pour l'heure, entre ces univers-là et leur expression, je ressens un mur. Une partie de lui est composée de ce que jusqu'à maintenant je ne suis pas parvenu à identifier. Et il faut que j'y arrive.

R. Pour pouvoir poursuivre votre route ?

D. Eh oui.

R. Autrement dit ?

D. Autrement dit : il va falloir que nous y allions comme ça nous chantera, dans l'ordre, le désordre ou le chaos que nous nous inventerons au fur et à mesure.

R. Que nous allions… où ?

D. Je ne sais pas. Je n'ai pas de nom pour cet endroit-là.

R. Essayez.
D. Je crois… vers les sources de ce qui m'a fait choisir, pour lui consacrer ma vie, la plus belle tâche du monde ?
R. La plus belle tâche du monde ?
D. Le chanter.

*

Encore une petite chose…

R. Bon. Eh bien, allons-y. Par quoi, ou par où, est-ce que vous voulez commencer ?
D. Attendez. Avant de faire le saut, il y a encore une petite chose dont, cette fois-ci, c'est moi qui aimerais bien que nous débarrassions notre chemin. Je vous ai raconté tout à l'heure que, parmi les parcours que j'ai d'abord imaginés pour une suite aux *Entretiens*, il y a eu en tout premier lieu celui qui aurait commencé par une autobiographie classique.
R. Oui ?
D. Eh bien, j'aimerais assez régler son compte à cette idée-là. Vider la question, quoi. Mais le plus rapidement possible.
R. Pourquoi donc ?
D. Pour que nous ne soyons pas continuellement hantés par la question de savoir si la séquence des événements dont nous risquons d'avoir à parler est suffisamment claire. Cette question-là, elle aussi, comme celle des suites qu'a eues à ce jour l'écriture des *Entretiens*, risquerait de sans cesse venir nous jouer dans les pattes et, du coup, nous emmêler les pinceaux.
R. Comment on ferait ça ?
D. Très simplement : par un petit résumé de mon parcours de vie. Après, je crois que nous aurions vraiment l'esprit libre pour nous mettre au travail.
R. Un résumé… que nous écrivons ici, là, pour l'occasion ?

D. Non. Non, je ne crois pas. En février 2000, Josée Roussy, la directrice du Théâtre Face-Public, m'invite à profiter de trois soirées successives qu'elle a réservées à la toute petite salle La Balustrade du Monument-National. Nous décidons de les consacrer à la lecture, par moi, en solo, de certains de mes textes inédits ou peu connus. Chacune des trois a son programme propre. Le premier soir : *Quelques chinoiseries et une épître*, le second : *Aimer, écrire*, le troisième : *Espoir, révolte, etc.* Histoire d'un peu mettre les choses en contexte, je décide à la toute dernière minute de composer une petite présentation de moi-même que je lis au début de chacune des trois soirées.

Quelques points de repère chronologiques

1955, *20 juillet – Naissance à Montréal, à l'hôpital Notre-Dame, de Joseph Jacques Daniel Dubois.*
Le « René » de « René-Daniel » ne sera ajouté que vingt ans après, à la sortie de l'École nationale de théâtre, au moment de m'inscrire à l'Union des artistes. Il y a déjà là, parmi les membres, un Daniel portant le même nom de famille que moi. J'ai, en conséquence, trente secondes pour me trouver une nouvelle identité. Je choisis d'ajouter en préfixe à mon prénom celui de mon parrain – par affection pour l'homme, mais aussi, entre autres raisons plus prosaïques, parce que je suis certain que ce second prénom doit apparaître sur mon certificat de baptême, ce qui simplifiera les opérations bancaires et les histoires de passeport. Erreur ! Comme je m'en apercevrai immédiatement en rentrant chez moi, mes parents, qui ne font jamais rien comme tout le monde, n'ont pas inscrit le prénom de mon parrain parmi les miens.

1960 – *La rentrée scolaire qui suit immédiatement le début de la Révolution tranquille, déclenchée en juin, me voit, quant à moi, prendre la route de la petite école. Je me souviens très vaguement de quelques jours de pure torture passés dans un établissement de* Rosemont *dont j'ai oublié le nom depuis longtemps.*

Comme mes parents sont une véritable bénédiction pour les déménageurs – et pour les huissiers –, mes sept années de primaire se passeront dans au moins sept écoles différentes – il me semble d'ailleurs que ma mémoire en saute – dans des villes et des quartiers disséminés dans toute la région métropolitaine. Les changements d'établissement se font habituellement non pas en septembre – ce serait trop simple –, mais au cours de la période s'étalant entre deux mois après *le début des classes et deux mois* avant *leur fin.*

1966 – *En mars. Décès de ma mère.*

Je suis catapulté – c'est le terme qui convient – chez mes grands-parents paternels, où je découvre les joies de la récitation du chapelet en famille à genoux autour du lit, et celle d'être obligé de devenir enfant de chœur, étant bien entendu qu'un refus de ma part signifierait que mes deux sœurs et moi serions séparés et placés en familles d'accueil.

En conséquence, j'apprends mes premières prières à onze ans puisque, jusque-là, je ne connaissais même pas le Notre Père. *Mes parents – tout comme mon arrière-grand-père paternel d'ailleurs, de qui je garde un souvenir extrêmement vif et chaleureux – étaient d'ardents anticléricaux. Le seul souvenir que j'aie conservé d'une conversation entre ma mère et moi au sujet de mon avenir se résume à ceci : « Tu feras ce que tu voudras – me dit-elle –, c'est ta vie à toi. Une seule chose, cependant : si jamais tu décides de devenir frère… je te déshérite ! »*

Passer de cette atmosphère-là à celle symbolisée par le cardinal Paul-Émile Léger psalmodiant ses Je vous salue, Marie *à…* CKAC *– me semble-t-il – est extrêmement formateur pour le caractère.*

1972 – *Mon secondaire complété, j'arrive au cégep. Où je ne reste qu'un an. Sciences de la santé.*
Ma décision est prise depuis des années, pourtant : je serai médecin. Et rien d'autre. Je suis tellement sûr de mon affaire qu'en huitième année – « secondaire I », *de nos jours –, notre titulaire, monsieur* Léopold Perrier, *qui était aussi notre professeur de français, nous avait imposé une rédaction dont le thème était :* « Quelles sont les deux ou trois orientations professionnelles que vous envisagez pour votre avenir ? Expliquez pourquoi », *et que ma composition à moi commençait à peu près en ces termes :* « Je ne vois vraiment pas pourquoi je me pencherais sur différentes hypothèses, puisque je sais déjà ce que je serai : médecin. Voici pourquoi mon choix est celui-là, et pourquoi aucun autre ne me paraît mériter d'être pris en considération. »
Quelques jours plus tard, monsieur Perrier, tenant à la main nos textes corrigés et se préparant à nous les distribuer, adressait à toute la classe un laïus enflammé qui allait durer la période au complet, sur la nécessité, dans la vie, de faire montre d'un peu de souplesse…
Pauvre cher monsieur Perrier, je crois lui en avoir fait voir un peu de toutes les couleurs, à ma façon. À un autre moment, il nous avait demandé une composition où nous devions parler d'un animal domestique. Je choisis… le pou.

1973, 1er *avril – Je passe mon audition d'entrée à l'École nationale de théâtre. Et je crois avoir été l'un des rares candidats à avoir été accepté avec deux monologues : celui du* Dom Juan *de Molière –* « Il n'y a plus de honte maintenant à ça. L'hypocrisie est un vice à la mode et les vices à la mode passent pour vertu[4] » *–, et celui de Jacques*

4. Molière, *Dom Juan*, acte V, scène II.

dans Jacques ou la soumission *de Ionesco* – « *Lorsque je suis né, je n'avais pas loin de quatorze ans*[5]. »
J'ai su quelques années plus tard que les membres du jury d'admission voyaient avec anxiété approcher l'heure de ma prestation, puisque apparemment la photo que j'avais jointe à mon formulaire d'inscription était celle d'un – je cite – « *gangster moron* »*. Ils étaient tellement soulagés quand ils m'ont vu entrer dans la salle I de l'École nationale, tout penaud et bien élevé, que je les ai eus à la surprise. Poisson d'avril.*
Septembre – le 7, si mon souvenir est exact. Entrée des classes à l'École nationale de théâtre. Je vais y passer trois ans et compléter mon cours en interprétation – après avoir voulu en partir par deux fois. Ce ne sont pas mon talent ni ma passion naissante pour les planches qui sont en cause dans cette récurrente volonté de décrochage, mais… l'amour.
Le dimanche soir qui précède immédiatement la Rentrée, et qui est en quelque sorte ma dernière soirée de liberté avant de disparaître derrière les portes du monastère de la rue Saint-Denis, j'explique à des copains à quel point j'ai hâte au lendemain. Pour quelle raison ? Parce que je vais nager dans l'art ? Pensez-vous. Du haut de mes dix-huit ans tout frais, je suis convaincu que ça ne va faire ni une ni deux et que je vais tomber en amour avec une des filles formidables qui doivent nécessairement hanter ces corridors-là – et que cette formidable fille ne manquera pas, comme il se doit, de me tomber dans les bras.
Eh bien, pas plus tard que quelque chose comme deux semaines plus tard, je réalise que je suis en effet tombé en amour, cul par-dessus tête, que le trouble qui me chavire, me brûle, me rend dingue, m'empêche de dormir et de me concentrer sur quoi que ce soit, est, en effet, comme

5. Eugène Ionesco, *Jacques ou la soumission – L'avenir est dans les œufs*, Paris © Éditions Gallimard, 1954.

prévu, l'amour : je suis obnubilé par… un des garçons de ma classe. Poisson d'avril.

Le jeune frère d'un de mes amis se retrouve quant à lui à cette époque dans une classe de la CECM[6] *où enseigne mon ancien titulaire, monsieur Perrier. Lorsque le frérot lui apprend que je suis rendu en théâtre, Léopold est obligé de se rattraper aux casiers pour ne pas tomber à terre de rire.* Poisson d'avril.

1976, *mai – Fin de mes études à l'École nationale de théâtre.*

Juillet – Mon premier rôle au théâtre professionnel : un travesti, dans le chœur de Sainte-Carmen-de-la-Main *de Michel Tremblay, dont c'est la création par André Brassard dans le cadre des activités artistiques en marge des Jeux olympiques. Tout un travesti, les copains…*

Je vais par la suite jouer de manière assez continue durant deux ans : théâtre, télé.

1978, *septembre – Je pars étudier à Paris l'improvisation et l'écriture chez Alain Knapp, avec qui ma classe a travaillé deux fois à l'École nationale.*

1979, *juin – Je reviens de Paris. Quelques personnes m'avaient offert du travail là-bas, mais, avant mon départ de Montréal, j'avais promis à mon amant de revenir et d'habiter avec lui. C'est la seule fois de ma vie que j'ai fait une promesse semblable à quelqu'un. Pour justifier mon retour à Montréal, il me fallait donc un prétexte solide. Alors, durant les dernières semaines de mes cours là-bas, j'ai… écrit une pièce :* Panique à Longueuil.

6. R. La CECM, qu'est-ce que c'est que ça ? – D. La Commission des écoles catholiques de Montréal – devenue depuis la CSDM : la Commission scolaire de Montréal.

Dès ma descente d'avion, cependant, je comprends que je vais habiter seul. Poisson d'avril. Le prétexte de mon retour devient ainsi ma seule occupation effective : je n'ai plus rien d'autre à faire que monter ma pièce. Pour en financer la création, je fais des sondages pour la firme CROP[7].

1980, *février – Ma pièce est créée par une compagnie autogérée que nous baptisons* La Gougoune de Fantex[8]. *Nous sommes cinq : Diane Ricard, Serge Dupire, Martin Kevan, Larry-Michel Demers et moi. La pièce joue au café Nelligan, sur Dorchester*[9] *près de Berri. Durant huit mois. Ensuite, elle est reprise au Quat'Sous.*

1981 – *Je termine ma seconde pièce :* Ne blâmez jamais les Bédouins, *mais il est impossible de trouver les sous pour la créer avec la Gougoune. Il faudra attendre trois ans pour que je la joue finalement, en version solo, à La Licorne – l'ancienne, sur Saint-Laurent –, dans une mise en scène de Joseph Saint-Gelais.*
Entre-temps, très rapidement, d'autres textes de théâtre ont suivi, en particulier Adieu, docteur Münch, *écrit durant l'abominable agonie de mon père – vraisemblablement la chose la plus sombre que j'aie écrite de ma vie – puis,* 26 bis, impasse du Colonel-Foisy, *qui est la symétrique comique de* Docteur Münch.

1984 – *Après avoir joué* Les Bédouins *une cinquantaine de fois à La Licorne, puis être allé animer un atelier d'écriture à Vancouver, je me retrouve à l'automne, épuisé et cassé comme un clou, à New York, pour un atelier sur la traduction américaine de* Panique à Longueuil.

---

7. D. Le Centre de recherches sur l'opinion publique. – R. Quelque chose comme la firme *Léger & Léger*, quoi ? – D. C'est ça.
8. R. Hm. Joli. – D. N'est-ce pas ? C'est ma manière, toute personnelle, d'évoquer *Le soulier de satin* de ce cher Paul Claudel.
9. R. Le boulevard René-Lévesque d'aujourd'hui ? – D. C'est ça.

Comme je n'ai rien écrit de complet depuis deux ans, et que je sais que je ne pourrai pas non plus écrire en rentrant parce qu'il va de toute urgence falloir que je fasse une grande personne responsable de moi-même et que je trouve des sous pour des détails comme payer mon loyer, et comme au surplus il y a quelqu'un, resté à Montréal, à qui je souhaite dire à quel point je l'aime, je décide de profiter de mes deux semaines toutes dépenses payées dans la Grosse Pomme pour sortir un petit quelque chose. Le petit quelque chose sera effectivement écrit – en six soirs, si mon souvenir est exact – et sera créé l'année suivante sous le titre de Being at home with Claude.

La personne à qui je pensais en écrivant la pièce est totalement bouleversée à sa lecture, m'annonce que je suis invivable et, du même coup, insupportable. C'est la rupture. Poisson d'avril.

1985 – *Juste avant Noël et mon départ pour l'Europe, tandis que se jouent les dernières représentations de la création de* Being at home with Claude *au Quat'Sous, je rencontre Jean Duceppe. Je lui propose un projet : qu'il me commande une adaptation en québécois et en alexandrins de la* Phèdre *de Racine, sur laquelle j'ai déjà commencé à travailler et qui s'intitulerait* Rita Cournoyer joue Phèdre. *Nous rions beaucoup tous les deux, il accepte d'aller de l'avant avec le projet, puis nous nous mettons à parler de choses et d'autres. À un moment donné, il me dit : « Vous savez, j'ai créé la plupart des pères de Marcel Dubé, des pères qui arrivent au bout de leur vie, se retournent pour regarder le trajet qu'ils ont parcouru et disent : "J'ai manqué mon coup." Si jamais vous avez l'idée d'un père qui arrive au bout de sa vie, qui se retourne, qui regarde le chemin derrière lui mais qui dit : "J'ai peut-être bien fait rien que ça, mais ça au moins je l'ai fait"… venez me voir. »*

Je pars pour l'Europe avec dans l'idée de travailler à Rita Cournoyer, *mais la phrase de monsieur Duceppe m'obsède. À la mi-janvier, j'interromps mes vacances, rentre à Montréal, me trouve un nouvel appartement et écris en deux semaines la première version d'une nouvelle pièce. Elle sera créée à la Compagnie Jean-Duceppe au printemps 1987, sous le titre* Le printemps, monsieur Deslauriers. *À mon sens, c'est ma dernière vraie pièce écrite et complétée à ce jour. D'autres seront écrites et créées,* Et Laura ne répondait rien, *par exemple, ou bien* Anne est morte, *ou encore* Pericles, Prince of Tyre, by William Shakespeare, *à Toronto, mais le cœur n'y est plus. J'ai trente et un, trente-deux ans, et l'impression très nette d'être… non pas au bout du rouleau, mais au bout* d'un *rouleau. J'ai réussi quelque chose. Mais ce n'est rien du tout. J'ai le sentiment très vif d'avoir quelque chose à comprendre. Quelque chose de capital. Je ne sais pas quoi, mais je dois, je dois absolument, le chercher. Et je ne sais même pas où. En fait, j'ai l'impression d'avoir vidé un sac. Je sais bien qu'il y en a d'autres. Mais je n'ai aucune idée de ce qu'ils contiennent ni de comment les trouver. Mon malaise est immense. Durant les années qui suivent, j'ai envie d'écrire comme jamais, mais aucun sujet ne me tente. Sauf l'amour. Et même là : je n'y arrive pas. Il y a quelque chose qui veut se dire et sur le sujet de quoi je ne sais rien. Il me faudra longtemps pour commencer à comprendre que durant cette première période de mon écriture, je me suis exploré, moi, et mes moyens d'auteur. Mais qu'à présent, il est grand temps que je me penche de plus près sur… le monde qui m'entoure.*

1988 – *J'entreprends d'écrire* La prière du Renard – *j'en écris même presque la moitié : une saga amoureuse de douze heures qui se jouerait en quatre soirées. Le quatrième soir, on aurait droit à la présence en scène d'un véritable orchestre symphonique d'acteurs, littéralement : soixante-douze comédiens disposés exactement comme les musiciens d'un grand orchestre.*

À la même époque, je tombe par hasard sur un document politico-historique qui va transformer complètement ma manière de voir les choses, et qui va même, disons-le crûment, changer ma vie : Pour une politique, *de* Georges-Émile Lapalme. *C'est dans les pages de ce livre que j'apprends que la culture était censée se trouver au cœur du projet qui est advenu* cheux nous *sous le nom de Révolution tranquille.*

Les causes de mon malaise des dernières années commencent à se dessiner dans le brouillard : mon malaise réside peut-être en moi, mais il trouve sa source entre *moi et la société où j'habite. Or – c'est le seul fragment de l'énigme dont je sois certain –, cette source a tout à voir avec la culture, c'est-à-dire avec le rapport au monde dominant dans la société où j'ai grandi et où je vis.*

1989-1990 – *Je me renseigne sur l'histoire des rapports entre l'État québécois et les institutions québécoises, d'une part, et la culture et les arts, d'autre part. Le canyon entre le discours et les gestes posés, entre l'amour dont on se réclame* cheux nous *et le mépris dont on fait montre dans cette société à l'égard de la culture et des arts commence à m'apparaître encore plus clairement. Je décide de continuer de creuser la question.*

1990, *novembre* – Dépôt, *devant la* Commission Bélanger-Campeau *sur l'avenir constitutionnel du* Québec, *du mémoire que j'ai rédigé pour le compte du* CQT *– le* Conseil *québécois du théâtre. J'y trace l'historique de l'utilisation continuelle de la notion de culture québécoise à des fins de propagande politique, sans lui accorder – beaucoup s'en faut – le strict minimum nécessaire à son développement, voire à sa simple survie.*

J'entreprends à la même époque ce que je vais surnommer mon « bain de siège ». Durant quelques années, je vais en effet « siéger » sur à peu près tous les comités et toutes

les commissions dont je croiserai la route : comité de la culture, au Parti québécois ; CQT ; CSFAD – Conseil supérieur de la formation en art dramatique ; CEAD – Centre des auteurs dramatiques ; et je présiderai à la création de l'AQAD – l'Association québécoise des auteurs dramatiques, le syndicat des auteurs de théâtre. À travers toutes ces activités, je suis toujours à la recherche d'une image plus précise de cette chose qui accapare mon esprit, qui gruge mes forces, qui m'enchaîne, même, mais que je ne parviens pas encore à identifier précisément.
Tout à coup, lors d'un congrès spécial du Conseil québécois du théâtre, la réponse me saute au visage. À l'occasion d'une intervention d'un acteur célèbre, je réalise que mon malaise tient à une mésentente fondamentale : les artistes prétendent que les conditions de travail abominables qui sont les leurs seraient dues à l'incurie de l'État, mais ce n'est pas vrai. En tout cas, la cause vraiment déterminante n'est pas là. La véritable cause, c'est le sentiment d'illégitimité que les artistes eux-mêmes ressentent à l'égard de leur propre entreprise. Or, pour que les artistes d'une société se sentent comme des parasites de luxe, il y a au moins une condition préalable nécessaire à remplir : il faut que, dans cette société où ils œuvrent, cette image de parasite associée aux artistes soit absolument prédominante. Je comprends, en d'autres mots, que je dois désormais cesser d'écouter tout ce qu'on me dit comme constituant autant de vérités en soi, et que ce qui se dit doit continuellement être comparé à ce qui se fait.
Il y a deux discours : celui des mots et celui des gestes, et je dois apprendre à les distinguer. Très rapidement, je me rends compte que ces deux discours sont cheux nous *radicalement divergents en ce qui concerne le rapport au monde, à nos semblables, à la beauté et à la vie. Sur ces sujets, il y a ce qu'on dit d'un côté, il y a ce qu'on fait de l'autre – et les deux choses ne raboutent absolument pas. Le fait qu'ils ne raboutent pas constitue même un des*

fondements de ce qu'on appelle la spécificité culturelle québécoise. Je commence donc à identifier de quoi était tissé mon malaise croissant : en prenant pour du cash *ce qui se disait dans la société où je vis, le cerveau était en train de me fendre en deux puisque je percevais aussi – mais sans avoir de mots pour le constater et l'énoncer – que ce qu'on me disait ne raboutait pas avec les faits dont j'étais témoin.*

Je comprends que si je veux être capable d'éventuellement recommencer à écrire de la fiction, je dois mettre à jour mon rapport au discours collectif et à la réalité qui m'environne et me façonne, parce que les bases du langage y sont selon moi faussées jusqu'au trognon. Selon moi. Ce genre d'exploration, j'en suis convaincu, relève précisément des tâches dévolues aux artistes. Je ne vais cependant pas tarder à réaliser que c'est peut-être le cas ailleurs, mais certainement pas ici. Et que cette tâche en est même précisément une dont on ne veut pas, cheux nous, *sous aucun prétexte, que les artistes se mêlent.*

À la même époque, j'écris ce qui constitue, je crois bien, mon premier véritable texte politique, Octobre 1990, *un texte lu lors d'une commémoration des vingt ans de la* Crise *d'octobre.*

1992 – *Sortie du film que tire Jean Beaudin de ma pièce* Being at home with Claude.

À Los Angeles a lieu un petit festival de mes pièces. Je suis tellement accaparé et déboussolé par mes recherches qu'à la dernière minute je « tombe malade » et ne peux même pas m'y rendre.

Je travaille à deux scénarios de longs métrages, un pour Louise Gendron, la productrice de Being…, *et un autre pour Denise Robert. Dans le premier cas, je recommencerai entièrement et changerai complètement d'histoire trois fois. La dernière version, terminée en 1994, intournable, en tout cas mise au rancart, s'intitule* Quand la guerre sera finie : *il y est essentiellement question de l'amour surgissant soudain et faisant comprendre à un homme que durant des années il a été un mort-vivant. Dans le second cas, le projet intitulé* Bet *deviendra* Bob *et, après une ultime version cinématographique remise à l'été 1997, je déciderai d'éventuellement plutôt en faire une pièce de théâtre*[10].

1995, *printemps – Je participe à titre de coscénariste et de comédien au tournage du film* Le sort de l'Amérique, *de Jacques Godbout. Entre deux voyages, je suis invité par la passionaria du nationalisme québécois, madame Andrée Ferretti, à participer à son projet de livre collectif,* Trente lettres pour un Oui, *en vue du référendum qui approche. Je décline l'invitation, mais me refuse toujours à m'en prendre de front au nationalisme dont je ressens pourtant de plus en plus qu'il constitue un élément primordial de mon malaise. Je réponds à madame Ferretti que je suis trop occupé. Mais elle, au téléphone, me pique une colère tonitruante : « Qu'est-cé qu' vous avez, toute la gang de théâtre ? Tremblay veut pas, toi tu veux pas. Qu'est-cé qu' vous avez tout', cou don, maudite gang de lâcheux ? »*
Automne – En répétition à la N.C.T.[11] *pour* Ne blâmez jamais les Bédouins, *que Joseph Saint-Gelais et moi remontons, un après-midi, je prends mes messages à distance et apprends par la bouche d'un journaliste de l'émission* Le Point, *à la télévision de Radio-Canada, que le livre de madame Ferretti, qui doit être lancé le lendemain, comporte une lettre d'elle, adressée à moi, dans laquelle elle me prend nommément, carrément et violemment à partie*

10. R. Une pièce de théâtre… qu'effectivement vous avez terminée ? – D. Oui. Quelques semaines à peine après avoir écrit ce texte-ci, d'ailleurs. Elle n'a pas encore été créée. – R. P… – D. Non ! Ne me demandez surtout pas pourquoi ! Je n'ai aucune espèce d'envie de me mettre à cracher le feu ! – R. Bon.

11. D. La Nouvelle Compagnie théâtrale – qu'on identifie à présent par le nom de sa grande salle : Théâtre Denise-Pelletier.

pour avoir refusé d'y signer un texte. Cette fois, la coupe est pleine. Et déborde.

Je réponds publiquement à madame Ferretti que je n'ai pas d'ordres à recevoir d'elle. Et que mes opinions et la manière que j'ai de les défendre ne sont pas de ses saint-simonak de tabarnak d'oignons.

L'un des éléments qui me fâche le plus dans cette histoire, mais dont je n'ai jamais parlé publiquement avant aujourd'hui, c'est le fait qu'elle s'en prenne à moi, et à moi seul, alors qu'elle m'a dit elle-même, explicitement, au téléphone, que Michel Tremblay aussi a refusé de signer une lettre dans son maudit livre. Alors ? Pourquoi s'en prend-elle au deux de pique alors qu'elle a l'as de carreau à portée de la main ? J'ai comme qui dirait l'impression de servir de chair à canon : on n'ose pas s'en prendre à Dieu le Père, alors on tape sur Chose, qui s'adonne à passer par là.

Dans un premier temps, je me dis donc que c'est à cause de son statut que Ferretti ne vise pas Tremblay. Mais petit à petit, je commence à comprendre qu'en fait cette explication n'explique rien : il n'y a personne, strictement personne, au Québec, qui soit à l'abri des accusations les plus virulentes si les curés et les bonnes sœurs de la Côse nationale décident de lui taper sur la fiole pour le bien de la Nâtion. Donc ? Donc, ça veut dire que ce n'est pas à cause de son statut qu'on épargne Tremblay, mais… parce qu'il sert aussi à autre chose qu'à signer des lettres en faveur du Oui. Et à quoi sert-il ? À l'honneur national. Alors que moi, bof… l'honneur national, t'sais. Ce qui fait que dès que je cesse d'être un promoteur de l'indépendance, je suis bon pour les vidanges. Parce que ce ne sont pas les œuvres qui comptent, mais l'utilisation du statut qu'elles accordent, et la mise de ce statut au service de la cause nationale. Je commence décidément à comprendre bien des choses qui m'intriguaient depuis longtemps. No wonder *que je me sois senti aussi tout croche aussi longtemps.*

Ma sortie en réponse à la lettre de madame Ferretti me vaut de rencontrer un des principaux journalistes du journal Le Monde, de passage à Montréal pour préparer un article de fond à paraître juste avant le référendum. Je lui fais part de mes opinions sur le sujet de la cause nationale. Il a l'air sidéré, me dit qu'il n'y aura pas beaucoup de place pour un point de vue aussi divergent que le mien dans son papier à lui, mais me promet de ne pas m'oublier. Quelques semaines plus tard, en effet, Le Monde m'offre une entrevue pleine page, qui ne sera jamais à ma connaissance reprise in extenso au Québec, mais dont la parution ne me vaudra pas moins pour autant de me faire crier des noms sur toutes les tribunes publiques de la province. Le soir de la première des Bédouins, la salle n'est pas pleine – chose rarissime dans un grand théâtre comme la N.C.T. Et des entrevues sont annulées.

1996, mars – J'entreprends une compilation de mes textes théoriques et politiques en vue de leur publication, histoire d'expliquer aux éventuels lecteurs que les positions que j'ai énoncées durant et après la campagne référendaire n'étaient pas improvisées mais étaient au contraire le fruit de réflexions entretenues et alimentées depuis des années. Au moment d'écrire le texte de présentation générale du recueil, je ressens le besoin de me livrer à quelques recherches historiques. Eh bien, elles durent maintenant depuis quatre ans. Et à lui tout seul, le premier tome de mes réflexions intitulées Les cahiers d'un Hobbit, presque complété, compte plus de sept cents pages, simple interligne.

Entre-temps, je me suis consacré à la mise en scène – Les guerriers de Michel Garneau et Le roi se meurt de Ionesco, entre autres – et à l'enseignement. Mes journées se passent donc à compléter l'écriture de Bob pour le théâtre. Avant de terminer le premier tome des Cahiers. Puis de me relancer dans la mise en scène. Une à la rentrée prochaine. Et l'autre à la rentrée suivante.

Jamais de ma vie le besoin d'écrire n'a été plus grand ni plus profond. J'ai calculé récemment que si je devais vivre jusqu'à quatre-vingts ans, même avec les seuls projets que j'ai présentement, je manquerais de temps.
Écrire. Écrire encore « Merci » à celles et à ceux dont la joie ou la souffrance m'ont éclairé. Écrire. Écrire encore « Je t'aime » à ceux dont les yeux et les mains – fussent-elles rêvées – me ramènent à la vie.
Je suis un poisson d'avril.

Je vous redis tout ça, dans les mots de deux autres auteurs, deux magnifiques auteurs :
« Il n'y a pas de paradis. Mais il faut tâcher de mériter qu'il y en ait un[12]*. » – Jules Renard*
« Je n'aimerais pas que l'on me réveillât si tu n'étais pas de ce monde[13]*. » – Sacha Guitry*

R. *Hmmm. Jolies, les deux citations finales…*
D. *N'est-ce pas ?*
R. *Alors, ça vous va comme ça ? Vous pensez que ça suffit ?*
D. *Je crois bien, oui. Une bonne chose de réglée.*
R. *Parfait. Et maintenant ?*
D. *Maintenant, c'est pour de vrai : au boulot !*

12. Jules Renard, *Journal*, 22 septembre 1895.
13. D. Flûte ! – R. Quoi ? – D. Il y a au moins quinze ans que j'ai cette citation-là de Guitry dans mes petits papiers… mais je viens juste de m'apercevoir que je n'ai aucune idée duquel de ses textes j'ai bien pu la tirer. – D. Oh, oh. Alors qu'est-ce qu'on fait, pour la référence ? – R. Rien du tout.

Première partie

Début

R. Or donc... la table est bien dégagée devant nous, bien nette. Et nous avons à portée de main tout ce que vous avez écrit au cours de votre vie. Quelques milliers de pages au total. Je vous dis : « Cette masse, si vous voulez rendre compte de ce dont elle est porteuse à vos propres yeux, duquel de vos textes est-ce que vous allez nous parler en premier ? »

D. D'un conte, je crois bien.

R. Tiens, tiens.

D. Oui. Oui, je ne nous vois vraiment pas ouvrir le bal par quoi que ce soit d'autre que la poésie, la beauté essentielle.

R. Oh, je crois que je sais lequel.

D. Ah ?

R. *Djinrokû* ?

D. Dans le mille.

R. Vous voulez en parler un peu, avant de le relire ?

D. D'accord. Il y a, parmi tout ce que j'ai écrit, quelques textes qui se démarquent très nettement, qui m'ont toujours semblé être d'une autre... euh... couleur, dès que j'en ai eu tracé les premiers mots. Ils m'ont chaque fois, dès le premier instant, donné l'impression d'avoir été écrits différemment.

R. « Différemment » en quoi ?

D. Comme s'ils avaient surgi à mon esprit déjà écrits. *Djinrokû Takichirô et les mots* est un de ceux-là. Et, assez étrangement, un autre de ceux dont le moment d'écriture m'est resté un souvenir parmi les plus précieux, et qui a lui aussi été écrit à toute allure, est *Kyoto*, qui se passe lui aussi dans une espèce de Japon de légende, de Japon archaïque.

R. Restons sur *Djinrokû*, pour le moment, si vous voulez bien.

D. Oui, oui.

R. Quand est-ce qu'il a été écrit?

D. Je ne sais plus exactement. Au milieu des années quatre-vingt. Il fait partie de *L'orgueil des rats*.

R. Le roman en éternel chantier.

D. Eh oui. Djinrokû Takichirô est le premier des sept mages copains de Merlin. D'ailleurs, dans le roman, le conte est présenté comme d'origine incertaine, tout ce qu'on sait à propos de son apparition, c'est que sa première mention se trouve dans les pages d'une anthologie du début du XIIIe siècle. Le don magique de Djinrokû, c'est celui des mots, de la connaissance de leurs sous-sols et de leur puissance.

R. Comment est-ce que l'idée vous en est venue?

D. Il a dû y avoir autre chose, sûrement, mais tout ce dont je me souviens, c'est de l'image d'une toute petite maison, un *shack*, ni plus ni moins, une cabane de vieilles planches au pied d'une petite colline, au beau milieu d'une vaste forêt. Et que l'image est en noir et blanc. Je me réveille, un matin, avec elle plein la tête. Et elle a… une… une saveur. Une saveur obsédante. Il y a… quelque chose, et je ne sais pas quoi, qui est associé à elle, qui est imbriqué en elle – de quoi elle procède, même.

R. Quoi donc?

D. Je ne vais le savoir que quelques minutes plus tard. Je saute du lit, vais faire chauffer l'eau pour le café et, en attendant qu'elle bouille, je pars au galop chercher du papier et un crayon. Je reviens, à poil, dans la cuisine – je suis complètement réveillé: ces moments-là, où je m'éveille *déjà en train d'écrire*, comptent parmi les plus beaux de ma vie –, et j'écoute. J'écoute, à l'intérieur de moi. J'écoute, comme un chien de chasse, de toutes mes forces, à l'intérieur de moi.

R. Quoi ?

D. Cette… chose. Cette saveur. Souvent, quand ces idées-là me viennent, je me surprends, le visage tendu vers le plafond, les oreilles tournées vers le dedans, à claquer des lèvres et de la langue, comme lorsqu'on cherche à identifier une épice, un parfum qui nous est resté dans la bouche.

R. Vous voulez dire que vous *goûtez* les débuts de l'histoire ?

D. Oui. Oui, c'est exactement ça. Je ressens son point de départ, ses prémisses, je les goûte, je les vois qui se profilent dans l'ombre, j'en sens les frôlements. Tous les sens interviennent.

R. Et cette fois-là, celle de *Djinrokû*, qu'est-ce qui arrive ?

D. Je… je goûte… ou je palpe… ou j'entends… que cette maisonnette-là, qui est la pauvreté incarnée, le dénuement, est tout au loin. Je veux dire : loin de nous. Plus loin que loin. Loin dans l'espace, loin dans le temps, loin dans la culture. Un monde presque silencieux. Et terriblement violent – même si la violence n'est pas active dans l'image. Je sais, presque tout de suite, qu'il faut que je commence par nommer cette distance-là. Que cette distance, qui est la porte même de l'écriture, je dois la passer, et qu'alors je serai *dans* l'image et que peut-être, avec un peu de chance, j'apprendrai ce qui se passe dans la cabane.

R. Alors, qu'est-ce qu'ils sont, ces premiers mots ?

D. « Jusqu'à ce jour-là, les mots avaient servi à désigner. On disait "porc" pour désigner un porc, et "homme" pour désigner un homme. »

R. Et qu'est-ce qui arrive, dans cette vieille cabane ?

D. Ceci…

L'orgueil des rats
« Djinrokû Takichirô et les mots »

Jusqu'à ce jour-là, les mots avaient servi à désigner : on disait « porc » pour désigner un porc et « homme » pour désigner un homme. Un individu appelant un homme un « porc » ne se fût, jusqu'à ce jour-là, attiré que des sourires de pitié.

Un matin, le vieil Okiborawa Takichirô, se levant à son accoutumée avant l'aube, se rendit dans la petite pièce réservée au sommeil de son fils Djinrokû pour tirer le fainéant du sommeil, mais trouva sa couche déserte. Il fit le tour des autres pièces, ce qui ne lui demanda qu'un instant, sortit et scruta l'orée de la forêt puis la silhouette de la vieille colline, derrière la cabane. Aucun signe de son fils. Le vieil Okiborawa appela, mais ne lui répondirent que des oiseaux prenant leur envol. Bientôt, le vieillard rentra s'apprêter pour la journée de rude labeur solitaire qui l'attendait, en hochant la tête de découragement. Malgré la paresse de son fils qui ne manquait jamais une occasion de se plonger le nez dans les livres, comme si la lecture pouvait attiser le feu et faire bouillir l'eau pour le thé et le riz, des tiraillements pinçaient le cœur d'Okiborawa.

Le jour qui se couchait surprit Okiborawa pleurant la disparition de la seule famille, du seul ami, même, qui lui fût resté sur le tard de sa vie, à genoux dans une clairière, achevant de lier un dernier fagot et atterré de se rendre compte que la lumière avait si peu duré. Deux pieds nus apparurent soudain devant ses yeux, par-delà le rideau des larmes. Okiborawa leva vivement la tête et, tout là-haut, au sommet d'un grand corps, il vit les yeux noirs de son fils Djinrokû qui le fixaient sans ciller. Okiborawa ouvrit la bouche pour laisser échapper une plainte, mais aucun son ne quitta sa gorge dans la pénombre. Djinrokû dit :

— Mon père. Il ne suffit pas de dire que la nuit est sombre et que l'ébène est noire. Pour celui qui sait voir les mots, il y a des étoiles dans l'ébène.

Sur quoi le garçon se pencha, s'empara des trois gros fagots amassés et liés par son père le long du jour, et dont celui-ci n'eût jamais pu charger un seul sur son dos courbé, aida Okiborawa à se relever et, le portant à demi, mena sa charge à la cabane.

À quelque temps de là, un soir qu'Okiborawa achevait son riz et un maigre morceau de poisson, s'étonnant une fois de plus que son fils se montrât désormais si frugal, le galop d'une nombreuse compagnie arrivant devant son abri fit soudain trembler le sol. Djinrokû n'exprima aucune surprise, se leva, aida son père à en faire autant, lui ouvrit la porte et la lui fit franchir avec grande déférence avant de sortir sur ses pas.

Dans le jour achevant se dressaient les ombres imposantes d'un groupe de chevaliers dont les fanions et les cuirasses retardaient le crépuscule. Le seigneur qui se trouvait au centre s'approcha des deux hommes debout devant l'humble foyer et dit :

— Djinrokû Takichirô, je suis Akamoto Hitobawé, conseiller du prince Azimo Tatisroubé qui, par ma bouche, t'adresse salut et hommage. Il est venu aux oreilles de ton prince que, grâce à toi, nous pouvons désormais voir les étoiles « briller » sous la surface de nuit de l'ébène et, par là, apprécier la « plainte » de la forêt, la « rage » des flots déchaînés et le « murmure » du ruisseau. Il te sait gré de lui avoir permis de voir ce qui, dans les yeux de l'aimée, « rappelle » l'énigme de la cornaline et fera savoir à ses ennemis que sa citadelle « est » un roc.

Le cheval piaffa. Djinrokû s'inclina devant l'officier aussi profondément qu'il l'avait fait tantôt devant son propre père, se redressa et écouta la suite.

— Ton suzerain te remercie et te prie, s'il te sied, de me suivre à sa cour, où tu seras honoré comme il convient à un grand maître des mots tel que toi, pour le temps qu'il te reste à vivre ; de choisir à la cour la princesse qui conviendra à tes vœux et d'en faire la mère de tes enfants, lesquels à ta suite

seront couverts d'honneurs pour avoir su naître d'un père tel que toi. Quelle est ta réponse ?

Djinrokû fit acte de soumission respectueuse pour la troisième fois et dit :

— Grand Seigneur, je te prie de retourner vers notre sage maître et de lui transmettre mes paroles avec autant de grâce, de sagesse et de clairvoyance que tu m'as transmis les siennes, qui me font grand honneur pour peu de mérite. Dis à notre maître vénéré que je vis ici près de mon père pour le respect de qui rien, pas même l'amitié dont m'honore un prince tant aimé, ne me ferait m'éloigner. Que je le sais désireux de finir ses jours sur la terre – si pauvre fût-elle – qui l'a vu naître et m'a vu naître aussi, et avant nous son père, le père de son père, et le père même de tous nos pères, aussi loin que nous puissions remonter le cours de la mémoire. Dis-lui que cela n'est pas faire injure à son règne que je dédaigne son invitation, je le remercie mais demeurerai, ici, son fidèle sujet.

Le seigneur cavalier regarda le ciel. Puis tira une bourse d'une sacoche et la tendit à Djinrokû.

— Prends ceci, Djinrokû Takichirô. Que ta renommée s'étende jusqu'aux confins des terres lointaines et que ta mémoire soit honorée aussi longtemps que dureront les mots, tes amis et, grâce à toi, les nôtres.

Les cavaliers se détournèrent, reprirent la route et s'enfoncèrent bientôt dans la forêt, entraînant à leur suite une monture vide richement ornée.

Okiborawa put, pour la première fois de sa longue vie, jouir du soleil sans risquer de s'y brûler quand, dans la belle demeure que lui fit édifier son fils, les serviteurs assurèrent le service et qu'il n'eut plus à courir les bois et à charger ses frêles épaules de fardeaux écrasants. Il n'eut plus à compter les morceaux de poisson ni à grelotter en attendant que le poêle ronronne.

Un midi, après le repas durant lequel il s'était à nouveau étonné de l'absence de Djinrokû à la table et avait médité sur la frugalité qui était restée celle de son fils malgré les dons et les cadeaux du prince et des nombreux savants qui leur rendaient maintenant visite régulièrement et faisaient montre d'un respect fraternel, Okiborawa se mit à sa recherche dans la grande maison. Au bout de deux heures, ayant parcouru toutes les pièces et interrogé tous les serviteurs, il réalisa qu'une fois encore Djinrokû avait disparu, et Okiborawa fut saisi d'une grande crainte à la pensée que, peut-être, cette fois-ci, son fils ne reviendrait pas.

Le soleil puis les étoiles brillèrent à tour de rôle de nombreuses fois sans que Djinrokû eût reparu auprès de son père et le vieillard, qui regrettait amèrement s'être autrefois moqué de l'affection que son fils portait aux mots, se sentit gagné par un intense chagrin à la pensée de ne pas encore lui avoir avoué le respect qu'il lui vouait, regrettant aussi d'avoir tant tardé à lui divulguer son secret : il avait appris à lire.

Un matin, Okiborawa se trouva fiévreux, très vite ses forces déclinèrent et les serviteurs s'émurent que leur jeune maître ne fût pas présent pour tenir la main de son père arrivant à sa dernière heure.

Une nuit, couvert de sueur, Okiborawa s'éveilla soudain pour se rendre compte qu'un étrange silence, épais mais serein, régnait dans sa chambre. Il se retourna sur sa couche et aperçut un homme prosterné à son chevet.

Lentement, l'homme se redressa jusqu'à être assis sur ses talons et le vieillard reconnut, dans la lumière de la lune, son fils, qui avait le visage baigné de larmes. Okiborawa fut tout égayé par l'apparition. Il dit :

— Écoute-moi, ô mon fils bien-aimé : je suis heureux que tu m'aies tenu tête. Et jamais père vaincu ne fut plus heureux que moi. J'admets avoir été myope et écoute, mon fils, écoute ton père te réciter cet haïku qu'il a lu en pensant à toi, à qui il doit d'avoir découvert des terres qu'il ne verra jamais :

Une haute tour jaune
Hérissée de chagrin
Me pointe l'avenir

Ne pleure pas, mon fils. J'espérais que la révélation de mon secret te serait douce.

Djinrokû ravala ses larmes.

— Maintenant, mon fils, dis-moi ce que tu as encore appris de tes amis les mots.

— Mon père, dit Djinrokû, il n'y a pas que les étoiles dans l'ébène. Il y a aussi le blaireau dans l'âme d'un prince.

Okiborawa vécut encore assez longtemps pour que la confirmation des paroles de son fils lui parvienne : de l'autre bout des terres du prince Tatisroubé, leur suzerain, lui parvint la nouvelle qu'avait eu lieu une grande et terrible bataille. Un prince voisin, Kaburawaté Tatsiyama, avait tenté une attaque surprise et vengeresse. Lorsqu'il eut été défait, que l'on sut le sang qui par sa faute avait été versé en vain par traîtrise et que les mots de Djinrokû furent venus à la rencontre de ces récits écarlates, ce prince fut appelé Tatsiyama-Le-Blaireau, et tous surent que les mots avaient encore approfondi, grâce à Djinrokû, leur amitié avec les hommes.

Apprenant cela de la bouche de nouveaux émissaires du prince Tatisroubé venus offrir à son fils, en guise d'hommage, un fief attenant aux terres qu'occupaient les Takichirô, Okiborawa le fit mander près de lui aussitôt qu'il fut revenu d'une nouvelle absence mystérieuse – et en paraissait épuisé. Il lui dit :

— J'étais un sot, mon fils. Et un aveugle. Moi qui n'ai rien, quelle offrande te pourrais-je faire en guise de symbole de l'infinie gratitude que je te porte pour la joie immense que tes enseignements me donnent ?

Le voyant encore si faible et – plus que jamais – sachant la dernière heure de son père venue, Djinrokû lui prit la main et l'embrassa. Puis il dit :

— Mon père. Vous m'avez fait don du plus grand de tous les cadeaux. Et c'est pour vous en remercier seulement que j'ai fait mon devoir d'approfondir pour mes frères ce qui nous lie à lui : la vie. Ne pleurez pas de gratitude, mon père, pour ce

qui n'a pu être que grâce à vous. Tout cela vous revenait de droit. Mais laissez pleurer votre fils de voir vous être enlevé le même don que votre père vous fit.

Et père et fils s'embrassèrent tendrement pour la dernière fois.

Djinrokû fit porter son père derrière la grande maison et placer sous sa tête des coussins moelleux.

Quand Okiborawa ouvrit les yeux, s'extirpant une dernière fois de la torpeur qui l'avait gagné après tant d'émotions, il sourit de se sentir sous le soleil. Djinrokû s'approcha, s'agenouilla près de lui et ils se regardèrent, sereins tous les deux, leurs devoirs accomplis.

Quand Okiborawa se sentit gagner par un sommeil dont il savait qu'il ne sortirait plus, Djinrokû leva le bras vers la vieille et basse colline qui leur avait toujours bouché l'horizon de ce côté et l'avait, avant leur venue, bouché à tous leurs pères. Il dit :

— Regardez, mon père, regardez comme est belle la lumière se mirant sur les glaces éternelles.

Okiborawa, ouvrant doucement les yeux, vit son fils se lever et s'éloigner, sa silhouette se détachant devant un mont d'une incomparable splendeur que les mots de son fils venaient de tirer de la petite colline et que tous appelèrent dès lors « Fuji-Yama ».

Ainsi mourut le vieil Okiborawa Takichirô, avec dans les narines le parfum des fleurs de cerisiers, dans les oreilles le bourdonnement des colibris et dans les yeux la splendeur des neiges éternelles. Et ainsi fut démontré le grand pouvoir de Djinrokû son fils, celui qui, par gratitude pour son père, donna aux hommes la clé des sous-sols des mots et que nul vivant ne revit jamais après ce jour.

D. C'est vraiment très étrange. Chaque fois que je relis cette histoire-là, il y a quelque chose qui s'apaise en moi. Je ne suis jamais parvenu à identifier précisément ce qui me fait cet effet-là.

R. Vous la relisez souvent ?

D. Tout seul chez moi, non. Pour ainsi dire jamais. Mais à l'époque où j'étais souvent invité à donner des lectures publiques, je l'incluais presque chaque fois dans mon répertoire. Pour moi, c'est... une prière. La lire en récital, ou la mettre en tête, comme ici, c'est, je crois, faire, oui, une prière.

R. Une prière à quoi ?

D. Une action de grâce. Un remerciement pour le sentiment d'humanité. Pour la vie. Pour la magie. Pour la mémoire. Pour la beauté et la tendresse. Pour le monde. À mes yeux, c'est une histoire qui se résume à un seul mot : reconnaissance. J'aime beaucoup l'opposition entre l'aspect « début du monde » et la violence que symbolisent le régime politique et ses serviteurs, d'un côté, et le raffinement qui est celui de Djinrokû et plus tard celui de son père, de l'autre. D'ailleurs le film que je vois quand je la lis, et il me semble que c'était déjà le cas au moment de l'écriture, est très cru. Il a tous les traits de certains de ceux de Kurosawa : *Rashômon* et *Les sept samouraïs*, en particulier. Ce qui est assez étrange, soit dit en passant, parce que je ne crois vraiment pas qu'à l'époque où j'ai écrit *Djinrokû* j'avais déjà vu ces films-là. Mais bon.

R. Autre chose ?

D. Rien qui me vienne pour l'instant, en tout cas. Continuons, si vous le voulez bien. Et puis si jamais il me passe quelque chose de pertinent par la tête, nous aviserons ?

R. Très bien. Donc, si vous avez l'idée de composer un assemblage de vos textes, le premier qui vous vienne à l'esprit, c'est un conte. Un conte japonais des premiers âges qui, pour vous, symbolise la coexistence de l'archaïque et du raffinement.

D. Oui. Mais qui porte surtout un sentiment de reconnaissance, extrêmement profond.
R. Et ensuite, qu'est-ce qui viendrait ?
D. …
Bizarre.
R. Quoi donc ?
D. Au moment, tout à l'heure, où je vous ai dit : « Commençons avec *Djinrokû* », j'avais le sentiment qu'aussitôt après lui nous pourrions passer à un genre tout à fait différent. Conférence. Ou écrit polémique. Mais maintenant, tout de suite après l'avoir inclus et relu, ce n'est pas du tout de ça que j'ai envie.
R. …
D. Non, je. C'est vraiment étrange. J'ai mentionné *Kyoto*, tout à l'heure.
R. Oui.
D. Je crois que j'enchaînerais tout de suite avec lui.
R. Ah bon ?
D. Oui.
R. Mais il a déjà été publié, lui : il fait partie de *Ne blâmez jamais les Bédouins*.
D. M'en fous.
R. Vous voulez le présenter d'abord ?
D. Non, non. Allons-y carrément.
R. D'accord.

Ne blâmez jamais les Bédouins[14]
« Kyoto »

Sur la route de Kyoto, Kyoto, Osaka, un… un… un jeune moine marchait, marchait, ne marchait pas. Il allait son chemin. Simplement son chemin. Et son chemin le menait, le

14. *Ne blâmez jamais les Bédouins*, 1984.

menait, s'avançait... vers la rivière, où le jeune moine irait... essaierait... pourrait... pêcher la lune dans cette rivière. Simplement pêcher la lune.

Sur la route de Kyoto, Kyoto, Osaka, était un jeune moine à la tunique vieillie... car les tuniques meurent bien avant les moines. Or, il advint que la route de Kyoto, Kyoto, Osaka, devait être un terrain de lutte. Il advint que, sur la route de Kyoto, Kyoto, Osaka, l'un vers l'autre, s'avançaient deux groupes de soldats. Un de ces groupes était de bons soldats. L'autre, de mauvais. Et il advint que ces soldats appartenaient à deux barons qui se haïssaient. L'un était très bon. Et l'autre, très mauvais. Et il advint encore que les bons soldats obéissaient au méchant baron et les mauvais à celui d'un cœur d'or. Et, toutes les nuits, les deux barons dormaient. Et, toutes les nuits, les soldats buvaient le vin.

Sur la route de Kyoto, Kyoto, Osaka, un jeune moine marchait, marchait, ne marchait pas... et de méchants soldats couraient vers de bons soldats. Comme les bons vers les méchants. Et il advint que le jeune moine à la tunique vieillie, qui un jour peut-être pourrait pêcher la lune dans la rivière, était sur la route de Kyoto, Kyoto, Osaka, juste à mi-chemin entre les deux groupes de soldats.

Sur la route de Kyoto, Kyoto, Osaka, à la tombée du jour, du jour, de la nuit, un jeune moine entendit, entendit, sentit en lui le galop de soldats ennemis... alors que jadis, demain, autour de lui, deux fanions précédaient des hommes qui, sans se connaître, pourtant se détestaient. Deux fanions claquaient au vent, haut et fort. Deux fanions claquaient, claquaient, claquaient!... et les armures bruissaient.

Les fanions ralentirent et s'arrêtèrent face à face, à égale distance du cerisier, du colibri, de la tunique, et du jeune moine qu'elle renfermait. Les fanions s'arrêtèrent et regardèrent le cerisier et la tunique et le jeune moine. Les fanions ne pouvaient voir le colibri dans les fleurs. Or, il advint que les soldats et les barons se haïssaient, les uns bons et les autres mauvais, mais pas les fanions, qui n'ont pas d'âme et que des couleurs... que les soldats et les barons se haïssaient à cause de ce cerisier-là, qui marquait la fin de leurs domaines voisins. Et voici que, voyant la tunique auprès du cerisier, les méchants soldats du baron plein de bonté se dirent :

— Voici un jeune guerrier. À cet âge, on se bat. Voici un jeune guerrier, et pourtant pas armé. Et il est sur le domaine de notre maître. On dit du baron ennemi du nôtre qu'il est méchant et cruel. Et qu'il est très avare. Voyez la tunique : elle est vieille et tachée, celle d'un homme qui use plutôt que de dépenser. Et voyez la troupe qui l'attend, de l'autre côté de la frontière du cerisier. Oui, voyez son escorte. Certes, voici le baron ennemi de notre maître. Tuons le méchant. Nous toucherons notre solde. Nous touchons notre solde pour être ce que nous sommes, et nous sommes assoiffés de sang et de vin. Tuons-le, et notre maître nous récompensera. Et nous serons, pour un temps, rassasiés et de sang et de vin.

Et ils tirèrent le sabre.

Et voici que le jeune moine regardait toujours le cerisier, et écoutait le colibri et son chant d'amour.

Et voici que, derrière lui, les bons soldats du méchant baron se dirent :

— Voyez. Un jeune homme qui pourrait être guerrier et pourtant ne porte pas les insignes. Et voyez qu'il est sur le domaine de notre maître et cherche des yeux, dans le cerisier, cherche de toute son âme pourquoi la guerre du cerisier. Et voyez encore qu'il n'est pas parmi les soldats du baron ennemi, il n'est donc point d'entre eux. Et, pourtant, les soldats du baron ennemi, à notre approche, tirent le sabre pour protéger le jeune guerrier qui n'en est point un de nous qui sommes leurs ennemis. Et on dit de leur maître qu'il est bon et très doux. Et voyez la tunique du garçon au cerisier : elle est vieille. Et tachée. Elle est celle d'un homme humble. Sûrement, voici le bon baron : juste, chaste… mais ennemi du nôtre. Qui réclame le cerisier au colibri comme son bien. Tuons-le. Et pour nous récompenser, notre maître, à qui nous devons le respect, nous

donnera du vin qui apporte le calme aux justes soldats que nous sommes.

Et ils tirèrent le sabre.

Sur la route de Kyoto, Kyoto, Osaka, un jeune moine entendait le chant du cerisier, et le plumage du colibri… qui n'y était plus. Et quand l'écho du plumage du colibri se fut éteint de la surface du monde, le jeune moine ne détourna point les yeux du cerisier… simplement, ses yeux virent un fanion. Et, dans la tunique de l'âme du jeune moine, flotta la question :

— Est-ce le fanion qui bouge ?

Et les chevaux quittaient l'arrêt et fonçaient vers le jeune moine.

Et les sabres étincelaient dans le couchant.

— Est-ce le vent qui bouge ?

Et déjà ses yeux voyaient l'autre fanion qui accourait dans son dos.

— Ou… est-ce mon esprit qui bouge ?

Il savait que cette question était vaine et n'était qu'un jeu. Mais le plus beau.

Et les soldats, bons et mauvais, levaient haut le sabre, pour mieux l'abattre sur le jeune moine. Mais… quand les lames retombèrent, il n'y avait plus de moine. Il n'y avait plus que d'autres soldats, bons ou méchants, qui s'entr'égorgèrent, jusqu'au dernier, pour leur maître, bon ou méchant. Et le jeune moine… cherchait, cherchait, ne cherchait pas des escargots, le long d'un ruisseau… qu'il ne mangerait pas, ne mangerait pas, ou mangerait… s'il avait faim.

Quand la nuit, la nuit, la nuit… fut venue sur la route qui revient d'Osaka, dormaient, dormaient ou ne dormaient pas… dans leurs châteaux, des barons qui aimaient un cerisier… sur le sable, des soldats qui aimaient le vin… et, dans les fougères, un moine… qui aimait la lune.

D. Oui. Oui, je pense que le jeune moine est vraiment à sa place, juste là, tout de suite après Djinrokû.

R. Pourquoi?

D. Parce que si la reconnaissance, la prière d'action de grâce que représente à mes yeux *Djinrokû* doit selon moi venir en tête de liste de ce que j'ai écrit, alors ce qui doit arriver tout de suite après, si ce n'est au même moment, c'est la profondeur de... de mon trouble, de mon rejet de la violence. Et, surtout, de l'esprit d'affrontement.

R. ...

D. Je ne crois pas à l'affrontement. Je n'y ai jamais cru. Je sais bien qu'il a sa place dans le monde, je ne peux pas m'empêcher de le constater, de toutes parts. Mais en dépit de ça je l'accepte d'autant moins, dans le nôtre de monde et en particulier dans notre société immédiate, que ce n'est jamais que de lui qu'il est question. Il est omniprésent. Toujours l'affrontement, toujours la vengeance, la conquête, la victoire. «Victoire» – peut-être bien le mot le plus mensonger de tout le vocabulaire humain. Il faudrait bien que je rappelle Djinrokû, un de ces quatre, et que je lui demande ce que nous pourrions en faire...

R. Vous ne croyez pas au mot «victoire»?

D. Je crois qu'il est le cœur même du mensonge. Il est la carotte, nécessaire pour faire avaler les morts par milliers, par millions. Comme si c'était la mort qui avait besoin d'aide. Comme si elle n'était pas bien assez grande pour faire ses petites affaires toute seule. Si ce que l'on entend habituellement par «victoire» a quelque sens fertile que ce soit, alors ce n'est pas lui mais le mot «vie» qui le synthétise le mieux. Seulement voilà, le mot «vie», lui, à moins de le retourner sur sa doublure, n'est-ce pas, se prête bien mal à l'embrigadement, alors...

R. Quand est-ce que vous avez écrit *Kyoto*?

D. Au printemps de 1980.

R. Donc, vous aviez...

D. Vingt-quatre ans. Il s'est tout de suite retrouvé dans *Ne blâmez jamais les Bédouins*, ma deuxième pièce, avec deux autres contes : *Le totem*, l'histoire d'un garçon qui décide de passer outre aux ordres des sorciers et d'escalader tout seul le totem de son village, jusqu'au ciel, et *Ahmed*, les dernières images qui hantent l'esprit d'une femme en train de mourir : celles de son grand amour d'autrefois.

R. Qu'est-ce qui vous y a poussé?

D. À quoi?

R. À écrire *Kyoto*.

D. Sur le coup, je ne me suis même pas posé la question. Ça a parti tout seul. Je me suis levé, un après-midi – j'étais sorti jusqu'aux petites heures. C'était à l'époque de ma rencontre avec le Musicien, dont nous avons parlé lors des *Entretiens*…

R. Oui, bien sûr.

D. Je me suis levé… en début d'après-midi. Immédiatement réveillé, cette fois-là aussi.

R. Déjà en train d'écrire avant même d'ouvrir les yeux? Comme dans le cas de *Djinrokû*?

D. Oui. Il y avait une table, une table en bois, ronde, couverte d'une grande nappe de vinyle bleu, de la pub pour Cinzano, dans la grande pièce centrale de l'appartement – juste à la sortie de ma chambre. J'ai ouvert les yeux, il faisait un soleil extraordinaire. J'ai littéralement sauté en bas du lit, je suis directement allé m'installer, et ça s'est mis à sortir, ça coulait comme de l'eau. « Sur la route de Kyoto, Kyoto, Osaka… un jeune moine marchait, marchait, ne marchait pas… » Il cherchait la paix. Or, il n'y a pas de route qui mène là. Ça s'est mis à débouler. Tout seul. Et puis quand j'ai eu fini : « … et, dans les fougères, un moine… qui aimait la lune », j'ai tourné la page et j'ai immédiatement commencé à écrire *Ahmed* :

Le sable est chaud.
L'air sec.
Et je vais mourir, Ahmed.

R. Revenons à *Kyoto*.

D. Oui.

R. Sur le coup, vous ne saviez pas ce qui vous poussait à l'écrire, mais ensuite, qu'est-ce que vous en avez pensé ?

D. Que d'une certaine manière, en incluant *Kyoto* dans *Les Bédouins*, j'incluais la pièce dans la pièce.

R. …

D. *Kyoto* est un résumé de la pièce dans son ensemble. Un condensé. Un cri de refus.

R. De refus de quoi ?

D. Je vous l'ai dit : de l'affrontement. Et aussi de cette abominable manie de définir les autres à leur place.

R. …

D. Nous en avons parlé, mais très rapidement, dans les *Entretiens* : dans ma toute première pièce, *Panique à Longueuil*, le personnage central, monsieur Arsenault, tombe à répétition sur des voisins à lui qui sont tous convaincus jusqu'au trognon de le connaître encore mieux qu'il ne se connaît lui-même. Il est littéralement jeté de l'un à l'autre, de Charybde en Scylla. J'étais déjà révolté, à l'époque où j'écrivais *Panique*, à Paris, par ce délire furieux, omniprésent, qui consiste à continuellement prétendre définir les autres avant même de les connaître si peu que ce soit, pour après ça vouloir les obliger à agir en fonction de ce qu'on a décidé qu'ils sont. Dans *Les Bédouins*, les trois personnages centraux sont eux aussi définis par le regard des autres. Sauf qu'eux, contrairement à monsieur Arsenault, ont accepté d'être ce qu'on leur a ordonné. Il y a Michaela, une chanteuse d'opéra qui attend la mort, ficelée à une voie de chemin de fer ; un héros sauveur de demoiselles en péril : Weulf ; et un adolescent hypercultivé, convaincu qu'il est laid comme un pou : Flip. Chacun des trois, chacun pour des raisons qui lui sont propres, en a soudain eu marre de se faire dire ce qu'il est et ce qu'il n'est pas et est parti se cacher dans le désert. Sauf que le désert non plus n'est pas vide : un grand affrontement militaire s'y déchaîne au moment précis où les trois y arrivent. Ils risquent fort de se faire passer sur le corps par des tonnes d'acier, alors même que la seule chose qui les intéresse, c'est d'un peu découvrir qui ils sont. Pour pouvoir vivre. Vivre leur propre vie. Tout simplement.

« Allez-vous finir par me contre-câlicer patience, pis au moins vous donner la peine d'écouter ce que j'essaye de vous dire, avant de prétendre avoir compris, bout d'viarge ?! » J'avais envie de hurler ça au moins trente-cinq fois par jour, durant toute cette époque-là de ma vie. À des tas de gens. De toutes sortes. Dans mille circonstances. Alors écrire ces deux pièces-là…

R. *Panique* et *Les Bédouins*…

D. Oui. C'était le début de ma réponse au camp de concentration de la rue Clark…

R. La vie chez vos grands-parents[15]…

D. Oui. Le camp de concentration dont j'avais d'abord cru être un peu sorti lorsque j'avais pris mon premier appartement, mais dont je réalisais désormais, surtout en revenant de Paris, qu'il s'étend à perte de vue, dans toutes les directions. Le début de ma réponse à lui, mais aussi et surtout aux valeurs qui le fondent. Ma révolte, et ce qui m'habitait et que je tentais de garder vivant au fond de moi, j'aurais préféré pouvoir en parler directement avec mes amis, avec mes connaissances. Pouvoir leur demander de faire attention. Mais j'ai rapidement compris que c'était à toutes fins utiles impossible. À de rarissimes exceptions près, simplement tenter d'attirer leur attention sur leurs comportements les rendait instantanément fous de rage. Et comme on ne peut quand même pas se mettre à provoquer des affrontements pour écarter l'affrontement… qu'est-ce que je pouvais faire ? J'ai transposé ma révolte. Ma douleur. Ma solitude. J'en ai fait des histoires. D'ailleurs…

15. D. « La cohabitation forcée avec mes grands-parents paternels, après la mort de ma mère – l'enfer sur terre », comme je le disais dans les *Entretiens*.

R. Quoi ?
D. C'est assez étrange. Je pense à ça depuis plusieurs semaines. Depuis, en fait, que j'ai eu cette idée de quatre livres comme quatre points cardinaux…
R. J'écoute.
D. Au moment où j'ai commencé à écrire *Panique*…
R. À Paris, donc ?
D. Oui. J'étudiais chez Alain Knapp. La scène initiale de *Panique* avait d'ailleurs d'abord été un exercice d'études, un devoir que j'avais fait durant les vacances de Pâques. Ensuite, j'avais décidé, fortement incité par Knapp, de développer l'idée et d'en faire une pièce. J'en avais même lu un bout en classe. Un soir, je vais avec d'autres étudiants du groupe voir un spectacle de Vitez, en banlieue.
R. Antoine Vitez, le metteur en scène.
D. C'est ça. Après la représentation, en ressortant du centre culturel, dans le parking, pendant que nous avançons vers la voiture, une des filles me demande pourquoi *Panique* – qui à ce moment-là ne porte pas encore de titre – est sur le mode comique. Je suis tout étonné. Je lui demande pourquoi elle me pose la question. Et elle me répond qu'elle n'a vraiment pas l'impression que le comique me soit… naturel – ou quelque chose dans ce genre-là.
R. Elle vous trouve ennuyant ?
D. Non. Non, je ne crois pas. C'est plutôt qu'elle me sent davantage enclin au tragique. Sa question ne constitue pas un jugement camouflé sur ma capacité à être drôle, mais plutôt une… une vérification, je crois, de l'impression que je lui fais. À la lumière de ce qu'elle a pu observer en classe, il lui semble que ce qui me fascine, c'est la tragédie, pas la comédie, c'est tout. Alors, elle me pose sa question pour tenter d'évaluer dans quelle mesure elle est ou non à côté de la plaque en pensant ça.
R. Qu'est-ce que vous lui répondez ?
D. Je continue de marcher avec elle un moment, en silence. Et quand nous arrivons finalement à la voiture, je lui

dis : « Vois-tu, je choisis le comique parce que je crois, foncièrement, que je suis tellement lourd que le jour où je me mêlerais d'écrire en suivant ma pente naturelle, ce serait parfaitement insupportable. D'une lourdeur écrasante. »

R. Ah bon ?

D. Oui. Et cette réponse-là est parfaitement honnête et sincère. Sauf qu'une heure ou deux plus tard, en rentrant dans ma chambre, à la Cité universitaire internationale, j'ai les neurones qui chauffent.

R. Pourquoi ?

D. Parce que sa question, et la réponse que j'ai bien dû lui fournir, ont déclenché quelque chose dans mon esprit. Durant le trajet de retour, en voiture, je me suis rendu compte que ma réponse impliquait une certitude que jusque-là je ne me savais même pas détenir : qu'une fois que j'aurais complété ce que je venais de commencer… j'allais continuer. Que *j'aimais* écrire.
Une très grande partie, essentielle, de l'enseignement de Knapp pourrait se résumer ainsi : pour parvenir à saisir les mécanismes de la création, il faut apprendre à se choisir des paramètres arbitraires et à les assumer. À les assumer totalement, sans aucune aspérité, sans réserve. Il faut apprendre à les lire. Et à tirer d'eux, à tirer vers ce versant-ci du monde, leur contenu. Un contenu qui préexistait à notre décision arbitraire, mais sans que nous en ayons été conscients. Alors en rentrant dans ma chambre d'étudiant, donc, ce soir-là, je décide d'appliquer cette approche… à ma propre vie. De faire un choix arbitraire puis de vivre avec lui, coûte que coûte. De m'acharner à le dévoiler, à en laisser jaillir la force. Simplement, au lieu de choisir un fragment comme on peut le faire pour lancer l'écriture d'une pièce, ou d'un roman, ou d'une nouvelle, en lançant par exemple « Il est cinq heures de l'après-midi, un vendredi d'automne, et le personnage astique une chaussure jaune », pour ensuite se demander quelle pièce ou quel roman est

littéralement enfoui dans cette phrase-là, je me suis dit, sans avoir la moindre idée de ce que ça allait impliquer : « Je vais écrire quatre pièces. *Panique* est une pièce verticale – monsieur Arsenault commence au septième étage, puis descend, d'étage en étage, jusqu'au sous-sol. Eh bien, la deuxième sera horizontale. La troisième sera un tour du monde dans un sens. Et la quatrième, un tour du monde dans l'autre. »

R. Comme ça, à froid ? Sans avoir la moindre idée de ce à quoi ça allait vous mener ?

D. Aucune. Je me revois encore, dans la petite chambre, un verre de Quick à la main. J'ai choisi les quatre directions sans avoir la moindre image de ce qu'elles recelaient. Exactement comme, plus tard, j'allais partir du hurlement initial de Michaela pour écrire *Les Bédouins*, par exemple, ou comme, encore plus loin dans le temps, à New York, un soir, j'allais écrire sur une feuille « Lundi 5 juillet 1967. Palais de Justice. Dix heures du matin. Le personnage regarde une carte géographique », et en laisser surgir *Being at home with Claude*.

R. Donc, vous décidez qu'après la verticale *Panique*, vous allez écrire trois autres pièces : une horizontale et deux tours du monde en sens contraires ?

D. C'est aussi simple que ça. Eh bien, plusieurs années plus tard, un dimanche soir d'été, je sors d'un souper chez mon éditeur de l'époque, le cher, le merveilleux Yves Dubé. Nous venons de parler d'écriture, des heures durant, et, entre autres choses, de ma pièce *26 bis, impasse du Colonel-Foisy*, que j'ai tout juste fini d'écrire… quand tout à coup, au coin d'une rue, le souffle me manque, net.

R. Qu'est-ce qui se passe ?

D. Nous avons parlé, Yves et moi, plus les autres convives – il me semble que Normand Chaurette était là, en plus de deux ou trois autres personnes… – du fait que je viens de me rendre compte, les jours précédents, de ce que le personnage de *26 bis* s'appelle Michaela, c'est-à-dire qu'elle porte le même nom que la chanteuse ficelée des *Bédouins*.

R. Oui… ?

D. Nous nous sommes lancés dans l'édification de toutes sortes de théories et d'hypothèses à ce sujet, dont je ne me souviens pas qu'aucune ait été en quoi que ce soit intéressante ou satisfaisante, mais ce qui est sûr, en tout cas, c'est qu'en sortant de chez Yves, j'ai la tête pleine d'images de mes quatre premières pièces, qui dansent la farandole dans tous les sens.

R. Attendez, attendez : vos quatre premières pièces, dans l'ordre, ça donne : *Panique, Les Bédouins, Docteur Münch* et *26 bis*, non ?

D. Tout à fait. Je marche, donc, je regarde danser les images dans mon esprit. Et tout à coup… bing ! Je réalise que j'ai écrit très précisément ce que, ce soir-là, des années plus tôt, dans ma petite chambre parisienne, j'avais décidé d'écrire !

R. Vous voulez dire : les quatre directions ?!

D. Précisément. *Panique* : le voyage vertical. *Les Bédouins* : le voyage horizontal, en plein désert. *Docteur Münch* : un petit rat qui part d'ici pour faire le tour du monde vers l'est mais qui, comme l'empereur Alexandre, est obligé de s'arrêter à l'Indus. Et *26 bis* : un personnage de princesse russe nymphomane partie de Russie vers l'ouest.

R. Et cette décision-là, prise à Paris, vous n'aviez pas repensé à elle entre-temps ?

D. En tout cas, si j'y ai repensé entre le moment de mon retour à Montréal avec *Panique* – et pas grand-chose d'autre – dans mes valises et celui où je finis d'écrire *26 bis*, je n'en garde strictement aucun souvenir, ni ce fameux dimanche soir d'été là, ni maintenant, ni entre les deux.

R. Vous pensez que vous auriez pu prendre une décision arbitraire aussi importante que celle-là, en oublier la teneur… mais quand même la respecter, quitte à ne vous en rendre compte qu'après ?

D. Non seulement je l'aurais pu, mais je suis convaincu que c'est très précisément ce que j'ai fait. Ce n'est jamais, après tout, qu'un autre exemple de ce que j'ai aussi décidé avec vous : à onze, douze ans, je vous ai créé pour me protéger, pour me donner le temps de me développer, puis j'ai oublié le contrat… jusqu'à ce qu'il vienne à échéance.

R. Je vois.

D. Mais ce n'est pas tout. Je vous raconte ça à ce moment-ci parce que, comme je vous le disais tout à l'heure après que nous avons parlé de *Panique*, des *Bédouins* et de ce cri que les deux pièces portaient – « Foutez-moi la paix ! Laissez-moi vivre ma vie ! » –, il me trotte dans l'esprit, depuis que nous avons discuté des quatre horizons et du projet des quatre livres, que…

R. Que… ?

D. … que ces quatre premières pièces-là étaient elles aussi sur deux axes. Comme ce que nous sommes en train d'écrire aujourd'hui.

R. …

D. *Panique* et *Les Bédouins*, comme je viens de vous le raconter, parlent du rapport au monde extérieur : monsieur Arsenault, Michaela, Weulf, Flip, tout comme le jeune moine de *Kyoto*, se retrouvent dans des situations où ce sont les autres qui décrètent en leur nom ce qu'ils sont…

R. … et ce qu'ils doivent faire.

D. Bien évidemment. Les deux vont ensemble. Aussitôt que vous acceptez que quelqu'un vous définisse de l'extérieur, il y a très fort à parier pour que le moment ne soit pas loin où il vous ordonnera aussi ce que vous avez à faire. C'est ce qui explique sans doute que les révolutions finissent généralement par foirer : à partir du moment où « le peuple » accepte de se laisser définir par le regard des seules élites révolutionnaires, ce n'est plus qu'une question de temps avant qu'il se fasse passer au hachoir à viande. Il ne peut rien répondre : ceux qui l'envoient au cercueil sont les mêmes qui lui ont donné son nom et l'ont défini à la mesure de leurs besoins à eux. Bref.

R. Oui, bref.

D. *Panique* et *Les Bédouins* sont, à mes yeux, deux pièces qui parlent essentiellement d'êtres captifs du regard des autres, un regard qui cherche à les définir sans leur consentement, et auquel eux cherchent à s'arracher. On sent, dans ces pièces-là, que les protagonistes tentent, en fuyant ce regard extérieur porté sur eux, de protéger quelque chose à l'intérieur d'eux-mêmes, quelque chose qui est nié, gommé ou même carrément attaqué par ce regard envahissant, mais qui n'est pas explicitement nommé, dans les deux pièces. Sauf dans les trois contes des *Bédouins*. Alors, après avoir écrit ces deux premières pièces-là, il a bien fallu que je commence à écrire à propos de l'intérieur : non plus à propos de ce qui menace, mais plutôt à propos de la chose même qui est menacée.

R. Comme dans le cas des *Entretiens*, de ce livre-ci et des éventuels deux suivants, deux des quatre pièces parlent de l'extérieur et deux autres de l'intérieur ?

D. C'est ça. Dans le cas des quatre pièces, l'axe extérieur, c'est celui de *Panique* et des *Bédouins* et l'axe intérieur, celui de *Docteur Münch* et de *26 bis*. Je ne comprends absolument pas comment j'ai pu ne jamais me rendre compte avant aujourd'hui de quelque chose d'aussi frappant ! Alexandre – Alex –, le jeune rat d'*Adieu, docteur Münch*, est un fantasme : toute la pièce consiste en fumeroles de conscience, de rêves, d'espoirs, de regrets, de douleurs entortillées les unes aux autres, qui s'élèvent du cadavre d'un Prix Nobel qui vient tout juste de mourir – c'est son âme qui s'envole. *26 bis*, de son côté, est le monologue d'un personnage qui se sait parfaitement en être un, et qui trouve inadmissible que l'auteur qui est en train de l'écrire ait l'audace de tenter de s'adresser directement aux spectateurs. Difficile de faire mieux, en fait d'opposition entre l'extérieur et l'intérieur, vous ne trouvez pas ?

R. Et qu'est-ce que ça raconte ?

D. Quoi ça ?

R. Que vous veniez de vous rendre compte que vos quatre premières pièces s'opposaient déjà le long des deux mêmes axes que les quatre livres dont vous entreprenez l'écriture cette année ?

D. Eh bien, là, tout de suite, à chaud, je pense que c'est un indice.

R. De quoi ?

D. De ce que nous venons de commencer de faire, tu parles ! Un indice pour comprendre, pour saisir – comme c'était déjà le cas dans les *Entretiens* – la différence entre l'intérieur et l'extérieur *pour moi*.

R. Redites-moi ça autrement ?

D. À l'époque de l'écriture de *Panique* et des *Bédouins*, parlant du monde extérieur, je parlais du regard des autres, et du danger qu'il y a de nous mettre à ne croire que lui. Et je... Nom d'un chien !

R. Quoi ?

D. « Le danger qu'il y a à ne croire que le regard extérieur » !

R. Oui, quoi ?!

D. *Bob* !

R. Quoi, *Bob* ! ?

D. *L'enfant au miroir* !

R. J'ai mon voyage !

D. ...

R. On. On le place ici ?

D. Je crois, oui. Je crois qu'il le faut.

R. Juste un petit mot de présentation, auparavant ?

D. Oui. *Bob*, pièce finie d'écrire au printemps de l'an 2000. Pas encore créée à ce jour. Dans cette scène, Bob, un tout jeune acteur, et madame Fryers, une actrice très âgée à qui il ne reste plus que quelques jours à vivre, viennent tout juste, à leur totale surprise à tous deux, de devenir amant et amante. Ils sont chez elle, au lit.

Bob
« L'enfant au miroir »

Madame Fryers caresse la tête de Bob.

BOB. *Mais qu'est-ce que j'ai ? Hen ? Il me manque un morceau, c'est ça ? C'est pour ça que tu dis que t'es pas certaine si c'est parce que je suis idiot ou si c'est parce que je suis en danger ? Hen ?*

MADAME FRYERS. Non. *Non, il ne te manque pas de morceaux.*

BOB. *Ben dans ce cas-là, pourquoi ? Hen ? Pourquoi, j'arrive pas à. À comprendre ce que je veux ?*

MADAME FRYERS. *Parce que. Peut-être parce qu'il y a trop de choses de la vie dont tu n'as jamais entendu parler. Peut-être. Peut-être parce que tu ne fais pas encore la différence entre toi et le monde. Peut-être parce que tu crois encore que le monde n'est que ton rêve, à toi tout seul. Écoute.*
Un enfant entre dans une salle de bain. Il tourne son visage vers le grand miroir. Et contemple son reflet. Il se dit en lui-même :
« Que c'est étrange ! Lorsque je marche dans la rue, ou quand je joue au ballon, ou quand maman, papa ou ma tante, ou mon professeur me parle, je ne parviens jamais à me faire à l'idée que la personne à qui ils parlent, ou que les gens voient passer sur le trottoir, ou avec qui jouent mes camarades dans la cour d'école, ressemble à ça. Je ne sais que j'ai l'air de ça que quand je me regarde dans un miroir. Ou quand je vois une photo où j'apparais. Et encore : dans le miroir ça va toujours, mais en photo, la plupart du temps j'ai peine à y croire, je me dis sans cesse que la lumière ou l'angle de vue, ou la surprise, ont dû transformer mes traits. Je n'ai pas l'air de ce que je me sens être. »

BOB. *« Je n'ai pas l'air de ce que je me sens être. »*

MADAME FRYERS. *Eh bien, si les dieux ont un tant soit peu été généreux à l'égard de cet enfant, une bonne partie de sa vie se passera à se pencher sur cette énigme à trois pattes, justement : soi, le monde, et ce qui relie soi et le monde – dans un sens, et dans l'autre. Il passera des années de sa vie à se demander comment ce qu'il est dans le regard des autres pourrait bien finir par ressembler à ce qu'il se sent être. Et, en contrepartie, à se demander en quoi le fait d'avoir l'air de ce qu'il a l'air pour les autres influence même ce que les autres ne peuvent pas voir en lui.*

Si vraiment les dieux sont très bien disposés à son égard, ils iront jusqu'à lui éviter le terrible piège du renoncement à cette question-là. Le renoncement. Par épuisement, ou par souffrance, ou par vertige. Ou par simple distraction, même. S'ils ne le lui évitent pas, s'ils le laissent s'y engouffrer, dans le piège, s'il se perd, l'enfant, eh bien il se repliera en lui-même, se repliera entièrement dans le regard de celui qui se regarde dans le miroir et ne reconnaît pas ça comme étant lui. Il se repliera en lui-même, fuira les miroirs ; en lui-même, hors d'atteinte du monde, se foutant de ce que, de lui, voit, entend et comprend le monde. Ou alors, à l'inverse, il basculera entièrement. Mais, cette fois, dans le monde, et il parviendra à se convaincre de ce qu'il n'est en tout et pour tout que ce que le monde voit de lui. Il ne croira plus que le miroir.

Mais. Mais si un dieu, ou une déesse, ou une fée, ou un ange, ou la vie, tout bonnement, l'aime vraiment, cet enfant, si vraiment un don admirable, incomparable, lui est accordé, alors il aura droit, un jour ou l'autre le long de sa route, à une révélation terrible. À un bouleversement de splendeur d'une force telle qu'il est impossible de le décrire, nous sommes condamnés à ne pouvoir que l'évoquer. Il comprendra que les autres non plus ne sont pas, à l'intérieur d'eux-mêmes, ce que nous voyons d'eux. Il comprendra que les autres aussi, chacun, chacune des autres, est aussi aux prises avec le vertige d'être dans le monde, de porter le monde entier en soi, mais d'être pourtant un étranger aussi bien à ses propres yeux qu'à ceux du monde. Il comprendra que tous, tous, nous sommes aussi étrangers au monde qu'à nous-mêmes. Il comprendra que la vie n'est pas porteuse d'énigmes, non, non, non! elle est une énigme. Et que la plus grande de toutes les énigmes qui composent l'énigme de la vie, c'est… le désir. Le désir de l'autre. Pas pour le posséder. Ni pour être possédé par lui ou par elle. Pas pour s'oublier. Ni pour lui permettre, à lui ou à elle, de s'oublier, non. Pour permettre un moment de sérénité dans l'énigme de l'autre. Pour permettre à ce qui vit en l'autre de se détendre: apparaître à l'intérieur de l'autre, là où il a toujours été seul avec l'énigme de sa vie et celle de toutes nos vies, apparaître en lui, lui passer la main dans les cheveux, et lui murmurer: « Repose-toi, mon bel amour. Étends-toi, la tête sur mon ventre, et repose-toi. Dors, dors enfin du sommeil profond qui nous reconstruit et nous désaltère. Dors, dors, ma splendeur, refais tes forces pour la route qui est la tienne et qui est longue. Dors, je veillerai pendant ton sommeil. » Être la réponse enfin survenue à l'appel lancé par l'autre, un appel que peut-être il ne se savait même pas être en train de lancer. Le désir de l'autre. Non pas pour nous voir par ses yeux à lui, ou à elle. Non pas pour être confirmé, ni dans nos craintes ni dans nos espoirs. Mais pour avoir droit, pour avoir le privilège, ne serait-ce qu'un très court instant, de le voir lui, de la voir, elle. De dedans. Nous retrouver, tout à coup, debout dans les vastes cavernes si profondes, éclairées au flambeau, dans les dédales de souterrains de roc brut dans lesquels il erre depuis la naissance, et où il errera jusqu'au moment de sa mort. Apparaître dans les plus enfouis de ses souterrains, dont les parois n'ont jamais résonné d'aucun autre pas que de celui de ses errances à lui, où les flammes n'ont jamais tremblé à aucun autre passage que le sien. Apparaître dans les profondeurs de l'autre. Et lui permettre d'apparaître dans les nôtres.

Le privilège transfigurant d'être aux côtés de l'autre, devant le même miroir, et de le regarder, et de sentir son vertige lorsqu'il aperçoit son reflet et ne se reconnaît pas. Ce don d'une incomparable splendeur: debout derrière lui, le menton

sur son épaule, notre oreille contre la sienne, au moment où il est saisi de vertige, doucement, tendrement lui passer les bras autour de la poitrine, et serrer doucement, et murmurer : « Je t'aime. Ce que tu vois là n'est pas toi. Ce que tu ressens ne suffit pas à te résumer. Et la différence entre les deux est un abîme. Mais cet abîme, ce vertige, ce corps et cette présence au cœur de toi sont une chaleur douce pour laquelle je remercie la vie et les dieux. Et je les remercie en disant ces mots : je t'aime. Je t'aime comme j'aime la vie. »
Nous devons vivre en refusant de quitter le centre de nos vies. Et savoir pourtant que nos vies se répondent.
Il existe un lieu. Tout dehors. Tout dedans. Et tout entre les deux. Qui est le seul où nous cessons d'être des monstres. Des démons. Des esprits malfaisants se vengeant sur les autres de souffrances que tous ressentent.
Tout dehors. Tout dedans. Et tout entre les deux.
Tu comprends ? Tu comprends, maintenant, de quoi je parle, quand je te dis que tu es en grand danger ? Tu comprends ? Réponds-moi.

BOB. *Je. Je crois, oui.*

MADAME FRYERS. Non ! Non, n'ajoute rien. Tu comprends.

R. Qu'est-ce que nous venons de faire là ?

D. Pas la moindre idée. Il me semble que nous ne sommes encore que dans l'installation des enjeux, non ?

R. C'est bien possible. Je ne sais pas. Attendez voir. Premier texte : *Djinrokû* – la reconnaissance, l'exploration du monde et des mots qui nous donnent prise sur lui, l'action de grâce devant la beauté du monde et de la vie. Deuxième : *Kyoto* – « Ne me dites pas qui je suis, vous n'en savez rien. » Troisième : *L'enfant au miroir* – « Tout dehors, tout dedans, et tout entre les deux » ; non seulement les pôles, mais aussi et peut-être surtout ce qui surgit entre eux. Ça va ?

D. Oh oui.
R. Qu'est-ce que ça vous raconte ?
D. C'est encore flou. Mais je suis excité comme une puce.
R. Et moi, donc.
D. Avant que nous ne continuions, il y a une chose que je voudrais préciser. Elle va peut-être de soi, mais il me semble incontournable que nous nous arrêtions à elle, ne serait-ce qu'un instant. À propos des *Bédouins*, et tout particulièrement de *Kyoto*.
R. Bien sûr.
D. Depuis déjà un moment, à l'époque où je l'écris, il y a tout un plan de ce que j'aborde dans cette pièce-là, et surtout dans le conte, qui est indissociable, pour moi, de la situation politique au Québec.
R. Vous voulez dire de…
D. Oui, de l'obligation dans laquelle, ici, nous sommes mis de choisir un camp. En écrivant *Les Bédouins* et *Kyoto*, je pense à la Guerre froide qui bat alors son plein, bien sûr, je pense au Moyen-Orient, à la Révolution iranienne qui est en cours, aux oppositions culturelles qui commencent à surgir, peut-être même à devenir incontournables, entre l'Europe et l'Amérique, mais je pense tout autant au « Oui » et au « Non » entre lesquels, dans ma société à moi, nous sommes forcés de choisir. Et où, d'ailleurs, nous y sommes forcés avec une férocité toute particulière au moment où je commence à écrire la pièce.
R. Fin 1979, début 1980.
D. Eh oui, au moment où se prépare puis se tient le premier référendum. Et c'est assez hallucinant, parce que quatorze ans plus tard, je reçois un appel de Pierre Rousseau, le directeur artistique de la Nouvelle Compagnie théâtrale : il me demande si je n'aurais pas envie de monter *Panique* dans son théâtre, la saison suivante. Je lui réponds que non, mais qu'en revanche, refaire *Les Bédouins*…
R. … que vous avez créés à La Licorne, en 1984, avec Joseph Saint-Gelais…

D. … ça, oui. C'est comme ça qu'une pièce que j'ai commencé à écrire juste avant le premier référendum, celui de 1980, et qui signifie : « Câlicez-moi patience avec tout' vos estie de gogosses pis vos sacrament de trips de pouvoir ! Farmez vos yeules, on s'entend pus rêver ! », je me retrouve à la reprendre à l'automne 1995, soit – ce qui est impossible à prévoir au moment de la prise de décision – en plein ramdam du deuxième référendum !

R. Yahou !

D. Ce n'est rien de le dire. Me tenir debout, tout seul devant le public, sur la grande scène du Théâtre Denise-Pelletier, et dire *Kyoto* : « Je ne suis ni d'un côté ni de l'autre », je peux vous garantir que c'est un de mes souvenirs d'acteur les plus fabuleux. Même si la plupart des gens ont dû n'y voir que du feu. De plus, le faire dans une scénographie de Joseph, qui se résume à un plateau complètement dénudé, avec juste un grand totem en plein centre…

R. … le totem du garçon qui décide de ne pas écouter les sorciers et les prêtres et de monter au ciel par ses propres moyens…

D. … tout à fait. C'est un souvenir impérissable. Parfois, je me dis que nous aurions pu ne garder que les trois contes, et que l'essentiel y aurait tout de même été.

R. …

D. [*Éclat de rire.*]

R. Qu'est-ce qu'il y a ?

D. Un souvenir dément, qui vient de me revenir.

R. Allez-y.

D. Après quelques représentations à la N.C.T., un bon jour, j'arrive dans ma loge pour me préparer et, sur ma table, je trouve une grande enveloppe. Livraison spéciale.

R. Qu'est-ce que c'est ?

D. Un envoi d'un député du Bloc, à Ottawa.

R. Non ?

D. Oui.

R. Qu'est-ce qu'il vous dit ?

D. En gros : qu'il a assisté au spectacle, qu'il n'y a pas compris un traître mot... pis qu'à la place de dire des niaiseries je devrais mettre mon talent au service de la seule véritable Côôôse possible !

R. C'est pas vrai !

D. Juré, craché ! J'ai bien failli en pisser dans mes culottes. De rire, ça va de soi.

R. Et à présent, on va où ?

D. Eh bien. *Djinrokû* : la beauté et la richesse du monde et de la vie. *Kyoto* : « Je ne suis pas un guerrier. » *L'enfant au miroir* : « Il existe un seul lieu où nous cessons d'être des monstres. » Je pense qu'après ça, encore un texte, et nous aurons fait un premier tour de ce qui m'est essentiel.

R. Lequel ?

D. *Tou-Chou-Jen.*

R. Oh ? Un conte, encore une fois ?

D. Oui, une nouvelle. Une idée de scénario de long métrage, à l'origine. Son titre est un mot chinois – il signifie : « L'homme de lettre ».

R. Un texte écrit quand ?

D. Janvier 1988.

R. Pourquoi celui-là ?

D. L'amour. La mémoire. La fidélité.

Tou-Chou-Jen

Huit heures du matin. Le radio-réveil sonne. Paul l'éteint en grommelant. Se retourne dans son lit. Tente de se rendormir. N'y arrive pas. Il tourne. Tourne. Soupire. Se lève. Ses gestes ont la lenteur d'un lendemain de brosse. Il se rend dans le bureau-salle de séjour, débrancher le téléphone pour ne pas risquer qu'il sonne. Sur le pupitre, deux appareils photo, des films dans leur boîte, d'autres dans leur tube. Un feuillet est engagé dans la machine à écrire. De nombreux autres, froissés, remplissent le panier à papier et ornent le tapis et le dessus du pupitre. Le cendrier est plein à ras bord. Paul prend son paquet de cigarettes : vide. Fouille les poches de son veston, les tiroirs : non, plus de cigarettes. Il cherche un mégot assez long pour être encore fumé. Il n'y en a pas. Paul a un mouvement d'humeur. Va pisser. Retourne se coucher.

Neuf heures et quart du matin. Paul ne dort toujours pas. Le son des lettres que le facteur passe par la fente de sa porte et qui tombent sur le sol lui fait ouvrir les yeux. Il renonce à faire semblant de dormir. Se lève à contrecœur. Met sa robe de chambre, sur laquelle est posée une note, vraisemblablement laissée là par son score de la nuit passée. Il lit la note. Pâle sourire. Fait une boulette avec la note, qui aboutit dans une poche de la robe de chambre. Paul va prendre son courrier, au pied de la porte : que des factures. N'ouvre pas une seule enveloppe. Les jette sur son pupitre. Appelle au journal.

— T'étais supposé d'êt' ici à neuf heures.

— Ben oui, ben oui. J'arrive.

— As-tu queuk chose pour nous aut' ?

— Non.

— Me semblait.

Paul prend une douche. Décide qu'il est trop poqué pour raser sa barbe de trois jours.

Dix heures moins le quart. Paul, dans un taxi arrêté à un feu rouge. En diagonale, de l'autre côté du carrefour, une église devant laquelle sont garés un corbillard, un landau de fleurs plutôt dégarni et un grand nombre de voitures taxi.

— C'est quoi ?

— Un vieux. Le doyen des chauffeurs de Montréal. Le taxi, c'tait sa seule famille. C'est épouvantab', y s'est fait' attaquer par des p'tits bums. Y a été trois mois dans l' coma.

— Su l' taxi ?

— Non. En prenant une marche.

— Ah.

Paul est déçu : si le bonhomme s'était fait battre dans sa voiture, ça pourrait faire un meilleur article. Il règle le chauffeur. Descend de voiture. Entre dans l'église. Fait tout de suite la moue : une centaine de vieux chauffeurs de taxi, même réunis pour un service funéraire, ça ne fait pas nécessairement un bon papier. Il se prépare à partir quand les portes de l'église s'entrouvrent. Entre un Chinois. Puis un autre. Un troisième. Dix autres. Vingt. Cinquante. Un flot. L'église se remplit. Il en reste même dehors, qui n'ont pas de place pour entrer. Ils sont des centaines. Recueillis. Plusieurs portent à la main une fleur blanche, ou une poignée de pétales blancs, qu'ils jettent sur le cercueil, au passage. Paul et les vieux chauffeurs assistent, interdits, à l'arrivée et à la disposition de ces nouveaux arrivants. Un vieillard chinois passe dans l'allée centrale, à la hauteur de Paul. Il est soutenu par un jeune aux cheveux longs. Le vieux dépasse Paul sans le regarder. S'éloigne. Disparaît dans la foule. La cérémonie commence.

Après la messe. Paul est sur le parvis. Il parle à deux, trois chauffeurs de taxi.

— C'est quoi, les Chinois ?

— J' sais pas. J'sais pas. Y ont dû s' tromper d'église…

Paul décide de s'adresser directement aux Chinois :

— Vous le connaissiez ?

Plusieurs ne parlent pas français. Jettent un regard à Paul. Passent leur chemin. Ceux qui comprennent la question hésitent. N'ont pas l'air de se sentir habilités à parler. Certains répondent directement ou après avoir consulté, en chinois, une ou un aîné. Tous ont la même réponse :

— Demande à Tou-Chou-Jen. Demande à Tou-Chou-Jen.

Et s'éloignent.

— Tou-Chou-Jen ?

On lui indique le vieillard qu'il a vu passer, plus tôt, qui sort maintenant de l'église, toujours soutenu par le jeune. Paul se dirige vers lui. Le vieillard aperçoit Paul. Tape sur la main du jeune en disant un mot que l'on n'entend pas. Le vieux et le jeune s'arrêtent. Le jeune regarde en direction de Paul.

Paul s'approche, dans la foule très dense. Très « chinoise ». Silencieuse. Recueillie. Le vieux sourit comme on sourit en voyant revenir un ami attendu longtemps et que l'on retrouve enfin. Paul arrive devant le vieux qui le regarde dans les yeux. Temps. Le jeune s'adresse à Paul :

— Viens.

Le vieux, le jeune et Paul descendent vers le trottoir. Montent à bord de la grosse limousine du vieux. Paul, étonné, regarde autour de lui : tout un convoi de voitures se forme. Des dizaines de voitures. Le convoi, derrière le corbillard et plusieurs landaus de fleurs qui se sont ajoutés, chargés de couronnes portant des inscriptions chinoises, se met en route. Paul n'ose pas poser de questions.

Le convoi est maintenant sur le pont Jacques-Cartier. Paul interroge le vieux du regard.

TOU : *Il retourne chez lui.*

JEUNE : *Il retourne chez lui.*

Le convoi funéraire est sur la grand-route, à présent. Le vieux raconte. Le jeune traduit.

Il y a très, très longtemps, en 1935, il y avait un jeune homme. Jésuite. Il enseignait. À Brébeuf. Il était très malheureux, même s'il n'osait pas se l'avouer : il était parti de son village de la Beauce, avait accepté de devenir religieux comme ses parents le lui demandaient, mais avait choisi les jésuites dans l'espoir de parcourir le monde. De vivre mille aventures. Or, voici qu'il enseignait dans la grande ville. Et avait bien peur de devoir y rester toute sa vie, comme tant de ses confrères âgés qu'il côtoyait tous les jours.

L'homme noble est un enfant.
Les événements de la vie,
Il va de l'un à l'autre.
Comme s'il s'agissait de jouets.

Au fond de son cœur,
Brûle la folie des hommes.
Sur ses lèvres,
Le sourire.
La folie des hommes est un jouet.
La brûlure est un jeu.
Le sourire est un jeu.
La sagesse est un jeu.

Il était encore plus difficile au jeune homme de supporter son fardeau depuis quelques mois que le père Benoît était arrivé à Montréal – après plusieurs années passées en Chine –, pour consulter certaines archives de la maison-mère, mais surtout pour consulter le père Franz, qui avait, lui aussi, passé en Asie la plus grande partie de sa vie. Le jeune père – Guy – et le père Benoît s'étaient liés d'amitié. Guy faisait parler le père Benoît, des nuits entières, des merveilles qu'il avait connues « là-bas ». Souvent, le père Guy venait voir le père Benoît mais, à sa grande déception, celui-ci était absent – sûrement en train de rencontrer le père Franz ou de fouiller une bibliothèque. Ou alors il le trouvait dans sa chambre minuscule, encombrée, absorbé dans quelque profonde discussion avec le père Franz. Discussion fort animée. En chinois. Le jeune père Guy aurait aimé rester là, durant des heures, assis dans un coin, à les écouter parler. Mais le père Franz avait un caractère irascible et tenait à rester seul avec le père Benoît. Le père Franz traitait le père Guy de « freluquet ». Alors, le père Benoît devait, à regret, demander au père Guy de l'excuser mais, avant de le laisser, ne manquait jamais de lui fixer un rendez-vous pour plus tard dans la journée ou pour le lendemain.

Un matin, le père Benoît vint trouver le père Guy comme celui-ci, finissant un cours, sortait de sa classe et lui dit, avec un petit sourire, d'aller chercher une voiture pour les conduire, le père Franz et lui, à une rencontre.

L'adresse était celle d'une grande demeure de Westmount. Ornée d'immenses jardins. De serres. C'était celle d'un riche Chinois qui les reçut avec chaleur dans une grande bibliothèque. Aussitôt arrivés dans la pièce, on installa le père Guy à l'écart, tout à l'autre bout de l'immense salle, dans un confortable fauteuil, avec quelques livres en français et en latin. Les trois aînés se lancèrent dans une discussion enflammée, tout en feuilletant avec soin de vieux et rares manuscrits disposés sur une longue table.

Soudain, dans la porte de la bibliothèque restée ouverte, passa une jeune femme d'une très grande beauté, vêtue de splendides vêtements de soie qui lui donnaient une allure de la plus grande légèreté. Elle s'arrêta, salua l'hôte, les deux pères. Et le père Guy. Le père Guy et elle se regardèrent, avec une très grande intensité, durant cinq secondes. Ce fut la seule fois de leur vie qu'ils se rencontrèrent. Jamais ils n'échangèrent le moindre mot. Le moindre signe. Ils se regardèrent, tout simplement, durant cinq secondes. Puis la jeune fille salua à nouveau. Et se retira. L'hôte des trois jésuites expliqua alors quelque chose que le père Benoît, ayant noté le trouble du père Guy, traduisit à son intention.

Regarde. Elle marche vers l'ouest, vers le désert.
La Toute-Belle.
Tous les cœurs se serrent.
Elle part.
Et elle revient.

Regarde. Elle marche vers le sud, vers la Cité interdite.
Celle qui est si belle
Que de partout accourent les princes,
Abandonnant leurs terres
Au récit de sa grâce.
Elle part.
Et elle revient.

Regarde. Elle marche vers le nord, vers les montagnes
Et la neige,

Celle dont l'éclat
Fait se taire les hommes.
Elle part.
Et elle revient.

Regarde. Elle monte à bord d'un navire.
Elle part vers l'est,
Vers le levant,
Celle qui ne s'oublie pas.
Et que nous ne reverrons plus.

La jeune femme d'une grande beauté était la nièce de l'hôte avec lequel discutaient les deux jésuites, la fille de son frère. Son père avait décidé de la mettre à l'abri. En Chine, la fin d'un monde approchait comme les noirs nuages d'un ouragan. Son père avait en Chine et à l'étranger de très nombreux ennemis. Il l'avait envoyée ici, à Montréal, de préférence à une ville où, dans une communauté chinoise plus importante, elle aurait risqué d'en rencontrer. D'ici, elle devait se rendre en Angleterre puis en France poursuivre ses études. Son père l'ordonnait. Elle devait aussi contracter un mariage d'alliance.

Après cette courte explication, les trois hommes reprirent leur discussion.

Le père Guy passa le reste de la journée avec, dans les yeux, la vision de cette jeune femme ; dans les oreilles, le chant de la langue chinoise ; dans les narines, les effluves envoûtants du tabac de la pipe du père Franz, ceux des plantes inconnues de lui qui embaumaient l'air de la grande pièce et, dans la bouche, ceux du thé et du goûter qui leur furent servis.

Quand le jour fut couché – en fait, la nuit était déjà avancée –, les trois hommes se levèrent. Le père Guy était engourdi. Le père Benoît lui dit :

— Viens.

La grosse voiture du Chinois, conduite par un chauffeur en livrée, sous la première neige fine de la saison, qui tombait doucement, traversa la ville. L'engourdissement du père Guy ne le quittait pas. La voiture arriva dans le quartier chinois. Déposa les quatre hommes devant un magasin où une vieille femme les attendait, surveillant leur arrivée par la vitrine. Une fois à l'intérieur, le Chinois guida les trois religieux vers le fond de la boutique et descendit avec eux un escalier, dont une lourde tenture masquait l'accès, jusqu'au sous-sol. Là, à la molle surprise du père Guy, l'homme écarta une nouvelle draperie et ils poursuivirent leur descente.

Ils arrivèrent dans une première salle, encombrée de colis, de boîtes, de caisses, de ballots portant des inscriptions chinoises. Dans une seconde salle, enfumée, des hommes de tous âges discutaient, penchés sur des livres et des cartes. Le père Benoît, le père Franz et leur hôte discutèrent un moment avec eux. Échangèrent mille salutations. Puis les quatre visiteurs poursuivirent leur chemin. Dans une nouvelle salle, on jouait au mah-jong. Dans une autre, on fumait l'opium. Ils allaient en ressortir après l'avoir traversée, pour accéder à une autre salle encore, quand le père Franz s'arrêta et dit quelques mots. Suivit une discussion au terme de laquelle les trois aînés s'entendirent sur le fait que le père Guy pouvait rester dans cette salle-ci. On l'installa. Pour la première et dernière fois de sa vie, il fuma de l'opium.

En quelques heures, cette nuit-là, le père Guy vécut sa vie entière.

Il retrouva la jeune fille qu'il avait entrevue dans la porte de la bibliothèque de son oncle. Ils se connurent. S'épousèrent. Ensemble, ils parcoururent de fabuleux pays. Guy fit visiter à son épouse Paris, Londres, Rome, New York. Elle, le guida à travers les rues, les ruelles et les parcs de Saigon, Pékin, Tokyo. Avec le père Benoît parfois, avec le père Franz ailleurs, le jeune couple vit La Nouvelle-Delhi, l'Amérique latine et d'autres contrées dont ils ne surent jamais les noms. Ils visitèrent des palais, des villes d'une très grande pauvreté. Mangèrent des mets inconnus. Humèrent des fleurs étranges. Aussi, Guy était un héros. Sauvait le père de la jeune fille de ses ennemis, de mille dangers. Devenait, comme le père Benoît et le père Franz, un initié des Cultures et des Secrets de la Chine et de l'Asie. En faisait connaître les richesses à l'Occident éberlué. Devenait médecin et sauvait des vies. Ingénieur et construisait des ponts, des routes, des canalisations qui apportaient l'eau aux villages des déserts.

Lin Hao et le garçon qui avait peur de l'ennui s'aimaient. Il ne voyait le monde et sa splendeur qu'à travers les yeux de l'aimée. Connut des moments de calme infini. De sérénité, même au cœur d'occasions où un tel sentiment semblait pourtant totalement incongru. Il y avait Lin Hao. Ce qui n'était pas Lin Hao n'était pas la vie. Les deux amants, étendus côte à côte, regardaient les étoiles. Écoutaient les rires, parfois les pleurs, de leurs enfants. Guy enseignait. Lin Hao enseignait.

Guy parcourut, cette nuit-là, toutes les avenues possibles de sa vie. Dans tous les sens. Il vécut, en une seule nuit, toutes les vies que sa jeunesse laissait encore étalées sur sa table, possibles, devant lui. À portée de sa main. Tous les possibles de la jeunesse.

Il vieillit. Rajeunit. Fut vieux à nouveau. Puis jeune encore. Explora toutes ses vies, revenant parfois sur ses pas lorsque, après avoir longuement hésité à un carrefour, il réalisait s'être fourvoyé sur une mauvaise voie.

Chaque fois, dans chacune de ses vies possibles, partout, Lin Hao était là, à ses côtés. Devant lui. Dans ses bras ou l'enlaçant. L'étreignant. Dans de vastes cavernes, elle lui montrait les dragons. Lui répétait en une sourde mélopée de ne pas avoir peur. Lui chantonnait à l'oreille comment vivre en harmonie auprès d'eux. Lui contait des histoires dont même les plus vieux livres n'arrivent pas à éclairer les origines. Avaient faim ensemble. Ensemble, couraient sous des déluges. La terre tremblait au passage de troupes en furie lancées au galop, sous le coup d'explosions d'obus, là, tout près ou bien des nuits entières, là-bas, sur les contreforts des montagnes Ouïghours, au loin. Sage et courageux. Brave et attendri. Révolté et serein. Connut toutes ses vieillesses. D'innombrables vies d'adultes. Elle mourut avant lui cent fois. Lui survécut cent fois. Était, dans un cas comme dans l'autre, son seul regret. Toute sa vie. À trente ans. Quarante. Cinquante-cinq. Furent ce couple émerveillé dont la tribu entière célébrait le centenaire. Héros des légendes dans lesquelles, l'amante morte trop tôt, l'amant consacre le reste de ses jours à célébrer sa mémoire, fût-ce, aimant d'autres femmes, en n'aimant toujours que la Première à travers elles.

Quand il s'éveilla, tard le lendemain, la salle où on l'avait laissé était déserte.

Il était seul.

Et sa vie était derrière lui.

Il parcourut les salles en sens inverse de celui suivi la veille. Là où étaient entreposés les ballots et les caisses, plusieurs jeunes hommes allaient et venaient, déplaçant les charges. Dans le magasin, de nombreux clients tâtaient les fruits, les légumes, les poulets suspendus, les pièces de viande. Le saluèrent comme s'il était des leurs.

La grosse voiture avait disparu. Il traversa la ville à pied. Rentra au collège tard le soir.

Il fut très malade. On le crut près de la mort. Presque mort. Mort. Toujours, il n'y avait que Lin Hao. Ne sut jamais le nom sous lequel les autres la connaissaient. Elle était Lin Hao. Il la voyait partout, dans chacun de ses rêves, de ses cauchemars. Les images nées de sa fièvre et celles rencontrées lors de sa nuit d'opium se coulaient les unes dans les autres. Celles de cette nuit-là conservaient une telle précision qu'elles lui restaient plus claires que s'il avait vraiment vécu toutes les aventures qui avaient occupé son esprit tandis qu'il gisait, étendu dans les sous-sols du quartier chinois, sur la natte posée à même le sol. Certains jours, il crut apercevoir, de très loin, dans sa fièvre, le visage du père Benoît et celui du père Franz penchés sur le sien. Discutant en chinois, à son chevet. Il garda l'étrange sentiment qu'ils savaient mieux que quiconque ce qui l'habitait. Un bel après-midi de soleil d'hiver éclatant, soudain, le frappa l'idée que les deux amis n'étaient venus à Montréal que pour susciter ce voyage-là, sous le choc duquel lui, Guy, titubait.

Quand Guy fut rétabli, le père Benoît et le père Franz avaient disparu. Le père Franz, rentré dans son Allemagne natale où l'appelaient d'urgentes recherches, d'urgents sauvetages. Le père Benoît en Chine, pour achever sa tâche. Des lettres que ce dernier laissait au père Guy se dégageait l'impression, très forte, jamais pourtant nommée à mots découverts, que le monde était sur le point de changer de face, que de grands bouleversements étaient en gestation, en prévision de l'avènement desquels des travaux importants restaient à exécuter. Le père Guy ne revit jamais ni l'un ni l'autre. Ni n'entendit plus parler d'eux. Le supérieur semblait au courant de « quelque chose », mais il fut impossible à Guy de jamais rien apprendre de sa part.

Guy se rétablit. Reprit son enseignement. Mais le Sage doit se taire. Celui qui parle n'est pas sage. Son comportement donnait des signes qui suscitaient de grandes inquiétudes chez ses supérieurs. Jusqu'à ce que, un jour, il frappe durement l'un de ses élèves.

Il quitta la Société. Pendant longtemps, erra dans la ville. Passa bien près de devenir vagabond. Un jour, un homme l'aborda et lui offrit du travail.

— Sais-tu faire quelque chose d'utile ?

Guy ne pouvait rien dire. L'homme le pressait de questions et finit par tirer de lui qu'il savait conduire. Un ami de l'homme possédait une flotte de camions, il allait y trouver un emploi pour Guy. Guy se laissa faire. Devint, effectivement, chauffeur de camion. Puis chauffeur personnel du propriétaire de cette flotte. Guy ne parlait pas. Ne demandait jamais rien. La guerre éclata. Jamais Guy ne fut inquiété par les agents de la mobilisation. Quand le propriétaire de la flotte de camions mourut, au début des années cinquante, son fils décida de liquider l'entreprise. Presque aussitôt, le propriétaire d'une grande flotte de taxis offrit à Guy du travail.

Dès son premier emploi, à la sortie de la Société, il s'était trouvé une chambre, au centre-ville. L'édifice fut deux fois l'objet de rénovations mais, aussitôt les travaux terminés, Guy réintégrait son domicile. Il ne connut jamais d'augmentation de loyer. Le plus souvent possible, il mangeait dans le quartier chinois. Y faisait son épicerie. La plupart de ses achats.

— Voyez-vous ?

Très rapidement, Guy fut connu de toute la communauté. Avant même qu'il n'ait quitté la résidence des professeurs de Brébeuf, les Chinois de Montréal le connaissaient comme « L'homme dont la vie fut brève ». Désormais, il devenait chaque jour davantage encore « L'homme dont la longue vie fut brève ». Tous connaissaient l'histoire qui liait son âme à celle de la jeune Chinoise. Et l'âme de la jeune Chinoise à la sienne. Elle l'aimait autant que lui l'aimait. Son destin à elle était ailleurs et celui de Guy loin d'elle. Guy ne se révolta pas contre ces destins qui le séparaient de celle qui était sa vie. N'essaya jamais de les contrecarrer. Devint pour cette raison objet de grande et sincère admiration. Puis légende vivante. Légende d'Amour. De Respect. D'Humanité. De toute simple Grandeur.

L'homme qui lui offrit de le faire embaucher par un ami, puis le propriétaire de la flotte de taxis avaient été placés sur sa route par des bienfaiteurs dont il ne sut jamais rien. Les mêmes « arrangèrent les choses » quand un fonctionnaire voulut faire appliquer dans son cas le règlement décrétant qu'il avait atteint un âge auquel on ne conduit plus de taxis. Quand le propriétaire de la vieille maison de chambres qu'il habitait voulut la faire démolir, ce qui aurait jeté Guy à la rue, personne ne sut que la compagnie qui rachetait l'édifice pour le faire rénover appartenait à un groupe de familles chinoises. « L'homme dont la longue vie fut courte » finit par être connu bien loin d'ici. Un jour, Elle-même, de Chine où elle était rentrée, en entendit parler. Juste avant de mourir. On raconte qu'elle aurait dit, en cette occasion, un fort beau poème.

Guy ne chercha jamais à savoir. Les restaurants, les épiceries, les boutiques où il se rendait affichaient, discrètement, deux prix : un pour lui et un pour tous les autres. Il ne se trouva jamais un seul marchand, un seul pauvre non plus pour protester, pour trouver injuste que lui paie moins qu'eux. On venait, de très loin, le voir et lui sourire. Il savait. Nous savions qu'il savait. Sa simplicité ne s'est jamais démentie. Il apprit le chinois. N'en fit jamais montre. Il désirait, dans l'immense solitude qui était la sienne, être un peu près de nous, qui étions ceux à qui appartenait Celle qu'il aimait. Il ne montra jamais qu'il comprenait notre langue. Et nous n'avons jamais prétendu, en sa présence, que quoi que ce soit nous donnait à penser qu'il la comprenait. Sa vie s'était déroulée en 1935, un soir de jeune hiver. Le reste de ses jours fut un hommage à la splendeur dont elle avait été revêtue.

Il y a trois mois, de jeunes hommes, qui ne savent rien de la vie, ont très mal réagi quand ce vieux, qui leur semblait chinois, a refusé de réagir à leurs insultes. On l'a transporté à l'hôpital. Il n'avait plus sa conscience. Nous nous sommes inquiétés, après peu de jours, de ne pas le voir. Nous sommes allés à son appartement. Aucun signe de quoi que ce fût. Son employeur ne l'avait pas revu. Le croyait malade. Voyant arriver notre messager habituel, il a cru que l'on venait lui porter des nouvelles. Un matin, un médecin de l'hôpital chinois a reçu un appel de l'hôpital Saint-Luc, où Guy avait été transporté : depuis plus d'une semaine, un vieil homme était soumis aux soins du personnel de cette institution. Inconscient. Comateux. La nuit précédente, son état s'était légèrement amélioré : sans pourtant reprendre conscience, il s'était mis à délirer, à parler dans son sommeil. En chinois. Pouvions-nous envoyer quelqu'un ?

Nous l'avons fait transporter dans une clinique privée où nos meilleurs médecins ont visité son chevet et fait tout ce qui était en leur pouvoir. Sa chambre, à l'hôpital Saint-Luc, est restée vide. Le personnel avait reçu pour instructions de ne laisser entrer aucun visiteur. Il fallait dire : « Il lui faut le calme absolu. Bientôt, bientôt. » Au cas où il se serait rétabli. Mais.

Aujourd'hui, seulement, nous pouvons exprimer combien il a été cher à nos cœurs.

Le convoi funéraire roule dans la campagne. Approche d'un village. Dans un micro, Tou-Chou-Jen donne un ordre au chauffeur de la limousine. La limousine se range sur le bord de la route. S'arrête.

— Il retourne chez lui. Qui sait où notre vie nous attend ?

Paul descend de voiture. La voiture se remet en marche.

Paul regarde le convoi funéraire défiler devant lui, dans le petit village, avec ses voitures par les fenêtres desquelles s'échappent des bribes de chants, remplies de Chinois, et les landaus couverts de couronnes de fleurs blanches sur lesquelles flottent au vent les rubans de soie rouge couverts d'idéogrammes noirs.

Premiers constats

R. Plutôt étrange, non?

D. C'est le moins qu'on puisse dire.

R. Encore une fois, l'étonnement est complet. Vous songez à un projet depuis quoi... plus de quinze ans? Il s'agit simplement de préparer un assemblage de vos textes de toutes sortes. Et voilà pourtant que, dès le départ, l'entreprise prend une tournure radicalement différente de tout ce à quoi vous vous étiez attendu.

D. Oui.

R. À quoi est-ce que vous vous attendiez?

D. Les projets qui me sont passés par l'esprit au fil du temps ont chaque fois été passablement différents. Mais je me rends compte, cette fois-ci comme lors des *Entretiens*, qu'il y avait pourtant, bien entendu, des constantes. Des constantes qui ne m'avaient jamais frappé, que je n'avais même jamais soupçonnées et dont, surtout, les implications ne m'étaient par conséquent jamais apparues.

R. Lesquelles?

D. Eh bien, par exemple, je me disais chaque fois que *Djinrokû* viendrait dès le départ. Que je ne voudrais pas entrer dans une récapitulation comme celle-ci autrement que par la porte d'une prière d'action de grâce.

R. Mais...?

D. Mais, comme je l'ai déjà dit, j'avais toujours cru qu'après j'allais tout de suite passer à ce qui m'apparaissait comme le vif du sujet, et qu'en conséquence viendrait immédiatement un texte plus... plus théorique.

R. Vous voulez dire politique?

D. Pas nécessairement. Il aurait tout aussi bien pu s'agir de réflexions artistiques. Ou philosophiques.

R. Le « vif du sujet », ce n'était donc pas vos contes mais plutôt vos textes théoriques?

D. Voilà! Je ne m'étais jamais même approché de me le dire aussi clairement que ça, mais en repensant aujourd'hui à toutes les versions précédentes de mon projet, je suis bien obligé d'admettre qu'en effet l'idée sous-jacente à chacune d'elles était bel et bien que l'essentiel de ce que j'ai à dire se trouve dans mes textes théoriques plutôt que dans mes contes. Mes contes, je les concevais plutôt comme… comme des illustrations de mon propos.

R. Et… ?

D. Que les quatre premiers textes se retrouvent aujourd'hui en définitive être justement des contes me renverse. Pourtant, il me saute aux yeux, sitôt le geste posé, que, nom d'un chien, il allait de soi que c'était ce qui *devait* advenir. Et, même, que le fait de m'être acharné à tenter autre chose, pour des raisons purement et étroitement rationnelles qui n'avaient strictement rien à faire dans l'histoire ou qui en tout cas n'auraient jamais dû être déterminantes à elles seules, a sans doute été au cœur de mes échecs successifs.

R. Comment ça ?

D. Parce que je suis d'abord et avant tout un artiste. Rien d'autre ne m'a jamais intéressé – je veux dire réellement, profondément – que chanter.

R. Chanter quoi ?

D. La beauté de la vie et l'amour – qu'est-ce qu'il y a d'autre à chanter ?

R. Mais alors tous ces textes de réflexion ? Ces sorties politiques ? Ces prises de position ? Ces dénonciations ?

D. Ces… « dénonciations » ?

R. Oui. Vos grandes palabres enragées contre le nationalisme ou contre tel ou tel autre personnage historique.

D. Ah, ça ? Mais ce ne sont pas des dénonciations, pas du tout.

R. Non ?

D. Non. Ce sont des descriptions, tout simplement. « Dénoncer », c'est ce qu'on fait pour attirer les foudres de la justice sur quelqu'un. Je n'ai jamais au grand jamais visé le moindre but s'approchant de ça, même de fort loin.

R. Mais quel but visent-elles, ces sorties, alors?

D. De me permettre de nommer, tout simplement. De nommer les choses. De tenter d'identifier les entreprises en cours dans la société où je vis. Encore une fois, mon but dans la vie n'est pas de changer quoi que ce soit, mais simplement de comprendre. Or, une des caractéristiques les plus frappantes de notre société est une… une manie de tout identifier n'importe comment. Non pas en fonction de ce que sont les phénomènes, de leurs origines ou des conséquences qu'ils entraînent déjà ou qu'ils risquent fort de provoquer un jour, mais plutôt en fonction de ce que l'on souhaite qu'ils aient *l'air* d'être. C'est une manie dont on peut trouver des traces dans à peu près toutes les sociétés, je pense bien, mais dans la nôtre, c'est une véritable folie collective. Une folie collective dont à peu près tout le monde semble fort bien s'accommoder, alors qu'un tel accommodement me paraît, à moi, tout simplement impossible à envisager.

R. Pourquoi?

D. Mais parce que ce serait aller à l'encontre des buts mêmes visés par l'art, voyons! L'art n'est pas un délire, c'est une manière d'évoquer la réalité ou d'évoquer une manière de la concevoir, cette réalité. Pour parvenir à ça, il faut bien avoir les yeux en face des trous, au moins un tout petit peu.

R. Autrement…?

D. Autrement, ce qu'on évoque, ce qu'on chante, c'est la folie.

R. Pourtant, cette «folie», vous ne voulez pas l'empêcher, puisque vous ne voulez rien changer à rien…

D. Non, rien du tout, c'est vrai. Rien dans la société, en tout cas.

R. «Dans la société» par opposition à…?

D. «Dans ma vie». Il y a cette folie ambiante, et je la vois à l'œuvre à chaque heure du jour et de la nuit, où que je tourne les yeux. Je n'ai aucune espèce d'envie de la combattre, seulement je n'ai pas non plus la moindre envie d'y succomber. Ce dont j'ai envie, c'est de m'arracher à son emprise. Et même à la tentation d'elle. Or ça, il n'y a qu'une seule manière d'y parvenir – de *peut-être* y parvenir : en réfléchissant.

Sauf que réfléchir, ça ne se fait pas enfermé dans sa tête. Il a donc fallu que je m'invente des manières de dialoguer malgré l'invraisemblable silence qui règne dans le monde où je vis.

R. « L'invraisemblable *silence* » ? La folie que vous percevez autour de vous dans cette société est un… silence ?!

D. Oh oui, sans l'ombre d'un doute, puisqu'elle ne permet pas d'entendre la vie. C'est simplement que c'est un silence… qui gueule particulièrement fort, c'est tout. De ça aussi, nous avons longuement parlé dans les *Entretiens*. Ça en a même été le cœur : le silence partout. Entre les êtres, et même en eux.

R. Vos sorties politiques sont donc, pour vous… des dialogues ?

D. Pas tout à fait, non. Bien sûr que non. Elles sont plutôt des *tentatives* d'établir ce qui me paraît le plus proche possible de pouvoir en être un, puisqu'un dialogue véritable me semble pratiquement impossible.

R. Elles sont ce qui peut se rapprocher le plus possible d'un dialogue… dans les circonstances où il vous est donné de vivre, donc ?

D. Tout simplement.

R. Mais le ton ?

D. Quoi, « le ton » ?

R. Votre véhémence ? Votre colère ?

D. Oui. À ce sujet, à moins de prendre un an pour le faire, je ne peux vous répondre que ceci : quand on est enfermé dans un silence qui gueule aussi fort qu'il le fait ici, la seule manière de parvenir à entendre sa propre voix, c'est de gueuler encore plus fort que lui.

R. Et c'est tout ?

D. Comment ça, « c'est tout » ? C'est amplement, vous ne trouvez pas ?

R. Oui, oui, mais je veux dire : il n'y a vraiment aucune autre explication à votre véhémence, quand vous vous exprimez sur la place publique, que le désir d'entendre votre propre voix en dépit de la cacophonie ambiante ?

D. Quelle autre est-ce qu'il pourrait bien y avoir ?

R. Oh, il me semble qu'on peut en imaginer des tas. La révolte, par exemple. Ou la colère.

D. Je vois. Eh bien non. Non, ce n'est pas d'elles qu'il s'agit. Ni de colère ni de révolte. Oh, je vous accorde sans chipoter qu'il est vrai que je suis souvent en colère. Comment ne pas l'être ? Et révolté, aussi. Je ne peux quand même pas accepter sans broncher le sort que, dans cette société, on réserve à la vie. Mais cela n'implique pas du tout que ce seraient cette colère et cette révolte qui expliqueraient mon « ton », comme vous dites. Permettez-moi une minute d'orgueil : si je suis assez bon acteur pour « faire semblant » d'être un autre que moi sur une scène ou un plateau de cinéma et pour que certaines personnes y croient, accordez-moi, je vous prie, que je serais parfaitement capable d'avoir l'air d'être animé par autre chose que des émotions évidentes… *si j'en avais envie.*

R. …

Redites-moi ça ?

D. Je *suis* en colère, et je *suis* révolté, mais ce n'est pas à cause de ça que je gueule de la manière dont je le fais. Ma colère et ma révolte sont indissociables de *ce dont* je parle, mais n'ont pratiquement aucun rapport avec ma *manière* d'en parler.

R. Alors pourquoi dire les choses comme ça ?

D. Un : pour m'entendre, je viens de vous le dire. Deux : pour qu'on m'écoute.

R. Vous croyez qu'on vous écoute parce que vous parlez fort ? Vous ne pensez pas que ça a plutôt l'effet contraire ?

D. Vous voulez dire : que ça froisse les gens ?

R. Oui.

D. Eh bien non, pas du tout. Oh, il y a des gens qui vont le prétendre, bien entendu, qui vont affirmer que mon ton les indispose et qu'ils souhaiteraient tellement que je m'exprime bien calmement pour pouvoir m'écouter tranquillement, mais je n'y crois pas une seule seconde. Ce qu'ils veulent, c'est ne pas m'entendre du tout.

R. Vous êtes certain de ça ?

D. Complètement.

R. Comment pouvez-vous l'être ?

D. Tout simplement en me rappelant les années entières au cours desquelles j'ai tenté jour après jour d'aborder les mêmes questions, mais sur un ton nettement plus nuancé : j'aurais aussi bien pu parler aux plantes vertes, je n'aurais pas obtenu moins de réactions.

R. Oh ?

D. …

R. Mais alors… ce que vous me dites là, c'est que votre ton est… quoi ? Voulu ? Je veux dire : tactique ? Vous avez froidement décidé de l'adopter parce qu'il vous a paru être celui qui convenait le mieux ?

D. Je ne suis pas un acteur ?

R. Mais pourquoi ?

D. Parce que la haine de la pensée et son corollaire, le culte de l'émotion, sont tels, dans cette société, que si vous n'avez pas l'air bouleversé quand vous dites quelque chose, on ne vous écoute même pas.

R. Parce que ce que vous dites alors, c'est un « maudit intellectuel » qui le dit ?

D. …

R. Brrr. Bon. Donc…

D. Juste un petit instant.

R. Oui ?

D. Avant que nous ne revenions à notre sujet, il y a une petite correction que je voudrais apporter.

R. Allez-y.

D. Il y a un instant, quand vous avez commencé à m'interroger sur mes sorties publiques, vous avez parlé de mes « grandes palabres enragées contre le nationalisme ou contre tel ou tel autre personnage historique ».

R. Oui.

D. Je voudrais juste vous faire remarquer une chose : que mes « grandes palabres politiques » ne visent presque jamais des personnes.

R. Hein ?

D. Oh, je ne prétends pas que je ne parle *jamais* de personne en particulier, mais lorsque je vise un individu, ce n'est, dans l'immense majorité des cas, pas pour lui faire un procès à lui, mais uniquement pour donner un exemple concret de ce dont je suis en train de parler. Parce que si je ne le fais pas, eh bien, ce dont je parle finit par devenir une abstraction. Il n'en reste pas moins que ce ne sont pas ces individus-là que je vise, mais un comportement, une attitude ou un discours.

R. Bon, d'accord. Vous me dites donc que toute la partie plus… plus politique, plus théorique de votre activité, y compris le travail sur votre énorme essai inachevé, n'a jamais eu de sens, à vos propres yeux, que dans une perspective artistique ?

D. Tout à fait.

R. Qu'est-ce que ça veut dire ?

D. Que ce n'est pas un hasard si, à une certaine époque, mes activités théoriques ont pu sembler prendre la place de mon écriture dramatique. Que ce n'est pas un hasard, mais que ce n'est tout de même qu'une apparence. Comme je le dis dans mes petits *Points de repère chronologiques* de février 2000, dès 1987 un profond malaise non seulement m'habite depuis longtemps, mais se fait même incontournable. J'ai écrit mes premières pièces à toute allure – dans l'élan, en quelque sorte. Mais bien trop de choses m'échappent dans ma compréhension du monde. Dans l'image que je m'en fais, de ce monde. À partir de

1987, j'ai le sentiment de ne plus pouvoir avancer qu'à très grand-peine. Chaque nouveau pas est plus difficile que le précédent. J'ai l'impression d'avoir les pieds en plomb. Les pieds… et les idées. Et pourtant, j'ai tout autant le net sentiment que je ne fais que commencer.

R. Commencer quoi ?

D. À écrire, évidemment. Mes premières pièces sont précisément ça et rien que ça : des *premières* pièces. Pas des tentatives – quand je me livre à elles, j'y vais à fond, de toutes mes forces –, mais ce sont tout de même avant tout des explorations. Des explorations à la fois des thèmes, des genres, des couleurs et des formats. Je suis totalement fasciné, captivé par les mille possibilités qui s'ouvrent devant moi. Et je me sens encore totalement incapable de faire un choix entre elles. Comme un musicien qui chercherait l'instrument qui, dans le monde, rendra le mieux la musique qu'il entend à l'intérieur de lui : il court comme un dératé de la harpe aux claviers électroniques, de la guitare sèche aux percussions, du jazz au grégorien.

R. Mais encore… ?

D. Mes pièces sont tellement différentes les unes des autres, à tous égards ou peu s'en faut. Le délire loufoque de *Panique*, la « postmodernité », l'éclatement des *Bédouins*, le monologue presque agressif et pourtant comique de *26 bis* et celui épouvantablement dense et sombre de *Docteur Münch*, par exemple. Ensuite, il y a la rupture que représente le style soi-disant réaliste de *Being*, que je tenterai de complexifier et d'étoffer, auquel je voudrai donner de l'ampleur, dans *Monsieur Deslauriers*. Et ainsi de suite. À la fois, je m'abandonne à fond, lors de l'écriture de chacune des pièces, et à la fois je cherche.

R. Quoi ?

D. Mon chant à moi. Mais j'ai tout juste eu le temps de commencer que déjà je sens que je suis accoté au plafond.

R. C'est-à-dire ?

D. En ceci comme en bien d'autres choses, j'ai été incroyablement chanceux. J'ai découvert l'écriture dramatique par hasard. J'en parle aussi, dans les *Points de repère* : au terme de mes études à Paris, il me faut une excuse pour rentrer à Montréal, retrouver le Psychologue.

R. Et cette excuse, ce sera *Panique à Longueuil*...

D. Oui. Je n'en termine l'écriture essentiellement que pour pouvoir dire aux gens qui m'invitent à rester à Paris : « C'est ma première pièce, elle est en québécois et vous savez à quel point c'est essentiel, pour un auteur, que sa première pièce soit créée. Merci pour les offres, mais excusez-moi, il faut vraiment que je rentre. »

R. Woup, là. Attendez. Vous voulez dire que... que le fait que la pièce soit en québécois est *voulu* ? Que c'est une décision, en quelque sorte, *a priori* ?

D. C'est même une incontournable nécessité : toute mon argumentation pour rentrer à Montréal repose sur cet aspect-là. Or, au moment où je l'écris, *Panique* ne vise justement aucun autre but essentiel que de justifier ce retour.

R. Sans cette nécessité, votre première pièce aurait pu ne pas être en québécois ?!

D. Sans aucun doute. À mes yeux, malgré toutes les années de chantage émotif subies dans la société en général et à l'École nationale en particulier, le niveau de langage n'est qu'un parmi de fort nombreux outils auxquels peuvent avoir recours auteurs et acteurs. Le débat sur la langue en soi m'est toujours apparu comme un non-sens caractérisé. Ce n'est pas en soi la langue qui importe, mais ce que le recours à celle-ci plutôt qu'à celle-là permet d'identifier du monde qui nous entoure ou nous habite afin d'éventuellement l'exprimer, le partager. La manière de systématiquement utiliser la langue comme motif de chantage politique, qui est officielle ici depuis trente ans mais qui est dans l'air depuis bien plus longtemps que ça encore, constitue une attaque directe contre le cœur même de ce qui a toujours fait la force du français.

R. Vous avez déjà osé dire ça en public ?

D. Oui, mais tardivement. En 2001. En tout cas, si j'en ai parlé ouvertement avant ce moment-là, je ne m'en souviens pas.

R. Qu'est-ce qui arrive, en 2001 ?

D. Je suis invité à Edmonton pour donner plusieurs conférences, en français et en anglais, en sciences po et en théâtre. Je dois entre autres prononcer un petit laïus devant l'ACFAS[16]. Il me semble que j'ai déjà commencé à écrire quelque chose pour cette occasion, sur un sujet très éloigné de celui de la langue, mais je n'en ai même pas conservé de brouillon : une nouvelle que j'entends un après-midi à la radio de la SRC me fait subitement changer d'idée.

R. Quelle nouvelle ?

D. Juste avant que je parte pour là-bas se tiennent ici les États généraux de la langue française. Soupir. Et un après-midi, à la radio, donc, on fait référence aux travaux en cours et annonce que madame Antonine Maillet vient de prononcer un discours dans lequel elle affirme que les Canadiens français ont le devoir de conserver leur parlure afin de préserver la diversité culturelle. Il me semble qu'on nous en fait même entendre un extrait. Moi, je saute au plafond.

R. Pourquoi donc ?

D. Mais parce que la langue n'est pas un objet de muséologie !

Considérations sur l'avenir d'une langue et d'une culture

Mesdames, messieurs,

Merci d'abord pour cette invitation à venir vous rencontrer. Invitation que j'ai acceptée avec grand plaisir et

16. D. L'Association canadienne-française pour l'avancement des sciences.

que… j'espère fortement ne pas vous faire regretter dans les minutes qui viennent.

Permettez-moi de présenter en quelques mots certains aspects de ce que j'oserais appeler mon trajet intellectuel ou mes positions intellectuelles. Ce n'est pas que je me trouve digne d'un intérêt particulier, mais quelques points de repère offerts d'entrée de jeu vous permettront peut-être de mieux saisir les réflexions que je souhaite partager avec vous.

Vous dire d'abord que je considère mon attachement à la langue et à la culture françaises comme inattaquable. La culture française a été et continue d'être, je crois, d'un apport remarquable à ce que j'appellerais le « fonds de la civilisation » qui est la nôtre en ce début de millénaire.

Philosophie, diplomatie, littérature, sciences, beaux-arts, techniques, art de vivre : aucun de ces aspects de la vie humaine ne serait le même si ce qu'il est convenu d'appeler le « génie français » ne s'était pas exprimé au cours des derniers siècles et si, surtout, il ne s'était pas exprimé avec le courage, la clairvoyance et la fougue qui ont été les siens.

Mon attachement au français est indéfectible. Attachement non pas uniquement à la langue française – qui présente nombre de qualités remarquables –, mais surtout – et de très loin – à la pensée française. Laquelle est multiple. Elle a produit le pire et le meilleur. Soyons donc plus précis : mon attachement à certains pans de la pensée française est indéfectible. Auxquels ? À ceux que l'on qualifie dans le langage courant d'humanistes : ceux représentés notamment par Montesquieu, par Voltaire, par Victor Hugo, par le philosophe Alain et, plus près de nous, par Albert Camus.

Ceux, en un mot, qui sous-tendent certaines des valeurs exprimées lors de la Révolution française de 1789. Et, encore plus précisément, qui sous-tendent les valeurs qui ont mené à la rédaction et à la promulgation de la première Déclaration des droits de l'homme.

Il me semble que j'en suis venu à aimer davantage ma langue maternelle non plus seulement parce que je n'ai pu la choisir, mais d'abord et avant tout parce qu'elle est fertile. Et qu'elle l'est à plusieurs titres. L'un d'eux me paraît capital : c'est elle qui a permis d'exprimer en autant de mots, pour l'une des toutes premières fois de l'histoire de notre espèce, que « tous les hommes naissent égaux en dignité et en droit ».

Cependant, elle a aussi été celle qui la première a permis de s'attaquer de front – si j'ose dire – à cette idée, justement, que « tous les hommes naissent égaux en dignité et en droit ».

Elle a été celle qui a permis à Voltaire, *dans un texte célèbre, de se révolter contre l'horreur du tremblement de terre de* Lisbonne, *mais elle a aussi été celle qui a permis à* Joseph de Maistre *d'écarter du revers de la main la révolte de ce* Voltaire *témoin révulsé de la mort de milliers d'enfants, de femmes et d'hommes écrasés sous les décombres. Elle a été celle de la révolte contre la nature indifférente et de la révolte contre l'idée d'un* Dieu *indifférent à la souffrance de ses créatures, mais elle a aussi été celle qui poussait à accepter sans broncher cette souffrance et cette apparente indifférence.*

Elle a été celle de Jean Jaurès *appelant désespérément les* Européens *du début du* XXe *siècle à éviter la guerre mondiale dont l'ombre se profilait chaque jour plus précisément sur la ligne d'horizon. Mais elle a aussi été celle de* Charles Maurras *et de* Léon Daudet *– le fils d'*Alphonse *–, qui, eux, l'appelaient, et de toutes leurs forces, la venue de cette guerre, de ce carnage qui allait laisser des millions de cadavres dans les décombres des villes, des villages et des champs d'*Europe.

Elle a été celle du Front populaire, *luttant pour une plus juste répartition des richesses. Mais elle a aussi été celle de* Charles Maurras, *encore, poussant la jeunesse française à se battre dans les rues à coups de gourdins pour empêcher l'établissement d'une telle justice qui lui répugnait de toute son âme.*

Elle a été celle de l'appel du 18 Juin, par le général de Gaulle – appel à la Résistance et à la ténacité. Mais elle a aussi été celle de Gustave Thibon, philosophe du régime du maréchal Pétain, réfutant toute idée de progrès et d'égalité entre les hommes, et celle de Drieu La Rochelle, et celle de Robert Brasillach, collaborant de tout leur cœur avec l'Occupant nazi. Ces nazis dont la pensée, dont la culture, dont la vision du monde est indissociable de celle de Charles Maurras, de ses prédécesseurs, de ses acolytes et de ses adeptes.

Elle est celle des premiers Médecins sans frontières. Elle est aussi celle de Jean-Marie Le Pen.

Est-ce à dire que je n'aime que la moitié de ma langue – ou de ma culture ? Celle qui fait mon affaire ? Non.

J'aime ma langue entièrement : parce qu'elle est fertile. Ou qu'en tout cas elle l'a été. Je veux dire : fertile là où il me semble essentiel de l'être, en termes humains. Fertile en ce qu'elle a permis à des centaines de milliers, à des millions de femmes et d'hommes de vivre une vie plus riche, plus lumineuse, plus souriante, moins souffrante sans doute – ne serait-ce que physiquement : pensez à Louis Pasteur, pensez à Marie et à Pierre Curie – qu'elle ne l'aurait été sans elle.

Et nous voici face à l'enjeu dont je souhaite vous entretenir aujourd'hui :

Je souhaite répondre ici, devant vous, à madame Antonine Maillet qui déclarait la semaine dernière à Montréal, dans le cadre des États généraux de la langue française, que les Canadiens français auraient pour tâche de maintenir dans le monde une jolie parlure qui constituerait l'essentiel de leur apport au patrimoine universel.

Ma réponse à cette manière de concevoir notre langue est on ne peut plus courte, et la voici : non ! Non, il n'en est pas question ! Jamais. Over my dead body!

DÉBUT

Pourquoi répondre à madame Maillet ?
Pour deux raisons au moins.

D'abord parce que sa voix est l'une des plus importantes du groupe qu'il est convenu d'appeler les «francophones hors-Québec» – dénomination étrange qui semble mettre le Québec au centre du cosmos, mais passons.

Et ensuite parce que le point de vue qu'elle exprime en ces termes, loin d'être excentrique ou minoritaire, je l'ai entendu, depuis des dizaines d'années, énoncé sur une multitude de tons, dans une multitude de contextes, par une multitude d'individus. Qu'il est omniprésent, ce point de vue. Qu'il est déterminant. Que je crois qu'il se trouve ainsi, sous une forme ou sous une autre, au cœur même du débat sur la francité en Amérique du Nord.

Et que, comme je viens de le dire, je le récuse entièrement, de toutes mes forces et sans nuances.

Avant d'aller plus loin, permettez-moi d'attirer votre attention sur le fait que mon but, ici, aujourd'hui, n'est pas de diffuser un mot d'ordre auprès de vous. Je ne suis pas ici pour développer ou pour mettre en marché un projet politique. Je me contente, simple citoyen, de me tenir devant vous et d'affirmer ce que je pense de propos que j'entends être tenus autour de moi et qui prétendent m'inclure. Non. Il n'est plus question que l'on m'inclue de cette manière, dans des projets de cette nature. Je ne vis pas ma vie, et je n'écris pas – tant bien que mal – ce que certains ont la gentillesse d'appeler mon œuvre, pour assurer la survie d'une parlure. Aussi jolie soit-elle.

Je tente de connaître le passé aussi bien que je le puis. Pas uniquement pour mieux me comprendre et mieux comprendre le monde où je vis – ce qui serait déjà pas mal... – mais surtout pour faire de mon mieux pour aider à préparer un avenir fertile à celles et à ceux qui nous suivront. Je le fais par solidarité : avec mes prédécesseurs, avec mes contemporains et avec les générations à venir. Je le fais par fraternité.

Et je le fais seul. J'ai suffisamment reçu de mots d'ordre dans ma vie pour n'avoir aucune envie d'en lancer à mon tour.

Je suis conscient de ce qu'il peut y avoir d'apparemment brutal dans le fait de venir à Edmonton tenir des propos qui vous paraîtront peut-être attaquer les bases mêmes de ce que depuis des générations vous luttez pour préserver. J'en suis conscient, et c'est pourquoi je précise : si certaines questions – aussi essentielles, à mes yeux, que celles que je tente d'aborder ici aujourd'hui – ne peuvent pas ou ne peuvent plus être discutées au sein de la culture francophone, alors il est d'ores et déjà inutile d'œuvrer à son maintien : elle n'est déjà plus en mesure de survivre, puisqu'elle n'est plus en mesure de penser, de se penser, de penser le monde et de se penser en son sein.

S'il est une valeur dont la langue française aura été la propagatrice au fil des âges, c'est bien celle de la liberté de penser, et de penser fluidement. Et d'être concret. Dès lors que des murs sont érigés sur son territoire qui empêchent l'accès à des régions entières de la vie, dès lors que des mots deviennent imprononçables, que des idées deviennent inabordables par son truchement, elle commence à mourir.

Peu importe que je me trompe.

Je vois ce que je vois, j'entends ce que j'entends, j'en comprends ce que j'en comprends, je me méfie de la facilité, j'œuvre d'arrache-pied à éviter les amalgames et les erreurs, je tente de toutes mes forces de prendre en compte la complexité du monde. Je fais, en un mot, ce que je peux. Tout ce que je peux. Peu importe que cela soit ou non suffisant. Si ce ne l'est pas, que d'autres me répondent ou prennent le relais. Mon devoir est de dire ce que je me sens l'incontournable obligation d'énoncer. Et de le faire le plus clairement possible.

Si la langue dans laquelle je l'affirme ne permet plus qu'on l'entende, qu'on le comprenne, alors, hélas, c'est que sa mort est encore plus proche que je ne le croyais.

DÉBUT

Je ne suis pas un pessimiste, pas du tout. Je serais bien plutôt un indécrottable jovialiste. Je suis d'un indéfaisable optimisme. Rendez-vous compte : je crois que non, l'espèce humaine ne s'éteindra pas au cours des quelques prochaines décennies. Je crois que dans l'avenir qu'il reste, il est possible, oui, d'envisager que la langue française continuera de jouer un rôle fertile pour l'ensemble de nos frères humains. Et je crois qu'il est toujours possible d'améliorer le sort de nos semblables. Et que, francophones, nous pouvons participer à cette tâche.

Qu'est-ce que vous voulez de plus, comme optimisme ?

En revanche, je crois aussi qu'un avenir comme celui que je viens d'évoquer n'est envisageable qu'au prix de formidables transformations des esprits. Qu'au prix d'accepter de ressentir et de faire face à d'épouvantables vertiges en regard de nos croyances actuelles.

Je crois, en un mot, que si l'avenir se peut, la culture d'extraction française ne peut y jouer un rôle fertile et digne de ce que cette culture a produit de plus beau qu'au prix du renoncement à certaines erreurs qui sont aujourd'hui les nôtres et qui, si nous restons soumis à leur emprise, auront un effet diamétralement opposé à celui que nous aurons prétendu viser.

Je dis que le français s'étiole – quelle que soit la grosseur des lettres sur les affiches et le nombre d'écoles où on l'enseigne –, d'une part parce que nous avons de lui une perception sclérosée, peureuse, protectrice… qui est en contradiction radicale avec ce qui a fait sa force au cours de l'histoire, et d'autre part parce qu'un pan de la culture française a « cheux nous » – comme on dit – résolument pris le pas sur l'autre : le pan réactionnaire.

Ainsi, le choix qui s'offre à nous est assez simple.

Ou bien, sous couvert de préserver la langue française, nous continuons de nous faire les thuriféraires du nationalisme – dont notre langue a plus que toute autre permis la mise au monde ! –, et nous continuons de camper sur les positions des adversaires de la justice sociale – Maurras, Thibon et Le Pen sont des noms on ne peut plus français ! ; auquel cas chacun des gestes que nous posons au nom de cette survie ne fait rien d'autre que de creuser encore plus profondément la tombe de la culture dont nous avons hérité.

Ou bien le français sert à rouvrir les débats sur la justice sociale, à les reprendre là où ils ont en grande partie déraillé, à l'été 1914 – lors du déclenchement de la Première Guerre mondiale – puis à l'automne 1917 – lors de la Révolution bolchevique ; et il revient dans l'arène de la vie.

Or, ce choix ne peut pas être fait pour la langue. Il doit être fait au nom *de la fraternité. De la fraternité de tous. La revivification de la langue sera un effet, elle peut être atteinte, mais elle ne peut pas être visée pour elle-même. C'est là le vertige auquel je faisais allusion plus tôt.*

Ou bien nous quittons le musée et descendons dans la rue. Ou bien nous devenons nous-mêmes les objets exposés dans ce musée.

Ou bien nous nous mêlons avec acharnement de repenser le monde, et d'aider à trouver les solutions les plus fertiles pour l'avenir de cette planète dans son entier, ou bien nous continuons, frileux, grelottant de peur et nous balançant comme des enfants terrorisés, de nous agripper à des idées vides comme celles d'une jolie parlure – ce faisant, nous continuons d'œuvrer au renforcement de ce qui ronge justement cette langue jusqu'à la moelle, de ce qui la tue à petit feu et de ce qui ronge jusqu'au souvenir de ce que les humains ont produit de plus beau et qui reste leur seul avenir s'ils en ont un, je veux dire : le sentiment de fraternité.

Soit dit en passant, lorsque je parle de nationalisme et que je m'élève contre ses tenants et aboutissants, lorsque j'ose affirmer que le nationalisme est à mes yeux l'un des pires produits de l'imagination humaine, je ne fais pas référence uniquement au nationalisme dit québécois, ni même en particulier au séparatisme québécois : *je fais référence à* tous les *nationalismes. Quelle que soit la langue dans laquelle ils s'expriment.* Puisque, *de toute manière, ils sont tous le même.*

Ce n'est pas le degré relatif de développement de tel ou tel nationalisme en regard de tel autre qui me révulse, ce ne sont pas les particularités de ce nationalisme-ci en comparaison avec celui-là, mais le nationalisme lui-même. C'est le fait de croire que l'appartenance à tel ou tel groupe autorise, sous prétexte de défendre les intérêts de ce groupe, à se soustraire aux devoirs que tous les humains devraient remplir à l'égard de leurs semblables.

Le nationalisme finit nécessairement par engendrer une dynamique de confrontation. C'est dans sa nature même d'y mener. Ce que je déteste, ce n'est pas le degré spécifique de confrontation en tel ou tel point du développement d'un nationalisme en particulier, mais le fait même de considérer la confrontation comme fondement privilégié de nos rapports avec nos semblables.

Il y a déjà quelques années que j'ai décidé, en mon âme et conscience, d'être désormais un homme avant d'être celui qui est né et qui a grandi là où moi je suis né, et qui a grandi là où moi j'ai grandi.

Revenons à notre sujet.

Le français a été, depuis Villon, depuis Rabelais, une langue militante, délinquante et ouverte sur le monde. Pas une langue décorative. Ni une justification de se sentir menacé par le reste de l'humanité.

Ce qui a donné sa vigueur à la langue française n'a jamais été sa capacité de se défendre, mais sa capacité d'offrir à ceux et à celles qui avaient recours à elle une formidable prise sur le monde, et sur la vie.

Laissez-moi illustrer par une série d'exemples tout simples et fort concrets ce que j'entends par « les erreurs à l'emprise desquelles nous sommes soumis ».

Je vais évoquer trois personnages historiques, francophones nord-américains ayant vécu entre la fin du XIXe *siècle et la fin du* XXe.

Le premier naît à Montréal en 1873. Il devient médecin. Puis quitte le Canada pour la France et étudie à l'Institut Pasteur. Mille neuf cent dix-sept, la révolution éclate en Russie. Notre personnage quitte alors Paris pour ce qui est en train de devenir l'URSS et y passe de nombreuses années. De retour en France, il meurt à Paris, en 1949. Entre-temps, il a cofondé à Tbilissi, en Géorgie, un institut où l'on étudie les bactériophages, et l'histoire des sciences met aujourd'hui son nom sur la liste des fondateurs de la biologie moléculaire, domaine de recherche essentiel s'il en est.

Je répète : cet homme est considéré par plusieurs comme l'un des pères de la biologie moléculaire. Rien de moins.

Eh bien, chez nous, le nom de cet homme sert à désigner, quelque part dans le nord-est de Montréal, un petit bout de rue coupé en deux.

La première fois que je l'ai entendu, ce nom, c'était à la télévision de Radio-Canada, durant un reportage acheté à la BBC : discutant des bactériophages, il y est tout à coup fait mention de leur découvreur à peu près en ces termes : « l'irascible Canadien français ». Je bondis sur mes pieds. Qui ça ? Pas un mot de plus. Après l'émission, frustré de ne pas en avoir appris davantage – à la télévision d'État ! –, je me lance sur Internet, où je découvre très facilement ce que tout Radio-Canada aurait pu découvrir aussi si l'on s'en était donné la peine, et dont on aurait pu nous faire profiter à très peu de frais : c'est-à-dire les détails que je viens de vous donner, et bien d'autres encore. À la fin du XIXe *siècle, en plein cœur de la Grande Saignée – de cet exode des Canadiens français à travers l'Amérique du Nord –, un médecin francophone montréalais quitte sa ville natale pour Paris puis, au moment où Lénine passe aux actes, part pour Moscou. De là, il devient l'un des pères fondateurs de la biologie moléculaire. Mais quel diable d'homme est-ce là ? C'est très simple : c'est un diable d'homme de la sorte dont, chez nous, on ne parle pas : il faut que ce soient les Britanniques qui le fassent pour que nous entendions son nom – et rien que lui. Ce nom c'est : Félix d'Hérelle.*

Si vous me dites qu'il était normal que durant la Grande Noirceur on refuse de s'intéresser à un « p'tit gars d' cheux nous » ayant commis le crime suprême d'opter pour le communisme, je vous répondrai que, selon la rumeur en tout cas, en 1999, cette Grande Noirceur était réputée terminée depuis près de quarante ans. Et qu'on ne s'y intéressait toujours pas, à Félix d'Hérelle.

À ma connaissance, la seule biographie de lui à avoir été publiée l'a été aux États-Unis. Nous étions sans doute trop occupés de notre côté à calculer la hauteur des lettres sur les affiches et à rédiger à la chaîne des thèses épaisses comme ça sur la forme des jolis piquets de clôture dans Charlevoix sous le régime français pour avoir le temps de nous préoccuper d'un sujet aussi trivial que la recherche médicale fondamentale.

Second exemple. Dernier quart du XIXe *siècle. Comme des dizaines de milliers d'autres, un couple de Canadiens français quitte le Québec pour chercher ailleurs les moyens de sortir de la pauvreté. Ils s'installent dans le Massachusetts. En 1885, ils ont un fils. Le fils étudie dans les établissements religieux, bien entendu. En contrepartie de quoi, il doit, bien entendu, promettre d'entrer plus tard dans les ordres. Seulement voilà, l'heure venue, il se rebiffe, renie sa parole, est renié par ses parents, part pour New York et devient membre de certains des groupes politiques les plus radicaux du Nouveau Monde. Au nombre de ses amis, la très remarquable anarchiste Emma Goldman. En collaboration avec son épouse Ariel, notre personnage rédige une* Histoire de la civilisation *en onze tomes qui sera traduite dans des dizaines de langues et qui demeure encore aujourd'hui un exceptionnel ouvrage de référence. Prix Pulitzer, en 1977 – si mes souvenirs sont exacts –, il reçoit des mains du président Ford la plus haute distinction civile que l'on puisse se voir accorder aux États-Unis. En un mot, il est considéré comme l'un des plus grands – sinon le plus grand – vulgarisateurs d'histoire de notre continent.*

J'apprends son existence par accident en 1997. Grâce à Internet toujours, je découvre quantité de détails sur sa vie remarquable. En 1998, je consulte un index des rues de Montréal, la plus grande ville française d'Amérique, paraît-il. Ce nom n'y figure tout simplement pas. Pas du tout. Ni square, ni rue, ni ruelle. Rien. Néant. Will Durant, encore plus mal loti que Félix d'Hérelle, n'est tout bonnement pas digne de donner son nom à un bout de rue.

Il faut croire que nos critères de sélection doivent décidément être extrêmement sévères.

Troisième exemple : à la mort de René Lévesque, il suffit de quelques mois pour que l'on débaptise l'un des plus grands boulevards de la métropole et le rebaptise à sa mémoire.

Loin de moi l'idée d'affirmer qu'il n'aurait pas fallu commémorer le nom de René Lévesque. Mais je choisis délibérément ici un cas extrême pour illustrer mon propos.

Mesdames, messieurs, d'après vous, entre Félix d'Hérelle – l'un des fondateurs de la biologie moléculaire –, Will Durant – l'un des plus remarquables vulgarisateurs d'histoire au XXe *siècle – et René Lévesque – ministre des Richesses naturelles de Jean Lesage puis premier ministre du Québec –, lequel laisse à l'humanité la contribution la plus digne d'être commémorée ?*

Et laquelle l'est effectivement ?

Souhaiteriez-vous qu'en lieu et place de René Lévesque, je reprenne mon exemple avec le nom d'Henri Bourassa ? Avec celui de Lionel Groulx ? Ou même avec celui de Louis Veuillot ?

Tous les trois ont, au moins à Montréal, leur rue ou leur station de métro.

Mais pas Will Durant.

C'est à cela que mène une culture se considérant comme la célébration d'une parlure plutôt que comme un outil, un outil essentiel pour appréhender le monde et ses phénomènes. Un outil qui doit demeurer vivant. Et qui, pour le demeurer, ne peut pas *devenir le prétexte d'un repli.*

C'est dans des choix comme ceux-là, ceux des noms donnés aux artères de leurs villes, que s'expriment les valeurs mises de l'avant par les groupements humains.

Encore une fois, je ne dis pas qu'il ne fallait pas célébrer René Lévesque, je dis que, dans les circonstances, ce choix est malheureusement révélateur des valeurs de la société où je vis.

Ce n'est pas le chérissement de sa mémoire à lui qui me blesse, c'est l'oblitération de celle de deux êtres dont la contribution au patrimoine de l'humanité est pourtant sans commune mesure aucune – je pèse mes mots – avec la sienne.

Je pourrais reprendre le même raisonnement en changeant dix fois, vingt fois les exemples. Ils ne sont pas accidentels. Ils sont, hélas, représentatifs.

Comme le dit le philosophe Jacques Attali : « Quand il n'y a pas de hiérarchie, il n'y a pas de mémoire. » Et encore : « Il faut cesser d'être des enfants. Il faut accepter de vieillir (…) Cesser d'être des enfants sans échelle de valeur[17]*. »*

Alors voilà, je voulais simplement témoigner devant vous d'une question que je me pose chaque année avec plus de

17. R. C'est tiré de… ? – D. Il me semble bien… oui… que c'est après avoir écouté une entrevue avec lui, à la télé, que j'ai noté ça. Il y a un sacré bout de temps de ça.

douleur : quand, prenant prétexte de la défense d'une langue aussi fertile que la nôtre, cesserons-nous de jouer à être des enfants qui confondent tout ?

Je ne sais pas si cela est réalisable, je ne sais pas non plus par quel chemin et à quelles conditions cela pourrait l'être, réalisable, mais je suis profondément convaincu qu'il n'y a en définitive qu'un facteur et un seul qui déterminera si le français sera ou non encore parlé dans notre région du monde dans un siècle ou plus. Ce facteur unique, c'est notre capacité à parler en français d'autre chose que du fait que nous parlons français.

Le français n'a pas été inventé pour chanter les louanges du français, il a été inventé pour chanter les louanges de la vie. Et pour aider nos semblables.

Les citadelles, ça ne protège rien. Pas à long terme. Même jolies.

Ou encore, pour paraphraser Sacha Guitry : il ne faut pas oublier que les gardiens de prison aussi vivent en prison.

Nous devons cesser de considérer le français comme une prison. Même jolie.

Parce qu'il n'en est pas une. Il est même le contraire de ça : il est l'air libre. Il l'a toujours été. Et je ne nous reconnais aucun droit de changer cet état de fait. C'est lui qui fait sa beauté et sa force.

Nos devoirs ne sont pas à l'égard du français, mais à l'égard de nos semblables, de tous nos semblables.

À nous de choisir notre camp.

Est-ce que le français d'Amérique n'a pas assez produit de Lionel Groulx, d'Henri Bourassa, d'Hector Fabre et autres André Laurendeau, tous plus réactionnaires les uns que les autres ? Cachés, tous, derrière la nécessaire survie linguistique pour camoufler leur alignement sur l'extrême droite française ?

Sera-t-il un jour possible que les Will Durant et les Félix d'Hérelle développent leurs rêves et leur pensée dans leur langue maternelle, plutôt que d'avoir à fuir parce que nous, voyez-vous, ne nous intéresse que la nécessaire survie d'un prétexte à toutes les phobies et à tous les délires, du moment qu'ils nous placent en marge des rêves de l'humanité?

La question de l'avenir du français en Amérique, à mon sens, se résume à celle-là.

La réponse, à ce jour, a été et continue d'être: non!

La suite nous appartient.

À chacun d'entre nous, individuellement.

R. Et c'est que vous pensez déjà, à Paris, en 1979, quand vous écrivez *Panique*?

D. *Grosso modo*, oui.

R. Mais il va vous falloir vingt ans pour le dire ouvertement?

D. Je dirais plutôt qu'il m'a fallu vingt années d'étude et de réflexion, tout seul dans mon coin, pour enfin parvenir à tirer au clair pourquoi et comment je le pense. Et pour, surtout, trouver la manière de l'exprimer sans qu'aussitôt mes interlocuteurs se mettent à tout coup à hurler que je veux piétiner la tombe de leur pauvre grand-mère. Pour sortir, tant bien que mal, des ornières du discours omniprésent ici. Durant toutes ces années-là, je lis, je réfléchis et, aussi souvent que je le peux – quand j'ai la tête à ça –, je vous fais tester mes dernières trouvailles sur les gens que vous rencontrez.

R. Bien. Revenons. Dès l'écriture de vos toutes premières pièces, qui étaient pour vous d'abord et avant tout des explorations, vous avez eu le sentiment que la question de la langue comme on l'aborde ici vous coinçait. C'était ce que vous disiez aussi, en 2000, dans vos *Points de repère*, non?

D. Non, pas vraiment. Le malaise croissant auquel je faisais référence dans les *Points de repère* n'était pas avant tout lié à la question de la langue. Cette fois-là, je parlais plutôt des outils historiques dont j'ai commencé, vers 1987 aussi, à ressentir le manque.

R. Je vois. Donc, en fait, le malaise dont vous parlez dans les *Points de repère* était double ?

D. Triple.

R. Triple ?

D. Oui. Mais en rédigeant le texte, je ne voulais pas entrer dans les détails, juste présenter un survol extrêmement rapide, alors j'en ai fait un bloc.

R. Attendez voir. Il y avait d'abord votre désaccord avec la manière de défendre la langue, donc.

D. Avec la manière, surtout, de la définir, la langue, de la concevoir, de se la représenter. Et avec la manière de concevoir la culture, du même coup. Je croyais, et je crois toujours, plus que jamais, que pour l'essentiel on ne peut pas *défendre* une langue. On peut la promouvoir, mais ça, ça se fait essentiellement en l'utilisant, en l'exerçant. Et en l'exerçant, surtout, *à sa pleine capacité*. Pas en l'attachant après la patte du poêle pour l'empêcher d'aller jouer dehors sous prétexte qu'elle serait de santé fragile – ce qui n'est au contraire que la meilleure manière de l'étouffer.

R. C'est ce que vous dites dans votre réponse à madame Maillet.

D. Oui.

R. Ensuite, il y avait votre manque de connaissances historiques.

D. Tout à fait. Je me sentais presque totalement incapable de formuler, de creuser et même de seulement commencer à exprimer de manière intelligible toute une très large partie de ce que je pensais, parce que les quelques rares éléments de notre histoire que je connaissais étaient non seulement beaucoup trop clairsemés, mais encore beaucoup trop minces. D'ailleurs, comme j'ai fini par m'en rendre compte dans les années 1990, la presque totalité de ce que j'avais étudié dans mes cours d'histoire était un tissu de clichés qui devait bien plus à l'entreprise de propagande systématique à laquelle se livraient mes profs et les auteurs des manuels qu'à quelque curiosité historique que ce soit ou qu'à une volonté de nous encourager, nous, les élèves, à apprendre à penser par nous-mêmes.

R. Vous vous sentiez incapable d'exprimer ce que vous pensiez… comme quoi, par exemple?

D. Flûte, il y en a tellement d'exemples – comment en choisir un seul qui soit représentatif? Attendez voir. Ah oui, tenez. Durant mon secondaire. Rappelez-vous que « mon secondaire », il se déroule avec la Crise d'octobre au beau milieu – en octobre 1970, j'ai quinze ans. Eh bien, je me souviens clairement d'un moment passé dans la cour d'école, durant la Crise, justement.

Nous sommes tous sortis en attendant que la police et l'armée, survenues à l'improviste, aient fini de passer l'édifice au peigne fin. Je ne sais pas ce qu'ils cherchent, au juste. Un portrait psychédélique de Che Guevara, j'imagine, ou une bombe au beurre de pinottes. À moins qu'ils ne s'imaginent que James Cross est ficelé à un tuyau, dans la chambre des fournaises. Bref. Je revois encore les gros camions verts, stationnés sous bonne garde au fond de la cour et dans la rue qui la longe, et de nous tous, nous devons bien être mille cinq cents, qui avons dû sortir au triple galop sans même emporter nos livres avec nous : la direction de l'école ne veut surtout pas que nous profitions de cette récréation improvisée pour prendre la poudre d'escampette. Nous n'avons pas pris de ballons de volley-ball ni de ballons-chasseurs non plus, bien sûr, nous n'en avons pas eu le temps. Ce qui fait que la seule activité à laquelle nous pouvons nous consacrer, c'est de mutuellement nous échauffer les esprits : nous n'avons rien d'autre à faire que discuter. Et discuter de quoi, vous pensez?

R. De politique?

D. Et comment! Tout y passe : « Maudits bœufs vendus », « Maudit traître à Trudeau », « Estie de moumoune à

Boubou », et allez donc. Sauf que cette fois-ci, tout à coup, un des sempiternels clichés me rentre par une oreille mais, plutôt que de faire comme d'habitude et de ressortir immédiatement par l'autre, il accroche quelque chose dans mon esprit, en chemin, et ça fait « bong ! ». Un des gars est en train de nous expliquer – pour la millième fois au moins : c'est un de ces lieux communs qu'apparemment il fait toujours profondément plaisir de rebrasser… – le complot génocidaire des maudits Anglais. *L'Acte de Québec*, l'immigration, la Crise de la conscription de 42, tout est en train d'y repasser, sur le thème de « Tout ce qui parle anglais sur la planète ne dormira jamais en paix tant que nous n'aurons pas été égorgés jusqu'au dernier ». Sauf que tout à coup, donc, plutôt que de voir, comme les fois précédentes, uniquement les événements auxquels l'orateur improvisé fait référence, je me mets malgré moi à imaginer le contexte dans lequel ces événements sont censés être advenus. Et, d'un coup sec, sans que je l'aie sentie approcher, m'apparaît, claire comme de l'eau de roche, l'idée que ce discours ne tient peut-être pas debout, pas une seule minute. Tout ça à cause d'un pauvre petit chiffre qui tout à coup surgit de Dieu sait où et vient patauger à la surface de ma mémoire.

R. Un chiffre ? Quel chiffre ?

D. « Soixante mille. »

R. Hein ?

D. Soixante mille : le nombre d'habitants de la Nouvelle-France au moment de la Conquête.

R. Et… ?

D. Et… c'est tout simple. Au cœur de tout le discours nationaliste, on trouve *une* date : 1760, la Conquête par les Anglais. Vous êtes bien d'accord ?

R. Oui.

D. Eh bien, qu'est-ce qu'elle occasionne, au juste, cette Conquête ? Essentiellement : la rentrée au bercail des élites coloniales françaises, abandonnant à leur sort, sur les rives du majestueux Saint-Laurent, diguidi-lonla, soixante mille pauvres hères démunis de tout... qui se mettent aussitôt à se retrousser les manches pour défendre leur âme contre les attaques de hordes sanguinaires aveuglées par la haine. Vous voyez ce que je veux dire?

R. Difficile de faire autrement.

D. Eh bien, ces hordes sanguinaires, qu'est-ce que j'ai appris d'autre, à l'école, à leur sujet? Entre autres détails, celui-ci: qu'elles ont conquis le monde. Rien de moins. Quelques dizaines d'années à peine après avoir fait main basse sur la «terre de nos aïeux», ces monstres-là vont avoir à leur tête la reine Victoria, sur l'empire de qui le soleil ne se couchera jamais. Ce qui implique donc que les armées d'égorgeurs de bébés et d'arracheurs de langue qui ont commencé à déferler sur le pôvre Canada à compter de Louisbourg et des plaines d'Abraham, ce sont aussi celles des fondateurs des USA. Et de l'Australie. Et de la Nouvelle-Zélande. Ce sont celles qui vont bientôt vaincre Napoléon. Envahir les Indes. Qui vont résister deux fois en moins de trente ans, en 1914 puis en 1939, aux assauts de l'Allemagne. Qui vont explorer l'Afrique et s'en approprier des régions entières. Qui vont même arracher Hong-Kong et Shanghai à ni plus ni moins que l'empire chinois.

R. Oui, et alors?

D. «Et alors?» Eh bien alors, la question qui fait «bong!» dans mon crâne, c'est: «Est-ce que quelqu'un pourrait m'expliquer, s'il vous plaît – et vite! ça presse! –, comment des hordes d'une telle imparable puissance s'y sont pris pour se faire narguer – pendant deux cents ans! – par une poignée de colons pauvres comme la gale, éparpillés sur un continent entier, n'ayant même plus d'administration publique de leur cru, puis par leurs descendants... qui n'ont trouvé le moyen de se doter d'un ministère de l'Éducation à peu près digne de ce nom que quand moi j'ai eu atteint l'âge de dix ans!?»

R. Oh. Ah oui. Je vois. Il y aurait comme un petit problème logique, là.

D. « Petit », vous dites ? Moi, le problème en question, dès qu'il me surgit à l'esprit, il me fait instantanément ouvrir la bouche, de pure stupeur. Parce qu'il mène immédiatement à son tour à un seul couple de réponses possibles. Ou bien ces hordes sanguinaires étaient d'une telle incompétence que si elles sont parvenues à conquérir le monde, ça n'a pu être que par pure flouxe – ce qui constitue quand même une hypothèse… euh… hasardeuse, ne dirions-nous pas ?

R. En effet.

D. Ou bien… le projet d'assimilation et même de génocide qu'on les accuse au Québec de caresser depuis toujours n'a purement et simplement jamais existé.

R. Oh.

D. C'est l'un. Ou l'autre. Point.

R. Puisque, en somme, étant donné la puissance dont ils allaient faire montre durant les deux siècles à venir, si vraiment les Britanniques avaient eu la moindre intention de se débarrasser des Français d'Amérique…

D. Ils n'avaient à mettre en branle – et encore : pour très peu de temps – qu'une minuscule fraction de leur force. *Ce qu'ils n'ont jamais fait !* Ni même tenté.

R. …

D. L'image apparaît en une seconde : paf !

R. Mais… comment est-ce que vous réagissez ?

D. Je vous l'ai dit : la mâchoire m'en décroche. Et puis aussitôt après, je me mets à regarder les autres membres de notre petit groupe, un à un, cherchant comment leur communiquer « ça » : cette bombe qui vient de me péter entre les oreilles. Pour me rendre compte, toujours aussi vite, que c'est parfaitement inutile : que si j'ai le malheur de seulement commencer à exprimer le tiers du quart du dixième de cette question-là, je vais me retrouver étripé sur place, net, soldats en armes dans le fond de la cour ou pas, avant même d'avoir atteint le point d'interrogation.

R. Eh bien alors ?

D. Je referme la bouche. Je balaie à deux bras l'image hors du champ de ma conscience. Je la repousse dans un coin. Je l'attrape par les oreilles et l'enfouis dans une poubelle sur laquelle je remets le couvercle, que je cloue, visse, soude. Puis j'enfouis la poubelle au fond d'une mine. Je fais sauter l'entrée de la mine à la dynamite, puis je fais couler une dalle de béton de cinq mètres d'épais par-dessus… avant de dire aux gars «'Scusez, je r'viens…» et de partir en courant pour aller pisser, histoire de me recomposer dans la solitude une face qui a de l'allure.

R. Et vous ne… Vous n'êtes jamais par la suite revenu sur cette question?!

D. Oh, mais oui. Bien sûr que oui. Autrement, je ne vous en parlerais pas aujourd'hui. Je suis revenu à elle… en 1996.

R. Quoi?! Plus de vingt-cinq ans plus tard?!

D. …

R. Bon. O.K., je pense que j'ai compris. Alors, dans les années quatre-vingt, il n'y a donc pas un seul mais trois malaises qui vous habitent, en fait, et qui vont croissant.

D. Oui. Qui vont croissant à la fois séparément et tous ensemble.

R. La manière même de considérer la langue et la culture, d'abord. Ensuite, le discours nationaliste et ses fondements.

D. Oh non. Non, pas seulement «le discours nationaliste et ses fondements». Non, c'est beaucoup plus grave que ça.

R. En quel sens?

D. Repensez à ce que je viens de vous raconter. Et remarquez bien une chose capitale: ce que j'écarte à toute allure, pris de panique, ce jour-là, dans la cour d'école, ce n'est même pas une affirmation, mais une simple *question*. Ce que j'accepte d'enfouir… Non. Non: je n'«accepte» pas de l'enfouir, je le fais spontanément. Je reprends. Ce jour-là, dans la cour d'école, ce que je décide spontanément, de mon propre chef, d'enfouir hors de ma propre vue, ce n'est même pas une critique du nationalisme, il s'en faut encore de beaucoup, mais simplement une question au sujet d'un seul entre mille de ses clichés fondateurs. Une question dont je sais par avance que le simple fait de tenter de la formuler à voix haute ne peut rien m'attirer d'autre qu'une paire de baffes… dans le meilleur des cas. Et ça, c'est auprès de mes camarades. Le tenter auprès de n'importe quel prof, même soi-disant «fédéraliste», ne peut mener qu'à une réaction encore bien plus virulente. Moins explicite, peut-être. Mais encore plus douloureuse.

R. Une réaction «en gants blancs», quoi. Et le troisième malaise?

D. C'est celui de me sentir à l'étroit, mais, cette fois, non pas dans ma représentation de notre histoire ni dans la définition ambiante de ce que c'est qu'une culture: dans ma position même d'écrivain.

R. Expliquez.

D. En deux mots: je sais, à l'époque, au milieu de la deuxième moitié des années quatre-vingt, que je suis à deux doigts de devoir m'exiler. C'est ça, ou passer le reste de ma vie à tourner en rond sur mes propres traces.

R. Mais pourquoi donc?

D. Parce que je suis déjà au *top*.

R. …

D. Sauf que l'exil, même par tranches de trois mois, deux ou trois fois par année, à faire des tournées à l'étranger et à aller de coquetels d'ambassade en soirées d'ouverture de festivals, ça ne me dit rien du tout.

R. Pourquoi pas? Il y en a d'autres à qui ça a plutôt bien réussi.

D. C'est vrai. Et je ne vous dis pas que c'est un choix qui se fait tout seul, mais, quoi qu'il en soit, je ne peux pas choisir l'exil, même pas à temps partiel.

R. J'insiste: pourquoi?

D. Pour deux raisons. Deux, au moins. D'abord, parce que je sais déjà parfaitement que mon malaise à l'égard de la culture et de la langue resterait tapi au fond de mes valises, où que j'aille. La seule manière d'en venir à bout, c'est de me pencher sur lui, ce malaise, pas de le fuir ou de prétendre le nier. Ensuite, parce que le trip jet-set, j'ai déjà à l'époque eu très amplement l'occasion de le goûter. Et que ça ne m'a pas plu du tout. Oh, c'est excitant, bien entendu, les avions, flish-flash les entrevues, les horaires déments, se réveiller dans une chambre d'hôtel et mettre jusqu'à trois longues secondes à se rappeler dans quel pays on se trouve. Sauf que c'est le contexte à peu près le plus mal approprié que je puisse concevoir pour le travail que j'ai envie de faire dans ma vie.

R. Alors, c'est pour ça qu'au début des années 1990 vous « tirez la *plug* de votre belle carrière », comme vous le dites dans les *Entretiens* ?

D. Exactement. C'est seulement quelques années plus tard, à la fin de la décennie quatre-vingt-dix, que je comprends tout à coup que ce troisième aspect, celui du sentiment d'obligation de partir que j'ai ressenti durant les années quatre-vingt, et surtout de mon entêtement à refuser de céder devant lui, a aussi fait partie intégrante de mon malaise.

R. Comment ça ?

D. Parce que je comprends alors que tout est fait, ici, pour que, passé un certain point de développement, un artiste n'ait tout bonnement pas le choix : il *doit* partir. C'est ça… ou prendre en pain. Passer le reste de ses jours à se répéter.

R. À se momifier ?

D. Voilà.

R. Il y a donc bel et bien trois malaises différents ?

D. Oui, mais que je ressens d'abord comme n'en constituant qu'un seul. Et c'est sans doute pourquoi il me faut si longtemps pour parvenir à les mettre à plat pour pouvoir les lire.

R. Qu'est-ce que ça donne, les ressentir tous les trois comme s'ils n'en formaient qu'un seul ?

D. En plus des anecdotes que je viens de vous raconter, et pour faire une image très simple, je dirais que je me mets à me rendre compte, petit à petit, de ce que l'image que je me fais de la société où je vis est non seulement incomplète, mais surtout fausse. Elle ne ressemble pas du tout à ce que je constate jour après jour. Or, non seulement je ne trouve rien dans le discours ambiant qui me permettrait de l'ajuster, cette image, mais plus je m'attarde à regarder ce qui m'entoure plutôt que d'écouter les discours à son sujet, et plus la fausseté du discours devient frappante.

R. Le camp de concentration, quoi ?

D. Oui. Mais d'une manière très différente de celle que j'ai expérimentée jusque-là. À l'École nationale, puis au cours de mes premières années à faire l'acteur, même durant les premiers mois qui suivent mon retour de Paris, jusqu'en 1980, donc, jusqu'au succès de *Panique*, je vis ce que j'appelle ma période « derrière les plantes vertes ». Je suis déjà une grand gueule, au moins à l'occasion, mais j'ai aussi le loisir, si ça me chante, d'observer tout mon saoul : je peux parfaitement passer des soirées entières sans me mêler de la conversation, juste à écouter.

R. Oh, je vois : *caché* derrière les plantes vertes, quoi ?

D. À compter de la création de *Panique*, en revanche, avec le succès qui commence, il se met à se passer une chose tout à fait inattendue : presque partout où je me pointe, je me retrouve le centre d'attention. On me demande mon avis, on m'invite à discuter, à prendre position, on m'interpelle. Je n'ai plus le droit de rester en retrait. Non seulement je perds ainsi un poste d'observation privilégié, mais en plus je suis obligé de m'exprimer sur des foules de sujets.

R. Des sujets dont vous savez que si vous dites trop ouvertement ce que vous en pensez, vous allez passer au *bat*.

D. Exactement. Je sais donc qu'il faut que je trouve le temps de réfléchir, de mettre mes pensées en ordre. Mais je ne l'ai pas : l'appel de l'écriture est beaucoup trop fort pour que je ralentisse. Ce n'est qu'à partir de 1987 que je me retrouverai vraiment forcé de le prendre malgré tout.

R. Donc, il y a la nécessité de comparer l'image que la société se donne d'elle-même avec celle qu'elle suscite en vous et dont vous ne pouvez discuter avec personne.

D. Dont je ne peux pas discuter *en profondeur*, en tout cas : la quasi-totalité des gens que je rencontre ou bien marchent à fond la caisse dans le discours nationaliste…

R. … le petit catéchisme bleu…

D. … ou bien se vautrent dans un esthétisme presque totalement détaché de la réalité. Le monde où ils vivent n'a tout simplement pas l'air de les intéresser.

R. Alors, qu'est-ce que vous faites ?

D. Je vous rabiboche une version officielle.

R. Je vous demande pardon ?

D. Je vous invente une position mitoyenne. Je dis alors que « Oui, oui, je suis indépendantiste mais pas nationaliste », par exemple.

R. Et… ?

D. Et je sais que c'est une position intenable. Ou plutôt non, soyons précis : à cette époque-là, je ne le sais pas encore, mais je le pressens. Je le pressens même très fort. Alors quand, dans certaines circonstances, je me rends compte que je frôle trop le bord du précipice, je me mets à faire le fou.

R. Comment ça ?

D. Je vous invente une espèce de personnage de clown délirant. Qui prend le plancher à tout bout de champ. Je développe toute une flopée de numéros, pour ces moments-là.

R. Et vous faites ça sciemment ?

D. La plupart du temps, en tout cas.

R. Pourquoi comme ça ?

D. Ce personnage-là ne sert pas uniquement à me cacher ou à bifurquer quand le chemin devient par trop dangereux, il remplit aussi une autre fonction essentielle : dissiper ma terreur.

R. …

D. Cette société n'est pas seulement menteuse, elle est aussi extraordinairement violente. Mais d'une violence en gants blancs, comme je vous l'ai déjà expliqué. Je sais parfaitement, j'en ai eu des tas d'exemples sous les yeux, que je pourrais être jeté aux vidanges dans le temps de le dire et sans que quiconque lève le petit doigt pour l'empêcher. Alors je fais des sparages parce que, pendant qu'on gesticule, les tremblements se voient moins. Durant des années, chaque jour, au moment de sortir de chez moi, je fais une pause, juste avant d'ouvrir la porte, j'enfile le personnage que vous représentez comme on passe une cote de mailles ou vérifie qu'on a bien son flacon de médicaments au fond de sa poche, et je m'assure qu'il y a bien dans votre *pack-sack* tous les trucs dont je risque d'avoir besoin au fil des rencontres de la journée.

R. Vous voulez dire : les gags, les numéros de clown ?

D. Oui, la poudre de perlimpinpin. Mais aussi les références culturelles : pour pouvoir en cas de besoin me mettre à parler de ce que j'ai lu, des films ou des pièces que j'ai vus. Pour pouvoir me lancer dans de brillantes démonstrations. Tout ça afin de pouvoir changer de sujet aussitôt que cela s'avérera nécessaire. En plus, c'est capital, je m'assure de me vider l'esprit de tout ce que j'aime. Autrement, une image forte risquerait de faire inopinément surface en public et de susciter une catastrophe.

R. Une catastrophe comme quoi ?

D. Comme celle du salon des étudiants, à l'École nationale, par exemple, lors de ce fameux enchaînement, en deuxième année.

R. La fois où vous vous êtes fait lancer en l'air par un autre étudiant parce que vous aviez décidé de cesser de jouer à un jeu qui vous dégoûtait ?

D. Oui. Sans que qui que ce soit bronche.

DÉBUT

R. Alors, si je résume : de la création de *Panique*, en 1980, à 1987, vous sentez que toute une série de malaises vous gagnent. Il y a d'abord une série de distorsions qui vous sautent aux yeux : à propos de la définition de la culture, par exemple. Et de ce que ça signifie, défendre une langue. Et puis, il y a la prise de conscience de ce que vous manquez de connaissances pour parvenir à formuler vos interrogations à propos de votre société et de son fonctionnement. Par là-dessus, vous venez à peine d'entamer votre travail, alors que pourtant vous sentez bien que, dans les conditions qui règnent ici, vous étirez déjà l'élastique jusqu'à la limite. C'est ça ?

D. Tout à fait, oui. Et ces distorsions-là, pendant un bon bout de temps, forment un magma dans lequel je suis complètement empêtré. Jusqu'à ce que je me rende compte, comme si ce n'était pas déjà amplement suffisant, qu'il y a encore d'autres sujets de préoccupation cruciaux qui commencent à se dessiner par-delà lui.

R. Par exemple… ?

D. La violence qui est associée au mensonge ambiant.

R. Mais à ça non plus, vous n'avez pas de temps à consacrer : vous avez trop envie d'écrire ?

D. Non, je n'ai pas *envie* d'écrire, j'en ai *besoin*. Ce n'est pas la menace physique qui me terrifie – je veux dire : pas celle de me faire casser la gueule. Après tout, je suis convaincu d'être mort à dix ans.

R. Alors qu'est-ce que vous craignez ?

D. D'être empêché d'écrire, justement. Malgré le côté utilitaire de l'écriture de *Panique*, durant les derniers mois de mes études à Paris j'ai tout de même ressenti une joie extraordinaire. Inconnue jusque-là. Qui sera encore plus forte, plus profonde, lors de l'écriture des *Bédouins* puis des pièces suivantes. Assez rapidement, je prends conscience de ce que ma vie est là. Dans l'écriture plus que n'importe où ailleurs. Sauf…

R. Sauf… ?

D. Dans certaines rencontres. Comme celle du Musicien[18].
R. Qu'est-ce qu'il y a d'autre, par-delà votre malaise ?
D. Le sentiment, qui va bientôt se transformer en certitude, que ce n'est pas uniquement pour me protéger des pièges que je dois mieux comprendre le monde qui m'entoure, mais aussi et surtout – de très loin – pour pouvoir continuer d'avancer dans mon écriture. Il y a trop de choses que je ne comprends pas, autour de moi. Et en moi. Or, de ces choses-là non plus je ne peux pas discuter avec mon entourage – ce qui justement me permettrait de progresser. Ou alors, si la discussion se peut, c'est vraiment à doses homéopathiques. Dans la quasi-totalité des cas, dès que je le tente, je me bute là aussi à de véritables murailles.

18. R. Un mot de présentation ? – D. … – R. Allez ! – D. Le « Musicien » : une des cinq grandes histoires d'amour-passion de ma vie. – R. Avec « Billy », « Le Peintre », « Matane » et « Le Jeune Acteur »… qui sont, eux, venus plus tard que le moment que nous évoquons ici. – D. Oui. Mes cinq « amours de guerre » : des hommes exceptionnels. Qui m'ont inspiré le désir de chanter plus fort que la mort. – R. … – D. Que vous dire de lui ? – R. … – D. Ah, tenez ! En février 2004, un ami organise une soirée de lecture de textes inédits, à l'occasion de la Saint-Valentin. Il demande simplement aux participants : « Écrivez ce que vous vous voudriez dire sur votre lit de mort : après ces phrases-là, il n'y a plus rien. » Je choisis de raconter trois moments. Le troisième évoque le Musicien : « Il y a le silence. C'est l'été. C'est la nuit. C'est une nuit de pleine lune. La lumière de la lune entre à pleine fenêtre. Je suis couché sur le côté, la joue contre l'oreiller. Et je regarde son profil endormi, qui se dessine dans la lumière de la lune. Là, tout près, à portée de souffle. Mon bras, posé sur sa poitrine, monte et descend doucement avec sa respiration. Dont je connais le goût. Merveille des merveilles. Ses cheveux. Son front. Ses paupières. Son petit nez. Ses lèvres. Ses lèvres. Ses lèvres. Sa gorge. Toute la nuit. Et à la fois, pour une rare fois dans ma vie, le sentiment d'être à bon port. Et à la fois le sentiment que je n'y resterai pas. Et à la fois le désir, aussi cher que ma vie, que ce moment ne s'achève jamais. Et à la fois la certitude qu'aussi longtemps que mes lèvres se souviendront des siennes, ce moment-là se poursuivra. Et tout cela est vrai : cette nuit-là, je suis à bon port, je n'y resterai pas, et pourtant le moment ne s'achèvera jamais puisque, encore aujourd'hui, vingt-trois ans plus tard, mes lèvres se souviennent des siennes. Et mon souffle du sien. »

L'art, et ce dont il parle, ça ne se discute pas, chez nous – sinon en termes de propagande : « T'as pas le droit de dire des affaires pas fines à propos de ton beau pays. » N'importe que le succès, c'est : « Ça marche. » ou « Ça marche pas. » « T'es bon. » ou « T'es pas bon. » « T'es fin. » ou « T'es pas fin. » Point.

R. J'imagine facilement que ces réactions-là vous ramènent directement à vos autres malaises, sur la langue, la culture et l'histoire, par exemple, et viennent encore les nourrir, non ?

D. Et comment !

R. Alors, il vous faut donc étudier ça aussi ?

D. Oui. Ça, mais nombre d'autres choses encore. Le Québec n'est quand même pas le nombril de l'univers. Il se passe sur la planète des tas d'événements, passionnants ou angoissants, qui me coupent le souffle de pure splendeur ou me dégoûtent, des discours, des gestes, des entreprises de tous ordres, dont je voudrais à l'époque pouvoir discuter. Mais ça aussi, c'est à toutes fins utiles impossible – à moins de vraiment aimer beaucoup tourner en rond sur une patinoire de clichés. Alors je rentre chez moi, et je lis. Et j'écris : je discute avec moi-même, à défaut de pouvoir le faire avec d'autres.

R. Pour creuser l'effet que vous fait le monde, donc ?

D. Oui.

R. C'est un devoir ?

D. Oui.

R. Sacré ?

D. Et comment !

Rupture

R. Mardi 30 août 2005.
D. Oui.
R. Une heure et demie du mat.
D. Ouais.
R. Chez vous. Nous recommençons.
D. Ouan.
R. Pourquoi ?
D. Pourquoi quoi ? Pourquoi nous recommençons ? Ou pourquoi nous avons arrêté ?
R. Pourquoi nous avons arrêté.
D. Parce que j'ai bloqué. Net.
R. Pourquoi ?
D. Parce que j'ai eu la chienne.
R. De quoi ?
D. De là où nous allions. Non. De là où je suis.
R. C'est-à-dire ?
D. Il m'a fallu à peu près deux semaines pour écrire ce qui a précédé.
R. Oui… ?
D. Et, arrivé là, je me suis rendu compte que je me frappais, encore et encore, à un mur trop bien connu.
R. Lequel ?
D. Celui de la fausse ignorance.
R. Expliquez.
D. C'est un jeu rhétorique, un jeu de langage, omniprésent. Et d'une remarquable perversité. Que je connais, et auquel j'ai eu à faire face, depuis très longtemps. Mais

qui a fini par atteindre un tel degré de développement que…

R. Que… ?

D. Que je ne suis plus capable.

R. Plus capable… de quoi ?

D. De le supporter.

R. Décrivez.

D. Quelqu'un vous pose une question : « Je suis certain que tu sais de quoi je veux parler. Explique-moi pourquoi ceci est en train d'advenir dans ma vie ? » Alors, si vous pensez que vous pouvez aider, vous vous lancez. Et, à mesure que vous expliquez, l'autre opine du bonnet : il comprend parfaitement de quoi vous parlez. Pourtant, trois jours plus tard, soudain, sans prévenir, il vous saute au visage, toutes griffes sorties, en vous visant les yeux, en hurlant que vous souhaitez sa mort et en se servant comme preuve précisément de ce que, quelques jours plus tôt, il vous demandait lui-même de lui expliquer.

R. Continuez.

D. Vous venez, tout simplement, de servir à un des plus vieux jeux du monde – et l'un des plus pervers : « Dis-moi ce que je pense, mais que je refuse de penser, pour que je puisse m'en débarrasser en te pétant la gueule à toi sans avoir rien eu à assumer. »

R. C'est ce qui vient de vous arriver ?

D. Oui.

R. Racontez.

D. C'est impossible. Tout ce que je puis dire, c'est ceci : j'ai craqué devant l'effroyable complexité du jeu.

R. Quel jeu ?

D. Je viens de vous le dire.

R. …

D. L'écriture s'est éteinte. D'un coup sec.

*

Hiatus – « La tempête sur la plaine »

R. Dimanche le 11 septembre 2005. Quinze heures quarante-deux.
D. Oui.
R. Qu'est-ce qui se passe ?
D. Je réessaie.
R. Quoi ?
D. De reprendre. Il le faut. Il le faut absolument.
R. Qu'est-ce qui vient de se passer ?
D. L'enfer.
R. Racontez.
D. Bien. Mais à très gros traits, alors.
R. D'accord.
D. Le 30 août, je pensais que j'arriverais à reprendre. Mais je n'ai pas pu.
R. Pourquoi ?
D. Le vide.
R. En vous ?
D. Oh non ! Autour. En moi, ce n'est pas le vide, c'est le trop-plein.
R. Expliquez : le vide.
D. L'absence de pensée, de présence, de curiosité. La récitation continuelle des mêmes slogans, des mêmes chansons à répondre, partout. C'est lui, le mot essentiel : « partout ». Ce n'est pas qu'il y ait des slogans qui est effroyable, ni même qu'il y en ait tant, des tas et des tas, pratiquement où qu'on se tourne. Non, ce qui est effroyable, c'est qu'il n'y ait qu'eux. Tout le temps, où qu'on prête l'oreille. Que quoi que ce soit d'autre soit impossible, irrecevable. C'est à devenir fou.
R. …
D. Après avoir écrit les premiers passages de ce livre-ci, la mise en place, j'étais enthousiaste, j'avais hâte de continuer. De découvrir, et de redécouvrir. J'étais fou de plaisir à l'idée de retourner en souvenir sur toutes ces terres-là. Je sentais

que j'étais en train de passer les portes, les grandes portes par-delà lesquelles j'avais hâte de marcher. Et puis. Tout à coup. Un événement. Un grand choc. Et puis, quand j'ai voulu reprendre le trajet, la porte avait disparu.

R. Qu'est-ce que vous voulez dire ?

D. Il n'y avait plus rien. Plus aucun désir. Rien. Le néant. Je ressentais une pression, à l'intérieur de moi, mais j'étais incapable de passer aux actes. Et puis, soudain, paf ! un autre événement encore. Un autre choc. Et j'en suis resté… paralysé.

R. Vous voulez raconter ?

D. Oui.

R. Allez-y.

D. Le jour de mon anniversaire.

R. Le 20 juillet, donc ?

D. Oui.

R. Qu'est-ce qui arrive ?

D. J'ai accepté de donner ce jour-là un coup de main à un copain. Avec d'autant plus de bonne grâce, d'ailleurs, qu'il va s'agir de discuter de littérature. Au printemps dernier, on lui a confié la direction artistique d'un site Internet qui parle de livres et, très tôt après la confirmation de son mandat, il m'a prévenu qu'il allait sans doute me demander d'y participer. Il s'agit de tourner une courte vidéo : une discussion entre un autre auteur et moi portant sur deux livres dont il m'indiquera les titres un peu plus tard. J'ai dit oui sans hésiter : d'une part il n'est pratiquement plus jamais question de littérature, ici, sauf pour faire des singeries ou pour mousser davantage encore la vente des best-sellers – ce petit tournage qui ne prendra que deux heures, me dit-il, sera une bonne occasion de discuter et puis ça lui donnera un coup de main.

Il finit donc par me dire, quelques semaines plus tard, que la date est fixée, et que je vais discuter avec un auteur français installé ici – une espèce de zozo fasciste que j'ai déjà rencontré une fois auparavant. Il se pavanait dans un party, rond comme une balle, une espèce de boursouflure de Lautréamont qui se vantait de son admiration pour Charles Maurras et de ses liens avec la mafia russe. Un bouffon sordide, une espèce d'enfant de chœur de la Côse comme on en a déjà des tas ici, mais qui, lui, se croit en visite aux colonies et qui, aux antipodes en cela des enfants de chœur du cru, a appris à lire et sait de quoi il parle.

R. Et vous acceptez ?

D. Oui. D'une part j'ai déjà donné mon accord au copain, ensuite le vis-à-vis est peut-être un bouffon, mais il écrit, et même d'un bouffon il peut arriver qu'on apprenne des choses intéressantes, je sais ça depuis longtemps. De toute manière, ce n'est pas de lui qu'il va s'agir de parler, mais de livres. Qui plus est, les deux livres en question sont *Sur la route* de Kerouac et *L'hiver de force* de Ducharme. Il y a des dizaines d'années que je veux lire Kerouac et le Ducharme, lui, je l'ai lu au moment de sa parution, à l'époque où j'étais à l'École de théâtre – je me demande ce que ça me fera de retourner sur ces terres-là trente ans plus tard.

R. Donc, en prévision du tournage, vous lisez les deux livres.

D. Oui. Et c'est passionnant.

À en juger par la teneur des œuvres choisies, il y a fort à parier pour que le copain souhaite que la discussion porte sur l'américanité. Mes lectures m'inspirent des tonnes de réflexions de tous ordres, sur ce sujet-là et sur bien d'autres. Ça faisait très longtemps que je n'avais pas lu quelque chose en me le faisant mettre dans les mains et en me faisant dire : « Lis ça tout de suite, s'il te plaît. » L'aspect inattendu, improvisé, immédiat, à lui seul, m'ouvre déjà toutes sortes de perspectives. Sur l'évolution de la traduction des romans américains, sur l'image de l'Amérique, sur la mythologie littéraire.

R. Comment ça ? Quelle mythologie ?

D. Comme à peu près tout le monde, je pense bien, j'avais l'impression, avant de le lire, juste en me basant sur sa réputation, que *On the road* parle de liberté : foncer en décapotable sous le soleil pétant du désert du Nouveau-Mexique, en chantant du rock à tue-tête par-dessus la radio poussée à fond. Mais en fait, c'est tout le contraire. Ce livre-là constitue un cri saisissant sur l'enfermement, le vide, la pauvreté – et la recherche désespérée d'une manière d'en sortir. Ce n'est pas un récit de voyages, de trajets, pas du tout, mais de sauts de puces continuels. Les gars et les filles, mais les gars surtout, dans ce livre-là, passent leur temps à sauter de la côte est à la côte ouest, et retour, comme des bêtes qui se jettent contre les murs de leur cage. Bref, le roman ne ressemble pas du tout à ce à quoi je m'attendais durant toutes ces années. Je suis ravi. Bouleversé, et ravi.

R. Et le Ducharme ?

D. Là aussi, la surprise est de taille. L'image que Ducharme donne de la société intellectuelle et artistique québécoise du début des années soixante-dix est hallucinante. D'une vacuité, d'un nombrilisme et d'une suffisance insensés. Au fil de ma relecture, il me revient le souvenir d'impressions que j'ai eues à l'époque de mon premier contact, et je mesure la distance parcourue : dans le temps, ce livre-là m'avait semblé une fable, ou alors la transcription d'un point de vue éminemment… personnel.

R. Autrefois, vous aviez trouvé que le roman exprimait le regard de Ducharme sur le milieu littéraire québécois, mais ce regard vous avait paru… quoi ?

D. Farfelu. Presque délirant. Je pense bien qu'à vingt ans, j'avais eu l'impression que c'était un canular. Alors que là, à trente années de distance, ce que je « lis » de son roman est radicalement différent. J'y vois s'exercer un regard presque clinique. Un regard terrifié. Oui, un hurlement de terreur, là aussi. Je passe je ne sais plus combien de pages à me demander comment, après avoir écrit ça, Ducharme a bien pu s'y prendre pour éviter d'être brûlé vif sur la place publique par nos chères élites. J'imagine que le fait qu'il ait été le premier de la gang à être publié chez Gallimard y a été pour beaucoup : son succès à l'étranger le rendait trop visible de l'extérieur, mieux valait ne rien dire, ravaler le fiel et faire « Oh, le beau génie ! » avec tout le monde. C'est très mauvais pour l'image de tolérance, passer les écrivains au bûcher. Faire ça entre nous, pas de problème… mais devant le monde extérieur ?

R. S'il avait été publié ici, vous pensez qu'il se serait fait lapider ?

D. Pas tout à fait : je pense qu'ici, on ne l'aurait sans doute pas publié du tout. À moins que *L'avalée des avalés*, déjà paru, ne lui ait servi de caution. Mais comme, de toute manière, *L'avalée* a été refusé par tous les éditeurs d'ici et que c'est comme ça que Ducharme s'est retrouvé chez Gallimard…

R. Ouais. Donc, vous lisez les deux livres.

D. Je fais même mieux que ça. J'en lis un troisième, qui n'est pas sur la liste, qui n'a même pas été évoqué. Henry Miller : *Souvenirs souvenirs*. Je l'ai depuis des années sur mes tablettes. Je l'ai même commencé, il y a longtemps. Pour je ne sais plus quelle raison, je ne me suis pas rendu très loin – j'ai dû être distrait par autre chose, j'imagine. Je le reprends.

R. C'est Kerouac qui vous en donne l'envie ?

D. Non, Ducharme. Kerouac, lui, en le lisant, je suis sidéré par l'atmosphère étouffante qu'il décrit. C'est fou, quand même : un livre sur l'étouffement, mais qui se passe au grand air. Je n'arrête pas de me demander comment un livre pareil a bien pu finir par se retrouver à symboliser la liberté alors qu'il décrit l'enfer. Mais je suis surtout bouleversé par l'état dans lequel cet enfer met les protagonistes : ils sont vides. Des zombies. C'est sidérant. En arrivant ensuite dans Ducharme, je reste pantois. De page en page, les images de ma lecture d'autrefois me reviennent en mémoire, et je réalise à quel point elles signifient à mes yeux d'aujourd'hui tout à fait autre chose qu'à l'époque. Surtout, je me rends compte que, d'une certaine manière, lui aussi, Ducharme, parle du camp de concentration.

R. Celui des *Entretiens* ?

D. Précisément. Là encore, je suis fasciné. Même si, au début, le ton me tape royalement sur les nerfs. Cette espèce d'humour aux lèvres pincées. Je passe à un cheveu de déclarer forfait et de laisser le livre là. Mais non. Au bout de… je ne sais pas, cinquante pages, peut-être ? je décide de le reprendre du début.

R. Pourquoi ?

D. Parce que je ne comprends pas ce que j'ai sous les yeux. Les signes d'enfermement, d'étouffement sont là, partout, à chaque page, et il s'en dégage un sentiment extrêmement fort. On sent le monde qui se referme sur le couple central. On les sent, tous les deux, qui s'accrochent l'un à l'autre, qui se blottissent dans les bras l'un de l'autre parce que le monde extérieur est atroce, et le devient chaque jour un peu plus. Un peu comme dans *Les bâtisseurs d'empires* de Boris Vian, une pièce que j'aime beaucoup et où, d'acte en acte, le nombre de personnages, et le monde lui-même, rétrécit. Dans le Ducharme, je perçois ce resserrement-là aussi, mais le ton, lui, le style vaguement simili-pompier, me met en rogne. Je ne vois pas le rapport entre les deux. Alors je suis très tenté de mettre le livre de côté, mais je m'en empêche. Je me dis – comme ça m'est arrivé souvent : « Non, pas question ! Recommence ! Mais cette fois-ci, ne crois pas que tu sais d'avance de quoi il s'agit : ne cherche pas de confirmation au déjà connu, lis ! Remets-toi les yeux à zéro, et lis ! » Ce que je fais.

R. Et… ?

D. C'est renversant. Cette fois-ci, la profondeur de la parenté entre Kerouac et Ducharme me saute aux yeux. Il me revient, notamment, qu'à la toute fin de ma lecture de *Sur la route*, en refermant le livre, une idée m'a traversé l'esprit : « Ce que décrit Kerouac est horrible, mais au moins il a pu l'exprimer. Si sa famille n'avait pas eu la bonne idée d'émigrer au Massachusetts, si elle était restée au Québec, qu'est-ce qu'il serait devenu, le Jack ? Clerc de notaire à Rigaud ? Bedeau à Saint-Hyacinthe ? Vendeur de pantoufles chez Kresgee's ? Il aurait peut-être fini alcoolo de toute manière, mais ici il n'aurait même pas pu chanter son chant. »

R. Pour vous, Kerouac, ce serait donc une espèce de Will Durant littéraire ?

D. Tout à fait, oui – très bonne image. Sauvé, lui aussi, comme Durant, par la Grande Saignée : l'exode massif des Québécois, à la fin du XIXe siècle et au début du XXe.

R. Et alors ?

D. Alors ? Tout à coup, en relisant Ducharme, je veux dire en ayant repris ma relecture, l'idée me fait explosion dans le crâne, au bas d'une page : « Nom d'un chien ! Mais c'est ça ! Ducharme, c'est un Kerouac, une génération plus tard, mais dont la famille n'est jamais partie ! »

R. « C'est ça » ? Quoi, « ça » ?

D. L'enfermement ! Le vide qu'évoque Ducharme, c'est le même que dans *Sur la route*… mais la route en moins. Je réalise soudain que le style de Ducharme, c'est l'équivalent des voyages de Kerouac, mais sans l'espace. L'enfermement est encore plus concret, dans son cas à lui. Kerouac a tout un continent à sa disposition, les protagonistes de Ducharme, eux, à peine un appart dont de toute manière ils finissent par se faire virer.

« On ne peut pas sortir, mais au moins on bouge. » – Kerouac.

« On ne peut pas bouger, mais au moins on se fout de leur gueule. Et on s'aime. » – Ducharme.

R. Vous voulez dire…

D. Que Kerouac est prisonnier dans un zoo, et Ducharme dans une cage à hamsters. Kerouac d'un continent. Ducharme d'une page de roman.

R. Après ?

D. C'est tout. Ce n'est même pas vraiment une idée, juste un recoupement. À peine. Et je ne veux pas le pousser trop loin, puisque de toute manière il n'y aura vraiment pas le temps d'aller très loin dans la vidéo que nous allons faire. Je me promets bien de reprendre et d'approfondir ça, mais plus tard. J'ai l'impression de tenir une piste intéressante. Très intéressante. Pour moi, en tout cas. Sauf que…

R. Que… ?

D. En attendant l'appel du copain qui me confirmera notre date de tournage, l'idée continue de me trotter dans l'esprit. Un matin, je me réveille en pensant à Henry Miller. À une image qui, dans le temps, m'a profondément frappé, dans… *Plexus*, il me semble.

R. Oui ?

D. Je me souviens avoir été… je pense que « bouleversé » n'est pas trop fort…, d'avoir été bouleversé, à l'époque de ma lecture, par le sentiment, totalement inattendu de… d'une permanence. Miller décrit sa vie à New York, avant de partir pour Paris. Durant les années vingt, donc. Je ne me souviens plus des détails précis, mais il me semble bien qu'il raconte entre autres avoir travaillé pour UPS, les messageries. Je me souviens qu'en lisant ses évocations – il me semble me souvenir de descriptions de son uniforme, de son camion brun, de son appartement –, j'avais été frappé par le fait que ce qu'il racontait là aurait très bien pu se passer à notre époque à nous.

R. Comment ça ?

D. Ce qu'il décrit avoir fait de ses journées, de ses discussions avec ses copains…

R. Oui… ?

D. … eh bien, au lieu de s'être produit au milieu des années vingt, ça aurait parfaitement pu advenir, tel quel, littéralement, au moment où moi j'en lisais l'évocation, plus de soixante ans plus tard. Après avoir lu ces pages-là, j'en avais parlé d'abondance, autour de moi : « C'est incroyable, ça pourrait parfaitement se passer tel quel, là, aujourd'hui ! Vous vous rendez compte ?! »

R. Qu'est-ce qu'il y a de si incroyable ?

D. Mais que rien n'ait changé, voyons !

R. …

D. L'avion, la lune, l'ordinateur, la télé, la bombe atomique, la Deuxième Guerre mondiale… ça n'a rien changé !
Imaginez : un jeune gars d'aujourd'hui, un jeune écrivain, décrit la journée qu'il vient de passer. Il raconte qu'il a écrit une heure ou deux. Puis qu'il est sorti manger et rencontrer des copains. Ils ont pris un coup. Il est passé une super belle fille, le gars lui a demandé si elle avait envie de venir voir son appart. Il ne va pas nécessairement préciser que, quand il a écrit, c'était sur son super ordinateur portable, il va parler de ce qui l'habite, c'est tout. Il ne va pas préciser qu'il a payé son souper par Interac. Ni qu'il a donné rendez-vous aux copains grâce à son merveilleux cellulaire, qui prend des photos, peut jouer *L'Arlésienne* à l'envers et sort les vidanges le jeudi, non ?

R. En effet…

D. Eh bien, c'est ça qui m'avait jeté à terre, en lisant *Plexus* : nous sommes convaincus d'être totalement différents de tous ceux qui nous ont précédés, convaincus que nos merveilleux gadgets changent tout. Mais c'est faux. Ça aussi, comme les voyages immobiles de Kerouac, c'est de l'agitation et pas grand-chose d'autre.
Kerouac saute sans cesse de Denver à New York et de New Orleans à San Francisco. Nous, nous sautons d'une idée à la mode à un nouvel iPod, de notre cellulaire à je ne sais quelle bébelle, convaincus que c'est ce mouvement-là qui nous définit. Alors qu'en fait, nous ne bougeons pas. Déjà à l'époque de ma lecture de *Plexus*, l'amorce de cette pensée-là m'avait tellement excité que j'avais passé des semaines à embêter tout le monde avec elle, autour de moi… jusqu'à ce qu'évidemment je réalise – une fois de plus – que ça n'intéressait strictement personne. Et que j'enterre l'idée.

R. L'idée que nous vivons dans une culture immobile, donc ?

D. Oui. Qui pour l'essentiel n'a pas changé, malgré ses perpétuels bouleversements superficiels. Écoutez, cet été, en 2005 ! le président de la plus grande puissance sur la planète a déclaré que le darwinisme et le créationnisme de la Bible doivent être enseignés de front ! Vous vous rendez compte ? Soixante ans après que ce pays-là a inventé l'arme nucléaire – et s'en est servi –, trente-cinq après qu'il a envoyé des hommes sur la lune, son président déclare solennellement qu'on n'a pas le droit de priver les petits États-Uniens de la théorie selon laquelle l'univers aurait été créé par Dieu en six jours. Et il ne se passe pas une journée sans qu'en un point ou un autre du globe, un jeune gars se fasse exploser au milieu d'une foule en criant « Allah est grand ! » et en s'imaginant que ce geste d'insigne bravoure, selon lui, va automatiquement lui donner le droit de manger les meilleures figues de l'univers et de baiser toutes les vierges dont il va avoir envie, pour l'éternité.

C'est cette idée-là qui me revient, un matin, au réveil, après avoir lu Kerouac et relu Ducharme. L'immobilité culturelle. Cette idée-là, et puis celle que Miller est un précurseur des deux, leur ancêtre immédiat. J'adore remonter le fil historique du développement d'une idée, ou d'un courant d'idées. Alors je saute du lit et je vais directement à ma bibliothèque avec le désir de reprendre *Plexus*, tout de suite, de toute urgence. Historiquement, juste avant Ducharme, il y a eu Kerouac. Je veux me pencher sur ce qui est venu juste avant Kerouac. Sauf qu'en tendant la main vers le livre, j'aperçois *Nexus* d'un côté…

R. Un autre Miller, donc.

D. … et, de l'autre côté, *Souvenirs souvenirs*, commencé, je vous l'ai dit, il y a longtemps. Tiens, tiens. À la place de prendre *Plexus*, je prends celui-là.

R. Et… ?

D. C'est à couper le souffle. Vraiment. Totalement.
R. Racontez.
D. Je ne peux pas. Pas en détail. Je ne peux qu'évoquer – autrement il me faudrait un essai complet, en trois tomes.
R. Alors évoquez !
D. Tout est là. Le néant, le vide. Non, attendez. Je veux dire : la *culture* du néant et du vide. Miller est déjà passablement âgé, au moment où il écrit *Souvenirs souvenirs* – et le livre paraît presque au même moment que celui de Kerouac. Si je me souviens bien : 1956 pour *Remember to remember* et 1957 pour *On the Road*. Soit dit en passant, la traduction du titre du Miller est un véritable chef-d'œuvre, dans le genre à côté de la plaque : en version originale, c'est une véritable exhortation à se rappeler – *Souviens-toi de te souvenir* –, ramenée en français à un vague marmonnement pleurnichard de pépère édenté qui se berce sur sa galerie en jonglant à ses péchés de jeunesse. Bref.
Miller et Kerouac parlent donc tous les deux de la même époque, mais... à une génération d'intervalle. Fascinant, non ? Même objet observé, mais regards profondément différents portés sur lui. Miller est né en 1891, Kerouac en 1920, par là – Ducharme, lui, autour de 1940. Trois générations. Or, tandis que le récit de Ducharme est celui de poètes enfermés dans un trois et demie, celui de Kerouac est celui d'une génération enfermée, quant à elle, sur un continent immense, et celui de Miller... une véritable charge à bride abattue, à fond de train, sabre au clair, en hurlant à pleins poumons, contre la culture états-unienne du néant et de la course dans le vide ! À tous égards : de la peinture à la bouffe, en passant par le théâtre, la sculpture et l'architecture. C'est un immense cri de vertige, de douleur, d'angoisse... et d'amour. À un moment, il va même jusqu'à s'écrier – je paraphrase, de mémoire : « Mais comment une civilisation aussi jeune a-t-elle bien pu mourir de vieillesse ?! » Vous vous rendez compte ? Il parle de ce

qu'il aime, des artistes de son pays qui le touchent… et qui sont, presque sans exception, inconnus dans leur propre société, quand ils ne sont pas carrément rejetés. Même lui, Miller, a très longtemps été interdit de diffusion aux USA. Il prend la question par tous les bouts à la fois. C'est extraordinaire. Et le constat est infernal. Un monde mort. Un monde d'âmes mortes. Il y a des pages qui tiennent du sacré. Il n'y a vraiment pas d'autre mot.

R. Ça vous remue encore, rien que d'y penser…

D. Oh que oui. Complètement. Je ne veux même pas aller jusqu'à mes étagères et rouvrir le volume pour en tirer des citations exactes.

R. Pourquoi pas ?

D. Peur d'être englouti.

R. Par quoi ?

D. Par la révolte. La douleur. Le déchirement.

R. Révolte, douleur, déchirement… à l'égard de quoi ?

D. Je viens de vous le dire : de cette civilisation d'âmes mortes – celle des USA. Et de cette société suicidaire – le Québec.
Il y a un passage bouleversant, par exemple, dans lequel Miller évoque tous ces gens, à travers les États-Unis, qu'il a croisés au cours de ses voyages et qui avaient rêvé, jeunes, de devenir peintres mais qui se sont étiolés, vidés de leur substance. Qui sont devenus des morts vivants. On peut voir leurs œuvres de jeunesse accrochées sur les murs de centaines de petits restos et de bars, le long des routes, dans toutes les villes, tous les villages du pays. Ils sont morts parce que ce qu'ils voyaient et comprenaient de la vie n'intéressait strictement personne de leur entourage. Alors, ils se sont étouffés dans leur propre sentiment de beauté et de tristesse. Parce qu'ils ont été incapables de se faire entendre – ça n'intéressait pas un câlice de chat.

R. Oh ! Oh là !

D. Eh oui. C'est précisément ce que je vous disais de ma propre culture, il y a quelques mois à peine, dans les

Entretiens. C'est exactement ça que je suis en train de vous dire : que je suis tombé cet été sur un auteur qui a décrit la même chose dans la sienne, à peu près au moment de ma naissance.

Je ne prétends pas que ce que Miller évoque explique tout, jamais de la vie. Mais ce qui m'apparaît on ne peut plus clairement, en tout cas, c'est que ses descriptions permettent sans l'ombre d'un doute d'expliquer des régions entières de Kerouac et de Ducharme : les morts vivants qui cherchent une porte – l'un en se jetant d'une rive à l'autre du continent, l'autre dans la littérature littéraire et ricanante – et qui n'en trouvent pas.

Je viens de vivre cet été, au moment même où je commençais à écrire un livre pour comprendre ce que moi j'ai écrit dans ma vie, une nouvelle version de la « tempête sur la plaine ».

R. La « tempête sur la plaine » ?

D. Oui.

R. Expliquez.

D. Oh…

Il y a… Il y a des années, de ça. Une… une image, une fulgurance qui m'a saisi.

J'avais lu plusieurs textes d'Ernst Jünger, déjà. Et de George Steiner. Et plusieurs de Camus. Et puis un bon jour. Soudain. Cette image. Je suis debout dans une immense plaine d'herbe rase. À perte de vue, dans toutes les directions. Une immense cuvette, encerclée de montagnes escarpées, tout au loin – en dents de scie, qui mettent à peine en relief les lignes d'horizon. Et il fait noir. Partout. Pas la noirceur de la nuit, plutôt celle de l'orage absolu. De l'obscurcissement du jour. Il ne fait pas *nuit*, il fait *noir*. Pourtant, comme les nuages n'ont pas partout la même densité, on sent très bien qu'au-dessus d'eux c'est la grande lumière. Mais elle ne traverse pas, cette lumière, on la soupçonne à peine, et encore : en certains endroits seulement.

J'entends une voix, venant de très très loin devant moi, qui crie : « Je l'ai vu venir, l'orage. De très loin. J'étais, moi aussi, comme toi, debout au milieu de la plaine. Mais il faisait grand soleil, en ce temps-là. De là-bas, de tout là-bas, j'ai vu approcher la nuée, le couvercle noir. Au galop. » C'est Jünger. Et puis tout de suite, j'entends une autre voix, un peu moins loin, mais qui vient elle aussi de devant moi, à mi-chemin de la première : « J'étais derrière lui, moi aussi debout dans la grande plaine. J'ai levé les yeux, et je l'ai vue passer à la verticale de moi, la frontière de la nuée. Elle passait juste au-dessus de moi, ce qui fait que la moitié de moi était dans la lumière. Et l'autre dans le noir. » C'est Camus. Et moi, eh bien. Moi, je ne l'ai jamais vue, la lumière. Pas de mes propres yeux, en tout cas. Mais grâce à eux, grâce aux traces qu'ils ont laissées, je peux la goûter, l'imaginer.

R. Jünger, au début du siècle, a vu approcher la nuée. Camus, au milieu, l'a sentie passer. Et vous… vous n'avez connu qu'elle ?

D. Oui. Je ne sais ce qu'a pu être la lumière que grâce à leurs récits.

R. Et… Je.

D. Je sais ce que vous allez me demander.

R. Ah ?

D. « La plaine que vous venez tout juste d'évoquer… c'est aussi celle dont nous avons parlé ici, dès les premières pages ? Celle aux quatre horizons : amour, écriture, voyages, sacré ? »

R. …

D. …

R. Et la réponse ?

D. Oui. C'est la même.

R. La même plaine ?

D. Oui. Le seul détail que je n'ai pas mentionné, au moment où je vous ai expliqué que nous nous tournons vers les quatre points cardinaux à tour de rôle, c'est… que cette image-là de la plaine, elle n'est pas du tout nouvelle dans ma vie. Il y a vingt ans que je vis avec elle.

R. Mais… ?

D. Quoi ?

R. Sur la plaine de la tempête, il fait noir, non ?

D. Oui.

R. Et sur celle des quatre horizons, celle de vos quatre livres ?

D. Non. Non, il y fait même un soleil éclatant.

R. Qu'est-ce que ça signifie ?

D. Quoi ?

R. Que l'image soit exactement la même dans les deux cas, à la seule exception de la lumière ?

D. Je n'en suis pas certain. Pas certain du tout. Et c'est bien pour ça qu'il faut absolument poursuivre notre travail. Pour trouver.

R. Mais vous avez bien une hypothèse ? Au moins une ?

D. Oui. Ça *pourrait* vouloir dire que, pour moi, il fait clair à l'intérieur et noir au-dehors.

R. « Au-dehors »… dans le monde ?

D. Oui.

R. Jünger et Camus sont donc « dehors » ? Mais ce sont pourtant des écrivains ?

D. Oh oui. Oui, bien entendu. Et de très grands, même. Seulement, quand ils s'adressent à moi dans l'image de la tempête, c'est du monde extérieur qu'ils parlent.

R. De la politique ?

D. Non, pas du tout. Ou alors, si vous y tenez absolument : oui, mais à peine. Non, ce dont ils ont tous les deux parlé d'abondance dans leurs œuvres, c'est bien davantage de la culture, de la civilisation. La politique n'est pas la source : elle est un résultat. Un parmi nombre d'autres.

R. Le résultat de quoi ?

D. De ce qui provoque aussi la tempête.

R. Alors, vous croyez que… Que quoi ? Que le tour d'horizon que nous avons entrepris est… quoi ?

D. La seule manière qui me soit accessible pour accéder à la lumière. Parce que si jamais il existe une manière d'aider la lumière à percer... c'est celle-là.

R. Mais pourquoi ?

D. Parce que je n'accepte pas.

R. Quoi ?

D. La mort comme seul horizon.

R. Et avec Miller et les autres ?

D. Même chose. Avec eux, comme dans le projet des quatre livres, nous nous tournons vers un nouveau point cardinal. Vers le nord, il y a d'abord eu devant moi Jünger et Camus. Ensuite, nous nous tournons vers l'ouest, et là il y a Miller, Kerouac et Ducharme. Miller qui annonce « L'âme se meurt ». Kerouac et Ducharme qui disent « L'âme est morte ». Et moi, qui... eh bien, qui dois la retrouver. Ou apprendre à vivre sans elle. Mais vivre.

R. Oh !

D. Oui, oui, je sais : « Apprendre à vivre sans elle. » C'est exactement là que nous en étions restés, quand nous avons été interrompus en pleine écriture, le jour de ma fête. Et je crois bien, d'ailleurs, que c'est là que nous allons reprendre tout à l'heure.

R. « Apprendre à vivre sans elle. »

D. Oui.

R. Bon. Donc. Un copain vous demande de participer à une vidéo de discussion sur la littérature. Et il vous soumet deux titres qui se révèlent pour vous extrêmement forts, fertiles.

D. Oui.

R. Ensuite ?

D. Il faut savoir que le copain en question a lu les *Entretiens*. C'est même de lui que je parlais, ici, au tout début, celui qui un soir, alors que je lui apporte la disquette de la troisième partie, est en train de me faire part de ses commentaires sur les deux premières quand un troisième larron surgit et que je dois aller me cacher aux toilettes de peur d'exploser.

R. Oui.
D. Il finit par me donner la date d'enregistrement.
R. Le 20 juillet, donc. Le jour de votre anniversaire.
D. Tu parles!
R. Qu'est-ce qui arrive?
D. Ça commence tout doucement. À peine deux heures avant le moment fixé pour le rendez-vous, le copain appelle pour me dire qu'il y a un contretemps. L'autre, le copain de la mafia russe qui se prend pour une espèce de Léon Bloy graisseux, a un retard. Il a coincé sa clé dans la serrure de sa porte d'entrée, ou je ne sais quoi dans le même genre. Est-ce que ça me dérangerait beaucoup qu'on repousse d'une heure? Je fais non, bien entendu. Et je raccroche. Mais il y a une clochette qui tinte: un signal d'alarme, mais très ténu.
R. Comment ça?
D. L'instinct, j'imagine. Et puis l'expérience des coups fourrés. Pas besoin d'être grand chaman pour comprendre qu'un gars qui se vautre dans les trips qui fascinent ce zozo-là, ce qu'il aime dans la vie, c'est le contrôle. Or là, il vient de le prendre, le contrôle. C'est tout. Ce n'est pas plus que ça, mais c'est ça. Ça ne sent pas encore mauvais… mais ça ne sent pas vraiment bon non plus.
R. «Ça part mal», tout simplement?
D. Tout simplement. Je me rends à l'heure dite à l'endroit convenu, et là je trouve l'équipe de tournage. Il y a le réalisateur, et deux gars de la technique. Le réalisateur m'apprend que le copain et le zozo vont arriver incessamment.
R. La clé est difficile à déprendre?
D. Apparemment. Et le temps passe. Pendant trois quarts d'heure.
R. Qu'est-ce qui arrive?
D. Rien. Ou pas grand-chose. Mais je commence à avoir très sérieusement la soupape qui claque.
R. …

D. D'une part, faire perdre pratiquement deux heures à quelqu'un qui te rend service – quand deux heures, c'est le temps que le tournage était censé prendre –, ce n'est pas vraiment ce que j'appellerais de la courtoisie. Ensuite, et surtout, il y a… ce que le réalisateur me raconte, pendant ces quarante-cinq minutes là.

R. Quoi donc ?

D. Leurs autres tournages, au copain et à lui. Ceux qui ont déjà été complétés. Et ceux à venir.

R. Et… ?

D. Et je ne la trouve pas drôle du tout. Le gars s'évertue à me raconter tous les gadgets, tous les trucs auxquels l'équipe a recours : du monde tout habillés, installés dans un bain tourbillon, qui boivent du champagne. Du monde à poil en train de se faire bronzer. Le reste est à l'avenant. Il me raconte même en ricanant que l'une des auteurs invités s'est présentée avec plein de notes : il se fout de sa gueule… il la traite de « vraie première de classe » ! Et il prend bien la peine de me préciser qu'ils l'ont empêchée de s'en servir, de ses notes. C'est fou ce qu'il se trouve drôle. Dans tout ce qu'il me raconte, il n'est question que de trucs, de gags, de gadgets. Pas un traître mot sur la littérature. Si je veux savoir de quels livres il a bien pu être question au cours de ces tournages-là, je suis obligé de poser la question pour l'apprendre. Et d'insister.

Exactement comme durant les émissions de singeries habituelles : « Envoye ! Écrapoutis-toi une moitié de laitue sur la tête, déguisé en Bozo le Clown, les deux pieds qui pendent au bout du quai, et parle-moi de la tragédie ! Envoye, l'artiste ! »

Je suis arrivé là gonflé à bloc, tout excité. J'avais hâte que la discussion s'engage, hâte de partager toutes ces images extrêmement fortes qui me dansent dans la tête et dans le cœur depuis des semaines. Mais là, ma bonne humeur commence à très sérieusement avoir du plomb dans l'aile. Le contraste entre ce à quoi je suis venu participer et l'endroit où je me retrouve est ahurissant. Ce n'est bien évidemment pas du tout dans l'esprit que je découvre là que le copain m'a présenté son projet – j'aurais refusé sur-le-champ. Oh, bien entendu, il y a fait référence, au style de tournage, mais en passant. Ce dont il m'a surtout parlé, c'est de la nécessité de la littérature, de la discussion, et patati et patata. Alors que je me rends compte qu'en réalité, la littérature est un prétexte : le prétexte à la mise en marché d'une équipe de tournage et d'un concept de pub. Bref, de la broue. Qui se sert de la littérature, sans rien lui apporter en échange. Autrement dit : exactement ce qui se passe déjà de toutes parts dans cette société.

R. Mais vous restez ?

D. Oui. Je regarde ma montre et je décide que si les deux autres n'arrivent pas d'ici quinze minutes, je lève les pattes. En attendant, j'essaie tant bien que mal de rester concentré sur ce pour quoi je suis là… en principe : parler de ce que je viens de lire, et des réflexions que ces lectures m'ont inspirées. Même si je sais à présent que d'arriver à parler de ça, ça va pas être de la tarte.

R. Et… ?

D. Au tout dernier instant, le copain et le zozo finissent par se pointer. Mine de rien. C'est à peine s'ils s'excusent du retard. En fait, non : c'est à peine si le copain, lui, s'excuse du retard. Le zozo graisseux, de son côté, se contente de faire la baboune. Monsieur est la star, voyez-vous. Et la star n'a pas envie d'être là. « Où est-ce que vous avez fourré ma Winnebago ? » – c'est tout ce qu'il a dans la face. Ailleurs sur le corps, ce qu'il a, c'est quelque chose comme les armoiries de l'OTAN tatouées sur un biceps, et une bague de la grosseur d'une petite prune, en métal, qui représente la croix de fer allemande et qu'il s'ingénie à vous passer sous le nez en gesticulant. On jurerait qu'il est venu faire de la figuration dans un clip néo-nazi – quelque chose comme une version disco du *Horst Wessel Lied*.

R.. … ?

D. Une chanson de marche nazie.
R. Ah. Ce qui fait que bing ! un point de plus ?
D. Non, douze. Mais je tiens encore bon. Sauf que là…
R. Là… ?
D. Le copain nous annonce, l'air parfaitement relax, comme si ça n'avait strictement aucune espèce d'importance, que la star n'a pas lu les livres.
R. Je vous demande pardon ?
D. Il a lu… je crois que c'est soixante-treize pages du Ducharme, avant de le rejeter d'un grand geste empreint d'impériale lassitude. Et le Kerouac, lui, eh ben, il l'a lu quand il était jeune, et ça devra suffire.
R. …
D. J'ai envie de lui mettre ma main dans la face – au zozo, j'entends. Mais ça n'arrangerait rien du tout. Alors je souris. Et je respire à fond pour rester calme. J'ai de l'entraînement. « Perds pas le cap. Souviens-toi de pourquoi tu es là, et laisse couler le reste. Respire. Respire. » Ça fait plus de trente ans que je fais ça.
Nous finissons par tous nous empiler dans le minibus où le tournage doit avoir lieu et, rendu là, tout ce dont j'ai envie, c'est qu'on tourne au plus vite, qu'on en finisse. Mais non. J'apprends qu'avant de commencer la discussion, il faut encore aller tourner un bout de dépotoir – de dépotoir ! – pendant qu'il reste de la lumière naturelle dont on peut profiter. Ça va faire des belles belles belles images qui serviront au joli joli joli montage. Pendant le court trajet, je suis sur la même banquette que le zozo, et là, je me rends compte d'encore une chose qui elle non plus n'arrange vraiment pas mon humeur. Le gars ne me regarde tout simplement pas. Du tout. Je me fais : « Bon, essayons de faire la conversation. » La situation est tellement insensée, burlesque, que je commence à voir flotter des ballounes. Au bout de trente secondes, toujours sans m'avoir accordé un seul regard, le zozo lève les yeux vers le plafond de la camionnette, pur style Marlene Dietrich version barbue,

et soupire : « Faites-le têêêre, quelqu'un ! » Le copain, lui, assis à l'avant, retourné vers nous, rigole, la gueule fendue jusqu'aux oreilles. Il a l'air aux anges. Et moi, eh bien…

R. Eh bien… ?

D. Je réalise soudain où je me trouve, où je me trouve *vraiment*. Et, cette fois, je passe instantanément en mode « respiration d'urgence ».

R. Décrivez.

D. À présent, je suis en furie. Qu'est-ce qui va se passer, une fois que l'équipe va avoir tourné tous les maudits *beauty shots* qu'il lui faut ? Une fois que la soi-disant discussion va soi-disant s'engager ? Hein ?

R. Je ne sais pas. Quoi ?

D. D'abord, je sais à présent que le but du tournage n'est pas de parler d'idées ni de littérature, mais de faire montre de style. Ensuite, je sais qu'il ne pourra pas être question des livres dont il était censé s'agir : un des deux participants ne les a tout bonnement pas lus – et pour l'ensemble de l'équipe, ça n'a d'ailleurs strictement aucune espèce d'importance. Or celui qui ne les a pas lus n'a à l'évidence aucune espèce d'envie de discuter avec son vis-à-vis, et il est arrivé là avec un statut de star. Autrement dit : il n'est là que pour parler de lui-même. Et lui-même, c'est de la merde. Alors qu'est-ce qui peut arriver ? Il va se beurrer à la grandeur de la discussion, qu'est-ce que vous voulez qu'il fasse d'autre ? Pouêt pouêt ding ding. Et rien d'autre. Ça aura un style fou, ma chérie, ce qui fait que le copain et son réal seront contents contents contents. En deux mots comme en mille, je réalise que je viens de me faire fourrer dans les grandes largeurs : que toute cette affaire n'est rien d'autre qu'un *frame-up*.

R. Un mensonge.

D. Je suis rempli des images que m'ont laissées Kerouac, Ducharme, Miller. Celles de sociétés mortes, qui haïssent la beauté, qui haïssent tout ce qui pourrait l'évoquer… et je me retrouve en route pour aller assister au tournage

pur toc d'un bout de dépotoir, en compagnie d'un dandy fasciste délirant... pendant que tout le monde fait youpi comme si on partait pour le pique-nique le plus rigolo du siècle. J'ai envie de vomir.
Aussitôt arrivés à destination, tout le monde descend de la camionnette et se met à piailler oh que ah que wow! Moi, j'ouvre le coffre de l'engin, je récupère mon sac à dos, et je fous le camp.

R. ...

D. Sur le coup, je suis extrêmement fâché, mais au cours des jours suivants, je me rends compte qu'il y a quelque chose, en moi, qui réagit encore bien plus violemment que je n'en avais d'abord pris conscience.

R. Allez-y.

D. Ce n'est pas la première fois que je me fais faire un coup fourré comme celui-là. Je n'irais pas jusqu'à affirmer que j'ai l'habitude – il y a des choses auxquelles on ne s'habitue jamais –, mais en tout cas j'ai de l'entraînement. D'ordinaire, au bout de douze heures, vingt-quatre au maximum, je suis revenu d'aplomb. Mais pas cette fois-ci. Ma furie ne me lâche pas. Je me sens... je me sens sali. Tellement profondément que je m'oblige à arrêter le flot des images qui tournoient, pour tenter de discerner ce qu'il a bien pu y avoir de si particulier, cette fois-ci.

R. Et... ?

D. J'en trouve plusieurs, caractères exceptionnels. Le fait, d'abord, que vous n'êtes pas intervenu.

R. ...

D. Il n'y a donc pas eu de... de protection. Vous n'étiez pas là pour recevoir le choc. C'est donc moi qui l'ai reçu. Directement. En plein ventre. Et puis, bien entendu, vous n'étiez pas là pour négocier ma réaction non plus. Par conséquent, c'est moi aussi qui ai réagi.

R. Je n'étais pas là pour recevoir le choc. Quel choc ?

D. Je réalise que ce n'est pas contre le zozo que je suis en furie.

R. Contre le copain, alors ?
D. En tout cas, je prends lentement conscience de ce qu'il n'a pas pu monter un coup pareil sans se rendre compte de ce qu'il était en train de faire.
R. Vous voulez dire… qu'il s'est servi du zozo.
D. Oui. C'est d'ailleurs à ça que servent les zozos, en général.
R. Je ne sais pas pourquoi, mais quand vous dites ça, l'image qui me vient, c'est celle du professeur Umbridge, dans je ne sais plus lequel des *Harry Potter*.
D. Oui. Oui, en effet : dans le genre zozote, elle n'est vraiment pas mal, elle non plus. Pour en revenir au copain, quand, dans les jours qui suivent l'incident, la pensée se met à germer dans mon esprit que, consciemment ou pas, c'est lui et personne d'autre qui a été l'acteur central de l'histoire, je n'en reviens pas. Je suis atterré. Mais je ne vois à ce moment-là strictement aucune autre explication à ce qui s'est passé. Et je n'en vois d'ailleurs toujours pas d'autre au moment où je vous parle, presque deux mois plus tard. Pourtant, aussitôt que je réalise ça, il m'apparaît du même coup qu'au fond ce n'est pas l'événement lui-même qui me fait aussi mal.
R. Quoi alors ?
D. Le fait que des événements semblables, j'en ai justement connu tout le long de ma vie. Sans cesse. Que la différence essentielle entre cette fois-ci et toutes les précédentes tient au fait que cette fois-ci, vous n'étiez pas là, que les… les mécanismes de défense qui vous constituent ne se sont donc pas déclenchés. La différence entre cet événement-ci et les autres du même genre que j'ai déjà vécus est donc une conséquence directe de l'écriture de nos *Entretiens* : votre disparition.
R. C'est ça qui vous fait si mal ?
D. Pas directement, non. Mais ce que ça implique.
R. Quoi donc ?
D. Que cet effet-là, et à cette force-là, décuplée, directe, je risque fort de le ressentir à l'avenir chaque fois qu'il va se

produire à nouveau de pareils événements. Or comment pourrait-il ne pas s'en produire d'autres puisque, dans cette société, ce qui les cause est omniprésent et règne sans partage – comme je viens d'ailleurs de m'en faire servir une énième preuve flagrante?

R. Oh…

D. Mais il y a encore une autre différence importante. Deux autres, même, en fait. D'abord, le fait que, je m'en rends bien compte, je ne suis plus capable de supporter ces délires-là.

R. Pourquoi est-ce que vous qualifiez l'événement de délire?

D. Je vous l'ai dit, le 30 août, quand j'ai tenté de reprendre le collier: «Dis-moi ce que je pense mais que je refuse de penser, pour que je puisse m'en débarrasser en te pétant la gueule à toi sans avoir rien eu à assumer.»

R. C'est ça que le copain a cherché à faire, vous croyez?

D. Je viens de vous le dire: je ne vois aucune autre explication qui tienne la route. Or, je le connais par cœur, ce jeu-là. Et je ne suis plus capable de le supporter. Il me ravage. C'était même en bonne partie pour justement réfléchir à ce ras-le-bol que j'ai entrepris les *Entretiens*, rappelez-vous: pour parvenir à me défaire de vous, de la cuirasse qui me permet justement de supporter *ça*. Je ne veux plus supporter *ça*. Jamais. Eh bien, c'est fait: j'ai réussi. Elle est partie, la cuirasse. Et, comme prévu, je me retrouve à poil sur la banquise.

Ce premier aspect-là, quand je le saisis, m'aide un peu à me calmer: ce n'est pas tant l'événement lui-même qui a été exceptionnel que ma réaction face à lui. Il n'en reste pas moins que j'ai tout de même été pris par surprise. Et que ma surprise, elle a été directement causée par le fait que l'acteur central était quelqu'un qui venait tout juste de lire les *Entretiens*. Qui avait donc à sa disposition tout ce qu'il lui fallait pour évaluer les conséquences de son geste, *s'il en avait eu la moindre envie*.

R. Ce qui, à l'évidence, n'était pas le cas.

D. …

R. Vous pensez donc que… que, contrairement à ce qu'il a prétendu, sa lecture des *Entretiens* non seulement n'a pas éclairé votre copain sur les enjeux que vous exprimez, mais lui a même servi à… à encore mieux les combattre?

D. En plein ça. Et c'est sur ce constat que je m'arrête. Je n'ai aucune envie de pester contre le ci-devant copain, ni de me lancer dans un concours de supputations de ses raisons d'agir – ça ne m'intéresse absolument pas. Après tout, il a bien tout le droit du monde de faire ce qu'il veut de sa vie, ce n'est pas de mes oignons. Ce qui me transperce l'âme, qui me l'a déjà transpercée cent fois mais, cette fois-ci, «en direct», c'est que ce qu'il fait en réalité, ce n'est pas ce qu'il prétend être en train de faire. C'en est même l'opposé. C'est le mensonge.

R. Vous me dites que ce n'est pas l'événement lui-même qui vous paraît terrible, mais… mais quoi, en deux mots?

D. Le fait que cet événement soit exemplaire de la culture où il m'est donné de vivre: on dit qu'on fait une chose, mais en réalité on fait le contraire. Et on prétend ne même pas en être conscient.

R. Une trahison?

D. Vous voulez dire: à mon égard?

R. Oui.

D. Non. Du tout. «Trahison» est un mot beaucoup trop grave. Et puis que sous-tend une notion, surtout, qui renvoie en écho à celle de fidélité. Or, je n'ai jamais rien demandé de tel. À personne. Même qu'à la réflexion, je me rends compte qu'à son insu, le ci-devant copain m'a rendu un fier service.

R. Comment ça?

D. Il m'a permis de comprendre quelque chose, tout simplement. Quelque chose qui, à présent que la douleur s'estompe, au moins un peu, me permet d'avancer d'un pas plus sûr. Le plus grave, je me répète, n'a pas résidé dans la perversion de la manœuvre elle-même. Le plus grave, et de très loin, c'est la reconfirmation, pour la ixième fois, de l'omniprésence de cette perversion. Sous mille formes. Non, ce n'est pas moi qui me sens trahi. Ce qui est trahi, c'est ce que je trouve essentiel dans la vie. Que j'ai pour tâche d'exprimer, d'étudier. Et qui est sans cesse piétiné. C'est le mépris, mais en rigolant. Pour obliger l'autre à réagir et pouvoir ensuite s'écrier : « Quoi ? Moi ? Mais non, voyons, tu débloques complètement, mon pauvre vieux ! »

R. …

D. La seule question qui se pose à moi, désormais, c'est : comment vais-je faire pour parvenir à vivre dans une solitude encore plus profonde que celle que je connaissais déjà ?

R. Expliquez.

D. Je vous ai dit, au début de ce livre-ci, qu'à la suite des *Entretiens*, mon sentiment de solitude a encore considérablement gagné en densité.

R. Oui.

D. Eh bien, dans les journées qui suivent mon anniversaire, je travaille comme un acharné à me défaire de ma colère à l'endroit du copain et à l'endroit du zozo. Je veux savoir ce qu'il y a en dessous d'elle. Je veux avoir un accès direct à ma propre douleur. Au cœur de ma douleur.

R. Et qu'est-ce qui arrive ?

D. Il surgit, effectivement.

R. …

D. Je me rends compte qu'il a tout à voir avec ce que j'ai si souvent et sous tellement de formes évoqué au cours de nos *Entretiens* : mon vertige devant la momification. Et devant… l'assassinat systématique de la beauté. Je me rends compte, pour la première fois peut-être de manière aussi claire, aussi incontournable, qu'il n'y a aucune manière pour moi de savoir si, dans ce que je décris, j'ai objectivement tort ou raison – ni même si une telle objectivité est seulement concevable –, mais que, quoi qu'il en soit, je n'ai pas le choix : je dois suivre jusqu'au bout le chemin de ce qui m'est essentiel. Je suis un poète, alors je dois écrire. Écouter mes voix, écouter le monde, et écrire. Mais surtout, surtout ! ne plus avoir confiance. En personne. Jamais.

R. Vous plaisantez ?

D. Certainement pas. La mort qu'évoquent Henry Miller, Kerouac, Ducharme, l'enfermement, la stérilité, je dois me laisser tomber en elle – par opposition à la craindre. Ou à tenter de me protéger d'elle. Je dois la traverser. Parce qu'elle n'a d'importance que dans la seule mesure où elle constitue une attaque contre ce qui m'importe. Et que c'est ce qui m'importe qui… m'importe. Pas ce qui s'y oppose.
Je réalise ce dont toute ma vie j'ai repoussé la prise de conscience. Que, devant la tâche qu'il est de mon devoir d'accomplir, je suis seul. Intégralement. Qu'il y a sans doute des supports à obtenir, des supports logistiques – financiers, par exemple –, mais certainement pas en ce qui a trait aux enjeux eux-mêmes.
L'amour, l'amitié, je comprends que ce sont des dons sur lesquels je ne peux pas compter – pas en ce qui a trait au cœur de ma vie. Je dois faire face seul. Entièrement seul.

R. C'était cette pensée-là qui vous paralysait de terreur, le 30 août ?

D. Oui.

R. Quelle est-elle, cette tâche ?

D. Paradoxalement : briser l'enfermement. Trouver la manière de parler de la lumière. De ce qui la compose. Et qui nous anime. Il me paraît impossible, totalement impossible, que je puisse y parvenir. Mais je n'ai rien d'autre à quoi consacrer mes jours. Qu'il m'en reste dix mille à vivre. Ou un seul.

R. Parlez-moi de cette lumière.

D. C'est celle dont Jünger, Camus et bien d'autres m'ont parlé. Hesse. Yourcenar. Mann.

Je n'ai rien d'un révolutionnaire, mais je ne crois pas que le monde puisse continuer comme il va. Je ne peux pas le changer, et d'ailleurs je n'en ai aucune envie. Mais je peux chanter la lumière. En espérant la faire resurgir. Ou, du moins, contribuer à ma propre mesure à ce qu'elle resurgisse un jour. Et ce chant n'aura de sens que si ce qui se trouve au cœur de lui est la beauté, pas le danger.

R. Qu'est-ce qui s'est passé, après cette prise de conscience?

D. J'ai vécu au bord de la falaise. Des semaines durant. Pétrifié de terreur. De douleur. Sans savoir quoi faire, où aller.

R. Et… ?

D. Il est survenu un autre… événement.

R. J'écoute.

D. Je n'entrerai pas dans les détails, ce serait trop navrant. Je dirai simplement ceci : un bon jour, je reçois un e-mail qui m'apprend que, quelques semaines plus tard, il va se tenir un événement public, un petit raout politique éminemment symbolique comme en raffolent les nationalistes. Plusieurs soirs à la file, à peu près tout ce qui existe dans cette société comme jeunes auteurs de théâtre va bien sagement se mettre en rang, à genoux comme il se doit, et chanter les louanges de… du Cardinal Ho Ho Ho[19] et de sa Côse.

R. Qu'est-ce que vous me racontez là?

D. Peu importent les détails. Un autre rigodon pour la Nâtion. Ce qui est capital, en l'occurrence, c'est l'effet que j'ai ressenti.

R. Lequel?

---

19. R. C'est qui? – D. Je vous ai parlé de lui, dans les *Entretiens* : « Un de mes professeurs, à l'École nationale de théâtre. Dont le comportement avait – et a toujours – toutes les caractéristiques de celui d'un membre de l'épiscopat dans ce qu'il peut avoir de plus caricatural et de plus vulgaire. (…) La hauteur, la bonne conscience, l'infaillibilité, l'autorité… et l'onctueux mépris. » Grand promoteur de la Nâtion.

D. Le théâtre. Ma passion pour le théâtre. Mon amour fou, insensé, pour le théâtre. C'est fini. C'est devenu impossible. Et je crois bien que, cette fois-ci, c'est définitif.

R. Trop de lâcheté ?

D. Non. Pas assez de courage.

R. …

D. Sur le coup, en lisant le communiqué, j'ai envie de pouvoir claquer des doigts et que tout ce que j'ai jamais pu faire dans cette société s'évanouisse en fumée. L'envie… de n'y avoir jamais été. De n'avoir jamais participé à… à *ça*.

R. « Ça » ?

D. *Ça* : le dépotoir qu'est cette société sans âme.

R. Ensuite ?

D. Ma solitude se resserre encore un grand coup. Évidemment. Je lis et relis la liste des auteurs qui vont jouer de la cuillère pour le rigodon, et je me retrouve envahi, dévasté par le même dégoût que le jour de ma fête, assis à côté du zozo, à regarder le copain, sur le siège d'en avant, la gueule fendue jusqu'aux oreilles. Les deux événements se répondent : l'un en tout petit comité, l'autre dans les grandes largeurs, au beau milieu de la place publique. Le sentiment, plus fort que jamais, de l'omniprésence de la laideur. Mais surtout, surtout ! de l'absence, de l'absence totale de lumière, d'espoir, de pensée, de curiosité. Un marché aux bestiaux.

R. Qu'est-ce que vous faites, à ce moment-là ?

D. Rien du tout. Je suis vide. Presque littéralement incapable de remuer.

R. Mais vous finissez par en sortir, de cet état, apparemment ?

D. Oui. D'abord, je me replie. Je me terre chez moi. Dans un état qui me rappelle sans cesse celui que j'ai connu il y a si longtemps, à mon arrivée sur la rue Clark. L'impression d'être ballotté par une mer en furie. La certitude absolue, inattaquable que, cette fois-ci, je ne passerai pas au travers de la tornade. Que c'est impossible, de passer vivant au travers d'un pareil cauchemar.

Parfois, je tente d'écrire. Des nouvelles. Quand les flammes se calment un peu, il me vient des tonnes d'idées. Je les caresse quelques heures. Toutes plus chatoyantes les unes que les autres.

R. Vous les caressez quelques heures?

D. Oui. J'écris une page ou deux. Puis j'efface le fichier. Plus le goût de rien.

Et puis, un bon dimanche. Je reçois presque simultanément deux e-mails. Totalement différents l'un de l'autre. Mais qui me tirent de cet état-là d'un coup sec. Dans le premier, mon correspondant me dit que sa vie est très dure, ces temps-ci, et il termine par ces mots: «J'ai hâte de te lire.» Il ne veut pas dire par là «lire un e-mail», il parle de ce livre-ci. Savez-vous quoi?

R. Non.

D. Je me rends compte, en lisant ses mots, que j'avais complètement oublié ce travail que nous avions commencé tous les deux.

R. Vraiment?!

D. Vraiment. Dans le second, ma correspondante me parle des *Entretiens*. Elle me dit qu'ils l'ont hantée tout l'été. Et qu'elle m'embrasse. J'ai. L'impression de revenir à la vie.

Retour

R. Mercredi 14 septembre 2005. Cinq heures du matin.

D. Oui. Un superbe mois de septembre, jusqu'à maintenant. Je rentre de marcher dans la ville. Elle est tellement tranquille que pour un peu on la croirait complètement à l'abandon. Morte.

R. Vous, ça va ?

D. Sans commentaires.

R. Nous reprenons ?

D. *Go.*

R. Je peux me permettre quelques questions ?

D. Bien sûr.

R. Elles sont un peu délicates. À propos de ce qui vient de se produire. Et de ce que vous m'en avez dit, surtout. Il y a quelques points qui me chicotent. Vous avez envie de m'entendre à leur sujet ?

D. Allez-y.

R. Je suis… Oh, comment dire ça ? Extrêmement troublé par votre trouble à vous. Je veux dire : par sa profondeur, bien sûr. Mais aussi, je dois bien l'admettre, par l'explication que vous m'en avez donnée. Et puis, par… l'endroit où il vous mène. Et je ne peux pas m'empêcher de…

D. Vous tournez autour du pot.

R. Bon, très bien. J'y vais carrément, alors. Il me semble que ce qui vient de se passer est un des coups les plus durs que vous ayez subis depuis très, très longtemps.

D. …

R. Et, bien entendu, j'y ai énormément repensé, depuis dimanche. Depuis la fin d'août, même, en fait. Et je…
D. Qu'est-ce qui vous a tellement frappé ?
R. Eh bien…
D. Allez !
R. Eh bien, d'abord, un déséquilibre. Non. Attendez, non. Pas un déséquilibre, plutôt… une démesure. Oui, voilà : une démesure.
D. Ah ? De quoi en regard de quoi ?
R. De… de votre réaction en regard des deux événements qui sont advenus. Non, non, laissez-moi continuer, juste un peu, s'il vous plaît, avant de réagir. Je suis frappé par la profondeur de votre réaction en regard des événements qui sont advenus. Surtout compte tenu des termes mêmes de la description que vous m'en avez faite, de ces deux événements-là.
D. …
R. Je ne mets pas le moins du monde en doute sa sincérité, à votre réaction. Pas un instant. Mais j'essaie de comprendre pourquoi elle a pris de telles proportions. Et, comme je viens de le dire, pourquoi elle vous a mené… là où vous vous retrouvez.
Voici comment je vois les choses. Commençons par regarder ce que vous m'avez dit au sujet des événements eux-mêmes. C'est très court : en substance, vous avez insisté sur le fait que non seulement ils n'étaient pas du tout d'un type nouveau dans votre vie, mais même que vous n'en pouviez tout simplement plus. Que vous en avez tellement vu, tellement vécu, d'événements de ce genre-là, que votre lassitude à leur égard a fini par devenir plus forte que vous. C'est bien ça ?
D. Oui.
R. Eh bien, j'imagine que vous pouvez facilement comprendre mon étonnement : comment des événements comme on en a tellement connu qu'on ne les supporte tout simplement plus, par pure lassitude, peuvent-ils provoquer une réaction aussi terrible que la vôtre ? Vous voyez ?

D. …

R. Votre appréciation d'eux non plus, je ne la mets pas en cause. Je suis tout à fait d'accord avec vous pour dire que non seulement chacun de ces événements a été proprement indécent, mais que tous les deux constituent aussi, et même surtout, des *symptômes* tout à fait troublants. Et puis, pour que deux événements pareils puissent se produire coup sur coup, à si bref intervalle, dans la vie d'un seul et même artiste et dans une société aussi petite que la nôtre, il faut vraiment que quelque chose ne tourne pas rond du tout. Deux, bout à bout et pour un seul gars… ça fait vraiment beaucoup. Mais si vous ajoutez encore par là-dessus qu'ils sont de types non seulement courants, mais… mais même banals, presque quotidiens… alors là, il me semble que les sirènes d'alarme devraient hurler à pleins poumons depuis déjà un méchant bout de temps, mais. Bon. Il n'en reste pas moins que votre réaction est tout de même frappante. Bouleversante, même. Pourquoi ? Eh bien, à cause, surtout, de ce que vous m'avez dit s'être trouvé au cœur d'elle : durant presque deux mois, vous vous êtes retrouvé incapable d'écrire. Et ça, ça me jette à terre ! Non seulement vous en avez complètement oublié – oublié ! pfuit ! parti ! – ce projet-ci, un projet dans lequel nous venions tout juste de nous lancer, qui vous tient pourtant profondément à cœur, qui vous traîne dans le crâne depuis je ne sais pas combien d'années et auquel vous avez déjà consacré nombre de tentatives, mais même de nouvelles histoires qui vous surgissaient à l'esprit ne parvenaient tout simplement pas à prendre forme. En un mot : c'était la catastrophe pure et simple.

D. …

R. Or, de toutes les discussions que nous avons pu avoir, sur tous les sujets imaginables, je garde l'impression extrêmement nette que ça, vous sentir empêché d'écrire, c'est la réaction la… la pire, de très, très loin, que vous puissiez avoir. Que c'est sans doute la plus profonde qui se puisse chez vous. Vous l'avez évoqué de mille manières. En me parlant de *Docteur Münch*, par exemple, vous êtes même allé jusqu'à me préciser que la pièce a été écrite durant l'agonie de votre père. Donc, même tenir la main de votre père mourant ne vous a pas empêché d'écrire ?!

D. Non, oh non. C'est même le contraire : ça m'y a poussé.

R. Vous voyez bien ! Voir votre père mourir ne vous empêche pas d'écrire… mais deux événements, dégoûtants mais banals, d'une espèce que vous connaissez par cœur depuis des décennies, eux, oui ?!

D. …

R. Vous m'avez dit aussi que lorsque vous avez commencé, dans votre jeune trentaine, à comprendre de quelle terrible violence est capable cette société qui joue perpétuellement à avoir l'air tellement gentille, et douce, et aimante, et conviviale, la forme que vous en redoutiez le plus, ce n'était pas la violence physique, mais précisément celle que vous venez de subir : celle qui empêche d'écrire. Qui empêche d'écrire… parce qu'elle impose le silence. Pas surtout le silence *entre* les individus, non, encore bien plus terrible que ça : *en* nous.
Dites-moi. Est-ce que vous pouvez me raconter une autre occasion où vous vous seriez déjà retrouvé incapable d'écrire ?

D. Non.

R. Non, vous ne pouvez pas en parler ? Ou non, il n'y en a jamais eu ?

D. Non, il n'y en a jamais eu. Aucune dont je me souvienne, en tout cas.

R. C'est bien ce que je croyais. Il y a peut-être bien déjà eu des moments de votre vie où vous n'avez pas écrit, mais c'étaient des moments où vous étiez… en suspens. En suspens, ou même électrocuté peut-être, mais pas *éteint* ! D'ailleurs, quand vous m'avez parlé, dimanche, de la période qui a immédiatement suivi les deux événements, vous avez employé une image qui m'a soufflé. Vous avez dit : « Quand j'ai voulu reprendre le trajet, la porte avait disparu. » La porte de l'écriture ! Disparue ! Vous vous rendez compte ?!

D. …

R. Or, encore une fois, le caractère unique de ce qui s'est passé cet été ne peut certainement pas avoir été lié aux événements que vous me dites avoir provoqué cette réaction, puisque eux, dans le monde où vous vivez et que vous connaissez assez bien merci, ils étaient banals. Totalement révoltants… mais banals. Donc ? Donc, c'est qu'il y a quelque chose d'unique qui s'est passé non pas de leur côté à eux, mais *en vous*.

D. J…

R. Attendez. Quelque chose d'unique… qui a fait que si les événements, eux, étaient banals, votre réaction, elle, ne pouvait pas l'être. Vous voyez ce que je veux dire ?

D. Mais oui, bien sûr. Je vous ai même…

R. Laissez-moi continuer. Ces deux événements banals, ils avaient un point commun. Un point commun capital. Il y en a de toutes sortes, des événements de la vie, et dans bien des domaines, qui vous font grincer des dents et crochir les orteils. Mais eux, les deux de cet été, ils avaient tous les deux trait… à l'écriture. Le premier, le jour de votre fête, est causé directement par la manière qui est devenue habituelle pour parler de la littérature. Pour en parler, mais pour surtout continuellement se servir d'elle à toutes sortes de sauces répugnantes qui non seulement ne la nourrissent pas et ne nous permettent pas non plus de mieux en saisir les enjeux, mais qui finissent même par corrompre complètement jusqu'à la compréhension que nous pouvons avoir de ce qu'elle est. « Envoye ! Écrapoutis-toi une laitue sur la tête, pis parle-moi de la tragédie ! Envoye, l'artiste ! » – vous vous rappelez ?

D. …

R. Le second, lui, consiste en un rassemblement de jeunes auteurs dans un but qui vous fait lever le cœur d'un coup sec : la pure propagande. La propagande, exactement dans les termes qui vous mettent tellement hors de vous que vous venez de passer vingt ans de votre vie, vingt ! – et ce n'est pas fini ! – à étudier comment fonctionne cette maudite folie ! Donc… deux événements banals, on ne peut plus représentatifs de ce qui se passe ici chaque jour et que pratiquement tout le monde trouve parfaitement normal – « Coudon, c'est quoi, ton problème, toi, Chose ? » – … mais qui, à vous, vous font ni plus ni moins que l'effet de recevoir une bombe atomique sur le crâne. Alors que vous en avez pourtant déjà vécu cinquante, cent parfaitement semblables !

D. Mais non !

R. Ah non ? Comment ça ?

D. Je vous l'ai dit : toutes ces autres fois-là, avant… il y avait vous !

R. Et… ?

D. Et vous, vous faisiez office de cuirasse. Ou… de coussin. Vous ralentissiez les effets, dans les deux sens.

R. À la fois je prédigérais ce qui vous arrivait du dehors, je vous le prémâchais, je le diluais… et à la fois j'étalais donc aussi votre réaction à ce qui venait de se produire, vous évitant ainsi de vous enferrer. C'est ça ?

D. Oui.

R. Mais cette fois-ci… ?

D. Vous n'y étiez pas.

R. Pourquoi donc ?

D. Parce que… Écoutez ! Nous avons discuté de ça durant des pages et des pages, déjà ! Pourquoi est-ce que…

R. Oubliez les discussions que nous avons déjà eues sur le sujet, et répondez ! Pourquoi est-ce que, lors des deux événements qui viennent de se produire, mais en particulier le jour de votre fête, je n'étais pas présent ? Pourquoi est-ce que je n'ai pas rempli ma fonction de… de tampon, de sas ?

D. Mais je vous en ai moi-même parlé, dimanche : je…

R. Allez !
D. Parce que depuis quelques mois, j'ai entrepris de me défaire de vous.
R. Pourquoi ?
D. Parce que la fonction protectrice qui jusqu'à tout récemment a été la vôtre, et que vous avez fort bien remplie, risquait désormais de s'inverser.
R. Comment ça ?
D. L'armure risquait de devenir étouffante.
R. Et… ?
D. Et, de protectrice, devenir dangereuse.
R. Donc, vous croyez, pour prendre une image simplette, que vous avez porté votre armure trop longtemps ? C'est ça ? Et que, de ce fait, l'ayant soudainement retirée, le coup de soleil que vous avez attrapé l'autre jour a simplement été dû au fait que cette fois-ci vous vous êtes promené à poil alors que votre peau n'a pas été suffisamment exposée au grand air depuis très longtemps ?
D. …
R. Oui, oui, je sais qu'elle est complètement idiote, mon image, mais oubliez ça pour le moment et répondez, voulez-vous ?
D. Oui. Oui, c'est ce que je pense.
R. Et si nous admettons que cette appréciation est juste… qu'est-ce que vous avez à faire, à présent ?
D. …
R. Attendre que la couenne vous épaississe ?
D. …
R. Qu'il vous pousse de la corne en dessous des pieds ? Vous allez prendre des bains de soleil tout nu, trois minutes par jour au début, puis cinq, quinze, trente, histoire de vous réhabituer progressivement, et, après chacune des séances, vous allez partir en courant vous rouler dans les orties ?
D. Mais qu'est-ce que vous… ?
R. Répondez ! Admettons que votre explication soit la bonne. Que vous ayez réagi aussi fort simplement parce que

c'était la première fois que vous sortiez sans ombrelle pour abriter votre teint laiteux ou la première fois qu'il y avait un terrifiant petit pois enfoui sous vos sept matelas… qu'est-ce que vous faites à présent ?

D. …

R. Bon, après tout vous avez sans doute raison de ne pas répondre, ce n'est pas nécessaire. Vous l'avez déjà fait. Dimanche, vous me l'avez dit on ne peut plus clairement, ce que vous comptez faire à présent : « L'amour, l'amitié, je comprends que ce sont des dons sur lesquels je ne peux pas compter – pas en ce qui a trait au cœur de ma vie. Je dois faire face seul. Entièrement seul. » C'est vraiment ce que vous pensez ?

D. Oui.

R. Bon. Eh bien… c'est de ça que je voulais vous parler. J'ai beaucoup réfléchi, depuis dimanche, à la suite des choses comme vous semblez la concevoir. Et j'en suis venu à une conclusion. Je ne suis vraiment pas très porté aux « inébranlables certitudes », dans la vie – je pense que je tiens ça de vous… –, mais là je suis convaincu comme je l'ai rarement été. Vous voulez l'entendre, ma conclusion ?

D. …

R. Attention, je suis sur le point d'interpréter votre silence comme un oui.

D. …

R. Bon. Je pense que vous êtes en plein champ.

D. …

R. Avez-vous envie d'entendre les raisons que j'ai de le penser ?

D. …

R. Ouf. Bon, j'y vais. Mais c'est une question effroyablement complexe, tissée de tout ce que vous m'avez dit depuis le 2 janvier et… et même de choses dont nous n'avons même pas encore débattu à haute voix. Alors, j'ai peur de m'embrouiller complètement si je ne fais pas très attention et je pense que je vais avoir recours à votre fameuse règle d'or. Elle vous a sauvé la peau bien souvent, avec un peu de chance elle fonctionnera peut-être aussi pour moi, cette fois-ci. « Ce que tu as à dire, *n'aboutis pas* à lui, *pars* de lui. » Donc...

*

Relire la douleur – Zozo et la vodka du Kremlin

R. Je crois que vous faites complètement fausse route dans votre interprétation des événements de cet été.
Je ne crois pas, pas du tout, que le caractère cataclysmique de la crise que vous venez de traverser puisse s'expliquer par ma seule absence. Je ne nie pas que mon absence ait joué un rôle, ce que je dis, c'est que ce n'est pas elle qui permet d'expliquer ce qui a véritablement donné sa force à la douleur qui vous a englouti. Je crois que cette absence de ma part, elle n'a été qu'accessoire. Et que pour saisir ce qui s'est véritablement passé, il suffit de développer dans votre récit un élément sur lequel vous avez glissé beaucoup trop rapidement et d'en introduire deux autres qu'à mon entière surprise vous avez complètement omis de mentionner. Prendre en compte ces trois éléments-là transforme radicalement *tout* ce qu'il y a à comprendre des événements de cet été, tout simplement parce qu'ils font surgir une perspective complètement différente de celle qui a été la vôtre. Complètement différente, mais *incluant* la vôtre. Et débouchant, surtout, à mille lieues de l'endroit où vous, vous aboutissez. Et où j'ai bien peur que vous ne restiez embourbé.

D. ...

R. Je pense que ce n'est pas parce que les *Entretiens* commencent à faire leur effet et que par conséquent votre armure est en train de se dissoudre que les bombes, que depuis votre enfance vous entendez exploser à dix kilomètres de chez vous cette fois-ci vous ont donné l'impression de vous sauter en plein visage. Je pense que la force démesurée de la déflagration n'a pas été due au fait que les bouchons d'ouate dans vos oreilles – moi ! – cette fois-ci n'y étaient pas. Oh que non. Je pense que, tout simplement, cette fois-ci, vous n'étiez pas en train d'*observer* la guerre. Vous étiez *en plein cœur d'elle*.

D. …

R. Je pense que cette fois-ci, vous n'avez même pas fait trois pas, non… juste un !… et que clac ! vous vous êtes instantanément retrouvé à l'autre bout de l'horizon : en plein combat ! Et que cela n'a rien eu d'un accident.

Il y a un million de choses à dire, à ce propos. Nous touchons peut-être ici à ce qu'il y a de plus crucial dans nos rencontres depuis leur tout début. Je vais vous parler dans un instant de la façon dont je comprends les enjeux sous-jacents à ce qui est advenu cet été, mais laissez-moi commencer par régler d'abord son compte à l'anecdote elle-même. À l'anecdote qui *semble* avoir tout déclenché.

Je me concentre sur le premier événement, celui qui a trait au zozo, parce que je pense que le second, lui, celui de la trâlée de jeunes auteurs jouant de la cuillère, a essentiellement donné lieu à un « choc secondaire », comme disent les sismologues : il a été un contrecoup du premier. Un contrecoup significatif, sans doute, mais certainement pas déterminant à lui tout seul.

Je crois que l'après-midi de votre anniversaire, au téléphone, quand le Copain vous a appelé pour vous demander de repousser le rendez-vous d'une heure… vous avez su clairement, immédiatement, que quelque chose se préparait.

D. …

R. Et que si vous avez pu le comprendre aussi vite, c'est tout simplement que vous vous doutiez *déjà* que quelque chose couvait. Non, non, non, cet appel-là ne vous a pas fait l'effet de clochettes d'alarme tintinnabulant dans le lointain ou de je ne sais plus trop comment vous m'avez narré ça.

Pas du tout : il a été la confirmation sans équivoque de la justesse de ce à quoi vous vous attendiez déjà. Alors non, ce coup de téléphone ne vous a pas simplement donné l'impression que « ça partait mal ». Jamais de la vie.

D. …

R. En fait, s'il faut identifier un moment où « ça a mal parti », c'est bien avant le 20 juillet de cette année qu'il faut regarder. Des mois et des mois plus tôt : chez le Copain en question, celui qui a tout organisé, le soir où vous êtes allé à une soirée, là, chez lui, que Zozo y était, que vous avez fait sa connaissance… et que vous avez eu avec lui une longue conversation. C'est ça, le premier élément crucial que nous devons examiner ici : Zozo, vous me l'avez présenté dimanche en vous contentant de me dire presque en passant que, bof, la première fois que vous l'avez vu en personne, il se pavanait dans un party, saoul comme une botte. Mais en présentant les choses d'une manière aussi tronquée, l'image que vous suscitiez faussait tout. Zozo, vous ne l'avez pas simplement *croisé* dans une quelconque soirée, peu importe laquelle, non. Vous l'avez rencontré dans une soirée… chez le Copain ! Chez ce même Copain qui plus tard vous invite à participer à une vidéo soi-disant destinée à parler de Kerouac et de Ducharme… prétexte pour carrément vous refoutre Zozo dans les pattes. Et lors de cette soirée, Zozo, vous ne l'apercevez pas, de très loin, se livrant à un numéro dont vous saisissez peut-être au passage une bribe ou deux. Oh que non : vous *discutez* avec lui, ce soir-là. Face à face. *Durant deux heures*.

Vous avez avec lui une discussion durant laquelle il vous chante les louanges de Charles Maurras. Et de Léon Daudet. Et de Louis-Ferdinand Céline. Et de Gustave Thibon. Et des collabos français. Et de Pétain. Et des fascistes. Et de la pègre moscovite d'aujourd'hui. Et au cours de laquelle vous lui répondez. Du tac au tac. Deux heures durant. C'est cette discussion-là qui finit par mener à ce qui vient de se passer en juillet.

Ce lointain soir-là, à la fin de la conversation, vous avez compris que vous lui aviez fait avaler sa cerise, à Zozo. Essentiellement parce qu'il ne s'était pas du tout attendu à rencontrer ici une résistance comme celle que vous veniez de lui opposer. Alors, vous l'aviez complètement déboussolé. À vous, ça ne faisait ni chaud ni froid. Vous aviez eu la très nette impression de l'avoir lu à livre ouvert, et c'est tout : une crapule sublimée qui se drape dans les grandes doctrines et les grands principes fumeux pour assouvir ses démangeaisons. Mais vous le savez très bien que c'est ce soir-là que tout s'est enclenché, parce que les traits de son visage, au terme de votre discussion frisant l'absurde, quand il a cru, lui, que vous veniez de le vaincre, sont restés gravés dans votre mémoire. Il s'est littéralement… décomposé sous vos yeux. Et que le souvenir de lui, quelques heures plus tard, de lui saoul mort, à quatre pattes dans la salle de bain, jappant dans le grand téléphone blanc… est dans votre esprit indéfaisablement associé à un autre. Vous savez duquel je veux parler ?

D. Bien sûr que oui.

R. Dites-le.

D. …

R. Vous préférez que je le fasse ?

D. Non. Le souvenir de… Porte-Parole.

R. Qui c'est, ça, « Porte-Parole » ?

D. Un haut fonctionnaire du ministère russe de l'Agriculture.

R. Où est-ce que vous l'avez rencontré ?

D. Au Kremlin. Il a été mon vis-à-vis, à table, lors d'un souper d'État.

R. Et… ?

D. Il m'a immédiatement pris en grippe, dès l'arrivée, au moment des présentations, aussitôt qu'il a eu saisi le mot « théâtre » à mon sujet. C'est le même, en russe. Et lui ne parlait que russe. Durant tout le repas, il a essayé de me sacrer une volée à coups de vodka.

R. Une volée… « à coups de vodka » ?
D. Oui.
R. Ça ressemble à quoi ?
D. Il lançait des toasts à tout bout de champ, à tout propos, en tenant sa vodka bien haut devant lui et en me regardant jusque dans le fond des yeux. Dans ces cas-là, à la fin du petit discours, celui à qui le toast a été adressé doit caler son verre jusqu'au bout, mais pas celui qui l'a lancé : lui peut se contenter de se tremper les lèvres.
R. Combien il en a lancé, de toasts ?
D. Pas loin d'une dizaine, je crois bien. Neuf, il me semble. Mais je ne suis plus certain.
R. Et… ?
D. J'ai tenu le coup.
R. C'est-à-dire ?
D. Je savais qu'il y avait un truc, que c'était un duel qui était en train d'avoir lieu là. Mais je ne le trouvais pas.
R. Quoi ?
D. Le truc. Le truc pour lui répondre. La faille pour me tirer de là avant d'être tellement saoul que je n'aurais plus le choix qu'entre tomber en bas de ma chaise ou lui concéder la victoire. La victoire, je ne la voulais pas pour moi, mais je ne pouvais certainement pas non plus admettre qu'elle soit la sienne. Je savais que si je ne trouvais pas une manière de lui répondre, quelque chose en moi serait… piétiné.
R. Comment ça ?
D. À cause de ses yeux. De son ton.
R. …
D. Il savait, lui, qu'il n'y avait qu'un seul mot, dans ce qu'il m'adressait, que je pouvais comprendre.
R. « Théâtre », bien sûr ?
D. Oui : « Театр », en russe. Alors il le plaçait dans chacun de ses petits discours, aussi souvent qu'il le pouvait. Trois fois par phrase. Il me le lançait au visage comme une insulte. Il suintait littéralement de mépris.
R. Pourquoi ?

D. Par nationalisme, d'abord. Par chauvinisme. Pour lui, un poète, un écrivain, ça ne peut être que russe. « Un écrivain… canadien ? Pouah ! », c'est un gag, rien d'autre : aussi convaincant qu'une fillette qui essaie de marcher avec les immenses souliers à talons hauts de sa mère. Mais il y avait bien plus que ça, évidemment.

R. Pourquoi « évidemment » ?

D. Parce que quelqu'un qui comprend le monde dans ces termes-là s'arrête rarement en si bon chemin.

R. Vous voulez dire que, quand c'est au mépris qu'on carbure, il est rare qu'on soit regardant sur la dépense ?

D. Oui.

R. Alors qu'est-ce qu'il y avait d'autre, dans son mépris ?

D. Il y avait sa haine pour les artistes. Pour *tous* les artistes. Quels qu'ils soient. D'où qu'ils soient.

R. Y compris russes, donc ?

D. Oui. Si nous avions pu discuter, lui et moi, si l'un d'entre nous avait maîtrisé la langue de l'autre, je suis convaincu qu'il se serait lancé dans un intarissable hommage aux vertus et à la grandeur de Dostoïevski, de Tourgueniev, de Pouchkine. Bien entendu. Mais je suis tout aussi certain que s'il avait été leur contemporain, il les aurait envoyés au bagne à la première occasion. Et que s'il ne s'en était pas trouvé, il en aurait inventé une. Ce n'est pas ce que ces écrivains-là ont pu dire, ce dont ils ont témoigné dans leur œuvre qui intéresse Porte-Parole. Mais uniquement le statut que lui accorde, à lui, le fait d'être leur concitoyen, à eux. Il se drape dans la renommée qu'eux lui accordent, mais tout ce qu'ils représentent d'autre que l'intrinsèque supériorité russe, il le hait. De tout son être.

Je repensais à ça, le lendemain ou le surlendemain du souper au Kremlin, je ne sais plus, lors d'un autre souper. Nous étions reçus, ce soir-là, dans un ancien hôtel particulier du temps des tsars, transformé après la Révolution d'octobre en Maison des écrivains soviétiques. La salle où nous nous trouvions avait été le bureau du Commissaire

politique : celui qui veillait à ce que tout ce qui se servait d'un crayon en URSS respecte bien la ligne du Parti. C'est dans cette pièce-là qu'a été votée l'exclusion de Pasternak. Vous vous rendez compte ? C'est entre ces murs-là qu'une bande d'imbéciles qui se définissaient comme des « écrivains » sous prétexte qu'ils avaient la bonne carte de membre dans leur portefeuille ont expédié aux chiottes l'auteur de *Docteur Jivago* et de je ne sais combien de poèmes d'une beauté à vous en passer l'âme sous la douche ! Dès que je levais les yeux de mon assiette ou que je cessais de regarder bien en face les autres convives, j'avais l'impression de voir la tête de Porte-Parole sculptée dans les lambris des murs et les caissons du plafond.
« C'était un vieil homme carré, trapu, aux cheveux gris épais et ébouriffés, au visage et aux manières de bureaucrate borné : un censeur soviétique émérite[20]. »

R. …

D. Au Kremlin, en face de moi, je le voyais, son mépris pour tout ce qui n'est pas le culte du pur pouvoir. Dans ses yeux, dans chacun des traits de son visage, dans son port d'épaules. À chacun de ses toasts.

R. Le même mépris que vous rencontrez presque partout, ici.

D. Oui, mais là-bas endossé de force par Tolstoï. Ce qui a quand même plus d'impact que d'être endossé ici par…

R. Par… ?

D. Aucune importance. À mesure que le repas avançait et que les toasts se multipliaient, les autres convives russes, à notre table, étaient de plus en plus mal à l'aise. Les autres Canadiens, eux, n'y voyaient que du feu, mais les Russes comprenaient très clairement ce qui était en train de se passer. Il y a même une dame qui m'a demandé délicatement, à voix basse, de lui permettre d'intervenir.

R. Qu'est-ce que vous avez répondu ?

20. Boris Pasternak et Olga Freidenberg, *Correspondance – 1910-1954*, traduit par Michel Aucouturier, Paris © Éditions Gallimard, 1987.

D. Je l'ai remerciée, en lui disant que ce n'était pas nécessaire. Je me voyais déjà être *shippé* par express à Montréal, le soir même. Ficelé sur une civière. J'imaginais les tribunes téléphoniques, ici : « Saoul mort au Kremlin ! Dubois qui fait honte à son pays ! » Qu'est-ce qu'ils se seraient régalés, les copains. Ça me donnait presque envie de rire.

R. Qu'est-ce qui a fini par arriver ?

D. Je me suis dit que c'était sans espoir, que j'étais cuit. Et, bien entendu, cette acceptation-là m'a immédiatement permis de me détendre. Ce qui fait que, tout à coup, j'ai compris. Évidemment. En un éclair très doux. Le truc. Il m'est apparu. Il suffisait de battre Porte-Parole de vitesse à son propre jeu. Ce n'était qu'une question de rythme. Au moment où il lançait la main vers son verre, je n'avais qu'à attraper le mien encore plus vite, à le brandir bien haut et à me lancer à corps perdu dans le premier discours qui me passerait par la tête, avant même que lui n'ait eu le temps d'ouvrir la bouche.

R. Ce que vous avez fait ?

D. Oui. Ça a été ahurissant. Je veux dire… la fluidité, l'aisance avec laquelle je suis passé à l'action m'a laissé complètement ébaubi, quand j'y ai repensé plus tard. Je n'ai même pas eu à *décider* quoi que ce soit : j'ai vu sa main amorcer le mouvement vers son verre, j'ai vu comment parer le coup et… mon verre à moi était déjà en l'air. J'avais même déjà presque une phrase complète de dite.

R. De quoi est-ce que vous avez parlé, dans votre petit discours ?

D. Je n'en ai pas la moindre idée.

R. Et lui, Porte-Parole, comment est-ce qu'il a réagi ?

D. Sa main s'est figée net à quelques millimètres du pied de son verre. Mais c'est son visage, surtout, qui est resté gravé dans ma mémoire. Il s'est transformé en masque. En masque de pierre. Exactement comme si je lui avais jeté un sort. Il s'est pétrifié. Instantanément. Et puis ensuite, il s'est craquelé. Il a fendu dans tous les sens, comme celui d'un personnage de bande dessinée. Il s'est décomposé, là, sous mes yeux.

R. Et après ça ?

D. Après ça, il a… Il n'y a pas d'autre manière de le dire : il a dessoufflé. Il s'est affaissé. Complètement. Puis il a fini par presque se rouler en boule dans son fauteuil. Et il est resté là, sans dire un mot, quasiment sans bouger, à bouder. Tout le reste du repas. À un moment, au dessert, j'ai croisé le regard de la dame qui m'avait offert son aide. Elle était resplendissante de joie. Elle m'a décoché un sourire… absolument ravissant. Lumineux. Plus tard encore, aussitôt que le président Poutine a eu quitté la salle, ce qui constituait le signal de la fin de la réception, Porte-Parole a immédiatement bondi sur ses pieds et est parti sans saluer personne. Je regardais son dos s'éloigner vers les grandes portes dorées, et je me disais…

R. Quoi donc ?

D. Qu'il devait sûrement pester contre moi, convaincu que je ne pouvais qu'être en train de savourer ma victoire. Parce que lui ne pouvait bien sûr imaginer aucune autre manière de se sentir, s'il avait été à ma place. Alors que moi…

R. Vous… ?

D. Ce que je ressentais à son égard, c'était… une profonde tristesse. Lourde, grasse, gluante comme de l'huile.

R. Et le souvenir de la fin de la soirée, chez le Copain, le soir où vous faites la connaissance de Zozo, le souvenir du moment où vous l'entendez, d'un bout à l'autre de la maison, qui beugle en se vomissant les tripes dans la bolle, est associé à celui du visage de Porte-Parole qui se défait ?

D. Oui. Lui aussi, Zozo, quelques heures plus tôt, à la fin de notre discussion, je lui ai vu la face craquer dans tous les sens. Mais presque à la vitesse de l'éclair. Quand il a cru que je venais de le battre alors que je n'avais rien fait d'autre que lui répondre. Juste à la manière qu'il avait eue, dès le départ, de s'agiter pour provoquer le débat, pour m'obliger à croiser le fer avec lui, il était clair comme de l'eau de roche qu'il s'imaginait au pays des Ploucs. Qu'il était convaincu qu'il allait ce soir-là encore briller de tous ses feux et régner sur cette réception comme il avait pris l'habitude de le faire partout où il mettait les pieds depuis son arrivée aux colonies. Il ne s'était pas attendu du tout à ce que qui que ce soit puisse argumenter avec lui, même sur un seul point. « Charles Maurras ? C'est qui, ça ? » « Il a fait quoi, dans la vie, le maréchal Potain ? » Alors, qu'un gus puisse lui répondre à tout coup, douze fois sur douze, il ne l'avait vraiment pas vu venir et ça l'a complètement déculotté. Tout à coup, il a figé : il venait de comprendre qu'un os lui restait en travers de la gorge. La face lui a décomposé. Il a rompu l'engagement d'un coup sec et s'est détourné. Comme si je n'avais jamais existé. Et puis il s'est mis à boire comme un trou, à toute allure, tout le reste de la soirée.

R. D'où sa fervente prière aux dieux de Lovecraft, plus tard, à genoux dans la salle de bain ?

D. Oui. Mais. Qu'est-ce que j'en ai à cirer, moi, de « vaincre » des zozos et des hauts fonctionnaires fielleux ? Il y a peut-être autre chose dans la vie à quoi s'occuper, en dehors de ça ?!
La parenté entre le moment où j'ai bien compris que Zozo venait de se voir défait et celui où j'ai vu Porte-Parole dessouffler et se rouler en boule dans son fauteuil était impossible à manquer. Les deux images sont presque parfaitement superposées, dans mon esprit. Ce qu'il y a peut-être de plus terrible, dans les deux cas, c'est qu'une fois que j'ai eu lu sur leurs traits leur sentiment de défaite, j'ai su qu'il n'y avait plus rien à faire. Rien au monde, rien à dire. Quoi que je tente, ça ne pouvait plus être interprété par eux que comme une danse de victoire de ma part.

D. Même si vous aviez tenté de leur dire : « Garde-la, ta satanée victoire, je n'en ai strictement rien à foutre »... ?

D. Ça n'aurait rien pu avoir d'autre comme effet que de les humilier encore davantage. Que de leur confirmer, au cube, que je n'avais bel et bien rien cherché d'autre qu'à les vaincre. Parce que c'est comme ça qu'ils comprennent la vie : on n'a le choix qu'entre deux choses – être un perdant ou être un gagnant, et ça s'arrête là. C'est totalement absurde. C'est à ça que mène le culte de la victoire.

R. Et le visage de Zozo qui se décompose, entremêlé à celui de Porte-Parole qui en fait autant, est-ce que vous avez repensé à lui quand le Copain vous a annoncé en compagnie de qui vous alliez être, dans la jolie vidéo sur Kerouac et Ducharme ?

D. Bien sûr. Comment faire autrement ?

R. À quoi d'autre ?

D. À une question que je m'étais posée, après la soirée, en rentrant chez moi, à pied. Je m'étais demandé, durant quelques instants, ce qui pouvait bien les rapprocher, tous les deux.

R. Zozo et le Copain ?

D. Oui. Mais je n'étais pas allé très loin sur cette piste-là. Ce n'est pas du tout le genre de supputations qui m'intéressent. Alors j'avais commencé à jouer avec elle, mais, de fil en aiguille, presque tout de suite je m'étais mis à réfléchir à tout autre chose.

R. Pourtant, cette question, elle a tout de même refait surface au moment où vous avez appris la nouvelle à propos de la vidéo à venir ?

D. Oui. C'est à ce moment-là qu'il m'est revenu que je me l'étais posée, très rapidement, en sortant de la soirée.

R. Et… ?

D. Quoi ?

R. Cette fois-là, vous lui avez trouvé une réponse ?

D. Non. Je me suis souvenu que je l'avais déjà écartée une fois, c'est tout.

R. Est-ce qu'elle vous est revenue à nouveau, encore plus tard ?

D. …

R. Oui, n'est-ce pas ? Laissez-moi deviner. Est-ce qu'elle ne vous serait pas venue à l'esprit… le jour de votre anniversaire, au moment où, au téléphone, le Copain vous a parlé d'une clé coincée dans une serrure et d'un report « d'une toute petite heure » ?

D. …

R. Je n'ai pas bien entendu.

D. J'ai dit : oui.

R. Et cette fois-là non plus, vous ne lui avez pas répondu, à cette question sur la nature des liens entre le Copain et Zozo ? Cette fois-là aussi, vous l'avez laissée filer ? Alors pourtant que la clochette d'alarme soi-disant tintait ? Alors que vous alliez incessamment vous retrouver face à face avec Zozo ? Vous retrouver en sa présence… *pour la toute première fois depuis le moment où vous lui aviez fait perdre la face* ?

D. …

R. Eh bien, voilà. C'est tout ce que je voulais savoir.

*

Relire la douleur – En avoir le cœur net, et le lion qui doute

R. Je vais vous dire ce que je crois qu'il s'est passé, l'après-midi de votre fête.

Je vous le répète : non, je ne prétends pas que vous avez menti ou triché, dimanche, en me racontant la version de l'événement que vous m'avez donnée à ce moment-là. Pas du tout. Ni par omission, ni autrement. Ce que je pense, c'est que vous m'avez raconté tout ce qui vous revenait *dans la perspective où vous vous trouviez*. Et où vous vous trouvez toujours. Mais qu'il y a une tout autre manière de le lire, cet événement. Et que c'est aussi pour me pousser à la formuler, j'en suis convaincu, que vous avez ramassé toutes vos forces, dimanche, pour vous rendre jusqu'au bout de votre récit. Pour m'entendre la formuler... si j'allais être capable de le tenter. Vous ne vouliez pas seulement que je vous écoute, vous vouliez que je réagisse, *si je le pouvais*. Vous vouliez m'entendre. Eh bien, me voici.

D. ...

R. Je pense que le 20 juillet, en marchant vers le lieu du rendez-vous, vous saviez parfaitement ce qui allait se passer.

D. Mais j...!

R. Laissez-moi continuer. Je pense que vous saviez parfaitement ce qui allait se passer. Et que c'est précisément pour vivre ce qui vous est arrivé que vous vous êtes présenté au rendez-vous. Je pense que vous saviez très bien ce qu'un événement comme celui qui vous attendait risquait de provoquer en vous... et que vous vouliez en avoir le cœur net. Vous vouliez ne plus vous contenter d'*imaginer* l'effet qu'un événement comme celui-là vous ferait, mais l'avoir enfin *vécu*. Et advienne que pourra! Vous vouliez cesser d'en avoir peur.

D. ...

R. Nous en avons parlé je ne sais combien de fois, déjà: toute votre vie, lorsque sont advenus des événements comme ceux de juillet, des événements comme vous en avez connu jusqu'à plus soif, vous vous êtes imposé une ligne de conduite on ne peut plus claire: ni combattre, ni céder. Vous avez évité comme la peste de monter aux créneaux et, simultanément, vous n'avez pas pris la poudre d'escampette, oh non, vous vous en êtes fidèlement tenu à votre chemin, mais pour y parvenir, vous avez eu recours, de mille manières, à des kyrielles de trucs pour parer les coups ou pour en amoindrir la portée. Pas parce que vous avez particulièrement peur de souffrir, tout simplement par crainte que quelque chose de vital, en vous, ne soit atteint. Quelque chose à quoi vous tenez plus qu'à la vie. Mais le 20 juillet, vous vous êtes présenté, sans armure, face à ce qui vous a toujours fait le plus peur, depuis le tout début de votre adolescence, et vous avez affronté… le mépris.

D. …

R. Mais pas n'importe lequel, mépris. Oh non. Ce jour-là, en marchant vers le rendez-vous, vous savez très bien ce que vous avez fait, à votre toute première rencontre avec cet écrivain-là. Vous savez parfaitement ce que vous avez semé en lui, rien qu'en refusant de lui céder toute la place. Vous, vous n'avez fait que votre devoir. Vous ne l'avez pas attaqué, mais vous ne vous êtes pas non plus contenté, comme au Kremlin ou en mille autres occasions, de simplement lever votre verre pour mettre un terme à l'attaque, non. Vous avez dit ce que vous aviez à dire, c'est tout. Seulement, vous ne l'avez pas dit à n'importe qui. Non, non, vous lui avez répondu… *à lui* !
Vous me l'avez précisé spontanément, dimanche, dès que vous avez entrepris de me présenter Zozo. Vous vous souvenez des mots que vous avez employés ? Vous avez dit : « Une espèce d'enfant de chœur de la Côse… mais *qui sait de quoi il parle.* »

D. …

R. « Qui sait de quoi il parle. » C'est ça qui fait que c'est Zozo, et pas un autre, vers qui vous retournez pour vous mettre à l'épreuve : il sait de quoi il parle. Et il l'affiche. Il ne le camoufle pas sous des émotions enfantines. Il ne l'abrille pas sous une ignorance ou une inconscience de pacotille : « Moi ?! Ben voyons donc… comme si j'avais pu vouloir faire une affaire pareille !… » Non : il *sait* ce qu'il croit. Et il l'*énonce*. Haut et fort. Vous vous rappelez de ce que vous disiez, à votre retour de Russie, les quelques fois où vous avez raconté à des proches l'épisode de Porte-Parole, au Kremlin ? Vous disiez : « Il avait dans les yeux le même mépris pour tout ce que j'aime que j'ai si souvent rencontré ici. Mais lui, au moins, ne fait pas semblant. Et ça, ça fait toute la différence du monde. Il te méprise, *mais il n'essaie pas, en plus, de te rendre fou en le niant !* » Lors de la soirée chez le Copain, vous avez dit ce que vous aviez à dire à quelqu'un que vous saviez parfaitement capable de saisir les enjeux de l'échange que vous étiez en train d'avoir là. Et dont vous saviez tout aussi bien que lui, il *allait* marquer le coup.

D. …

R. Le jour de votre fête, ce n'est pas parce que, vous retrouvant soudain dépouillé de votre armure, un événement inopiné vient vous atteindre en un point sensible auparavant protégé que vous vous retrouvez plongé dans l'état terrible que m'avez décrit. Non, c'est l'inverse : c'est précisément parce que vous êtes enfin parvenu à vous en débarrasser, de votre maudite armure, que vous décidez de répondre oui à l'invitation qui vous est lancée, de foncer illico et d'aller voir ce qui va se passer si vous faites enfin face, *les yeux dans les yeux*, à ce qui vous a toujours terrorisé. Vous plongez. Plongez dans le moment. Dans l'enjeu même de la guerre. Il vous ébouillante de pied en cap. Il passe à un très court cheveu de vous brûler vif ! Mais ensuite… vous en ressortez !

D. …

R. Vous avez tellement mal qu'en vous, comme vous aviez depuis si longtemps redouté que cela ne finisse par vous arriver un jour, l'écriture et le désir se taisent. Vous savez enfin concrètement, sans plus l'ombre du moindre doute, que non, vos craintes d'autrefois n'avaient rien de chimérique. Parce qu'il a toujours flotté ce petit doute là, non ? « Et si tout ça, ce n'était que dans ma tête ? » Eh bien non ! Ce n'est pas *rien que dans votre tête* ! Vous recevez le coup. Vous en ressentez les effets se répercuter jusqu'au tréfonds de vous. Et, à présent, ce doute-là n'est même plus concevable.

D. …

R. Je pourrais facilement vous le démontrer, point par point, pas à pas, presque de minute en minute, que ce jour-là vous savez parfaitement ce qui vous attend. Mais ce n'est pas nécessaire. Et je n'en ai aucune espèce d'envie. À moins d'avoir le cerveau complètement débranché, vous ne *pouvez pas* croire, ce jour-là, que Zozo a passé l'éponge et qu'il va accepter de discuter sereinement avec vous. Pas après ce qui s'est passé entre vous deux lors de votre toute première rencontre. Pas avec ce que vous comprenez des personnages comme celui qu'il s'est choisi dans l'existence. Pas après avoir senti se déployer la myriade d'échos, en vous, qu'a éveillée son visage qui se décompose de désarroi et de colère. Pas après l'avoir entendu se vomir les tripes, littéralement, de pure rage. Vous ne *pouvez pas* non plus ne pas lire spontanément l'évidente proximité entre Zozo et votre Copain. Vous ne *pouvez pas* ne même pas être tenté de la lire. Vous ne le pouvez pas, en tout cas… à moins de l'avoir décidé. Vous ne le pouvez pas. Et tout part de là.

D. …

R. Mais ce n'est pas tout. Oh que non. Ce que vous partez vérifier, cet après-midi-là, ce n'est pas uniquement ce que cela va vous faire d'enfin ressentir cette douleur-là plutôt que de continuer à passer vos jours à parer les coups qui risquent de la faire se déchaîner. Il n'y a pas que Zozo et son mépris que vous vous en allez regarder dans le blanc des yeux. Il y en a aussi un tout autre, monstre : vous-même !

D. …

R. Oh, là, je pense que vous commencez à comprendre vraiment où je m'en vais. Non ?

D. Continuez.

R. Si la seule chose que vous vouliez vérifier et vivre, ce jour-là, c'était l'effet qu'allait entraîner en vous la rencontre du mépris à l'état brut, cela aurait toutes les chances de signifier qu'effectivement, comme vous m'en avez énoncé votre intention, il vous suffit de vous retirer loin du monde pour être à l'abri. Mais outre le fait qu'un tel retrait est à toutes fins utiles impossible à accomplir, *ce n'est pas du tout dans ces termes-là que vous concevez le monde*. C'est d'ailleurs précisément pour ça que votre annonce d'un retrait ne tient pas debout : parce que renoncer à l'amitié, et à ce sur quoi, en vous, se fonde l'amour, équivaudrait à sacrifier d'un seul coup tout ce qui compte dans votre vie.

Vous ne croyez pas du tout que, dans l'existence, il y aurait *eux* d'un côté et *nous* – ou *moi* – de l'autre. Pas du tout. Le binaire, ce n'est vraiment pas tellement votre tasse de Quick. Ce que vous croyez plutôt, c'est qu'à l'intérieur de chacun d'entre nous, les routes ouvertes sont… innombrables. Pas seulement les routes *possibles* ou les routes *latentes*, non, les routes *ouvertes*. D'ores et déjà ouvertes, à chaque instant. Des routes qui, du simple fait que nous sommes en vie, sont déjà là, déroulées. Prêtes à être parcourues. Il suffit d'y poser le pied.

Entrez dans n'importe quelle librairie et, au lieu de vous contenter de contempler les pyramides de best-sellers, rendez-vous dans une section où il ne vous a même jamais traversé l'esprit de vous aventurer, emparez-vous arbitrairement du… quatrième ouvrage, en partant de la droite, de la troisième tablette du haut, sur la cinquième étagère, et bingo ! C'est parti ! À sa lecture, toute une région, à l'intérieur de votre esprit, risque fort de s'illuminer. Une région dont vous ne vous étiez même jamais douté qu'elle pouvait exister. Faites ça trois fois, et même le menu d'un *MacDonald* n'aura plus tout à fait la même résonance en vous. Même à quatre-vingts ans et en ayant nécessairement fait au cours de notre vie une multitude de choix qui ont signifié la mise à l'écart des pans entiers du possible qui a pu exister quand nous avions douze ans, vous êtes profondément convaincu que la complexité de ce qui nous constitue reste telle que les choix, de tous ordres, demeurent encore incalculables.

Toute une part de votre vie, toute celle qui vous… qui vous happe le plus, le plus profondément, qui vous rend instantanément le plus fou de joie, c'est celle-là. Celle de la contemplation et de la mise à contribution de l'infinie richesse des combinaisons et des recombinaisons, en nous, des éléments qui nous constituent. Cette richesse, elle est vérifiable, physiquement, dans les composantes de notre corps. Et elle l'est tout autant dans notre esprit. Même si c'est par de tout autres chemins, bien sûr. Sauf que de la richesse de notre esprit, nous ne parlons pas. Ou si peu. Et que nous n'y songeons même pas non plus, bien entendu. Cela vous rend fou de tristesse, de vivre dans un monde et à une époque où les biologistes peuvent expliquer, les larmes aux yeux, les mutations et les interactions les plus folles, à la fois les plus complexes et les plus élégantes, qui se produisent sans arrêt au sein de chacune des cellules de notre corps, et que, wow, tout le monde se mette aussitôt à battre des nageoires, de pur ravissement… tandis qu'à peu près plus un chat n'ose affirmer à haute voix que de pareilles transformations, des processus au moins aussi complexes, et d'une splendeur tout aussi formidable, se produisent perpétuellement dans nos esprits, dans la représentation même que nous nous faisons de nous-mêmes, du monde, et de nous en son sein. Pas dans notre *cerveau*, dans notre *esprit* ! Notre esprit, nous croyons qu'il roule tout seul. Et que sinon, eh bien, il n'y a qu'à s'envoyer un assortiment de pilules multicolores derrière la cravate. L'attention que nous lui accordons s'arrête là. Mais pas pour vous.

D. …

R. Vous, l'une des tâches les plus fascinantes à laquelle vous puissiez vous livrer, c'est justement d'en explorer le plus grand nombre possible, de ces routes, au tréfonds de vous. C'est d'écouter, chez celles et ceux que vous croisez, les échos de ces chemins. Des échos traduits en d'infimes mouvements de tête. En sourires furtifs. En éclats fugaces passant dans l'œil. En la grâce imprégnant soudain un geste pourtant banal.

Cette exploration-là, sans trêve, elle n'est pas une activité à laquelle vous vous livrez, elle *est* vous. Ah, ressentir lesquelles de ces routes sont peut-être les plus… fertiles, les plus passionnantes, les plus intrigantes, les plus vivantes. Et même les plus dangereuses, s'il le faut. Tout en sachant que le simple fait d'en considérer une seule nouvelle, ne serait-ce que pour un très court instant, va sans doute en faire surgir vingt autres, cent, dans le temps de le dire. Alors que, même en en ayant parcouru mille, vous n'en serez toujours, dans le meilleur des cas, qu'à lire la deuxième ligne du bottin téléphonique de Shanghai.

D. …

R. Si les zozos, les porte-parole et autres enfants de chœur de la Côse vous font autant grincer des dents, ce n'est donc certainement pas parce que vous vous imagineriez que leurs choix de vie couperaient en deux l'infini des possibles et qu'eux seraient de l'autre côté de la ligne qu'ils se seraient eux-mêmes créée. Ce serait absurde. Ce n'est pas dans ces termes-là que vous vous représentez le monde ! Non, ce qui vous met hors de vous, c'est que leur discours équivaut à tracer un cercle d'un centimètre de diamètre à peine sur le plancher d'un tout petit appartement de Saõ Paulo, de Zurich ou du plus petit village qui soit, puis de le pointer du doigt en décrétant, sur le ton de Moïse faisant s'écarter les flots : « Voici tout ce qu'il y a à savoir de l'univers ! » *Parce qu'ils le font pour que personne ne regarde* ailleurs *que là où eux ordonnent de regarder !*

Ce qui vous met tellement en colère, c'est l'autorité qu'ils s'accordent eux-mêmes de décréter une fois pour toutes ce que serait ou ne serait pas l'univers. Ce qui vous enflamme de rage, chaque fois que vous êtes confronté à leur discours, c'est qu'il rend aveugle. *Délibérément* aveugle ! C'est son but. Il n'a aucune autre espèce de raison d'être que de permettre de contrôler *absolument* la représentation du monde dans l'esprit de nos semblables. De la contrôler, cette représentation… pour parvenir à l'évider. Sans recours possible. Les individus qui se piquent à l'autorité sont essentiellement des gens terrorisés, roulés en boule au fond d'un cagibi, les deux yeux fermés à en avoir les paupières qui plissent. La seule pensée de la vastitude et de la complexité du monde, autour de nous et en nous, les épouvante à un point tel qu'ils préfèrent risquer de tout tuer, de raser la planète entière, plutôt que de risquer d'être un jour confrontés à l'évocation du possible. Seulement voilà : à vos yeux à vous, cette terreur-là fait elle aussi partie de la vie et de ces possibles qu'elle nous offre. Il est donc inconcevable que vous cherchiez à vaincre ceux que vous voyez être saisis par elle. Tout ce que vous pouvez souhaiter, c'est de parvenir à contrebalancer, si peu que ce soit, le poids démesuré de leur influence. Pas pour les contenir, eux. Non. Simplement pour… donner une chance à la vie. Mais, bon, au fond, cette chance, peu importe que vous parveniez ou pas à la susciter. Elle finira par advenir, de toute manière, vous en êtes convaincu. La vie est d'une telle force…

Vous pensez à ça chaque printemps, depuis le Verglas de 1998. En vous promenant sur le mont Royal et en regardant vos amis les arbres, presque tous décapités cette année-là, mais qui se sont remis à pousser avec une… une fougue déchaînée. « La vie est d'une telle force ! » Cela vous subjugue. Vous coupe le souffle.

D. …

R. Mais cette formidable force-là, que recèle la vie, implique, bien sûr, que plus les obstacles auront été considérables sur son chemin et plus son déferlement foisonnant risque d'être cataclysmique lorsqu'il rompra enfin les digues. La vie trouvera sa route, cela ne fait pas l'ombre d'un doute, mais plus nous aurons tenté de la contrôler, de la harnacher sans même nous être donné la peine de la comprendre d'abord, et plus le choc de sa libération risque d'être profond et dévastateur. Vous n'êtes pas enragé par les zozos et les enfants de chœur parce que vous croyez qu'ils menacent la vie : vous n'êtes jamais parvenu à vous convaincre qu'on puisse réellement la menacer. Non, vous êtes enragé parce que leur discours crée des conditions propres à finir par provoquer une terrible explosion. Une explosion de la vie s'arrachant aux ornières qu'on tente de lui imposer. Vous êtes enragé par les zozos de ce monde parce qu'ils jouent à des jeux auxquels personne n'a le droit de jouer. Sur des enjeux que personne n'a le droit de s'approprier. Vous êtes enragé contre eux parce que ce sont des pillards. Des pillards bêtes et satisfaits, repus de leur ignorance ! Vous crachez le feu parce que leurs discours empêchent nombre de vos semblables, soumis à leurs enseignements pervers, de vivre et de laisser croître les richesses que vous les savez parfaitement porter en eux. Oh, pas uniquement par empathie pour les victimes, non. Elle joue un rôle immense dans votre révolte, l'empathie, bien sûr, mais il n'y a pas qu'elle à entrer en jeu. Il y a aussi une raison tout égoïste : vous avez besoin, pour vivre, autant que d'eau et d'air, de rencontrer des individus à qui la vie inspire autre chose que la terreur ! Alors que l'influence des zozos fait en sorte que de tels individus deviennent plus rares à chaque année qui passe !

D. …

R. Vous ressentez un besoin essentiel de rencontrer des coureurs des bois de l'esprit, parce que le monde en nous se nourrit de constants allers-retours entre l'intérieur et l'extérieur. Et que vivre, aller jusqu'au bout, ne peut pas être un devoir seulement à l'égard de notre propre vie. C'est tout autant un devoir à l'égard de la vie des autres, de nos semblables, pour nourrir leurs vies à eux… qui en retour reviendront nourrir la nôtre. Le dialogue est essentiel ! Et à votre quête du dialogue, vous ne *pouvez pas* renoncer !

D. …

R. Je n'insiste pas.
La curiosité *n'est pas* une damnation. Elle est au cœur même de la vie telle que vous vous la représentez.

D. …

R. Ça, c'était pour le côté théorique. Mais il y en a un autre, éminemment concret. Il est dans la nature même du zozotisme d'être militant. Évidemment, puisqu'il n'est pas d'abord l'énoncé d'une conception du monde, mais l'expression d'une volonté de contrôler la conception du monde dans l'esprit des autres, de la contrôler *à n'importe quel prix*. Et si elle ne peut pas l'être, contrôlée… de la détruire, de la piétiner. Son but est de faire taire tout ce qui ne cadre pas dans sa propre vision. Et sa propre vision… c'est le vide. Avoir la malchance de rencontrer un zozo ou un enfant de chœur de la Côse a donc toutes les chances du monde de mener à l'obligation de faire un choix très simple : capitulation ou combat. Seulement, vous, encore une fois, les lectures binaires ne vous intéressent pas, dans la vie. D'autant moins, en l'occurrence, qu'aucun de ces deux termes-là ne s'approche, même de fort loin, de vous paraître acceptable, à quelque prix que ce soit. Vous vous êtes donc retrouvé très tôt devant la nécessité, la nécessité vitale, de sortir de la dichotomie qu'on tentait de vous imposer. Il *fallait* que vous découvriez un troisième terme. Pas seulement pour être en accord avec vos propres principes, mais aussi, de toute urgence, pour vous éviter d'*agir* à l'encontre de ce qui vous est le plus cher. Ce troisième terme, vous l'avez effectivement tiré à la lumière, petit à petit, au fil des décennies. L'écriture elle-même, bien entendu. Ni capituler, ni combattre. Chanter. Mais là aussi, comme dans le cas de la douleur redoutée, il planait un doute. Non ? Ce troisième terme, que vous pensez avoir découvert il y a un moment déjà… en était-il vraiment un ? Et, si oui, l'aviez-vous suffisamment enraciné en vous ? Plongeait-il ses racines assez loin ? Ou bien subsistait-il une chance pour que, dans la chaleur du moment, confronté à un zozo déchaîné, à un mépris massif, explicite, tiré à bout-portant contre vous, vous répondiez… *par la violence* ? Et que, de ce fait, le travail de toute votre vie n'ait rien permis d'autre que de retarder une inéluctable échéance? Se pouvait-il qu'il n'en existe pas, au fond, de troisième voie? C'était ce doute-là aussi que vous partiez vérifier, le jour de votre fête: «Ni capitulation, ni affrontement... est-ce imaginable?» Et de lui aussi, avant que le soleil ne soit couché, vous étiez débarrassé.

D. ...

R. Ce jour-là, lorsque vous quittez le dépotoir où l'on vous a entraîné, vous n'êtes ni vaincu ni vainqueur. Cet après-midi-là, le petit chevalier affronte son premier démon à sept têtes... et traverse les flammes. Le 20 juillet, vous êtes allé poser à l'égard des menaces qui pèsent sur les enjeux de votre vie un geste équivalent à celui qu'il y a dix ans vous avez posé au *Point* à l'égard du nationalisme. Vous êtes allé dire: «Je ne joue plus.» Libre à vous d'appeler jour de défaite un jour comme celui-là. Mais dans ce cas, permettez-moi de profondément différer d'opinion avec vous.

Est-ce que vous comprenez de quoi je vous parle?

D. Oui.

R. Bien. Je ne vous demande pas si vous êtes d'accord. Je ne crois vraiment pas que ce soit le moment. Il est beaucoup trop tôt.

À présent, avant que nous n'allions plus loin, il y a une anecdote que j'aimerais bien que nous évoquions. À propos du troisième terme, justement. À propos du moment où vous avez compris, en un instant, que vous aviez commencé à en découvrir un. Il n'avait pas encore de nom, ni de forme. Mais tout à coup, vous avez compris que vous n'étiez plus prisonnier du choix entre vaincre et capituler. Vous vous souvenez?

L'idée vous est apparue d'un coup sec, un soir, dans un restaurant de la rue Saint-Denis «en bas». Comment est-ce qu'il s'appelait? Il a disparu depuis. Ah, oui, Le Jardin Saint-Denis, non?

D. ...

R. Nous sommes… en 1990 ou 1991, par là. Votre « bain de siège » bat son plein. Depuis trois ou quatre ans, vous vous êtes mis à poser partout vos mille questions à tous ceux que vous croisez, incapable de croire que la situation qui vous apparaît, vous puissiez être le seul à la percevoir. Et le seul, surtout, à en discerner les dangers inhérents. Les *épouvantables* dangers inhérents. Ce soir-là, vous dînez en tête-à-tête avec un homme qui, vous en êtes convaincu, va être à même de vous répondre sur des tas de sujets qui vous brûlent. Il a les connaissances, il a la clairvoyance, l'expérience. Et votre respect.

Il vous répond, en effet. Durant quelques heures, il vous répond : il explique, il étale les exemples. Vous sentez qu'il vous ouvre un accès sans restriction à toutes ses connaissances. Sa générosité est entière. Chacun des mots qu'il prononce vient confirmer les pires craintes que vous avez commencé à concevoir. Souvent, il va même encore plus loin que tout ce à quoi vous avez pu vous attendre, tellement il saisit bien les enjeux qui vous préoccupent. À la fin du repas et de la discussion, vous êtes atterré. Non seulement votre interprétation des choses vient d'être confirmée au-delà de vos pires craintes, mais vous voyez même clairement, à présent, ce qui se dessine pour l'avenir : la catastrophe en marche. Vous êtes perdu dans vos pensées. Vous flottez au loin. Et puis, tout à coup, vous vous rendez compte que votre vis-à-vis vous dévisage… en souriant. Un sourire chaleureux. Détendu. Le doux sourire de l'oncle bienveillant qui a présenté toutes les pièces du casse-tête et qui en est à présent à se demander si le neveu a bien saisi le message sous-jacent ou s'il ne faudra pas, en définitive, qu'il se charge aussi de le lui tirer au clair. Vous, son attitude vous étonne : comment peut-il sourire au terme d'un échange comme celui que vous venez d'avoir là ? Ça ne cadre pas du tout. Vous, vous êtes totalement révolté. Blessé. Et lui… il sourit ?

Il lit la question sur vos traits. Se décolle lentement le dos du fond de sa chaise et vient s'appuyer les coudes sur la table, un peu penché en avant, vers vous. Il joue avec son verre à vin, du bout des doigts. Son sourire n'a pas faibli. Puis il vous fixe des yeux un long moment. Et vous savez qu'il va parler. Et qu'alors le registre de l'échange aura changé. Vous attendez. Il se lance. Vous vous souvenez ?

D. …

R. Comment est-ce qu'il dit ça ? Vous vous en souvenez, vous ?

D. …

R. Non. Non, les mots précis ne me reviennent pas. Mais le message, lui, était d'une telle clarté qu'il ne s'oublie pas. N'est-ce pas ?

D. …

R. Il commence par récapituler les grandes lignes de la discussion qu'au fil des heures vous venez tout juste d'avoir. Il n'en omet aucune. Son esprit de synthèse vous enchante. Ensuite, il se met à l'analyser, cet échange. Ou plutôt, non. Non, il ne l'analyse pas, il le met en perspective, oui, c'est ça. Il le replace dans *votre* perspective. Il vous expose ce qu'il a très bien déduit être, chez vous, la motivation de vos questions. Il n'oublie rien, il a tout compris. Il met à plat les tenants et les aboutissants de votre révolte, de votre quête. Avec… une limpidité hallucinante. Et puis, quand il a terminé, il reste là, les coudes sur la table. Et continue de sourire. Vous savez que quelque chose va suivre. Il n'y a pas moyen de vous y tromper. Vous attendez. Puis il le dit. Il vous regarde au fond des yeux et énonce, posément : « Ta révolte est en vain. »

D. …

R. Aussitôt, dès cette toute première phrase-là, vous avez tout compris. Parce que, instantanément, vient de tomber en place le seul morceau déterminant du casse-tête qui vous manquait encore. Il n'y a qu'une seule explication à l'état des choses que, depuis le tout début de vos réflexions, vous

vous êtes acharné à refuser de considérer. Que *tout ça*, le sinistre spectacle que vous avez commencé à discerner, puisse être voulu. Que la situation qui a fini par vous rendre l'écriture si difficile, que l'atmosphère d'infect camp de concentration qui règne dans cette société puissent être quoi que ce soit d'autre qu'un accident, qu'un douloureux et improbable concours de circonstances qu'un peu de réflexion et un soupçon de bonne volonté suffiraient à résoudre. Lui, cet homme, vous savez, à cet instant-là, qu'il est sur le point de vous expliquer que c'est justement celle-là qui est la seule explication valable. Celle sur laquelle vous avez toujours férocement refusé de vous pencher parce que... parce qu'elle est trop immonde. Vous avez toujours eu l'impression que vous seriez irrémédiablement sali, rien qu'à la laisser se formuler clairement dans votre esprit. Et ce soir-là... elle vous est servie, écossée, disposée, appétissante, sur un lit de laitue, sur un plateau d'argent. Il vous dit : « Ta révolte est en vain. » Et puis il se lance. Et vous explique. Qu'il est inutile de chercher à résister. Que la vie comporte des lois qui ne permettent pas d'exception. Et qu'au fond vous n'avez aucun choix. Vous *devez* accepter ce que vous êtes. Un gagnant. Que n'importe quelle autre décision ne serait que lâcheté. Et que *vous n'êtes pas* un lâche.

Ce qui advient alors est tellement inattendu que vous le mettrez, des années durant, sur le compte du bon vin que vous avez bu ce soir-là. Vous savez fort bien, au fond, que ça n'a pas été le vin qui a été en cause, pas le vin du tout... mais votre réaction est tellement surprenante en regard de ce que vous croyez savoir sur votre propre compte que vous n'aurez pas le choix, par la suite, de l'expliquer par l'alcool. Autrement, vous seriez bien obligé d'admettre que vous n'êtes pas *du tout* celui que vous croyez... et à cette époque, une telle idée vous est impossible à envisager. Si l'on vous exposait la possibilité de vous retrouver un jour dans une situation comme celle que vous vivez ce soir-là,

puis qu'on vous demandait : « Comment réagirais-tu ? », vous êtes convaincu que la seule réponse possible serait : « Je lui casserais la gueule ! Sur-le-champ ! Je verrais rouge… et je lui péterais le tête sur le mur ! À deux mains ! En hurlant de rage ! » Et pourtant, votre réaction, ce soir-là, est en tous points le contraire de celle-là. Vous l'écoutez vous expliquer que non seulement il ne faut pas chercher à résister, mais qu'il faut même, au contraire, joindre vos forces à ce qui est d'ores et déjà en cours. Vous le regardez, protecteur, affectueux, vous indiquer le chemin du bien. Un bien qui est, à vos yeux, l'horreur dans toute sa splendeur. Et plus vous l'écoutez, et plus vous êtes serein. À la fin de son oraison, vous vous sentez d'une invraisemblable solidité. D'un calme olympien.
Ça y est : il a fini par se taire. Vous le regardez à votre tour. En silence. Un long moment. Lui, il attend. Il se demande sans doute quelle va être votre réponse. Se dit peut-être même que le fait que vous n'ayez pas sauté à pieds joints sur la table est un excellent signe. Vous hochez un peu la tête, prenant la mesure de ce qu'il vient de vous expliquer : « Oui, oui, j'ai très bien compris », et peut-être que ce geste-là aussi contribue à le convaincre que vous allez acquiescer et renoncer à vos enfantillages. Vous faites signe au garçon d'apporter l'addition. Puis vous attendez. Toujours en silence. L'addition arrive. Vous réglez votre part et lui la sienne. Moitié-moitié. Toujours sans qu'un seul mot ne soit échangé. Le garçon s'éloigne avec le petit plateau de plastique noir. Et l'homme vous regarde toujours. C'est votre tour, de poser vos coudes sur la table, un peu penché vers lui. C'est votre tour, de le regarder au fond des yeux. De bien lui faire sentir que vous gardez le silence uniquement pour souligner par contraste l'importance de ce qui va suivre. C'est votre tour… de sourire tranquillement.
Et puis vous dites : « Oui. Oui, je comprends très bien ce que tu m'expliques là. » Il relève un peu le menton,

attend la suite. «Tu me dis que je suis un lion? C'est ça?» Son sourire fleurit. «Et que j'ai le devoir d'agir en conséquence?» Il cligne lentement des paupières: vous avez tout compris. «Eh bien, vois-tu... prie le ciel pour que tu te trompes. Prie le ciel pour qu'il y ait autre chose, dans le monde, que des lions et des brebis. Parce que, crois-moi, le jour où je me rendrais compte que tu as raison et que je n'ai *réellement* le choix qu'entre ces deux termes-là... le lion que j'accepterais d'être... son premier geste serait de t'arracher la tête, d'un seul coup de patte. Sans l'ombre d'un remords.»
Sur quoi vous lui adressez un grand sourire très doux. Vous levez. Prenez votre blouson, sur le dossier de votre chaise. Et sortez.

*

Relire la douleur – Une pomme et un SS

R. Vous m'avez bien dit que nous sommes ici pour que vous puissiez un jour vous relire et mieux vous comprendre? Eh bien, dans ce but-là, j'ai très envie, là, tout de suite, d'ouvrir encore une parenthèse. Oui. Oui, je crois qu'elle est essentielle. Cette fois-ci, c'est moi qui ai très envie que nous incluions un passage d'un de vos textes inédits. Il est tiré de la toute dernière des tentatives, juste avant les *Entretiens*, dans lesquelles vous vous êtes lancé au fil des ans pour enfin comprendre votre vie.
C'était au tout début de l'an dernier. Vous l'aviez baptisée «Артӥст»: «Artiste», en russe. C'est vous, ça: «Артӥст». Vous en aviez rédigé... une soixantaine de pages. Dans ce passage, vous évoquez deux événements de votre vie que treize années séparent. Deux événements qui mènent directement, quinze ans après le plus récent des deux, au dîner que je viens tout juste de raconter. Vous avez envie de préciser quelque chose, avant que nous ne le lisions?

D. …
R. Non ?
D. …

Артѝст

L'un des tout premiers souvenirs de cinéma que conserve Артѝст remonte à ses sept ans. En fin d'après-midi, sur la rue Malo, à Brossard. Il est installé dans la salle de séjour ultramoderne, sur le divan qui dessine un grand L turquoise, et il mange une pomme en regardant un film à la télé. Un film de guerre.

C'est la nuit. C'est l'Europe. Une patrouille de soldats états-uniens, silencieuse, cachée dans un bosquet d'arbustes, guette, quelques mètres plus loin, le dos d'une sentinelle allemande, bien identifiable au casque qu'elle porte. La sentinelle est un obstacle. Une menace.

Le soldat allemand a l'air de s'ennuyer ferme. Les États-Uniens attendent. Observent. La sentinelle jette un coup d'œil furtif. À gauche. À droite. Et décide de désobéir aux ordres. Appuie son fusil contre le tronc d'un arbre, extirpe une cigarette d'une poche de sa tunique et entreprend de l'allumer. Aussitôt, l'un des G.I. se met en marche, silencieux comme l'ombre, tout en tirant un couteau de son fourreau. Le souffle court, ses camarades le regardent aller. S'approcher derrière la cible. Réussira ? Sera découvert ? Fera un son ? L'autre bougera ? Le G.I. panthère est à destination, il est maintenant accroupi, deux pas à peine derrière la sentinelle qui fume. Un rayon de lune brille sur la lame du poignard. Le G.I. bondit, acier pointé. D'un bras, tire vers l'arrière la tête de la sentinelle. La lame disparaît. Gémissements étouffés. Bruissements. Épouvantables borborygmes. Gros plan des pieds gigotant de la sentinelle, qui ont quitté le sol. La cigarette à peine consumée atterrit juste devant le bout de ses bottes. Qui lentement cessent de s'agiter. Dans le bosquet, Yé ! Les membres de la patrouille poussent un grand cri muet, d'émerveillement et de triomphe, sourire aux lèvres, les yeux brillants.

Dans le salon, le petit Артйст *bondit à pieds joints sur le divan et pousse un rugissement de douleur. De révolte. De colère. D'impuissance. En lançant sa pomme sur le sol, de toutes ses forces, en direction du téléviseur.*

Sa mère surgit aussitôt. «Qu'est-ce qui se passe ?!» Elle est inquiète. En entendant le hurlement, son sang a dû ne faire qu'un tour. Артйст *a un don pour la faire s'évanouir : il se tape la tête sur tout ce qui passe à sa portée, semble se faire un point d'honneur de revenir à la maison au moins une fois par été avec une main transpercée ou un bout de vieille planche cloué dans le pied. Elle surgit dans la porte de la pièce, déjà livide. Regarde son fils, debout sur le divan, la mâchoire encore décrochée. Le détaille en un éclair. Rien à signaler. Ses yeux font le tour de la pièce : rien en vue. Elle se détend. Retrouve son calme. Elle pointe la pomme :* Артйст *descend du divan, va la ramasser et la dépose dans le cendrier, sur la table à café qui est une mappemonde. Il regarde sa mère. En un seul geste bref et sec, mais d'une éloquence dont elle a le secret, elle lui enjoint d'im-mé-di-a-te-ment reprendre sa place sur le divan, « Et en bas, les pieds ! »* Артйст *s'exécute. Sa mère retourne à la cuisine en poussant un grand soupir de soulagement.*

Артйст, *bien calé dans le divan, les pieds qui retroussent juste passé le bout du coussin, est interloqué. Son cœur bat à tout rompre. Il a envie de se remettre à hurler. D'aller courir, en gueulant, pendant des heures et des heures. Mais il ne sait pas pourquoi. Il a terriblement mal, mais qu'est-ce qui a provoqué ça ? Il a été tout étonné, à l'apparition de sa mère : elle le dévisageait, au bord de la panique, et lui aurait voulu lui dire quelque chose. Mais pas un mot ne venait. Rien. Blanc total. Et puis. Comment diable est-ce qu'il a fait pour se retrouver debout sur le divan ? Il n'a aucun souvenir, aucune conscience du geste de s'être levé et encore bien moins* de l'avoir jamais décidé. Et puis le rugissement : il résonne encore à ses oreilles. Mais il est parti tout seul. Il est venu d'où ? Pourquoi ? Comment ?

Ce moment-là restera doublement gravé dans sa mémoire.

Il laissera d'abord une crainte, terrible. Артйст sait qu'il vient de comprendre quelque chose, mais il ne sait pas quoi. Il ne sait même pas clairement à quel sujet. Tout ce dont il se souvient, c'est qu'un éclair de conscience, un éclair insupportable, l'a traversé. L'a littéralement électrocuté de bout en bout. Que ce n'était presque rien – ça n'avait ni durée ni forme –, mais un presque rien tellement éclatant qu'il en est encore aveuglé. Aveuglé au point de ne plus voir l'image, elle a fondu dans l'éclair.

Pour le restant de sa vie, il aura peur de ces moments-là – il y en aura d'autres, beaucoup d'autres : où son corps comprend les choses, des jours, des mois, des années avant sa tête. Et réagit si fort qu'il lui est absolument impossible de nier que « quelque chose » vient de se produire. Toute sa vie, il vivra dans la terreur qu'un éclair comme celui-là ne survienne à un moment où, hors de l'intimité, il ne serait pas en mesure d'aussitôt en camoufler l'effet, d'inventer sur-le-champ un conte, si absurde soit-il, mais qui satisfasse les témoins : « Non, non, ne craignez rien, ça ne veut rien dire du tout. »

Ce sera une des insides les plus hilarantes de toute son existence : tous ces gens dont il croisera la route, au long de sa vie, et qui le dévisageront avec des sourires méprisants, des airs de totale supériorité : « On sait bien, vous autres, les Intellectuels – "Intellectuels", prononcé ici sur le ton de "Garçon ! il y a un lombric dans mon potage !" – Les Intellectuels ! Vous sentez rien, vous autres ! Tout' vous passe rien que par la tête ! », et qui ne savent pas que ce n'est pas la tête qui pense. Que c'est le corps, tout le corps, qui pense. La tête, elle, ensuite, et ensuite seulement, déchiffre lentement, laborieusement, brin à brin, met à plat ce que le corps a vu, et compris. Les âneries qu'il entendra, lira, qu'on le forcera à étudier, tout au long de sa vie, sur ce que c'est que penser, ressentir, réfléchir. Des années durant, il s'efforcera sans retenue d'entrer dans l'autre regard, de tenter de comprendre de l'intérieur, de faire siennes ces visions étriquées et stériles. De ces exercices, il ne tirera au bout du compte chaque fois qu'un atterrement sans bornes, et parfois une profonde nausée.

L'éclair aura donc eu d'abord cet effet-là : terroriser Артйст à son passage. Toute sa vie, il aura peur que « ça parte tout seul », tout à coup. Parce qu'il aura compris très tôt que si ces moments-là sont autant de prodigieux trésors, il faut pourtant à tout prix éviter qu'il y ait des témoins de leur apparition. Là où il vit, l'accès à ces trésors-là est un crime punissable des pires tourments.

L'autre effet de l'éclair mettra, lui, beaucoup plus longtemps à se révéler. Une image, ou plutôt une courte séquence d'images, lui reviendra occasionnellement en mémoire, reviendra le hanter, durant des dizaines d'années. Un jeune homme, de dos, en uniforme, qui, la nuit, au plus profond d'une forêt, s'allume une cigarette. Et dont nous ne connaîtrons jamais le visage. D'autres jeunes hommes le guettent – qui ne sont, eux, contrairement à lui, que ça : des visages. L'un d'entre eux s'approche, un poignard à la main. Égorge en silence le jeune homme. Et le triomphe de ses camarades. Pas : la nécessité de la guerre. Non. La pure jouissance, l'ignoble extase d'avoir vu tuer un homme dont ils ne savaient rien.

Il faudra à Артйст près de quinze ans de travail minutieux pour parvenir à reconstituer ce que son corps a compris en un éclair fulgurant. Et, par la suite, plus de vingt-cinq autres pour en tirer les conséquences : la haine et le culte de la puissance lui répugnent jusqu'au cœur de chacune des cellules de son corps.

Les premiers indices commenceront à prendre forme au cégep. Par hasard. Dans un des livres qu'il s'est achetés pour son tout premier cours de philo. Platon. La République. Le trajet jusqu'au cégep est très long. Métro. Autobus. Артйст en profite pour lire, quand c'est possible. Quand il n'est pas épuisé. Quand les rames ne sont pas bondées. Quand la pauvreté de la ventilation, quand la chaleur et l'odeur ne lui tournent pas le cœur. Il feuillette le livre. La bibliographie. Et soudain, il est étonné : tous ces titres en allemand !

Pour lui comme pour la plupart des adolescents de son âge, l'Allemagne, c'est un champ de batailles : celui de la dernière guerre mondiale. Celui de la prochaine. Il sait bien qu'il y a eu autre chose, en Allemagne, « avant ». Mais dans son esprit, cette autre chose-là n'a jamais vraiment eu de forme. Ce n'étaient que des éclats d'images. « Schliemann », par exemple. C'est un nom qu'il a souvent entendu : un de ses condisciples, au secondaire, rêvait de devenir archéologue et lui a parlé, des heures durant, passionnément, de la découverte des ruines de Troie. Et puis « Beethoven », bien entendu : le Maître secret. Et puis le beau pavillon de l'Expo 67, l'immense tente blanche, comme une chaîne de montagnes enneigées, où pour la première fois de sa vie il a goûté une choucroute, en compagnie de son père qui lui expliquait ce que c'était, et comment s'y prendre.

Allant ou revenant du cégep, ce matin-là ou ce soir-là, dans le métro, en examinant, surpris, la bibliographie, pour la première fois l'Allemagne commence à devenir pour Артйст… autre chose. Un ensemble flou. Il réalise en examinant la liste de textes savants que ce sont des pans entiers des études sur Platon qui ont été rédigés en allemand. Mais presque tous avant la Deuxième Guerre. Une intuition commence à germer. Il va la suivre, à tout petits pas. De loin en loin. Au fil des ans.

Et il va prendre conscience d'une chose dont on ne lui a jamais parlé. Pas dans ces termes-là, en tout cas. Il va comprendre… que la disparition des Géants, la disparition de civilisations entières, ce n'est pas uniquement quelque chose qui se produisait autrefois, il y a de ça des millénaires.

Il connaît de fascinantes images de l'Égypte ancienne. De la Grèce antique. De Rome et de son empire. Mais non, ce n'est pas fini : ces disparitions-là, ces extinctions-là adviennent toujours. Quelques années à peine avant sa naissance à lui, il s'en est produit un, de ces cataclysmes-là. En plein cœur de l'Europe. Une culture fabuleuse s'est effondrée, foudroyée.

Артйст *décide, très vaguement d'abord, de suivre la piste encore un peu plus loin. Quelque chose l'attire, sur ce chemin-là. Il commence par mettre bout à bout les éclats qu'il connaît déjà. Et rapidement, le fantôme d'une image commence, oui, à se former. Beethoven, bien entendu. Et puis Schliemann, bien entendu. Mais aussi Mozart. Einstein. C'est tout près dans le temps, ça, Einstein ! Et puis le docteur Schweitzer. C'était il y a quelques années à peine. Qu'est-ce qui a bien pu se produire ?*

Il essaie d'en parler, de cette esquisse, autour de lui, de questionner. Mais les réponses qu'il reçoit ne le satisfont pas, pas du tout. Pis, même, elles lui paraissent d'ignobles mensonges, des constructions grossières qui ne sont que des camouflages. « Les Allemands ? C'est des Méchants ! » *lui lance-t-on.* « Ce sont les Méchants ! » *Mais à lui, il lui apparaît que c'est impossible, que les choses ne* peuvent pas *être aussi simples que ça. Comment la culture de Beethoven, de Schliemann, d'Einstein, de von Braun*[21] *a-t-elle pu, d'un coup sec, cesser de produire d'aussi magnifiques fruits et se mettre à ne plus donner au monde que des monstres ? Non, à cette question-là, il n'y a pas de réponse. Et s'il s'entête à continuer de la poser, c'est lui qui se fait tout à coup regarder comme s'il était un monstre. Qu'à cela ne tienne, il va chercher la sienne, de réponse. Tout seul de son côté.*

Durant des années et des années, la séquence du jeune soldat qui fume est là. Ténue. Floue. Puis il revient à Артйст

21. R. Oh, là ! Von Braun ? Le père des fusées nazies ? – D. Oui. Mais à mes yeux, à cette époque-là, le père surtout des voyages sur la lune. Ce n'est que plus tard, au fil de mes lectures, justement, que j'apprendrai, à propos des V-1.

un autre souvenir. Il ne sait pas si cet événement-là s'est produit avant ou après le film de guerre à la pomme, mais en tout cas, il n'a pas pu s'écouler beaucoup de temps entre les deux moments, puisque dans celui-ci aussi le petit Артйст est dans la maison de la rue Malo, et que sa famille n'a pas habité là très longtemps. C'est un samedi après-midi. Il fait un magnifique soleil. Артйст est agenouillé sur le parquet, au beau milieu de sa chambre, et il contemple, fasciné, un journal, un tabloïd, ouvert devant lui. La Patrie ou Le Petit Journal, sans doute : lectures rituelles de ses parents, chaque fin de semaine. La page de droite ne porte pas un seul mot – ou en tout cas, il ne s'en souvient pas. C'est une illustration. Le fond de la page est gris clair. Au centre, un grand cercle blanc. Et, posée dans le cercle, une croix grasse, compliquée, avec trop de bras, noire, menaçante, qui a l'air de rouler sur elle-même. Le petit bonhomme qui est là est, oui, parfaitement fasciné. Il regarde l'illustration, ne sait pas ce qu'elle signifie, mais sait en tout cas qu'elle l'a happé : il n'arrive plus à en détacher les yeux. Il a tourné la page précédente, et zif : il s'est retrouvé paralysé, le regard vissé sur elle.

Il entend vaguement, comme de très loin, les pas de son père, derrière lui, qui entre dans la chambre.

— Mouton ? Qu'est-ce que tu regardes ?

Le père s'agenouille lui aussi près du journal. Mouton parvient enfin à arracher ses yeux de la page. Regarde son père. Son père a l'air grave, très grave. C'est lui qui regarde la page, à présent. Mouton parvient à demander, tout bas :

— Qu'est-ce que c'est ?

Et son père lui explique. Doucement. Lui raconte.

Артйст ne se souvient plus des mots auxquels a eu recours son père, cette fois-là. À part peut-être celui-ci : « catastrophe ». Mouton ne savait pas ce que le mot voulait dire. Son père le lui a expliqué. Pendant un moment, son père lui parle de morts, d'immenses champs de morts, de pays entiers morts, de flammes, de violence, de haine, de fureur, de bombes. Le récit du père de Mouton est comme un terrible conte de fées.

Mais Mouton sait que ce n'est pas un conte. Il comprend qu'il se passe parfois, dans la vie, des choses aussi terrifiantes que dans les contes les plus angoissants.

Il ne se souviendra jamais des mots. Mais il se souviendra toujours que cette croix-là a été le signe de ralliement de quelque chose d'épouvantable, qui s'est produit il n'y a pas si longtemps.

Après que son père a quitté la chambre, Mouton tourne lentement les pages qui suivent, dans le journal. Aujourd'hui, il se dit que ce devait être un cahier spécial. Une photographie restera dans son souvenir : une grande dalle de béton horizontale, percée de grands trous. Il la comprendra bien des années plus tard. Dans les années quatre-vingt, il verra Nuit et brouillard *d'Alain Resnais et il la reconnaîtra, la dalle, tout à coup : c'était l'un des pièges que les SS installaient autour de leurs camps d'extermination. En tentant de la traverser, les fuyards perdaient l'équilibre et allaient s'écraser au fond de la fosse, dessous.*

Au cégep et au début de ses études à l'École de théâtre, Артйст *contemple ces deux souvenirs-là : le jeune soldat allemand en train d'être égorgé, et l'immonde croix gammée. Il réalise que, décidément, quelque chose ne colle pas, dans son esprit. D'un côté, il y a les piles d'essais et de thèses sur Platon, la philosophie, les arts, le théâtre, les sciences, il y a des masses de compositeurs tous plus prodigieux les uns que les autres, il y a les peintres, les poètes, Brecht, Goethe, Schiller. Plus tard, il y aura l'époustouflant* Retable d'Issenheim *de Grünewald, que son Maître l'enverra voir à Colmar. Et puis, en face, il y a le jeune soldat sans visage et la croix monstrueuse qui roule en dévastant les continents, en écrasant des millions de vies sur son passage. Nulle part en lui ces deux images ne se rencontrent, ne se rejoignent.*

Pourtant, le lien, le pont, il faut bien qu'il existe quelque part. Si Артйст *ne le voit pas, c'est qu'il regarde mal. Il faut absolument, il le sait, qu'il lise davantage. Qu'il lise autrement. Alors, pour invoquer l'image du pont, il se met à la tâche. Il lit. La biographie de Hitler, par Alan Bullock. « T'as pas honte de lire des affaires pareilles ? » Il lit même* Mein Kampf, *d'une couverture à l'autre : une soupe nauséabonde, un salmigondis de fantasmes pervers et de glapissements. Mais il passe au travers, posément, méthodiquement. Il l'étudie. Des camarades lui jettent des regards horrifiés, en voyant le livre sur sa table :*

— Es-tu fou ?

Ce n'est pas leur étonnement qui le met en colère. Non, c'est leur total manque de curiosité. Il tente de leur expliquer :

— Vous rendez-vous compte de l'importance que ce livre-là a eue ? Des millions de personnes sont mortes à cause de ce que les images contenues dans ces pages-là ont déclenché. Vous ne pensez pas qu'il vaille la peine de les étudier ? De tenter de comprendre ce qu'elles étaient, comment elles ont agi, ces images-là ? Et sur quoi ? Vous ne voulez pas comprendre pourquoi six millions de Juifs ont été assassinés ? Pourquoi quatre-vingt millions d'Allemands ont sauté dans le feu ? Ils ne pouvaient quand même pas tous être des fous furieux ? Qu'est-ce qui leur est arrivé ? Qu'est-ce qu'on leur a fait ?

Mais non ! Il n'a même pas le temps de prononcer deux mots qu'ils sont déjà loin. En apercevant le livre, ils se sauvent tous à toutes jambes, eux qui se croient civilisés, comme des primitifs devant qui on agite un gri-gri. Ah, les injures qu'il leur hurlerait, parfois !

En deux ou trois occasions à peine, il aura le temps d'achever sa phrase. Et chaque fois, la réponse sera la même.

— C'est fini, ces affaires-là ! Ils ont été battus ! Touche pas à ça !

— Mais comment pouvez-vous dire que c'est fini, si vous ne savez même pas ce que c'est ?

Et là, comble de perversité, leur réponse :

— Tu devrais plutôt te demander pourquoi ça te fascine autant, ces cochonneries-là !

Et ils s'enfuient, les mains sur les oreilles.

L'allusion est tellement odieuse qu'elle le rend malade de dégoût. Se le demander ? Mais il ne fait que ça ! Ce n'est justement qu'elle, qui le fascine : la source même de la fascination ! Comment ? Comment la patrie de l'Hymne à la Joie se transforme-t-elle en quelques années en celle d'Auschwitz, d'Oradour, de Lidice ? Il voudrait le leur crier, mais ils n'écoutent pas, alors il le hurle à pleins poumons, au fond de son crâne :

— Vous ne vous rendez pas compte de ce que vous êtes en train de faire ? La même chose qu'eux ! Vous les déclarez inhumains comme eux-mêmes ont déclaré les Juifs inhumains, pour pouvoir se débarrasser d'eux ! Mais c'étaient des humains ! Vous n'avez pas le droit de ne pas au moins tenter de comprendre ce qu'ils ont fait !

Il ne sait qu'une chose : quelle qu'ait pu être la source de la fascination, elle était humaine. Elle doit donc pouvoir être décrite. Alors pourquoi personne n'en parle-t-il ? Pourquoi ce silence ? Pourquoi une telle peur panique, à la seule idée de s'interroger ? Et d'ailleurs cette peur, à elle seule, n'est-elle pas un symptôme de ce qu'il y a encore dans ces images-là un élément tout à fait actif ? On n'a pas peur des morts. On a peur des fantômes. Mais les fantômes ne sont pas des morts. Ils sont, au contraire, la survivance à l'état pur. Inatteignable.

Артйст sait qu'il joue peut-être là un jeu horriblement dangereux. Il a parfois d'atroces crises de doute. Et si tous les autres avaient raison ? S'il allait être contaminé par ses lectures ? Ou si sa fascination était elle-même le signe de ce qu'il serait « par nature » comme… eux, l'un d'entre eux ?

Mais non, c'est impossible : tous les refus de s'interroger, toutes les dénégations reposent justement sur l'affirmation que le nazisme n'aurait jamais concerné que les seuls Allemands ! Même les fascistes de Mussolini, à en croire certains auteurs, n'étaient pas de véritables fascistes ! Or, comme les Allemands ont été battus, le monstre est nécessairement mort – c'est là le fondement même du refus de s'interroger. Eh bien ? Dans ce cas ? Comment un jeune Nord-Américain francophone de vingt ans, en 1975, pourrait-il être un Allemand qui en a dix-huit ou cinquante en 1939 ? Ça ne tient pas debout !

Et puis, même s'il y avait effectivement un monstrueux virus caché dans les mots ? Et qu'il risquait de le contracter, d'y succomber ? Quelle importance ? Il y aurait des millions de savants, de chercheurs pour le guérir immédiatement, non ? Ou alors, si l'épidémie était soupçonnée de pouvoir renaître de ses cendres à tout instant, au détour d'une simple page de livre, n'y aurait-il pas lieu de justement s'en rendre compte le plus tôt possible ? De développer des anticorps ? Des médicaments ? Des traitements ? Si tout le monde croit, au fond, que le virus est encore vivant, pourquoi hurler qu'il a disparu et qu'il ne faut surtout pas s'occuper de lui ? Un tel soupçon ne devrait-il pas au contraire constituer une formidable incitation à l'étudier de toute urgence ?

Décidément, les réactions qu'il rencontre n'ont aucun sens.

Il n'y a toujours personne avec qui discuter ? Pas un traître chat ? Qu'à cela ne tienne, Артйст continue de lire. Et tente de réfléchir. Tout seul. De fixer les images. De se trouver des repères. Il cherche le pont.

Ce qu'il veut, c'est ressentir une fois, une seule, l'image qui habitait le cœur de ces millions de jeunes hommes en noir qui ont déferlé sur l'Europe, de la Bretagne à Moscou, de la Norvège à l'Afrique. Il sait que ce ne pourra être qu'après ce jour-là qu'il pourra réfléchir. En termes humains.

Il n'y est pas encore, les deux images ne se répondent toujours pas. Il ne comprend toujours pas. Ne voit pas. Comment ceci et cela peuvent avoir concerné la même civilisation, le même peuple, les mêmes êtres. Il lit l'épouvantable Treblinka de Jean-François Steiner. L'histoire de la Gestapo de Jacques Delarue. Les Waffen SS de Landemer. Et nombre d'autres. Il voit un nombre incalculable de fois Cabaret. Lit l'Adieu,

Berlin d'Isherwood, dont la comédie musicale puis le film ont été tirés. Les descriptions sont saisissantes. Certaines des analyses, captivantes. Mais ni les unes ni les autres ne lui apprennent toujours rien à propos de ce qu'il recherche. Elles expliquent et démontent les modalités, les mécanismes, mais ne soufflent pas un mot des origines, de la source, du cœur.

Et puis un jour.

C'est l'été 1976. Dans quelques jours, Артйст va avoir vingt et un ans. Il n'y a pas trois mois qu'il a terminé ses études. Il entre dans une librairie. Aperçoit un livre de poche sur une étagère. Deux grosses runes rouges : SS. Il s'approche. Prend le livre. Le nom de l'auteur : « Obersturmbannführer Peter Neumann » – Neumann : l'Homme nouveau. Certainement un pseudonyme. Il retourne le livre. Derrière aussi : SS. Et, dessous : « Un témoignage sans précédent sur une génération maudite, décimée, sacrifiée. » Oh. Il le prend.

Et grâce au courage de cet homme-là, dont il ne connaîtra jamais le véritable nom, grâce à son courage de dire, tout simplement, Артйст va enfin commencer à comprendre.

L'Homme nouveau raconte. Son enfance. L'atmosphère dans laquelle il grandit. Pas de mea culpa, pas de cendre sur la tête, rien que le récit : « Il y a ceci, et puis, après, advient cela. » Артйст fait « Bien » et continue sa lecture. L'embrigadement dans les Jeunesses hitlériennes. Les chants. La camaraderie. Le corps qui pousse. L'entrée à l'école des officiers. Encore les chants, les mythes. Les slogans : quelques mots, toujours les mêmes, clairs, francs, sans ombre. L'entraînement. L'exaltation de se sentir fort, comme tous les jeunes hommes du monde. Et puis la Drôle de guerre. Et puis le passage à l'attaque. La victoire. La France, humiliée à son tour, après tout ce qu'elle a fait subir à l'Allemagne depuis 18. Et puis le jeune Neumann dans son unité de chars. Et puis, tout à coup… c'est là !

Soudain, plongé dans sa lecture, Артйст relève la tête. Il vient de comprendre. Ce passage-là est bouleversant. La campagne de

Russie. Opération Barberousse. L'Union soviétique, le Géant des Plaines, qui s'effondre. La prodigieuse griserie qui s'empare des hommes. La puissance individuelle. La puissance collective. Et la puissance des chars, qui grondent sous eux, à travers eux. Ces jeunes hommes-là sont de gigantesques centaures, cinq cents parts d'acier pour une part de chair. Lancés à fond de train. Leur puissance à eux tous, collectivement, qui s'élancent dans la steppe. Leur jouissance est si grande, si grande, qu'il n'y a rien qui résiste devant eux. L'ennemi est balayé. Ces hommes-là sont des dompteurs de dragons, à mains nues. Ils foncent à la pleine puissance des moteurs. Tellement qu'il faut les obliger à s'arrêter, pour pouvoir refaire le plein. Артист *commence à comprendre : mais oui ! Mais oui, bien sûr. Le mythe de la puissance ! La promesse du diable !*

Et puis, à l'autre bout du livre : la révélation. La chevauchée fantastique a été stoppée net. Il y a eu Stalingrad. Puis les reculs. Les reculs. Les reculs. Sans cesse. La faim. Le froid. Les amis qui tombent à vos côtés. « 16 août : Karl est mort… »

Les Bolcheviks, qu'on lui a enseigné à ne voir que comme des hordes sauvages, des moins qu'humains, avancent, renversent, écrasent tout sur leur passage : c'est leur tour, à présent. Neumann est coincé : lui qui n'admire que la force, n'aime que la puissance, comment pourrait-il ne pas être ébloui par ses propres ennemis, qui sont en train d'écraser l'invincible Ordre Noir ? Et puis le voilà qui se bat dans les rues de Vienne ! Il est passé ici même, un éblouissant jour de vacances, adolescent, avec ses parents. La ville est maintenant un champ de cadavres et de décombres qui flambent et qui fument. L'adolescent est devenu un guerrier de l'enfer. Qui ne comprend rien à ce qui leur arrive, à lui et à ceux de ses camarades qui n'ont pas encore été broyés. Il ne peut pas comprendre : il ne connaît que des slogans. En donnant le coup de grâce à un camarade blessé pour lui éviter de continuer de souffrir, et surtout de tomber aux mains des Russes, il se redit encore le serment des Jeunesses hitlériennes : « Treue bis zum Tote – *Fidèle jusqu'à la mort.* »

Артӥст est totalement gagné par le regard de Neumann – il se bat à ses côtés, il est son ombre. Il est immergé en lui.

Et au bout du livre, quand il en ressort, déchiré, il sait. Il sait ce que ressent un démon. Il comprend : Neumann ne pense pas, n'a jamais pensé. Toute sa vie, on l'en a empêché. On l'a forcé à pousser vide. On l'a asphyxié, jour après jour, des années durant, et, à chacun des rares moments où la pression s'est relâchée sur ses poumons, le seul air qu'on lui a permis de respirer a été celui de la puissance. Comme ces veaux d'élevage que l'on prive de fer, et qui en viennent à téter les clous de leur enclos. On ne lui a enseigné que deux choses. À laisser la Nation *– représentée par le* Parti *– penser à travers lui. Et à se fondre dans le sentiment de puissance.*

Cet homme-là n'a vu que ce que l'on voulait qu'il voie. N'a ressenti que les seuls chants qu'on lui destinait. Cet homme-là n'a pas été un fou, non. Il a été un ignorant parfait, d'une immense puissance. Une machine à régner, à déferler. Il n'a jamais appris autre chose qu'à aimer la puissance. Sans elle, sans le Parti *pour lui dire quoi penser, il n'est plus rien. Un cadavre qui se souvient.*

Par un après-midi resplendissant de cet été-là de 1976, Артӥст *prend un café, au frais, chez* Archie's, *au coin de chez lui. Un restaurant de quartier comme il y en avait tant autrefois, typiques de* Montréal. *Ah, le* Sélect *! Tables fixes, banquettes, plancher de terrazzo. « Air conditionné. Cuisine italienne, continentale et canadienne. Licence complète. »* Артӥст *lit.* Neumann. *Il est terrorisé par la force de ce qu'il lit.*

Et la magie frappe. Il entend une voix douce.

— Ça, c'étaient des hommes.

Артӥст lève lentissimement la tête. Tourne son regard vers la droite, en direction de là d'où est venue la voix.

Dans la pénombre, à un pas de lui, juste de l'autre côté de l'allée, installé sur une banquette qui pourrait être la continuation de la sienne, un vieux monsieur. En étendant le bras, Артйст *pourrait lui toucher l'épaule du bout des doigts. Il a l'air très doux. Très distingué. Comme on dit. Il regarde fixement* Артйст *de derrière ses lunettes à montures de métal blanc. Mince. Gestes précis. Crâne dégarni. Barbichette blanche soigneusement taillée et peignée. Élégant complet pâle. Ils se regardent, tous les deux. Puis le vieil homme ramène son regard sur le livre.* Артйст *sait ce qu'il regarde : SS, en grosses runes rouges.*

Le vieux monsieur redit, en hochant un peu la tête pour appuyer l'affirmation :

— Ça, c'étaient des hommes.

Puis il explique. Il est Néerlandais. Son accent, légèrement chantant, est envoûtant.

— Savez-vous, mon garçon, qu'il n'y avait pas que des Allemands, dans les rangs SS ? Ils venaient de tous les pays d'Europe.

Sans un mot, Артйст *fait un petit « oui » de la tête. Il est sidéré. Il fait « oui » : il sait.*

— Un de… de mes cousins s'est battu à leurs côtés.

Et Артйст *sait qu'il ment, qu'il ne parle pas d'un de ses cousins, non. Qu'il parle de lui-même. On ne dit pas son nom dès une première rencontre.*

— Mais il était déjà trop tard.

En quelques phrases, à peine teintées de douleur et de nostalgie, le vieux monsieur évoque la grandeur. La camaraderie. Le courage. La fermeté. Артйст *n'en revient pas : ce pourrait être Neumann lui-même, sorti tout droit des pages du livre. La conversation – le monologue, plutôt, du vieil homme – ne durera pas longtemps. Quinze minutes ? Au plus.*

*Soudain, l'homme s'interrompt. Plonge son regard dans celui d'*Артйст*. Le sonde.* Артйст *sent le regard qui fouille en lui. Et il redoute ce que l'homme va dire ensuite. Il ne bronche pas. Ne cille pas. Il sait ce qui va venir. Mais il ne sait pas comment il réagira en l'entendant.*

— *Vous êtes blond. Votre regard n'est pas fuyant. Vous êtes solide. Êtes-vous un lâche ?*

Артйст *réfléchit un instant. Puis hausse les épaules : il ne sait pas. C'est la stricte vérité : il ne sait pas. L'homme a un tout petit sourire très tendre, ses yeux pétillent un court instant. Il opine à nouveau, très légèrement. Il approuve cette réponse.*

— *Vous auriez pu être l'un d'entre eux. Ils étaient les meilleurs de tous.*

Puis, soudainement, il semble changer de sujet :

— *Qu'est-ce que vous faites, dans la vie ?*

— Comédien.

*Un très léger sourire narquois passe sur les lèvres de l'homme. Son regard fouille toujours celui d'*Артйст.

— *Tiens donc ?*

La fouille continue. Un long moment. En silence.

— *Un artiste ?*

Артйст *hausse à nouveau les épaules :* « Je ne sais pas. Pas encore. On verra. »

— *Êtes-vous le meilleur ?*

Quelle surprenante question.

— Je ne sais pas. Je ne me le suis jamais demandé. Il en faut beaucoup, vous savez. Dans toutes les teintes. Comme il faut tous les instruments de l'orchestre.

L'homme ne sourit plus. Son regard ne parle plus. Un masque mort.

— *Foutaises. Il ne faut que les meilleurs. Soyez Bach. Autrement… ne soyez rien du tout !*

Il se lève brusquement. Il s'en va.

Ça y est. Cette fois, ça y est. Артйст *a compris. Et pour toujours. Il vient de le voir, le pont.*

On peut être artiste de l'Ordre Noir comme on peut être soldat de l'Enfer. Pour tuer. Pour régner. Pour la puissance. D'abord viennent les Artistes Noirs, et ensuite, ensuite seulement, bien plus tard : les Soldats.

En regardant le vieil homme calmement, posément régler son addition à la caisse, puis sortir sans plus lui adresser un seul regard ni un signe de la main, Артист *réalise qu'en lui le choix est fait depuis longtemps. Mais qu'il lui fallait encore en prendre conscience. La mort devra chercher un autre bras que le sien. Une autre voix que la sienne.*

Cet après-midi-là, chez Archie's, Артист *a trois fois l'âge qu'il avait sur la rue Malo, l'après-midi du cahier spécial du* Petit Journal, *l'après-midi du film de guerre à la pomme. Et il vient enfin de comprendre ce qui l'a fait hurler, bondir sur ses pieds. Sa colère. La déchirure qui l'a traversé. Non seulement le jeune soldat égorgé n'était peut-être pas un démon, mais les soldats états-uniens qu'on lui montrait à voir cet après-midi-là, eux, leur jouissance l'exprimait sans l'ombre d'un doute, en étaient. Le réalisateur du film aussi.*

En détruisant l'Allemagne, on a abattu le temple et massacré les prêtres. Pour n'avoir pas à toucher au dieu. Cette guerre-là, qui s'est soldée par l'écrasement de l'une des plus riches, des plus fertiles cultures de cette face-ci du monde, n'était pas celle des anges contre les diables, non. Elle était celle de diables entre eux.

*La tête d'*Артист *vient de comprendre ce que son corps a compris quatorze ans avant elle. Qu'il vit à l'époque d'un dieu répugnant. Que son existence se passera à l'ombre de son règne. Et qu'il n'est pas certain du tout d'avoir le courage pour vivre ce qui l'attend.*

*Il a compris. Comment la patrie de l'*Hymne à la Joie *peut se transformer en celle d'Eichmann. C'est tout simple : de la même manière que la patrie de Whitman, elle, peut se transformer en celle de McCarthy, de My Lai, de Dresde, de Nagasaki et des tortures de Bagdad. Comme la patrie de Hugo peut se transformer en celle des bérets noirs de la Milice du Maréchal, des derniers SS de Berlin et de la bataille d'Alger.*

Prenez Mozart. Niez son humanité. Extirpez son âme. Vous avez créé un démon, dont le regard enflamme et transforme en métal tout ce qu'il caresse. Quand vous en aurez créé cent, surtout ne craignez rien : les soldats viendront. Nécessairement. Ils sont déjà en marche, par-delà l'horizon. Leur arrivée n'est plus qu'une question de temps. Et de circonstances.

Артйст *a compris que sous le règne omniprésent de l'ignoble dieu de la pure puissance, se croire protégé de sa fascination, c'est y avoir déjà succombé.*

Relire la douleur – Le Petit Poucet et le petit chevalier

R. Trois questions. D'abord : « La douleur que j'ai toujours redouté de vivre était-elle une échappatoire que je m'inventais pour me justifier de me tenir tranquille en prétextant des menaces imaginaires ? » Puis : « Si elle n'était pas un fantasme, suis-je capable de la subir, cette douleur-là, sans en être tellement affecté que toute voix en moi se tairait ? Et l'écriture avec elle ? » Et, finalement : « Par-delà le combat ou la capitulation que le monde où je vis impose comme les deux seules options possibles, en ai-je réellement découvert une troisième ? Ou bien, confronté enfin à ma douleur, verserai-je dans la violence ? » C'est à elles que vous partez répondre, le 20 juillet.

D. …

R. Bon. À présent, il me reste plus qu'à énoncer *pourquoi* je pense qu'il vous était essentiel de leur répondre coûte que coûte. C'est-à-dire à formuler le cœur de ce dont j'ai souhaité vous parler ici.

D. …

R. Remontons dans le temps.

C'était… C'était en 2000. Tiens, c'est drôle, c'était en juillet, cette fois-là encore. C'était le 9. Et c'était un dimanche. Autour de midi. Vous vous rappelez ?

D. …
R. Bien évidemment que vous vous rappelez. Il s'était produit, quelques jours plus tôt, une chose invraisemblable. Un de ces moments magiques, absolument impossibles à croire même une fois qu'ils sont advenus, et comme il vous en est arrivé à foison tout au long de votre route. Comme ce coup de téléphone de la part de Billy, à la fin de l'hiver dernier, dont vous saviez d'avance qu'il se produirait aussitôt que vous seriez venu à bout de l'écriture des *Entretiens*. Comme ce torride après-midi-là de juillet 1976, chez Archie's, quand tout à coup le narrateur du livre que vous tenez entre vos mains semble quitter les pages, venir s'asseoir à un pas de vous et vous fouiller de son regard, jusqu'au tréfonds. Comme les *Portes de Kiev* qui se mettent à s'ouvrir dans la musique de Moussorgski au moment précis où vous décollez vers Paris : « Ces portes qui s'ouvrent, ce sont celles de ta vie. *Maintenant*[22] ! » Ou comme, quelques mois plus tard à peine, dans votre chambrette de la Cité universitaire, un verre de Quick à la main, surgit la preuve de ce que vous a annoncé la voix, dans l'avion : « Je vais écrire quatre pièces. » Des moments comme ceux-là, vous pourriez raconter des pans entiers de votre existence rien que par le parcours d'eux.
Et pourtant… non, vous ne croyez pas aux fantômes. Ni aux anges. Ni aux loups-garous. Vous n'y croyez pas, mais vous ne seriez sans doute pas surpris, pas un seul instant, si un jour vous alliez recevoir une preuve de leur existence. Vous êtes comme ça : un indécrottable empirique. Et c'est justement parce que vous êtes un indécrottable empirique et que, par conséquent, la joie, ou même l'angoisse, s'il le faut, de vivre un moment est infiniment plus importante

22. R. Nous en avons parlé dans les *Entretiens*… – D. Oui. C'est au moment où je pars pour la deuxième moitié de mon année scolaire. Il y a cette voix, dans mon esprit, qui s'exprime avec une force incroyable, au moment précis où les roues de l'appareil quittent le sol.

à vos yeux que le système dans lequel on peut l'inscrire de force, que les moments magiques comme ces mille et un là vous coupent encore le souffle. Chaque fois.
9 juillet 2000. Vous ne croyez pas aux fantômes. Mais vous comprenez très bien, en revanche, la nécessité qui, dans nos esprits, les a créés. Qu'ils existent ou non dans le monde « réel », il *fallait* qu'à nos yeux à nous, humains, les fantômes se puissent. Parce que nous avons *besoin* d'eux, tout simplement. Je ne sais pas si vous aurez un jour envie de parler de ça, je ne sais pas quelle espèce de forme une discussion sur ce sujet pourrait bien devoir prendre pour parvenir à être si peu que ce soit compréhensible, et je ne sais pas non plus quand il conviendra d'en tenter une. Dans *Les morts de ma vie*, peut-être ? Je ne sais pas. Et ce n'est pas à moi de le décider. Ce qu'il y a de certain, c'est que vous savez depuis fort longtemps qu'il existe des mécanismes, au plus profond de nos esprits, qui se déclenchent parfois et parlent. À l'intérieur de nous. Qui parlent de leur propre voix. Ils nous parlent des replis de la vie, de régions entières de la cosmogonie que c'est, un Être humain. Ils parlent de réalités, ou d'aspects de la réalité, qui ne nous sont accessibles d'aucune autre manière que par leur entremise. L'exploration de ces régions-là, en nous, qui parfois se mettent à chanter de leur propre chef, c'est ça, le cœur de votre vie.
De bien des manières, fluctuant au fil des circonstances, il vous est donc arrivé d'avoir des… des visions. Vous ne pensez pas que ce serait Dieu qui vous parle, puisque vous ne croyez pas en lui. Non, non, vous savez parfaitement que ces visions, c'est votre esprit qui les engendre. Vous savez qu'elles constituent autant de messages qu'une *partie* de nous-mêmes adresse à l'*ensemble* de nous-mêmes. Et vous savez d'expérience – c'est là que les choses se corsent… – qu'il n'existe qu'une seule manière d'entendre vraiment, d'entendre *peut-être* ce qu'elles ont à nous apprendre : il faut s'abandonner à elles. Comme vous m'avez raconté,

au début de juillet, que les « danses au bord du gouffre » auxquelles vous vous êtes livré au cours de votre vie, il vous a fallu vous livrer à elles « sans la moindre réserve mentale ». La règle s'applique aussi mot pour mot à vos « visions » : il faut les prendre au tout premier degré, les *prendre pour du cash*, le temps d'en avoir saisi un maximum de nuances, de subtilités et de méandres. Parce que tout est là : dans les nuances, les subtilités et les méandres. Il faut... se laisser tomber en elles. Comme le dormeur, lui, n'a pas le choix de se laisser entraîner par son rêve. Ah, tiens, oui, voilà : ce sont des rêves éveillés. Auxquels il nous faut consentir si nous voulons être à même de, peut-être, les comprendre. Mais elles présentent encore une autre différence d'avec les rêves, en plus d'avoir lieu à l'état d'éveil : on peut les appeler. Les provoquer ? Peut-être pas. Mais les permettre, en tout cas, ça oui. Certainement pas appuyer sur un bouton, et zouf ! me voici ! mais... établir des conditions propices à ce qu'elles adviennent. Faire ça en écriture, c'est votre pain quotidien, ni plus ni moins. Depuis plus de vingt-cinq ans. Sauf que, au fil des années, vous vous êtes rendu compte que de telles images peuvent aussi parfaitement surgir, tout aussi pertinentes, dans votre vie. Non plus à l'égard de thèmes, mais plutôt de questions. De questions concrètes. Les images ne vous répondront peut-être bien rien de fiable à l'égard de la conduite à tenir en telle ou telle circonstance, mais elles vous éclaireront sans l'ombre d'un doute, et mieux que ne le ferait jamais aucun discours étroitement rationnel, à propos de votre *position*. Et une fois que vous les avez entendues, il *faut* que vous tentiez tout ce qui se trouve en votre pouvoir pour les comprendre. Puis, lorsque vous les avez comprises, il *faut* que vous teniez compte de ce qu'elles vous ont appris. Peut-être pas littéralement, mais que vous en teniez compte, en tout cas. Et c'est capital : il ne suffit pas de savoir. Il ne suffit pas non plus de comprendre. Jamais de la vie. Il faut aussi, il faut *surtout*, d'une manière ou d'une autre, parvenir à inscrire dans nos gestes ce que nous avons appris et ce que nous avons compris. Il faut, littéralement, *traduire* en gestes notre connaissance.

D. …

R. Ces images qui surgissent, ce sont les contes de fées de votre propre vie. Pas des « contes de fées » parce que ce seraient des affabulations, non : des « contes de fées » parce qu'un conte n'est justement pas un mensonge, une approximation ou une lubie. Il en est même le contraire : il est une manière d'évoquer la réalité par un autre chemin que celui de la raison. Par un chemin sans lequel tout un aspect du monde où nous vivons ou du monde qui vit en nous, souvent un aspect fondamental, nous resterait inatteignable. *Herr Doktor* Freud a beau avoir accompli un travail remarquable avec ses réflexions sur le complexe d'Œdipe, il n'en reste pas moins que ce n'est pas lui qui a écrit la pièce. Et que la pièce, elle est quand même parvenue, deux millénaires et demi durant, ce qui fait un sacré bail, à parler sans son aide.

Est-ce que j'oublie quelque chose d'important ? Ah oui ! Une chose capitale, même. Peut-être pas capitale ici, là, tout de suite, dans ce que je tente d'évoquer en particulier, mais capitale pour vous, dans votre vie. En étudiant ces images et leurs surgissements, vous avez fini par comprendre une chose essentielle à leur sujet, et au sujet de ce que nous sommes : elles ne surviennent pas seulement de temps en temps, en cas de besoin ou en période de crise. De telles images, il en surgit continuellement. À foison. Ce sont même elles qui constituent le matériau grâce auquel existe ce nous appelons « penser », « savoir » et « ressentir ». Simplement, la plupart du temps, leur flot est à ce point continu et fluide que nous ne le remarquons même pas. Notre conscience *est* ce flot d'images.

D. …

R. Autour de midi, le dimanche 9 juillet 2000. Et il vient tout juste, quelques jours plus tôt à peine, de se produire un événement totalement invraisemblable. Que vous n'avez appris qu'hier. Une chose est advenue… dont vous avez su par avance qu'elle allait avoir lieu. Or, cet événement a été un accident. Et, donc, par nature, imprévisible, n'est-il pas vrai ? Pourtant… vous l'avez prévu. Quoi, quoi, quoi, quoi, quoi ? Vous avez prévu un accident ? Vous ? Eh bien, oui.

Oh, vous n'avez pas prévu la forme exacte qu'il allait prendre, mais vous saviez parfaitement que quelque chose « dans ces eaux-là » approchait. Eh oui. Dès que vous apprenez que le quelque chose en question a bel et bien fini par avoir lieu, votre première réaction est de vous reprocher amèrement de ne pas avoir agi. Parce que vous l'auriez pu. Il aurait peut-être suffi de quelques phrases de votre part, si vous aviez su les trouver, pour épargner des souffrances à un être… extrêmement cher. Mais vous n'avez pas eu envie d'avoir l'air de vous prendre pour Jeanne d'Arc aux yeux de qui que ce soit, et surtout pas aux vôtres. Alors, vous vous êtes tu.

D. …

R. Bon. Là, tout de suite, vous avez peur que si jamais qui que ce soit lit ce que je raconte ici, les bonhommes en blanc ne retontissent chez vous pour vous amener, en jaquette, prendre de longues vacances dans un hôpital très calme ? Alors je précise : non, vous ne croyez pas que vous avez le pouvoir de lire l'avenir. Pas du tout.

Non, ce que vous pensez, c'est que nous émettons bien plus de signaux que nous ne le croyons, et que surtout nous en décodons dans notre environnement, et en particulier de la part des gens que nous rencontrons, bien davantage que nous n'en avons conscience ou que nous ne sommes prêts à en cataloguer. Ce n'est pas une hypothèse, c'est une connaissance. Quelle espèce d'acteur ou de metteur en scène seriez-vous si vous ne saviez pas *ça* ?

19… 83, il me semble. Ou peut-être 84, je ne sais plus. Vous avez mis en scène une pièce à interprète unique, féminine.

Les répétitions ont été la croix et la bannière : cette actrice-là ne vous a fait grâce d'aucune des entourloupettes associées à ce que l'on appelait autrefois si élégamment la « neurasthénie ». Tout le catalogue y est passé. Mais enfin, la première est là ! Et il était grand temps ! Vous êtes assis dans la salle, aux côtés de l'auteur. Quand soudain, après une vingtaine de minutes peut-être de représentation, vous vous penchez sur son épaule. Entre les dents, à peine un murmure : « Merde ! » Lui sursaute et vous regarde avec de grands yeux ronds : « Quoi ?! » « Elle vient d'avoir un blanc ! » Mais lui, qui connaît quand même sa pièce par cœur, secoue immédiatement la tête avec vigueur, éberlué : « Mais non. Qu'est-ce que tu racontes ? Non, elle a fait tout le texte. » Vous vous redressez, écoutez : « Ah ben, zut alors ! » C'est vrai : le spectacle se déroule exactement comme prévu. Quelle espèce de mouche vient donc de vous piquer ? Le temps de battre trois fois des paupières, et… silence en scène. Cette fois, c'est incontestable : l'actrice vient de se taire. Au beau milieu d'une phrase. Elle n'a plus un muscle du visage qui bronche. Elle recule lentement jusqu'au fond du plateau, bien calmement. S'appuie au mur. Et attend. Elle ne sait plus, plus du tout, où elle en est. Son blanc, vous l'avez senti approcher trente secondes ou une minute entière avant qu'il n'advienne. A-t-on vraiment besoin de s'appeler « Madame Jasmina » pour que de telles choses nous arrivent ?

D. …

R. Dimanche 9 juillet 2000. Un accident s'est produit, dont depuis plusieurs jours vous aviez senti se déployer l'ombre annonciatrice. Mais cette fois-ci, contrairement aux moments où sont advenues les précédentes visions que vous avez vécues, deux choses. D'abord, vous vivez un trouble extrême. Vous êtes, ces jours-là, une véritable bombe ambulante, à la fois fragile comme le souffle et d'une puissance… démoniaque, qui vous suinte littéralement par tous les pores de la peau : des images flamboyantes qui s'imposent, chacune, avec la force d'un coup de massue, il en surgit des replis de vous à pleines charretées, continuellement, jour après jour, nuit après nuit, de minute en minute. Vous êtes un volcan d'images. De toutes les sortes. Sur toutes les longueurs d'onde imaginables. Mais… deuxième chose : certaines de ces images, vous les notez. Ce qu'habituellement vous ne faites pas. Ce que vous ne faites même pour ainsi dire jamais, parce que *vous ne voulez pas avoir à les lire*. Sauf que, cette fois-ci, le déluge est tel qu'il faut bien que le Petit Poucet, égaré en pleine forêt, lâche du lest et se vide un peu les poches au fur et à mesure, sans quoi les roches qu'il transporte et qui se multiplient comme des lapins finiraient par le clouer au sol. Vous jetez donc tant bien que mal sur le papier des bouts de phrases, d'éclairs… pour un tout petit peu vous vider le crâne et le cœur et pour un jour, peut-être, quand les choses se seront calmées, si jamais elles le font, pouvoir reparcourir le trajet et méditer sur ce qu'il a bien pu signifier. Donc ? Donc, quand vous apprenez que l'accident a eu lieu… vous retournez en courant lire ce que vous avez noté et, cette fois-ci contrairement à toutes les précédentes, vous ne pouvez pas échapper à l'évidence : l'annonce de l'accident est là, tracée noir sur blanc les jours précédents !

D. …

R. Au fil des ans, vous avez appris à écouter les images qui surgissent de vous quand vous écrivez. Mais pas vraiment à lire celles qui adviennent en dehors de ces moments-là. Vous savez qu'on peut les susciter, les images de la vie, mais, en dehors de quelques rares occasions, vous n'arrivez pas à les lire. Ou presque pas. Elles résistent tellement à vos tentatives pour en saisir le sens que vous avez fini par croire qu'il y aurait une différence essentielle entre elles et celles de l'écriture. Tout ce que vous savez vraiment de solide à leur sujet, en fait, se résume même à ça : la plupart du temps, elles ne donnent qu'un informe charabia, ni plus ni moins. Elles ne donnent qu'un charabia, en tout cas, jusqu'à un jour très précis. Un certain dimanche 9 juillet 2000. Ce jour-là, il en surgit une, image, à propos de votre vie. Elle n'est pas discrète du tout. Et il ne vous faut vraiment pas beaucoup de temps pour la décoder. Son sens vous pète au visage.

D. …

R. Bon. Tout ça, c'était pour le contexte… euh… « intérieur » de l'événement. Parlons maintenant du contexte « dans le monde ». Non plus de la vie telle que vous la ressentez, mais plutôt telle que vous l'agissez.
Juillet 2000. Ce mois-là, vous allez avoir… quarante-cinq ans. C'est-à-dire ni plus ni moins que l'âge par-delà lequel vous n'avez, depuis l'enfance, plus aucune représentation de votre propre vie. Vous arrivez à l'échéance du contrat qu'à onze, douze ans vous avez passé avec vous-même : vous allez devoir commencer à sortir du maquis. Depuis six mois à peine, vous avez renoncé à poursuivre le travail sur votre essai commencé en mars 1996 mais dont les prémices remontent directement jusqu'en… 1986-1987, par là. Cet essai, vous en avez quelque chose comme mille pages d'écrites, simple interligne : si vous vous contentiez de simplement sortir ce qui est déjà terminé en n'y ajoutant que les passages suffisamment échafaudés pour pouvoir être rapidement complétés, l'ouvrage représenterait quelque chose comme quatre ou cinq tomes de la taille des *Entretiens*… ce qui ne constituerait encore que la moitié à peu près du projet entier comme vous en êtes venu à le concevoir. Pour vous rendre jusque-là, vous avez lu des bibliothèques entières, sur des foules de sujets politiques et historiques. Mais là… ça suffit. Vous n'avez plus aucune envie de continuer à patauger dans la merde infâme qui constitue le fondement de pans complets de la culture et de l'histoire de la société où vous vivez. Il vous a fallu élaborer le projet d'écrire un tel essai pour parvenir à donner une forme, une cohérence à

vos recherches et à vos réflexions, mais vous avez enfin trouvé ce que vous cherchiez : votre propre regard sur votre société. « Votre *propre* regard », puisque le trouble qui vous a motivé à entreprendre vos recherches était en grande partie provoqué par l'invraisemblable facticité de l'interprétation du monde qu'au cours de votre jeunesse on vous a forcé à avaler et à laquelle personne, ici, pas un traître chat ! n'offre la moindre alternative ! Un regard, une interprétation tellement mince, tellement inconsistante, tellement abracadabrante qu'elle ne vous permettait même pas de distinguer suffisamment réalité et fiction pour pouvoir continuer votre travail d'écrivain. À présent, c'est réglé : vous avez enfin compris où vous vous trouvez.

Votre société, vous n'avez aucune espèce d'envie de la corriger ou de la réformer, jamais de la vie. Non : ça, ça n'a rien à voir avec le boulot que vous vous êtes choisi dans la vie. Vous n'êtes pas politicien, vous. Vous n'avez rien d'un militant. Vous êtes poète. Au surplus, au cœur des réalités que vous êtes parvenu à identifier au fil de vos travaux, se trouve celle, capitale, de la très probable impossibilité de justement la réformer, cette société. La folie y est inscrite à une bien trop grande profondeur pour que quoi que ce soit de tel vous paraisse envisageable. Le délire y est tellement profond, il est devenu un élément tellement central du discours public et souvent même privé que la moindre tentative d'intervention à son égard risquerait fort de provoquer une formidable explosion à laquelle bien peu de choses auraient des chances de survivre. Mais ça, c'est une tout autre histoire.

Depuis quelques mois, vous avez donc enfin identifié votre propre regard sur votre société. Alors, vous mettez l'essai de côté. Aussitôt : bang ! *Bob* achève de surgir. Il vous a fallu… neuf ans pour en venir à bout. Neuf ans ! Plus que quatre fois plus longtemps que l'autre projet de pièce auquel vous avez consacré le plus de temps. Vous venez aussi de rédiger vos *Points de repère*, quelques semaines tout juste avant de terminer *Bob*. Or, qu'est-ce que vous y dites, au sujet de votre écriture? Vous dites, parlant de *Monsieur Deslauriers*, écrite juste avant d'entreprendre vos recherches: «À mon sens, c'est ma dernière vraie pièce écrite et complétée à ce jour.» «Ma dernière *vraie* pièce»!

Dites-moi. Je ne vous demande pas de discours si vous n'avez pas envie d'en faire un – un seul mot suffira amplement si ça vous chante. *Bob*, est-ce que c'est une *vraie* pièce, selon vous?

D. Sans l'ombre d'un doute.

R. Merci. Donc. En 1986, vous écrivez une *vraie* pièce. Ensuite vous plongez dans ce que vous allez surnommer votre «bain de siège», lequel mène directement au travail sur votre essai. Vous passez alors quatre années démentes plongé dans les recherches et les réflexions. Trente heures par jour, dix jours par semaine. Au terme de quoi vous refaites surface, criez «Euréka!» et vous précipitez hors du bain. L'essai n'est pas fini d'écrire, mais vous vous en foutez comme de votre première chemise: le but n'a jamais, en soi, été d'écrire un essai, il était de comprendre. Et ça, c'est fait. Alors *exit* l'essai. Aussitôt: paf! *Bob*! Et *Bob*... de quoi est-ce que ça parle?

D. ...

R. Non. Non, je refuse de croire que, de ça, vous puissiez ne pas vouloir parler. Dites!

D. C'est. L'histoire de.

R. *Une* phrase!

D. D'un garçon qui refuse de devenir l'artiste qu'il est.

R. Pourquoi?

D. Parce qu'il a peur.

R. De quoi?

D. De ce qu'il porte en lui.

R. Oui. Oui, c'est ça: qui a peur... de ce qu'il porte en lui.
«— Il me manque un morceau, c'est ça?
— Oh non. Non, il ne te manque pas de morceau. Mais peut-être qu'il y a trop de choses, dans la vie, dont tu n'as jamais entendu parler.»

Et puis cet autre passage, aussi. Peut-être bien mon préféré. Madame Fryers, avant même le surgissement de Bob dans ses jours, savait qu'elle n'en avait plus pour longtemps à vivre. Alors elle lui donne tout, elle n'a plus rien à garder pour elle-même. Elle lui a déjà parlé de la magie, de l'amour, de l'art. Mais juste avant de lui demander de partir parce qu'elle veut mourir seule, elle lui annonce qu'il n'y a pas seulement la magie, l'amour et l'art, dans la vie, oh non, qu'il y a aussi… la jeunesse : « La jeunesse est une promesse, et le jour vient, inéluctablement, où il nous faut tenir parole. »

D. …

R. « Tenir parole. »

Le 9 juillet 2000. Le jour où l'image surgit, vous êtes sur le point de commencer à sortir irrémédiablement de la carte connue de votre propre vie : vous vous préparez à franchir, dans moins de deux semaines, la ligne par-delà laquelle vous ne connaissez plus rien à votre propre sujet. *Terra incognita!* Vous venez, au prix de quinze années d'efforts invraisemblables, dont vous n'auriez jamais pu ne serait-ce que commencer d'imaginer que vous êtes capable d'en fournir de tels, vous venez, envers et contre tout, envers et contre tous, d'enfin vous forger une image de la société où vous vivez. Vous venez de terminer votre première *vraie* pièce en près de quinze ans. Vous y dites que le jour vient, inéluctablement, où il nous faut tenir les engagements pris à notre propre endroit au cours de notre jeunesse. L'image se fait plus claire de jour en jour de ce que les murs protecteurs que vous vous êtes construits, vous devez les contre-câlicer par la fenêtre au plus sacrant. Un accident vient d'avoir lieu, qui vous arrache le cœur. Or, vous l'avez senti approcher. Vous avez même noté qu'il allait, sous une forme ou une autre, inévitablement finir par advenir. Mais vous n'avez pas su ce que vous auriez pu dire pour l'empêcher. Et si vous n'avez pas su quoi dire, ni surtout *comment* le dire… c'est que, de tout un pan de votre existence, vous n'avez jamais parlé à personne. À personne ! Jamais !

Tout à coup, paf ! l'accident advient ! Vous vous précipitez sur votre journal : vous êtes dans un tel état de choc que vous n'osez même pas vous fier à votre mémoire, même pas si elle a trait à des pensées, à des émotions, à des fulgurances qui n'ont pourtant pas encore une semaine d'âge. Et là !

D. …

R. En relisant vos notes, il est impensable que vous vous contentiez de faire comme d'habitude et de simplement écarter du revers de la main les images qui déferlent en vous, sous prétexte que vous ne savez pas quoi faire d'elles et que vous risqueriez, en acceptant de les prendre en compte, de passer pour un fumiste. La charge de l'événement est infiniment trop forte. Cette fois-ci, *il faut* que vous marquiez le coup ! Mais à qui parler de ça ?! À personne. Encore une fois, vous ne sauriez même pas comment, de toute façon. Il ne reste donc qu'une seule possibilité : il *faut* que vous écriviez, là, tout de suite. L'écriture : il n'y a aucun autre bastingage auquel vous retenir, si vous ne voulez pas être balayé.

Vous commencez tant bien que mal à noter votre ahurissement, votre panique, votre vertige. Vous tentez tout ce que vous pouvez pour vous accrocher, pour respirer calmement. Tous les trucs, tous les outils dont vous vous êtes doté au cours de votre vie sont mis à contribution. Vous vous mettez à taper les mots, une lettre à la fois, à les arracher à la tornade qui souffle en vous. Un à un.

Et puis… petit à petit… un changement commence à se faire sentir. Oh, l'ouragan ne se calme pas, non. Pas du tout. Mais vous sentez sa… sa couleur, oui, c'est ça : sa couleur, tout doucement, se mettre à se transformer. Vous ne comprenez rien à ce qui est en train de se passer là. Vous n'avez encore jamais rien vécu de semblable. Jamais.

Trois ans plus tard, vous passerez à un cheveu de tomber assis sur le sol, de stupéfaction, en arrivant soudain, dans un musée, devant une toile qui représente exactement ce que vous avez ressenti à ce moment-là de votre vie. Une grande toile. Il faut se tenir à trois ou quatre mètres d'elle pour commencer à saisir ce qu'elle met en scène. Un canot, un grand canot à dix ou douze rames, mais minuscule sur la toile. Lancé en l'air par une mer déchaînée. On jurerait entendre le canevas gronder, souffler, marteler. Le canot, on peut le couvrir d'une seule main, alors que la toile fait au moins une fois et demie votre taille. Tout le reste, tout ce qui n'est pas le minuscule canot, est pure furie. Orgie de violence. De puissance déchaînée. Mais ! Mais la lumière ! La mer et le ciel sont totalement confondus l'un dans l'autre… mais la lumière qui se diffuse à travers eux, elle, est… de lait d'or. Blanchâtre, éblouissante et chaude. Le génial Aïvazovski est parvenu à peindre, en une seule image, à la fois le déchaînement, le péril et l'approche de l'apaisement. C'est que la lumière, dont nous ne percevons pas la source, transperce à la fois la nuée et les flots, les transformant en lumière ! Pétrifié devant la toile, vous regardez la mer déchaînée, et le canot qui flotte autant dans la douce lumière dorée qu'il est projeté de tous les côtés par un ouragan monstrueux. Le soleil se prépare… à transpercer la nuée déchaînée ! Entendez-vous ce que je vous dis là ? Le soleil ! Se prépare ! À transpercer la nuée !

D. …

R. La clé, Daniel !
Dimanche, quand je vous ai demandé de me parler de la plaine. Quand vous m'avez parlé de Miller, de Ducharme, de Kerouac, puis à nouveau de Jünger, de Camus, je vous ai demandé pourquoi, dans la plaine des écrivains, celle qui vous hante depuis tellement longtemps, il fait si noir, alors que dans votre plaine à vous, celle de vos quatre livres, il règne une grande lumière. Vous m'avez répondu que c'est sans doute que, dans la plaine des écrivains, ces

hommes-là parlent du monde extérieur, du monde qui s'éteint, alors que vous, dans la vôtre, dans celle où il n'y a que vous, vous parlez du monde intérieur, et que là il fait clair ! Vous ne voyez pas ?!

D. ...

R. Avant ce jour-là, le 9 juillet 2000, et avant ce jour-là, trois ans plus tard, où vous restez abasourdi devant la toile d'Aïvazovski... croyez-vous que la plaine de l'écriture, en vous, aurait pu être lumineuse, si vous aviez tenté de l'évoquer ?
Répondez, je vous en prie !

D. Non.

R. Savez-vous pourquoi ? Savez-vous pourquoi tout a changé, ce jour-là, le 9 juillet 2000 ? C'est Aïvazovski qui vous l'a montré. Trois ans plus tard. À vous en couper le souffle !

D. ...

R. Non ? C'est parce que c'est ce jour-là, le 9 juillet 2000, que, dans la tempête... la lumière a *commencé* à percer !
Vous êtes là, à votre pupitre, ce dimanche-là de 2000, à vous arracher les mots bribe par bribe. Et petit à petit, quelque chose se met à se transformer. La couleur du monde, en vous, commence à changer. Mais là, sur le coup, vous ne comprenez rien à ce qui vous arrive. Non, il vous faudra aller jusque dans un musée de Moscou pour commencer à le comprendre : la lumière se met à transpercer la nuée !
Il n'y a d'abord en vous qu'un magma sombre, torturé, déchirant. S'il y a des éclairs, ce ne sont que de ternes zébrures de cendre écarlate qui traversent la nuit. Vous vous battez contre vous-même, de toutes vos forces, arc-bouté pour ne pas perdre pied, pour ne pas être emporté. Mais soudain... une lueur. Qui point de partout à la fois. Tout doucement. Seulement, votre douleur est telle que vous avez peine à la percevoir. Elle continue de croître. Jusqu'à ce qu'enfin il vous soit impossible de continuer de l'ignorer. Alors, juste le temps de songer « Mais qu'est-ce qui... ? » et... crac ! Plus rien.

D. …

R. Il n'y a plus l'ombre d'un ouragan qui souffle. Il n'y a plus rien du tout. Soudain, vous êtes autre part.

D. …

R. Et là, c'est le calme. Le calme parfait. Vous êtes… ailleurs. Où ça ? Vous ne commencerez à le comprendre qu'un peu plus tard. Quand « tout ça » sera terminé. Pour le moment, il n'y a qu'une seule chose que vous ayez à faire : laisser l'image être. Vous laisser tomber en elle. De toute manière, vous n'avez pas le choix : vous arracher à cette image-là, ce serait vous arracher au cœur de vous-même. Au moment où la bascule advient, vous ne savez rien d'autre que l'évidence : que vous venez, à la faveur de la tempête, porté par elle, *devenu* elle, que vous venez, à la faveur de tout ce dont sont tissés vos jours cette année-là, de faire irruption en plein cœur de… du conte de fées de votre propre vie. En plein cœur de votre propre légende.

Vous êtes debout dans une salle. Une immense salle de pierre, en vous. Où jamais, jamais de votre vie, vous n'aviez encore posé le pied. Vous en avez le souffle coupé. Oh, vous aviez bien… pressenti, par moments, de loin en loin, faiblement, jamais plus que comme un vague et lointain écho, qu'il existait peut-être un lieu semblable, en vous, mais. Mais là, en un instant, vous vous retrouvez en plein cœur de lui. Dans une région de votre vie totalement inconnue de vous. Immense. Apaisante. Profonde. Sereine. Débordante de vie, à même sa source. Et indifférente comme seule la mort sait l'être.

D. …

R. L'air même que vous y respirez est composé de tout ce qui a composé le parcours de votre existence. Votre vie d'homme autant que votre vie d'artiste. La chaleur qui coule en vous, le doux éclat de la lumière, la réverbération de chacune des paroles prononcées ou pensées, la brise tiède qui souffle sur votre peau et qui semble provenir de la dizaine de portes percées au pied du mur de pierre qui vous encercle, l'étendue qui vous sépare de ces portes et des corridors que, par-delà elles, vous apercevez s'éloigner jusqu'à se perdre dans l'ombre, la présence du dôme, tout là-haut, que vous ne voyez pas mais que vous ressentez, tout... tout, dans ce lieu-là, est à la fois la somme, la somme massive, monolithique, inébranlable qui vous fait « vous-même » à vos propres yeux et... l'infinité de détails, un à un, qui constituent la chair même de votre existence. Il y a là le sentiment d'être « ailleurs » qui vous saisit parfois, quand vous écrivez ce que vous appelez une *vraie* pièce : un ailleurs indescriptible mais impossible à confondre avec aucun autre lieu intérieur que ce soit. Il y a là ce que vous avez pressenti peut-être vingt fois durant votre vie d'adulte, à chacune des occasions où vous avez tenté d'entendre des images non plus à propos des enjeux de ce que vous étiez en train d'écrire, mais de votre vie elle-même. Vous venez de franchir la frontière dont l'opacité vous faisait percevoir ces images comme un informe charabia. Vous comprenez que vous écoutiez mal. Et que là, c'est fini : vous savez soudain comment il convient d'écouter en vous. Vous venez de commencer à saisir le secret que la vie vous soufflait à l'oreille depuis si longtemps. Mais que vous n'arriviez pas à déchiffrer.

Vous venez de commencer à comprendre que les contes de fées, de chevaliers, de princes et de princesses, de dragons et de châteaux, de magiciens, de forêts qui parlent et de démons apocalyptiques ne sont pas, pas du tout, des brouillons de réalité qui se forgent dans les régions archaïques de nos esprits, non. Que c'est le contraire ! Qu'au fin fond de nous, ces images-là *sont* la réalité. *La seule !* Et que c'est à même cette *seule* réalité-là que nos êtres s'édifient !

C'est pour ça que vous n'arriviez pas à lire les images de votre vie, alors que celles de l'écriture vous étaient si profondément familières : parce que vous tentiez de les lire *à l'envers* ! C'est pour ça qu'elles sonnaient comme du charabia. Vous comprenez en un instant… non ! vous ne *comprenez* pas, vous *saisissez* ! il vous saute aux yeux ! qu'au cœur de nous, à chaque instant de notre vie, la vie *est* un conte. Et rien d'autre. Que ce ne sont pas les contes qui sont des projections, des charades ou des métaphores, non ! Que c'est notre raison qui en est une. La vie, au cœur de nous tous, *est* un conte !

D. …

R. Vous êtes debout, immobile, subjugué, dans la salle immense. Ce lieu-là, en vous, est l'antichambre du sacré. C'est l'ultime salle que nous traversons, juste avant de mourir, au moment où nous fermons les yeux et que tout est derrière nous. C'est la salle du constat. Du jugement. Celle où Osiris – « Souverain de l'éternité », « l'éternellement beau » – pèse les âmes. Il n'y a que vous, en elle. Vous… et une voix. Un sentiment domine tous les autres.

D. Oui.

R. …

D. La stupeur.

R. Oui, la stupeur. Quand vous songerez à ce moment-là, plus tard, vous repenserez chaque fois à la magnifique évocation que Carl Jung, dans ses mémoires, fait de son rêve de la salle du Trône. De l'impérieux sentiment de respect qui l'emplit mais auquel il ne parvient pas à s'abandonner totalement. Il s'agenouille devant le Trône, sous le dais, au pied des marches, se prosterne. Mais, quelque effort qu'il fasse, son front refuse obstinément d'aller jusqu'au sol. Il s'en faut de presque rien, mais le rêveur conserve son identité. Il vous a toujours semblé que ce splendide rêve-là synthétise peut-être à lui seul toute l'entreprise de la vie de Jung : s'abandonner au sacré *presque* totalement. Sans jamais parvenir à accepter de se laisser fondre en lui. C'est aussi ce qu'il vous semble à propos de votre première visite dans votre propre salle du Dôme. Elle ramasse votre vie en une seule image, *à la condition que cette image, vous ne soyez pas* devant *elle, mais* en *elle.*

À partir de cette salle-là, vous savez immédiatement que vous pouvez convoquer toutes les images qui vous constituent. Vous *savez* qu'il vous suffirait d'évoquer le plus infime souvenir pour que de chacune des portes, là, à vingt pas, tout autour de vous, les personnages fassent leur entrée. Et qu'ils vous révèlent leur sens. Cet ami très cher, il serait sans doute revêtu des traits et du costume d'un prince vénitien de la Renaissance… parce que c'est ce qu'il est *au plus profond de vous*. Cette image-là, elle vit en vous, que vous le souhaitiez ou non. Et c'est elle qui vous guide à l'égard de cet ami, quelque raisonnement que vous tentiez. Cet autre ami, lui, il serait un Poilu de la Première Guerre, peut-être ? Ou un savant anglais du temps de Dickens ? Elle, Marie Curie ? Ou une très vieille femme veillant sur sa tribu ? Et puis, il y a les événements, aussi, qui pourraient, sans le moindre effort de votre part, vous apparaître sous les formes les plus… les plus apparemment illogiques et pourtant de fort loin les plus révélatrices. Et les objets. Et les pensées, même. Tout. Tout ce qui constitue « vous », à vos propres yeux.

D. …

R. Votre stupeur est d'autant plus profonde qu'au moment même où vous apparaissez dans la salle, vous êtes bien conscient de ce que cette visite, vous, vous ne la faites pas en dormant. Vous la faites *éveillé* ! Votre visite dans la salle du jugement, vous la faites les yeux grands ouverts. Quelques jours à peine avant de franchir une tout autre frontière que celle de la mort. Les deux mains sur votre clavier, les doigts qui courent sur les touches. Vous êtes debout dans la salle immense, aux parois et au sol de grosses pierres parfaitement équarries, parfaitement lisses. Et il y a là une présence. Absolue. *La* Présence. Ce que c'est même que d'être présent.

D. …

R. Au bout d'un moment, la Présence parle. Et, tandis qu'elle parle, vous réalisez, ébahi, que ça y est : il n'y a plus de douleur en vous. Plus de déchirements, plus de projets, plus d'espoirs, plus de craintes – ni à votre propre sujet ni à celui de ceux que vous aimez. Il ne *peut plus* y avoir de crainte. Parce qu'il n'y a *rien* à craindre. Rien.

La Présence parle. Elle annonce, le plus clairement du monde, ce qu'il vous serait même inconcevable de chercher à contredire, tellement vous *savez* que ce qu'elle énonce est incontestable. Elle parle dans la langue raide, guindée que parlent les mythes. Solennelle. Elle énonce qui vous êtes. Un chevalier. Et elle énonce votre tâche. Toute simple : « Dis ce que tu as à dire. »

D. …

R. Et… Ah, comment parler de ça ? Le poids. Le poids terrifiant que vous sentez à cet instant-là descendre sur vos épaules. Oh, ce n'est pas que vous auriez désormais à jouer le rôle de messager des dieux. Mais non. Rien même qui s'approche à mille lieues de ça. Rien d'aussi grandiloquent. Non, juste : « Dis ce que tu as dire. Ce que tu as à dire… toi ! »

D. …

R. …

D. J'ai instantanément l'impression que je vais… écraser sous le fardeau. Je me sens placé devant une tâche herculéenne. Impossible même à contempler. Juste ça : dire ce que j'ai à dire. Et à cette idée, je reste pétrifié. Il n'y a pas d'autre mot : pétrifié. Je ne peux rien. Ni accepter. Ni refuser. Ni fuir. Ni me boucher les oreilles. Rien. C'est un constat… limpide. Et que, pourtant, je sais immédiatement être inacceptable. Inacceptable… pour moi. Au-dessus de mes forces. Alors l'image se transforme, en un éclair. Non, non, pas l'image. Ce n'est pas l'image, qui se transforme, c'est moi. L'image de moi, en moi-même. Tout au fond de moi-même. Je suis toujours là, dans l'immense salle. La Présence y est toujours, aussi bienveillante qu'implacable, mais… je suis devenu un enfant. Non, pas *un* enfant. Je suis… enfant, c'est tout.

R. …

D. Et je tiens à deux mains une immense épée. L'acier reluit. Elle est plus haute que moi. Rien que la tenir droite, sa pointe acérée reposant sur le sol de pierre, pommeau et garde plus hauts que ma tête, me prend toutes mes forces. C'est une épée que je ne pourrai jamais brandir. Et que. Et que je sais, instantanément, que je n'aurai jamais à brandir. Je n'aurai jamais à la brandir, puisque ce n'est pas de me battre qu'il s'agit. Cette épée-là, elle n'est pas une arme de guerre que l'on viendrait de me remettre. Non. Elle est le signe. Le signe du terrain sur lequel j'ai à dire ce que j'ai à dire. Le terrain de la guerre. Simplement, ce que j'ai à dire, je devrai le dire au cœur d'une guerre. Une guerre immonde. Dont nul ne peut imaginer ce qu'elle réserve encore. *La* Guerre.

R. Et ensuite ?

D. Rien. Rien du tout. Je suis là. La Présence y est aussi. Et il ne se passe rien d'autre que mon sentiment d'être subjugué. De n'avoir aucune alternative : je *dois* accepter la tâche qui vient de… pas de m'être confiée, ni imposée, mais. Qui vient de m'être confirmée, tout simplement.

R. Quand vous l'entendez être énoncée, cette tâche…

D. Oui. Oui, je sais immédiatement que j'ai toujours su que c'était la mienne.
Mais l'entendre être appelée par son nom change tout.
Alors je reste là, tout petit, tenant la grande épée plantée devant moi. Et j'espère. J'espère de toutes mes forces que la Présence va ajouter quelque chose. Quelques mots. Un conseil. Ou une directive qui m'éclairerait. Ou… ou un adoucissement. N'importe lequel. Mais non. Alors je reste là. Jusqu'à ce que je finisse par me résoudre à répondre. Jusqu'à ce que je comprenne qu'il n'y a strictement *rien d'autre* à faire que répondre.

R. Répondre quoi ?

D. Je prête le serment qu'on attend de moi. Le serment qu'au plus profond de moi… j'attends de moi-même.

R. Lequel ?
D. « Oui. » Et c'est tout.
R. …
D. …
R. Vous avez compris, à présent ? Ce dont je voulais vous parler ?
D. Oui. Oui, je crois.
R. Le jour de vos cinquante ans, le jour précis dont vous évoquiez l'approche en me disant, dans les *Entretiens*, il n'y a même pas dix mois de ça, qu'il était celui de « l'âge, éminemment symbolique à mes yeux, de cinquante ans », quand vous sortez de chez vous, quand vous vous mettez en marche vers le parc où vous allez retrouver le Copain, et Zozo, et l'équipe de tournage… le petit chevalier effectue sa première sortie officielle. Vous vous rendez jusqu'au champ de bataille. Vous affrontez tous les dangers. Vous passez à un doigt de flamber sur place. Mais ensuite, vous vous remettez à écrire. La douleur ne vous a pas tué. Ne vous a pas rendu muet. Et vous n'avez pas non plus cédé à la violence, à la tentation du combat – cette tentation, elle ne vous a même pas effleuré l'esprit. Le Hobbit n'est pas mort.
D. Le… quoi ?!
R. Le Hobbit.
D. Dieu du ciel !
R. Quoi ? Vous voulez dire que… que vous n'aviez même pas vu le lien ?
D. Je.
R. Mais qu'est-ce que c'est, d'après vous, un enfant adulte qui a horreur des épées et qui en tient une, plus haute que lui ?
D. C'est.
R. À l'été 2000, vous venez tout juste d'abandonner votre essai, que vous avez décidé, en… 1997 ?…
D. À peu près, oui.
R. … d'intituler *Les cahiers d'un Hobbit*. À ce moment-là, en 1997, ce titre, c'est une métaphore, pour vous, une

image : la vaillance, l'acceptation du devoir – sans aucun espoir d'être à sa hauteur. Plus tard, parmi les mille pages que le manuscrit finit par compter, un de vos passages préférés, et de fort loin, est justement celui où vous... non, où vous n'expliquez pas la métaphore, mais où vous tentez de la faire vivre. Il est resté à l'état de brouillon, ce passage, mais vous le relisez souvent, à l'époque où vous n'avez pas encore mis le projet de côté. Vous vous dites chaque fois que si jamais vous parvenez un jour, contre toute attente, à mettre en ordre ce déluge d'idées et de notes qui partent dans tous les sens, si vous parvenez un jour à rédiger un premier jet de l'ensemble de ce que vous avez en tête, alors il vous faudra encore tout reprendre du début, juste en partant de cette image-là, rien que d'elle : celle du Hobbit.

En 2000, vous abandonnez le projet. Et aussitôt, vous apparaissez à vos propres yeux sous la forme... d'un Hobbit. Mais pas d'un Hobbit vu *de l'extérieur*, cette fois, non : *de l'intérieur*. Vous ne vous *voyez* plus en être un, ou presque un : vous en *êtes* un. Au plus profond de vous. Ce qu'au départ vous aviez cru être l'illustration d'un propos... vous l'êtes devenu. À moins que vous ne l'ayez toujours été.

D. C'est... C'est insensé.

R. C'est vous qui me dites ça ? À *moi* ?!

(Tous les deux éclatent de rire.)

Deuxième partie

Le printemps, monsieur Deslauriers[23]
« Le voyage »

Monsieur Deslauriers va mourir : cancer. Le jour de son soixante-dixième anniversaire, il convoque ses enfants dans une aréna qu'il a construite autrefois et leur annonce qu'ils sont tous déshérités. Et qu'il part.

Chus parti d' chez nous à quinze ans. J' me suis sauvé.

J'ai. J'ai faite des jobines. À Québec. À Rivière-du-Loup. À Rimouski. À Trois-Rivières. Chus allé couper du bois en Abitibi.

À dix-sept ans. À dix-sept ans, j'avais déjà mon voyage. J' voyais. Toués aut'. Pis. J'ai eu. Peur. J' me suis vu comme eux aut' : à trente-cinq, quarante ans, rendu foreman. *Ou ben avec un bras en moins. Ou ben la tête, en moins. Dans 'es* beans. *Pis.*

Y avait. Le foreman *en chef. Le* boss *du chantier. Y v'nait des États.*

Les soirs, pis l' dimanche après-midi, les gars, on s'racontait d'où c'est qu'on v'nait. Y en v'nait d' partout. Des Allemands. Des Russes. Des Français. Un Hongrois. Lui, le foreman, *y s'appelait. Patrick. Patrick queuk chose.*

« Patrick », Patricia. C'est comme. J'ai jamais osé donner son nom à un des garçons. Pour pas y mett' une trop grosse job su' es épaules. À mes yeux.

---

23. *Le printemps, monsieur Deslauriers*, 1987.

Un soir, à l'automne, y s'est mis à nous raconter toués jobs qu'y avait faites. Y nous a parlé des manufactures d' la Nouvelle-Angleterre. Du vacarme. Des usines. Des machines. Y disait qu'aux États, y a des villes assez grandes pour marcher des heures pis des heures sans jamais rencontrer deux fois 'a même face. Sans jamais rencontrer personne que tu connais. Y disait que quant' y travaillait là, y avait un appartement. Chez nous, on était dix-sept. Pis j'étais l' bébé. Pour moi, une maison où c' qu'y a pas vingt personnes dedans 'à fois, c'était ou ben l' désert, ou ben un château. Un appartement, pour moi, c'était un château. Lui, y parlait de t' ça comme si de rien n'était. Y a ben des gars qui trouvaient qu'y d'vait nous conter des peurs pour faire l'intéressant. Mais la plupart braillaient. Moi, quant' y parlait de t' ça, y fallait m' brasser, après, pour me ramener en Abitibi.

Ça y a pris trois soirs. Trois soirs de… de métro. De bateaux qui braillent, en pleine nuit, en arrière des entrepôts d'un port. De nuits qui finissent jamais. De statues hautes comme des montagnes. De montagnes avec des faces, hautes comme des maisons, sculptées d'dans. De fontaines d'eau bouillante en plein milieu du désert. D'arb' au tronc large comme des rivières. De villes au milieu du désert. Y disait : « Des villes comme un œuf dans' poêle. Le soleil te brûle la tête. L'air danse. » De villes où c' que ça parle français. De maisons, avec des colonnes tout l' tour, toutes blanches, quésiment toutes abandonnées, avec des nèg' qui chantent, la nuit, des familles complètes. Pis c'est tellement beau que tu t'écrases en arrière d'un arb' pour pas déranger, pis que tu pries pour que la nuit finisse jamais.

Y parlait. De rues où y a du monde de toutes les couleurs. Des odeurs que tu pensais pas qu' ça s' pouvait que ça puisse sentir aussi bon. Des langues qui chantent. Des langues qui cassent. Des bébés de toutes sortes de couleurs. Qui jouent à des jeux dont t'as jamais entendu parler.

Ça y a pris trois soirs.

Pis le troisième soir, pendant qu'y parlait. J'ai eu comme un blanc. J' me suis vu. J'ai jamais pu m' rappeler vraiment de quoi ça avait l'air : « là ». C'était plus'. Plus' comme. Comme. Y avait une place dans l' monde qui m'appelait. J'étais d'bout' sur un long, long quai. Y avait quelqu'un à côté d' moi. Qui m' parlait. Dans une langue que j' connais pas encore. Pis la mer bougeait : des grandes vagues calmes. Ça sentait l' sel. Pis y passait un bateau. Immense. On voyait la ligne des tôles. On entendait le grondement des machines. Su l' bateau, y avait des hommes qui nous criaient des affaires. Mais on entendait pas, à cause des moteurs. Pis des vagues. Pis des oiseaux. Y nous faisaient des signes. D'un coup, l'aut' gars pis moi on se r'gardait, pis on éclatait d' rire : on v'nait jus' d'en descend', de c' te bateau-là. On arrivait du bout du monde.

Pis aussi. J'me battais. Dans une rue. Pas une rue d'asphalte, une rue d' terre. De poussière rouge et jaune. Jus' pour jouer.

J'ai entendu. J'ai senti. Comme si, jusque-là, j'avais toujours été un puzzle où c' qu'y manquait un morceau en plein milieu. Pis là, j' savais. J'savais pas où. Mais j' savais que ben loin, dans un aut', dans d'aut' pays, le morceau du milieu m'attendait.

Pis là, y s'est arrêté d' parler. Net. Pis y a fermé les yeux. Comme si y v'nait d' tomber endormi au beau milieu d'une phrase. Les aut', on s'est r'gardés. « Ben voyons, qu'est-cé qu'y fait ? » « Qu'est-cé qu'y y arrive ? » « Parle. Continue. » « Tu parlais des vignes. Des collines couvertes de plantations. » Y disait : « Avec le ondulement des collines, ça fait, quant' t'es placé assez haut, comme un océan d' fruits. Avec des vagues. Pis d' l'écume. Jaune. Orange. Vert. Noir. Bleu, pour les raisins. » « Quoi d'aut' ? Quoi d'aut' t'as vu ? » On était tout' là, suspendus après son silence.

Ça a duré… peut-êt' quinze minutes. On l' voyait lutter pour garder les yeux fermés. Les paupières plissées. La face tout'… On était tout' morts de peur qu'y r'parle pus. Qu'y aye pus rien à dire. Le silence était pésant, pésant. Comme.

Pis d'un coup, y a rouvert deux yeux ronds ronds, y a ravalé, pis y a dit : « Mon Dieu, j'avais oublié ça. »

Pis là, y s'est mis à raconter, d'abord ben lentement, que... quant' y avait travaillé dans 'es vignes, quant' y travaillait, là, un soir, pareil comme on était en train d' faire là, y s'étaient tout' mis, les ouvriers, à s' conter des souvenirs pis des voyages. Pis y avait un vieux, avec des grands ch'feux noirs qui y tombaient jusqu'aux épaules, qui était là à les écouter sans dire un mot, les yeux fermés. Y travaillait pas là, lui, y vivait su l' camp en cachette avec ses fils qui faisaient la cueillette. Pis le vieux, un moment donné, s'est l'vé au beau milieu d' la phrase d'un aut', pis y a parlé. Pendant deux jours et deux nuits. Sans arrêt. Un d' ses fils traduisait parce que personne connaissait leur langue.

Le vieux a dit qu'y v'nait de plus loin, loin loin dans l' sud. Y a parlé pendant deux jours pis deux nuits. Pis y sont tout' restés à l'écouter, même les foremans, pis y ont tout' perdu leu job quant' les patrons ont appris ça.

Y a parlé qu'y a des places où y a des gens qui vivent dans des grottes creusées dans des falaises. Des villes complètes. Des milliers d'hommes, de femmes, d'enfants. Y a parlé qu'y a des pyramides qui existent. Qui ont été bâties y a des milliers pis des milliers d'années. Immenses. En gros blocs de pierre sculptée. Où on faisait des sacrifices, en haut. Y égorgeaient du monde parce que les dieux étaient tout l' temps enragés pis ça les calmait. Pis ces dieux-là vivent encore. Pis y sont ben ben enragés parce que pus personne leu parle. Pis y z'attendent leu tour. Y z'attendent de r'venir. Pis y ont faim. Y ont soif. Pis y vont êt' épouvantab'. Pis autour des pyramides, y a des grandes forêts où y vit des animaux pour lesquels y a pas de nom ni en français ni en anglais. Des animaux qui parlent. Qui savent d'où c'est qu' tu viens. Pis qui savent c' qui va t'arriver dans' vie, mais y te l' diront pas. Mais si y en a un qui t'apparaît en rêve, écoute-le. Pis parle jamais de lui à personne. Sinon, là y est ton ami, mais y va s' sentir trahi pis y va s' venger. Y va t'abandonner. Y a parlé de pauvreté. De villes faites en vidanges. De monde, des tribus au complet qui s' battent pour pas mourir de faim. Y a parlé d'un tout p'tit pays où y a un grand lac, où y a des soldats ben grands pis ben blonds qui parlent en anglais pis qu'y viennent des États, y en a partout, pis y ont des avions pour faire sauter des villages avec tout l' monde qu'y a d'dans. Y a parlé de maladies épouvantab'. Y a parlé de montagnes où y a du monde qui vivent cachés là, y veulent pas avoir affaire aux Blancs, pis y a des soldats pis tout' sortes de monde qu'y 'es cherchent mais y 'es trouveront jamais. Pis là, une fois, le vieux avait vu une cérémonie où un vieux, après avoir passé des années à enseigner à un plus jeune à danser, quant' y sentait que sa propre mort arrivait, le laissait faire pour la première fois. Pis dansait avec lui jusqu'à tant qu'y meure. Pis à partir de c'te moment-là, le jeune devait commencer à chercher son futur remplaçant à lui. Y a parlé qu'un jour, dans un pays, y a un soldat qui est arrivé pour demander au roi d'y donner la main d' sa fille. Le roi y a dit : « J' peux pas. On est en guerre. C'est pas l' temps d' fêter. Va t' batt'. Pis si on gagne pis si tu t'en sors, er'viens m' voir. » Pis après la guerre, le soldat r'vient. Pis y trouve le roi en train d' pleurer, avec sa fille morte, à ses pieds. Le soldat prend la fille dans ses bras pis y part avec. Pis y va s'asseoir le long d'une route. Pis l' monde qui passent, y y d'mandent : « Qu'est-cé qu'tu fais là ? » Pis le soldat répond : « J'attends qu' ma bien-aimée s' réveille. » « Mais tu vois ben qu'est morte. » « Oh non, oh non, est pas morte. » Pis y attend. Y attend. Tellement longtemps qu' la poussière finit par les r'couvrir toués deux. Pis par en faire des tites bosses, pis après ça des collines. Pis asteur y sont deux volcans un à côté d' l'aut'. Pis un jour y en a un qui va s' réveiller. Y a parlé d'une ville où y a eu cinq tremblements d' terre. Parce que la ville est bâtie proche d'une montagne où c' qu'y a une sorcière d'enfermée, ou un dragon, j' me rappelle pus. Me semb'. Oui, oui, un dragon enfermé là par une sorcière, ça fait ben ben longtemps. A l'a attaché par les ch'feux dans 'montagne. Quant' y est arrivé là, y avait sept ch'feux. Pis y s' débat. Pis de temps en temps, y a un ch'feu qui casse. Pis y a un tremblement d' terre. Pis y y res' deux ch'feux. Pis quant' y y en restera pus, le dragon va t'êt' libre pis la ville va disparaît' en poussière.

J'en ai rêvé. Jour et nuit. Un an d' temps. Une année complète. En mangeant. En travaillant. J'entendais le cri des oiseaux. Pis celui des gens à qui on ouvrait l' vent' pour essayer d' calmer 'es dieux. Pis celui des gens à qui on ouvrait l' vent' pour essayer d'es faire t'nir tranquilles. Des animaux m' parlaient. Me disaient d'où c'est que j' v'nais. Pis j'avais beau leur répéter : « Où j' m'en vas ? Où ?! C'est ça que j' veux savoir ! » Y faisaient rien qu' me rire en plein' face.

Un an d' temps. Jusqu'à penser en v'nir fou. À avoir peur de m' mett' à m'adresser aux gars du chantier dans des langues qui existent pas. Un an d' temps.

Une nuit, avec queuk piasses dans mes poches, j'ai sacré mon camp. Dans' boue. A'c quésiment rien à manger.

J'ai traversé 'a province. À pied. En quêtant pour manger quant' j' traversais un village. Pis en jeûnant l' res' du temps. En g'lant. En perdant connaissance souvent.

Une nuit, j' marchais. Y neigeait. La vie était grise à pert' de vue. J'ai fermé 'es yeux. D'in coup, j' les ai rouverts. Pis y avait une sœur à cornette penchée su moi. Aussitôt qu'a m'a vu rouvrir les yeux, a s'est mis à crier. Y en a cinq, dix, douze aut' qui sont arrivées. Y en avait une qui m' brassait. A m' forçait à l'écouter. A m' disait qu' j'avais été trouvé quésiment mort, dans' un banc d' neige. « Mais qu'est-cé qu' vous voulez qu' ça m' sac', moi ? Laissez-moi dormir. » A piaillait, a m' criait d'attend' l'aumônier. « Y s'en vient ! » Ê m' suppliaient de pas mourir avant qu'y arrive. Y m'a donné l'extrême-onction. « Si y peut finir. Que j' me rendorme. C'est trop loin, là. J'me rendrai jamais. »

Pis d'in coup, c'est r'venu. Encore plus clair que la fois au chantier. La même sensation. « Envoye, viens-t'en. T'es capab'. Viens-t'en. Viens voir les bateaux. Viens t' batt' pour le fun, dans' poussière. Viens voir des faces comme t'as jamais imaginé qu'y pouvait en exister. Y a des langues dont t'as jamais entendu parler qu'y attendent que t'es apprennes. »

Deux s'maines après, je r'partais.

Arrivé à Montréal, chus resté chez Simon, un d' mes frères. Y m'a habillé. Y m'a remplumé, un peu. J'me disais : « Jus' pour queuk jours. En route pour… »

Un soir, en sortant prend' une bière, j'ai.

Un soir.

C'était l' printemps.

J'allais réussir, moi. J'allais l' faire. La vie était tellement belle. Moi. Moi. J'allais partir. Êt' tu-seul. Au milieu de rien d' connu. Avoir une place. Une place dans l' monde. Êt' quelqu'un, peut-êt'. Êt' riche, peut-êt'. J'allais l' f'aire. J'y allais.

Le printemps. Me semb' que ça fait des années qu'on n'a pas eu, d' printemps. Asteur, la plus belle saison, c'est l'automne, on dirait.

C'était tellement beau. Tellement. Y faisait. Y faisait vert. Y faisait vert de bourgeons neufs pis d' gazon jeune. Y faisait bleu ciel. Y faisait. Y faisait or de soleil couchant. Y faisait. Doux. De l'odeur de la peau de la femme qu'on aime. Doux à brailler d' bonheur. Y faisait beau. Y faisait bon. Y faisait grand. Y faisait espoir. Sans même à avoir à mett' un nom t'sus tellement c'était bon.

Vous comprenez pas. Vous pouvez pas comprend'. Pis j' pourrai jamais vous l' dire. Vous pourrez jamais savoir : les enfants. Les cris des enfants qui jouaient, d' l'aut' bord d' la rue. Leur gros ballon qui a roulé jusqu'à moi. « Heye, monsieur. Monsieur. Not' ballon. Not' ballon. Merci, monsieur. » J' pense que j' me rendais même pas compte que j' les entendais.

C'est-tu ça, la vie ? Passer au travers d' la beauté sans jamais la voir ? En s' rendant compte qu'on l'a connue rien qu'une fois qu'on est rendu ailleurs ? Quant' on est peut-êt' même pus nulle part.

Y a. Un. Un d' mes lacets. Un d' mes lacets d' bottine qui s'est défaite. J' me sus arrêté. J' me suis mis à g'noux pour le rattacher. J' me suis r'levé.

Pis a me r'gardait.

Était tellement belle que j'ai pas faite la différence ent' elle pis la beauté du soir. A riait. A riait. A l'a dit : « Bonjour. » Pis a me r'gardait. Pis. A l'a parlé d' ma casquette. Pis. A m'a invité à m'asseoir à côté d'elle. Y faisait doux. Doux. « Comme l'odeur de la peau de la femme qu'on aime. » Doux comme tes grands ch'feux qui traînaient su ma poitrine. Doux comme tes yeux. Tes cils. Tes sourcils. Doux. Doux comme la peau de ta gorge. Sous mes lèv'. Comme tes seins. Pis ton vent'. Doux comme… Comme… tes mains. Tout' ça : tes mains. Y a-tu déjà eu queuk chose de plus'… de plus' doux au monde, de plus' grand que tes mains, que tes bras dans l' soleil couchant du printemps de nos nuits ?

J'ai passé cinquante ans d' ma vie à r'voir le vert du gazon neuf pis l'or du soleil couchant à chaque fois qu' tes cris d' bonheur, doux, doux, à chaque fois qu' tes cris d' bonheur ont parti… tellement fort que j'ai jamais compris que la ville au grand complet s' réveille pas.

On a jamais tant ri, tant ri que quant' j' t'ai conté ça. D'abord, y avait rien qu' moi qui riais. T'étais insultée : « M'as t'en faire, toi, mon maudit. Me rire en pleine face pis pas vouloir me dire pourquoi. M'as t'en faire. » J'pensais mourir dans tes chatouillements. « Arrête. Arrête. Arrête. J'ai vu. J'ai vu. Mon Amour. Ton cri était tellement beau. T'es tellement belle. Mon soleil. Mon gazon. Ton cri était tellement beau, tellement grand, que j'ai vu, j'ai vu la ville au grand complet se réveiller. Les bigoudis su' a tête. La couvarte ramenée en d'sour du menton. La bouche ouverte. "Hen ? Hen ? Henri. Henri, réveille-toi. C'était quoi, c'te cri-là ? J'te dis qu' j'ai entendu crier." »

Ah. Mon grand, mon grand Amour. Tu l' savais, tout c' temps-là, hen ? Hen ? Dis-moi-lé ? Hen ? Dis-moi-lé qu' tu-suite quant' j' me suis r'levé, que quant' tu m'as dit : « Avec des ch'feux de cette couleur-là, monsieur, c'est un crime de porter une casquette quant' y fait c'te lumière-là. » Dis-moi-lé qu' tu l' savais, qu' tu l' savais déjà, que j' devais partir. Que j' devrais. Qu'un jour y faudrait, y faudrait que j' parte ? Dis-lé, qu' tu l' savais déjà. Dis-moi, mon Amour, Femme de ma vie, que tu l' sais que j' dois finir la route. Que j'étais rien qu' de passage. Ma Grande. Mon Immense. Ma Joualverte.

L'aut', Amour, l'aut', celui qu' t'aimes en moi, se meurt.

Je l' sais qu' tu comprends qu'en restant à côté d' toi jus' par peur d' la douleur qu'y aurait dans tes yeux, qu'en restant par manque de foi en toi, j' te f'rais injure. Ma Grande. Ma Géante. Ma Toute-Belle.

Une nuit de cinquante ans.

Y a un ti-cul, en moi, qui veut pas, qui peut pas mourir sans avoir fait' sa job. C'est lui qui t'aime. Pis c'est lui qui part.

Je pars, ma Dame, je m'éloigne de vous.
Mais je repars pleurant les aubes à vos genoux.
J'ai été votre amant et le demeurerai.
Je t'aime comme un enfant.
Tu m'auras
Tout
Donné.

Vous avez été une parenthèse dont vot' mère était la raison. La parenthèse se r'ferme aujourd'hui.

Depuis vingt ans, vous m' pensiez mort. Mais j'étais rien qu' déplogué : pas faire c' que j'avais à faire, pis je l' savais, c' que j'avais à faire, me prenait tout'. Mais là, j'ai rien à vous donner. Vous aurez pas à hériter d'une job à finir, que j'ai à finir, moi.

Depuis qu' vot' mère a été enceinte de Gérard que j' me dis : « J'ai à leur laisser le meilleur de moi. » Pis ça m'aura pris cinquante ans pour comprend' que l' meilleur de moi, c'est l' voyage à finir. J'me disais. Bernard ? Si j' leur laisse l'argent…

de quoi y est faite ? Y vont-tu comprend' ? Y vont-tu pouvoir lire de quoi y est fait' ? Si. Si j' leur laisse pas, si j' leur laisse rien qu' la… la foi ? Que c'est pas grave de manquer son coup, quand on a fait' c' qu'on a à faire ? Est-ce que j' leur donne pas une chance de voir aut' chose ? « Le restant », Vincent. Est-ce qu'en r'tournant à la rencont' de mon rêve, j' leur donne pas une chance de voir le leur ? C'est pas : « Moi, y a fallu que j' me batte pour le mériter. Asteur, battez-vous autant qu' moi pour le mériter à vot' tour », Bernard. C'est : « Si j' fais rien qu' vous l' donner, c' t'argent-là, pis qu'y a pas dans vos mémoires c' qu'y y a donné l' jour, c'est aussi ben de rien vous laisser. »

Quant' Provost m'a annoncé que. J'ai commencé par pas l' croire. Pas moi. Ça a pas d' bon sens. J'ai pas encore rien fait'. J'ai rien fait' de ma vie. (Regardant l'aréna :) *C'est rien, ça : l'Expo, l' métro, des maisons. C'était rien qu' des pratiques. J'attendais. J'attendais un signal. Ben, y a fini par v'nir.*

Je l' croyais pas. J'ai failli l'assommer. Y crier d'arrêter d' dire des niaiseries. Qu'on meure pas à…

Pas déjà ?

J'ai passé ma vie à m' préparer. Chus prêt. En tout cas, si là je l' suis pas, je l' s'rai jamais plus' que ça.

La prochaine fois, quant' queuqu'un voudra vous embarquer dans son rêve ou ben s' servir de vous aut' comme excuse, prenez au moins 'a peine d'y d'mander de quoi y s'agit, avant d' dire oui.

Y a des fois. J'ai peur. Pas que vous ayez trop étudié. Mais pas les bonnes affaires. Que vous ayez surtout étudié les affaires qui servent rien qu'à négocier. Pis à jus' laisser de plus en plus d' place à la peur. Pis aux excuses. Patricia, on négocie pas avec c' qu'on a à faire de sa vie. On l' fait ou ben on l' fait pas. On mène pas une vie d' pilote de brousse en passant ses fins d' semaine dans l' scinique à' Ronde, Henri.

On peut s' tromper. Mais on a pas l' droit de pas essayer.

Y a encore. Quat'. Quat' mots que j' voudrais vous dire. J'pourrai jamais les répéter à personne. Même pas à vous aut'.

« Les *enfants, bon voyage.* »

Y a une ville qui m'attend. Où j'ai toujours rêvé d'aller. Où j'ai toujours rêvé d' mourir. Tu-seul, si y faut. Pis y a pas personne à qui j' peux d'mander d' me suiv' là.

(Il sort.)

Flottement

D. Mais. Qu'est-ce qui a bien pu vous mettre sur la piste ?

R. Très franchement, je ne saurais pas comment vous l'expliquer. Ça a été un magma d'impressions et de souvenirs de toutes sortes, qui partaient dans tous les sens. Il y en avait tellement, des petits bouts de toutes les couleurs, que quand j'ai commencé à vous poser mes questions, je n'avais aucune espèce d'idée d'où est-ce que nous finirions par nous retrouver. J'ai simplement sauté à l'eau pour aller voir si l'hypothèse « vous vous êtes éteint une partie du cerveau » tenait la route ou pas.
La seule chose dont j'étais certain, c'était que sous la douleur il y avait quelque chose, dans votre voix, dimanche, quand vous avez parlé de renoncer à l'amitié, qui m'a immédiatement fait dire non. Un « non » définitif. Votre décision, elle ne vous ressemblait pas. Et il n'était pas question que je l'accepte.

*

D. Vous pensiez déjà au petit chevalier, en commençant ?

R. Oh non. Non, pas du tout. Le souvenir de lui m'est apparu à un moment très précis. Et il a bien failli me faire tomber en bas de ma chaise.

D. Quand ?

R. Quand la question centrale qui se trouve au cœur de tout ça m'a sauté aux yeux.

D. « Pourquoi est-ce que je me suis arrangé pour me retrouver dans cette situation-là » ?

R. Oui. Et la réponse a tout de suite été évidente.

D. Que c'était tout simplement parce que c'était là que j'en étais rendu : à sortir du maquis ?

R. Oui. Vous m'en avez parlé d'abondance, depuis un an, de votre sortie du maquis, mais je me suis rendu compte tout à coup que vous ne m'avez jamais décrit ce qu'elle serait. Pas un seul mot. Soudain, j'ai bien vu pourquoi vous ne l'aviez justement jamais fait : parce que vous ne le pouviez pas. Vous pouviez imaginer ce que ce serait que d'amorcer le mouvement, mais vous ne pouviez pas savoir à quoi ça vous mènerait.

D. Non, bien sûr. Pour savoir où ça me mènerait, il fallait que j'y aille.

*

R. « Ni céder, ni combattre. » Vous vous souvenez de la première fois que la nécessité de trouver une troisième voie vous est venue clairement à l'esprit ?

D. Vous voulez parler de... ?

R. Oui, oui. De ce film que vous êtes allé voir un soir, au hasard, et dont vous êtes ressorti complètement sonné.

D. Oh, oui. Je m'en souviens parfaitement.

R. Racontez.

D. C'était en... 1984, il me semble. Ou peut-être fin 1983 ? En tout cas, c'était avant que j'écrive *Being*. Je ne sais pas du tout pour quelle raison j'étais dans cet état-là, mais j'étais sorti de chez moi en me disant : « Allez, hop, un film ! N'importe lequel... mais léger ! Ça presse ! » et je m'étais retrouvé assis dans une salle où on présentait *WarGames*, avec Matthew Broderick. C'est l'histoire d'un ado, un jeune *hacker* vraiment très doué qui s'introduit dans le super-ordinateur de l'Armée de l'air américaine et, sans se rendre compte de ce qu'il est en train de faire, pensant avoir découvert *online* le prototype d'un nouveau jeu, lance le programme qui va automatiquement déclencher la Troisième Guerre mondiale dans deux ou trois jours. Contre toute attente, je m'étais retrouvé complètement captivé par l'histoire. Vraiment très bien ficelée. À un moment donné, le jeune gars, qui s'est rendu compte de sa gaffe, se pointe avec sa copine chez le génie qui a mis au point l'ordinateur en question, et qui vit à présent… ouf…

R. Quoi? Qu'est-ce qu'il y a?

D. J'allais dire: «qui vit à présent sur une île, coupé de tout».

R. Et…?

D. Ça ne vous fait pas penser à quelqu'un?

R. Hm. À «quelqu'un»? Non. Mais «au projet récent de quelqu'un», ça…

D. …

R. Toujours est-il?

D. Toujours est-il que le génie en question s'appelle Falken. Il a donc conçu son super-ordinateur, un pur *power trip* de scientifique, dont même les militaires ne voulaient pas tellement il fait peur. Il l'a mis au point, et après ça il est parti se cacher sur une île, tout seul, à jouer avec des ptérodactyles télécommandés, en attendant la fin du monde. Le jeune gars et sa copine se pointent chez lui pour tenter de le convaincre d'arrêter sa machine. Il est le seul à pouvoir le faire. Seulement, il ne veut pas intervenir. Il répond aux deux jeunes que si les Humains sont assez gnochons pour s'être inventé et construit en série des cochonneries comme les armes nucléaires, eh bien, tant pis, qu'ils disparaissent. Moi, dans la salle, j'étais assis carré au bord de mon fauteuil.

R. Pourquoi donc?

D. Est-ce qu'on peut imaginer plus clair et plus cru que ça, en fait de réponse nihiliste? C'est en plein le genre de raisonnements que font les vampires, ça: «Je fous la merde à la grandeur de la planète, je ramasse le *cash*... et après moi le déluge. De toute manière, l'humanité c'est rien d'autre qu'une bande de tarés. »

R. « Prends le chèque, pis ferme ta gueule », comme on vous a déjà dit ?

D. Oui. Oui, exactement. Donc. Falken refuse de bouger le petit doigt. Et moi, dans la salle, ce passage-là du scénario m'apparaît tout de suite comme un véritable trait de génie. Vraiment, à Hollywood, ils peuvent être fous raides, quand ils s'y mettent !

R. Qu'est-ce que vous voulez dire ?

D. Savez-vous d'où elle vient, la réponse que Falken fait aux deux jeunes ?

R. D'où ?

D. Elle reprend exactement le raisonnement que, dans les années cinquante, tient le personnage de Frantz, un soldat allemand de la Deuxième Guerre réfugié au fond du grenier du château de son père. C'est dans *Les séquestrés d'Altona*. Vous vous souvenez ? Je l'ai mentionnée au passage, cette pièce-là, dans les *Entretiens*.

R. Oui. Nous parlions d'interlocuteurs, il me semble.

D. Frantz, lui aussi, est convaincu que l'humanité, c'est fini ! *Kaput ! Next !* Alors, il passe ses journées et ses nuits à enregistrer des bandes destinées aux crabes dont il pense qu'ils vont, dans un lointain avenir, prendre la relève de l'humanité qui va s'être détruite. Falken, c'est sur les abeilles qu'il parie. Et Pierre Boulle, l'auteur de *La planète des singes*, lui, ce sera, quelques années plus tard à peine, sur nos copains primates, bien entendu. Vous vous souvenez de qui l'a écrite, la pièce ?

R. *Les séquestrés*... ?

D. Oui.

R. Oui, je m'en souviens. Mais je vous laisse le plaisir de le dire.

D. Jean-Paul Sartre ! Ni plus ni moins. Vous pensez qu'il y a beaucoup de monde qui s'imagine ça, un scénario de thriller hollywoodien qui s'articule autour d'un thème tiré tout droit de Sartre ? C'est un exemple que j'ai donné très souvent, à des gens qui se mettaient devant moi à gueuler *urbi et orbi* contre le cinéma américain : « Ah oui ? Eh bien, nomme-moi donc un seul film quéhéhéhébécois, un !... qui réussit à parler aux jeunes des enjeux de l'œuvre de Sartre, rien que pour voir ?! Et qui est *compréhensible* !? Et *vivant* !? Hein ? Eh ben, la MGM, elle, l'a fait ! Avec un film aussi grand public que tu peux en rêver ! Fa ke... *gimme a break*, siouplaît, avec tes clichés à cinq cennes ! »

R. Il y en a d'autres ?

D. D'autres quoi ?

R. Des films américains qui attrapent des grands thèmes par les cornes, même s'ils sont grand public ?

D. Vous vous foutez de moi ?

R. Allez.

D. Je vous en nomme juste un, autrement je ne pourrai plus m'arrêter et nous allons nous retrouver à écrire un livre sur le cinéma. A *few good men*, avec Jack Nicholson, Tom Cruise et Demi Moore. Sorti en 1992.

R. Quel thème est-ce qu'il reprend, lui ?

D. L'affaire Dreyfus, en France, à la fin du XIXe siècle. Ni plus ni moins qu'une des affaires politico-judiciaires les plus importantes des deux derniers siècles.
Ce film-là...

R. *WarGames* ?

D. Oui.
... il s'est immédiatement gravé dans ma mémoire à une telle profondeur que dix ans après l'avoir vu, en 1994, une des innombrables tentatives d'écriture d'un essai auxquelles je me livre avant les *Entretiens*, pour enfin parvenir à me démêler les idées, je l'intitule *Réponse à Frantz et à Falken*.

R. *Réponse aux vampires, aux zozos et aux momies*, quoi ?

D. Oui.

R. Et Falken, il refuse d'intervenir, donc ?

D. Oui. Puis il revient sur sa décision, et lui et les deux jeunes débarquent au QG du NORAD, au mont Cheyenne. Seulement…
R. Quoi ?
D. Lui non plus, Falken, n'arrive pas à arrêter l'ordinateur. C'est la machine elle-même qui finit par s'interrompre, de son propre chef. Parce qu'elle comprend tout à coup… qu'il existe des jeux auxquels il n'y a qu'une seule manière de ne pas perdre.
R. Laquelle ?
D. Ne pas jouer.

*

D. En somme, après mon récit, vous avez refait ce que j'ai fait en juillet 2000 ? Cette fois-là, j'avais été bien obligé de regarder ma vie en face parce qu'il y avait mes notes des jours précédents pour me forcer à admettre que je n'avais pas rêvé ?
R. Oui. En 2000, il avait fallu vos notes des jours précédents. Moi, c'étaient toutes les pages de vos essais et de vos conférences que je devais relire, pour pouvoir vous démontrer… l'évidence, tout simplement. Que ce n'est pas ce qui a constitué votre vie avant le 20 juillet de cette année qui a été un rêve ou une erreur, mais au contraire l'explication des événements récents que vous étiez en train de vous forger. Alors, j'ai remis les pièces du casse-tête en ordre chronologique, et l'image a surgi.
D. Les pièces du casse-tête… les moments de mon trajet ?
R. Oui.
D. L'image du jeune soldat ? Mes lectures d'adolescent ? Puis l'ancien SS hollandais, mes questions des années 1980, le repas au Jardin Saint-Denis ? Puis… l'essai, l'image du 9 juillet, « Артист » ? Tout ça ?
R. Oh, pas seulement. « Tout ça », ça fait déjà beaucoup, mais rajoutez encore « Jouer à Beethoven ». La question que vous

avez écartée de votre esprit, dans la cour d'école, en 1970. Et puis le camp de concentration de la rue Clark. Et votre sortie au *Point*, en 1995. Attendez, faisons l'exercice, vous voulez ?

D. Oui, oui, allez-y.

R. Regardez bien.
À sept ans : l'image du jeune soldat.
À partir de onze, douze : le camp de concentration de la rue Clark.
À quinze : « Jouer à Beethoven » et la question écartée, dans la cour d'école.
À dix-sept : la bibliographie sur Platon, puis vos lectures.
À dix-huit : à l'École nationale de théâtre, la découverte de ce que le camp n'est pas seulement sur la rue Clark.
Vingt : Neumann et le SS hollandais.
Vingt-cinq : après le succès de *Panique*, vos numéros de clown, de peur de laisser échapper par inadvertance ce que vous pensez vraiment.
Ensuite : les questions qui se mettent à vous obséder – le culte vide de la langue, la violence en gants blancs, le chantage émotif, le règne des vampires et des zozos, la momification.
Vingt-huit : *WarGames* – « La seule façon de ne pas perdre, c'est de ne pas jouer. »
À partir de trente et un, trente-deux : ralentissement de l'écriture et bain de siège.
Trente-cinq : le lion du Jardin Saint-Denis.
Trente-sept : tirage de la *plug* de votre belle carrière.
Quarante : *Le Point* puis, immédiatement après, l'essai.
Quarante-cinq : mise au rancart de l'essai et, aussitôt, surgissement de *Bob* puis du Hobbit du 9 juillet.
Quarante-huit : « Артйст ».

D. Dieu du ciel !

R. Quoi ?

D. Tout… tout ce que vous venez d'énumérer là, je… je le savais déjà, bien entendu, mais…

R. Quoi ? Vous n'aviez jamais pris conscience de la masse que ça donne, quand on place les morceaux bout à bout, c'est ça ?

D. Oh non. C'est complètement fou !

R. Oui. Oui, je sais. Et encore, pour commencer à approcher d'une image un tout petit peu ressemblante, il faudrait ajouter bien d'autres éléments capitaux.

D. Auxquels est-ce que vous pensez ?

R. À vos amours de guerre, par exemple.

D. …

R. Des rencontres qui vous bouleversent de pied en cap parce que soudain apparaît sur votre chemin un jeune homme qui a littéralement le talent qui lui sort par les yeux… et qu'à cause de ça, au plus profond de vous, cette rencontre-là a tout à coup l'air de rendre la vie possible. Ce n'est pas ça que vous m'avez décrit dans les *Entretiens* ? Des rencontres qui résonnent tellement fort, en vous, tellement profondément, que vous n'avez plus envie de rien d'autre que de carrément remettre votre vie entre les mains de ces hommes-là ? De vous jeter dans leurs bras… parce qu'alors « le soleil qu'il fait ce jour-là serait aussi *en* moi » ? – vous vous souvenez ?

D. Bien sûr. Le… Sur la rue Malo. Le garçon, un peu plus âgé que moi, à bicyclette.

R. Oui. Et vous vous souvenez de comment vous avez évoqué votre première histoire d'amour, à l'École nationale ? Vous m'avez dit : « Je réalise que cet amour-là m'a été à la fois un point d'appui, un point de repère et une armure. Il m'a protégé de *Le peuple est tout ! Tu n'es rien !* Du vide. Du néant militant. »

D. …

R. Observez bien à quels moments ils surgissent dans votre vie, ces cinq fabuleux êtres-là que vous appelez vos « amours de guerre ». Quand vous rencontrez le Musicien, vous avez quel âge ?

D. Vingt-cinq.

R. *Panique* vient à peine d'être créée. Vous êtes en train d'écrire *Les Bédouins*, et notamment *Kyoto* : « Je ne suis pas un guerrier. » Et puis, le clown est en train de surgir : je suis à la veille de voir mon cahier de charges quintupler de volume. Matane ?

D. Début décembre 1988.

R. Vous venez tout juste de lire Lapalme. Vous amorcez votre bain de siège. Le Peintre ?

D. Printemps 1994.

R. Pile poil pour la fin du bain de siège. Vous prenez votre élan pour votre sortie dans le journal *Le Monde* et au *Point*, puis pour vous attaquer à votre essai. Le Jeune Acteur ?

D. Toute fin 1998, début 1999.

R. Vous vous préparez à mettre de côté *Les cahiers d'un Hobbit*. Billy ?

D. Été 2004.

R. Vous venez de commencer « Артйст ». Encore quelques mois, et nous nous retrouverons en pleins *Entretiens*.

D. ...

R. À présent, on ajoute ces faits-là au tableau. Successivement, de sept à vingt ans. Vous êtes révolté par l'image du jeune soldat égorgé et par le hurlement de triomphe de ses ennemis. Vous étouffez au camp de concentration de la rue Clark, où on tente de vous imposer le silence intérieur. Vous commencez à m'inventer. Vous inventez « Jouer à Beethoven ». Vous écartez de votre esprit la question de la cour d'école, parce que vous savez qu'elle vous vaudrait une dégelée de première magnitude si vous aviez le malheur de la formuler à haute voix. Vous tombez sur la bibliographie au sujet de Platon. Vous vous lancez dans vos lectures intensives sur ce qui a bien pu entraîner la mort de l'Allemagne de Schiller, de Schliemann, de Beethoven. Vous comprenez que le camp de concentration n'est pas seulement sur la rue Clark. Vous tombez en amour fou avec un garçon dont la seule pensée suffit à vous protéger de « Le peuple est tout ! Tu n'es rien ! ». Vous rencontrez Neumann et le SS hollandais : vous commencez à comprendre l'enjeu même de la guerre – le culte *imposé* du pur pouvoir et de rien d'autre.

À vingt-cinq : succès de *Panique*, numéros de clown à longueur de jours de peur qu'on ne cherche à nouveau à vous imposer le silence intérieur, rencontre du Musicien et début du surgissement de vos questions sur le monde concret *immédiat* où vous vous trouvez. Vingt-huit : *WarGames* – il y a des jeux auxquels on ne peut pas gagner. Vous devez chercher une troisième voie : la vôtre. Trente-deux : ralentissement de l'écriture, bain de siège pour pousser encore plus loin l'étude du monde immédiat et rencontre de Matane. Trente-cinq : le lion du Jardin Saint-Denis – reprise *live* de la rencontre avec Neumann et le vieux SS. Vous comprenez que votre troisième voie, vous êtes en train de vous la créer. Même si vous seriez encore bien incapable de la nommer, vous êtes d'ores et déjà en dehors du choix binaire qu'on tente de vous imposer entre céder ou combattre.

Trente-sept : tirage de la *plug* de votre carrière – vous savez que vous ne pourrez pas vous remettre à écrire vraiment tant que vous n'aurez pas nommé les morceaux de votre monde et compris à fond le fonctionnement du culte du pur pouvoir. Quarante : rencontre du Peintre, sortie dans *Le Monde* et au *Point* – vous annoncez publiquement que vous ne jouez plus le jeu. Immédiatement, début de la rédaction de l'essai, parce qu'« Il ne suffit pas de savoir – ce que l'on sait, il faut *le dire* et *l'agir* ». Quarante-cinq : rencontre du Jeune Acteur, abandon de l'essai, écriture de *Bob*. Surgissement du petit chevalier : « Dis ce que tu as à dire. » Quarante-neuf : vous commencez « Артист », vous rencontrez Billy, vous vous lancez dans la rédaction des *Entretiens* – vous *devez* sortir du maquis : le contrat avec vous-même par lequel vous m'avez prêté vie arrive à échéance.

Tout de suite après, aussitôt que vous apprenez que les *Entretiens* vont être rendus publics, le jour même ! vous entreprenez l'écriture de *Morceaux*. Cinquante, pile : Zozo !

D. ...

R. Vous voyez ?

D. Comment faire autrement ? À chacun des tournants. Pourtant...

R. Quoi ?

D. C'est une idée qui m'a tellement souvent traversé la tête.

R. Laquelle ? De vous retirer de tout ? De renoncer à l'amitié ? À l'amour ?

D. Oui.

R. Elle vous a peut-être bien traversé la tête souvent, mais vous lui avez chaque fois résisté comme un beau diable, non ?

D. Oui.

R. Eh ben, voilà. Dimanche, le renoncement était trop clair, trop massif. C'était ça qui ne vous ressemblait pas. Bien évidemment que vous êtes sans cesse déchiré entre rester et partir, continuer ou renoncer. Toute votre vie est là : *entre* les pôles. Mais justement !

D. Quoi ?

R. Renoncer à ces déchirements, ce serait renoncer à ce que vous êtes.

D. ...

R. Comment est-ce que vous vous sentez ?

D. Oh, je serais embêté de vous répondre. Bien, en tout cas. Tellement léger. Ah : « libéré ».

R. C'est vrai ?

D. Oui.

R. Vous m'en voyez ravi.

D. ...

R. Où est-ce qu'on reprend ?

D. Pas la moindre idée. Pour l'instant, je me sens comme si notre train venait de s'engouffrer dans une cour de triage, que nous avions fait douze tours complets sur nous-mêmes, à toute allure, et que nous en ressortions dans une direction complètement différente de celle que nous avions en entrant.

R. Oui, il y a de ça.

D. C'est étrange.

R. Quoi ?

D. C'est la toute première fois, depuis le début des *Entretiens*, que nous flottons.

R. Eh bien... laissons flotter.

*

Trois sujets
Le Hobbit

D. Bon, ça suffit !

R. Quoi ? Qu'est-ce qu'il y a ? Qu'est-ce qui se passe ?

D. Il se passe que j'en ai ras le pompon ! Que je viens de relire les derniers passages de nos échanges, et que les zozos sont encore une fois en train de prendre toute la place. C'est toujours ce qui se passe avec eux : dès qu'ils entrent quelque part, il n'y en a plus que pour les termes qu'ils imposent. Mais ce n'est pas pour eux que nous sommes ici. Je n'ai pas du tout envie de continuer à les décortiquer, eux et leurs maudites manœuvres. Ce que j'ai envie de nommer, c'est ce qui me fait écrire.

R. Oh, oh. Vous m'avez tout l'air d'un gars qui vient de prendre une décision, vous...

D. *Go !*

R. Dans quelle direction est-ce que nous repartons ?

D. Dans plusieurs, s'il n'en tient qu'à moi. Il y a eu énormément de choses de brassées, ces derniers temps.

R. Vous faites référence à mon longuet discours ?

D. Oui, oui, parlons-en, de votre « longuet discours » : j'ai l'impression que vous avez fait irruption dans mon grenier, quatre fois plus grand à lui tout seul que le reste de ma maison, en courant, en sautant partout, en me tirant par la main dans tous les sens et en criant comme un enfant qui se retrouve dans une caverne d'Ali Baba toute en bonbons : « Regarde là ! Et là ! Et ici ! Et ça ! Et là ! »

R. C'est gênant ?

D. Non. Mais étourdissant en chien. Depuis des semaines, je n'ai pas arrêté de me dire : « Il faudrait absolument revenir sur tel sujet. » Et cinq minutes après : « Sur celui-ci aussi. » « Et puis celui-là. » Ça partait de tous les côtés, je me sentais comme si nous avions une bibliothèque complète à écrire. Ce qui n'est pas le cas. Alors, il fallait faire des choix… et je les ai faits.

R. Bon.

D. Je sais où nous devons aller, à partir d'ici.

R. Oh ?

D. Mais une chose à la fois. Commençons par mes choix. Je me suis demandé : si j'avais trois sujets sur lesquels revenir, lesquels est-ce que je choisirais ? Là, tout de suite, sans réfléchir, en me jetant à l'eau.

R. Et… ?

D. Eh bien, il y a d'abord *Monsieur Deslauriers*, c'est certain. C'est *le* sujet qui est au cœur de tout.

R. Deux ?

D. *Les cahiers d'un Hobbit*.

R. Fiou ! Ce n'est pas un sujet, ça, c'est un entrepôt au grand complet !

D. Vous verrez…

R. Trois ?

D. L'âme.

R. « L'âme » ?

D. Oui, l'âme. Le sacré. Là où nous en étions restés.

R. Vous voulez dire : avant votre fête ?

D. Oui.

R. Bon, eh bien, allons-y. Par lequel des trois est-ce que vous voulez commencer ?

D. Par le plus simple.
R. Le plus *simple* ? J'espère que vous n'allez pas me demander de deviner duquel des trois il s'agit ?
D. Non. C'est celui de l'essai.
R. *Le Hobbit ?*
D. Oui.
R. C'est lui, le sujet le plus simple ?
D. Oh que oui. Et de très, très loin, même. Mais c'est aussi le plus *punché*, je vous préviens.
R. Allez-y, je suis suspendu à vos lèvres comme le gymnaste à ses anneaux.
D. Notre interruption de cet été a eu plusieurs effets extrêmement positifs, à bien y penser. Totalement inattendus, certes. Dépeignants en diable. Mais positifs. Le tout premier a sans l'ombre d'un doute été celui de vous faire vous lancer dans votre « longuet discours », comme vous dites. Vous m'avez littéralement secoué comme un cocotier. Je vais en avoir pour un sacré bout de temps à le digérer. Mais il y en a d'autres. À propos de l'essai, justement, par exemple.
R. Il vous est apparu quelque chose à son sujet ?
D. Oh que oui. Quelque chose d'à peu près aussi discret qu'un troupeau de mammouths en furie lancés au pas de charge. Ça a commencé de manière extrêmement fugace. Avec un tout petit bout de ce dont nous avons discuté avant ma fête, qui s'est mis à retenir mon attention. Sans que je comprenne tout de suite vraiment pourquoi, je revenais sans cesse à lui.
R. Quel petit bout ?
D. Celui qui avait trait à mon choix de textes. Je vous ai dit, presque tout de suite après que nous avons commencé, que j'étais tout étonné d'avoir choisi *Kyoto*, puis *Tou-Chou-Jen* et *Bob* parce que, dans les versions précédentes de mon projet, j'avais toujours cru qu'après *Djinrokû*, nous passerions immédiatement à des textes plus théoriques.
R. Oui, je m'en souviens très bien.

D. Eh bien, c'est cet étonnement-là qui, rétrospectivement, m'a fait lever les sourcils, tout à coup. Ça a été comme un petit point qu'on aperçoit soudain du coin de l'œil sur la ligne d'horizon. Au début, on se dit : « Ce n'est rien… un arbre, peut-être ? » Ou : « Un rocher, c'est tout. » Mais les minutes passent, on n'arrête pas de tourner la tête dans cette direction-là, et à chaque fois le point a grossi. À la fin, c'est toute une tribu, à dos de chameau, qui passe au galop dans un énorme nuage de poussière, en criant, juste devant vous. Eh bien, dans mon cas, le point, quand il est arrivé devant moi, il avait la forme d'une énorme question : « Pourquoi diable est-ce que j'ai été aussi étonné, quand j'ai pris conscience de ça ? » Vous voyez ce que je veux dire ?

R. Continuez.

D. Tout de suite après, un autre étonnement récent sur le même thème m'a frappé, lui aussi.

R. Laissez-moi deviner. Quand vous avez compris que, depuis plusieurs années, vous aviez considéré que c'étaient vos textes théoriques qui étaient vos *vrais* textes, plutôt que vos pièces ou vos contes ?

D. Exactement. Et là, très, très vite, toute une flopée de questions s'est mise à s'imposer. Je n'arrivais plus à me les enlever de la tête. Par exemple : si je m'étonne soudain de ce que mes textes théoriques aient pu si longtemps me sembler avoir une telle importance… c'est parce que à présent, ils ne l'ont plus, cette importance, non ?

R. Évidemment.

D. Oui, « évidemment », peut-être. Mais encore fallait-il que je m'arrête et que je le constate. Seulement… *pourquoi* est-ce qu'ils ne l'ont plus ? Tout est là.

R. Vous voulez dire que votre étonnement à répétition du début de juillet vous est tout à coup apparu comme le signe d'un changement qui serait survenu en vous ?

D. Exactement.

R. Mais un changement qui se serait produit… à votre insu ?

D. C'est ça. Ça a été comme si l'été dernier je m'étais étonné au passage de quelque chose, mais que ce n'était que maintenant que je me rendais compte que cet étonnement était lui-même révélateur d'un changement déjà advenu.

R. «Tiens donc, comme c'est étrange. Pourquoi est-ce que j'ai déjà pensé ça, moi?»

D. Oh, bien pire que ça: «Pourquoi est-ce que j'ai déjà pensé ça… et *pourquoi est-ce que je ne le pense plus?*»

R. Mais quoi? Quel changement?

D. C'était ça, justement, que je n'arrivais pas à voir. Et puis tout à coup… j'ai trouvé! C'est d'une telle simplicité que c'en est renversant. Mais les conséquences, elles, sont… En quelques heures, ça a été comme si toute une partie de moi se détricotait d'un seul grand mouvement.

R. …

D. Vous vous souvenez que je vous ai lancé, à un moment où nous parlions des *Cahiers d'un Hobbit* et de mes sorties publiques, que tout ça, ça achevait? Que j'en avais jusque-là?

R. Oui, bien évidemment. C'est assez difficile à oublier.

D. Eh bien, voilà. Voyez-vous… je pense que… Excusez-moi, c'est un peu vertigineux à dire à haute voix.

R. Prenez le temps.

D. Je pense que… Je pense que je me suis trompé, en vous disant ça. Je pense qu'il n'achève pas du tout, le travail sur mon essai.

R. Non?!

D. Non. Je pense… qu'il est *déjà* terminé.

R. Quoi?!

D. Mon essai est terminé. Complété. Achevé. *Derrière moi.*

R. Expliquez!

D. Oh, bien sûr, il me reste encore à l'écrire. Non. Il me reste encore à le… *rédiger*, sous une forme ou sous une autre. Il me reste à le sortir de moi. Mais tout le travail de réflexion, lui, est fini. Mais ça, ce n'est encore qu'une toute petite partie du portrait. Tenez-vous bien. Parce que cet essai, et toutes les tentatives qui l'ont précédé, depuis tant d'années, coulaient d'une seule et même source, bien sûr. Laquelle ?

R. Votre questionnement ?

D. C'est ça ! Mon questionnement ! Qu'est-ce que vous savez de lui ?

R. Que vous avez commencé à le formuler à la fin des années quatre-vingt ? Qu'il porte sur la culture, la langue, la violence, la notion de victoire, le rôle de l'artiste, la guerre, la momification, et tout ça ?

D. Oui.

R. Et… ?

D. Et ce que je vous dis, c'est que ce n'est pas seulement l'essai qui est terminé, mais tout ce questionnement-là. Pas seulement le projet d'un essai, mais aussi tout le pan de ma vie dans lequel ce projet-là s'inscrivait. Toute la partie de ma vie qui s'est amorcée à la fin des années quatre-vingt, poursuivie au cours de mon bain de siège puis qui a ensuite abouti au *Hobbit* lui-même. Vous comprenez ? Ce n'est pas seulement l'essai qui est complété, c'est… toute cette période-là de ma vie.

R. Wô ! Vous voulez dire… ?

D. Oui. Depuis ma découverte du livre de George-Émile Lapalme, en 1988. Et même depuis avant ça.

R. C'est… Wow. C'est. Je… Attendez, attendez. Que je ne perde pas le fil. C'est parce que toute cette période-là est terminée – et du même coup le projet d'essai, bien entendu, puisqu'il faisait partie d'elle –, que tout d'un coup notre projet à nous s'impose tout à fait autrement que ce à quoi vous vous étiez toujours attendu ?

D. Évidemment !

R. Pourquoi ? Parce que les questionnements de votre jeunesse ne sont plus sur la table ? Et qu'ils ne viennent donc plus le… le colorer, lui donner le ton ?

D. Voilà ! Si tout ce pan-là de ma vie est terminé, du même coup le projet de ce livre-ci s'en trouve instantanément transformé. Du tout au tout.

R. Mais comment ?

D. Réfléchissez ! Je vous ai dit je ne sais combien de fois que tout mon travail de réflexion n'a qu'un seul but : me permettre enfin de reprendre l'écriture de mes pièces, ou de romans, ou de contes. De la reprendre… là où j'ai laissé les choses à la fin des années quatre-vingt.

R. Vous voulez dire…

D. Eh oui ! Que c'est là que j'en suis !

R. Comme… Comme si vous refermiez la parenthèse ? Comme ça ? D'un coup sec ?

D. Tout à fait. Si, en ce samedi 15 octobre 2005, je vous dis : « Venez, asseyons-nous et discutons de ce que j'ai écrit et de ce que c'est l'écriture, pour moi », et que, au moment où je vous dis ça, la période de ma vie dans laquelle je me trouve a commencé il y a plus de quinze ans, et que c'est une période de questionnements, une période qui est venue interrompre mon écriture parce qu'il y avait tellement de choses qu'il fallait que j'étudie, et auxquelles il fallait que je réfléchisse… c'est une chose. Mais si je vous dis exactement les mêmes mots, mais que je viens tout juste d'en sortir, de cette période de questionnements… est-ce que vous voyez la différence que ça fait ?

R. …

D. Ça signifie qu'au lieu d'être en train de vous dire : « Je vais te parler de mes questionnements », ce que je suis en train de vous dire, c'est : « Assieds-toi, vite. Il faut que je réfléchisse d'urgence, parce que ma montagne de questions, je l'ai enfin traversée ! Et que là, je reprends le collier de ma vie à moi ! » Vous comprenez ?

R. Oh ! Mais ça veut dire que… que tout à coup, nous ne parlons plus du tout de la même chose ?

D. Oh que non !

R. Parce que ce dont nous avons à parler c'est… de la reprise de votre œuvre de fiction ?

D. Oui ! C'est ça qui vient de me frapper !

R. Pause !

*

R. Vous avez… terminé?
D. Oui.
R. Un contrat de… de quinze, vingt ans?
D. …
R. Sacrebleu. Et… J'ose à peine le dire. Et… alors?
D. Je reprends. C'est tout.
R. «C'est tout»?!
D. Depuis vingt ans, je me suis débattu avec des tonnes de questions. Des questions avec lesquelles je n'avais pas le choix, de me débattre. C'était ça, ou fermer boutique et aller vendre des bottines. Depuis vingt ans, pour pouvoir un jour reprendre l'écriture de ce qui m'intéresse dans la vie et aller plus loin, il a fallu que je lise, que je triture, que je malaxe… je ne sais combien d'idées, de représentations du monde, d'émotions, d'intuitions, de… d'univers et de manières de les comprendre, ces univers. Parce qu'il fallait que je me crée enfin ma propre image du monde où je vis. Et que j'observe celui que je suis, moi.
R. …
D. C'était une tâche tellement énorme, tellement… je ne sais même plus comment en parler, tout à coup. J'avais l'impression que chaque fois que je finissais enfin, enfin! par identifier un tout petit bout de réponse, dans un seul des coins, il se métamorphosait immédiatement en une nuée de nouvelles questions. J'avais fini par me faire à l'idée que je ne ressortirais plus jamais de ce tunnel-là. Un tunnel construit de questions, emboîtées les unes dans les autres… à l'infini!
R. Mais toute cette entreprise-là, vous l'aviez mise de côté en 2000, non? Depuis ce moment-là, elle n'était plus au centre de vos journées comme elle l'a été pendant si longtemps?
D. Mais jamais de la vie! Depuis 2000, ce que j'avais mis de côté, ce qui n'était plus au centre de mes journées,

c'était l'*essai*, pas mon questionnement. Mais l'essai, ce n'était pas lui, l'essentiel, pas lui du tout – ça ne l'a *jamais* été. Lui, il n'était que la forme que je tentais de trouver pour mettre mes questions à plat, pour parvenir à les *voir*. C'étaient elles, mes questions, qui étaient mes journées, mes minutes… même mes rêves, souvent. Alors, même si j'avais mis l'essai de côté, depuis cinq ans, le questionnement, lui, était toujours aussi présent, même si ça pouvait avoir l'air de n'être qu'à l'arrière-plan. Une pile d'interrogations comme celles avec lesquelles je me trimbale depuis mon adolescence, ça ne se range pas en dessous des T-shirts, au fond d'un tiroir. Ça grouille, ça crie, ça appelle. Ça prend de la place en chien, dans une maison ! Vous comprenez ?

R. …

D. À partir de 2000, l'essai n'était peut-être plus au beau milieu de mes journées, mais mes questions, elles, oui. Alors je vivais nécessairement avec l'idée qu'un jour ou l'autre il allait bien falloir que je le termine. Que je le reprenne. Ou même que j'en commence un autre ! Vous vous imaginez ?! Son ombre était toujours là, à me taper sur l'épaule. Et tout à coup… zip ! Je ne suis plus dans le tunnel ! Je suis dehors ! Dehors ! Au grand air ! Au grand soleil !

R. Mais… nom de Zeus… quel effet est-ce que ça vous fait ?

D. Regardez mes yeux, ronds comme des billes, et essayez de deviner.

R. …

D. Je suis. Comment dire ? J'ai l'impression que je vais décoller de terre. L'idée de. Que je vais peut-être enfin pouvoir me remettre à écrire autre chose que ce sur quoi j'ai pioché durant ces vingt ans est… à couper le souffle. Vous vous souvenez de ce que je vous ai dit, lors de notre toute première rencontre, au début de juillet, à propos de l'effet que j'ai ressenti après l'écriture des *Entretiens* ?

R. Quel effet ? Vous en avez évoqué plusieurs.
D. La prison.
R. Oh oui ! Les portes de la prison, qui tournent sur leurs gonds ? Qui s'ouvrent doucement devant vous ?
D. Oui. Eh bien, en comparaison, ce que je ressens ces jours-ci, c'est… comme de la faire sauter à la dynamite, d'un coup sec, la maudite prison. C'est indescriptible, comme sensation. Il n'y a pas que le sentiment de liberté, il y a aussi…
R. Quoi ?
D. L'étonnement de… d'y être parvenu !
R. Je comprends.
D. …
R. Eh ben, dites donc. Si ça c'est votre sujet le plus simple, j'ai hâte d'entendre les deux autres.
D. …
R. Quoi d'autre ?
D. Comment ?
R. Il y a autre chose que vous voulez me dire, à propos de la fin de cette période-là de votre vie ?
D. Non.
R. Non ?!
D. Non, parce que si j'essaie de vous dire un mot de plus sur le sujet, je risque fort de ne plus pouvoir m'arrêter, et que ce n'est pas du tout ça que j'ai à faire ici.
R. Certain ?
D. Autant qu'on peut l'être. De toute manière, avançons, et…
R. Non, non, non. Attendez !
D. Quoi ?
R. Il y a une question que je ne peux pas ne pas vous poser tout de suite, elle me brûle trop les lèvres.
D. …
R. S'il vous plaît ?
D. Allez-y.
R. Pourquoi ?

D. « Pourquoi ? »
R. Oui. Pourquoi est-ce que toute cette période-là est finie, tout à coup ?
D. Oh ? Pourquoi *maintenant* ?
R. Oui.
D. Je serais très, très tenté de vous répondre que je ne sais pas. Et ce serait *presque* vrai.
R. « Presque » ?
D. Oui. En fait. C'est bizarre. C'est une question que j'ai volontairement écartée de mon esprit, depuis que tout le détricotage a commencé.
R. Pourquoi donc ?
D. Je pense. C'est complètement idiot. Je pense que j'avais trop peur de m'apercevoir qu'en fait, non, pas du tout, il n'y a rien de fini.
R. Comment est-ce que ça se pourrait ?
D. Si je me posais cette question, que vous venez juste de me poser, et que je ne lui trouvais pas de réponse, qu'est-ce que ça risquerait de vouloir dire, vous pensez ?
R. Oh. Oui, je vois. Vous pourriez. Vous pourriez en conclure que si vous vous ne trouvez pas de raison pour que la chose ait lieu, c'est qu'il n'y en a pas, tout simplement ? Et que s'il n'y a pas de raison pour qu'une chose arrive… ce n'est peut-être pas du tout ça qui est en train de se passer ?
D. …
R. Ça voudrait dire quoi ?
D. Que je suis tellement écœuré de cette période-là de ma vie que je lui invente une fin, par exemple ?
R. Glacial. Mais vous en avez une. Ou *presque* une ?
D. Oui. Non. Tout de suite en entendant votre « pourquoi », le cœur m'a serré d'un coup sec. Parce que je n'en avais aucune à vous donner, de réponse. Aucune de prête. Mais juste le temps d'ouvrir la bouche, et il y a une petite ombre qui est passée. À toute allure. Et elle.
R. Quoi ?
D. Elle est en train de grandir, là. À vue d'œil. En moi.

R. J'écoute.

D. Les *Entretiens*. Et puis... *Morceaux*. C'est ça qui s'est passé. Ça... et pourquoi il y a justement eu les *Entretiens* et *Morceaux*. Je crois que. Que la seule réponse que je puisse vous faire à « pourquoi », c'est celle-ci :
Parce que. Parce que Billy. Parce que le Jeune Acteur. Parce que Matane. Parce que le Peintre. Parce que le Musicien. Parce que... tous ces jeunes gens, que j'ai regardés, un soir au Barbare, à la fin des *Entretiens*, en me demandant combien d'entre eux seraient encore vivants dans cinq ans. Pas « en vie »... *vivants* ! Parce que la seule chose, la seule, que j'aie à faire de ma vie, c'est de remettre en circulation les immenses trésors que jour après jour on m'a donnés. Je ne veux pas changer le monde. Tout ce que je veux, c'est le chanter. Du mieux que je le peux. Parce que c'est ça qui manque. C'est ça, la guerre qui est en cours : plus de chants. Ou... bien trop peu, en tout cas. Les miens ne sont pas si extraordinaires. Mais, extraordinaires ou pas, je n'ai pas le droit de ne pas les chanter.

R. ...

D. Bon. Et maintenant, continuons. Nous avons énormément de pain sur la planche.

*

Trois sujets
Monsieur Deslauriers

R. Alors... Alors, quoi ? Vous me parlez de l'écriture que vous allez entreprendre, ou bien nous passons à notre deuxième sujet ?

D. Oh, on passe au deuxième sujet. L'écriture à venir, c'est. Ce sera. Plus tard.

R. Nous abordons *Le printemps, monsieur Deslauriers*, donc ?

D. Oui. Et là, nous entrons vraiment dans le compliqué.
R. Vive la vie.
D. Allons-y tout doucement. Sur ce deuxième sujet, je veux vous dire quatre choses. Première : «*Monsieur Deslauriers* est une *vraie* pièce.» Deuxième : une question de dates. Troisième : docteur Dubois. Quatrième : quelques mots
R. ...
D. Vous n'allez pas tomber en bas de votre chaise, j'espère ?
R. Que. Mais qu'est-ce que vous venez de me débobiner là, pour l'amour du ciel ?
D. Je viens de vous synthétiser, en quelques mots chacune, les quatre choses que j'ai envie de vous lancer ici à propos de *Monsieur Deslauriers*.
R. Bon. Alors, allez-y. La première chose, c'est... «*Monsieur Deslauriers* est une *vraie* pièce» ?
D. Oui.
R. Qu'est-ce que ça veut dire ?
D. Vous m'avez fait remarquer, dans votre longuet discours, que dans les *Points de repère*, en 2000, j'affirmais que *Monsieur Deslauriers* était ma dernière *vraie* pièce écrite à ce moment-là.
R. Oui.
D. Nous l'avons aussi dit, lors du même échange : s'il n'y en avait pas en 2000, en 2005, il y en a eu une autre d'écrite, une *vraie* pièce.
R. *Bob*, bien sûr.
D. Oui. Mais qu'est-ce que j'entends par «vraie» pièce ? Je ne voulais pas dire par là que *Monsieur Deslauriers* serait une meilleure pièce que celles que j'ai écrites après elle, comme *Anne est morte*, ou *Le troisième fils du professeur Yourolov*, par exemple. Pas du tout. En fait, en utilisant le qualificatif de «vraie», je ne faisais même pas référence à la pièce telle qu'elle est écrite.
R. Hein ?
D. Attendez. Je ne parlais pas du tout de l'«objet» pièce, je parlais du «voyage» de la pièce. Du voyage que j'ai

fait, moi, en l'écrivant. Tout le reste, ce n'est pas de mes oignons.

R. Holà, holà, un petit ins…

D. Oui, oui, je vais préciser, laissez-moi le temps d'y arriver. Il ne faut vraiment pas que j'échappe mon fil, autrement nous allons nous retrouver en plein champ. Je reprends. L'écriture d'une pièce, ce n'est pas une seule chose, ou un seul processus, c'en est plusieurs. Au moins une dizaine. Parmi eux, il y a, par exemple, de s'assurer que la pièce est « bonne » – quoique ce maudit mot-là puisse bien signifier. Il peut aussi y avoir le désir de « faire ses gammes », comme je vous en ai glissé un mot en vous parlant de mes premières pièces.

Mais pour moi, parmi tous ces processus à la fois très différents et complètement imbriqués les uns dans les autres, il y en a un qui est primordial entre tous. Même si tous les autres roulent à fond la caisse, si lui ne me satisfait pas entièrement, il manque l'essentiel. Ça ne veut pas dire que la pièce que je vais écrire, à mes propres yeux, sera dénuée de qualités, ni qu'elle sera déficiente, ni quoi que ce soit de cet ordre-là. Ça signifie, tout simplement, que le *voyage* que moi j'ai fait en l'écrivant n'a pas eu la profondeur ou l'ampleur que… que j'espérais. Ou à laquelle je m'attendais. Ça ne rend la pièce ni meilleure ni moins bonne aux yeux de personne, même pas aux miens. C'est clair ?

R. Oui, très. Mais de là à dire que le reste n'est pas de vos…

D. Attendez, je vous dis. Quand je lance une phrase comme « le reste, ce n'est pas de mes oignons », ce que je veux dire, c'est qu'au moment où un voyage d'écriture, un *vrai* voyage d'écriture, se met en branle… tout le reste, tous les autres aspects, toutes les autres considérations deviennent secondaires. Toutes ! Exactement comme nous l'avons fait ensemble lors des *Entretiens*, et comme nous le faisons à nouveau ici : fondamentalement, ce qui m'importe, c'est le voyage et rien que lui. Ça ne signifie aucunement que plus tard, en émergeant du voyage, il n'y a pas d'autres aspects qui me préoccupent, qui me déçoivent ou qui m'enchantent. Tout ce que ça veut dire, c'est qu'au moment même de l'écriture, le cœur même de l'écriture c'est la qualité du voyage dans lequel elle me plonge. Voilà, c'est tout.

Deuxiè...

R. Wô ! Vous m'abandonnez comme ça, une patte en l'air ?

D. Nous allons sans doute plus tard avoir amplement l'occasion de creuser le sujet, mais là, tout de suite, ce serait inutile. Avançons.

R. Bon.

D. Deuxième chose : « Une question de dates. » C'est une question qui m'a souvent traversé l'esprit à propos de *Monsieur Deslauriers*, à laquelle je ne m'étais jamais vraiment donné la peine de m'attarder mais que toute la récapitulation à laquelle nous nous livrons depuis juillet m'a... remise sous le nez. Voyez-vous...

R. Oui ?

D. Je ne crois plus, plus du tout, comme je l'ai écrit en 2000, que *Monsieur Deslauriers* ait simplement été la dernière pièce que j'ai écrite *avant* de plonger dans mes recherches. Je pense plutôt à présent que mes recherches, c'est le fait même d'avoir écrit *Monsieur Deslauriers* qui les a déclenchées.

R. Quoi ?! Mais... Mais vous ne m'avez jamais rien dit de tel !

D. Raison de plus pour vous le dire ici.

R. Mais est-ce que...

D. Oui. Oui, c'est ce que je crois : que ce que je vous dis ici, je peux enfin vous le dire parce que, justement, la période de ma vie inaugurée par *Monsieur Deslauriers* est terminée. Ça n'arrête pas de me revenir, et de plus en plus fort, à chaque fois que je relis ce que nous nous sommes dit avant l'interruption de juillet, et même après : observez le parcours de ma vie, et autant, au plan personnel, il y a un *avant* et un *après*... la mort de ma mère, par exemple, autant, en écriture, il y a un *avant* et un *après Monsieur Deslauriers*. C'est tout de suite après l'avoir écrite, elle, que tout bascule.

R. Et à l'autre bout du tunnel... *Bob*?

D. Oui et non. *Bob* est un cas à part, je pense.

R. Pourquoi?

D. Je l'ai terminée en 2000, c'est vrai, mais je l'avais commencée en 1991. À mes yeux, elle n'est donc pas tant «à l'autre bout du tunnel» qu'«au beau milieu». Je pense qu'elle est le projet qui m'a permis de tenir le coup pendant ma traversée de ce tunnel-là, justement. Elle est ma... ma dernière pièce de jeunesse.

R. Attendez. Aujourd'hui nous sommes à la sortie du tunnel, et à l'entrée il y avait *Monsieur Deslauriers*, c'est ça?

D. C'est ça. Ce qui fait d'elle peut-être bien la pièce la plus importante que j'aie écrite. «Importante» dans le sens où je viens de vous parler de ce que c'est qu'une *vraie* pièce, s'entend.

R. Dites-m'en davantage.

D. Non.

R. Non? À propos de ça non plus?

D. Si je ne me trompe pas, de ce sujet-là aussi, nous allons reparler très bientôt. En abondance.

R. Bon, d'accord. Eh bien, dites donc: quel rythme!
Troisième chose: «Docteur Dubois»?

D. Oui.

R. Tout un programme...

D. À qui le dites-vous. J'ai très envie de vous en parler, surtout pour souligner encore davantage ce que je viens tout juste de vous dire à propos de l'écriture de *Monsieur Deslauriers* comme constituant l'entrée du tunnel.

R. Allez-y.

D. Dans les mois qui suivent la création de la pièce, en 1987, presque un an avant que je tombe sur le livre de Lapalme, il se produit... quelque chose dont je n'ai à peu près jamais parlé. Quelque chose qui me bouleverse profondément, un très long moment.

R. Quelle chose ?

D. Un. Une vision.

R. Comme celle du 9 juillet 2000 ?

D. Euh. Oui et non. Oui, aussi surprenante. Mais non, pas aussi... légendaire, disons. Je veux dire : pas autant sur le mode de la légende. Ce n'est du moins pas ce qu'il me semble à l'époque. En fait, c'est une des très, très rares que j'aie connues qui me soit immédiatement apparue « littérale ». Autant que celle de Paris.

R. « Je vais écrire quatre pièces » ?

D. Oui.

R. Je vois. Donc, la vision d'après la création de *Monsieur Deslauriers*, elle aussi, vous... quoi ? Vous incite à poser un geste précis ?

D. Oh, bien plus qu'un geste. Ou plutôt, encore une fois, c'est ce qu'il me semble sur le coup. C'est durant l'été 1987, donc. Et ici, il faut que je précise une chose qui, je crois, a son importance : durant toute la période qui précède cet éclair, je suis extrêmement occupé. Déjà, à la fin de 1985, le lendemain ou le surlendemain même de la création de *Being*, j'ai eu une autre création.

R. *Deux contes parmi tant d'autres pour une tribu perdue*, chez Omnibus.

D. Oui. Deux créations en deux ou trois jours ! Et après ça, les choses continuent de s'accélérer. Au printemps de 1987, la semaine où *Monsieur Deslauriers* est créée chez Duceppe, par exemple, des premières, j'en ai trois.

R. Trois ?! En une semaine ?

D. Oui. Dont deux créations.

R. *Monsieur Deslauriers*, donc... ?

D. Oui, et puis *Pericles Prince of Tyre, by William Shakespeare*, que j'écris en anglais pour le Theatre Passe-Muraille, à Toronto. Et la création de la traduction anglaise que Linda Gaboriau a faite de *Being*.

R. Où ça ?
D. Au Tarragon, à Toronto aussi.
R. Vous avez deux pièces qui commencent à Toronto la même semaine ?
D. Oui, plus la création chez Duceppe. Plus les voyages à l'étranger, les conférences, les lectures, des tonnes et des tonnes d'entrevues à donner. Ce qui fait que je surfe… Je ne me sens pas comme un chien fou, mais ça me prend vraiment tout mon petit change pour l'empêcher. Et je crois que ça a son importance, parce que le moment où l'éclair arrive, en 1987, c'est peut-être le premier depuis fort longtemps où les choses ralentissent un peu.
Au moment où il surgit, ce qu'il me « dit », il ne me le hurle pas par la tête, il le laisse tomber du bout des lèvres, presque en un soupir, avec un grand sourire doux – il ne me donne pas un ordre, il énonce une évidence. Je revois encore très précisément le moment où ça se produit : comment ma table est placée, comment je suis assis.
R. Vous êtes ici, chez vous ?
D. Oui. Mais à l'époque, l'appartement est encore presque entièrement vide. J'ai un bureau, sur la rue Berri, où se trouvent presque tous mes livres et tous mes papiers. Cet appartement-ci, contrairement à tous les précédents, je suis bien décidé à ce qu'il ne devienne pas mon bureau : j'en ai jusque-là de vivre dans mon bureau, d'avoir l'impression de camper entre des boîtes et des étagères. Je suis installé à ma table, et tout à coup, une idée me vient. Soudaine. Claire. Simple. Limpide. Lumineuse. Parfaitement dessinée, dès son apparition. Et j'en ressens aussitôt une extraordinaire légèreté. Je vois… je vois la porte que j'ai à emprunter. Je réalise soudain que je sais ce que j'ai à faire de ma vie.
R. Quoi donc ?
D. Un psychanalyste. Oui, oui, je sais, moi aussi, je saute au plafond de surprise, en m'entendant soudain penser ça. Mais il n'en reste pas moins que c'est bel et bien cette image-là qui surgit de but en blanc : « Deviens psychanalyste. » Et

pas n'importe quelle sorte de psychanalyste... Jungien, ce qui a mes yeux porte immédiatement à un tas de conséquences obligées. Comme celle d'avoir à respecter certains points essentiels de ce que je connais de la pensée de Jung et de ses prescriptions. Je me souviens avoir lu que pour lui, il est primordial qu'un analyste se réclamant de son école ait d'abord reçu non seulement une formation médicale, mais encore une formation en psychiatrie. J'ai sursauté, en lisant ça la première fois, des années et des années plus tôt, mais j'y ai longuement réfléchi par la suite et j'ai fini par tomber tout à fait d'accord avec son raisonnement. Ce soir-là, aussitôt que la pensée s'impose à ma conscience, je prends donc immédiatement un bout de papier et me mets à calculer : années de formation médicale de base, plus années de formation en psychiatrie, plus années de formation à Zurich. Je fais le total. Et là !... j'en reste comme deux ronds de flan ! Parce que ce total, additionné à l'année où nous sommes, énonce que je deviendrais psychanalyste... en l'an 2000 ! L'année de mes quarante-cinq ans, pile !

R. Donc... à l'âge précis à partir duquel, dans votre esprit, depuis des lustres, vous n'avez plus aucune image de votre vie ?

D. Oui. J'en reste abasourdi. J'essaie de me raisonner, de me dire que ça n'a aucune espèce de bon sens d'entreprendre des études que je ne vais terminer qu'au moment où je suis profondément convaincu que je vais mourir... mais rien n'y fait. Je me souviens qu'une idée me traverse le crâne, à toute allure : « Ah, eh bien, voilà donc enfin pourquoi je n'avais pas de représentation de moi-même après quarante-cinq ans. Pas parce que je vais mourir, mais parce que, après cet âge-là, je vais être devenu tout à fait un autre homme : un psychanalyste ! »

Je me sens ravi. Ce surgissement-là n'a rien à voir avec l'aboutissement d'un long processus de réflexion que je me serais su être en train de mener, pas du tout, c'en est même l'opposé : la réponse surgit alors que je ne savais même pas que je me posais une question. Cette fois-là aussi, comme en juillet 2000, l'image s'accompagne d'une sensation de véritable certitude. Ce qui vient de m'apparaître coule de source. J'en tremble d'excitation. De joie. Je *sais*, c'est inquestionnable, que mon avenir est là. Là, et nulle part ailleurs. À telle enseigne que je commence, dès le lendemain matin, à me renseigner sur les conditions d'admission en médecine, à l'Université de Montréal.

R. Sérieux ?

D. On ne peut plus.

R. Mais alors, qu'est-ce qui arrive ? Pourquoi est-ce que vous n'allez pas de l'avant ? Vous n'allez pas m'apprendre que vous êtes devenu psychanalyste en cachette ?

D. Non. Non, pas vraiment. Encore que…

R. Que… ?

D. Non, rien. Ce qui se passe, c'est quelque chose de vraiment très étrange. Dès que je pense au projet, et ça va rester vrai quelques années, l'émotion première me regagne instantanément. Sauf qu'une fois franchies les toutes premières étapes préliminaires, aussitôt que j'amorce un geste concret pour tenter de mettre le projet à exécution, non seulement l'émotion lumineuse disparaît, mais elle est même immédiatement remplacée par… par une lourdeur. Une lourdeur invraisemblable. Je deviens de plomb, tout à coup. Et si je m'entête, je me retrouve avec un mal de tête carabiné. Ou alors je fais des actes manqués, à répétition. Je me pète le coude, ou un orteil. Je me brûle en préparant le repas. Jamais rien de grave, mais toujours quelque chose qui semble venir me crier : « Non ! Décroche ! » C'est vraiment à n'y rien comprendre.

R. Vous parlez d'avoir mal à la tête. Mais ça ne vous arrive jamais, ça : vous n'êtes à peu près jamais malade.

D. Je sais bien. Mais dans ces cas-là, c'est presque automatique. Aussitôt que je tente de passer aux actes.

R. Qu'est-ce que vous faites ?

D. Je ne comprends rien de rien à ce qui m'arrive. Pourquoi une différence aussi flagrante entre ce que je ressens quand je réfléchis au projet en théorie et ce qui m'arrive dès que je tente de poser un geste concret ? C'est à devenir dingue.
Je persiste un bon moment. Je m'entête. Je fais des efforts… vraiment colossaux. Je m'invente même des trucs pour tenter de déjouer les malaises. J'essaie de me prendre par surprise, par exemple : je dresse une courte liste de choses à faire pour passer à l'action… je la laisse traîner sur mon pupitre des jours durant, sans y penser du tout, et tout à coup, zip, sans y avoir réfléchi, je m'en empare et j'essaie de réaliser un point ou deux avant l'apparition des blocages. Mais peine perdue.
Je suis totalement incapable de renoncer à une idée qui a une telle solidité, vous comprenez ? Pas avant d'avoir tout tenté. Et plutôt trois fois qu'une. Une idée qui a une telle solidité et qui est, surtout, associée à un sentiment aussi profond de joie… pure ! Je tente tout. Mais la résistance finit par devenir insupportable.

R. Alors ?

D. Alors, à la longue, je finis par m'épuiser : le passage continuel d'un état à l'autre est vraiment trop infernal. J'en viens à me dire que j'ai dû très mal lire ce qui m'est arrivé ce soir-là, et c'est tout. Je ne referme pas le livre du projet, mais je… je le laisse traîner ouvert sur une table, si vous voyez ce que je veux dire. Parce que je n'y crois pas, à l'explication que je me suis forgée. Pas vraiment. L'image a vraiment été beaucoup trop forte.
Seulement. Il y en a une autre explication possible, juste une, que je n'ai jamais examinée. Pas avant ces jours-ci, en tout cas.

R. Laquelle ?

D. Que malgré son *apparence* littérale, cette image-là ait été, en fait, aussi légendaire que celle de juillet 2000. Et si ce qui cherche à s'exprimer ce soir-là n'était pas que je dois devenir littéralement un psy ? Mais autre chose ? Une « autre chose » proche, par certains aspects en tout cas, de ce que fait un psy… mais pour laquelle je n'ai aucune image préexistante, à trente-deux ans ? Ou, en tout cas, aucune qui aurait les mêmes qualités d'évocation ?

R. Attendez. L'image de vous en psy aurait pu n'être qu'une approximation ? C'est ça ? La meilleure possible, mais une approximation tout de même ?

D. Non, non, non. Je n'aime pas du tout le mot « approximation », il fausse tout. Ce que je crois, c'est tout simplement que le psy que je vois ce soir-là est sans doute aussi « légendaire » que le petit chevalier de 2000. Sauf que je ne le décode pas, que je ne le lis pas pour ce qu'il est, ni donc pour ce qu'il implique : je me dis plutôt que l'image est littérale. Ça s'explique facilement : je n'ai pas du tout, à cette époque, l'expérience de lecture que je vais développer par la suite. Elle reste encore toute limitée aujourd'hui, cette capacité, je ne me leurre pas à ce sujet-là, mais elle est certainement incomparablement plus sophistiquée qu'en 1987. Toujours est-il que petit à petit, un clou chassant l'autre, je finis par renoncer. Sauf que…

R. Que… ?

D. Je vous l'ai dit : en faisant mon calcul de calendrier, dès le premier soir, un calcul qu'en me renseignant je vais facilement confirmer au cours des jours suivants, j'arrive à une évaluation de l'âge que je vais vraisemblablement avoir quand je pourrai enfin me mettre à pratiquer.

R. Quarante-cinq ans.

D. Oui. Et savez-vous ce qui vient de me frapper, tout dernièrement ? Que si j'étais parvenu à suivre le plan que je m'étais échafaudé dès ce premier soir-là, à peu près au moment où j'aurais entamé mes études d'omnipraticien, j'ai à la place découvert… George-Émile Lapalme.

R. Oh là.

D. Et c'est la découverte de cet ouvrage-là qui va me mener à des études et à des réflexions continues… jusqu'à quel âge ?

R. C'est pas possible…

D. Dites.

R. Quarante-cinq ans ?

D. Oui, monsieur.

R. Vous en déduisez ?

D. Que c'est peut-être en plein ça que me montre ma vision, ce soir-là : ce que je vais devoir faire de mon temps, entre trente-deux et quarante-cinq ans. C'est tout.
Et la dernière chose, enfin.

R. « Quelques mots. »

D. Oui. Depuis que nous avons commencé ce livre-ci, il y a une question qui s'est mise à me trotter dans l'esprit avec de plus en plus d'insistance.

R. Oui ?

D. Si je devais choisir, dans tout ce que j'ai écrit, *le* passage, l'extrait, le plus court possible, qui m'apparaît le plus clair à propos de ce qui m'anime, lequel est-ce que ce serait ?

R. Et… ? La réponse ?

D. C'est une question absurde, bien évidemment. Il y en a des tas, de passages, dans ce que j'ai écrit, qui m'apparaissent clairs, révélateurs, que je rêverais même de reprendre, de redévelopper autrement, de pousser encore plus loin. Des passages qui m'allument complètement. Et qui, dans bien des cas, se répondent les uns aux autres : ils forment un tissu. C'est idiot de tenter de les extraire de leur contexte. Mais quand même, en juillet, un soir, juste avant la… l'interruption, en marchant, il y en a un en particulier qui m'est venu à l'esprit. Extrêmement fort. Et qui, depuis, n'a pas cessé de me hanter.

R. J'écoute.

D. Dans *Le printemps, monsieur Deslauriers*, bien entendu.

R. Bien entendu.

D. Et c'est là qu'intervient la notion de voyage d'écriture que j'ai rapidement abordée tout à l'heure. Il fallait que je vous précise ce que j'entends par une *vraie* pièce, parce que en écrivant *Monsieur Deslauriers*, j'en ai fait un, voyage.
R. Profond ?
D. Tellement qu'il m'a fallu quinze ans pour retrouver mon chemin.
R. Vous voulez parler de…
D. Oui.
R. Donc… Donc c'est vraiment le voyage d'écriture de *Monsieur Deslauriers* qui a déclenché la quête dont vous ressortez à présent ?
D. Oui. Une période qui en fait l'est d'ores et déjà, terminée, mais dont ces jours-ci je prends conscience qu'elle l'est.
R. Alors… *la* phrase ?
D. …
R. Vous me la dites ?
D. Non.
R. Mais… !
D. Non. Parce que ce que j'ai compris ces jours-ci, c'est que je dois faire une entorse à ma règle d'or. Une entorse capitale. « Ce que tu as à dire, n'aboutis pas à lui, pars de lui »… je vais faire exactement le contraire. Sauf que je vais vous annoncer d'avance où nous allons aboutir.
R. À cette phrase-là dans la pièce ?
D. Oui. À *la* phrase – même si ça fait vraiment un peu beaucoup pompeux de la présenter sur ce ton-là. Je vous ai dit plus tôt que le fait de comprendre que mes questionnements sont terminés transforme complètement ce que nous avons à faire ici. Eh bien là, tout de suite, je vous annonce notre nouveau cap : nous n'allons pas parler de « ce que j'ai écrit », nous allons parler d'une phrase. Une seule. Parmi toutes celles que j'ai écrites. Parce qu'elle les renferme toutes. Toutes celles que j'ai écrites à cette époque de ma vie. Une époque que j'ai vécue comme on marche vers un quai.

Tout de suite après l'avoir écrite, j'ai pris le bateau. Et aujourd'hui, j'en redescends. Ce que nous allons faire, dans *Morceaux*, c'est tout simplement refermer le livre de ce que j'ai écrit durant la première partie de ma vie.

R. Pour pouvoir…

D. Eh oui. Pour pouvoir entreprendre la deuxième avec des bagages plus légers.

*

Trois sujets
L'âme

R. Ce qui nous mène directement au troisième et dernier sujet.

D. Oui. L'âme.

R. Quand vous prononcez le mot, ce qui me vient tout de suite à l'esprit, ce sont les réflexions que, ce fameux dimanche-là, en septembre, vous m'avez rapportées à propos de vos lectures ou relectures de Kerouac, de Ducharme, de Henry Miller. Vous m'avez parlé de la « mort de l'âme ». Vous avez même évoqué votre devoir : trouver le moyen de continuer coûte que coûte, s'il le faut même sans elle. Vous m'avez dit : « *Apprendre à vivre sans elle.* C'est là que nous en étions restés quand nous avons été interrompus en pleine écriture. Et je crois bien que c'est là que nous allons reprendre tout à l'heure. »

D. Oui. L'âme. La lumière.

R. Vous pensez à une lumière de même nature que celle qui se révèle, mais voilée, dans l'image de « l'orage sur la plaine », par exemple ?

D. Oui. Et que je vous ai dit ne jamais avoir rencontrée vraiment. Sauf dans cette image-là ou, bien plus récemment, dans celle de la plaine des quatre livres. Ou dans la prodigieuse toile d'Aïvazovski. Ou en rêve. Ou…

R. Ou… ?
D. Parfois dans le regard d'êtres aimés, le temps d'un éclair.
R. Vous la voyez dans leurs yeux… parce que vous les aimez ?
D. Il m'a toujours plutôt semblé que c'est parce que je la vois dans leurs yeux que je les aime.
R. Où d'autre ?
D. Quoi ?
R. Où d'autre est-ce que vous la voyez ?
D. Dans les récits de certains auteurs, je vous l'ai dit. Ce sont eux qui, pour la plus grande part, m'ont permis de la connaître. Ou, non, de la *re*connaître, plutôt.
R. Pourquoi est-ce que ce sont des auteurs qui vous l'ont permis ?
R. Parce que l'accès à cette lumière est l'une des fonctions de l'art.
R. Continuez.
D. Justement… non.
R. Encore ?!
D. Désolé. Je n'ai mis le sujet sur notre courte liste que pour nous le rappeler. C'est fait. Mais je ne veux pas l'aborder davantage tout de suite.
R. C'est tout ?
D. C'est tout.
R. Bon. J'ai comme qui dirait l'impression que nous allons tourner une page importante, alors…
D. Quoi ?
R. Ce dont nous venons de discuter a fait surgir deux questions qui me paraissent incontournables. Que je sais que je ne pourrai pas m'enlever de la tête. Je redoute fort que vous ne les écartiez du revers de la main, mais laissez-moi au moins les formuler, vous voulez bien ? Je…
D. Une à une ? Ou les deux d'un seul coup ?
R. Une à une.
D. Allez-y.
R. L'essentiel du choc que vous avez ressenti après mon longuet discours tient à votre prise de conscience de ce que

votre traversée du tunnel est achevée. Et ce tunnel, il était composé de questions. Alors ma première question coule de source : quelles réponses est-ce que vous avez trouvées ? Ou, formulée autrement : vous m'avez dit que vous avez enfin une image de la société où vous vivez. Laquelle ?

D. Vous avez raison, cette question-là est impossible à écarter. Mais d'un autre côté, je n'ai vraiment aucune espèce d'envie de m'éterniser sur elle. Alors, je vais y répondre, mais en quelques mots et à une condition formelle.

R. …

D. Qu'une fois que je vais avoir répondu, vous ne me demandiez aucun détail. Des détails, j'en fournirai ailleurs, je vous le promets, mais pas ici.

R. D'accord.

D. L'image que j'ai fini par me faire de la société où je vis, elle est toute simple. Nous en avons d'ailleurs déjà abordé plusieurs aspects, ici et là, dans les pages précédentes ou lors des *Entretiens*. En quelques mots : cette société est en train de mourir. Je la vois, je la regarde, je l'entends s'éteindre, jour après jour. Et c'est son choix. Un choix délibéré, réitéré des dizaines de fois, de génération en génération. Mais le plus grave n'est pas là, il s'en faut de beaucoup. Le plus grave, c'est qu'elle ne permet pas à ses membres, aux individus qui la constituent, de se développer. Ni intellectuellement, ni culturellement, ni moralement, ni spirituellement. Cette société ne survit encore que pour une seule raison : grâce à la richesse et à la puissance du continent où elle se trouve. Une société qui aurait les traits culturels du Québec mais qui se situerait dans un autre contexte économique et géopolitique serait déjà morte au bout de son sang depuis longtemps. Voilà, c'est tout. Deuxième question ?

R. Qu'est-ce que vous savez, ou qu'est-ce que vous pressentez, ou qu'est-ce que vous espérez à propos de la nouvelle période d'écriture dont vous avez le sentiment qu'elle va s'ouvrir à présent ?

D. Il y a plusieurs questions, là-dedans. Je commence par la plus simple : qu'est-ce que je souhaite ? La réponse est, encore une fois, très simple. J'espère que je vais être capable d'intégrer à mon écriture ce que j'ai compris au cours des vingt dernières années. Pas du tout pour en faire la démonstration, bien entendu, mais pour en nourrir les histoires que je vais écrire, tout bonnement. En un mot : j'espère que je vais être capable de continuer d'écrire. En ce qui concerne ce que je sais ou ce que je pressens, la réponse est encore plus simple : rien d'autre que le fait que j'ai une chienne bleue.

R. Pas d'image ?

D. Aucune.

R. Pas de… d'intuition ?

D. Néant.

R. Si vous aviez le choix… aussitôt que nous aurons fini ce livre-ci…

D. Aussitôt que nous aurons *peut-être* fini ce livre-ci, vous voulez dire…

R. Oui. À quoi est-ce que vous passeriez ?

D. À cinq années de voyages incessants et de lectures assidues. Pour tenter de rattraper un peu les vingt dernières.

R. Je voulais dire en fait d'écriture.

D. Oh. Je reprendrais *Les rats*, sans l'ombre d'un doute. Oui, oui : je pense bien que je replongerais dans mon roman. Pour le terminer enfin. Ensuite, je ne suis pas certain. Peut-être mes pièces déjà amorcées ?

R. *La prière du Renard*, *Lettre à mon fils*, *Krantz* ?

D. Oui. Mais je ne suis pas certain du tout. Le plus probable serait, je crois, que je tourne définitivement le dos au théâtre. Sauf peut-être pour faire des traductions, de temps en temps. En fait, tenez, si vraiment je laisse monter la toute première image qui me gagne au moment où vous me dites : « Après avoir terminé ce livre-ci, qu'est-ce qu'il y a ? », je vous réponds : « Si j'en ai les moyens, je dégage mon appartement, je le prête à un copain, et moi je lève les pattes. Je pars pour… l'Angleterre, peut-être ? Ou San Francisco ? Ou Saint-Pétersbourg ? Pour trois, quatre ou cinq ans. Là-bas, je finis mon roman. Et j'apprends l'arabe. »

R. L'arabe ? Mais pourquoi donc ?

D. Pour pouvoir lire la poésie. Et lire les dissidents, aussi. Dans le texte.

R. Bon. Et pour le moment ?

D. Nous débarquons d'un gros navire. Sur un continent totalement inconnu de moi. Nous descendons la passerelle, nos valises à la main. Nous marchons tout le long du quai. Jusqu'à un café dont la terrasse donne directement sur le port. Et là, plutôt que de nous enfoncer tout de suite dans ce nouveau continent qui nous attend, nous déposons nos bagages. Nous nous installons à une petite table. Et nous regardons le grand bateau blanc, amarré juste là. Nous repensons à toutes les aventures qui nous y sont arrivées au cours des vingt dernières années. Nous commandons deux cafés. Puis je vous dis : « Laissez-moi vous raconter comment j'ai un jour abouti à son bord. »

R. Ouf.

*

Avant de monter à bord

R. On y va ?

D. *Le printemps, monsieur Deslauriers*. J'ai raconté, mais très brièvement, dans les *Entretiens* puis dans les *Points de repère*, comment je l'ai écrite.

R. Pour Jean Duceppe.

D. Oui. Ça a été toute une saga. Quand je suis allé le voir à son bureau de la Place des Arts pour lui proposer le projet que j'avais alors à l'esprit, mais qu'à un détour de la conversation lui m'a soudain lancé sa phrase-bombe sur le père arrivé au bout sa vie qui dirait : « J'ai peut-être fait rien que ça, dans ma vie, mais ça, au moins, je l'ai fait », ce n'était pas l'homme connu, la vedette, ni même vraiment le patron d'une grosse compagnie de théâtre que j'allais rencontrer. C'était, comme je le lui ai dit une autre fois, mon troisième grand-père. Mon grand-père… culturel… ou théâtral, si vous voulez. Le grand-père symbolique. Qui contenait tous les autres.

R. L'archétype.

D. C'est ça. Je n'allais pas le voir d'abord et avant tout pour qu'il me commande un texte, mais parce qu'il fallait absolument que je lui parle en tête à tête. Je savais bien que je ne pouvais pas me pointer à la porte de son bureau, faire toc toc et lancer : « Excusez-moi, monsieur Duceppe, mais il faut absolument que je pose une question essentielle au personnage mythologique que vous êtes sans même le savoir. Pouvez-vous m'accorder cinq minutes ? » Il me fallait un prétexte aussi crédible que possible.

R. Pourquoi est-ce qu'il fallait tellement que vous le voyiez ?

D. À cause du malaise de plus en plus lourd que je ressentais. Celui de mes questionnements : l'impression de plus en plus nette que ce que la société où je vis se raconte d'elle-même est un mensonge, une fuite. Une fuite devant… je ne savais quoi. Une faute ? Une erreur ? En tout cas, quelque chose advenu il y a longtemps, et qu'il s'est agi depuis d'abriller à tout prix. De masquer. Mais qui ne se laisse pas abriller, justement. Nos tentatives perpétuelles bouffent de plus en plus d'énergie, tout en se révélant de moins en moins efficaces.

R. Le Minotaure ?

D. Tout à fait, c'est exactement ça. Le roi Minos a commis une faute à l'égard d'un dieu, et la preuve de sa faute a fini par s'incarner dans un monstre à la fois homme et taureau, enfermé dans un immense labyrinthe souterrain et qui dévore constamment les plus beaux enfants du royaume. Mon blocage, je le ressentais déjà très fort, et de plus en plus, comme un mur, quand je suis allé voir monsieur

Duceppe à la toute fin de 1985. Et je pressentais aussi très fort qu'en dépit des apparences il n'avait rien à voir avec la question de la nation – avec la sempiternelle rengaine du pays pas encore né, et toutes les niaiseries qui ne servent en fait qu'à noyer le poisson. Le nationalisme n'est pas une manière d'aborder les questions, il est une manière de les fuir, de les détourner, de les enterrer. Ce qui me préoccupait était quelque chose de beaucoup plus... profond, réel, concret. Humain. Mais de pourtant aussi insaisissable que le vent. On le sent, on sait qu'il est là, il peut même porter les avions, renverser des villes, mais il est impossible à saisir. Je voulais demander à monsieur Duceppe, au Grand-Père d'entre les grands-pères, comme dans les contes de fées : « Grand-père ! Parlez-moi ! Racontez-moi ! Qu'est-ce qui s'est passé ? Dites-le-moi ! Vous ne pouvez pas vous taire ! Si vous, vous vous taisez, nous allons tous mourir de votre silence ! » Il fallait que je lui pose la question, mais je savais parfaitement que je ne pouvais pas la lui poser ouvertement – la porte me serait revenue en pleine face : « Non, mais de quoi est-ce que tu parles, espèce de petit morveux ! Veux-tu ben farmer ta tabarnak de grand yeule pis sortir d'icitte ! »

R. Pourquoi lui ?

D. Oh. Excellente question. Je pense. Oui. Parce que. Parce qu'il n'était pas mort, lui.

R. Comment ça ?

D. Je savais qu'il y avait quelque chose de vivant, en lui, qui me fascinait mais que je ne voyais vivre chez à peu près aucun autre de ceux que j'appelle mes Grands Aînés : les grandes figures publiques, à l'époque de mon adolescence et de ma vie de jeune adulte. Et parce que je pensais qu'il savait. Et puis il y avait aussi son côté tête de cochon, fonceur. Mais à l'époque, l'image était bien trop forte pour que je puisse la détailler, l'analyser, même de manière aussi sommaire que je le fais ici. Il *fallait* que je le rencontre, que je lui parle, c'est tout.

R. Vous parlez de…
D. Oui, précisément : de la momification. Je ne m'étais jamais posé la question avant ce matin, mais oui, c'était aussi simple que ça. Il y avait chez Jean Duceppe quelque chose d'intact. Je n'avais même jamais eu à le nommer – je le savais.
R. Donc, vous alliez le voir pour affronter le roi Minos ?
D. Non, non. Du tout. Il était question de tout ce que vous voudrez, sauf d'affrontement. Non, je voulais simplement lui poser ma question. Lui demander de me parler. « Parler. » Cette chose qui est tellement rare dans cette société qu'on finit par croire qu'elle est une chimère. Je voulais lui demander de me dire quelle est la source de tout ce silence. De la noirceur.
R. De l'orage ?
D. Oui.
R. Pourtant, cet orage, quand vous parlez de lui, quand vous évoquez l'image de la plaine, de Camus, de Jünger, il ne donne pas du tout l'impression d'être un phénomène local. Je veux dire essentiellement québécois. Camus et Jünger ne venaient quand même pas de Saint-Anne-de-la-Pérade.
D. Bien sûr que non, vous avez raison. Et je ne savais pas, à ce moment-là, en décembre 1985, comment l'orage noir que je percevais, dans lequel je me sentais vivre, participait aussi de l'orage global dont parlent Camus, Jünger et même Miller dans mes images de la plaine. Tout ce que je savais, et encore, très confusément, c'était qu'il y avait sans aucun doute quelque part un lien entre les deux. Et que la seule manière d'éventuellement parvenir à le saisir, ce lien, c'était en creusant l'étude des deux pôles à la fois. S'il existait, je finirais bien par tomber sur… sur un tunnel.
R. En étudiant, donc, d'une part l'orage spécifique ici et, de l'autre, l'orage global dont Camus, Jünger et Miller parlent dans les images ?

D. Tout à fait. Et mon profond désir de rencontrer monsieur Duceppe participait bien sûr de mon travail sur le premier des deux.

R. Je vois.

D. Alors j'ai saisi le premier prétexte venu, et je suis allé frapper à la porte de son bureau. Sauf que là… ! Non seulement il n'a pas ri de moi, mais le dialogue s'est même tout de suite engagé. Ça a été extraordinaire. Bouleversant. Monsieur Duceppe a immédiatement écarté du chemin le prétexte auquel j'avais eu recours, en me lançant : « Oui, oui, vas-y, écris-moi ça et puis reviens me voir à la fin de janvier », alors que c'était impossible que ce projet-là l'intéresse. Vous comprenez ? Sa réponse était aussi inattendue que si l'archevêque avait accepté d'être membre du jury pour une compétition de danseuses du ventre. Ce qui fait qu'immédiatement, là, dans son bureau, je n'ai pas pu m'empêcher de penser : « Dieu du ciel ! Il a tout de suite vu que tu es ici sous un faux prétexte ! Alors respire fort, mon *pit*, parce que ou bien il va te sortir de son bureau sur la tête d'ici trente secondes, ou bien… il subodore la vraie raison de ta présence et il est prêt à parler. »

R. Et… ?

D. Et il s'est mis à parler, justement. À me raconter des souvenirs de toutes sortes, d'abord. Je n'ai jamais oublié l'anecdote de… Shawinigan, il me semble. Il me raconte qu'il est en tournée là-bas – les techniciens font le montage des décors, de l'éclairage. Ils allument la console, et pouf ! la ville s'éteint !

R. À cause des projecteurs ?

D. Oui. Il me raconte ça en riant aux larmes. Toutes sortes d'autres choses, encore. Eh puis tout à coup, son regard sur moi change. Il cesse de sourire, il se carre dans son fauteuil, me dévisage un petit moment et… de but en blanc, sans prévenir, me lance sa phrase : « Vous savez, j'ai joué presque tous les pères de Dubé. Des pères qui arrivent au bout de leur vie, qui se retournent, qui regardent derrière eux le chemin parcouru et qui disent… j'ai manqué mon coup. Je sais que ça ne marche pas comme ça, qu'un auteur a besoin d'avoir ses propres idées, mais si jamais vous aviez le goût de… » Je suis estomaqué. Imaginez ! *La* figure paternelle, et même et surtout patriarcale, du Québec, qui regarde en plein dans les yeux un jeune gars d'à peine trente ans, et qui lui dit, en quelque sorte : « Dis-moi ce que j'ai fait ! » Il y a amplement de quoi flipper, non ?

R. Pourquoi est-ce que d'après vous ça voulait dire : « Toi, dis-moi ce que j'ai fait » ?

D. Parce que à aucun moment, ni avant ni après sa phrase-massue, il n'a tenté de s'expliquer. Il n'a pas dit : « Viens me voir, un bon jour, pis je te dirai quoi écrire », non, absolument pas, il a dit : « Écris-le ! Tu le sais déjà. »

R. Qu'est-ce que ça vous a fait ? Concrètement ?

D. J'en suis resté baba. Stupéfait. Sans même avoir eu à formuler ma question ouvertement, je me faisais répondre : « C'est toi le poète. C'est toi qui le sais. C'est à toi de me le dire. » Imaginez un peu ! Dans les semaines qui suivent, sa phrase me poursuit sans cesse. Je suis à Paris, je fais un voyage extrêmement agréable, mais il faut que je l'interrompe, que je revienne en quatrième vitesse, tellement l'urgence est grande. Je sens qu'il faut absolument que je saute à pieds joints sur l'occasion. Que je n'ai pas le droit de ne pas tenter le coup.

R. Pourquoi est-ce que vous n'avez pas le droit ?

D. Parce que c'est moi qui ai posé la question, c' t'affaire ! Dans la vie, nous ne sommes pas responsables seulement des réponses que les autres nous font – nous le sommes tout autant, sinon bien davantage encore, des questions que nous posons. C'est moi qui me suis présenté à la porte de son bureau sous un prétexte gros comme une maison ? C'est moi qui ai lancé l'invitation initiale ? Lui, de son côté, a non seulement acquiescé, mais encore m'a immédiatement relancé de cinq ? Je ne peux quand même pas effacer ça. Ce serait de la dernière des lâchetés. Et puis d'abord ce n'est pas du tout un jeu, je *veux* savoir. Mordicus. C'est comme ça qu'il me répond ? Eh bien soit ! c'est sur ce terrain-là qu'on va se rencontrer, un point c'est tout ! *Hic Rhodus. Hic salta.*

R. Je vous demande pardon ?

D. « C'est ici Rhodes. C'est ici que tu dois danser. » C'est un dicton latin, l'équivalent antique de « C'est ça qui est ça ».

R. Bon.

D. La balle est indéniablement dans mon camp. Mais il y a un hic – et de taille : je ne peux pas aborder la question de front.

R. C'est-à-dire ?

D. Je ne peux pas décider froidement, rationnellement, de platement écrire une pièce sur le thème du silence collectif et de la faute enfouie. La création, ça ne marche pas comme ça, c'est la propagande qui fonctionne de cette manière-là. Je n'ai absolument pas envie de « disserter à propos de », je veux « plonger dans ». Il n'y a que de cette manière-là, en plongeant, que je risque de découvrir un chemin… si jamais il en existe un. Sauf que je ne vois pas. Je ne vois absolument pas comment m'y prendre. Il faut que je trouve une fable. Et une fable qui… comment dire ?… qui va me captiver. Sur laquelle je pourrai me concentrer tandis que, masqué par elle, le dialogue pourra s'établir avec le grand-père absolu.

R. Comment est-ce que vous faites ça ?

D. J'y vais arbitrairement, tout simplement, comme toujours. J'écris « au hasard », sur une feuille, je ne sais plus quelle date… je me souviens seulement que c'est celle d'une journée ouvrable de printemps, une heure de la fin de l'avant-midi. Un lieu : l'aréna de Villeray. Une action : le personnage fume un cigare. Je sais que, quoi que je fasse pour y échapper, ma fable est là. Tout est là. Tout *doit* être là, caché dans ces fragments-là. Il me suffit de l'extraire de sa gangue.

FLOTTEMENT

R. Un jour de printemps, en fin d'avant-midi, un personnage fume un cigare à l'aréna de Villeray ? C'est tout ?

D. Oui. Mais attention. Au départ, je ne sais absolument pas que c'est à l'aréna que le personnage fume. Ni que c'est ce jour-là de printemps, à cette heure-là, qu'il fume. Ce n'est que plus tard, quand le travail se sera enclenché, que l'unité d'interprétation des éléments va s'imposer. Au départ, je ne sais pas du tout de quoi il retourne. L'aréna aurait aussi bien pu apparaître seulement en photo, ou être simplement évoquée par un des éventuels protagonistes. Ou encore, l'action aurait pu se dérouler dans les vestiaires, ou dans les bureaux de l'administration, ou devant les guichets, plutôt que sur la patinoire. Je ne sais pas non plus d'avance que le cigare va être fumé en scène, à vue. La journée de printemps, quant à elle, pourrait être essentielle, mais pour une raison complètement différente de celle qui rend capitale l'heure choisie.

R. Vous voulez dire que l'heure que vous avez choisie pourrait être une heure d'une tout autre journée que celle-là ?

D. Absolument. Tout ce que je sais, c'est qu'à la suggestion de monsieur Duceppe, une réponse a commencé à surgir en moi, et que les seuls indices dont je dispose pour lui permettre de se révéler sont nécessairement ce lieu-là, ce jour-là, cette heure-là et ce geste-là. C'est tout. Il me reste à présent à découvrir, sans m'attendre à rien, sans idée préconçue, en quoi ces indices constituent autant de nœuds dans les fils d'une histoire qui sera cette réponse.

R. Racontez-moi ça.

D. Eh bien justement. Pour y parvenir, il faut d'abord que je vous raconte ma manière de travailler. Et pour l'évoquer, elle, je dois vous expliquer sur quels principes elle repose…

R. J'écoute.

D. Alors, allons-y.

Ce qu'il y a derrière

L'écriture et l'imagination

D. L'idée fondamentale, celle qui guide tous mes choix, c'est que contrairement à la science qui cherche à décrire de l'extérieur des règles générales, l'art, lui, cherche à révéler l'unique, l'individuel. Tout part de là.
L'art cherche à révéler l'unique et l'individuel, mais pas l'unique ou l'individuel comme on le *regarde*, l'unique et l'individuel comme on le *ressent*. La science, la raison, observe de l'extérieur les traits communs qui permettent la mise en équation des phénomènes. L'art fait ressortir et exprime le spécifique tel que nous le vivons *de l'intérieur*. Les deux ne s'opposent pas, ils se complètent et se nourrissent l'un l'autre. Tous les deux sont nécessaires, vitaux, mais pour qu'ils puissent remplir leurs fonctions respectives, il faut clairement les distinguer l'un de l'autre. C'est pour ça que, pour ne prendre qu'un seul exemple, mes questions sur ma société, il n'a jamais été question pour moi de les exprimer sous la forme d'une pièce, d'un roman ou d'un scénario.

R. Ce que vous m'avez expliqué au tout début des *Entretiens*, quoi ? Que ce que vous souhaitiez y dire, et ce que vous souhaitez dire ici dans *Morceaux*, vous vouliez vous en libérer l'esprit pour ne pas être tenté de l'inclure dans vos œuvres de fiction ?

D. Exactement. Le but de l'art n'est pas de formuler des jugements, ni d'argumenter, même pas de décrire. Il est d'exprimer une conscience. En ce qui a trait à mes préoccupations sociales, la forme qui convenait pour exprimer mes questions de citoyen n'était donc pas le récit, mais l'essai.

La plus belle mise en relief que je connaisse de cette opposition entre science et art, c'est Hermann Hesse qui l'a écrite, dans *Narcisse et Goldmund* – un des romans les plus profonds et les plus touchants du XXe siècle. Une splendeur.

Créer, pour moi, c'est partir en voyage. En exploration. C'est partir à la recherche d'un autre regard que le mien... à l'intérieur de moi. Et lui permettre non seulement de s'exprimer, mais de vivre, de se déployer. C'est ça, « animer » : laisser surgir l'âme. C'est plonger en soi tellement profondément qu'on ne se connaît plus, qu'on n'est plus « je », on est... tous les possibles, la richesse même de la vie.

À une époque, je disais souvent que ce que je fais dans la vie se borne essentiellement à être l'explorateur des continents qui sortent de mon crayon.

R. Quelle différence est-ce que ça fait de parler d'un... je ne sais pas, moi, d'un sentiment, disons, d'une émotion, comme un artiste plutôt que comme un scientifique ?

D. Toute la différence du monde. Si je veux parler d'un nœud qui s'est formé à l'intérieur de quelqu'un, du fait d'un problème grave, par exemple, ou bien d'une fascination soudaine, ou d'un trouble, d'une joie fulgurante, d'une douleur, peu importe, et que je souhaite me pencher sur ce qui est en train de lui arriver, je dispose d'au moins deux routes pour y parvenir.

Si je choisis la route scientifique, je tente d'abord de décrire cette émotion le plus objectivement possible – « objectivement », c'est-à-dire comme un objet. Je dis alors, ou j'écris, les caractéristiques de ce que cette personne-là ressent, ce qui l'a vraisemblablement fait surgir, ce nœud, de quelles manières il agit, dans quelles circonstances il varie, et ainsi de suite. Ce que j'essaie de faire, c'est tout simplement de rendre son trouble compréhensible. C'est l'objet – l'état où se trouve cette personne – qui est au cœur de mon entreprise.

Dans une œuvre d'art, c'est le contraire. Ce n'est pas l'objet – l'émotion – qui se trouve au centre, mais un regard posé sur lui. Encore mieux : le plus important de tout, c'est la conscience présente *derrière* ce regard-là. C'est la manière unique qu'a un individu unique de réagir à ce trouble-là et à aucun autre qui m'apprend, ne serait-ce qu'un tout petit peu, ce qu'il y a d'unique dans la conscience qui le définit.

La science met l'accent sur l'objet, et l'art sur la conscience. La science s'intéresse à ce à quoi pourrait correspondre cette émotion-là dans un tout autre contexte, et l'art au fait que cette émotion-là ne peut justement avoir *aucun* équivalent : pour celui ou celle qui la ressent, elle est irremplaçable.

R. Et comment est-ce que vous faites ça ?

D. En laissant émerger en moi un regard posé sur ce trouble-là, mais un regard que je ne considère pas comme le mien. Je le laisse devenir indépendant de moi, de ma conscience à moi. Je laisse émerger à travers moi la conscience d'un être qui n'est d'abord et avant tout *que* ce regard-là sur cette émotion-là. Un personnage, c'est un regard unique sur le monde. Puis, en face de lui, apparaît un autre personnage, qui lui aussi se définit par un regard unique. Alors, il ne me reste plus qu'à laisser ces deux regards-là se regarder l'un l'autre, et cet échange constitue l'ossature de la situation au sein de laquelle ils se rencontrent.

R. Vous voulez dire que vous *aboutissez* à une situation ? Que vous ne partez pas d'elle ? Ou d'une idée ?

D. Partir d'une situation ? Jamais. À mes yeux, ce serait un non-sens. Ça donnerait au pire de la propagande, au mieux une dissertation déguisée. Dire « Je vais écrire une pièce d'amour », par exemple, pour moi, c'est de la folie pure.

R. Pourquoi ?

D. Parce que en partant d'une décision comme celle-là, je ne me laisserais aucun choix : je me retrouverais obligé d'illustrer, et rien d'autre. De l'extérieur. Alors que ce n'est justement pas là ma tâche, c'en est même le contraire. Je ne me laisserais aucun choix, mais je n'en laisserais surtout aucun au personnage. Je l'obligerais à parcourir un chemin complètement décidé d'avance. Il n'y aurait plus rien à apprendre de lui. Ce n'est pas une question technique, c'est une question philosophique.

R. Comment ça ?

D. Imaginer des personnages à partir d'une situation donnée d'avance a de très bonnes chances de finir par signifier en bout de ligne que ce sont les situations dans lesquelles ils se retrouvent qui *à elles seules* déterminent les êtres. Je ne saurais être d'accord avec une affirmation pareille. Ce qui définit un être, même un être… euh… « théorique » ? comme un personnage, c'est sa conscience. Cette conscience s'exprime nécessairement dans une situation spécifique, bien entendu, mais ça ne signifie pas pour autant que ce soit la situation qui le détermine entièrement, lui. Autrement dit, si je partais d'une situation décidée d'avance, le personnage *devrait* être celui dont j'ai besoin pour que la situation advienne comme je le veux. Il se retrouverait donc presque à coup sûr condamné à n'assumer aucune autre fonction que celle d'illustrer un aspect de cette situation, alors que décrire ça, c'est la tâche du scientifique, pas la mienne. Une pièce de théâtre, ce n'est pas une thèse de socio avec des dialogues.

R. Oh, là ! Vous voulez dire que les personnages que vous avez écrits ne sont pas vos porte-parole ? Vraiment pas ? Même pas Yves, dans *Being* ? Ou Bob, madame Fryers et Andy, dans *Bob* ? Les trois de *Yourolov* ? Monsieur Deslauriers ? Ou Djinrokû ? Ils ne disent pas ce que vous pensez, vous ? Même pas le jeune moine et tous les autres, dans *Les Bédouins* ?

D. En un mot : « Non ! » Non, ils ne sont pas mes porte-parole. Ni mes représentants. Oh, il peut parfois y avoir des points communs entre ce qu'ils expriment et ce que je pense, et même des points communs extrêmement importants, mais ça, ce n'est pas du tout la même chose que de les créer *uniquement* pour leur faire exprimer sur la place publique et sous une forme compacte ce que moi je pense. Bien entendu que je suis profondément troublé par ce qu'Yves raconte du meurtre de Claude… mais si je devais choisir *un* trait marquant dans mon caractère, ce serait sans doute le rejet de la violence, et à mes yeux, cette différence-là entre Yves et moi est infiniment plus importante à elle seule que toutes les ressemblances qu'il peut y avoir entre nous. Bob, de son côté, est un fonceur… ce que je ne suis pas tellement – ou en tout cas pas du tout de la même manière que lui. Et je ne suis pas non plus doté du même type de tempérament que madame Fryers, même si plusieurs des idées qui l'animent recoupent les miennes. Je pourrais continuer comme ça, vous descendre la liste complète des personnages que j'ai écrits, et en bout de ligne, vous verriez que ce qui le plus souvent me les rend précieux, ce ne sont pas les traits qu'ils peuvent avoir en commun avec moi, mais les différences entre nous. Ce sont elles qui m'ont le plus appris, pas nos points communs.

R. Vous voulez que nous fassions l'exercice ?

D. Certainement pas.

R. Pourquoi pas ?

D. Parce que je n'ai aucune espèce d'envie de parler de ce que j'ai écrit en le prenant par ce bout-là. Ce n'est pas lui qui m'intéresse, je viens de vous expliquer pourquoi. Au demeurant, si quelqu'un pensait que « mes personnages sont moi », je suis convaincu que cette démonstration ne ferait rien du tout pour l'en dissuader. Sa réponse serait sans doute plutôt, comme je l'ai entendu si souvent : « Oh… vous voyez comme il s'en défend ? C'est très, très mauvais signe, ça ! »

R. Mais c'est un véritable piège à homards, ce que vous me racontez là ! Si vous expliquez quelque chose, c'est la preuve du contraire ?

D. Eh oui. On a la culture qu'on peut.

La manie de lire une œuvre comme si elle ne pouvait être rien d'autre que l'expression à peu près littérale des positions de son auteur, j'étais déjà tellement excédé par elle tout de suite après la création de ma toute première pièce, *Panique à Longueuil*, qu'à la publication de la deuxième, *Les Bédouins*, j'ai demandé à mon éditeur d'insérer une mise au point dans le livre : *Suite à la publication (Éditions Leméac, Montréal, 1980) et aux représentations de* Panique à Longueuil, *l'auteur fut tant et plus questionné sur son statut supposé, présent ou passé, de Longueuillois. À ces questions, la réponse fut, et est toujours : « Non. Je n'ai jamais habité Longueuil. » La publication du présent texte et l'esprit de prévoyance de l'auteur l'amènent à préciser d'emblée qu'il n'est pas non plus Bédouin*[24]. Tout le monde s'est tapé sur les cuisses en faisant : « Eeeeeh, qu'y est fou... »... mais ça n'a pas empêché que la question : « Pensez-vous vraiment que la seule manière de prouver son amour soit de tuer la personne qu'on aime ? » me soit posée au bas mot cinquante fois, après la création de *Being*. Aujourd'hui, plus de vingt ans plus tard, la situation est cent fois pire : il n'existe à peu près plus que cette manière-là de lire une pièce. Quand il y en a une, lecture, en tout cas...

R. Mais si v...

D. Non, suffit. Continuons. Écrire une pièce, ce n'est pas « parler de », c'est « plonger dans ». Ce qui importe aux yeux de l'artiste que je suis, ce n'est pas ce que moi je peux vouloir dire sur un sujet comme l'amour, mais ce qui va surgir d'un être qui va apparaître en moi. Un être unique dans une situation unique. C'est pour ça que l'art est tellement essentiel : parce que dans un monde

24. *Ne blâmez jamais les Bédouins*, 1984.

continuellement passé à l'eau de Javel et à l'eau bouillante – quand ce n'est pas au napalm et au phosphore –, il constitue peut-être la seule porte qu'il nous reste qui continue d'ouvrir sur le foisonnement de la vie *comme nous la ressentons*. C'est un risque terrible, bien entendu, mais c'est le risque de vivre.

R. Pourquoi est-ce que c'est un risque?

D. Parce que la vie n'est pas propre. Pas toujours, en tout cas. Même… pas souvent. Et qu'on ne sait jamais ce qu'il y a derrière une porte inconnue qu'on va ouvrir. Il faut accepter le risque de laisser surgir des monstres de soi. Si on n'est pas prêt à ça, il vaut mieux rester dans son salon ou aller jouer au mini-putt.

R. Le mot-clé, si je comprends bien, c'est donc *laisser surgir*?

D. Tout à fait.

R. Essayons un exemple concret, vous voulez? Qu'est-ce qui se passerait si vous décidiez: «Je vais écrire une pièce sur l'amour», mais qui ne se passerait pas si vous laissiez simplement surgir le regard d'un personnage?

D. Ouille. *La* question! Bon, tentons de répondre. Si je me dis: «Je vais écrire une pièce sur l'amour», qu'est-ce qui se passe dans ma tête? Très probablement ceci. Je me demande d'abord: «Qu'est-ce que c'est l'amour?» Sous-entendu: «Qu'est-ce que c'est, *pour moi*?» Et, une fois que je l'ai trouvé, ou que je pense l'avoir trouvé, en tout cas, je passe à la question suivante: «Comment est-ce que je montre ça?» ou «Comment est-ce que je dis ça?» Le personnage que je vais inventer, appelons-le André, va donc devenir mon porte-parole: quelles que soient les pirouettes ou les entourloupettes que je vais imaginer après ça pour le rendre intéressant, pour lui donner l'air d'être vivant, sa job aura été coulée dans le ciment dès le départ. Il aura une seule fonction, dans la vie: dire ce que moi, au moment où je commence à écrire ma pièce, je sais déjà. C'est ce que j'appelle une thèse déguisée. Je ne dis absolument pas

qu'une manière comme celle-là d'écrire est totalement dénuée de vertus, mais je souligne au passage que, moi, elle ne m'intéresse pas, et qu'en plus elle présente à mes yeux un défaut très grave : elle encourage à ressasser sans cesse le déjà connu. Elle est par nature conservatrice.
Mais imaginons plutôt que si j'ai très très envie d'écrire une pièce sur l'amour, ce ne soit pas pour faire un discours à son sujet. Que ce soit même le contraire qui me tente, que ce soit de *découvrir* quelque chose sur l'amour.

R. Vous voulez dire : quelque chose de différent de tout ce que vous, vous avez déjà vécu en amour ?

D. Oui, ça peut être ça. Mais il peut tout aussi bien s'agir d'une facette que je connais déjà, mais en la mettant au centre de l'image, cette fois-ci, alors que pour moi, jusqu'à ce moment-là de ma vie, elle a toujours été secondaire. Ou même pour explorer un aspect dont j'ai été témoin dans d'autres histoires d'amour que celles que moi j'ai vécues. Vous voyez ?

R. Oui, oui.

D. Eh bien, dans la manière que j'ai de concevoir l'écriture, un désir comme ceux que je viens d'évoquer, on ne peut pas le vivre volontairement. Parce que… qu'est-ce qui va arriver, si je me dis : « Je vais inventer une nouvelle facette de l'amour » et si, l'amour, je suis déjà convaincu en partant que c'est ce que moi j'en pense et rien d'autre ?

R. Je ne sais pas.

D. Il va se passer que je vais broder autour de ce que je connais et que ça va s'arrêter là. Que je vais donc broder… avec le seul point de broderie que je connaisse. Ça ne pourra donc certainement pas donner autre chose que la broderie que je connais, même si, dans le meilleur des cas, elle se retrouvera dans un format multiplié par cinq ou par six. Moi, au départ, je connais un mouchoir, et je vais en faire un couvre-pied. Wow ! quel succès !
Alors, si j'ai envie d'écrire une pièce sur l'amour, je ne vais pas la repousser, cette idée-là, mais je vais la… la laisser

traîner. Je ne vais pas tenter de l'attraper par les cornes. Je vais partir de la première idée concrète qui va me passer par la tête, et je vais la creuser, *sans m'attendre à rien*. Parce que je sais que, de toute manière, puisqu'il y a le désir en moi d'écrire sur l'amour, c'est sans doute ce désir-là qui va agir comme déclencheur ou qui va même s'exprimer dans ce qui va suivre. La grande différence que cette attitude va permettre en comparaison avec la première, c'est que je n'aurai pas décidé d'avance *comment* mon désir doit s'exprimer. Et cette différence-là, qui a pourtant l'air bien mineure, va tout changer. De fond en comble.
Maintenant, je recommence, concrètement.

R. Merci.

D. Premier exemple – je décide. Je *veux* écrire une pièce sur l'amour, alors je prends un cahier et un stylo, ou j'allume mon ordinateur, et je me dis : « André. »
À partir de là, André *doit* être amoureux. Or, qu'est-ce que c'est, pour moi, être amoureux ? C'est… aller en voyage ensemble, disons. Et regarder les mêmes choses, tous les deux, et en être émus ensemble. Qu'est-ce qu'il peut faire, André ? Ou bien y aller, en voyage, et ça va marcher : l'autre va aimer ça autant que lui. Ou bien non : l'autre n'aimera pas ça. Ou n'aimera pas les mêmes choses qu'André. Ou alors, ils n'auront pas les moyens de partir, et leur amour ne pourra donc pas se vivre, zut de zut. Quoi qu'il en soit, dans tous les cas mes choix de départ auront été plaqués d'avance : André, il va *falloir* qu'il aime ou qu'il souhaite aimer. Et il va *falloir* qu'il voyage ou qu'il en rêve. Il va être *totalement* prisonnier de mes décisions *a priori*. J'aurai peut-être l'habileté de faire que ça ne paraisse pas trop, mais il n'en restera pas moins qu'il le sera quand même. Et qu'il n'y aura pas que lui à l'être, d'ailleurs : l'emprisonnement sera encore bien pire pour le personnage avec qui André se retrouvera. Cette fille-là ou ce gars-là sera condamné dès le départ à ne pouvoir que répondre à la question que je vais avoir imposée à André

comme centre à sa vie. Il ou elle pourra répondre oui ou répondre non, ça ne fera pas grand différence : André sera déterminé par une seule question ou par une seule image, quels que soient les magnifiques sparages que je pourrai inventer pour camoufler cet état de fait. C'est clair ?

R. Oui.

D. Deuxième exemple – je ne décide pas. J'ai *envie* d'écrire une pièce sur l'amour, mais je me dis : « Bon, très bien. On verra en temps et lieu » et je laisse l'envie traîner dans un coin, sans l'écarter ni la mettre au milieu de mon pupitre.

R. Vous ne vous en occupez pas, quoi ?

D. C'est ça : je ne m'en occupe pas. Je sais qu'elle est là et je me doute bien qu'elle ne s'évaporera sans doute pas, alors je la laisse être et c'est tout. Je mets mon cahier dans mon sac, je pars prendre une marche, je me retrouve dans un parc que je ne connais pas, je m'assieds. Et j'attends.

R. Quoi ?

D. N'importe quoi. N'importe quoi qui va attirer mon attention, sans même que j'aie eu à le chercher. Souvent, d'ailleurs, mon imagination va se mettre au travail sans même que je m'en sois d'abord rendu compte. Tout à coup, je vais m'apercevoir que le soleil est en train de se coucher, que ça fait donc trois heures et demie que je suis assis là et que pourtant je n'ai eu aucune espèce de conscience du passage du temps. C'est en me relevant du banc, parce que je commence à avoir vraiment très faim, que je vais me rendre compte que durant les deux dernières heures, j'ai complètement dérivé à partir d'une seule image. Une toute petite fille, à quatre pattes dans le carré de sable, qui regardait ses bonhommes en plastique, plantés dans les dunes devant elle. Elle en pointait un, puis elle se mettait à baragouiner. Puis elle en pointait un autre, et se remettait à baragouiner. Et ainsi de suite. Qu'est-ce qu'elle faisait là ? Et puis, dans les jours qui suivent, je repense à elle. Son image me revient. Et tout à coup, ping ! je la vois… à vingt-huit ans. Ping ! Elle a cinq amants. Dans sa tête, ils s'appellent Bleu, Jaune, Vert, Rouge et Gris.

R. Hein ?

D. Comme ses bonhommes dans le sable.

R. Oh !

D. Et savez-vous ce qu'elle fait ?

R. …

D. Elle les envoie en voyage !

R. Et elle, elle n'y va pas ?

D. Jamais. Ce qu'elle aime, c'est les entendre, eux, raconter leurs découvertes. Elle habite à Montréal, ou à Athènes, ou je ne sais pas où… et lit leurs lettres. Ou plutôt, non. Ping ! Non, ils ne lui écrivent pas non plus : interdiction formelle. Et d'appeler, aussi. C'est à leur retour qu'ils lui racontent.

R. Ouf. Au lit ?

D. Sans doute.

R. Et… ?

D. Et, ces temps-ci, elle est extrêmement nerveuse. Parce que… parce que Bleu est en Nouvelle-Zélande, voilà. Et qu'il revient dans deux jours.

R. Et que… ?

D. Et que Bleu, c'est le deuxième voyage qu'il fait pour elle. Ping ! Oui, oui, tenez : ses cinq amants, ils ne voyagent pas tout le temps, bien entendu. Non, ils font la rotation. Ils font peut-être… deux voyages par année, chacun ?

R. Et Bleu, c'est son deuxième ?

D. Oui. Or, il s'est produit une chose vraiment très bizarre, après son premier.

R. Quoi donc ?

D. Généralement, quand les gars reviennent – elle les appelle ses Émissaires –, ils lui font leurs récits en même temps que l'amour. Sauf que Bleu, lui, pas du tout. Non, lui, il ne l'a pas touchée. Oh, peut-être un petit bec sur le front, mais c'est tout. Alors pourtant que le récit qu'il lui a fait de… du Colorado… c'était celui de tous les endroits où il les a imaginés, elle et lui, en train de faire l'amour. C'était la première fois que ça arrivait. Tous les autres gars, ils racontent comment ils se sont sentis, eux, en arrivant à tel ou tel autre endroit, mais pas Bleu. Non, lui, ce qu'il a décrit, c'était comment ils ont fait l'amour tous les deux, et comment ils se sentaient… tous les deux. Et ce qui est extraordinaire, c'est que ce qu'il racontait à la fille à propos de comment elle était, elle, en faisant l'amour… ne lui ressemblait, mais alors là, pas du tout. Elle n'est absolument pas comme ça, quand elle fait l'amour. Et pourtant, les réactions que Bleu lui imaginait, elle les trouvait fascinantes. Elle s'aimait encore mieux dans le récit imaginaire que Bleu lui faisait que dans sa vie à elle. Pourtant elle l'aime, sa vie. Elle n'est pas malheureuse du tout. Elle n'est pas en manque, ni rien, non, et malgré ça, l'amante que Bleu lui décrivait lui ressemblait encore plus que celle qu'elle est dans sa propre vie.

R. Elle était davantage elle-même dans ses descriptions à lui que s'il avait décrit sa vraie vie ?

D. Exactement. C'est quand même incroyable, non ?

R. En effet. Ça doit vous brasser sa fille…

D. En plus, la chaleur de la voix de Bleu, son calme, son application, durant ses récits, l'a rendue complètement folle de désir. Même s'ils ne sont pas passés aux actes. Et ça aussi, c'était complètement inattendu, parce qu'elle est une fille très immédiate, elle. Ou, en tout cas, elle a toujours été convaincue qu'elle l'est. Cultiver le désir sans lui céder, ce n'est vraiment pas son truc. Sauf… avec Bleu. Ça, dans sa vie, elle ne l'avait jamais vu venir : être folle de désir pour un gars juste à cause de sa manière de raconter. Toujours est-il que là, au moment où notre histoire commence, elle attend le deuxième retour de Bleu et se demande avec anxiété comment ça va bien pouvoir se passer cette fois-ci. Ce gars-là, elle n'en a jamais rencontré de semblable : le voyage qu'il lui a fait vivre… c'est ce qu'il est, lui !

R. Wow. Et lui, de son vrai nom, il s'appelle André, j'imagine?

D. Ou Hector. Ou Zéphyrin. Ça n'a aucune espèce d'importance pour le moment. Bon, je m'arrête ici.

R. Zut…

D. Tout ce que je voulais vous montrer, c'était la différence entre les deux manières de procéder. Dans la première, j'impose un carcan à André, qu'il va être obligé d'assumer à ma place: il va *devoir* parler d'amour, et il va *devoir* voyager. C'est couru d'avance. Dans le second, je vous ai simplement dit: «Je ne fais rien du tout de mon désir d'écrire une pièce d'amour.» Ensuite, j'ai laissé pousser comme on laisse pousser une fleur la première chose qui m'est passée par la tête: un parc. Un parc que je ne connais même pas, je m'en suis créé un de toutes pièces, juste pour l'occasion. Je suis allé en esprit m'y asseoir sur un banc. Et j'ai vu apparaître des enfants indéfinis qui jouaient. Puis la petite fille en particulier est apparue à son tour, avec ses bonhommes posés sur le sable, et puis ping: tout à coup, elle a eu vingt-huit ans. À partir de là, quelque chose se peut. En bout de ligne, ça donnera peut-être aussi bien une histoire d'amour que dans le premier cas, et peut-être que l'émissaire Bleu s'appellera lui aussi André, mais l'essentiel, ce sera que la fille et lui ne seront plus du tout prisonniers de ce que je vais leur avoir imposé, ce seront eux qui auront le contrôle de la situation. Il ne s'agira plus pour moi d'«insuffler de la vie» à partir de l'extérieur à une idée de laquelle je vais être parti, mais de suivre la leur, de vie. Tout simplement. Et ça change tout. La question que j'aurai à me poser ne sera plus du tout: «Comment est-ce que je vais bien pouvoir arriver à lui faire faire ce que je veux qu'il fasse et que ça ait l'air intéressant?», mais: «Qui est-il?» et «Qui est-elle?» Et ça, ça va être le voyage lui-même qui va me l'apprendre.

R. Lequel? Celui qu'ils vont faire, eux, ou celui que vous allez faire, vous?

D. C'est le même. L'art, c'est une exploration. Une exploration des regards sur le monde. Non pas de ce qu'il est objectivement, ce monde, mais, encore une fois, je ne saurais trop insister, de comment nous, nous le ressentons. La source de l'art, c'est l'infinie variété de ce que le monde inspire aux humains. Et c'est là que les choses se compliquent drôlement, parce que… *d'où* est-ce qu'il va surgir, ce sacré personnage qui a un regard unique sur l'amour ? Ce regard qu'il va exprimer, il est tricoté en quoi ?

R. Vous voulez dire… « Comment est-ce que nous imaginons ? »

D. Pas du tout : « *Qu'est-ce que c'est*, imaginer ? » Et ici, il surgit immédiatement une énorme difficulté. Un aspect de la question essentiel, mais terriblement difficile à évoquer sans se retrouver à écrire un bouquin de philo au grand complet. Ce problème, c'est d'abord que la position que je cherche à exprimer ne « raboute » absolument pas avec la culture ambiante. Ensuite, que c'est une question qui est d'une effroyable complexité – tant qu'on ne l'a pas comprise, en tout cas : après ça, c'est simple comme bonjour. Et, finalement, qu'en parler… je ne l'ai jamais vraiment ne serait-ce que tenté. Or il est absolument nécessaire que j'en prenne le risque, parce que si je ne le prends pas, tout ce que j'ai envie de vous raconter ici va être aussi compréhensible que si je le faisais en swahili.

R. Joli défi.

D. Attention, je me lance – tenez-vous bien au pinceau. Voyez-vous, il y a deux manières de regarder le monde, je viens de vous en parler.

R. La science et l'art.

D. Oui. En le regardant comme un objet, ou plutôt en observant quels effets il a *en* nous. Le problème que pose la représentation que je me fais de l'imaginaire tient au fait que la quasi-totalité des gens parlent des objets qu'ils rencontrent dans la vie comme s'ils avaient un accès à eux qui serait absolument « direct ». Ils voient un… un crayon, par exemple, et immédiatement, c'est comme s'ils savaient tout ce qu'il y a à savoir de lui. Ils savent que c'est « un crayon », et ça leur suffit. Le crayon est là, devant eux, leur esprit est sorti d'eux, est allé à sa rencontre, l'a palpé et l'a classé une fois pour toutes – croient-ils. Le crayon, pour eux, existe uniquement à l'extérieur d'eux. Tout le reste, ils le taisent.

R. Mais… ce n'est pas ce que vous faites, vous ?!

D. Non. C'en est une partie, mais une toute petite. Vraiment minuscule.

R. Holà ! Qu'est-ce que vous faites d'autre ?

D. Je sais que ce crayon, le classer « crayon » suffit peut-être si je ne suis en contact avec lui que pour des raisons utilitaires – et encore… –, mais je sais aussi, je sais surtout, qu'il est infiniment plus que ça. Il est infiniment plus que ça, là, dehors…

R. À l'extérieur de vous ?

D. Oui.
Et il est infiniment plus que ça, ici.

R. À *l'intérieur* de vous ?

D. Oui. Je sais que lorsqu'on regarde même un simple crayon, il n'y a qu'une infime partie de notre attention qui est posée sur le crayon qui est là, sur le pupitre. La presque totalité de notre attention, ce n'est pas vers lui qu'elle est dirigée, mais vers l'intérieur de soi. Quand on rencontre un crayon, on écoute bien davantage l'effet qu'il suscite en nous que ce qu'il fait sur la table.

R. Qu'est-ce qu'on écoute, à l'intérieur de soi ?

D. Ses échos, au crayon. Il peut y en avoir, et il y en a presque à coup sûr, des tonnes et des tonnes. De toutes sortes. Par exemple… les impressions laissées par d'autres crayons qu'on a eus entre les mains quand on était petit. Ou le fait que celui-ci est au plomb, et pas suffisamment aiguisé, et qu'on haït ça les crayons pas assez aiguisés : ça écrit gras, ça écrit sale. Et puis le fait qu'il n'a presque plus d'efface, ce qui veut dire que beaucoup de gens s'en sont servis et qu'il est donc tout plein de microbes. Ça veut dire que c'est un pis-aller : à peu près plus personne ne se sert de ça, un crayon au plomb, ça fait ancien. Et ainsi de suite. Il y en a des masses et des masses, d'images, de toutes les sortes imaginables et inimaginables. Aussitôt qu'on voit le crayon, toutes ces images-là s'allument en nous et se mettent à valser, à crier, à se faire couler un bain ou à partir faire leur jogging. Ce sont elles qui occupent notre attention, presque entièrement. Même une partie de l'attention que nous projetons vers le crayon « extérieur » posé là sur la table n'est destinée qu'à classer son image intérieure parmi toutes celles qui viennent de se mettre à surgir de partout. *Nous vivons bien plus dedans que dehors !*

R. Wô ! Le crayon, vous n'êtes quand même pas en train de me dire que nous le fantasmons ?

D. Mais non, jamais de la vie. Ce que je vous dis, c'est que pour nous, là où il *importe* le plus, c'est à l'intérieur de nous. Que c'est là, là et nulle part ailleurs, qu'il prend *son sens*. Et qu'il en a un, sens. S'il n'y avait pas cette sarabande-là d'images et d'impressions de tous ordres, vous ne reconnaîtriez que c'est un crayon qu'aux moments où il vous en faut un pour noter de ne pas oublier d'acheter des petits pois. Et vous ne feriez aucune espèce de différence entre lui, une plume d'oie et un bout de bois brûlé ou de charbon. Or, cette différence, *vous la faites* ! Instantanément !

Ce que je vous dis, c'est que le monde avec lequel vous interagissez, ce n'est pas seulement celui que vous pensez que vous voyez *directement* à l'extérieur de vous, c'est aussi, et *surtout*, celui dont vous trimbalez continuellement les échos à l'intérieur de vous. Ce que je vous dis, c'est que non, dans ce monde extérieur, nous ne le voyons pas *directement*, le crayon, pas plus qu'aucun autre objet, quoi que nous puissions nous raconter. Tous les objets que nous rencontrons, nous les percevons nécessairement *à travers* les représentations qui en surgissent en nous, que nous soyons ou non conscients de les écouter. Ce que je vous dis, c'est que nous vivons en sous-marin : le monde est là-haut, dehors, à la surface de l'océan. Mais impossible à joindre directement. Nos yeux ne sont pas *directs*, ils sont un périscope : ce qu'ils nous montrent, nous ne pouvons pas le toucher. Parce que toucher quelque chose, ça ne ressemble pas à le voir. Et que notre esprit est ailleurs : un ailleurs où nous sommes seuls. Loin de tout.

Or, ce que je viens tout juste d'évoquer, des tas de gens le savent *en principe*. Parce qu'ils ont suivi un cours de philo. Ou parce qu'ils sont tombés un jour sur un livre qui traitait d'un sujet apparenté. Mais à voir les comportements autour de moi et à écouter ce qui, de toutes parts, se dit et se fait à propos du monde qui nous entoure, je suis bien obligé d'en venir à la conclusion que cette connaissance, elle n'est absolument pas intégrée. Tandis que dans mon cas, expérimenter ce dont je viens de vous parler, et en expérimenter surtout les conséquences, c'est non seulement courant mais continuel.

C'est ça qui rend problématique toute tentative de parler de ce qui est au centre de ma vie, au cœur de mon rapport au monde. Si je le tente, je me fais répondre presque à tout coup : « Ben oui, je le sais, ça ! », alors que non, je ne pense pas du tout que grand monde le sache. Ou, en tout cas, si autant de gens le savent qu'il y en a qui tout au long de ma vie m'ont dit le savoir… ça ne paraît vraiment pas. C'est même le moins que je puisse dire. Ce qui paraît, systématiquement, c'est le contraire. Si… dix pour cent, disons, ou même cinq, des gens qui au fil des ans m'ont dit comprendre ce que je voulais dire les quelques fois où tout doucement j'ai essayé de commencer à parler de ça en avaient réellement compris ne serait-ce que la moitié, cette société ne *pourrait* tout simplement pas avoir l'air de ce dont elle a l'air.

R. Qu'est-ce que vous voulez dire ?

D. Que ce dont je vous parle là, ça change tout. Tout ! Ce n'est pas simplement un détail, une anecdote amusante à propos de la manière dont nous sommes faits et de la manière de fonctionner de notre esprit. Si on en saisit les implications, les conséquences sont radicales. Même dans la vie de tous les jours.

R. Nommez-m'en une, de ces conséquences.

D. Oh, la première qui me vient à l'esprit, c'est peut-être bien la plus abominable de toutes : la représentation que nous nous faisons de nous-mêmes et des autres ! Parce que si ce dont je tente de vous parler ici n'est pas intégré, les autres, nous les regardons essentiellement de la même manière que nous regardons ce crayon qui traîne sur la table. Comme des objets inertes dont, rien qu'à leur jeter un rapide coup d'œil, nous prétendons avoir aussitôt saisi l'essentiel. Ce qui est archifaux. En mettant cette erreur au centre de notre culture, nous nions ce qu'il y a de plus précieux chez l'être humain.

R. Quoi donc ?

D. Sa conscience. Et, de ce fait, nous appauvrissons tout : et ce que nous regardons, et nous-mêmes. Nous nous réduisons systématiquement les uns les autres à l'état d'objets. Ce que nous ne sommes pas. Ou, en tout cas, pas uniquement.

Dans plusieurs cultures que nous disons « primitives », apercevoir son image dans un miroir, ou la laisser saisir en photo, équivaut à se faire voler son âme. Son âme : la représentation de soi à l'intérieur de soi. Pourquoi ? Parce que ce qu'on trouve au cœur de l'expérience humaine, ce n'est pas ce de quoi nous avons l'air, mais ce que nous nous *ressentons* être. Rencontrer à l'extérieur de nous une image de nous-mêmes qui prétend être « nous », c'est nous faire arracher la représentation de nous là où elle nous importe le plus : *en nous* !

Dans notre culture, au contraire, nier qu'il y aurait quoi que ce soit à l'intérieur de nous, nous en avons fait le fondement même de notre représentation du monde. Et quand je dis ça, je ne prône surtout pas un retour à la religion. Je n'extrapole pas une âme éternelle, je constate une âme immédiate. J'ai autant horreur des délires religieux que des délires nihilistes.

R. ...

D. Fiou.

R. C'était ça, qui était si difficile à dire ?

D. Oui. C'en est une partie, en tout cas. Guebrrrrrr. Et je pense que ça va devoir suffire. Mon but n'est pas de faire de la concurrence à Descartes et à Hume, mais juste de vous donner un point de vue à partir duquel je peux me lancer.

R. Et ce point de vue, c'est que vous ressentez une différence énorme entre, d'une part, comment vous concevez le monde et comment vous vous y concevez, vous, dans ce monde, et, d'autre part, comment la société où vous vivez impose une conception du monde et des humains qui vous choque ?

D. Oui. Une conception du monde qui se traduit sans cesse par des comportements qui à mes yeux révèlent une haine terrifiante à l'égard de ce qui est justement au cœur du sentiment d'humanité.

R. Une culture inhumaine, quoi ?

D. Je ne peux absolument rien vous dire de ce que c'est pour moi, écrire, si vous ne saisissez pas d'abord que, le monde extérieur dans lequel nous vivons, nous ne le comprenons qu'à travers ses échos déposés en nous, des échos dont la structure d'assemblage s'appelle la culture et dont le mouvement s'appelle l'âme.

Si vous ne saisissez pas ça, et si vous ne vous faites pas une image au moins sommaire de ce que ça signifie et de ce que ça implique, ça ne peut vouloir dire qu'une seule chose : que, pour vous, nous sommes vides et inertes. Et à partir de là, je n'ai strictement rien à vous dire : quoi que je tente, et peu importe comment je pourrai m'ingénier à illustrer tel ou tel aspect de ce à quoi je consacre ma vie, ce sera en vain, nous serons en désaccord dès le départ.

R. Mais attendez donc un instant. Ce que vous me dites là, c'est le fondement de ce vous écrivez à la toute fin d'« Артйст », non ? Attendez. « Prenez Mozart. Niez son humanité. Extirpez son âme. Vous avez créé un démon dont le regard enflamme et transforme en métal tout ce qu'il caresse. Quand vous en aurez créé cent, surtout ne craignez rien : les soldats viendront. Nécessairement. Ils sont déjà en marche, par-delà l'horizon. » C'est de ça, que vous parlez ?!

D. Oui, précisément.

*

Mille nécrophiles et deux bébés

R. Bon. Alors le premier jalon est planté ?

D. Oui.

R. Et à présent… ?

D. À présent, je dois tenter de vous expliquer à très gros traits ce que cette conception-là du monde et ce que cette différence entre ma conception du monde et celle qui règne dans ma société ont eu comme influence sur mon travail.
Presque immédiatement, aussitôt que j'ai eu décidé de consacrer du temps à écrire, je me suis retrouvé devant un problème extrêmement épineux. Un problème qui se présentait et se présente toujours en trois volets qui s'articulent les uns sur les autres.

R. Qui se répondent ?

D. C'est ça. Le problème, il a trait directement à ce que je fais là, quand je prends mon crayon ou que je m'installe à mon clavier. Autrement dit : à ce que c'est, écrire.

R. C'est pourtant simple !

D. Ah, vous trouvez ? Eh bien, pas moi. C'était ce que je croyais autrefois, moi aussi, *avant* d'écrire, mais aussitôt que j'ai eu commencé, cette impression-là s'est transformée du tout au tout. Au bout de quelques pages à peine, la question a surgi : Qu'est-ce que je suis en train de faire là ?

R. Comment ça : « Qu'est-ce que je suis en train de faire là ? » Vous êtes en train d'écrire une histoire, voilà tout.

D. « Voilà tout », vous dites ? Ah, vraiment ? Eh bien... dites donc à quelqu'un, n'importe qui, que vous venez de commencer à écrire une histoire et regardez-lui bien les yeux se mettre à changer immédiatement. Pourquoi ? Parce que écrire, c'est tout ce que vous voudrez... sauf évident. Ça veut dire « parler » – bien entendu –, mais parler *de quoi* ? Ça veut dire parler, mais *à partir d'où* ?
Au moment où je commence à écrire, je n'ai pas particulièrement envie de me la poser, la question, remarquez bien, et plus tard non plus d'ailleurs, mais je comprends très vite que je n'ai absolument pas le choix. Parce que même si moi je ne me la pose pas, d'autres se chargent de me la lancer au visage. Et même, plus souvent encore, de m'imposer leurs réponses : ce qu'ils croient mordicus que je suis en train de faire. La réponse que moi je pourrais apporter, ils n'ont même pas envie de l'entendre : leur réponse, pour eux, est *évidente* et n'en permet aucune autre. Bon, s'ils la croyaient fondée pour eux-mêmes et que ça s'arrêtait là, ça ne me poserait sans doute pas de problème – pas de *gros* problème, en tout cas –, mais dans l'immense majorité des cas, ils ne se contentent pas de ça. Bien sûr que non. Comme leur compréhension de ce que c'est qu'écrire ou imaginer, ils sont convaincus qu'il n'y a qu'elle qui se peut, ils la répandent autour d'eux. Et ils veulent aussi à tout prix me forcer à la gober.

R. Et alors ?

D. Et alors ?! Ça fait que non seulement ils ne comprennent pas de quoi je parle, mais qu'en plus, ils veulent que leur incompréhension, je la fasse mienne. Autrement dit : que je renonce à ce que je fais, au cœur même de ce que je fais. Et que cette incompréhension, en la répandant à tout vent autour d'eux, ils réduisent d'autant mes chances de finir par rencontrer quelqu'un qui comprendrait où je me tiens pour dire ce que je dis. Vous comprenez ? De fait, la compréhension du monde et de notre manière d'être qui se trouve au cœur de mon entreprise est non seulement rendue incompréhensible, mais interdite. Niée. Dans son principe même.

R. Mais qu'est-ce qu'elles étaient, ces réponses évidentes ?

D. Oh, vous pouvez laisser tomber l'imparfait, elles sont loin d'avoir disparu. Il y en a trois, donc.
Première. Écrire, ce n'est... rien du tout : une perte de temps, ou un amusement sans grande conséquence. Quelqu'un de farfelu, qu'on appelle un écrivain, perd son temps à raconter des histoires sans queue ni tête que d'autres désœuvrés un tantinet pervers, qu'on appelle des lecteurs ou des spectateurs, perdent leur temps à lire ou à aller voir au théâtre.
Deuxième. Un livre ou une pièce de théâtre, ça sert à quelque chose. Là, il y a deux variantes possibles. Ou bien ça sert à stimuler la consommation, et donc à faire rouler l'économie – au même titre que le gaz naturel et le papier de toilette : si ça se vend, c'est que c'est bon, et si ça ne se vend pas, c'est que c'est mauvais. Point. Ou bien ça sert de preuve, et là encore il peut y en avoir deux types. Si un livre ou une pièce marche, surtout à l'étranger, c'est la preuve de ce que nous sommes un grand peuple. Ou bien ça sert à illustrer une thèse : la nécessité de la révolution ou celle de l'indépendance, les méfaits du tabac ou l'horreur de la faim dans le monde.
Troisième. Écrire, c'est beurrer ses maladies sur papier, ce qui a pour unique avantage d'occuper les deux mains d'individus qui, sans cette possibilité, iraient sûrement en faire Dieu sait quoi d'encore bien pire. Ça a aussi la vertu de fournir des sujets de thèses à écrire.

R. ...

D. La quasi-totalité des commentaires qu'on m'impose à propos de ce que j'écris, ou que j'entends être formulés à propos d'autres livres, d'autres pièces, d'autres auteurs ou même d'autres œuvres d'art en général se classent ou bien dans une de ces catégories-là, ou bien dans un amalgame de deux d'entre elles, ou des trois. Et ça, du point de vue d'un écrivain, ça signifie une chose fort simple : « cul-de-sac ». Parce que ces trois explications énoncent qu'il est *impossible* de parler de l'effet que nous fait le monde et d'être entendu. Impossible ! Ou bien l'évocation de cet écho est immédiatement noyée parmi les boîtes de champignons et de savon à lessive, ou bien toute valeur lui est catégoriquement niée, ou bien cet écho est immédiatement classé comme le symptôme d'une maladie dont personne n'ose vous dire ce que cela signifierait d'en guérir ni au nom de quoi une telle guérison serait nécessaire *pour tous*. Ces trois définitions, prises séparément ou ensemble, c'est une porte grande ouverte sur le néant. Parce qu'elles excluent jusqu'à la notion même de conscience. Avec elles, n'importe plus que l'extérieur des choses.

Oh, je sais bien qu'aucune d'elles n'est *absolument* fausse. C'est vrai qu'au sens strict du mot, il n'y a rien d'utile dans la littérature. Mais qui a dit que la vie elle-même le serait, utile ? Je ne militerai certainement pas contre l'idée de fonctions utilitaires. Mais prétendre qu'une chose qui n'est pas utile soit du même coup *nécessairement* vide de sens, c'en est une tout autre. Parce que justement, au centre de tout, la vie humaine elle-même *ne sert strictement à rien.* Si, par ailleurs, on considère que, par définition, un écrivain ne peut rien exprimer d'autre que ses propres maladies, il coule de source que personne d'autre ne le peut non plus et que, par conséquent, le sentiment même d'être vivant *est* une maladie. Oh là !

Aucune de ces trois explications n'est *absolument* fausse, mais aucune d'elles ne permet non plus de rendre compte de ce qu'il y a de merveilleux dans une vie humaine. Mon problème, ce n'est donc pas qu'elles existent, ni même qu'elles soient si souvent accueillies favorablement et promues à cor et à cri, c'est qu'elles affirment que rien n'a de sens… en dehors d'elles-mêmes ! Toutes les trois, dès qu'elles prétendent tout expliquer à elles seules, se transforment en purs *power trips*.

R. Et bing ! Revoici Zozo et les vampires !

D. Précisément. Je comprends très tôt que je ne peux pas espérer changer cet état de fait pour les autres. Ça tombe bien : c'est justement le genre d'entreprise qui ne me tente absolument pas, ça, dans la vie, changer les autres. Mais leur omniprésence, à ces explications-là, et la force avec laquelle elles s'imposent de toutes parts font en sorte que, moi, il faut que je me construise de toute urgence ma propre représentation de ce que je fais dans la vie, sinon je suis cuit. Pas seulement parce qu'aucune des trois ne s'approche d'être satisfaisante à mes yeux, mais surtout parce que je sais que je vais être continuellement exposé à elles et que, par nature, elles vont tenter de prendre toute la place, *même en moi*. Il faut en conséquence que j'occupe mon terrain intérieur avant elles. C'est capital. Autrement, je ne parviendrai jamais à continuer d'écrire, parce que je ne serai même plus capable de me comprendre moi-même.

R. Les définitions qu'on vous impose de ce que c'est qu'écrire vont tellement à l'encontre de ce que c'est pour vous que vous ne pouvez pas vous contenter de ne pas les croire, il faut aussi que vous développiez la vôtre pour les empêcher, elles, de prendre racine en vous ? Pour les « embarrer dehors », quoi ?

D. Oui, elles nient violemment qu'il puisse se passer quoi que ce soit de significatif à l'intérieur de nous. Alors que, pour moi, c'est justement là, en nous, que se déroule l'essentiel de nos vies. Seul avec moi-même, il faut donc que j'aie autre chose à penser, ne serait-ce que quand je réfléchis à mon art, qu'aux ornières que ces trois explications-là imposent. L'arrogance avec laquelle elles sont mises de l'avant me *force* à définir ce que j'aime et pourquoi je l'aime, parce qu'autrement elle me balaierait. Ces trois explications sont les équivalents, dans notre monde intérieur, de Bhopal et de la bombe H dans le monde physique. Je finis par les résumer à mon propre usage en une seule image : j'en appelle les promoteurs les « adorateurs de la mécanique ».

R. Ce qui vous donne un nom de plus pour désigner les vampires ?

D. Pas tout à fait, non. Les adorateurs de la mécanique sont nettement plus nombreux que les zozos et les vampires et, différents d'eux en cela, ne sont pas nécessairement des militants. Ils peuvent très bien être d'une inertie absolument époustouflante. Ils sont, si vous voulez, les hommes de troupe, la piétaille de l'armée dont les zozos, les vampires et les enfants de chœur de la Côse sont les officiers.

Soit dit en passant, je suis tombé récemment sur une mention d'un livre qui m'a jeté à terre. J'ai, depuis des années, dans ma bibliothèque, une étude, une tétralogie sur le diable, que je me suis achetée en vue de l'écriture de mon roman.

R. *Les rats* ?

D. Oui. Je n'ai jamais eu le temps de la lire. L'autre jour, j'en prends le premier tome, je commence à le feuilleter et j'en survole les premiers chapitres. L'auteur y creuse les différentes définitions du mal qui ont cours. Et à un moment, il s'attarde à celle d'Erich Fromm, un philosophe de l'École de Francfort. C'est la synthèse qu'il fait de la pensée de Fromm qui me saisit. En quelques mots, de mémoire : pour Fromm, le mal, ce n'est pas en soi la violence, mais détruire sans rien reconstruire à la place de ce qu'on a détruit. Le mal, c'est la fascination pour la volonté et la volonté seulement. Et il peut se traduire de deux manières. Ou bien par l'exercice d'un contrôle sur la vie des autres en leur faisant bien sentir qui est le *boss*, c'est ce qui s'appelle le sadisme. Ou bien par le contrôle de la vie des autres... *en lui niant le moindre sens* ! C'est ce que Fromm appelle... la nécrophilie. Et pour lui, au cœur de la nécrophilie, on trouve une véritable fascination pour l'inerte et la mécanique.

R. Wô !

D. C'est la première fois, après tant d'années, que je croise la route d'une évocation aussi claire de ce que j'ai tenté de définir et de creuser depuis tellement longtemps, tout seul dans mon coin. Je peux vous dire que le texte de Fromm, il s'est immédiatement retrouvé très haut sur ma liste de lectures.

R. C'est fait, vous l'avez lu ?

D. Pas encore. Mais il est commandé. Je compte m'y mettre aussitôt que nous aurons fini ceci... si jamais nous y parvenons, baptême !

R. Bien. Donc, dès que vous commencez à écrire, vous vous retrouvez devant un véritable tir de barrage de définitions imposées de ce que c'est, écrire, des définitions qui vont à l'encontre de tout ce que vous aimez ?

D. Tout à fait, oui.

R. Et ce tir de barrage vous oblige, alors que vous n'en auriez jamais eu l'idée si on vous avait sacré la paix, à trouver votre propre définition ? C'est bien ça ?

D. Oui. Et le moment où j'écris *Monsieur Deslauriers* représente un point de rupture. Parce que, avec l'écriture de cette pièce-là, je réalise à quel point il est urgent que je rompe *complètement* avec les définitions de l'écriture qu'on tente de m'imposer. Le fait que mon pari se tient, je viens d'en avoir une preuve éclatante : la pièce elle-même. Encore une fois, en disant ça, je ne parle pas de sa qualité, à la pièce, je parle de la profondeur du voyage auquel elle m'a obligé, moi.

R. Vous allez me reconnaître, avec ma question... mais *concrètement*, ce tir de barrage, quels effets est-ce qu'il entraîne ?

D. Le plus frappant et le plus pervers, c'est de commencer par exclure tout enjeu artistique, de décréter qu'un auteur ne peut parler que de lui-même, pour ensuite lui reprocher d'être égotiste.

R. Joli.

D. Mais bien entendu, il n'y a pas eu que ce tir de barrage, que j'ai rencontré. Il y a eu aussi... des encouragements. Et même des encouragements extrêmement profonds. Je me suis souvent dit que si je n'avais reçu aucune espèce de réponse positive dans mon environnement, j'aurais sans doute continué d'écrire malgré tout, quitte à me retrouver à ne rien faire d'autre que la preuve de ma folie. Mais fort heureusement, ça n'a pas été le cas : une foule de réponses m'ont été données, extrêmement précieuses. Non seulement elles m'ont encouragé à persister, mais elles m'ont aussi poussé à aller encore plus loin. Le problème c'est qu'elles n'étaient pas du tout sur la même longueur d'ondes, ou sur le même mode, si vous préférez, que les discours des nécrophiles[25], des vampires et des zozos de toutes sortes.

R. Comment ça ?

D. Les discours des nécrophiles et compagnie, ils sont explicites et on les rencontre ouvertement, partout. Tandis que les réponses positives, elles, sont presque par nature... discrètes. Il a donc fallu que j'apprenne à les reconnaître, d'abord, puis à les décoder.

R. Qu'est-ce qui les rend si difficiles à reconnaître ?

D. Le fait, par exemple, qu'elles soient formulées de manières beaucoup plus variées que les explications mécaniques. Il coule de source, *a posteriori*, qu'il est incontournable qu'elles le soient, puisqu'elles parlent de l'individuel,

25. R. Oui ? – D. Juste une petite remarque. Je m'approprie ici le terme de Fromm tel que je le comprends, mais avant d'avoir lu son ouvrage. Je ne l'utilise donc peut-être pas dans le sens exact que Fromm lui prête, mais dans celui que moi j'ai compris à son évocation. Celui que j'ai donné plus haut. – R. Je vois.

mais il n'en reste pas moins que cet aspect-là d'elles m'a longtemps posé une difficulté supplémentaire. Une *énorme* difficulté supplémentaire.

R. D'où est-ce qu'elles sont venues ?

D. Du public. Je veux dire : « de certaines personnes, dans le public. Une à une ». Oh, il y a eu d'autres artistes, aussi, qui m'ont répondu. Et des gens du milieu. Mais ils ont vraiment été l'exception. La plupart des réponses, elles m'ont été adressées par des personnes tout à fait inattendues. Et leurs formes aussi, d'ailleurs, l'ont souvent été, inattendues. Quand elles n'étaient pas purement et simplement époustouflantes.

R. Et quel effet est-ce qu'elles vous ont fait, une fois que vous avez eu appris à les décoder ?

D. Elles m'ont servi, chacune à leur manière, une démonstration on ne peut plus claire de ce que les fondements de mon projet avaient un sens.

R. Ce qui contredisait le tir de barrage ?

D. Complètement. Ce sont même elles qui m'ont permis de comprendre à quel point le tir de barrage peut être pervers.

R. Comment ça ?

D. Il peut aller jusqu'à m'empêcher d'entendre les réactions des gens assis dans la salle. Il ne se contente pas de dire ce qu'il pense, lui, il fait l'impossible pour empêcher qui que ce soit d'entendre ce qui n'est pas lui.

R. Vous me donnez des exemples de ces réponses positives ?

D. Oui, si vous voulez. Je vais vous en donner… deux. Très différents l'un de l'autre. Je pourrais tout aussi facilement vous en donner quinze, sans avoir à chercher.

R. Allez-y.

D. Le *Pusher* des *Bédouins*, et les Bébés-*Being*.

R. Houp là !

D. Rien qu'à eux deux, les événements que je coiffe de ces en-têtes-là auraient pu suffire à prouver que ce qui se passe en nous a un sens, et que ce sens n'est pas… juste dans ma tête à moi. Le premier a eu lieu après une représentation des *Bédouins*, dans la toute première production, au resto-théâtre La Licorne.

R. Sur le boulevard Saint-Laurent…

D. Oui, l'ancienne, au coin de la petite rue je sais pas quoi, Saint-Norbert, je pense. Dans cette version-là, au cours de l'heure qui précède la représentation proprement dite, tandis que les spectateurs prennent un verre, je sors trois ou quatre fois de ma loge, à différentes étapes de ma préparation, je traverse la salle comme si je m'y trouvais seul, et je vais sur le trottoir, sur Saint-Laurent, jeter un coup d'œil. Comme quelqu'un qui attend anxieusement un invité dans son loft – un invité… ou *une* invitée… qui ne se pointe pas. À l'heure de la représentation, après un dernier tour sur le trottoir pour vérifier si *elle* arrive enfin, je rentre, je claque la porte de dépit, désespéré, je la verrouille à triple tour et monte directement sur le plateau : le narrateur de la pièce, un musicien, un percussionniste, est prêt à se lancer dans son improvisation.

Toujours est-il qu'un bon soir, tout de suite après la représentation, j'entends soudain frapper deux coups très forts à la porte de ma loge, qui s'ouvre aussitôt en grand. Moi je suis là, en bobettes, debout au beau milieu de la place : « Wô là ! Une petite seconde, s'il vous plaît !? » Mais le jeune gars qui entre ne m'entend même pas. Il s'engouffre dans la loge, referme derrière lui et, comme si j'étais habillé de pied en cap, se met à : « Oh, wow ! Sacrament, *man* ! Wow. C'est. Wow ! » Il se met à me parler de la pièce… dont il a lu, reçu, compris les enjeux en profondeur, au fur et à mesure, d'un bout à l'autre ! C'est ahurissant. Il m'en parle pendant, je ne sais plus, dix minutes ? Quinze ? Vingt, peut-être ? Puis il ressort comme il est arrivé. Et je ne l'ai jamais revu. Dix minutes plus tard, j'apprends qu'il s'agissait d'un *pusher* venu livrer de la marchandise à un des spectateurs, d'un gars qui ne savait absolument pas où il se trouvait… qui s'en foutait sans doute comme de l'an quarante, et qui n'avait peut-être jamais vu une seule pièce de théâtre de toute sa vie. Ayant trop tardé à repartir, il s'était retrouvé coincé, incapable de sortir, embarré par moi dans la place au début de la représentation.

Le souvenir de ce gars-là m'est toujours resté, parce que ce qu'il me dit de la pièce, et tout particulièrement de Michaela, dans la loge, ce soir-là, personne, pas un traître chat ne me l'a jamais dit auparavant, alors pourtant que j'ai déjà lu ça d'épais d'articles publiés sur ce que j'ai écrit ! Personne ne m'en a parlé avec cette clarté-là. Jamais. Alors que lui, ce gars-là, représente le cas peut-être le plus… inattendu, le plus inconcevable de spectateur pour mes pièccs – si j'en crois, en tout cas, ce qu'on raconte de toutes parts et à tue-tête, depuis des années, au sujet de mes textes.

À propos de ce que j'écris, ici, on me dit deux choses, essentiellement. Un : que je délire. Deux : que ce que je raconte est de la pure forme. Eh bien, le *Pusher* m'apprend ce soir-là que contrairement à ce que je me fais sans cesse lancer par la tête et enfoncer de force dans les oreilles par tous les spécialistes du théâtre, non, ce que j'écris n'est pas du tout d'une telle abstraction et d'un tel formalisme qu'il faudrait au moins un doctorat et deux maîtrises pour en comprendre ne serait-ce que trois lignes. Un *bum* qui n'avait peut-être jamais mis les pieds dans un théâtre vire bout' pour bout' en entendant la pièce : il n'en a pas manqué un seul maudit mot ! Vous vous rendez compte ?!

R. …

D. Oh, et puis tiens, un exemple, je vous en rajoute un en plus des deux que je prévoyais. Pour le même prix. Lié, lui aussi, à l'ancienne Licorne et aux *Bédouins*.

Quelques années avant que Joseph et moi ne créions la pièce dans sa version solo, Diane Hamel – qui est chanteuse d'opéra et professeure de chant –, un pianiste et moi, nous donnons là, les dimanches midi, une série de brunchs-théâtre. Nous avons baptisé l'événement *Les tracs de la diva*. Pendant que les spectateurs prennent l'apéro, Diane donne un récital, très beau, un très joli répertoire qu'elle a visiblement autant de plaisir à chanter que nous à écouter… et moi, eh bien, je fais le maître de cérémonie – à peu près à mi-chemin entre Radio-Canada bouche-en-cul-de-poule et pur clown. Ensuite, le service reprend, les spectateurs mangent, puis deuxième partie du spectacle : Diane est assise sur une chaise tandis que moi, debout derrière elle, je suis son « âme ». Je joue Michaela, la chanteuse d'opéra des *Bédouins* : je raconte ce qui se passe à l'intérieur de la chanteuse assise devant moi.

R. Vous faites le texte de Michaela, mais lui tout seul, d'un seul tenant ?

D. C'est ça. À deux ou trois reprises, Diane se lève tout à coup et chante, puis se rassied et je continue. Ça marche très bien. Nous avons vraiment beaucoup de plaisir à donner ce spectacle-là.
Un dimanche matin, en arrivant à La Licorne, c'est Daniel Simard, je crois, un des patrons, qui me dit : « Ah, oublie pas : il y a un journaliste qui va être là, à midi. Un gars du journal de… » C'est le journal d'un grand syndicat, peu importe ici lequel. « Il va assister au show, pis après ça il voudrait t'interviewer. » Je fais une grimace-citron. « Ça te va ? » Je lui réponds que « Oui, oui, pas de problème ». Un journal syndical ? Dieu du ciel, qu'est-ce qui leur prend ? Depuis quand est-ce qu'un syndicat québécois s'intéresse à la culture… ou à quoi que ce soit d'autre qu'à ses intérêts ? Bref. Nous donnons la représentation. Et après, moi, j'ai complètement oublié l'histoire de l'entrevue à donner. Je m'attable avec des gens que je connais, qui viennent d'assister au show de ce midi-là, et je me mets à placoter. François, le cuisinier, vient me voir au bout d'un moment et me glisse à l'oreille : « Le journaliste t'attend. » Je fais

«*Shit!*» et me lève avec autant de bonne grâce que si je m'en allais me faire piquer pour le *distemper*.

R. Pourquoi? Vous vous attendez à quoi?

D. À quoi est-ce qu'on peut bien s'attendre de la part d'un journaliste syndical québécois, d'après vous? «Ça vous tenterait pas d'écrire un show pour l'assemblée générale annuelle des cols bleus?»

R. …

D. Toujours est-il que je me pointe à la table du gars. Bonjour – bonjour. Café? Non, merci. Ça vous dérange si je fume? Non, non, allez-y. Puis… petit temps suspendu, avant de plonger. Je me fais «Ouf…» et j'attends la première question. Or, à ma surprise sans bornes, le gars se penche un peu vers moi, s'appuie doucement les deux coudes sur la table, rive ses yeux aux miens et me lance, avec une extraordinaire gravité, immédiate, solide comme le roc: «Vous avez beaucoup pensé à la mort.» Je n'en reviens pas. Non seulement il écarte d'emblée l'aspect léger et même comique de la représentation à laquelle il vient d'assister, mais il fonce même tout droit dans le cœur des enjeux qui animent Michaela. Paf! la mort! Un magnifique dimanche midi d'été, tout de suite après le champagne mimosa et les œufs bénédictine!

R. Quel effet est-ce que ça vous fait?

D. Je… je change de poste. Instantanément. En un éclair, c'est comme si je quittais La Licorne et me retrouvais projeté à travers le temps, au moment même de l'écriture de la pièce. Nous discutons un bon moment, lui et moi. Je ne me souviens pas qu'il ait pris une seule note. Je ne sais même pas s'il a ou non fini par écrire un papier.

R. Vous discutez de quoi?

D. De la mort. De l'attachement à la vie. De la déchirure. Des flammes. De la douleur. Il me raconte, sans me donner de détails – aucun dont je me souvienne, en tout cas –, qu'il a récemment traversé une période effroyablement difficile. Il évoque tous les aspects de sa vie récente qui se retrouvent ce midi-là tout à coup éclairés totalement différemment, grâce au texte que je viens de donner. Il est bouleversé, mais... dans le calme. C'est très impressionnant. Il est d'une dignité extrêmement touchante. Et puis au bout d'une heure, peut-être, il se lève, range ses papiers auxquels il n'a pas jeté un seul coup d'œil, me regarde, me tend la main, serre la mienne avec... avec un regard inoubliable... et s'en va. Je ne l'ai jamais revu non plus. Lui aussi, presque autant que le *Pusher*, était un spectateur totalement improbable. Et lui aussi a tellement reçu le texte de Michaela en plein cœur, littéralement, que je crois que durant l'heure que nous passons ensemble, les mots «forme», «style» et «personnage» ne sont même pas prononcés. Les enjeux du hurlement de Michaela, il les a reçus en plein visage, directement, *pour ce qu'ils sont*, tels qu'ils ont surgi de moi.

R. Attendez. Vous voulez dire... que dans le cas de ces deux gars-là, les choses se passent soudain comme si... comme si le sens de ce que vous avez écrit était passé directement de vos profondeurs à vous à leurs profondeurs à eux ?

D. Précisément. Pour un peu, j'irais jusqu'à dire que la pièce, ils l'ont instantanément comprise aussi clairement que moi je la comprenais au moment où je l'écrivais. Ils l'ont comprise... par cœur ! Alors que dans le milieu théâtral, avec mes confrères et consœurs ou aux yeux des critiques : «Dubois délire... mais y pogne.» Et en dehors de ça, le silence. Là, les deux exemples que je viens de vous donner – mais il y en a, j'insiste, nombre d'autres – me disent, eux, tout le contraire : «Wow, *man*. Quant' ta bonne femme italienne, là, quant' à s'met à crier que le monde l'aime mais qu'ils la touchent pas, jamais... c'est... c'est écœurant, *man* ! Comme. C'est parce qu'a fait peur, hen ? C'est vrai, hen ? La beauté, ça fait ça, souvent, hen ? A fait... peur ! 'Stie, *man*, j'avais jamais pensé à ça, à comment que la super-belle fille, elle, a peut s'sentir ! Comme... enfarmée dans sa beauté ? Ah, pis l'aut', là, le chevalier allemand ! *Fuck !* Quant' y comprend que c'est jus' la souffrance des aut' qu'y aime ! Wow ! Sacrament, *man* ! »

R. C'était le *Pusher* ?

D. Oui. Et puis il va encore y avoir le… le coup de grâce, j'imagine ?

R. Le coup de grâce ?

D. Oui. La surprise la plus bouleversante de toutes. Qui va, elle, m'aider à éventuellement mettre en place les pièces de casse-tête, et m'obliger à plonger dans mes questions pour les vingt années suivantes.

R. Allez-y.

D. L'automne qui suit la création de *Monsieur Deslauriers*, je crée une autre pièce. Je veux dire une autre pièce de moi, mais que, celle-ci, je mets aussi en scène.

R. *Le troisième fils du professeur Yourolov.*

D. C'est ça. Trois jeunes comédiens – deux gars, une fille – ont quelques années plus tôt créé leur propre compagnie de théâtre jeune public, les Productions Ma chère Pauline. Ils m'ont commandé un texte, que je dirige moi-même, donc, que nous créons cet automne-là, toujours à l'ancienne Licorne. Un soir, je viens les retrouver après la représentation pour boire un verre avec eux, histoire de voir comment ils vont, et comment va le show. J'entre. La plupart des spectateurs sont déjà partis. Les trois sont dans la loge en train de se changer. Il ne reste que sept ou huit personnes dans le resto, disséminées. Je m'installe au bar en attendant Sylvie, Sylvain, Jean et Pierre-Luc – le régisseur – et, ce faisant, je remarque que parmi les spectateurs qui s'attardent, il y a… deux dames, ensemble. Dont l'une me fixe intensément du regard. Au bout de quelques instants, j'entends, juste derrière moi :
— Euh… monsieur Dubois ?
Je me retourne. C'est la dame d'il y a un instant, celle qui me fixait des yeux. Elle est debout, juste là, tout près. Et elle semble… terriblement nerveuse.

— Oui ?

Elle hésite un petit moment, puis :

— J'ai un fils.

— Ah bon… ?

Je me demande vraiment pourquoi elle me dit ça.

— Oui. Oui, il s'appelle…

Il me semble bien que c'est François, mais je n'en suis pas certain.

— Oui… ?

— Oui. Il a…

Je ne sais plus l'âge qu'elle mentionne. Treize mois, peut-être ? Quelque chose comme ça.

— Ah bon… ?

Je ne comprends vraiment pas ce qu'elle me veut. Bon, elle a un fils de treize mois… et puis après ? Je veux dire : je suis bien content pour elle, mais… mais quoi ?! Elle, elle a l'air de plus en plus anxieuse, elle se tord les mains. Il saute aux yeux qu'elle veut me dire quelque chose d'extrêmement important pour elle, mais je ne vois absolument pas ce que ça pourrait bien être, ni comment l'aider à le sortir.

— Treize mois, monsieur Dubois !

— Ou… oui… ?

Elle ne va quand même pas m'annoncer que je suis le père, sapristi ?!

— « Treize mois »… Ça ne vous dit rien ?

— Je. Non. Je. Excusez-moi, je…

— Il a été conçu à l'automne. Il y a deux ans, monsieur Dubois !

— Oui ?… Et… ?

— À l'automne 1985, monsieur Dubois !

— Euh. Excusez-moi, madame, mais je ne vois vraiment pas ce que vous…

— *Being at home with Claude*, monsieur Dubois !

— Quoi ?!

— Je suis en train de vous dire qu'il a été conçu en sortant de votre pièce ! À *cause* de votre pièce !

R. Saint Sacrebleu !

D. Je chavire complètement, en une fraction de seconde. Elle me raconte, avec une tendresse extraordinaire, qu'elle est allée voir la pièce au Quat'Sous avec son amoureux. Qu'ils sont sortis de la salle bouleversés, tous les deux. Qu'ils ont marché, et marché, sans rien dire. Et puis que tout à coup, ils sont arrivés à un coin de rue, devant un feu rouge, se sont regardés, se sont sauté dans les bras en pleurant. Ont immédiatement arrêté un taxi et sont rentrés… faire un bébé. Elle me dit :

— Vous comprenez… il n'y avait rien d'autre au monde à faire, avec toute la beauté que nous venions de recevoir là.

Quelques années plus tard, j'apprends qu'une chose semblable s'est aussi produite le soir de la première du film que Jean Beaudin tire de la pièce.

R. Ça doit faire tout un effet, apprendre ça ?

D. Oh que oui. Mais vous voyez ce que je vous disais ? Observez à quel point leurs réactions et leurs manières de les exprimer sont différentes, à la maman, au journaliste syndical et au *Pusher*. L'anxiété, la dignité, la fébrilité. Elles sont tellement différentes qu'au moment où les événements adviennent, en moi, je les classe spontanément comme complètement différents les uns des autres, bien entendu. Différents *par nature*. Seulement, petit à petit, il se met à émerger un lien tout à fait inattendu. Que je n'ai vraiment pas senti approcher. Un lien qui me fait voir que ces trois moments-là ont bel et bien un sens en commun. Un sens en commun primordial !

R. Lequel ?

D. Que quelque chose est *réellement* passé de moi à eux ! Quelque chose qui m'animait, moi, au moment de l'écriture. Et qu'ils et elle ont reçu. De plein fouet.

R. Oh, je comprends ! L'écho ?

D. Oui ! L'écho ! Je comprends que l'entreprise dans laquelle je me suis lancé depuis l'écriture et la création de *Panique*, elle tient la route! Et c'est totalement inattendu. Une telle confirmation, j'avais depuis longtemps renoncé à en attendre une. J'en étais même arrivé à me dire qu'il fallait être fou pour en attendre une. Alors que là, je comprends que la confirmation, je l'avais sous les yeux depuis des années, mais que tout ce temps-là, j'ai été incapable de la lire. Autrement dit…

R. Autrement dit… ?

D. Que non seulement les explications nécrophiles de l'écriture nient l'essentiel, mais qu'elles vont même jusqu'à engendrer une réalité à leur ressemblance : une chambre sourde. Qui nous empêche d'entendre ce qui n'est pas elles. Que ces explications, si on ne parvient pas à échapper *entièrement* à leurs filets, mènent droit au silence intérieur!

R. *La* menace?

D. …

R. Et quel effet est-ce que ça vous fait, de comprendre ça?

D. Le tout premier, et de loin le plus important, je crois bien, c'est de me forcer à plonger encore plus vigoureusement dans l'élaboration de ma propre vision de ce que c'est qu'écrire. Oh, pas seulement pour achever de faire exploser la chambre sourde, mais aussi parce que je sais à présent que oui! Oui, ça se peut! En dépit du discours nihiliste omniprésent, il y a moyen de parler de l'intérieur, de l'évoquer, de le mettre en circulation et qu'il soit entendu. Et puis, il n'y a pas que les spectateurs qui répondent parfois. Au plan des idées aussi, je me rends compte que j'ai vécu des rencontres, des « échos » impossibles à taire.

R. Par exemple… ?

D. Oh, ceux que j'ai déjà mentionnés, bien entendu. Miller, Camus, Ducharme, Kerouac, Jünger, Yourcenar. Et tellement d'autres. Dante. Ou, au présent, John Ralston Saul, par exemple, dont les *Voltaire's Bastards* me renversent : la description qu'il fait de la civilisation occidentale cadre tout à fait avec ce que je suis en train d'identifier là. Et puis, qu'il y a aussi eu des rencontres esthétiques, extrêmement importantes. Le nô, le kabuki. Qui me forcent, elles, à réfléchir en plus aux formes de la représentation, et à leur sens. Au total, je me rends compte que, non, je ne suis pas fou ! Que, non, je ne suis pas délirant. Mais ça, ce n'est encore rien de le dire. Ce qui est encore bien plus bouleversant, c'est de comprendre soudain à quel point le monde est vaste. Autour de nous, certes, mais surtout *dans notre esprit* ! Il l'est encore bien davantage que je n'en avais pris conscience jusque-là. À quel point il est vaste, et dans quelle effroyable mesure nous faisons tout ce que nous pouvons pour… pour l'écraser, pour le forcer à tenir dans un dé à coudre.

Alors, voyez-vous… vous vous souvenez, un peu plus tôt, m'avoir demandé pourquoi tout à coup le parcours du tunnel de mes questions est terminé ?

R. Oui…

D. Et que je vous ai répondu… parce que. Parce que Billy, parce que le Jeune Acteur, Matane, le Peintre, le Musicien, et tous ces jeunes gens, que j'ai regardés, un soir au Barbare… ?

R. Oui, oui, bien sûr.

D. Eh bien, rajoutez-leur Yourcenar, Ducharme, Kerouac, Miller, Saul, Camus, Dante, le nô et le kabuki. Rajoutez-leur un journaliste et un *pusher*. Deux enfants que je n'ai jamais vus. Un jeune Allemand qui se fait égorger en pleine forêt, et un ti-cul qui saute à pieds joints sur le divan du salon en poussant un hurlement de terreur. Rajoutez-leur un très très vieux couple qui assiste à une représentation de *Monsieur Deslauriers* et que je regarde sortir du théâtre en se tenant par le bras, en s'essuyant les yeux, littéralement accrochés l'un à l'autre. Et puis un homme de théâtre indien qui m'explique à quel point le thème des *Bédouins* lui parle. Et vous aurez votre réponse.

Parce que… les *Entretiens* et parce que les *Morceaux*. Parce que le jour vient, inéluctablement, où il nous faut tenir la promesse faite dans notre jeunesse. Et qu'un jour, dans ma jeunesse à moi, j'ai été assis avec un SS hollandais et que je n'ai pas su lui répondre. Parce qu'un soir j'ai soupé avec un fasciste en gants blancs comme il y en a ici des masses et que, dans ma réponse, je ne suis pas allé jusqu'au bout. Alors, je leur réponds aujourd'hui. Je leur dis : « Non, messieurs. Je crois que vous faites erreur : il y a bien autre chose dans la vie que d'être le plus fort. »

*

Le monde en nous

R. Pour parvenir à continuer d'écrire, il a donc fallu que vous vous construisiez votre propre représentation de l'imaginaire ?

D. Une représentation de ce qui se déroule à l'intérieur de notre esprit, oui. Une image qui me permette d'évoquer ce qui se passe en nous sans être… intercepté par le discours des nécrophiles. Une image de l'endroit d'où les histoires surgissent en nous, et de l'endroit où elles trouvent un écho à l'intérieur des autres.

R. C'est pour ça que le *Pusher*, le journaliste et les Bébés-*Being* sont si importants ? Parce que leur réaction vous a démontré que l'image que vous vous faisiez vous permettait vraiment de vous adresser aux autres, ou à certains autres, en tout cas ? De leur parler « d'écho à écho » ?

D. Oui.

R. Et qu'est-ce qu'elle est, cette image ?

D. Oh, le principe en est tout simple. Mais ce qu'il implique, en revanche, est effroyablement compliqué et ce ne serait vraiment pas une bonne idée d'entrer dans les détails, nous ne nous en sortirions pas à moins d'entreprendre un ouvrage au moins aussi considérable que mon ancien essai.

R. Vous l'avez depuis longtemps ?

D. Très. Je pense que j'en avais déjà des petits bouts, des croquis, avant même de partir pour Paris, à vingt-trois ans. Par la suite, elle n'a jamais cessé de s'étoffer. C'était une idée qui était là, dans ma vie, comme… comme on porte en soi une image d'un vieil ami : elle varie d'année en année, on la reprend, l'efface, la déchire, la recommence, en change les coloris et la texture, change le cadre, change le passe-partout, rajoute des moustaches ou décolore les cheveux, continuellement. Tant et si bien qu'au milieu des années quatre-vingt, une des toutes premières fois que j'ai enseigné, j'ai voulu avoir recours à elle tout à coup et que… stupeur… je me suis aperçu en ouvrant la bouche que c'était absolument impossible. Il aurait fallu des mois de travail rien que pour que je commence à être compréhensible. Ce n'était pas seulement la complexité de l'image qui était en cause, mais tout autant le gouffre entre elle et la culture des étudiants.

R. Elle aurait été quoi ? Incompréhensible, pour eux ?

D. J'en ai bien peur. Et si j'avais forcé pour la leur faire avaler, j'aurais risqué de causer de terribles dégâts. Dès le départ, la raison d'être de cette image a été de me protéger de la culture ambiante, ce qui fait qu'en la développant j'ai fini par me rendre à mille lieues des côtes connues. Si j'avais voulu l'exposer de but en blanc aux étudiants, le fait qu'elle s'est construite *à contre-pied* de la représentation du monde qu'eux se sont sans doute bâtie aurait signifié d'asséner de sacrés coups de boutoir dans leur compréhension des choses de la vie. Je ne pouvais faire une chose pareille pour ensuite ne leur donner que trois ou quatre petits bouts nettement insuffisants pour remplacer ce que j'aurais jeté à terre. Il aurait fallu que je puisse au moins leur exposer ma version de rechange au complet, et qu'ils puissent surtout au fur et à mesure en expérimenter les effets pour la comprendre vraiment. Mais pour ça, j'aurais eu besoin d'un temps dont je savais bien que je ne disposerai jamais.

R. Vous venez de dire « expérimenter ». C'est important ?

D. C'est essentiel. Il ne suffit pas de voir ni même de comprendre l'image, il faut surtout vivre ce qu'elle signifie. En fait, ce n'est bien sûr pas l'image qui importe, elle n'est qu'une représentation, ce qui importe, c'est ce qu'elle représente. Or, apprendre à écouter en soi, pas seulement nos pensées mais aussi leurs mouvements, ça ne se fait pas en criant « ciseaux ! ». Il faut y aller pas à pas.

R. Mais vous vous êtes aperçu, donc, que vous n'aviez pas l'espace pour l'enseigner ? Qu'est-ce que vous avez fait ?

D. J'ai toujours beaucoup aimé l'enseignement, mais... je m'en suis tenu aussi éloigné que j'ai pu, tout bonnement. Et je me suis fait à l'idée que ma conception de comment nous ressentons le monde, non seulement je n'en avais jamais parlé, mais que je n'en parlerai sans doute jamais non plus.

R. Et depuis cette époque-là... ?

D. Quoi ?

R. Votre image, elle a continué de se développer ?

D. Je ne vous le fais pas dire. Elle a même muté complètement, au moins deux fois. Mais sans jamais reculer. Je veux dire que ces mutations n'impliquaient pas que ce qui avait précédé était faux, mais seulement incomplet.

R. Et aujourd'hui, vous allez l'exprimer ?

D. Pas au complet, non. Je vais juste vous en exposer ce dont vous avez besoin pour au moins pouvoir suivre – en tout cas je l'espère... – quand je parle d'un voyage comme celui de l'écriture de *Monsieur Deslauriers*. Ce qui va m'obliger, par exemple, à détailler davantage ce que j'entends par « écho », par « visions », et ainsi de suite. Une petite mise en garde, toutefois, avant de commencer.

R. Je vous écoute.

D. Pendant que je vais tenter de vous faire comprendre la représentation que je me fais de notre imagination et que je vais vous parler d'écriture, n'allez surtout pas me sortir des parallèles avec l'inconscient ou quelque autre concept médical. Tout ce que je vais vous raconter ici, je me le suis inventé justement pour me sortir entre autres du regard thérapeutique sur l'imaginaire, parce qu'il est carrément impossible de se mettre à écrire en se disant: «Bon, eh bien je vais me répandre les névroses.» J'aurais bien peur de faire explosion, si vous alliez tenter de faire se rencontrer l'eau et le feu. Dites-vous que, comme je vous l'ai déjà expliqué, le but, pour moi, n'est pas de présenter l'objet, mais de laisser surgir le regard. Et ensuite, que c'est la première fois que je parle de tout ça ouvertement. Peut-être qu'une fois que ce sera écrit puis qu'un peu d'eau aura coulé sous les ponts, j'aurai la couenne moins sensible, mais en attendant... ne titillez pas trop le grizzly. J'aurais très peur qu'il ne devienne terriblement violent.

R. Message reçu.

D. Alors allons-y. Je vous redis d'abord un mot de ce que je vous ai décrit dans les *Entretiens* à propos des échos du monde. Notre esprit est en perpétuel mouvement: le monde extérieur suscite des images en nous, ces images-là se répartissent, se fractionnent, se disséminent, s'associent, dans tous les coins de notre esprit, et leur manière de se fractionner, de se dédoubler, de s'associer ou de s'éloigner les unes des autres est propre à chacun et à chacune d'entre nous. Si nous pensons au contenu de notre esprit comme à une cosmogonie, par exemple, eh bien, on peut dire qu'il est constitué de nébuleuses de fragments d'images de toutes sortes qui s'attirent les unes les autres. Chacune de ces nébuleuses est à son tour constituée de systèmes stellaires, d'étoiles, de planètes, de satellites, d'amas de poussière. Et bien entendu, le plus petit système solaire de la plus petite des nébuleuses ne peut pas être constitué uniquement d'hélium, par exemple. Chacune des planètes est composite, et c'est l'équilibre entre ses composantes qui la définit. C'est la même chose à l'intérieur de nous: nous sommes portés à croire qu'il y aurait une partie de notre représentation du monde qui s'appellerait par exemple «tiroir à souvenirs d'amour» ou «tiroir à souvenirs d'enfance», et que ce serait le contenu de ces tiroirs-là qui déterminerait nos comportements dans les différents champs de notre vie, mais cette image d'une grande salle de classeurs où tout serait bien classé par thèmes ne tient pas debout : chacune des nébuleuses contient des fragments d'images de toutes les sortes imaginables. Il y a des molécules de bois, d'uranium, de connaissances professionnelles, de souvenirs amoureux et de souvenirs d'enfance dans chacune d'elles. Tous les souvenirs, toutes les images qui nous font sont disséminés entre les différents systèmes, et cette répartition-là, la structure des tensions entre les images que le monde a suscitées en nous, est déterminante de qui nous sommes. Ce qui veut dire que si j'évoque deux moments, entre des centaines, des milliers, qui ont composé une histoire d'amour, eh bien, en passant de l'un à l'autre de ces moments, je ne voyage pas à travers deux images seulement, mais à travers des pans entiers de mon existence. Ça va ? Le monde d'images vivantes, à l'intérieur de notre esprit, est au moins aussi complexe que le monde physique auquel appartient notre corps. Aussi complexe que l'image qui vous vient si je vous dis : « cosmos ».

R. Ça va.

D. Et à l'intérieur de cet univers, en nous, les mouvements sont incessants. Parce que toutes les planètes, les lunes, les astéroïdes et les particules de poussière s'attirent et se repoussent dans tous les sens. Des systèmes perdent de l'importance, d'autres en gagnent, changent de place ou s'associent à d'autres, à chaque instant.

R. Ça va toujours.

D. Eh bien, j'ajoute à présent que cet univers intérieur, il est *vivant*. Il constitue une intelligence. Eh oui, une intelligence à part entière. Une intelligence que j'appelle l'« intelligence passive ». Cette intelligence, elle est celle du monde comme nous le recevons, comme nous l'accueillons en nous, elle est le principe même de notre conscience d'exister *à l'intérieur de nous-mêmes*.

Mais nous en possédons aussi une deuxième, intelligence, qui est celle du corps, celle du monde physique non plus comme nous le recevons, mais comme nous y allons, comme nous l'agissons. Elle, elle est notre conscience d'exister *dans le monde.* Ces deux intelligences sont extrêmement différentes l'une de l'autre, à tous égards, elles le sont même tellement qu'elles ne peuvent pas vraiment communiquer directement l'une avec l'autre. S'il n'y avait qu'elles, nous serions condamnés à sauter sans cesse du cœur de l'une au cœur de l'autre, ne nous souvenant qu'à peine, ou même pas du tout, lorsque nous serions soumis à l'une, de ce que nous savons ou de ce que nous ressentons lorsque c'est l'autre qui domine. Comme le docteur Jekyll et mister Hyde.

Mais... de la tension entre les deux en surgit avec le temps une troisième, totalement dépendante des deux premières : la raison. Elle est, elle, en quelque sorte un terrain de négociation inventé de toutes pièces entre les deux premières, une modératrice, un arbitre. Mais attention : elle n'a pas d'accès direct au monde. À *aucun* des mondes, ni intérieur, ni extérieur. Elle est totalement dépendante des informations auxquelles elle a accès par l'intermédiaire des deux premières.

R. Nous avons donc... trois intelligences ? Celle du monde comme nous le ressentons, celle du monde comme nous y allons et celle du monde comme nous le comprenons ?

D. Exactement. Et ce que nous appelons « je », c'est le résultat de la tension perpétuelle entre les trois. Imaginez-vous un triangle. Un de ses sommets, c'est l'intelligence passive, le deuxième, c'est l'intelligence du corps, le troisième, c'est la raison, et la toute petite croix qui clignote en plein milieu, c'est « je » si les trois sommets ont une importance équilibrée. Dès qu'un des trois se met à se renforcer par rapport aux deux autres, la petite croix se rapproche de lui.

R. Et si la petite croix en vient à se confondre avec un des trois ?

D. « Je » disparaît. Il éclate si c'est avec l'intelligence passive qu'il se confond. Rien n'a plus de sens autre qu'instantané si c'est le corps qui prend toute la place. Et il « pogne en pain », si c'est la raison.

R. Euh…

D. Oui ?

R. Vous venez bien de dire : « Il *pogne en pain* si c'est la raison qui prend toute la place » ?

D. Oui.

R. « Je » qui « pogne en pain », c'est… la momification ?

D. Oui. Ce que j'appelle la momification, ou la calcification de l'âme, ce sont deux processus qui sont des conséquences directes d'un surinvestissement de l'intelligence rationnelle. Ou, parfois, de l'intelligence du corps.

R. Et le deuil précoce, lui ?

D. Oui, lui aussi. Mais lui, il ne peut être causé que par une inflation de l'intelligence rationnelle. Exacerbée, l'intelligence rationnelle débouche sur des *power trips* à n'en plus finir et celle du corps sur un culte de l'action à tout prix. Dans les deux cas, la moindre évocation de « quelque chose » qui pourrait être en jeu à l'intérieur de nous a de grandes chances de finir par être considéré comme une véritable menace. De la même manière, un surinvestissement de l'intelligence passive, de son côté, peut fort bien mener à un déni du corps, de l'action et de toute forme de logique. Encore une fois : il nous faut les trois. Pas une *moyenne* entre les trois : il faut avoir connu chacune des trois, du plus près possible, et s'être fait par soi-même une idée des forces et des faiblesses de chacune, et aussi des interactions entre elles. Il faut les avoir *vécues*, et pas simplement en avoir *entendu parler*, parce qu'une connaissance trop théorique, une compréhension trop en avance sur l'expérience a de bonnes chances de mener tout droit à un surinvestissement de l'intelligence rationnelle.

R. Ouf. Notre esprit, que nous nous représentons d'habitude comme formant un tout monolithique, est en réalité composé de plusieurs… euh… de plusieurs voix ?

D. Ce ne sont pas des voix, ce sont des forces. Mais bon, je pense qu'on peut utiliser une image de cette sorte-là, oui. Ce sont des voix, mais des voix qui parlent dans des langues complètement différentes les unes des autres. Évidemment, puisqu'elles parlent de mondes entièrement différents. Pour ma part, je privilégie plutôt l'image de trois… regards.

R. Comme si, alors, pour regarder un seul et même objet, nous pouvions tantôt utiliser nos yeux, tantôt passer en mode infrarouge, par exemple, puis à… je ne sais trop quel autre… aux rayons X, disons ?

D. Oh, la transformation qu'on ressent quand l'équilibre bascule d'une intelligence à l'autre est encore bien plus époustouflante que ça. Elle est plutôt de l'ordre de regarder un objet avec vos propres yeux, puis de vous transformer d'un coup sec en loup pour le regarder à nouveau, puis encore en… en chauve-souris, en araignée, en aigle ou en brochet. Ce n'est pas seulement la forme de ce que vous regardez qui se transforme quand vous passez d'un état à l'autre, c'est tout ce que cet objet-là *signifie*, tout ce qu'il évoque pour vous – et, du même coup, tout ce qu'implique, tout ce qu'*est* pour vous un monde où il peut exister un objet comme celui qui vient de vous apparaître. Ce qui détermine la conscience de lui-même et du monde qui fait qu'un individu est unique, c'est d'un côté le degré de développement de chacune de ses trois intelligences et, de l'autre, les équilibres qui s'établissent entre elles : l'équilibre entre chacune d'elles – deux par deux –, et l'équilibre global – entre les trois à la fois. Or, les tensions *à l'intérieur* de chacune de ces intelligences-là se transforment à chaque instant de notre vie, dans tous les sens. Et celles entre les sommets du triangle aussi.

R. Donc, notre conscience change sans cesse ? Vraiment ?!

D. Oui. Je continue. L'intelligence passive ne cherche pas, elle reçoit, elle accueille, elle est, si vous voulez, végétale. L'intelligence du corps, en revanche, elle, est zoologique : elle ne reçoit pas, elle ne conserve rien, elle agit, elle bouge, elle se démène. Ce qui fait que chacune des deux a des qualités qui lui sont propres, mais aussi des manques propres. Par exemple, pour l'intelligence passive, l'espace n'a aucun sens, alors que pour l'intelligence du corps, l'espace est essentiel mais se résume à la zone, autour de nous, que nous pouvons immédiatement percevoir. Le temps, lui, n'existe ni pour l'une ni pour l'autre : dans l'intelligence passive, toutes les images sont au présent – les souvenirs d'hier matin, d'il y a vingt ans ou d'il y a trente secondes sont tous au présent –, tandis que pour notre corps, ce n'est pas le temps qui passe, mais les objets. Le sens du temps, c'est notre raison qui l'engendre. Mais, encore une fois, la raison ne perçoit pas directement : elle fait le pont, elle brode, elle complète, elle classe. Mais en soi, elle ne crée pas, elle n'agit pas et elle ne ressent pas : elle *gère*. Dans l'indifférence.

R. Dieu du ciel.

D. Autant notre monde intérieur est constitué de tensions entre des infinités de fragments d'images emberlificotés les uns dans les autres, autant notre conscience d'être « je » est constituée des tensions entre nos trois intelligences. Il nous faut les trois ! Si nous cessons d'écouter en nous, nous perdons l'accès au sens des choses. Si nous cessons d'écouter dehors, nous perdons notre être au monde. Et si nous cessons d'écouter notre raison, nous perdons le sens du temps et nous nous condamnons à basculer sans cesse d'un monde sans mémoire et sans écho à un monde sans espace et donc sans mouvement.

Je vous donne trois exemples de ce qui peut se passer quand soudain l'équilibre entre les trois se transforme.

Premier exemple. Tout début de l'été 1975, quelques jours à peine après la Saint-Jean. À cette époque, je fréquente depuis plusieurs mois un bar extraordinaire, sur Mont-Royal presque au coin de l'avenue du Parc : le Valentin. C'est vraiment un endroit fabuleux.

R. Un bar gay ?

D. Pas seulement. Toutes sortes de mondes se croisent là. Les prix sont tout ce qu'il y a d'abordables, mais c'est quand même là qu'un soir je croise Cat Stevens venu prendre un verre. Elton John aussi, une autre fois. Il y a la plupart du temps un bon tiers si ce n'est la moitié des couples qui sont hétéros. Bref, c'est un endroit magique. Un soir, une fille se pointe avec un long boa autour du cou – pas en plumes : vivant ! Une autre fois encore, j'arrive, et il y a une Rolls blanche stationnée juste devant la porte. J'entre. Je monte à l'étage, là où se trouve la piste de danse. Le barman m'apprend que pour toute la soirée le champagne est gratuit. Il me montre un jeune gars et une jeune fille, tous les deux d'une beauté à couper le souffle, d'une grâce sidérante, qui dansent magnifiquement et qui à l'évidence sont en amour jusque par-dessus les oreilles : elle est à eux, la Rolls, et ce sont eux qui payent la traite – ils ont envie d'un peu partager leur bonheur.

R. Sympathique...

D. Quoi qu'il en soit, cette année-là, pour la première fois, il me semble, la Saint-Jean est célébrée sur le mont Royal, ce qui fait que le soir du grand spectacle, l'avenue du même nom est complètement interdite à la circulation automobile, du métro jusqu'au lac des Castors.

R. Pour laisser passer la foule ?

D. C'est ça. Tard en soirée, quand le show, là-haut, est terminé et que les gens redescendent, le premier bar devant lequel ils passent, c'est donc le Valentin, bien entendu. Alors il y a plein de monde qui entre et qui découvre cette espèce de caverne d'Ali Baba : des individus dans des accoutrements bizarres, des gars qui dansent entre eux sur *Le Géant Beaupré* de Beau Dommage, des filles qui s'embrassent sur les rythmes de Francœur et d'Harmonium, et parmi tout ça plein de gars et de filles à l'apparence tout ce qu'il y a d'ordinaire – et tout ce beau monde-là s'entend à merveille, c'est presque une grande famille.

R. Une grande famille… où débarquent des inconnus ?

D. Disons plutôt des incongrus. Ils entrent, restent un peu estomaqués, ce qui se comprend… sauf qu'après ça, plusieurs d'entre eux se comportent vraiment comme s'ils étaient au zoo. Ils pointent du doigt des habitués en criant des remarques, et ainsi de suite. Éventuellement, le gérant se rend compte de ce qui se passe et fait la tournée de leurs groupes pour leur expliquer gentiment qu'ils sont les très bienvenus, mais que, s'ils veulent le rester, ils ont tout intérêt à se comporter comme du monde. Ce qu'ils font, pour la plupart. Les autres considèrent qu'on les traite avec mépris et lèvent les pattes, drapés dans leur bonne conscience perma-press. Au bout d'une heure à peu près, tout est donc revenu à la normale, et les habitués se sentent légitimés de penser que l'orage est fini, que l'atmosphère du lieu n'aura pas eu à souffrir de perturbations durables. Sauf que…

R. Que… ?

D. Dans les jours qui suivent, certains des fêtards de la Saint-Jean reviennent avec des copains à eux, pour leur montrer les animaux qu'ils ont par hasard découverts l'autre soir. Dans le bar, ils se tiennent tranquilles – ils se passent leurs remarques à voix discrète, mais… Un soir, donc, je ressors du Valentin. Il doit être autour d'une heure du matin, ou une heure et demie tout au plus. Trois autres gars quittent aussi la place, un peu après moi. Des jeunes gars que je ne connais pas et que j'ai bien vus, toute la soirée, rouler de grands yeux à propos de tout ce sur quoi ils posaient le regard. Je me mets en marche sur Mont-Royal, direction est, vers chez moi. La nuit est une splendeur. Il n'y a pas un chat en vue – je pense bien que c'est un dimanche. Quand soudain – je n'ai pas dû faire plus de vingt pas – j'entends des ricanements, derrière moi, mais à bonne distance et, tout à coup : « Heye ! la tapette ! »... à tue-tête. Je continue de marcher. Sans me retourner, ni ralentir ni accélérer.

R. Et... ?

D. Les voix continuent de me suivre. Assez rapidement, je comprends que ces trois gars-là ont très envie de quelque chose en particulier. Et qu'ils ont bien l'intention de faire tout ce qu'il faudra pour l'obtenir.

R. Genre... péter la gueule à quelqu'un ?

D. Précisément.

R. Qu'est-ce que vous faites ?

D. Rien de spécial. Je continue de marcher. Et eux de me suivre. De gueuler. De faire des blagues qui révèlent une acuité d'esprit bouleversante – je ne vous dis que ça. Je sens la tension monter, en moi, un tout petit peu, mais... comment dire ?... tout au loin. Je n'ai pas envie de me faire chier. Je me sens trop bien, la nuit est trop belle.

R. Vous n'avez pas envie... de vous battre ?

D. Pas envie de me battre, non, mais pas non plus de me sauver, même pas d'avoir peur.

R. Et eux, ils continuent de crier ?

D. Oui. Ils ont un peu pressé le pas : leurs cris se rapprochent de plus en plus, dans mon dos, et la montée en flèche de leur excitation est tout à fait perceptible. Je respire tout doucement. Je me sens parfaitement détendu. Je souris – juste pour moi : ils ne peuvent même pas voir mon visage.

R. Vous n'avez toujours pas pressé le pas ?

D. Non. Quand tout à coup, sans avertissement, comme... comme si les trois gars venaient de se rapprocher juste un poil trop près, comme s'ils venaient de crever une bulle... je ne « décide » pas de faire quelque chose, non, mais quelque chose advient. Tout un paquet de choses, en fait. Mais toutes d'un seul tenant. Je ne décide pas de m'arrêter : je m'arrête. Je ne décide pas de me retourner vers eux : j'en amorce le mouvement encore plus vite que je n'aurais pu formuler l'idée de le faire. Avant même d'avoir eu conscience que j'allais faire quoi que ce soit, trop tard : zip, c'est déjà fait. Je suis là, bien planté sur mes deux jambes, calme comme un chêne, et je les regarde. Il ne se passe pas plus d'une demi-seconde. J'ai l'impression de mesurer huit pieds de haut. Juste le temps pour eux de me voir m'arrêter pile et de soudain leur faire face, et... je sens déjà que j'ouvre la bouche pour leur parler. Mais je n'ai pas la moindre idée de ce que je me prépare à leur dire ! Et... paf ! Sans même l'avoir décidé ça non plus, ça se met à sortir. Ma voix la plus grave, la plus « grosse », la plus sévère... un tonnerre. Je ne suis pas furieux, mais ma voix, elle, est la furie faite chair. Oh, pas plus de six ou sept phrases, au grand maximum. Dès les premières syllabes, les trois gars figent instantanément comme des statues de sel. J'ai fini. Ils ne bronchent toujours pas. On jurerait qu'ils ne bougeront plus jamais, qu'ils sont pétrifiés pour l'éternité. Je me sens toujours aussi dégagé. Je me retourne. Reprends ma marche. Toujours aussi calme. Et... au bout de sept ou huit pas, je me rends compte.

R. De quoi... ?

D. De ce que je viens de faire. Je viens de les engueuler... en allemand.

R. Mais... vous n'en parlez pas un traître mot ?!

D. Eh non. Mais je viens quand même de les engueuler dans cette langue-là. Et je suis certain qu'ils ont parfaitement reçu chacune des images que je viens de leur balancer au visage dans une langue inventée.

R. C'est-à-dire ?

D. Aucune importance. Ça a à voir avec le fait qu'il est des matières dans lesquelles je ne marche pas, pour ne pas avoir ensuite à m'essuyer les semelles.

R. Vous croyez qu'ils ont compris ?

D. Mieux que ça : qu'ils ont reçu directement jusqu'au plus subtil des détails de ce que je viens de leur adresser. Directement. Un coin de rue et demi plus loin, je me retourne pour jeter un œil, et ils sont encore à la même place, parfaitement immobiles. Silencieux. Statufiés. Tous les trois.

R. Et qu'est-ce que c'était… ça ?

D. Première partie : le déclenchement. Ma raison *ne pouvait pas* trouver d'issue à la situation. Tant que je marchais, elle ne pouvait que tourner en rond, en un *loop* infernal : « Fuir ? Non. Me battre ? Non. Me laisser faire ? Pas question ! », et retour au point de départ.

R. Elle patinait, quoi ?

D. Tout à fait. Alors ou bien elle a fini par perdre pied, ou bien les deux autres intelligences ont décidé de sacrer une claque sur le lecteur de disque accroché, mais quoi qu'il en soit… pif ! l'intelligence passive et celle du corps ont pris le relais toutes les deux, à tour de rôle ! Mais alors là, vraiment à la vitesse de l'éclair.

R. Et… ?

D. Il ne s'est pas passé *une* chose, mais véritablement deux, en séquence. Je veux dire que je n'ai fait qu'une seule chose, je le sais bien, mais que pourtant, si j'essayais de vous raconter que « je me suis retourné *pour* leur crier des bêtises en allemand », je mentirais. Non, *je* ne me suis purement et simplement pas retourné. Ce n'est pas « moi » qui s'est retourné – certainement pas si « je » est ma rationalité, en tout cas. C'est « mon corps », lui-même, de son propre chef, qui s'est arrêté pile et qui a fait demi-tour. Ma raison, elle, en le sentant faire, a juste eu le temps de sauter dans une poubelle et de fermer le couvercle au-dessus d'elle. Aussitôt que je me retrouve face aux trois gars, nouvelle bascule ! Je ne l'invente pas : je vous jure qu'il y a quelque chose qui… change, en moi. À la vitesse de l'éclair, encore une fois. Comme si je changeais de chaîne de télé. Paf ! ça sort ! Tout seul ! Et… quoi ? Qu'est-ce qui sort ? Une argumentation ? Jamais de la vie. Une mise en garde ? Absolument pas. Non, une attaque visant directement le seul endroit où les trois cloches ne peuvent absolument pas l'attendre : droit sur leurs propres intelligences passives. Je ne m'occupe même pas de leur corps, ni de leur raison, ce sont leurs imaginaires que je saisis directement par les oreilles, que je leur arrache du ventre, que je secoue comme des cocotiers et que je me mets à engueuler comme du poisson pourri en ayant recours à une association d'idées qui a surgi d'elle-même et dont je suis d'avance convaincu, avant même d'ouvrir la bouche, dur comme fer, qu'elle va fonctionner : l'autorité absolue ! Qu'est-ce qu'elle est, l'autorité absolue ? Un colonel allemand qui vous engueule !

R. Mais comme au Kremlin, alors ?! Vous m'avez raconté que, lors du souper d'État, vous avez compris tout d'un coup ce qu'il y avait à faire, pour répondre à Porte-Parole, et qu'en une fraction de seconde vous l'aviez déjà fait. Vous m'avez même dit qu'après coup vous avez été tout étonné de l'aisance avec laquelle vous êtes passé à l'acte.

D. Oui, c'est tout à fait ça. Et c'est encore une autre version d'une bascule comme celle-là qui est advenue la première fois que j'ai rencontré le zozo, chez le copain, et que je l'ai rendu fou de rage en n'acceptant pas de jouer passivement le rôle dans lequel il voulait me couler.

Deuxième exemple. Une nuit, il y a une quinzaine d'années de ça, je me retrouve soudain menacé par une bonne dizaine de policiers enragés qui braquent leurs armes sur moi en vociférant – parce qu'ils sont à la recherche d'un suspect violent qui porte un anorak bleu à capuchon et que j'ai le malheur d'avoir sur le dos un manteau à capuche… vert. Ces… je ne sais pas… neuf ou dix gars-là sont tendus comme des cordes de piano. Je peux vous garantir qu'au moment où ils surgissent autour de la voiture à bord de laquelle je me trouve, si ma ceinture de sécurité était bouclée, le simple geste de la détacher pour pouvoir répondre à leurs injonctions d'avoir à en sortir sur-le-champ me coûterait la vie. Ce n'est pas une « impression » que j'ai, c'est une certitude : si j'ai le malheur de faire *n'importe quel autre geste que celui d'ouvrir la portière*, l'un d'entre eux au moins ouvre immédiatement le feu. La violence déchaînée de leurs hurlements et celle avec laquelle ils m'arrachent de l'auto aussitôt que j'entrouvre la portière ne laisse place à aucune espèce de doute à ce sujet. Eh bien, cette nuit-là aussi, je vis une bascule immédiate. Mais celle-ci, elle n'implique que l'intelligence du corps. Elle me permet de décrire très précisément ce qui se passe quand, d'un coup sec, sans prévenir, surgissant de nulle part, la violence fait irruption dans notre vie : l'intelligence du corps s'empare instantanément de la barre de notre conscience. Vous continuez de voir et d'entendre, oh que oui, vous voyez et entendez même avec une acuité démultipliée, mais ce que *signifie* ce que vous voyez et entendez n'a strictement plus aucun rapport avec les mêmes objets que vous voyiez ou entendiez cinq secondes à peine plus tôt.

R. Décrivez.

D. Un – Aussitôt que les policiers me relèvent du sol – où en me tirant de la voiture ils m'ont jeté à plat ventre puis maintenu avec leurs pieds afin de pouvoir me fouiller de fond en comble –, ils me projettent face contre la vitrine d'une banque, puis m'écartent les bras et les jambes à grands coups de pieds et à grands claques. Le souvenir est gravé dans mon esprit, ça de profond, imbibé de ce que je ressens à ce moment-là : au fond de la banque tout illuminée, il y a, très haut sur le mur, une grande horloge. Eh bien, mon intelligence rationnelle tente de reprendre le contrôle, de tirer les perceptions de son côté, elle hurle *in petto* à pleins poumons : « Regarde l'heure ! Regarde ! Regarde ! Mais regarde, je te dis ! Regarde l'heure ! Lis l'horloge ! Allez ! allez ! lis ! »... pas parce qu'il serait particulièrement important de savoir l'heure qu'il est, pas du tout, simplement parce que, du racoin où elle vient de se faire *shipper* net, elle est folle de panique à l'idée de ce que mon corps pourrait tenter. Parce que ce corps, mon intelligence rationnelle se retrouve soudain sans aucune espèce d'emprise sur lui, il est entièrement livré à lui-même et à sa propre intelligence. Eh bien, je ne peux pas.

R. Quoi ?

D. Lire l'heure ! Je vois parfaitement les aiguilles, mais il m'est totalement impossible de saisir ce qu'elles signifient. Cette horloge, dans l'état où je suis là, m'est in-com-pré-hen-si-ble. Parce que, tout simplement, à ce moment-là c'est l'intelligence du corps qui est entièrement aux commandes et que, pour l'intelligence du corps, des concepts abstraits – et pour tout dire idiots – comme l'heure affichée par une horloge, ce n'est absolument pas de ses oignons. L'heure, ça n'existe pas, pour elle, et c'est tout.

R. Et, bien entendu, on ne peut pas lire ce à quoi on ne suppose pas un sens.

D. Et voilà. Deux – Durant toute la durée de l'incident, il y a continuellement au moins un – mais plus généralement trois ou quatre – des policiers qui hurle à gorge déployée ou qui, durant la phase subséquente, parle. Eh bien, à partir du moment où j'entends les tout premiers : « Envoye, débarque du char ! Envoye, grouille, tabarnak ! », que j'ai à peine le temps de me demander à qui ces hurlements s'adressent, que je lève les yeux et que j'aperçois les je ne sais combien de gueules de revolvers pointées vers moi, jusque, à l'autre bout, le moment où l'officier dit « responsable » – ha ha ha – me fait comprendre que c'est fini et qu'il est désolé pour ce qui vient de m'arriver, le pauvre chou… je vous jure que je ne comprends pas un seul traître mot à tout ce qui se hurle autour de moi.

R. Comment ça ? Qu'est-ce que vous voulez dire ? Vous ne les entendez pas ?

D. Oh oui, je les entends parfaitement. Mais ce que j'entends, c'est… tenez-vous bien : des hurlements de gorilles ! Littéralement ! Durant… je ne sais pas… cinq minutes, peut-être ? Des hurlements de gorilles. Soyons très, très clairs : les paroles des policiers ne me *semblent* pas être des hurlements de gorilles, et je n'ai pas ici recours à une image poétique pour « évoquer » ce que j'aurais ressenti, non, non, des hurlements de gorilles, c'est très précisément ce que sont à mes oreilles et à mon esprit les cris émis par les policiers, littéralement, au degré zéro d'interprétation. C'est ce qu'ils sont pour les policiers eux-mêmes, ces cris, dans le rapport au monde où ils se trouvent… et c'est aussi ce qu'ils sont dans le rapport au monde dans lequel ils viennent de m'entraîner d'un coup sec. Je comprends chacune des injonctions qui me sont adressées, certes… mais uniquement parce que tout à coup je *comprends* le langage gorille.

Ce qui fait tellement paniquer ma pensée rationnelle, cachée, tremblante comme une feuille, derrière une poubelle, dans une sombre ruelle de mon univers intérieur, ce n'est absolument pas l'événement qui se déroule là, non, pas du tout, elle n'a pas peur des policiers, elle, pas le moins du monde. Non, c'est de l'intelligence du corps qu'elle a une peur bleue : de la réaction que l'intelligence du corps va avoir devant ces événements. Parce qu'elle croit qu'à moins d'un accident – un des flics qui s'enfarge dans ses lacets de bottine, par exemple –, il n'y a pas grand danger de leur côté à eux. Tandis que les pensées qui émanent de mon corps, elles, elle les entend *loud and clear*. Évidemment, qu'elle les entend : ce sont elles qui prennent toute la place. Ce sont ces pensées-là qui la rendent folle de terreur.

R. Les pensées du corps…

D. Oui. Celles du corps, mais du corps aux commandes, sans réserve, sans opposition.

R. Et qu'est-ce qu'il pense donc de si effrayant, le corps?

D. Trois choses. Trois choses qui… comment dire?… qui se pensent toutes seules. Et qui sont tellement éloignées de ma manière d'être habituelle – ma manière rationnelle – que l'effet est aussi frappant que si je venais en effet de me transformer en tigre ou en serpent à sonnette. D'abord, je ne suis absolument pas du même avis que ma raison : étant celui que je viens de devenir là, hyperconscient de tout ce qui l'environne, je suis convaincu, moi, que le risque d'accident est parfaitement réel. Et *immédiat* ! Pas parce que les policiers auraient le lacet pendouillant, mais parce que le trottoir est archiglissant. Nous sommes en plein hiver et il est couvert de ça d'épais de glace vive ! Or, cette glace-là, je ne la vois pas, je ne *pense* pas à elle : je la *sais* !

R. Oh…

D. Ensuite, j'écoute attentivement, sans même avoir eu à le décider, les déplacements des gorilles derrière moi et je perçois *directement* dans la vitrine, sans même, là encore, avoir eu à le décider, celles de leurs réflexions qui ne sont pas annulées par la lumière qui règne dans la banque. Je suis en train de me faire une image globale de la situation… pour pouvoir passer à l'attaque.

R. Non !

D. Oui. Aussitôt que je me suis retrouvé le visage à quelques centimètres de la vitrine – et que la contrainte physique s'est tant soit peu relâchée, donc –, je me suis automatiquement retrouvé en mode « à l'affût », avec la toute petite voix parfaitement imbécile de ma conscience rationnelle, en arrière de sa poubelle, qui crie et qui gémit et qui se lamente. Dans cet état qui vient de se « mettre au foyer », il se crée dans mon esprit, à une vitesse folle, avec une précision hallucinante, une image exacte de la disposition des flics, derrière moi, dans toutes les directions, sur le trottoir et dans la rue. Calmement, froidement, je me demande, si l'un d'entre eux venait à me passer à portée de bras, si je n'aurais le temps que de lui décocher une mornifle ou si je ne pourrais pas plutôt, tant qu'à y être, lui casser le cou ou lui crever un œil…

R. Sacrebleu ! La recette parfaite pour vous faire descendre !

D. C'est bien pour ça que ma raison crie si fort. Mais elle peut bien hurler tout son saoul tout ce qu'elle veut : il n'y a pas un atome de moi qui l'écoute – ce n'est que fort longtemps après que je me rendrai compte que, dans mon souvenir, elle est là, en catimini. Comparés à la clarté et à la fermeté de ce qui se pense dans l'intelligence du corps, les hurlements de ma raison sont à peine des couinements de souris, ou... des sous-titres.

Or, troisième souvenir, enfin, concernant ce qui se passe dans le corps, ce qui se *pense* dans le corps et, celui-là, c'est le souvenir le plus fort de tout l'événement, plus fort à lui tout seul que tous les autres morceaux ensemble : une voix. Pas simplement l'impression d'être à l'affût, non, une voix – une... une autre sorte de conscience, une voix terrible, qui prend presque toute la place, en moi. « Ma voix », mais pas celle de ma raison, celle de mon corps. Elle est d'un calme parfait. D'une assurance sans faille. D'une profondeur indescriptible.

R. Qu'est-ce qu'elle dit ?

D. « Eh oui. Je l'ai toujours su. Oui. Oui, évidemment. Oublie pas ça, surtout. Jamais. Oui. Oui. » En boucle, à l'infini. Avec. Presque avec jouissance.

R. « Oublie pas ça » ? « Ça », quoi ?

D. « Quand t'as affaire à eux autres... tire toujours le premier ! »

R. Saint-Sacramant ! Mais c'est... c'est mister Hyde que vous me décrivez là !

D. Eh oui. Oui, c'est précisément ce que je vous ai dit tout à l'heure : quand la dominante, en nous, passe d'un sommet à l'autre du triangle, la transformation peut être aussi radicale et immédiate que celle qu'a décrite Robert Louis Stevenson.

Encore deux détails, pour compléter le récit. Le lendemain de l'incident, je ne me souviens de strictement rien qui le concerne. Rien du tout ! Zéro ! Ni durant les jours qui suivent. Ce n'est que quelques semaines plus tard, au cours d'un party du temps des Fêtes, que tout à coup un des convives lance une phrase qui fait immédiatement ressurgir le souvenir, intact, immédiat. Je deviens gris, et je tombe assis sur un divan, incapable de bouger.

R. Pourquoi ?

D. Parce que aussitôt revenue aux commandes, revenue « au foyer », ma pensée rationnelle a tenté de le bloquer, le souvenir. De toutes ses forces. De l'arracher jusqu'aux racines. Mais ça ne marche pas comme ça. Ça marche d'autant moins comme ça que plusieurs mois plus tard encore, un après-midi d'été, j'entends aux informations qu'un jeune homme au volant de sa voiture vient d'être abattu par la police de Montréal. Des témoins affirment qu'il n'a pourtant rien fait du tout, rien d'autre, en tout cas... que de tenter de déboucler sa ceinture de sécurité pour pouvoir descendre de son véhicule comme le lui enjoignaient les... euh... forces de l'ordre. En entendant ça, je fige net au beau milieu de mon appartement – comme un animal qui vient d'entendre un feulement. Je ne m'immobilise pas, je fige. Le corps me gèle sur place. Pas mal plus tard encore, quand le comité de discipline de la police – ou quelque autre instance hautement performante et d'une inquestionnable objectivité – finit par rendre son verdict sur l'affaire et parle d'un malencontreux accident – ou de quelque chose d'autre d'aussi *punché* que ça –, j'entends cette fois l'information en voiture, avec un ami. Je sens immédiatement monter un frisson des profondeurs de moi. Une grosse voix, grave, mais très éloignée, qui ricane : « Pas de danger, hein ? Hein, l'épais ? Pas de danger ?! » Ma raison, elle, reçoit la nouvelle comme un coup de barre de fer en plein front : je vais en avoir pour des jours et des jours à être incapable de me concentrer sur quelque sujet que ce soit.

R. Pourquoi ?

D. Parce que après avoir entendu ça, ma raison doute d'elle-même. Elle vient d'être prise en flagrant défaut : elle vient de se faire asséner la preuve de ce qu'elle s'est crue supérieure à l'intelligence du corps dans des circonstances où elle n'était pas du tout justifiée de le prétendre.

R. Vous ne pensez tout de même pas que vous auriez dû passer à l'attaque ?!

D. Pas du tout. Et il n'est pas dit, de toute manière, que le corps l'aurait tenté. En l'occurrence, il n'y a que deux certitudes. D'abord, que s'il n'est pas passé à l'attaque, ce n'est certainement pas l'intelligence rationnelle qui l'en a empêché. Ensuite, que la perception la plus juste des risques physiques que je courais, ce n'était pas celle qu'avait ma raison.

Troisième et dernier exemple, à présent. Dans son roman *Le nom de la rose*, Umberto Eco fait décrire par son narrateur une crypte ou un recoin d'une église, au Moyen Âge. Il y a là, exposés dans des châsses, les squelettes du saint patron du monastère. Au-dessus de la première des châsses, à un bout de la rangée, il est écrit : « Le squelette de saint Machin à l'âge de cinq ans », au-dessus de la deuxième : « Saint Machin à l'âge de onze ans », et ainsi de suite... jusqu'à soixante-dix ans. Eco se moque ouvertement d'une impossibilité aussi flagrante que celle-là, mais que les fidèles, eux, ignorants et crédules comme ils sont, prennent pour du *cash*. Alors que moi, au contraire, je trouve cet exemple absolument fascinant : imaginer que les squelettes d'une même personne à sept ou douze âges différents de sa vie puissent être exposés bout à bout, c'est tout à fait cohérent avec ce que je vous ai décrit des images, dans notre intelligence passive, qui sont toutes au présent simultanément, indépendamment de l'époque à laquelle est advenu l'événement qu'elles évoquent. Après tout, que fait d'autre Albertine, dans l'*Albertine en cinq temps* de Michel Tremblay ? Ce que je trouve fascinant, c'est d'abord que l'exemple que donne Eco est une excellente démonstration de la forme d'intelligence qui caractérisait le rapport au monde qui prévalait dans la civilisation occidentale, jusqu'à ce qu'elle soit intégralement balayée presque d'un coup sec par la rationalité.

R. Vous voulez dire... l'intelligence passive ?

D. Eh oui.

R. C'était elle qui dominait au Moyen Âge, comme aujourd'hui c'est la raison qui mène ?

D. Oui.

R. Et sa prédominance pouvait aller jusque-là ? Jusqu'à empêcher les gens de percevoir une impossibilité logique aussi frappante que celle des douze squelettes d'une seule et même personne ?

D. Non, non, non ! Ce n'est pas du tout comme ça que ça se passe. Ce n'était pas l'intelligence passive qui « aveuglait » la rationalité, pas du tout. Là, vous êtes en train de tout ramener à des termes binaires – « *on* ou *off* » –, comme si rien ne pouvait exister entre eux, alors que ce que je m'échine à vous faire percevoir, c'est que ce n'est justement pas du tout dans ces termes-là que les choses se passent en nous – presque jamais. Dans notre esprit, il est pratiquement inconcevable que les questions se posent en termes se résumant par « oui » ou par « non ». Ce qui nous anime, ce sont des questions de… tensions ! Et même pas de tensions entre deux pôles seulement : trois ! Trois… au moins. Le plus souvent, le chiffre aurait plutôt tendance à tourner autour de cent ou cent cinquante.
Ce dont Eco se moque, c'est de ce qu'il s'imagine avoir été un sous-développement volontairement provoqué de la rationalité, ou encore une manipulation de l'ignorance et de la crédulité des masses par le clergé. Je n'irais certainement pas jusqu'à prétendre que le clergé ne profitait pas à fond la caisse de l'état des choses, mais je ne crois certainement pas que ce soit d'abord et avant tout que de ça qu'il se soit agi. Au cours du Moyen Âge européen, ce n'était pas seulement que la raison était sous-développée chez la plupart des gens, c'était – sans doute autant, et plus probablement même surtout – que l'intelligence passive était grandement surinvestie. Pourquoi ? Eh bien, pas à cause d'un complot ourdi par le pape et ses sbires, mais parce que les conditions de vie, les conditions physiques et, donc, les conditions qui interpellent au premier chef

l'intelligence du corps, étaient particulièrement rudes : famines liées à une érosion chronique des sols elle-même causée par la déforestation, difficulté d'accès aux matières premières, épidémies de peste, instabilité politique entre les sociétés et en leur sein, et donc violences continuelles, hiérarchisation implacable doublée d'une impossibilité quasi totale pour quatre-vingts à quatre-vingt-dix pour cent de la population de quitter une position inférieure dans laquelle on n'avait pas le moindre mot à dire sur aucun aspect de sa propre vie. L'intelligence du corps roulait à fond de train sans discontinuer : le monde environnant était une continuelle menace et pas grand-chose d'autre – et cette menace-là allait de soi, puisque le corps – surtout en état d'urgence – ne discute pas, ne chipote pas à propos de ce qu'il perçoit, il se contente de constater… et d'agir spontanément en fonction de ses perceptions. Alors qu'est-ce qu'elle engendrait, cette perpétuelle menace ? Deux choses, l'une dans le corps, l'autre dans l'esprit. Dans le corps : action – c'est la nature même de l'intelligence du corps de s'exprimer sur ce mode-là. Dans l'esprit : renforcement colossal des impressions – et tout particulièrement de quelques-unes surtout, celles liées de près ou de loin à la menace. Or, cette menace, l'intelligence du corps ne parvenait pas à l'endiguer, aucune action à peu près n'étant possible. D'où nouveau surinvestissement de la pensée passive, mais, cette fois-ci, pour contrebalancer le sentiment d'impuissance engendré par l'incapacité du corps à mettre un terme à la menace.

R. Oh, oh…

D. L'exposition des squelettes d'Eco, il existe donc au moins deux manières très différentes de la lire : ou bien celle qu'Eco lui-même semble proposer – « Non, mais qu'est-ce qu'il fallait être con… » –, ou bien comme le signe d'une tout autre façon que la nôtre de se représenter le monde. Une façon qui n'était absolument pas *moins* logique que celle que nous privilégions, mais qui relevait d'une *autre* logique : celle ayant cours dans une autre dimension que celle où, aujourd'hui, nous vivons en nous racontant que rien n'arrive à la cheville de la rationalité, et qu'elle existerait en soi. Ce qui est de la pure foutaise. En deux mots comme en mille, je vous dirai tout cru qu'au petit jeu de la paille et de la poutre, monsieur Eco ne m'a vraiment pas l'air très doué. Et qu'au total il ne vaut certainement pas mieux que ceux dont il prétend se moquer. Parce que si eux faisaient selon lui montre d'un déplorable sous-développement de l'esprit rationnel, il fait quant à lui la démonstration d'une non moins regrettable méconnaissance de la manière dont vit et agit l'esprit humain, et en particulier du rôle fondamental joué par l'intelligence passive *même dans une représentation du monde qui se croit essentiellement rationnelle.* En l'occurrence, son arrogance à lui me paraît nettement plus désagréable encore que la soumission dont faisaient montre nos ancêtres… tout en étant au moins aussi dommageable qu'elle dans ses conséquences.

R. Et… vlan !

D. À présent que je vous ai brossé un très rapide survol des trois intelligences, revenons à nos moutons : l'écriture. Écrire, c'est traduire dans une forme *apparemment* rationnelle une série d'images qui surgit en soi et la lancer sur la place publique pour s'adresser *à l'intelligence passive de nos semblables.*

Essentiellement, ça se fait en écoutant en soi, ou en décodant, des surgissements.

R. Et… comment est-ce qu'on fait ça ?

D. En apprenant à lire. Et la première chose qu'il faut apprendre à lire, c'est ce que j'appelle les « ping ! ».

*

Ping ! et départ à froid

D. Pour écrire, ou pour imaginer sous quelque forme que ce soit, il nous faut avoir accès au contenu invraisemblablement riche et complexe de notre intelligence passive. Seulement, problème : l'intelligence passive, nous ne pouvons pas plonger en elle, nous ne pouvons même pas avoir d'accès direct à ses contenus – cela reviendrait à être submergé par des images d'une force colossale, à être englouti par la folie. Mais nous ne pouvons pas davantage espérer entrer véritablement en contact avec nos semblables uniquement par l'intermédiaire de la raison, puisque dans notre civilisation, elle est grandement surinvestie et que la conception que nous nous faisons d'elle est profondément défaillante : pour l'essentiel, elle est devenue synonyme de délires de puissance, de contrôle tous azimuts et, bien entendu, de silence intérieur *complet*. Dans le monde moderne, ressentir à peu près quoi que ce soit d'individuel est considéré comme un symptôme à traiter de toute urgence. Alors comment faire ? Je suppose qu'il doit exister des tas d'avenues possibles, mais en tout cas, celle que je me suis inventée pour mon usage personnel est celle-ci : il faut apprendre à nous rendre en nous dans une région que j'ai baptisée la « plage aux ping ! ».

R. Qu'est-ce que c'est que ça ?

D. C'est la région frontalière, au cœur de notre esprit, où se rejoignent et même, sur une bande très étroite, se recouvrent l'intelligence passive et la raison. Il faut apprendre à se rendre là, à rester du côté « raison » de la frontière et, de là, observer ce qui se passe de l'autre côté. Pour vous faire une image encore plus simple : si la raison est la terre ferme telle que nous la connaissons dans la vie courante, alors l'intelligence passive, elle, est l'océan. Se rendre à la frontière des deux, c'est donc se rendre sur la plage et regarder la mer.

R. Et là ?

D. Entrer en contact avec ce qui se passe dans ses profondeurs. C'est extrêmement simple. Oh, ça demande de la discipline, de l'attention, mais essentiellement, oui, c'est très simple. Et extraordinairement fascinant. Un des tout premiers exercices qu'on peut faire pour s'entraîner, c'est de décrire le plus simplement du monde toutes sortes d'objets «ordinaires». On peut aussi décrire des lieux, mais là encore, des lieux tout simples. L'idée n'est pas de rechercher l'originalité, mais d'apprendre à la laisser apparaître. On commence donc par décrire, sans commentaires. Ensuite, on se demande quel aspect, lui aussi très simple, de cet objet ou de ce lieu pourrait bien signifier quelque chose pour quelqu'un. Quelque chose d'unique. Pour quelqu'un, quelque part, à propos de qui on n'a aucune espèce d'idée préconçue. Rien qu'à partir de cet aspect-là de cet objet-là ou de ce lieu-là, on peut commencer à voir se dessiner un personnage. Après l'objet et le lieu, on décortique ce que c'est qu'une réplique, une réplique toute simple encore une fois. Puis une action. Et un moment. Le but, c'est de commencer à sortir de l'évidence : de se mettre à percevoir un objet, une heure de la journée, une simple phrase, un endroit ou un geste comme n'allant plus de soi, tout à coup. Les échos qu'ils suscitent se mettent alors à s'éveiller, à affleurer à notre esprit. Éventuellement, de fil en aiguille, on peut en arriver à imaginer toute une pièce, ou un roman complet, rien qu'à partir du décorticage d'un ou de plusieurs de ces fragments-là.

R. Comme vous le faites vous-même, alors? Vous m'avez dit que pour écrire *Being*, vous êtes parti de «Lundi 5 juillet 1967. Palais de Justice. Dix heures du matin. Le personnage regarde une carte géographique» et, dans le cas de *Monsieur Deslauriers*, d'une journée ouvrable de printemps, d'une heure de la fin de l'avant-midi, de l'aréna de Villeray et d'un personnage qui fume un cigare?

D. Exactement. Je vais y venir, mais il faut auparavant que je vous parle d'autre chose, en vue de ce que je veux vous raconter de l'écriture de *Monsieur Deslauriers*.

On peut donc lancer l'écriture d'une pièce au complet rien qu'en partant d'éléments choisis au hasard, le plus froidement du monde. C'est ce que j'appelle un départ « à froid », justement. On décortique un élément, et petit à petit le personnage apparaît. On en décortique un autre, et un autre personnage apparaît. Une situation s'établit nécessairement entre eux, on la suit… et on a sa pièce. Fondamentalement, il n'y a qu'une seule règle à laquelle il soit vraiment essentiel de s'astreindre : assumer. Une fois qu'on a fait un choix, il faut s'y tenir à tout prix.

Eh bien, ce que je vous décris là, c'est un peu comme de se rendre sur notre plage, de nous y promener, de ramasser un objet qui traîne sur le sable et de tenter de déduire le chemin qu'il a bien pu prendre pour arriver jusqu'ici. Mais il y en a une autre, manière de considérer ce qui vit dans la mer. Elle équivaut plutôt à écouter la mer elle-même, et à parvenir à entendre quelque chose qui se passe en elle… jusqu'à ce qu'un objet fasse surface.

À la longue, à force d'avoir fait et refait des exercices de décorticage de toutes sortes, on se rend compte qu'on peut parfois… sentir quelque chose bouger, dans son esprit. C'est très ténu au début mais, si on prête bien l'oreille, on finit par le percevoir clairement : au moment de certains choix, quelque chose « bouge » en nous. Laissez-moi vous donner un exemple tout simple… et qui risque fort de vous rappeler quelque chose.

C'est l'histoire d'une jeune femme. D'une jeune femme… heureuse, ma foi. Volontaire, intelligente, débrouillarde. Solide. Elle a vingt-huit ans. Et cinq amants. Elle les appelle ses Émissaires. Tout au fond d'elle-même, elle leur a donné des noms de couleur. Quand elle les rencontre, elle s'adresse à eux en utilisant leurs noms véritables, bien sûr, Antoine, ou Rodrigo, ou Hans, ou Peter, mais quand elle songe à eux dans la solitude, ils s'appellent plutôt Vert, Bleu, Jaune, Rouge et Gris. Elle les envoie en voyage. Elle les envoie parcourir le monde, puis ils reviennent et lui racontent ce qu'ils ont vu. Mais elle, elle ne part jamais. Ce qu'elle aime, c'est les entendre, à leur retour, raconter leurs découvertes. Elle, elle reste là où elle habite, et elle les attend. Et puis, plus tard, elle les écoute. Il y a des années qu'elle fait ça.

Ces temps-ci, elle est nerveuse. Parce que Bleu est parti vraiment très loin, à l'autre bout du monde, et qu'il doit revenir tout bientôt. Or, Bleu, c'est le second voyage qu'il fait pour le compte de la jeune femme et, à son retour du tout premier, il y a quelques mois de ça, il s'est produit une chose vraiment bizarre. Bleu, il ne s'est pas contenté, comme les Émissaires le font habituellement, de décrire à la jeune femme, avec emphase et une multitude de détails, les lieux qu'il avait parcourus. Non, lui, il lui a raconté avoir vécu tout son voyage en compagnie… d'une amante d'une extraordinaire présence. Tout ce que Bleu racontait, il ne l'avait jamais vu, entendu ou vécu seul, mais toujours en compagnie de cette merveilleuse amante… qu'il ne nommait jamais. Au début, la jeune femme était un peu froissée d'entendre ainsi son Émissaire évoquer une autre histoire de cœur dans sa vie, mais petit à petit, cette amante s'est mise à la captiver elle aussi et, mieux encore, elle en est même venue à se la représenter sous ses traits à elle. Sans qu'elle se soit rendu compte de la transformation, la jeune femme était devenue elle-même un personnage central du récit que Bleu lui faisait. Et ce récit… elle le trouvait captivant. Ça va?

R. Oui, oui, continuez.

D. Ce qu'il y avait d'encore plus étrange dans la réaction de la jeune femme à l'égard de Bleu et de son récit, c'était qu'à mesure qu'elle l'écoutait raconter d'une voix douce, posée, sans éclats, elle devenait… folle de désir pour lui. Lui, il était là, à deux mètres d'elle, assis bien calmement, les yeux fermés pour bien se souvenir, la plupart du temps ou, de rares fois, jetant un coup d'œil à ses notes, mais ne la regardant qu'à son arrivée, au début de chaque séance, puis au moment de se lever pour partir. Autrement, rien : pas un seul regard dans sa direction. Très rapidement, après chacune de leurs rencontres, la jeune femme s'est rendu compte qu'elle conservait en elle l'empreinte de sa voix de la même manière qu'après ses joutes avec ses amants habituels, elle garde sur sa peau durant des heures l'empreinte de leurs paumes. La voix de Bleu la rendait ivre de désir. Et de volupté. Ça va toujours ?

R. Et comment.

D. Bon. Eh bien, à présent, je vous dis : cette histoire a lieu à Bagdad, il y a plus de mille ans.

R. Quoi ?!

D. Eh oui. C'est une nouvelle version des *Mille et une nuits*. Les cinq garçons font partie des esclaves de cette jeune femme… et elle les envoie parcourir le monde en échange de la vie de leurs familles, qu'elle détient en otages. Le jour où les récits des garçons ne l'intéresseront plus, Bleu, Vert, Rouge, Gris et Jaune mourront, et tous leurs proches avec eux.

R. Mais ! C'est…

D. Arrêtez ! À présent, effacez ce que je viens d'ajouter là, revenez en arrière et repensez à la jeune femme et à ses cinq amants, mais tels que vous vous les représentiez au départ. D'accord ? Une jeune femme heureuse, intelligente, solide. Ces temps-ci, elle est nerveuse. Bleu est parti vraiment très loin. Il va revenir et… avec qui aura-t-il voyagé, cette fois-ci ? Elle est obsédée par le timbre de sa voix comme par les caresses d'un amant. Vous y êtes ?

R. Oui, oui. Mais…

D. Attendez. Je vous dis : cette jeune femme s'appelle Isabelle. Isabelle de Castille. Elle est reine d'Espagne, le vrai prénom de Bleu est Christophe, et nous sommes en 1492.

R. Ho !

D. Attendez. Effacez tout de suite Isabelle. Je vous dis : non, en réalité elle s'appelle Nancy, elle est assistante-infirmière dans un hôpital et les cinq garçons qu'elle appelle Gris, Jaune, Rouge, Vert et Bleu ne lui ont jamais adressé la parole de leur vie. Ce sont des personnages qu'elle s'est créés de toutes pièces à partir de bribes de récits qu'elle a entendues de la part de patients, dans la salle d'attente où elle travaille.

R. C'est... !

D. Qu'est-ce qui vient de se passer ?

R. Je... Me...

D. Calmez-vous. Bon. Dites-moi, chaque fois que je viens de lancer un nouveau nom ou une nouvelle époque, est-ce que vous n'auriez pas ressenti... une espèce de petit vertige, extrêmement léger, fugace ?

R. Euh... oui. Oui, peut-être. Mais, je. Presque rien. Je n'en suis même pas certain, en fait.

D. Ne vous inquiétez pas, moi je le suis : il y en a bel et bien eu un. Et ce petit vertige-là, tout tourne autour de lui. Il est une version de ce que j'appelle un « ping ! ». Un « ping ! », comme lorsque, un peu plus tôt, en vous parlant de la fillette agenouillée dans le carré de sable, avec ses bonhommes, j'ai fait « ping ! » quand tout à coup mon imagination a fait un bond à partir de l'enfant pour aboutir directement à la jeune femme de vingt-huit ans, puis « ping ! » à nouveau quand il m'est apparu que ses amants ne voyagent pas en permanence mais par rotation.

La très légère sensation que vous ressentez lorsqu'une image commence à prendre forme ou à se déplacer dans votre esprit comme lorsqu'on évoque soudain la princesse de Bagdad, Isabelle d'Espagne ou Nancy, elle est produite par... par le sonar, si vous voulez, de votre imagination. Il peut être difficile, au début, de la remarquer, parce que votre attention est bien sûr tout de suite attirée plutôt par le contenu de l'image qui surgit : la jeune femme que vous imaginiez jusque-là en jeans et en t-shirt et qui se retrouve de but en blanc à faire la danse des sept voiles, environnée de janissaires barbus enturbannés et de plateaux de loukoums, puis qui tout de suite après devient une austère Espagnole encarcanée de noir, les cheveux remontés en un chignon hyperserré, avec autour du cou une fraise de la taille d'une roue de bicyclette et escortée par trente-neuf duègnes qui n'ont pas souri depuis la mort du dernier tyrannosaure, et puis zip… non, elle est de retour en jeans et t-shirt, mais avec une blouse blanche enfilée par-dessus, un thermomètre dans sa poche et un air d'immémorial ennui gravé sur la figure, toutes ces images-là attirent instantanément votre regard, ce qui fait que le très léger mouvement qui les a précédées à la vitesse de l'éclair et avec la légèreté d'un souffle a eu toutes les chances de passer inaperçu. Alors pourtant que c'est lui qui est essentiel. Essentiel dans ce que moi je veux vous raconter ici, en tout cas.

Qu'est-ce qu'il est ? Il est la sensation d'un changement à l'intérieur de votre intelligence passive : d'un très léger rééquilibrage en train d'advenir. Il est l'équivalent, *à l'intérieur*, du sursaut que vous avez *à l'extérieur* quand tout à coup quelque chose d'inattendu se déplace rapidement, juste à la limite de votre champ de vision. Bien entendu, votre sursaut physique *n'est pas* une image de la coquerelle ou du mulot qui vient de passer au pied du mur, il est simplement la perception de son mouvement. Eh bien, c'est la même chose avec le « ping ! » : il n'est pas l'image qui va surgir, celle du palais de Bagdad, de l'Escurial ou de l'Hôtel-Dieu, il est la sensation d'une tension inédite qui vient de se créer au plus profond de vous entre des myriades de fragments d'images, ou lors d'un déplacement inattendu. C'est de cette tension ou de ce déplacement que Bagdad, l'Espagne ou la salle d'urgence va vous venir à l'esprit, mais le « ping ! », lui, il n'est pas ces images elles-mêmes, il en est l'*annonce* : il est la perception du mouvement qui est en train de les créer. Il n'est pas la lettre que vous décachetez, il est le coup de sonnette du facteur qui va vous la remettre dans un instant – à moins que vous ne sachiez qu'elle vient de l'Impôt et qu'en conséquence vous ne préfériez rester couché et jouer les absents. Lire un « ping ! », c'est tout simplement faire *à l'intérieur* ce que vous faites *à l'extérieur* en tournant la tête vers le mouvement qui vient de vous faire sursauter : le retenir au moment où il passe, l'écouter, entrer en lui et remonter jusqu'à sa source, c'est-à-dire jusqu'aux fragments d'images *entre lesquels* il est apparu. Pour prendre une image cybernétique : le « ping ! », c'est le signal de ce qu'un fichier vient d'atterrir sans crier gare dans la boîte à courrier de votre ordinateur. Seulement, ce fichier, quand vous tentez de l'ouvrir, vous vous rendez compte qu'il est *zippé* : extrêmement compressé. Et quand vous le déployez, il ne vous montre pas une image ou un texte, il ne contient que des hyperliens menant vers une multitude d'autres fichiers de toutes sortes. Sa fonction n'était pas de vous communiquer le contenu de tous ces fichiers-là, mais simplement d'attirer votre attention sur leur existence.

R. Si vous voulez savoir ce qui l'a engendré, il faut d'abord que vous le *dézippiez* et ensuite que vous remontiez un à un tous les liens qu'il recelait ?

D. Voilà. En un mot : un « ping ! », c'est une idée… à l'envers. Non, non, ne vous évanouissez pas. Vous allez voir, c'est très simple. Lourd de conséquences en chien… mais tout simple. Une idée, c'est un lien dont vous déduisez l'existence *entre* deux objets que vous percevez. Vous regardez par la fenêtre, par exemple, et vous voyez un arbre dont les feuilles papillotent et les branches oscillent. Vous savez bien que, même si vous ne pouvez pas le voir, il y a, partout autour de nous, de l'air qui se déplace sans cesse. Alors, en toute rationalité, vous additionnez 1 + 1 et déduisez que ce qui fait bouger les feuilles de l'arbre, c'est l'air qui se déplace. En un mot : qu'il vente. L'idée « Il vente » est donc apparue *entre* l'arbre et l'air. Ça va ?

R. Ça va.

D. Eh bien, écouter un « ping ! » qui passe, c'est reprendre exactement ce processus-là, mais à rebours : l'idée « Il vente » apparaît, mais sans forme. Sans forme, parce que vous ne pouvez ni sentir l'air ni voir l'arbre : ils sont encore enfouis dans votre imaginaire. Alors vous partez de l'idée sans forme dont vous venez de ressentir le mouvement, vous l'écoutez, vous l'étudiez, comme quand vous cherchez un mot ou un nom que vous avez « sur le bout de la langue », vous finissez par sentir émerger doucement l'idée du vent, vous plongez en elle, vous l'étudiez à son tour, et encore, et encore, et encore... jusqu'à ce que tout à coup un voile dont vous n'aviez même pas ressenti la présence se déchire autour de vous et que vous vous retrouviez instantanément précipité à l'intérieur même de ce qui a suscité le « ping ! » : l'idée d'une épouvantable tempête de vent, de pluie, d'éclairs et de tonnerre. Vous êtes soudain debout, les bras au ciel, au milieu d'une très vieille forêt, sous de hauts arbres presque couchés par la tornade. Là-bas, dans une clairière, un groupe d'hommes armés tente de fuir. Vous êtes un sorcier appelant sur la tête de ses ennemis la vengeance des éléments. Ou vous êtes une des sorcières du *Dido and Aeneas* de Purcell, qui veulent faire périr Énée en mer pour se venger de Didon. Ou bien encore il y a le vent qui souffle mais pas l'ombre du moindre arbre en vue... et vous êtes un alpiniste en train de mourir gelé sur une corniche de glace. C'était ça, l'image en cours de formation qu'annonçait le « ping ! » Et vous ne pouviez avoir accès à elle qu'en le dézippant et en le décortiquant.

Sur notre plage, vous lancer dans un départ à froid, c'est partir d'une simple bouteille rejetée par la mer, de laquelle vous déduisez le lointain pays où l'on fabrique des bouteilles comme celle-là, la tempête qui a eu lieu hier soir ou le mois dernier, et le terrible naufrage qu'elle a causé. Ensuite, *entre* la bouteille, la mer et la tempête apparaît un bateau, et Dieu sait ce qui a bien pu se passer à son bord. D'un autre côté, écouter un « ping ! », c'est voir soudain, juste à la surface des flots, là devant vous, un très léger frémissement et comprendre qu'il signifie le passage d'un petit banc de poissons… ou l'approche d'un énorme sous-marin lance-missile en train de faire surface. Toute la question est alors de savoir si ces poissons-là se sont contentés de dévorer les naufragés une fois qu'ils ont été noyés. ou si ce n'est pas plutôt eux qui – pour une raison qu'il nous resterait à découvrir… –, en adressant des prières à leurs dieux, n'auraient pas attiré la catastrophe sur le pauvre navire. À moins que ce ne soit une fausse manœuvre du sous-marin qui, au cours de la tempête, ait entraîné une collision ? Quoi qu'il en soit, il y a de fortes chances pour que, dans la bouteille, se trouve un message signé « Bleu » et commençant par les mots « Chère princesse », « Votre Très Catholique Majesté » ou « Ma petite Nancy… j'ai bien peur d'avoir un peu de retard pour notre rendez-vous ».

R. Wouf…

D. Écrire, c'est tout simplement laisser émerger des « ping ! », un à un – qu'on les suscite par des exercices à froid ou qu'on les attrape au vol, surgis spontanément de Dieu sait où. On peut apprendre à le faire presque à la vitesse de l'éclair. Le « ping ! », on le laisse émerger, on plonge en lui, puis on fait surface, on note ce qu'on a observé au cours de la plongée, et on replonge pour vérifier qu'on a bien tout noté. Et ainsi de suite. Exactement comme un peintre qui se colle le nez sur la toile pour peaufiner un détail : de là où il se trouve, il ne peut absolument plus saisir l'ensemble d'un seul regard, c'est seulement quand la correction est achevée qu'il se recule de trois ou de six pas et contemple ce que ce détail-là ajoute ou transforme dans l'ensemble, avant de se rapprocher à nouveau pour retoucher un autre petit bout encore.

Écrire, c'est apprendre à basculer de la lisière de l'intelligence passive à la raison et retour, le plus profondément possible et au rythme le plus serré qui se puisse, et apprendre à traduire les images d'une langue à l'autre : de celle de l'intelligence du monde comme on le ressent à celle de l'intelligence du monde comme on le comprend. On peut le faire en se *startant* l'imagination « à froid », rien qu'à partir de détails tout simples mais éminemment concrets. Ou bien on peut le faire en écoutant des images qui grouillent au fin fond de soi.

R. Vous voulez dire qu'on peut se mettre à écrire sans avoir aucune espèce d'idée d'avance de là où on va se retrouver ?

D. Parfaitement. Je suis chez moi, un soir, soudain je ressens un mouvement, quelque part dans mes pensées, mais de l'autre côté du rideau noir…

R. « … de l'autre côté du rideau noir » ?

D. En dehors de la raison : je ressens une idée qui s'agite, mais elle est sans forme, elle ne suscite aucune image.

R. Un « ping ! » ?

D. Non, du tout. Au mieux, c'est un cousin très éloigné du « ping ! » : beaucoup plus fort que lui, beaucoup plus massif et beaucoup plus obsédant, mais tout en étant nettement plus diffus. Ou encore je me dis : « Tiens, ça fait longtemps que je n'ai pas écrit, ça me manque. Allons-y… », mais je n'ai pas la moindre idée de départ. Eh bien, dans un cas comme dans l'autre, je n'ai qu'à prendre quelques feuillets, inscrire sur le premier une série de fragments…

R. … geste, réplique, lieu, et ainsi de suite ?

D. Oui. Puis à me mettre à les décortiquer. Tôt ou tard, les images vont se mettre à apparaître, à s'animer, à se scinder, à se répondre, et je vais me retrouver pris au jeu.

R. Et vous avez achevé des textes que vous aviez commencés de cette manière-là. Nous avons déjà mentionné *Being* et *Monsieur Deslauriers*. Il y en a eu d'autres ?

D. Plusieurs. *Panique à Longueuil*, par exemple. De lui aussi, nous avons déjà parlé très rapidement : au départ c'était un simple exercice, au cours de mes études à Paris, un devoir à faire durant les vacances de Pâques.

R. Un exercice qui portait sur quoi ?
D. L'objet.
R. Ah bon ? Lequel est-ce que vous aviez choisi ?
D. Une poignée de porte. Plus précisément : une poignée de porte-patio.
R. Et toute la pièce est partie de là ? Rien que d'une poignée de porte ?
D. Non, non, il y avait un lieu, aussi, et un moment. Je les ai mis dans le texte de la pièce. Monsieur Longueuil, le maître de jeu, les claironne dès le début : « Longueuil ! Fin d'août ! Fin d'après-midi ! Au… septième d'une maison à appartements… Un logement… avec vue sur le pont Jacques-Cartier[26] ! »
R. Un autre exemple ?
D. *Tou-Chou-Jen.*
R. Cette fois-là, vous êtes parti de quoi ?
D. D'un petit tube de plastique noir : une boîte à film.
R. Une de celles qui se trouvent sur le pupitre de Paul, chez lui, au tout début ?
D. Oui. Un film inerte, qui ne sert à rien : son propriétaire n'a rien à photographier – il ne croit plus à rien.
R. C'est tout ?
D. Non, il me semble qu'il y avait autre chose. Ah oui, une église. Je ne me souviens pas de son nom, mais un de ces mastodontes de granit dont le clergé québécois raffolait tellement. Celle à laquelle je pensais se trouve sur Christophe-Colomb, il me semble, près de Beaubien, dans ce coin-là.
R. Vous vous souvenez des deux décorticages ?
D. Un peu.
R. Parlez-m'en.
D. Dans le cas de *Tou-Chou-Jen*, je me souviens avoir été frappé presque dès le départ par le fait que c'était la boîte à film qui était le fragment, plutôt que le rouleau de

26. *Panique à Longueuil*, 1980.

pellicule qu'elle contenait. C'est étonnant, non? Un film photographique, c'est un objet fascinant – il symbolise à lui tout seul des myriades de possibles, presque à l'infini, qui pourraient se retrouver fixés sur lui pour toujours. Mais sa boîte, elle, elle représente quoi? Je me suis demandé en quoi consistait la différence entre la boîte et le rouleau qu'elle contient... ou pas.

R. Et...?

D. Un film, c'est en quelque sorte un récipient dans lequel va éventuellement se déposer un regard spécifique, tandis que sa boîte recèle plutôt un aspect... comment dire?... de signal. Quelqu'un qui décapuchonne une petite boîte cylindrique noire à couvercle gris, c'est quelqu'un qui vient d'apercevoir quelque chose, ou qui s'attend à voir apparaître quelque chose, et qui se prépare à le saisir au vol. Tandis qu'un individu qui referme la petite boîte après y avoir rangé un film utilisé, c'est quelqu'un qui emmagasine quelque chose. Alors que la même boîte qu'on n'a même pas l'intention d'ouvrir... qu'est-ce qu'elle est? Petit à petit, je me suis retrouvé captivé par l'idée d'un personnage qui n'aurait plus de regard à entreposer. Il possède des films, oui, à profusion, ils sont là, prêts à servir, oui... mais il n'a plus rien à inscrire sur eux.

R. Il croit qu'il a tout vu?

D. Quelque chose comme ça. Il n'y a plus rien qui l'allume. Les boîtes à films qu'il possède sont devenues autant de signes de son échec – les tout petits sarcophages du rêve qui l'a déjà animé. Il n'a plus rien à faire de son temps, alors il part sur un *nowhere*. En chemin, son regard est attiré par un détail – une file de taxis stationnés devant une église. Alors il va voir, et dès le premier coup d'œil, ce qu'il aperçoit semble confirmer ce qu'il pense : il n'y a plus rien de surprenant dans le monde. Dans le Montréal de la deuxième moitié des années quatre-vingt, une gang de vieux chauffeurs de taxi, tous de souche, dans une église vide, il n'y a vraiment rien là pour vous faire retrousser un sourcil. Seulement voilà, dans ce qui aux yeux du personnage paraît un cliché d'une platitude parfaite fait soudain irruption un élément qui commence à lui révéler un pan du monde dont il n'a jamais eu la moindre idée.

R. Les Chinois ?

D. Non, non, pas *les* Chinois, *un* Chinois. Puis un autre. Et un autre. Et encore un. Des individus. Qui sont là pour les funérailles d'un « de souche ». Par marque de respect pour lui. Ils n'y sont pas en tant que catholiques, ni en vue d'une éventuelle intégration à la société du personnage, non, ils sont là pour rendre hommage à la curiosité. Pour exprimer le respect qu'ils vouent à un homme qui n'a pas eu, lui, la présomption de croire qu'il avait tout vu et tout compris.

R. Un homme dont la vie a été complètement chamboulée par la découverte de l'autre…

D. Voilà. Et Paul découvre ainsi, au moment et dans les circonstances où il s'y attend le moins, un univers éminemment individuel, qu'il n'aurait jamais cru imaginable dans sa propre société. Un univers que, malgré ses prétentions, il n'aurait sans doute même pas reconnu si d'aventure il l'avait croisé sur le trottoir. Et puis, quand l'histoire est finie, il reste là, sur le bord de la route. Il vient de vivre un voyage durant lequel il n'aurait rien pu photographier du tout.

R. Et dans le cas de *Panique* ? L'écriture s'est déclenchée comment ?

D. Attendez, commençons d'abord par un petit résumé. Un prof de gym longueuillois qui déteste les enfants et qui arrive à la fin de ses vacances d'été – grrrr… – attend sa femme pour le souper, au septième étage de la tour qu'ils habitent. Il se retrouve coincé sur son balcon et, pour essayer de rentrer chez lui, il est obligé de descendre, d'étage en étage, jusqu'au sous-sol. À chaque étape, il rencontre un de ses voisins, qui sont tous des espèces de bibittes et qui veulent tous se servir de lui d'une manière ou d'une autre. Plus il descend, et plus il devient fou de rage. Étant enfin parvenu à remonter, de retour devant la porte de chez lui, il réalise qu'il ne peut toujours pas rentrer : sa femme n'est pas encore arrivée du bureau, et le papa des vilains petits voisins qui ont tout déclenché ne le trouve vraiment pas sympathique...

R. Les fragments de départ avaient donc été : une poignée de porte-patio, Longueuil, évidemment, un appartement au septième étage d'une tour avec vue sur le pont Jacques-Cartier et une fin d'après-midi. Comment est-ce que vous avez décortiqué ça ?

D. Très simplement : une poignée de porte, c'est une possibilité d'accès... à moins, bien entendu, qu'elle ne vous reste dans la main. Dans ce cas-là, elle se transforme aussitôt en son propre contraire : en une interdiction d'accès.

R. Comme une clé, donc ?

D. Tout à fait, mais d'une manipulation nettement plus compliquée. Et puis une poignée de porte qui vous reste dans la main et qu'il est impossible de remettre en place, ça ne débouche pas tout à fait sur les mêmes conséquences selon que l'événement se produit dans la cour d'un bungalow de Terrebonne ou d'un triplex du Plateau-Mont-Royal, ou au contraire au septième étage d'une tour.

R. Non, en effet. Au septième, difficile de faire le tour de la maison pour rentrer par la porte de devant.

D. Et voilà. Très rapidement, « tour », « septième étage » et « poignée de porte » ont donc créé un nœud.

R. « Ping ! » ?

D. « Ping ! » Mais me retrouver avec un personnage tout excité, coincé sur son balcon, ce n'était que le point de départ. C'était le déclencheur. La porte d'entrée, si j'ose dire, mais la porte d'entrée... dans quoi ? Je me doutais bien qu'à partir de là, mon personnage allait se retrouver à devoir parcourir une espèce de trajet initiatique, mais lequel ?

R. Comment est-ce que vous l'avez découvert ?

D. D'abord en me demandant d'où il partait.

R. Et la réponse était… ?
D. De son cocon. Ce que monsieur Arsenault aime par-dessus tout, dans la vie, c'est le calme, c'est d'être « en dehors de tout ça ». « Tout ça » : la folie, selon lui, de la vie en ville. La seule chose qu'il souhaite, c'est de pouvoir faire bien tranquillement la popote en attendant madame. Donc ? Si c'est de cela qu'il se retrouve coupé quand il reste coincé sur son balcon, le trajet qu'il va être obligé de faire sera nécessairement un des contraires de ce qu'il aime.
R. Comme quoi ?
D. Au départ, je n'en savais rien. Rien d'autre, en tout cas, que le fait que ça ne serait justement ni tranquille ni peinard. Éventuellement, trois autres harmoniques ont elles aussi formé un nœud.
R. Re-« ping ! » ?
D. Re-« ping ! ping ! ping ! » : l'isolement, la distance et le pont.
R. Euh…
D. Qu'est-ce que c'est, Longueuil ?
R. La banlieue ?
D. Mais encore ? C'est une banlieue très précise, unique. Surtout depuis le septième étage d'une tour construite sur la rive.
R. Je ne vois vraiment pas.
D. Longueuil, c'est avoir une vue imprenable sur le centre-ville de Montréal, presque à portée de bras, mais… être protégé de lui par une formidable muraille.
R. Oh ! le fleuve !
D. Eh oui. Être à Longueuil, au septième étage d'une tour plantée au bord du Saint-Laurent, c'est crier au cœur de la ville, juste en face, sur le ton de « Mon père est plus fort que le tien » : « Moi, je te vois, mais toi tu peux pas m'attraper, gna gna gna ! »
R. Monsieur Arsenault et son épouse sont donc installés dans un appartement qui leur permet de voir le monstre, juste là, de l'autre côté, mais hors de portée de ses coups ?

D. C'est ce qu'ils croient, en tout cas. Et c'est d'ailleurs ce qu'un peu plus tard j'ai voulu mettre en relief par le titre. Les mots « Panique » et « Longueuil », surtout il y a vingt-cinq ans, c'étaient deux mots qui n'allaient absolument pas ensemble.

R. Comme « baleine du Sahara » ?

D. À peu près.

R. Et ensuite ?

D. La première partie de mon décorticage m'avait permis de déduire sans grand risque de me tromper que ce que monsieur Arsenault allait avoir à affronter, ce serait l'essence même de ce qu'il fuit : la quintessence de la vie en ville.

R. C'est-à-dire ?

D. La diversité, la passion, la frénésie. À partir de là, la structure de la pièce était très simple à imaginer : monsieur Arsenault reste coincé sur son balcon, expulsé du paradis pantouflard où il est locataire, et se retrouve à son corps défendant – *très* défendant – forcé de rencontrer sous diverses formes la folie dont il a toujours été convaincu qu'elle ne pouvait pas traverser le pont.

R. Quelles formes de la folie ?

D. Oh, ça, ça a été la question la plus simple à résoudre. Je venais à l'époque de lire pour la première fois *La divine comédie*, alors j'ai immédiatement pensé à l'enfer, à la liste des péchés.

R. Pourquoi *La divine comédie* ?

D. À cause du fleuve, encore une fois : l'Achéron, le fleuve des morts.

R. Et pourquoi l'enfer ? Pourquoi pas le paradis ?

D. Tout simplement parce que si, pour Dante, le paradis est l'aboutissement de sa quête, pour monsieur Arsenault, au contraire, le paradis c'est… son point de départ.

R. Le cocon dont il se retrouve expulsé ?

D. Et tac !

R. Alors, la collection de voisins a en quelque sorte coulé de source : vous avez choisi une série de péchés et vous

vous êtes dit que chacun des personnages que monsieur Arsenault rencontrerait en représenterait un ?

D. Un ou plusieurs. La dame du sixième, qui est convaincue d'être grosse mais est sans doute plutôt anorexique : la gourmandise et l'orgueil. L'avarice et le délire paranoïaque du proprio, au cinquième. Et ainsi de suite. Je me suis même amusé à laisser traîner une petite clé, au tout début. Le prénom de l'épouse de monsieur Arsenault : Florence.

R. « Florence » comme dans « Dante Alighieri était citoyen de Florence » ?

D. Oui.

R. Et après ça ?

D. Eh bien après, il ne restait plus qu'à écrire.

R. À partir du moment où la quête de monsieur Arsenault était identifiée – revenir dans son monde douillet où il n'a de contact avec personne d'autre que sa femme –, il suffisait que vous lui fassiez rencontrer... à peu près n'importe qui, pour qu'un conflit surgisse ?

D. N'importe qui d'aussi obsédé que lui, oui. Ça ne pouvait que donner une partie de billard.

R. Poc ? Chaque fois que monsieur Arsenault entrerait en contact avec quelqu'un, ce serait pour le repousser ?

D. Le contraire : pour être lui-même repoussé. De plus en plus loin de son paradis. Parce que, en fait, ils sont tous comme lui : obsédés par une seule chose. En fait, non, c'est plutôt l'inverse : ce n'est pas eux qui sont comme lui, c'est lui qui est comme eux. À mesure qu'il les rencontre, il a beau passer son temps à leur crier des noms, à les traiter de déments et de tout ce que vous voudrez, il ne se rend même pas compte qu'il est aussi obsédé qu'eux. Et que, de la même manière que son surgissement à lui dans leurs univers confirme chacun d'eux dans sa quête... lui aussi sort de leur rencontre de plus en plus obnubilé par la sienne. Or, le trait fondamental que nous connaissons de lui, c'est son souhait d'avoir la sainte paix à n'importe quel prix. Il ne peut donc pas changer de quête, ni découvrir quoi que ce soit de nouveau, il ne peut que s'enfoncer de plus en plus profondément dans sa folie, puisqu'il n'y a rien d'autre qui l'anime que la fuite... et que personne parmi ses voisins ne peut rien lui offrir d'autre que des raisons de plus en plus fortes pour fuir, justement.

R. Et vous saviez ça en écrivant ?

D. Bien entendu. Très tôt durant le décorticage, je me suis même rendu compte que c'était précisément le thème de la pièce.

R. Quoi donc ?

D. Le fait que le personnage central ne se rend même pas compte qu'il se comporte exactement de la même manière que tous les « fous » qu'il croise. Et qu'en fait, il est même encore plus fou qu'eux.

R. « *Plus* fou qu'eux » ?!

D. Et comment ! Eux, au moins, veulent se servir de lui dans leurs rêves. Donc il existe, à leurs yeux. De manière perverse, mais il existe. Tandis que lui, ce qu'il veut, c'est qu'ils disparaissent tous. Et même la ville, au grand complet. Le monde ! Eux, ils sont peut-être fous, mais lui, c'est un véritable monstre.

R. Vous saviez ça dès le départ ?

D. Très tôt, en tout cas. Et c'est bien pourquoi, en sortant du spectacle de Vitez, dans le stationnement, j'ai répondu à ma camarade qu'il fallait absolument que la pièce soit écrite sur le mode comique. Autrement, je savais qu'elle aurait été complètement irrecevable.

R. À Paris ?

D. Non, ici. J'écrivais la pièce pour justifier mon retour. Je savais donc très bien devant quel public elle serait jouée, si jamais elle finissait par être créée.

R. Donc... attendez voir. Vous me dites que le mode comique était nécessaire ?

D. Non, non, pas nécessaire, *essentiel*. Si je tenais à la vie, en tout cas. Si j'avais dit la même chose sur le mode sérieux, je me serais retrouvé coupé en rondelles en moins de temps qu'il n'en faut pour faire ouf.

R. Mais qu'est-ce que vous disiez donc de si terrible ?

D. Que la bonne conscience est de la folie.

R. Wooo ! Redites-moi ça ?

D. « La bonne conscience est de la folie. »

R. Mais comment ça ?

D. Parce qu'elle ne peut reposer que sur la certitude que l'on est *essentiellement* différent des autres. Et que sur le désir du paradis, et donc du « rien » définitif. Ce qui anime monsieur Arsenault, ce n'est pas le désir de vivre, c'est une volonté acharnée de n'être sous aucun prétexte dérangé dans sa quiétude. Pourquoi ? Parce qu'il a quelque chose à faire ? À étudier ? À contempler ? Pas du tout. Il veut… ne rien faire du tout. Ce n'est certainement pas pour les enfants qu'il souhaiterait avoir avec Florence qu'il veut un monde de paix : les enfants, il les déteste ! – on l'apprend dès la toute première scène. Non, la seule chose au monde qu'il désire, c'est : rien du tout, à l'état pur.

R. Et ça aurait été dangereux, de dire ça ouvertement ici ?

D. Et comment !

R. Pourquoi ?

D. Mais parce que ce vœu-là, c'est ici un véritable projet de société. Le regard que porte monsieur Arsenault sur la ville…

R. « Gna gna gna… tu peux pas me toucher ! » ?

D. … c'est exactement celui du Québec dans sa quasi-totalité. Sur les USA – « Maudits Américains à marde ! » Sur la France – « Maudits Français chiants ! » Sur les immigrants – « Maudit qu'y puent pis qu'y s'arrangent pas comme du monde ! » Ou sur n'importe quel individu ou n'importe quel groupe qui a le malheur de ne pas être… rien du tout, inerte.

R. Nom d'un chien ! Et c'est ça que…

D. Oui.

R. Il est convaincu qu'il n'y a que lui qui a de l'allure ?

D. Pas tout à fait : il est surtout convaincu que tout ce qui n'est pas rien *ne peut pas* avoir d'allure et doit par conséquent disparaître de la surface de la planète. D'où son nom : « Arsenal », au pluriel.

R. C'est un gars qui a l'air tranquille, qui est même convaincu qu'il est l'essence même de ce que c'est qu'être « normal » et « gentil »…

D. … mais qui ne supporte l'existence de rien d'autre que du vide. Il est une bombe qui n'attend que l'occasion d'exploser enfin. Sa toute première réplique, c'est : « Vos gueules ! »

R. Donc, la panique, ce n'est pas celle qu'il ressent, lui ? C'est plutôt celle qu'il devrait nous inspirer si nous cessions de le trouver, lui, normal et gentil, alors qu'en fait c'est un véritable monstre déguisé en p'tit monsieur tout ce qu'il y a de plus doux ?

D. …

R. Et tout ça, c'était caché dans une poignée de porte ?

D. Il suffisait de l'écouter.

Départ par surgissement

Ni tricher ni fuir

R. Bon. Ça, c'était donc pour ce que vous appelez vos départs « à froid ». Si vous prenez la peine de le préciser, je suppose que c'est parce qu'il existe au moins une autre manière de « se partir » ? D'ailleurs, vous me l'avez un peu annoncé, non ?

D. Tout à fait, oui. Il y en a deux autres, même. Et elles sont toutes les deux bien plus complexes que celle-là. Et, de manière générale, bien plus troublantes aussi.

R. Lesquelles ?

D. Je dirais. Attendez voir. Je ne me suis encore jamais donné la peine de trouver des noms pour les désigner. Voilà, je dirais les « surgissements », d'une part, et les « fables », d'autre part.

R. Je vous écoute.

D. Allons-y par ordre croissant de complexité, et commençons par les surgissements.

Jusqu'à présent, je vous ai parlé, donc, de départs à froid : sans aucun élément concret qui soit apparemment disponible pour lancer l'écriture. Mais il peut très bien arriver aussi que, tout à coup, une émotion, une image, voire une phrase ou une situation complète me surgisse à l'esprit avec énormément de force.

R. Vous voulez dire spontanément, sans même que vous ayez eu à la chercher ?

D. Oui. Je pense que beaucoup de personnes en vivent, des surgissements de ce genre, mais que la plupart non seulement ne les écoutent pas, mais les répriment.

R. Ce qui fait que cette image, cette émotion, elles n'en ont pas conscience.

D. Tandis que le fait de se livrer assidûment à des exercices de décorticage comme ceux associés aux départs à froid et aux « ping ! » non seulement nous prédisposent à les percevoir bien plus clairement, mais même les encouragent. Ces exercices-là finissent par créer un appel d'air.

R. Comme dans une cheminée ?

D. Oui. Bon, quoi qu'il en soit des explications possibles, il arrive parfois qu'une image fasse soudain surface avec une telle force qu'elle m'oblige à la prendre en compte. Même si je tentais de ne pas lui prêter attention, j'en serais incapable. À moins de m'arracher le cœur et le cerveau. Et encore…

R. Une image surgit et semble vous dire : « Écoute-moi, je suis un fragment de départ » ?

D. Oh, bien pire que ça : « Il y a tout un monde en moi, et *tu vas m'écouter !* » Il n'y a pas de négociation possible avec elle. Et je n'ai rien à creuser pour avoir accès à sa source : elle jaillit immédiatement avec une force immense. Le travail à effectuer est dès lors diamétralement opposé à celui que nous venons de décrire. Mais sur les mêmes bases, bien entendu.

R. Et ça, comment est-ce que vous l'appelleriez : un « super-ping ! » ou un « mouvement de l'autre côté du rideau noir » ?

D. Ni l'un ni l'autre : un « surgissement », tout simplement. Le « ping ! » et ses cousins, je ne les désigne que par onomatopées, d'une part parce que ce sont des impressions somme toute assez fugaces, d'autre part parce que je n'ai jamais eu besoin de leur trouver de noms plus sophistiqués, puisque je n'ai jamais tenté de parler d'eux à personne – je me contente donc d'évoquer la sensation qu'ils suscitent.

Mais souvenez-vous de ce que je vous ai dit à leur propos : ils sont uniquement la perception du fait qu'il se produit, quelque part dans notre esprit, un mouvement soudain. Par ailleurs, je vous l'ai dit aussi, le « ping ! » et ses cousins sont hypercomprimés – il faut avant toute autre chose apprendre à déplier délicatement les images qui leur sont associées, à les laisser se déployer, avant même de songer à les lire... pour ne rien dire de les interpréter et de les laisser entrer en relation les unes avec les autres. Mais pas le surgissement : il l'est par nature, lui, déployé. Et même mieux que ça encore : il apparaît d'emblée à sa pleine puissance, à pleine maturité. C'est bien ce qui le rend à la fois si surprenant et tellement saisissant.

R. Vous me dites donc qu'un « ping ! » est par nature très différent d'un surgissement ?

D. À toutes fins utiles, et dans le contexte dont nous discutons ici, en tout cas, oui, sans l'ombre d'un doute. Comme, à première vue, un œuf est par nature extrêmement différent d'une poule.

R. Et si on le compare plutôt au « mouvement derrière le rideau noir », qu'est-ce qui le différencie, le surgissement ?

D. Eh bien, « le mouvement derrière le rideau », quant à lui, est déjà beaucoup plus fort qu'un « ping ! », mais il est aussi, comme je vous l'ai dit, nettement plus diffus. Il serait plutôt de l'ordre d'une vague présence. Dans le cas des surgissements, en revanche, c'est, encore une fois, de tout autre chose qu'il s'agit. Rien de fugace ni de vague, ici : c'est réellement un fantôme déjà tout formé qui apparaît à votre esprit d'un coup sec. Un fantôme qui cherche à prendre chair. Peut-être même prêt à se saisir de vous.

R. Quoi ?!

D. Ce n'est qu'une hypothèse, bien entendu, mais j'ai souvent eu l'impression très vive que dans une autre culture personnelle que celle que je me suis forgée, que dans une autre représentation du monde, en somme, j'aurais fort bien pu finir par croire à l'existence physique, concrète, des images qui surgissent. Si je n'avais pas disposé de l'outillage nécessaire, si je n'avais pas eu à ma disposition les représentations de mon propre esprit nécessaires pour entrer en contact avec elles aussi calmement et aussi sereinement que je le pouvais, si j'avais cédé à la terreur lors de leurs apparitions, et si surtout je n'avais pas dépensé, remis en circulation au fur et à mesure l'énergie qui les constituait – en les écrivant et même dans certains cas en les «actant» devant le public –, j'aurais très bien pu me retrouver, comme on disait autrefois, «possédé» par eux.

R. Wow.

D. Ce qui fait que j'aurais sans doute couru chez un médecin pour qu'il me débranche tout ce qu'il y a à débrancher. Ou bien que j'aurais fondé ma propre Église.

R. Ou bien que vous vous seriez *stoné* la bine, non?

D. Je ne pense pas. Je n'aime vraiment pas beaucoup l'effet des drogues. Au risque de généraliser outrancièrement, je dirais qu'elles nous font en général trop «monter» dans notre tête. J'aime beaucoup mieux l'alcool: il a plutôt, lui, en général, l'effet de nous faire «descendre» dans notre corps. Je préfère. Et puis ça tombe bien: ça éloigne d'autant, d'après ce que j'en comprends, les risques de «possession».

R. Vous avez réfléchi à ce sujet-là?

D. Oh, très souvent. Ernst Jünger, par exemple, dont je vous ai dit un mot quand nous avons évoqué «l'orage sur la plaine», a écrit un ouvrage qui m'a rendu un fier coup de main, à une époque. Il s'intitule en français *Approches, drogues et ivresses*. Jünger y compare les effets de différents alcools, de plusieurs drogues. Comme souvent dans ma vie, je suis d'ailleurs tombé sur lui pile à point nommé. Après la création de *Panique*, quand j'ai commencé à fréquenter d'autres auteurs, j'ai rapidement été frappé par le fait que la plupart des gars disaient écrire en ayant recours à des stimulants de toutes sortes – joints, coke, musique, café, scotch ou même, tout bonnement, émotions fortes –, alors que les filles, quant à elles, évoquaient carrément un comportement inverse : la plupart insistaient sur le fait que, plus fort qu'un verre d'eau ou qu'une tisane extrêmement faiblarde, quand elles écrivaient, elles ne touchaient à rien et avaient besoin du silence complet. Ça m'avait intrigué et m'avait incité à prêter davantage attention à mes propres habitudes « spontanées ».

R. Donc, vous pensez que, dans votre cas au moins, la consommation d'alcool a pu jouer un rôle dans la manière que vous avez eue de réagir aux surgissements qui vous sont advenus ?

D. C'est loin d'être certain, mais plusieurs indices me portent à le penser. Je me suis souvent dit qu'il faudrait bien que je consacre un bout de temps à me pencher plus sérieusement sur la question, mais j'ai bien peur que ce ne soit une tâche qui doive attendre ma prochaine incarnation.

R. Pourquoi ça ?

D. Écoutez, je ne sais déjà absolument pas comment je vais bien pouvoir financer ma simple survie jusqu'au terme de l'écriture de ce bouquin-ci, alors, vous savez, penser à en entreprendre d'autres...

R. Je vois. Mais cette influence de l'alcool sur votre réaction face aux surgissements, comment est-ce que vous l'expliqueriez, si elle allait se vérifier ?

D. Assez simplement. D'abord, comme je viens de le dire, l'alcool a tendance à nous faire descendre dans notre corps – il nous éloigne donc en quelque sorte des zones frontalières de l'intelligence passive, des plages où font surface non seulement les « ping ! », mais aussi les surgissements.

R. Ce qui fait que le surgissement, si vous avez bu, se produit plus loin de vous ?

D. Quelque chose comme ça, oui. L'alcool ralentit le phénomène. Suffisamment, parfois, pour faire une différence sensible. De plus, à cause de son effet désinhibant, je crois bien, l'alcool aide à la concentration – il aide, sur le coup, à « oublier les tracas », comme on dit couramment.

R. Il dégage le portrait, quoi ?

D. C'est ça. Ça a pour effet, en cas de surgissement, de réduire le risque de confondre ce surgissement avec nos pensées courantes.

R. Sous l'effet de l'alcool, le surgissement apparaît donc non seulement plus loin – on le voit venir un peu plus longtemps –, mais aussi mieux dessiné ?

D. Je dirais plutôt mieux *découpé*. Cela étant, je ne suis absolument pas en train de prétendre que l'alcool serait le meilleur ami de l'écrivain. Il y a aussi des circonstances où les vertus mêmes qui le rendent fertile en cas de surgissement se transforment en handicap. L'éloignement de la plage peut carrément vous empêcher d'entendre un « ping ! », par exemple, tandis que le surdécoupage des images, lui, peut vous rendre inattentif à un « mouvement derrière le rideau ».

R. Bon. Je pressens que nous pourrions effectivement passer un bon moment sur le sujet, mais revenons. Vous me disiez que les surgissements sont souvent suffisamment forts pour que, si vous n'aviez pas été préparé à leurs premières manifestations, vous ayez pu être tenté de courir chez le médecin pour vous faire débrancher l'âme, ou pour que vous vous mettiez à vous prendre pour un prophète ?

D. Oui, tout à fait.

R. C'est vraiment si fort que ça ?

D. Pourquoi donc pensez-vous que j'ai pris tout ce temps pour étudier ma représentation de l'intelligence passive, de celle du corps et de la raison ? Pourquoi est-ce que je vous ai raconté l'anecdote des flics-gorilles ? De mon incapacité soudaine, du fait de leur intervention, à lire une simple horloge ? Pourquoi est-ce que j'ai cru nécessaire d'évoquer les trois idiots qui se font engueuler par un colonel allemand en furie, sur un coin de Mont-Royal, une belle nuit d'été ? Pourquoi nous être attardés à l'exposition des douze dépouilles de saint Machin, dans le roman d'Eco ? Souvenez-vous du caractère cataclysmique de l'image du

9 juillet, que vous m'avez vous-même rappelée et qui a été au cœur de tout un pan de ma vie. Ce dont nous parlons là, ce n'est pas de jolis petits sous-programmes distrayants, au cœur de notre esprit, que des tatas dilettantes surnommés « poètes » s'amuseraient à masturber pour le plaisir de s'imaginer voir danser les étoiles !

R. …

D. Je vous parle d'une force qui est le matériau même de l'esprit humain ! Une force qui a été suffisante pour pousser nos ancêtres à édifier les temples d'Angkor, la pyramide du Soleil, le Sphynx et Chartres. Oh, il n'y avait pas qu'elle en jeu, bien entendu, mais c'était elle qui se trouvait au cœur de ces entreprises, ça, vous pouvez en être certain. Alors ne me demandez pas si, chez un individu imbu d'une culture comme la nôtre, où l'on n'a même plus conscience d'elle, elle peut être terrifiante quand elle se manifeste d'un coup sec, sans prévenir !

R. D'accord.

D. Dans les cas de « mouvements derrière le rideau », puis quand les « ping ! » retentissent lors d'un départ à froid, je dois creuser. Ici, dans le cas d'un surgissement, je dois immédiatement… comment dire ?… pas contrôler, non, certainement pas, ce serait impossible, mais… canaliser, diffuser, chevaucher la force qui cherche son incarnation. *Surfer* sur elle, voilà ! C'est un travail qui repose sur les mêmes principes que ceux que nous avons déjà abordés mais qui, cette fois, demande une concentration extrême, et à la fois une confiance en soi et une humilité de tous les instants. Parce que au moment où la force fait irruption, elle peut très bien, oui, être tellement grande que je vais avoir l'impression qu'elle risque de me balayer. De me tuer, même.

R. Vraiment ?!

D. Ce l'est presque chaque fois. Encore un coup, repensez à la vision du petit chevalier – c'en était un surgissement, ça aussi. Et à la danse de l'ambulance, quand j'étais enfant, ou même à ce survol en hélicoptère de la forêt vierge de ma vie, à l'époque où j'ai connu Billy, dont je vous ai tous les deux parlé dans les *Entretiens*[27]. Ou encore à cette fabuleuse phrase qui m'envahit sur fond de Moussorgski, au moment où l'avion décolle vers Paris : « Ta vie commence... *maintenant* ! »... au moment précis où les roues du 747 quittent le sol.

R. Vous venez de parler de confiance en soi et d'humilité. Ce ne sont pas des termes contradictoires ?

D. Pas du tout. La confiance en soi à laquelle je fais référence ici n'a rien à voir avec l'orgueil, c'est la confiance en soi du jardinier. Si vous vous préparez à arroser une de vos plantes mais qu'il vous murmure : « À ta place, j'attendrais à demain... », ce n'est pas parce qu'il cherche à acquérir un ascendant sur vous, mais simplement parce que en entrant dans la maison il a mesuré, sans même avoir eu à y penser, la lumière qui y pénètre, l'orientation des fenêtres par rapport au soleil, l'endroit où est posée la plante, le type de chauffage installé, la température ambiante et le degré d'humidité. Il sait que dans un environnement aussi frais et humide que celui qui règne chez vous, votre plante risque de souffrir de trop d'eau, c'est tout. Même chose pour un funambule, au moment où il va poser le pied sur le fil de fer : il doit savoir tout ce qu'il a à savoir, et savoir qu'il le sait, sans même avoir à se formuler de question.

---

27. R. Vous me les rappelez rapidement ? – D. Ce sont deux moments de mon existence fort éloignés dans le temps mais qui ont tous deux été fulgurants et profondément troublants. La « danse de l'ambulance », c'est l'incroyable réaction qui s'impose littéralement à moi, un après-midi, au début de mon primaire, lorsque l'un de mes petits camarades se fait mal. C'est une danse apparemment incompréhensible pour mon entourage, mais elle exprime, sans que la raison y prenne la moindre part, l'acuité et la complexité de mon sentiment de vertige devant le chaos, au moment où il surgit dans nos vies. – R. Et le « survol en hélicoptère » ? – D. Une... une prodigieuse synthèse de ma vie – de ma vie passée, présente et à venir – qui prend soudain possession de mon esprit, une nuit, à l'époque où je fais la connaissance de « Billy ». Un moment d'une force inimaginable.

Ou pour le plongeur olympique, au bout de son tremplin. Dans mon cas, au moment où un fragment surgit, toute une panoplie de mécanismes se met en branle dans mon esprit, acquise par l'expérience – une panoplie tellement intégrée à l'homme que je suis devenu qu'elle se confond désormais avec « Je ». Quand l'événement se produit, ce n'est absolument plus le moment de me demander : « Vais-je être capable ? », « Pourquoi moi ? », « Ai-je vraiment le goût ? » Le simple fait d'avoir acquis cette expérience a déjà constitué une invitation parfaitement claire à de tels surgissements, alors, trop tard pour revenir en arrière.

R. Vous voulez dire : comme dans le cas du plongeur ? Une fois rendu en haut de la tour, il n'y a plus qu'une seule manière de redescendre de là, et c'est en sautant ?

D. Précisément. Il y a des images que je peux provoquer – comme si je montais vers le tremplin échelon par échelon…

R. … fragment par fragment ?

D. Tout à fait. Et d'autres qui semblent dotées dès le départ d'une volonté propre – d'un désir d'être au monde –, comme si je me retrouvais tout à coup catapulté en position de départ, au bout du tremplin, sans même l'avoir consciemment décidé. Lorsqu'une image pareille surgit, je laisse tomber tout ce que je suis en train de faire et je m'attelle à la tâche, point ! Ça ne se met pas en question, ça ne se reporte pas dans le temps, et on ne niaise pas avec ça. Je ne peux pas « essayer » d'assumer un fragment qui surgit : je le fais ou je ne le fais pas. Si je ne le fais pas, je me prépare généralement des problèmes de tous ordres, à n'en plus finir. Et si je le fais, eh bien… je pars en voyage.

R. Qu'est-ce que vous voulez dire, par : « Si je ne le fais pas, je me prépare généralement des problèmes de tous ordres » ?

D. C'est très simple : en acquérant connaissance et expérience de l'imaginaire, j'ai ouvert des portes en moi, des portes vers les profondeurs. Et j'ai appris à en connaître les mécanismes. Ou les routes, si vous préférez. Cette connaissance et cette expérience font désormais partie de moi, je ne peux pas davantage les oublier qu'un médecin ne peut oublier ce qu'il a appris. Si un jour ce médecin aperçoit chez un de ses propres enfants ou chez lui-même un symptôme, même léger, d'une affection, il le lira *automatiquement*. Son attention a été exercée, il est trop tard pour faire marche arrière. N'importe qui d'autre pourrait sans doute balayer l'angoisse du revers de la main en se convainquant que « Bof, ce n'est qu'une prune. J'ai dû me frapper quelque part sans m'en rendre compte » ou que « J'ai dû manger quelque chose qui ne passe pas, c'est tout ». Mais le médecin, lui, pour arriver à cesser de savoir, devrait murer des régions entières de son esprit, et ça ne pourrait avoir que de très graves conséquences sur la pratique de son art et même sur son équilibre mental. Même chose pour moi : je *lis* – que je le veuille ou non. Et je sais parfaitement que si pour une raison ou pour une autre je tente de m'en empêcher au moment où il advient un surgissement, *quand bien même mes raisons rationnelles pour l'empêcher seraient excellentes*, ma tentative va faire dérailler un processus extrêmement complexe, un processus qui est désormais profondément imbriqué dans ma culture intime, et donc dans l'écho du monde au cœur de moi.

R. Attendez. Vous voulez dire que tenter d'empêcher une image de surgir pourrait provoquer un… un déséquilibre ? Allô… ?

D. Écoutez. Croyez-vous sérieusement que les peuples d'Europe médiévale, par exemple, auraient pu endiguer ou réfréner la formidable puissance spirituelle – l'extraordinaire poussée de leur esprit – qui les a obligés à ériger des monastères et des cathédrales d'un bout à l'autre du continent sans que leur tentative de harnachement de ce prodigieux courant engendre de véritables cataclysmes ? Hm ?

R. Je. Je suppose que non.

D. Eh bien, l'équivalent est tout aussi vrai à l'échelle individuelle. Peut-être même qu'il l'est davantage encore. Ouvrez les portes au fond de votre esprit, penchez-vous sur les images et leur genèse, sur leur richesse et leur énergie fabuleuses, et puis au moment où, venu d'une des provinces les plus étonnantes de cet empire-là, surgit soudain « devant vous » le spectre d'un roi de quinze pieds de haut, en or massif, qui crache des flammes en parlant et rien qu'en respirant, qui vous ordonne « Entends-moi ! », et répondez-lui donc que non non, vous n'avez vraiment pas le temps aujourd'hui : « Revenez samedi, là il faut absolument que j'aille enregistrer un commercial de t'sour de bras... »... et vous allez voir ce qui va vous arriver. Mais je vous conseille fortement de vous faire visser la moumoute sur le dessus du crâne, avant de le tenter.

R. Bon. Donc... si on s'est penché avec suffisamment d'attention sur les contenus et les routes de l'intelligence passive, au point d'avoir fini par « appeler » des surgissements, on ne peut plus les refuser ?

D. Sans l'ombre d'un doute. De la même manière qu'on ne peut pas non plus sciemment tricher avec un fragment, d'ailleurs.

R. Hein ? Mais. Mais c'est foutument essentiel, ça, non ?!

D. Peut-être ? Oui. Oui, bien entendu. Pourquoi est-ce que vous réagissez comme ça ?

R. Parce que jusqu'à présent, vous ne m'avez jamais parlé d'un devoir !

D. Ah, je comprends. Qu'est-ce que vous voulez savoir, exactement ?

R. Rien de précis. Je suis simplement étonné que vous m'affirmiez soudain qu'il ne faut sous aucun prétexte empêcher un surgissement, et que tout de suite après vous ajoutiez comme s'il y avait là un lien évident, qu'on ne peut pas non plus tricher avec un fragment choisi à froid.

D. Oui, oui, c'est vrai : nous n'avons pas encore abordé cet aspect-là de la question, mais il est absolument capital. Posez-moi des questions, si vous voulez.
R. Commençons par les fragments. Qu'est-ce que vous voulez dire par : « On ne peut pas tricher avec eux » ?
D. Euh. Eh bien, tout simplement… qu'on ne peut pas.
R. Oui, bon d'accord. Mais. Prenons la question du début : qu'est-ce que ce serait, tricher ?
D. Ce serait, au moment où le fragment commence à révéler sa charge propre, décider de prendre un autre chemin que celui qu'il indique.
R. Comment ça ?
D. Parce qu'on a peur, ou parce qu'on veut faire plaisir à quelqu'un, ou pour je ne sais quelle autre raison, on essaie de se faire accroire que non, non, on n'a pas vraiment lu ce qui vient de nous sauter aux yeux.
R. Alors, par commodité, on choisit une autre interprétation ? Une interprétation qui répond à des considérations autres que celles « internes » à l'objet ?
D. Tout à fait.
R. Donnez-moi un exemple.
D. Eh bien, imaginez qu'en un certain point d'un décorticage, un nœud entre divers éléments se révèle soudain.
R. Un « ping ! » ?
D. Oui : un aspect du récit qui, tout à coup, à lui tout seul, fait apparaître la nécessité de nombreux autres aspects – les voyages, dans notre exemple de la jeune femme et de ses cinq Émissaires, par exemple.
R. Ah ! Bon, d'accord.
D. Eh bien, si tout à coup une hypothèse comme celle-là vous saute aux yeux – et au cœur – mais qu'aussitôt vous faites : « Ah non ! Si je prends ce chemin-là, je vais me faire crier des noms par Untel ou Unetelle ! », ou « Je risque de me faire poursuivre », ou « Ce n'est pas ça du tout que j'avais promis à Machin », ou je ne sais quoi d'autre…
R. Oui…

D. … eh bien, si vous pliez devant cette peur, cette crainte ou cet intérêt, les probabilités sont extrêmement fortes pour qu'il ne puisse vous arriver qu'une des deux choses suivantes. Ou bien votre écriture va se casser la gueule dans les grandes largeurs – vous allez vous lever un matin pour vous rendre compte que durant la nuit votre texte s'est totalement vidé de son âme : il ne vous dit plus rien, plus un traître mot, il ne vous tente plus, peut-être que vous n'êtes même plus capable de le lire. Il a l'air d'être écrit en javanais, tout à coup. Vous l'avez tué : vous avez coupé le lien. Et dans ce cas-là, bonne chance pour retrouver le fil, mon vieux. Ou bien vous allez vous raconter toutes les excuses qu'il va vous falloir pour vous convaincre de ne pas faire ce que vous savez devoir faire, de faire totalement autre chose que ce qu'il faudrait, et vous réveiller, un bon jour, au moment où il sera trop tard – en public, ou je ne sais trop où – et vous rendre compte qu'à votre insu vous avez pourtant fini par écrire exactement ce que vous vouliez éviter… mais en pire encore.

R. « En pire encore » ?!

D. Ce que vous vouliez éviter aura pris une forme encore plus extrême que dans l'image qui vous a fait si peur.

R. Non ?!

D. Oui.

R. Le… le contenu du fragment va se révéler malgré vos manœuvres ?

D. Capital et intérêts.

R. Ça vous est déjà arrivé ?

D. Oooh que oui !

R. Racontez.

D. Juste un exemple. Et, même : un exemple à une échelle minuscule. De toute manière, je suis convaincu que si je tentais de vous en raconter un plus « développé » encore, vous ne me croiriez tout bonnement pas. À Paris, dans les cours, chez Knapp. Il nous a bien prévenus, tout au long de l'année : il y a deux pièges à éviter comme la peste, durant un décorticage – le symbolisme et la fuite. Le symbolisme, c'est choisir un objet trop fort, un objet dont la charge est dès le départ écrasante : comme un crucifix, si vous voulez, ou un revolver. Surtout si vous n'avez pas l'habitude des décorticages, des objets comme ceux-là risquent de vous bouffer tout cru. « Restez simples ! » Knapp nous lançait ça au moins quatre fois par cours, en riant.

R. Comment ça, « vous bouffer » ?

D. Avec un objet pareil, il n'y aura à peu près aucune interprétation possible : la charge qui lui est propre empêchera qu'un regard autonome, ou relativement autonome en tout cas, puisse se révéler sur lui. Imaginez que dans le cas de l'amorce de l'histoire de la jeune femme, à la place des cinq bonhommes de couleurs différentes posés sur le sable, nous ayons choisi un crucifix, justement. Qu'est-ce qui serait arrivé ? Il aurait été presque impossible à la jeune femme de développer un regard personnel sur lui. Pourquoi ? Parce que le crucifix lui-même « parlerait » tellement fort qu'aucune autre voix que la sienne ne pourrait plus être audible… à moins, encore une fois, que nous ne soyons extrêmement aguerris.

R. Un objet symbolique, c'est donc un objet qui a sa vie propre ?

D. Sa *parole* propre. Comme une couronne ou un sceptre royal. Ou comme l'anneau de Sauron, dans *Le seigneur des anneaux*. Choisissez comme fragment de départ un spectre en or massif, et essayez, rien que pour voir, de laisser surgir sur lui un regard unique, et sans le dénaturer – sans le transformer en rouleau à pâte, en paratonnerre ou en levier de cric pour la voiture. C'est aussi difficile à faire que de s'extraire des sables mouvants quand on a les deux pieds coulés dans un bloc de béton. Il vaut mieux éviter ça.

R. Et la fuite ?

D. Oh, la fuite, eh bien, c'est simplement tenter de contrôler le fragment de l'extérieur plutôt que de l'écouter. Si vous jouez à ça, votre entreprise risque de figer net, à moins que

le potentiel que recèle le fragment ne vous glisse purement et simplement entre les doigts, comme une anguille, et ne se passe de votre consentement pour parler quand même. Seulement vous, en cours de route, vous vous serez privé du plaisir de l'exploration, et vous n'aurez surtout pas fait votre boulot : assumer. Le boulot, il se sera fait à votre insu. Et tôt ou tard, il y aura un prix à payer.
Knapp nous a donc prévenus de ça des dizaines et des dizaines de fois. Un bon jour, en début de semaine, nous lisons à tour de rôle à la classe l'exercice que nous avions à faire durant la fin de semaine. Une des filles se lance. Je ne me souviens plus de ce en quoi consiste l'exercice en question, mais je me souviens du récit qu'elle nous lit, en tout cas – ça a été un moment inoubliable. C'est l'histoire de l'épouse d'un pilote de ligne parti depuis plusieurs jours. Il revient dans quelques heures et elle, elle en est tout heureuse. Le moment vient de se préparer, elle monte à leur chambre à coucher, se déshabille et court prendre un bain. Elle revient dans la chambre, nue, ouvre la penderie, sort le complet de son mari et l'étend de tout son long sur le lit, puis elle s'installe devant sa coiffeuse, se parfume et se maquille avant d'entreprendre de mettre ses boucles d'oreilles. Elle a les lobes percés. Seulement voilà, ses boucles d'oreilles, elle a beau tout essayer pour se les mettre, elle n'y arrive pas – elle ne parvient pas à... à les enfiler dans le trou.
L'étudiante est là, qui lit calmement, même un peu blasée, il me semble. Elle nous lit sa description détaillée de toutes les tentatives de l'épouse, et le lobe de l'oreille qui rougit, qui s'enflamme, et la femme qui a chaud, qui transpire, qui s'énerve, et qui essaie à nouveau. Et nous !... tous les autres... nous virons lentement à un rouge écrevisse resplendissant. Ce qu'elle est en train de nous lire là est d'une telle sensualité, d'un tel érotisme, que nous n'osons même pas nous regarder les uns les autres. L'étudiante continue de lire – elle ne se rend même pas compte de la profondeur du silence qui règne à présent dans la salle.

Tout à coup, un des étudiants n'y tient plus et laisse malgré lui échapper un soupir ou un petit grognement. La lectrice lève les yeux de sa page, le regarde, ne comprend vraiment pas pourquoi il lui fait cette face-là, rebaisse les yeux, ouvre la bouche pour poursuivre sa lecture, et là !... tout à coup... comme si elle sortait de transe... elle comprend ! Elle se rend compte de ce qu'elle est en train de nous raconter : cette femme nue, assise devant son miroir, avec l'ombre de son mari qu'elle vient de coucher sur le lit, qui essaie d'enfiler ses boucles d'oreilles, mais ne parvient pas à *introduire* la tige.

R. Haya !

D. L'étudiante devient... livide. Un moment, je pense bien qu'elle va tomber dans les pommes. Et puis Knapp éclate d'un grand rire – il a un talent fou pour dénouer les tensions. Cinq secondes plus tard, nous sommes tous en train de rire aussi. Il se tourne alors vers l'étudiante : « Laissez-moi deviner. À un moment donné, en décortiquant vos éléments, vous vous êtes dit : “Cette femme-là a terriblement hâte de faire l'amour avec son homme”, mais vous avez trouvé l'idée vulgaire, ou quelque chose dans ce goût-là, et vous l'avez résolument écartée. C'est ça ? » L'étudiante, pâle comme un linge, atterrée, les yeux grands comme des soucoupes, fait lentement « oui » de la tête. Knapp nous regarde tous à tour de rôle, posément, bien lentement, son plus grand sourire aux lèvres, puis il rééclate de rire : « Mais je vous l'ai déjà dit cent fois, non ? Eh bien, je vous le répète à nouveau : n'essayez jamais de jouer au plus fin avec lui, *l'inconscient a toujours raison !* »

R. Ouf.

D. Attendez, ce n'est pas fini. Quelques semaines plus tard, je suis donc revenu des vacances de Pâques avec dans mon sac la scène initiale de ce qui va devenir *Panique*, et Knapp m'a dit : « Bon, eh bien, vous avez le début d'une pièce, là. Il faut continuer, Daniel. Allez, allez : au boulot ! » Alors je me suis mis à l'ouvrage.

Au cours de la première scène, monsieur Arsenault s'est retrouvé coincé sur son minuscule balcon de septième étage, la poignée de sa porte-patio à la main, incapable de rentrer chez lui. Dans la deuxième, je sais qu'il doit tenter de sauter jusqu'au balcon de son voisin – à moins de fracasser sa porte-fenêtre verrouillée, c'est la seule issue qui s'offre à lui. Je me dis que, d'un balcon à l'autre, il va bien finir par faire le tour de l'édifice, ou je ne sais trop quoi. Mais dès que je me mets au travail, oh surprise, ce n'est pas du tout ça qui se produit. Le gars est là, debout sur le garde-fou de son balcon, en équilibre précaire, la poignée à la main… il essaie de prendre un bon élan… il n'a pas vraiment droit à l'erreur… je le vois qui oscille d'avant en arrière, il va sau… non ! il perd l'équilibre ! Alors évidemment, pour se rétablir, il ouvre les mains… et la poignée lui échappe. Yiiiip ! elle tombe ! Il se stabilise… Et là, juste au moment où je vais reprendre la description de sa prochaine tentative de saut, quelle n'est pas ma surprise d'entendre, venant du balcon d'en dessous de celui qu'il cherche à atteindre : « Heye ! les enfants, en haut ! Allez-vous arrêter d' garrocher des affaires en bas ?! C'est dangereux, ça ! » Monsieur Arsenault fige net… et l'auteur aussi, dans sa petite chambre parisienne. Moment de flottement. Monsieur Arsenault est là, en culottes courtes de gymnastique, quand apparaît… la tête de la dame qui se prépare à continuer de crier contre les enfants. Monsieur Arsenault la voit. Elle le voit. Moment suspendu. Dialogue idiot entre les deux : le genre d'échange qu'on a quand on essaie de faire semblant que tout va comme tout doit aller, même si à l'évidence il n'en est rien. Elle lui envoie un bout de sa corde à linge, qu'il attrape. Il descend jusque chez elle. Et pouf ! se retrouve debout devant elle, sur un autre minuscule balcon. Malaise. Je suis fait comme un rat. Je me dis : « Ah non ! Elle ne va quand même pas lui sauter dessus pour essayer de le baiser, c'est trop évident. » Et je me mets à inventer une situation invraisemblable, complètement abracadabrante. Que je ne veux même pas évoquer ici, tellement j'ai honte, même vingt-cinq ans plus tard.

R. Oh, le lâche ! Allez, allez !

D. C'est hors de question. Ce qui importe, c'est que moi, en inventant la scène, je suis convaincu d'être en train d'écrire un moment burlesque extraordinaire – je ris comme un fou – hé que je me trouve drôle. Quelques jours plus tard, je lis la scène en classe. Pas un rire, pas un seul : silence polaire. À la fin de ma lecture, je lève les yeux. Parcours rapidement les visages de mes camarades, et là, aussitôt… je reconnais ce qui s'y exprime.

R. Non !

D. Oui. Exactement la gêne que j'ai moi-même ressentie quelque temps plus tôt. Dans mon cas à moi, la prise de conscience n'a même pas eu lieu en cours de lecture, mais après. Je fixe mes feuillets des yeux, incrédule, les reparcours en silence, à toute vapeur. Et je dois avoir l'air d'une chaudière de locomotive qui va sauter. C'est insensé : la scène que je ne voulais pas écrire s'est écrite d'elle-même, malgré moi. Knapp éclate de son grand rire. Je le regarde. Il me sourit en faisant « Eh oui » de la tête. Je suis catastrophé. C'est la manifestation la plus sidérante que j'aie connue jusque-là dans ma vie des forces qui agissent dans notre esprit – qui même, en fait, le constituent.

R. Qu'est-ce qui arrive ensuite ?

D. Je ne me souviens pas des détails de l'analyse à laquelle se livre Knapp de ce qui vient de se passer, mais je me souviens très clairement, en revanche, de la conclusion à laquelle moi j'arrive sur-le-champ : je dois le plus tôt possible, dès ce soir, reprendre cette scène-là et, cette fois-ci, saisir le taureau par les cornes quoi qu'il puisse advenir. Si je ne le fais pas, je risque de me mettre à avoir peur de ma propre imagination.

R. C'est ce que vous faites ?

D. Oui. Je reprends la scène. Monsieur Arsenault arrive sur le petit balcon de la dame. Il la regarde, elle le regarde. Malaise extrême. Alors je me demande : « Qu'est-ce qu'elle veut ? » Réponse : « Lui. » Et c'est tout. Elle le force à s'installer sur sa bicyclette fixe, lui pince une fesse au passage et se jette à corps perdu dans son fantasme. Seulement… ô surprise, non, elle ne s'arrache pas le bikini pour s'étendre sur le dos, les jambes en l'air, en hurlant : « Prends-moi ! » Pas du tout : elle lui pince une fesse au passage, s'écrie : « Un peu mince pour la casserole, mon petit Hansel ! » et c'est parti ! Le tapis m'arrache d'en dessous les pieds : désormais, c'est elle qui mène. Elle est convaincue d'être énorme. Elle rêve au jour où un bout de céleri suffira à la projeter au septième ciel : elle sera devenue une sainte.

R. Ça part tout seul ?

D. En dehors de la volonté de ne surtout pas tenter, cette fois-ci, d'imposer mes choix rationnels, « Je » ne *décide* rien du tout. Pas plus qu'avec les trois tarlets de la rue Mont-Royal. Je pense que c'est mon premier véritable contact avec l'écriture. Je sens sa folie, à la femme, qui monte en moi, qui trouve sa forme. Je surfe. Ça n'a strictement rien à voir avec ce que j'ai fait quelques jours plus tôt en me trouvant tellement drôle dans ma scène burlesque de pacotille. Et, bien entendu, ça n'a pas non plus quoi que ce soit à voir avec ce que je *croyais* que serait la scène si je suivais la piste qui cherchait à s'imposer et que j'ai tenté d'éviter.

R. Pourquoi « bien entendu » ?

D. Parce que nos peurs parlent, bien sûr, mais qu'elles ne parlent que très rarement de ce qui nous attend réellement. Ce dont elles parlent, c'est de nous, de notre attitude, pas des événements en gestation.

R. Ce qui nous conduit tout droit, en somme, au second terme de ce qu'il faut au moment d'un surgissement : l'humilité ?

D. Oui. L'humilité d'accepter de se mettre au service de quelque chose, en soi, qui en sait bien davantage que l'on n'est conscient d'en savoir. Il ne faut pas chercher à la contrôler, cette chose, quelles que soient les excellentes raisons qui semblent nous justifier de le tenter.

R. Bien. Nous recentrons sur les surgissements eux-mêmes, à présent ?

D. D'accord.

R. Durant un décorticage à froid, il faut éviter le symbolisme – et, à tout prix, la fuite ?

D. C'est ça. Or, quand survient un surgissement, comme, bien entendu, les fragments de départ s'imposent d'eux-mêmes, il n'y a qu'une seule chose à laquelle faire attention, mais alors là coûte que coûte.

R. La fuite ?

D. Pire que la peste.

R. Ça peut être dangereux de prendre des risques à ce chapitre-là ?

D. Oh que oui. On peut se blesser, et même très profondément. On joue là avec des forces qui n'ont strictement rien de délicates. Qui se contrefoutent comme de l'an quarante de ce que consciemment on veut ou ne veut pas, de ce qu'on aime ou craint et de l'intérêt qu'on peut avoir à faire plaisir à Truc ou à Machin. D'où l'importance d'avoir longtemps fait ses gammes : pas seulement pour connaître les règles du jeu et la nature des forces en présence, pas seulement pour avoir confiance en soi et en la vie, mais tout autant et peut-être même plus que tout pour se connaître soi-même, mais se connaître *dans le feu de l'action*, pas *en théorie*. Au moment où les choses se déclenchent, ce n'est plus le temps de se demander : « Comment est-ce que je ferais bien ça ? », il faut être en possession de tous ses moyens, le savoir, agir en conséquence, et connaître ses forces et ses faiblesses. C'est la seule manière d'être en mesure de s'abandonner sans arrière-pensée.

R. Comment est-ce qu'on s'y prend ? Je veux dire : pour faire face au surgissement ?

D. Essentiellement, de la même manière que dans le cas d'un départ à froid. Ce n'est pas le processus qui est différent, mais la force de ce à quoi on fait face. Le principe est le même dans les deux cas : il faut s'attacher à la matérialité de ce qu'on est en train de faire.

R. C'est-à-dire ?

D. Être capable de le ralentir, le flot, de le retenir, même. Pour être en mesure d'étudier l'émotion, toute déferlante qu'elle soit, afin de pouvoir la décortiquer comme nous avons grossièrement décortiqué l'objet. Se livrer à des décorticages comme ceux que j'ai très rapidement évoqués, même celui de « la grosse » ou de la poignée de porte de *Panique à Longueuil*, c'est comme de faire du pédalo au lac des Castors par une confortable journée d'été sans vent, tandis que le faire au moment où surgit un fragment bourré d'émotion, ça ressemblerait plutôt à faire de la chaloupe en solitaire au cœur de l'océan, pas de rames, au beau milieu de la nuit, en pleine tempête hivernale déchaînée.

R. Oooh ! Ça ressemblerait plutôt… à une toile d'Aïvazovski ?

D. …

R. Ça vous est déjà arrivé ?

D. Ha !

R. Racontez.

D. Un jour, en 1979, je suis assis à mon pupitre. J'habite alors un véritable taudis, un nid-à-feu, sur la rue Saint-Dominique, à deux pas du métro Saint-Laurent. De l'autre côté de la rue, juste devant chez moi, commence le grand complexe d'habitations à loyers modiques que mon père appelait « le Plan Dozois » – Dozois étant, je crois, le nom de l'échevin qui a lancé le projet –, ce complexe qu'à présent on a rebaptisé les « Habitations Jeanne-Mance ». Un bon jour, assis à mon pupitre, face à la fenêtre, donc, je lève les yeux et me surprends à être fasciné par un des toits, tout là-bas. Surgit alors, extrêmement forte et claire, l'image d'un gars qui habite là, sur le toit. Je le vois : il est à plat ventre, les jumelles aux yeux, il passe ses journées entières à observer ce qui se passe en bas. L'impression est saisissante : je n'ai pas du tout le sentiment que *j'imagine* ce gars-là, non, il y est bel et bien. C'est simplement qu'il n'y a que moi qui le sais.

R. Comme si un médium entrait chez quelqu'un et levait aussitôt le bras en criant : « Il y a un vieillard, là ! C'est le fantôme d'un ancien locataire » ?

D. Quelque chose dans ce goût-là, oui. Je prends immédiatement une pile de feuillets et je me mets à écrire. Ce gars-là, il attend. C'est clair, je le sais. La question ne se pose même pas. Sa vie entière est là : dans l'attente. Mais dans l'attente… de quoi ? Qu'est-ce qu'un gars peut bien attendre, à plat ventre au bord du toit d'un immeuble du centre-ville ? Les Russes ! Il attend… l'invasion ! L'arrivée des Barbares ! C'est le début de mon aventure de *L'orgueil des rats*.

R. C'est tout ? Vous levez les yeux et l'image, l'idée surgit ?

D. Oui. Et non. Je lève les yeux et je ressens… une présence, là, au sommet d'un des édifices. Ensuite, il faut la décortiquer, cette présence. Il faut que je l'écoute, que je prête attention à ses harmoniques. Il ne suffit donc pas de laisser surgir l'image, il faut surtout être en mesure de la contenir, de la décoder et de l'empêcher de s'évanouir en fumée. Apprendre à retenir les images ou en tout cas à les ralentir est aussi capital qu'apprendre à les lire. Ce ne sont pas trois choses différentes, ce sont trois aspects différents d'une seule et même discipline.

R. Et tout le roman est là ?

D. Oui, de fil en aiguille. Petit bout par petit bout, toute la cosmogonie des *Rats* va surgir de cette image initiale là. Le surgissement, c'est aussi ce que je vous ai décrit l'été dernier en vous présentant *Djinrokû*.

R. La petite cabane en planches au milieu de la forêt japonaise, dont l'image surgit un matin, au moment où vous ouvrez les yeux?

D. Précisément.

R. Un autre exemple?

D. *La prière du Renard.* Je rentre chez moi, un samedi soir, au retour d'une soirée au théâtre puis d'un repas au restaurant avec des amis, acteurs de la pièce. Tout au long du trajet en taxi, je ressens une émotion extrêmement forte, comme une poussée de fièvre qui monte en moi. Épouvantablement forte – si je n'avais pas été suffisamment aguerri pour remarquer que cette émotion fiévreuse s'accompagnait d'harmoniques très précises «derrière le rideau», d'harmoniques qui variaient au même rythme que le malaise physique, je suis à peu près certain que je me serais immédiatement pointé dans une urgence, convaincu de ce que je venais de choper un microbe. Mais non, je sais parfaitement que la cause n'est pas physique, que la fièvre que je ressens n'est que l'écho dans mon corps de ce qui se prépare à surgir sur la «plage aux ping!». Je me précipite dans mon appartement, je me jette sur le papier. Mon crayon reste suspendu au-dessus de la page. J'écoute en moi: qu'est-ce qu'elle est, cette puissante émotion? Je ressens... de la compassion. Mais aussi une révolte... une révolte douce. Un véritable torrent de douceur, même. De tendresse. À l'égard des humains. Je laisse la sensation tourbillonner, jusqu'à ce que je me rende compte que «ça», c'est une lettre – la lettre d'un homme qui répond à un ami. Il ont dû avoir il y a peu de temps une discussion extrêmement vive, tous les deux. Sur des enjeux essentiels à leurs yeux. L'ami est un cynique. L'homme qui écrit la lettre a voulu lui expliquer quelque chose, mais le cynique n'a rien voulu entendre. Alors l'auteur de la lettre s'installe à son pupitre et lui écrit. «*Peut-être bien. Peut-être as-tu raison, mon ami, et l'homme n'est-il pas plus grand debout qu'à plat ventre...*» La lettre coule de moi. Toute seule. Par elle-même. Cinq ou six pages. En l'écrivant, je sais précisément qui écrit, à qui et pourquoi. Mais dès que j'ai fini de prendre la dictée, pfuit… je ne sais plus rien. Envolé. Je passe ensuite des semaines, obsédé par cette lettre : mais qu'est-ce que c'était ? D'où c'est venu ? Jusqu'à ce que, à force d'en décortiquer chaque mot, chaque image, chaque association, de fragment en fragment, j'en aie reconstitué le tissu : une incroyable histoire d'amour, advenue il y a alors dix ou quinze ans, et qui a bouleversé la vie de dizaines de personnes.

R. La lettre se met à sortir toute seule, comme l'image du gars aux jumelles sur un des toits du Plan Dozois, et ensuite seulement, vous commencez à vous demander de quoi il s'agit ?

D. Oui, absolument. Parce que au moment du surgissement initial *je sais – je sais tout* ! À ce moment-là, il m'est même impossible d'imaginer que je puisse cesser de savoir, tellement tout est clair. Seulement, dès que le morceau de départ est sorti de moi… je ne sais plus. Et c'est alors que les départs à froid et ce qu'ils m'ont permis de comprendre deviennent essentiels : je dois reprendre tout ce que je suis parvenu à écrire et le décortiquer, atome par atome. Pour reconstituer la connaissance qui m'était évidente au moment du surgissement et qui s'est évanouie par la suite.

R. Pourquoi est-ce qu'elle s'est évanouie ?

D. Sans doute parce que pour pouvoir l'écrire, la lettre, il a bien fallu que je quitte le terrain de la seule intelligence passive et que je revienne au moins un peu sur celui de la raison. Or la raison, elle, n'en a rien à foutre, de *tout ça*.

R. « Tout ça », quoi ?

D. Ce qui se passe en nous.

R. Alors tout ce que vous n'avez pas eu le temps de noter à propos de ce que vous avez su immédiatement…

D. … elle l'a effacé. Exactement comme, par exemple, elle l'a fait aussi, souvenez-vous, après cette nuit-là d'hiver, après ma joyeuse rencontre avec quelques flics rigolos.

R. Elle a effacé tout ce qui, dans « Je », pouvait signifier autre chose que sa suprématie ?

D. Que sa suprématie *absolue*, oui.

R. Cette fois-ci, la lettre elle-même au grand complet constitue un énorme « ping ! » ?

D. Oui. Un énorme « ping ! » qu'il faut que je décortique pour retrouver le chemin qui mène, au fond de moi, à la source depuis laquelle elle a jailli.

R. La raison peut donc tenter d'interrompre un projet de l'intelligence passive ?

D. Sans l'ombre d'un doute.

R. Mais l'intelligence passive, elle ? Elle a les moyens de rétorquer ? Elle doit certainement en avoir, puisqu'elle est capable de déjouer les défenses rationnelles et de passer entre les mailles, comme dans le cas de l'épouse du pilote d'avion et dans celui de la grosse de *Panique* ?

D. Bien sûr que oui, elle en a, des moyens. Et pas piqués des vers, je vous prie de me croire.

R. Des moyens tels que… ?

D. Ce que j'appellerais les *vrais* surgissements, par exemple.

R. Les… « *vrais* » ?

D. Oui. Ceux que je viens de vous donner en exemples, le début de l'écriture des *Rats* ou même la lettre à Gaston, dans *La prière du Renard*, ce ne sont que… des bébés surgissements. Quand ce sont les parents qui se pointent, l'effet est autrement plus secouant.

*

Ne blâmez jamais les Bédouins

D. Attendez, je crois que pour être vraiment clair je devrais vous parler de l'écriture des *Bédouins*. C'est la première fois que le phénomène s'est produit.

R. Ça a été votre premier *vrai* surgissement ?

D. Oui. Un soir, à la fin de 1979, à l'époque où nous répétons en vue de la création de *Panique à Longueuil*, je suis dans une discothèque, sur Sainte-Catherine dans l'ouest. Je prends une bière, tranquille. Je discute avec un ami. Quand tout à coup j'entends un cri. Un véritable hurlement de terreur.

R. Vous voulez dire : dans le bar ?

D. Non, non, je me suis mal exprimé, excusez-moi. Dans mon crâne. Comment décrire ça ? Ah, tenez. Nous avons continuellement des discussions, dans notre esprit.

R. Le fameux monologue intérieur ?

D. Tout à fait. Eh bien, imaginez que soudain, il est remplacé par une autre voix, totalement différente de celle qui a toujours été la vôtre à l'intérieur de vous.

R. Oui…

D. Et que cette voix-là hurle, à pleins poumons. Pour le monologue intérieur, le volume était à 3, mais là, il est à 9.

R. Diantre.

D. Je ne vous le fais pas dire.

R. C'est ça qui vous arrive, ce soir-là ?

D. Précisément, oui. Je discute doucement avec cet ami, et tout à coup j'entends un épouvantable hurlement de terreur.

R. Qu'est-ce que vous faites ?

D. Sur le coup, rien. Je suis bien trop ahuri. Et puis, je ne peux quand même pas dire au copain : « Excuse-moi, mais là je viens d'entendre un cri de terreur dans ma tête, il faut que je parte » – il me ferait enfermer.

R. Vous continuez à discuter, tout simplement ?

D. Oui. Mais en orientant immédiatement notre discussion vers la conclusion la plus rapide possible, à toute allure.

R. Et quand vous avez fini de parler ?

D. Je m'éloigne du copain, je me trouve un coin sombre, je m'y blottis et je repense au cri.

R. Et alors ?

D. Il revient !

R. Vous le réentendez ?

D. Tel quel. Aussi clair que si quelqu'un me criait directement dans l'oreille, à pleins poumons. Pendant le cri, je n'entends même plus la musique de danse, kaboum, kaboum, c'est pour vous dire.

R. Ensuite ?

D. Je m'efforce de rester calme. Je me vide l'esprit, quitte mon coin sombre et vais m'en trouver un autre, complètement à l'autre bout de la place. Rendu là, je repense au cri.

R. Et… ?

D. Il retentit à nouveau. Et encore. Et encore. Je m'aperçois que je peux me le répéter à volonté, il est chaque fois exactement le même. Il se répète – il m'attend –, il attend que je lui accorde mon attention. Je me le repasse comme on réécoute un enregistrement. Et je m'aperçois assez rapidement qu'il est doublement porteur. D'abord, il y a le cri lui-même : il attire mon attention. Il la réclame, même, il la saisit à deux mains et la secoue comme un tapis. Je pressens du même coup très rapidement aussi que, juste sous lui, il y a autre chose. Des tas d'autres choses, même. Que ça grouille, que ça palpite, que ça vit. Que ce cri, c'est simplement une porte d'entrée. Que si je le décide, je peux parfaitement la franchir, cette porte, me laisser tomber à travers elle et qu'il y a là, par-delà elle, tout un monde. Je le sens, je le vois, *je le sais*.

R. Vous y allez ?

D. Non. Surtout pas. Je m'en empêche, même.

R. Mais pourquoi ?

D. Parce que ce n'est ni le lieu ni le moment. Il faut que je rentre chez moi pour être à même de pouvoir écrire au moment du passage. Il me faut de l'espace, du papier, un crayon.

R. Ça, c'est le premier aspect dont le cri est porteur ?

D. Oui.

R. Et le deuxième ?

D. L'essentiel de ce que je vous ai décrit durant notre décorticage des fragments, surtout au tout début, n'est pas de mon cru : c'est un bagage – extrêmement précieux – qui me vient tout droit de mes études avec Knapp, à l'École nationale d'abord puis à son institut parisien.

R. Oui.

D. Durant l'année passée là-bas, chaque heure de classe a été consacrée à faire, à refaire et à approfondir sans cesse des exercices comme ceux-là. Nous en avons aussi eu des tonnes à faire entre les cours. Plus tard, au fil des années, je vais me les approprier, tous ces exercices extraordinaires, les remanier à ma façon, en inventer de nouveaux et même découvrir, petit à petit, qu'ils portent à bien plus de conséquences encore que je ne l'avais cru ou compris au moment de mes études, mais ce soir-là, dans le bar, il y a à peine quelques mois que je suis de retour à Montréal – les exercices et l'approche dont ils procèdent sont donc extrêmement frais à mon esprit.

R. Oui.

D. Je m'aperçois, donc, que le cri que j'entends, et que je peux faire se répéter à volonté, recèle un monde. Mais je réalise aussi – deuxième point – une tout autre chose, au moins aussi troublante que la première.

R. Quoi donc ?

D. Que vient de s'imposer à moi l'existence d'une toute nouvelle catégorie de fragments.

R. Vous voulez dire : en plus de la réplique, du geste, du lieu, de l'objet et du moment ?

D. Tout à fait. C'est même une catégorie de fragments d'un *ordre* complètement différent de celui dont eux procèdent. Pendant un bout de temps, à défaut d'un meilleur terme, j'appellerai cette nouvelle catégorie-là le « flash ». Mais là, sur le coup, dans le bar, je suis renversé non seulement par la teneur du cri lui-même, mais au moins autant par son surgissement spontané. Par la conscience immédiate qui me vient de ce que, sur la base de ce que j'ai étudié et expérimenté chez Knapp, je vais maintenant devoir m'inventer toute une batterie de nouveaux moyens pour le traiter, ce flash, pour parvenir à le décortiquer. Je suis époustouflé. Je n'ai aucune idée de la manière dont je vais bien pouvoir ne serait-ce que *tenter* ça.

R. Donc, vous êtes dans ce bar. Vous entendez ce hurlement. Vous finissez par vous éloigner du copain, vous vous trouvez un coin et vous vous repassez la bande : vous vous rendez compte que le cri est chaque fois intact et qu'il est doublement porteur : il est d'abord un monde qui cherche à surgir en vous et représente du même coup une toute nouvelle sorte de fragments, que vous allez appeler « flashs » ?

D. Oui.

R. Comment est-ce que vous faites pour réaliser aussi rapidement que le cri appartient à une nouvelle catégorie de fragments ?

D. Oh, comment exprimer ça ? Je le réalise à cause de… de sa couleur, au cri. Il y a le cri lui-même et son contenu pressenti, d'une part. Et puis d'autre part il y a aussi… oui, je ne trouve pas d'autre mot, la *couleur* dont il est revêtu, ou… qui émane de lui. Or cette couleur, je ne l'ai jamais rencontrée jusque-là qu'associée à une activité très précise.

R. Laquelle ?

D. Les exercices de décorticage de fragments. Attendez. Encore plus précisément, cette couleur-là est celle qui… enveloppe, qui connote… et qui finit par être même l'essentiel de la présence des fragments au moment où, très tard au cours d'un décorticage, ils commencent à prendre vie. Un peu comme, ici, quand je vous ai donné mon exemple du vent et de la paroi qui se déchire soudain et qui vous fait comprendre d'un coup sec toute la portée du « ping ! » que vous avez senti passer et que vous vous êtes ensuite acharné à décortiquer.

R. Oui… ?

D. Lorsqu'on décortique un objet ou une réplique, et qu'on arrive au bout, l'objet a soudain l'air presque vivant… palpitant. Comme si le regard qu'il doit nous révéler non seulement n'était pas posé sur lui ou sur elle, mais en *émanait*, en fait. C'est une sensation extrêmement prenante, enivrante. C'est incroyablement fort.

R. Continuez.

D. Cette couleur, je ne l'avais donc, jusqu'à ce soir-là dans le bar, rencontrée qu'au terme d'exercices, grâce à la discipline que je m'étais développée. J'*aboutissais* à elle. À telle enseigne qu'elle avait à toutes fins utiles fini par devenir pour moi synonyme de l'achèvement du décorticage.

R. Son apparition constituait le signal de ce que le but du décorticage était finalement atteint ?

D. C'est ça. Tandis que là, ce soir-là, au bar…

R. … la couleur était présente d'emblée ?

D. Voilà ! C'était un événement capital. Je l'ai su immédiatement. À la fois, j'ai été entièrement pris par surprise, et je me suis immédiatement rendu compte que, nom d'un chien, il ne pouvait bien évidemment pas en aller autrement.

R. Quelque chose tombait en place ?

D. Absolument. Comme un événement auquel on ne se serait consciemment jamais attendu, pas avec précision en tout cas, mais devant lequel, quand il finit par advenir, les bras nous tombent et on fait : « Merde, mais bien entendu que ça ne pouvait mener qu'ici ! »

R. Quoi donc ? Une synthèse ?

D. Oh non, bien plus que ça. Le moment où… où les morceaux se mettent à s'animer de leur volonté propre. C'est une chose de se dire : « Ponzoir. Ja ja, che m'appelle Frankenstein. Ja ja, che suis tocteur *und* ja ja, che suis gonvaingu gu'il est bossible d'oufrir à la fie de noufelles foies, ingonnues jusgu'à brésent », mais au moment où la… la chose, la collection de bouts de cadavres rafistolés, là, sur la table d'opération, se met à bouger et à grogner, ça fait quand même comme… comme un petit je ne sais quoi.

R. …

D. J'ai aussitôt compris qu'il allait falloir, dans le décorticage du cri, que j'improvise. Que, sur la base de ce que je comprenais déjà des mécanismes créatifs, j'allais devoir commencer à construire par moi-même.

R. Vous avez compris ça dans le bar ?

D. Instantanément.

R. Alors même que vous parliez avec votre copain ?

D. Ou vraiment pas longtemps après, en tout cas.

R. Qu'est-ce que vous avez fait, ensuite – après vous être promené dans le bar pour vérifier que le cri restait cohérent ?

D. Je suis rentré chez moi, à pied. Doucement. En marchant, concentré comme je l'avais rarement été dans ma vie, j'ai réécouté le cri, et encore, et encore. En tentant de… de le goûter, d'en discerner toutes les harmoniques, de capter des reflets du plus grand nombre possible de ses facettes.

R. Vous avez commencé à le décortiquer, quoi ?

D. C'est ça. C'est là, en marchant vers chez moi, en réécoutant sans cesse la boucle, que j'ai commencé à m'apercevoir qu'au nombre des harmoniques, il y en avait une qui se distinguait nettement des autres et qui retenait tout particulièrement mon attention. Une question m'est venue à l'esprit : « C'est une femme ? » Aussitôt : cri. « C'est un homme ? » Rien. Rien du tout : silence complet. C'est un cri de femme, donc ? Aussitôt, à nouveau : cri. Comme si… comme si je marchais dans le noir, en tâtonnant devant moi, et que je venais de mettre la main sur quelque chose. Je ne savais absolument pas en quoi pouvait bien consister cette chose, tout ce que je savais, c'était qu'elle s'y trouvait.

R. Wow ! Continuez !

D. Je me souviens que je suis arrivé chez moi – il devait être dans les deux heures du matin –, que je suis allé directement à mon pupitre, que j'ai sorti une pile de feuillets vierges et un crayon, mais que j'étais tellement surexcité que je ne pouvais pas rester assis. Je me suis mis à arpenter l'appartement dans tous les sens. En tâtonnant sans fin, en esprit. C'est un homme ? Non. Une femme ? Oui. Elle a mal ? Rien. Elle a peur ? Cri. Elle est chez elle ? Rien. À l'hôpital ? Rien. En voiture ? Rien. Je recommence. C'est une femme ? Cri. Elle a peur ? Cri. Elle court ? Rien. Elle marche ? Rien. Elle est immobile ? Cri. Quelqu'un la retient ? Rien. Elle est enfermée ? Rien.

Je recommence. C'est une femme ? Cri. Elle a peur ? Cri. Elle est immobile ? Cri.

Mais *pourquoi* ?! Pourquoi diable est-ce que cette femme est en train de hurler de terreur, à pleins poumons, mais qu'elle reste immobile, si elle n'est pas enfermée ? Pourquoi est-ce qu'elle ne se sauve pas à toutes jambes ? Elle ne peut pas bouger ? Cri ! Attends, attends ! Une femme hurle de terreur… mais ne peut pas bouger ? Cri. Pourquoi… ? Pourquoi est-ce qu'on peut ne pas pouvoir bouger ? Hein ? Je l'ai ! Elle est… ligotée ? Et là ! Un hurlement ! mais… dix… cent fois plus intense qu'auparavant ! J'en ai ressenti un véritable choc électrique.

R. Wô.

D. Elle est vraiment ligotée ? Même hurlement. Je recommence. C'est une femme ? Le premier cri, le petit. Elle a peur ? Premier cri. Elle est immobile ? Premier cri. Elle est ligotée ? « Aaaahhhhh ! » À nouveau, le cri démesuré.

Alors je recommence à nouveau. Et encore. Et encore. Pourquoi ? Pourquoi est-ce que soudain, et rien qu'en réponse à cette question précise, le cri devient tellement puissant ? Là, petit à petit, sans même m'en rendre compte sur le moment, je me mets à tenter de ressentir sur moi, toujours par essais et erreurs, différents types de liens. Des menottes ? Non, rien. Des menottes, mains devant ?

Rien. Des menottes, mains dans le dos ? Rien. Tiens ! tout à coup, je me mets à ressentir quelque chose comme si… comme si j'étais en train d'entrer en lien télépathique avec cette femme. La poitrine… la poitrine me serre. Elle est attachée à une chaise ? Rien. Au mur ? Rien. Sur le sol ? « Aaaahhhhh ! » : le cri démesuré, encore une fois ! Une femme hurle de terreur, ligotée, ficelée comme un saucisson, couchée sur le sol ? « Aaaahhhhh ! » Mais qu'est-ce que c'est que ça ?!
Le temps d'arriver jusque-là, le jour est levé. Et je suis complètement épuisé. Je vais me coucher. Dors quelques heures à peine. Me relève, frais comme une rose. Au saut du lit, je me dis : « C'est pas vrai, c'est pas possible, je veux bien croire que les histoires préexistent peut-être à leur écriture, mais quand même pas à ce point-là ?! » En fait, je me dis même que j'ai dû rêver toute l'affaire – qu'il n'y a aucune autre espèce d'explication possible. Je suis dans la cuisine, en train de me préparer un café. En quelques minutes, je suis parvenu à me persuader que le souvenir que je garde de la nuit précédente doit être un fantasme, ne peut même rien être d'autre. Pour achever de m'en convaincre, je me dis : « Une femme ? » « Aaaahhhhh ! » J'ai bien failli en laisser tomber ma tasse, de pure terreur.

R. Mais je. Vous avez dû. Vous deviez vous dire que vous étiez en train de devenir fou à enfermer ?

D. Oui, oui, je crois que oui. Mais savez-vous quoi ?

R. Non, quoi ?

D. Je m'en contrecâliçais à la puissance quarante-cinq. La sensation était tellement prodigieuse, tellement captivante, comme… comme d'arriver en vue des côtes d'un nouveau continent, je suppose ? Imaginez ! Sentir, à l'intérieur de soi, une conscience qui appelle ! Qui n'est pas la mienne ! Et être totalement responsable d'elle. Savoir qu'il n'y a que soi pour l'entendre. Que soi pour lui donner la parole. Je n'aurais jamais imaginé que quoi que ce soit de tel puisse exister. Et puis il y avait le sentiment d'urgence, aussi.

Le sentiment de terrible urgence qui jaillissait d'elle. Son appel était d'une telle force !

R. Qu'est-ce que vous avez fait ?

D. Qu'est-ce que vous croyez ? Je me suis remis au boulot ! À l'instant même !

R. Vous vous êtes repassé la bande ?

D. Des centaines et des centaines de fois.

R. Et... ? Qu'est-ce qui s'est passé ?

D. La... la présence, en moi, a fini par prendre forme. Tellement, que j'ai commencé à ressentir qu'elle parlait. Qu'elle criait, même. Mais pas le hurlement que je connaissais déjà, non, celui-là n'avait été que l'incipit, le point de départ, l'hameçon. Un *autre* cri. Un hurlement qui était une parole, à présent. Mais je n'arrivais pas à l'entendre, cette parole.

R. Qu'est-ce que vous voulez dire ?

D. La seule image à laquelle je puisse avoir recours, c'est celle de... d'un appareil radio. Vous tournez le bouton de syntonisation, vous savez qu'il y a une station, juste là, tout près, vous entendez même à travers le grésillement des bribes de voix, hachurées... mais vous n'arrivez pas à tomber pile dessus.

R. Alors ?

D. Ça a duré des heures et des heures. Peut-être même des jours, je ne sais plus. Jusqu'à ce que, épuisé, je finisse par m'asseoir à mon pupitre. J'avais l'impression de... d'avoir le cerveau éreinté. Je me suis assis, mes feuillets étaient là, et puis le crayon, depuis que je les avais sortis du tiroir en arrivant chez moi. Je me suis assis, et je n'avais même plus la force de penser. Mais là...

R. Là... ?

D. Il y a une idée qui s'est approchée. De très, très loin, toute faible. Un écho, extrêmement lointain. « N'essaie pas. »

R. « N'essaie pas »... quoi ?

D. De faire quelque chose, quoi que ce soit. Éteins. Éteins tout. Arrête de chercher.

R. Et… ?
D. C'est ce que j'ai fait.
R. Et… ?
D. C'est arrivé. D'un coup sec. Un des moments les plus bizarres, les plus étourdissants de toute ma vie.
R. Quoi ?!
D. « Ça » s'est mis à parler. À toute allure. Mais je suis resté tellement saisi que je ne comprenais même pas ce qui se passait.
R. Quoi ? Qu'est-ce que c'était ? Qu'est-ce qui se passait ?
D. Une voix de femme qui criait. Mais… en martien ?
R. Hein ?!
D. Un peu comme… comme s'il avait fallu… syntoniser à nouveau. Trouver un deuxième bouton à tourner. J'avais trouvé la station, oui, mais… mais pas la langue.
R. Quoi ? Quel deuxième bouton ?
D. Pas celui de ce qui se disait, mais celui de ma compréhension à moi. Il y avait quelque chose qui était en train de se dire, là, au présent, dans mon esprit, et si je ne trouvais pas immédiatement comment l'entendre, comment me brancher sur elle, la voix allait continuer comme ça, à parler dans le vide, à se déverser dans le néant. Alors j'ai… j'ai arrêté encore plus. Je me suis abandonné encore plus profondément. Jusqu'à ce que je me rende compte que c'était une voix, tout simplement… avec un accent. Avec un énorme accent. Italien. Un véritable accent de bande dessinée. « Aaaaah ! L'affrosé ! Ma qu'il est laid ! » Je me suis mis à écrire. À toute allure. À noter, en fait. La femme parlait à son rythme à elle, et moi je n'étais là qu'à titre de témoin. Alors, j'ai… j'ai noté. Durant des heures et des heures. Je n'avais strictement aucune idée d'« où » cette voix pouvait bien jaillir en moi.
Quand soudain la voix se taisait, j'ai fini par prendre conscience que c'était parce que, sans même m'en apercevoir, je m'étais mis à m'attendre à quelque chose. Alors, si ce à quoi je m'étais attendu était à

côté de la plaque, le contact lâchait. Il fallait que je relise, du tout début, comme j'avais des heures et des heures durant écouté et réécouté le hurlement initial. Que je relise, et relise encore, et encore, et encore. Jusqu'à ne plus être *devant* le texte, mais *en* lui. Jusqu'à ce que je retrouve précisément la bonne fréquence et la bonne manière d'écouter sans tenter de prévoir ce qui allait suivre.

R. Et c'est comme ça que vous avez écrit la pièce ?

D. Michaela, d'abord. Elle a parlé, et parlé, et parlé. J'étais sidéré. À la fois folle comme un balai, et… et grave. D'une gravité bouleversante, tragique. Je ressentais sa présence comme… comme celle d'un clown qui danse au beau milieu d'un bombardement, d'un ouragan de feu. Le contraste était saisissant : sa terreur fondamentale, d'un côté, la terreur d'être en train de gaspiller sa vie, un sentiment de solitude… infinie. Et, de l'autre, une forme complètement bouffonne. Et puis tout à coup… elle s'est tue. Net. Plus rien. Je savais que cette fois-ci, ce n'était pas parce que moi je syntonisais mal, non. C'était elle : elle avait cessé de parler. Oh, je savais bien qu'elle en avait encore à dire, des masses et des masses. Mais là, pour l'heure, c'était tout.

R. Et là… ?

D. Je… Je n'ai plus su quoi faire. Où est-ce que je devais aller, de là ? Pas la moindre idée. Rien du tout.

R. Eh bien alors ?

D. Je n'ai rien fait, c'est tout. J'ai attendu. J'ai relu, mais sans chercher. Sans toucher à rien. Et puis tout à coup…

R. Quoi ?

D. J'ai entendu. Très très très très loin.

R. Quoi ?

D. Un autre cri. Très très long. Qui n'en finissait plus. « Hiiiiii » Dans lequel j'entendais… plein d'harmoniques en accord avec celles de Michaela. Mais, tout à la fois, profondément différent. Et j'ai réalisé qu'il y avait… quelqu'un d'autre. Alors j'ai réécouté, et encore, et encore. J'ai refait les exercices de syntonisation que je venais d'inventer pour pouvoir entendre Michaela.

R. C'était Weulf ? Le jeune premier héroïque, coincé sur sa corniche ?

D. Oui. D'ailleurs, sa position physique, sa manière de se tenir, que je me suis très rapidement mis à ressentir, a été encore plus révélatrice, encore plus précieuse et déterminante que dans le cas de Michaela.

R. Qu'est-ce qu'elle avait de particulier ?

D. L'avant et l'arrière…

R. Pardon ?

D. J'ai ressenti très rapidement le contraste. Lui, contrairement à elle, était debout, libre de ses mouvements, mais son dos était appuyé contre une paroi. Et il avait les bras grands ouverts, les mains agrippées au roc. Mais… c'était très étrange.

R. Quoi donc ?

D. Devant, c'était le vide. Le vide complet. En fait, Weulf n'était pas du tout présent de la même manière que Michaela. Elle, elle criait sa terreur, les images jaillissaient en elle et je n'avais qu'à noter ce qu'elle disait. Comme si j'avais eu un accès direct à son monologue intérieur. Mais lui, non, pas du tout. Il ne parlait pas. Il y avait seulement eu son hurlement de départ, mais après ne venait que cette sensation physique de se retenir, de dos, à une paroi. Avec rien que le vide, devant. Il a fallu que je commence par décrypter cette sensation physique, fil à fil, pour avoir accès à une véritable parole de sa part.

R. Qu'est-ce que ça a été ? Je veux dire : le début de sa parole à lui ?

D. Sa rupture avec Greta, la jeune femme qu'il vient d'abandonner dans le hall de leur hôtel. Aussitôt que le souvenir de Greta a surgi dans son esprit, et que Weulf s'est mis à réagir, à lui expliquer qu'il partait, qu'il ne pouvait plus rien pour elle, son texte s'est mis à couler tout seul. Mais avant, tout ce qui a précédé, il a fallu que je le syntonise, presque mot à mot, syllabe par syllabe même, et ça a été un travail complètement différent de celui que je venais tout juste de faire pour Michaela.

R. Vous n'aviez que la sensation de son dos et de ses mains contre la paroi ?

D. Oui. Plus le vide, devant. Et ça aussi, c'était vraiment extrêmement bizarre.

R. Quoi ?

D. Ce vide.

R. Pourquoi est-ce que c'était bizarre ?

D. Parce que j'ai terriblement le vertige. C'est une sensation atroce. Tandis que là, en écrivant les premiers passages de Weulf, en décrivant ce qu'il ressentait à travers le langage qui se présentait comme le sien, je sentais le gouffre devant lui… mais je ne ressentais absolument pas de vertige.

R. Attendez, attendez. Vous voulez dire que si vous aviez plutôt été en train d'écrire… une lettre à un de vos amis, par exemple, et que dans cette lettre vous aviez tenté de vous évoquer dans une posture comme celle où se trouvait Weulf…

D. Je pense que j'en aurais été totalement incapable. Écoutez, je lis un roman ou je regarde un film dans lesquels un personnage marche au bord d'une corniche de troisième étage, et je viens les genoux mous comme de la guenille.

R. Alors que cette fois-là, en écrivant Weulf, rien ?

D. Rien du tout. Ce n'est absolument pas parce qu'il souffre de vertige que Weulf est appuyé à la paroi comme il l'est, mais uniquement pour maintenir son équilibre : la corniche de la falaise sur laquelle il se tient est tellement étroite que le bout de ses chaussures dépasse au-dessus du vide… Yirk !

R. Donc, en partant du cri de Michaela, vous avez trouvé sa peur à elle, puis la langue qu'elle parle, et elle s'est mise à discourir d'elle-même. Tandis que dans le cas de Weulf, c'est sa manière de se tenir devant le vide, le dos collé à la paroi, qui vous a guidé, qui vous a permis de le… de le syntoniser, comme vous dites, et c'est seulement une fois que vous avez eu… quoi… déduit ?

D. Oui, tout à fait : déduit… en tâtonnant…

R. C'est seulement quand vous avez eu déduit et exprimé à sa place sa sensation physique qu'il s'est mis à parler de son propre chef ?

D. Tout à fait.

R. Ouf. Ensuite ?

D. Il a fini par se taire. Comme Michaela avant lui : je savais qu'il avait encore des tas de choses à dire, mais pas tout de suite.

R. Et là, vous avez recommencé à attendre ?

D. Non, pas vraiment. Parce que cette fois-ci je commençais à disposer d'éléments qui me permettaient de tenter de… de trianguler. Je devais les étudier, tous ces éléments, les décortiquer.

R. Lesquels, éléments ?

D. Eh bien d'abord, la simultanéité. Michaela et Weulf semblaient indéniablement parler en même temps. Michaela, dans la position où elle se trouvait, ne pouvait pas voir Weulf. Et en dehors des hurlements initiaux, ils ne s'entendaient pas non plus l'un l'autre, bien entendu, puisque ce qu'ils disent constitue deux monologues intérieurs. Mais il sautait aux yeux que ces monologues-là se déroulent précisément au même instant.

R. Qu'est-ce que ça vous apprenait ?

D. Eh bien, ça m'a pris un bout de temps pour le trouver, mais tout à coup ça a été clair comme de l'eau de roche : il fallait les imbriquer l'un dans l'autre, leurs monologues, bien sûr.

R. Vous voulez dire : les découper et en alterner les morceaux ?

D. Oui.

R. Et après ?

D. Eh bien après, je me suis remis à relire, encore et encore. Sans chercher. À… à malaxer.

R. Et… ?

D. Quand j'ai eu trouvé l'équilibre entre eux, j'ai senti la pression intérieure augmenter encore, passer en vitesse supérieure. Je me suis mis à sentir… autre chose.

R. Quoi ?

D. Je n'en avais pas la moindre idée. Aucune. Pourtant, je sentais de plus en plus clairement qu'il y avait encore quelqu'un d'autre. Autre chose, de totalement différent. Une présence… flottait. Mais très, très légèrement.

R. Attendez. Dans ce que vous aviez déjà écrit pour Michaela et pour Weulf, il y avait déjà la présence du monstre qui s'approche, non ?

D. Oui, bien sûr. Michaela, ficelée aux rails, le voit s'approcher d'elle dès le premier instant de la pièce. Elle est absolument certaine que ce monstre-là va l'égorger et la réduire en bouillie d'ici quelques secondes, elle qui, chanteuse d'opéra, s'est préparée toute sa vie à mourir de deux cents manières, mais nécessairement devant au moins trois mille personnes par soir. Pas toute seule, en plein désert ! Weulf, de son côté, coincé sur sa corniche en surplomb de la scène, voit Michaela en danger, voit le monstre marcher vers elle… et ne peut strictement rien faire pour l'aider, lui pour qui la vie se résume à une seule chose : sauver les jeunes femmes en péril… pour les abandonner ensuite, quand il ne peut plus rien pour elles.
D'ailleurs, soit dit en passant : je viens juste de dire que Michaela sait qu'elle va mourir d'ici quelques secondes, et ça aussi, j'étais conscient de l'importance de ce que ça impliquait.

R. Quoi donc ?

D. Qu'en réalité, les deux monologues intercalés l'un dans l'autre se passent en un instant. Le temps d'un battement des paupières. Ça aussi, je savais que c'était essentiel pour la suite. J'en ai eu la preuve plus tard.

R. D'accord, mais revenons à cette présence que vous ressentiez. Vous saviez qu'il y avait un monstre, juste là, et vous ne vous êtes pas dit que cette troisième présence, ça devait bien être lui ?

D. Absolument pas. Ou plutôt… Oui, en fait, oui, l'idée m'en a bien traversé l'esprit à toute vitesse, mais je l'ai aussitôt écartée.

R. Pourquoi donc ?

D. Pour deux raisons. D'abord parce que cette possibilité s'était déjà présentée au moment où Weulf avait commencé à apparaître, et qu'elle s'était révélée inexacte. Et ensuite parce que… ça ne ressemblait pas.

R. À quoi ?

D. À la présence ténue que je sentais rôder par là.

R. Cette présence ténue ne vous semblait pas pouvoir être celle du monstre que Michaela et Weulf viennent de voir surgir ?

D. C'est ça. En fait, j'ai commis une erreur, là. Qui s'est corrigée d'elle-même très rapidement, mais une erreur quand même. Je crois qu'elle est révélatrice. Je vous en dis deux mots ?

R. Bien sûr.

D. C'était une erreur tout ce qu'il y a de plus classique. Voyez-vous, je me suis dit, automatiquement : « Michaela et Weulf parlent d'un monstre hideux et à l'air extrêmement menaçant… c'est donc ça qu'il doit être. »

R. Et ce n'était pas le cas ?

D. Pas du tout. Je venais de tomber dans le piège de l'évidence, rien d'autre. Le monstre est en fait aux antipodes de ce que Michaela et Weulf décrivent – nous allons y venir dans un instant. Mon erreur a été de négliger, dans l'excitation du moment, une chose que je savais pourtant déjà sur le bout de mes doigts : que quand un personnage parle, quand il décrit ce qu'il voit, c'est lui, et lui seul, qui le voit ainsi. Surtout quand il est dans une position aussi chargée que celle dans laquelle se retrouvent Michaela et Weulf et que ce qu'ils décrivent constitue une menace aussi immédiate.

En fait, ils ne parlent pas de lui, mais de l'effet que lui provoque en eux

R. Ce que vous m'avez répété plusieurs fois, quoi : « Le personnage, c'est un regard » ?

D. Eh oui. Et j'ai vraiment été extrêmement chanceux. Cette erreur-là aurait pu mener droit à la catastrophe, elle aurait pu verrouiller toutes les portes.

R. Qu'est-ce que vous avez fait ?

D. Rien du tout, encore une fois. J'ai relu et relu encore. J'ai laissé danser les images. Je me suis laissé envahir par l'urgence terrible qui habite Weulf et Michaela. Je me souviens que l'attente a duré un long moment. Des jours et des jours.

R. Alors que jusque-là, les choses s'étaient passées assez rondement ?

D. Oui. Je sentais que ça vivait, là, que ça grouillait, que ça se débattait, juste derrière le rideau, mais je n'avais strictement aucune prise, aucun point d'appui, rien. J'ai encore relu, et encore, et encore. J'ai tenté de décortiquer chaque mot, chaque image, chaque combinaison et chaque écho – même le plus fugace – de ce que j'avais déjà écrit…

R. Et… ?

D. Ce qui… vivait là, en moi, semblait me répondre : « C'est bien, c'est bien, ces décorticages-là vont te servir, plus tard, pour la suite. Mais pas maintenant. Ce n'est pas comme ça du tout que tu vas trouver qui est ce troisième qui rôde. » Ça a été un passage à la fois palpitant et terriblement angoissant. Je sentais le sol qui bougeait, en moi, sous la pression. Je ressentais continuellement cette extraordinaire vitalité, qui cherchait la porte. Et je ne la trouvais pas. Il a fallu que j'aille jusqu'au bout de toutes mes tentatives, de toutes mes tentations, pour enfin me rendre compte que c'était inutile. Que j'essayais encore trop. Qu'il fallait que je fasse taire mes attentes encore plus radicalement. Que j'éteigne tout. Tout !

R. Vous y êtes parvenu ?

D. Oui. Je me souviens. Il y a eu un moment vraiment très étrange. Il n'y avait plus aucune pensée formulée, en moi. Rien qu'une immense étendue vide, noire. La nuit sur le désert. Et le vent, chaud, qui soufflait doucement. Tout ce que je laissais advenir, en moi, c'était le vol plané de toutes les images, comme des feuilles mortes, et certaines des émotions de Weulf et de Michaela, mais sans mots. Je les sentais voleter dans le vent, tourbillonner au-dessus du précipice d'où elles avaient jailli.

R. Et puis… ?

D. Et puis, mais de tellement loin, mais tellement bas… il y a eu. Je me souviens, j'étais assis à mon pupitre, les bras croisés sur lui, la tête penchée en avant, les yeux fermés, je devais avoir l'air de prier. Et j'étais vide, totalement vide, des heures et des heures durant, sauf pour des échos des deux cris, qui flottaient doucement. Et puis il y a eu, venant des profondeurs les plus incroyables, une voix. La voix de… d'un adolescent. Tout doux. Qui chantonne. Qui chantonne tout bas. En marchant. « Pom… pom… pom, popom… » J'en ai instantanément rouvert les yeux, de stupeur. Il y avait, sous ce calme-là, sous cette… sous ce détachement apparent, il y avait… un volcan ! Un volcan sur le point de faire explosion. J'ai refermé les yeux. Repenché la tête. Refait le vide. Et la voix a recommencé, immédiatement : « Pom… pom… pom, popom… » Et encore : « Pom… pom… pom, popom… » De fois en fois, la voix se rapprochait, tout doucement. Toujours aussi relax, détachée. Mais en dessous… une bombe, un torrent de lave. Je l'ai sentie… Ah, comment décrire ça ? Je l'ai sentie se focaliser, prendre chair. Un pas après l'autre. « Pom… pom… pom, popom… » Et encore : « Pom… pom… pom, popom… », sauf ! Sauf que, cette fois-ci, j'ai senti que la suite… qu'il *y avait* une suite ! Que la voix arrivait près de moi. Le « popom » final est resté suspendu, ouvert. J'ai attendu, tourné vers les profondeurs. Et là ! à mon ébahissement total, au lieu du hurlement auquel je m'attendais sans doute, il y a eu un long soupir puis, tout bas, tout doucement : « Fa chôôôôô… »

Et ça a été. Bon Dieu, je suis totalement incapable de rendre compte de ça. J'ai. Je me suis mis à pleurer. Les larmes de bouleversement ont jailli à torrents. Mais sans douleur. J'ai vu… je… je voyais… directement… à… à livre ouvert… que la lave, au fond du volcan, que la lave, dans ses tunnels montant du centre de la terre, approchait, approchait à toute allure, qu'elle allait jaillir. J'ai tout juste eu le temps de noter ce que je venais d'entendre : « Pom… pom… pom, popom… Ouf. Fait chaud… » et la même voix d'adolescent s'est mise à hurler, à pleins poumons ! Dans un état de rage, de colère, de révolte, de déchirement absolument époustouflant : « Ben quins ! Si tu veux l' savoir, le numéro atomique du plutonium… étudie ! » Et ça a continué. Toute la… la douleur de ce jeune gars-là, contenue, harnachée, qui rompait les digues, tout à coup. Dans mon esprit, les choses se sont mises à se passer à une vitesse complètement folle. J'ai su que oui, que c'était lui, le monstre. Et que, non, il n'avait pas, lui, un accent de *cartoon* comme ceux de Michaela et de Weulf. Pas à mes oreilles à moi, en tout cas. Et que ce qui faisait de lui un monstre aux yeux des deux autres, c'était cette épouvantable colère rentrée. Sa souffrance. Son extraordinaire concentration. Il a continué à crier. À engueuler en esprit tous ses camarades de classe. Et j'ai compris que oui, oui, oui, que c'était lui, le monstre, mais… qu'il n'avait pas vu Michaela ! Parce qu'il est myope et qu'il a enlevé ses lunettes. Il est tout seul. Il marche sur la voie de chemin de fer, parce qu'il s'en va à son école et qu'il préfère marcher tout seul au milieu de rien du tout plutôt que prendre l'autobus scolaire à bord duquel il va se faire écœurer par ses camarades à longueur de trajet.

R. Il n'a pas vu Michaela ?

D. Bien trop myope pour ça. Ce qui le fait instantanément réagir, en revanche, ce qui le fait immédiatement bondir, c'est le cri de terreur qu'elle lance en le voyant s'approcher d'elle. Et celui de Weulf, aussi, venant d'un peu plus loin. Même en plein désert, Flip ne parvient pas à avoir la paix. Même en plein désert, il se fait crier des bêtises par la tête.

R. …

D. Ensuite, eh bien, les choses ont déboulé à toute vitesse. Je me suis rendu jusqu'au bout du monologue de Flip. Et j'ai repris mon décorticage. C'est allé à toute vapeur. En fait, non, attendez : je dis que je me suis rendu au bout de son monologue à lui, mais ce n'est pas tout à fait exact. Ce que Flip raconte n'est pas apparu d'un seul tenant, comme dans les cas de Michaela puis de Weulf. Lui, il s'est *inséré* entre les répliques des deux autres. Un peu comme si Michaela et Weulf lui avaient balisé le terrain. Pour l'essentiel, Flip n'a eu qu'à se glisser entre les morceaux déjà répartis. Et c'est d'ailleurs là que m'est apparue une autre caractéristique très forte de ce que j'étais en train d'écrire : le rythme. Non seulement les trois accents, extrêmement différenciés, imposaient des tempos très marqués à chacun des trois personnages, mais la manière qu'ils avaient de se répondre sans se parler donnait elle aussi un rythme extrêmement fort. Tellement fort, même, que j'ai bien cru un moment qu'il allait me falloir inventer une manière d'écrire la pièce comme sur une partition. Et ça, ça impliquait immédiatement autre chose encore.

R. Allez-y.

D. Le tissu qui se créait en moi à partir de ces trois pôles-là était tellement cohérent, tellement vivant, recelait une telle vitalité, que j'ai réellement eu l'impression que cette histoire avait préexisté au hurlement initial de Michaela, dans le bar. La complexité des rythmes était telle que je savais parfaitement que jamais je n'aurais pu consciemment en forger de tels. Il *fallait* qu'ils aient préexisté – qu'ils aient leur existence propre. Ce n'était pas *moi* qui écrivais, c'était *ça* qui se disait. C'est un sentiment impossible à décrire. Voyez-vous, j'ai vu tout à coup que ces trois monologues initiaux, qui en réalité durent à peine un instant, constituaient une rampe de lancement : la présentation des enjeux qui animent chacun des trois personnages. L'énoncé initial de leurs douleurs, de leurs vertiges. Mais j'ai vu aussi, ensuite, qu'ils allaient apprendre les uns des autres. Même sans s'être jamais adressé la parole. Qu'ils allaient se transformer les uns les autres du tout au tout. Tout à coup, la situation m'est apparue : trois êtres entièrement différents, isolés au milieu de nulle part, dont chacun est d'une manière ou d'une autre la négation des autres… et qui hurlent, et qui brûlent, et qui se débattent. Et qui, soudain, débouchent dans un grand vide. Dans un calme immense. Et là… Là !

R. Là… ?

D. Soudain, ce n'a plus été moi qui ai entendu autre chose qui approchait. Mais eux. Ce sont eux trois qui ont commencé à ressentir une autre pression que celle qui habitait chacun d'entre eux depuis le tout début. Parce que juste à l'extérieur du désert, quelque chose est en train de se mettre en branle. Qui va y faire irruption. Face à quoi tous les trois vont se retrouver… en danger de mort imminente. La guerre.

R. Les deux trains militaires qui foncent l'un vers l'autre ?

D. La folie destructrice. La soif de puissance. Pour qui la vie humaine est soit un détail insignifiant, soit une nuisance. Ça a été un voyage… extraordinaire, bouleversant de fond en comble. Ces trois personnages-là m'ont appris tellement de choses. Sur la tendresse. La beauté. Le sacré. Et puis un beau jour, au beau milieu d'une phrase que je suis en train d'écrire, il y a… un bloc qui surgit de nulle part, tout à coup. Un conte. Dès ses premiers mots, je sais que, lui aussi, il fait partie de la pièce.

R. *Le totem* ?

D. Oui. « La légende parle par la bouche des Sorciers. » Et quelques jours plus tard, coup sur coup, il y a *Kyoto*, puis *Ahmed*. D'abord le petit garçon qui se dit : « Bon, eh bien moi, j'en ai assez d'attendre la permission des Sorciers. Les autres, qu'ils fassent ce qu'ils veulent, moi c'est ce matin que je monte jaser avec les Anciens. » Ensuite, le jeune moine qui n'est pas ce que les autres, même les Bons, voudraient qu'il soit pour pouvoir se servir de lui. Et finalement la femme qui meurt en se disant que ce n'est pas à Dieu qu'elle a envie de consacrer les dernières pensées de sa vie, mais à ce qu'elle a vécu de plus beau… au plus bel être qu'elle ait connu.

R. Comment est-ce que vous faites pour savoir qu'ils ne sont pas autonomes, les trois contes ? Qu'ils sont destinés à faire partie de la pièce ?

D. Oh, je n'y pense pas du tout dans ces termes-là. Je n'oppose pas leur autonomie d'un côté et de l'autre leur inclusion dans *Les Bédouins*, simplement, leur… couleur est impossible à manquer.

R. Qu'est-ce qu'elle est ?

D. L'individualité. Tous : le moine, le garçon au totem, la vieille femme qui meurt, comme Michaela, Weulf et Flip, tous, mais chacun sur le chemin qui lui est propre, possèdent une chose en commun, impossible à rater.

R. La quête de l'individualité ?

D. Oui. Chacun, pour une raison essentielle qui lui appartient en propre, est obligé de prendre la décision de vivre sa vie plutôt que de continuer d'accepter de vivre celle qu'on lui a dit devoir vivre. Chacun, chacune se rend compte, d'une manière ou d'une autre, être porteur de… de quelque chose d'essentiel. « Porteur » et, donc, « responsable ».

R. La beauté de l'escalade du totem, le souvenir de la présence d'Ahmed, la lune dans la rivière ?

D. Et puis… la conscience de ce que la mort ne peut pas n'être qu'un spectacle, pour Michaela. Le fait que vouloir sauver les autres nous rend dépendants de leur souffrance, chez Weulf. La prise de conscience de ce que les déserts ne sont pas vides, que nous transportons en nous les autres et leur complexité, où que nous allions, chez Flip. Il y a même un personnage d'une tout autre nature qui en passe par là, lui aussi. Pendant qu'au milieu du désert les trois se débattent avec leurs contradictions, leurs rêves et leur douleur, la grande opération militaire « Goliath et Goliath » se met en branle : deux énormes trains prennent leur départ et foncent l'un vers l'autre pour se rentrer dedans. L'un des deux est escorté par une flopée d'hélicoptères…

R. La Patrouille South Belvedere…

D. Oui. Les gars qui appartiennent à cette formation-là n'ont pas de nom, rien qu'un numéro matricule : « Patrol South Belvedere minus One », « Two », « Three » et ainsi de suite. Ils accompagnent un des deux trains en chantant ses louanges, mais ils ont aussi pour fonction de vérifier que la voie est libre devant lui. À un moment, un des pilotes se rend compte qu'il y a quelque chose sur la voie…

R. Michaela et Flip…

D. Sans doute. Il veut arrêter le convoi, interrompre l'opération, mais c'est trop tard. Les trains sont lancés à trop grande vitesse, ils sont trop lourds, trop forts, trop enivrés de leur propre colossale puissance, ils ne sont plus arrêtables. Le gars insiste : il *faut* absolument faire quelque chose ! Aussitôt, excédé, son officier lui demande son nom…

R. Ken Breswick…

D. C'est ça : Breswick. Pour compléter son identification, Breswick commence même à décliner son numéro d'appel, comme il se doit, mais l'officier lui coupe la parole et lui ordonne de sortir du rang : il est exclu. Et le galonné le lui ordonne en l'appelant par son nom, pas par son matricule.

R. Breswick ne fait plus partie de la gang ? Le fait d'avoir posé un acte qui le fait ressortir de la masse lui a redonné son individualité ?

D. Oui. C'est un tout petit détail dans l'histoire, mais pour moi il a toujours été capital. Surtout dans la version pleine distribution de la pièce. Nous avons le choix : écouter dehors ou écouter dedans. Obéir aveuglément à ce qu'on nous dit que nous sommes, ou chercher en nous.

R. Mais… on ne peut pas écouter *seulement* en nous ?

D. Mais non, bien sûr que non. Mais il n'en reste pas moins que la seule manière de sortir du rang, c'est d'en sortir. Il faut qu'il y ait rupture, transgression. Une fois le geste posé, il y a d'abord un moment où il n'existe plus aucun autre endroit où être qu'à l'intérieur de soi. Plus tard, l'ouverture redeviendra possible, après qu'on se sera exploré. Mais il faut d'abord avoir pris le risque de se perdre. « En face », tout au contraire, chez les « intégrés », la négation de l'intérieur est radicale, absolue. Et la plupart du temps définitive. Pas *toujours, la plupart du temps*. C'est bien pour ça que la rupture doit être nette. On ne peut pas rester *dehors*, rester dans le regard des autres, et s'imaginer qu'on pourra écouter *juste un peu* ce qu'on est au plus profond de soi. Tôt ou tard, on se fait ordonner de cesser de jouer à « ces petits jeux-là », sous peine d'être catégoriquement exclu du groupe.

R. Et rester dans le groupe au prix de cesser d'écouter en soi, c'est… la momification ?

D. …

R. C'est ça ?

D. Oui.

R. Donc, vous saviez tout ça en 1979 ? À… quoi ? Vingt-quatre ans ?

D. Je dirais plutôt que « ça » se savait en moi. C'était là, mais sans forme. Il a fallu que j'écrive la pièce, pour commencer à savoir que je le savais. Que je le portais.

R. Que vous en étiez porteur ?

D. Oui.

R. Et, donc, responsable ?

D. …

R. Comment est-ce que ça s'est passé ?

D. C'est sorti tout seul. Vraiment, comme si tout ça avait été écrit d'avance.

R. Oui, oui, je veux bien, mais pour parvenir à le laisser sortir, il fallait quand même avoir la discipline. Je veux dire : avoir fait vos gammes, encore et encore ?

D. Oh oui, absolument.

R. Si vous n'aviez pas eu ces outils-là à votre disposition, qu'est-ce qui se serait passé ?

D. Euh. Aucune espèce d'idée. Il me semble, en fait, que c'est une question qui n'a pas de sens.

R. Ah non ? Pourquoi pas ?

D. Parce que… Oui, voilà. Parce que je pense que… que si je n'avais pas disposé d'une connaissance suffisante de l'imaginaire et de son fonctionnement, ni disposé non plus des outils qui viennent avec cette connaissance-là, toutes choses que j'ai acquises, tant bien que mal, au contact du magicien Alain Knapp, eh bien… le surgissement initial n'aurait tout simplement pas pu avoir lieu.

R. Vous voulez dire : le hurlement de Michaela, dans le bar ?

D. Oui.

R. Qu'est-ce qui serait arrivé, à la place ?

D. Peut-être bien que cette force-là aurait tout de même tenté de s'exprimer, de chercher une forme ? J'imagine que j'aurais ressenti un épouvantable malaise, mais je pense que je n'aurais même pas eu l'oreille suffisamment exercée pour entendre le cri. La force serait restée confuse.

R. Épouvantablement forte… et pourtant confuse ?

D. Oui. Ce qui fait que j'aurais sans doute complètement pété les plombs.

R. Vous l'auriez « pris personnel » ?

D. Sans doute. Encore que. Il y a peut-être une autre possibilité.

R. Laquelle ?

D. Attendez, j'essaie de la formuler. Tenez, voilà. La force aurait pu se… C'est fou, la seule expression qui me vienne, elle me vient en anglais : *tuned down*.

R. « Réduire » ?

D. Non, non, pas « réduire ». Plutôt : « s'adapter à la baisse ». Oui, c'est ça, je crois. La force aurait pu s'adapter à la baisse. « Se diluer » ! Voilà : « se diluer ».

R. La force de ce qui voulait se dire se serait diluée en vous jusqu'à être au diapason des moyens dont vous disposiez pour l'exprimer ?

D. Quelque chose comme ça, oui.

R. Et qu'est-ce qu'elle aurait pu avoir comme conséquences, cette dilution ?

D. Au lieu d'écrire une pièce, peut-être qu'il m'en aurait fallu cinq, six ou douze pour arriver au même point ? Peut-être même davantage ? Six ou douze pièces, et dix ou douze ans ? Sans doute plus. Et encore, ç'aurait été, bien sûr, encore une fois à la condition que je ne pète pas tous les plombs en chemin. Mais, je. Non. Même. Non, franchement, je crois que sans les outils et sans, surtout, les concepts qui rendent ces outils-là opérants, il ne serait rien arrivé du tout. En termes d'écriture, s'entend. Peut-être que j'aurais emprunté un chemin totalement différent, qui sait ? Un chemin qu'aujourd'hui il m'est même impossible de commencer d'imaginer ? Je ne sais pas, pas du tout.

R. Vous venez de dire « sans les outils, *et sans, surtout, les concepts qui les rendent opérants* »…

D. Oui.

R. J'en déduis que pour vous le regard sur le monde dont procèdent ces outils-là, ces exercices, est encore plus important que les outils eux-mêmes ?

D. Oh, mais sans l'ombre du moindre doute, voyons. Ces outils-là, les exercices de décorticage dont nous avons parlé, par exemple, constituent des émanations d'une culture, d'une représentation du monde. Eux, les outils, sont remplaçables. Mais pas le regard dont ils sont issus. C'est lui qui est au cœur. Qui *est* le cœur. Je vous l'ai dit : que ce soit dans la conception que je me fais de mon art ou dans la mise en pratique des conséquences concrètes de cette conception-là, c'est de philosophie qu'il s'agit d'abord et avant tout, ici. De philosophie, et de responsabilité. C'est pour ça que, comme je vous l'ai dit lors des *Entretiens*, à partir du moment où j'acceptais d'emprunter cette voie, je ne pouvais sans doute pas me retrouver ailleurs qu'en rupture de ban avec ma société.

R. « Pour ça » ? Pour quoi ?

D. Parce que, arrangez ça comme vous voudrez, le nationalisme met l'accent sur le groupe, pas sur l'individu. Et encore bien moins sur la responsabilité intime. À moins que ce ne soit une responsabilité de fusion, bien entendu. De ce fait, le nationalisme est, en son cœur même, la négation de ce qui à mes yeux est le plus important au monde.

R. La conscience ?

D. …

R. Donc, vous êtes en guerre contre votre propre société ?

D. Jamais de la vie ! Je me contente de constater que je n'ai pas de place en son sein, c'est tout. Ou, plus précisément, que ce qui me paraît essentiel n'en a pas. Je ne peux que continuer à accomplir ma tâche, en essayant, croyez-le si vous le pouvez, d'être le moins irritant possible pour mon entourage. Mais ce n'est pas moi qui lui demande de changer, à la société, c'est elle qui me dit à moi que je suis une maladie mentale sur pattes. Tous les jours. De mille manières. Ça, et rien que ça. Il y a quand même une différence !

R. Attendez ! Comme dans *Les Bédouins*, donc ?

D. Mais oui, mais bien évidemment, voyons ! Michaela et Flip sont sur les rails, d'accord, mais ils n'y sont absolument pas parce qu'ils voudraient arrêter les trains. Ce sont les trains, qui sont prêts à les écraser, pas l'inverse !

R. Et vous saviez ça en écrivant la pièce ?

D. Non. Pas sous cette forme-là, pas clairement comme ça, en tout cas.

R. Expliquez.

D. Nous en avons parlé au tout début de ce livre, quand je vous ai rapidement présenté *Kyoto* : ce qui surgissait là de moi faisait écho à mille pensées qui m'avaient déjà traversé le crâne. La révolution iranienne. La guerre froide. Le nationalisme aussi – mais il n'était qu'une facette parmi des dizaines d'autres. Le fait de continuellement voir et entendre des gens se faire imposer de l'extérieur d'être ceci ou cela. Ce n'était pas *moi* qui cherchais à s'exprimer, mais *ça* : un désir, une pulsion de liberté, de vie, qui cherchait sa forme. Une pulsion de révolte, aussi, extraordinairement profonde.

R. « Sacrez-nous la paix ! » ?

D. Oui ! Nous en avons très rapidement parlé, de ça aussi : quand on écrit, il y a deux niveaux de… de cohérence qui entrent en action presque simultanément. En alternance extrêmement rapide. Au moment de l'écriture elle-même, il y a une cohérence interne, perçue de l'intérieur. Elle est extrêmement importante et extrêmement exigeante à suivre.

R. Être sur la plage et appeler les « ping ! » ?

D. Oui.

R. Et… ?

D. Et on ne peut pas être en train de se regarder faire, ni supputer l'effet que provoquera ce qu'on écrit. On suit le courant, on surfe.

R. Comme vous avez surfé sur et avec Michaela, Weulf et Flip ? Sur et avec ce qui les anime ? Et *en* ce qui les anime ?

D. Rien d'autre n'importe. Il faut apprendre à se laisser aller sans être passif, comme on surfe, oui : on ne contrôle pas la vague, mais on ne s'abandonne pas non plus entièrement à elle. C'est un constant aller-retour entre les deux, à toute vitesse. Et, en même temps, ce n'est pas seulement l'un ou l'autre, mais tout autant la tension entre les deux. Ou comme en aïkido : on utilise la force de l'autre, et on la… la redéploie. On ressent l'autre, mais on reste soi : on passe de lui à soi, là aussi à toute allure, et en même temps on est tout autant dans la tension *entre* l'autre et soi. Ça ne peut pas se faire en *voulant* produire un effet, ni en se regardant faire. Eh bien, le moment de l'écriture ressemble beaucoup à ça : on s'abandonne à la vague sans cesser d'être en contrôle. On s'abandonne à l'autre sans cesser d'être soi. Pourtant, au même moment, on sait qu'une fois qu'on ressortira de l'écriture, à l'autre bout du voyage, il y aura… un objet. Et que cet objet ne parlera pas d'objets, mais des regards qui se seront imposés au cours de l'écriture.

R. Donc, ce qu'on a écrit *de l'intérieur* sera perçu par les autres *de l'extérieur* ? Et c'est ça, l'alternance : on plonge, on refait surface, on compare, on replonge, et ainsi de suite ?

D. Oui. La culture en commun, la culture collective, est donc cruciale.

R. Parce que si l'intelligence passive n'y a pas d'existence reconnue, tout ce dont on parle ne peut qu'avoir l'air d'un délire ?

D. De quoi d'autre ?

R. Il faut que vous ayez le sentiment, aux moments où vous faites surface pour comparer le dedans et le dehors, que ce que vous êtes en train de raconter sera *recevable*, audible dans la culture où vous vous trouvez ?

D. Évidemment, voyons. Autrement, on se tait ! Recevable et audible, mais surtout recevable et audible *pour ce que c'est*.

R. Mais vous aviez un problème, donc ?

D. Et pas qu'un petit !

R. Vous saviez déjà, avant même de commencer à écrire *Les Bédouins*, que votre culture personnelle à vous, que ce qu'il y a de plus important dans la vie à vos yeux, vous plaçait en porte-à-faux par rapport à ce qui a cours dans votre société ?

D. Oui. C'est même cette conscience-là qui a fait irruption dans la pièce.

R. C'était ça qui cherchait à s'exprimer ?

D. Oui. Ça, et bien d'autres choses encore… que je n'aurais jamais pu exprimer autrement que comme je l'ai fait dans la pièce. Tout simplement parce que ces choses-là n'ont purement et simplement aucune représentation dans notre culture. Ils n'en avaient donc pas pour moi non plus. Il *fallait* que je l'invente. Tant bien que mal.

R. Donc, au moment même où vous écriviez, vous saviez déjà qu'aussitôt que vous auriez fini, les gens allaient vous regarder avec des grands yeux en se demandant : « Mais qu'est-cé ça ! » ?

D. Nécessairement. Mais je n'avais pas le choix. Si je n'acceptais pas de plonger quand même au mieux de mes capacités, si je n'affrontais pas ce qui s'imposait à ma conscience, il allait falloir que je ferme toutes les fenêtres et barricade toutes les portes à l'intérieur de mon esprit. Que je renonce pour toujours à fréquenter la plage aux « ping ! ». Que j'accepte de me taire et de rentrer dans le rang, chanter des chansons à répondre.

R. Et c'est ce qui est arrivé ? Je veux dire : la réaction des gens ?

D. Absolument. Pas dans tous les cas, mais bien peu s'en faut. Je parle de l'époque de l'écriture, pas de celle de la création, quelques années plus tard. Au moment de l'écriture, si je me fie à ce qu'ils m'en disaient, beaucoup de gens, même parmi ceux qui n'avaient pas l'air de péter des *free games* en m'écoutant ou en me lisant, c'était en général uniquement parce que j'étais « tellement bizaaaarre… » et « tellement môdeeeerne » qu'ils ne me passaient pas par la fenêtre.

R. Donc. Attendez voir, si j'essaie de mettre ça en ordre… Écrire se fait en passant sans cesse d'un niveau de cohérence à l'autre : celle de l'intérieur et celle de l'extérieur – plonger dans les regards qui surgissent en vous, puis émerger en un éclair et « entendre » l'écho de ce qu'on est en train d'écrire dans la culture environnante ? C'est ça ?

D. Tout à fait. Mais bien entendu, le niveau déterminant, c'est celui de ce qui cherche à s'exprimer. En ce qui concerne le second, eh bien… on fait de son mieux, c'est tout. On ne peut rien de plus.

R. Parce que s'il y avait conflit entre les deux, et si c'était la cohérence extérieure qui prenait le dessus…

D. … elle chercherait nécessairement à supplanter votre propre voix à l'intérieur de vous-même.

R. Jusqu'à l'étouffer ?

D. Ça s'est déjà vu. Et pas qu'une fois.

R. Et c'est pour ça que tout à coup la réaction du journaliste, un dimanche midi d'été, puis celle du *Pusher*, quelque temps après, ont été aussi cruciales ?

D. …

*

La terreur

R. Vous avez insisté, aussitôt que nous avons abordé les départs par surgissement, sur la peur que ces événements-là peuvent susciter. Vous avez même précisé qu'on pouvait avoir le sentiment qu'on pourrait être balayé.

D. Oh, tout à fait. Et même tué.

R. Qu'est-ce qui la provoque, cette peur ? Le fait d'entendre une voix, comme celle de Michaela dans le bar, par exemple ?

D. Ça, ce n'en est qu'une toute petite partie. Ma surprise en entendant le hurlement initial de Michaela, ce n'était encore rien comparé à ce qui m'attendait.

R. Quoi donc ? La peur du rejet ?

D. Vous voulez dire : celle d'être incompréhensible ?

R. Par exemple.

D. Non, pas du tout.
R. Ça ne vous faisait pas peur ?
D. Je ne crois pas. Ça me mettait en colère – et pas seulement contre mon environnement, d'ailleurs : au moins autant contre moi-même. Je m'enrageais moi-même de ne pas avoir davantage de talent. De ne pas parvenir à être encore plus clair. De ne pas trouver de manière pour déjouer les interdits.
R. Alors à quoi est-ce qu'elle était liée, la « vraie » peur ?
D. Elle est survenue un peu plus tard. Quand j'ai eu fini d'écrire le début de la pièce. Je vous l'ai dit, j'ai ressenti assez tôt que la mise en place des trois monologues simultanés constituait essentiellement une rampe de lancement.
R. Oui.
D. Eh bien, tout à coup, je me suis aperçu qu'elle était finie de construire, la rampe.
R. Et… ?
D. Je revois la scène comme si j'y étais. C'était un samedi après-midi. Et j'avais travaillé à la pièce des jours d'affilée. Je sentais que j'arrivais « quelque part », et je ne voulais pas m'arrêter avant d'y être parvenu.
R. Ce qui a fini par se produire ?
D. Oui. D'un coup sec. Tout à coup, j'ai écrit une réplique – il me semblait qu'une autre allait sûrement venir à sa suite, mais non : aussitôt qu'elle a été tracée, tout s'est arrêté. Le mouvement est resté suspendu. Un silence… opaque. Sensible. Tangible. J'ai immédiatement compris : j'étais debout juste à la frontière d'une nouvelle région. C'était une sensation extraordinaire.
R. Et… ?
D. Je me suis laissé tomber en elle. J'étais tout excité. Fou de joie. Mon esprit roulait à toute allure. Aussitôt, un nouveau déferlement s'est mis en branle. À la fois aussi fort que les trois voix intérieures *ensemble*, et plus encore. Il y avait là tout ce qui anime au plus profond d'eux-mêmes Michaela,

Weulf et Flip, et le moine, et la vieille femme, et le garçon au totem, et tout le terrain commun entre eux. C'était prodigieux. Et puis il y avait les trains, les hélicoptères : la folie destructrice. J'avais identifié et décortiqué tous les pôles, et là ça y était, les tensions s'animaient soudain. Je voyais où tout ça s'en allait. Et j'avais hâte, hâte ! Seulement, au bout de quelques heures, j'ai commencé à me sentir mal. Ça n'avait rien à voir avec l'écriture, c'était simplement qu'il y avait plus de vingt-quatre heures que je n'avais pas avalé une bouchée – il n'y avait plus rien à manger dans l'appartement. Alors je suis allé au bout de l'idée avec laquelle je me débattais à ce moment-là puis je me suis levé, je suis allé prendre une douche en vitesse, je me suis habillé et je me suis préparé à sortir. C'est là que ça a commencé à arriver.

R. …

D. Sur le coup, non seulement je n'ai pas compris ce qui m'arrivait, je ne me suis même pas rendu compte que quelque chose arrivait. J'étais habillé, prêt à sortir. Mais je ne sortais pas. Chaque fois que je voulais faire un pas vers la porte de l'appartement, il me venait l'idée de quelque chose à faire immédiatement. Noter de ne pas oublier de retourner son appel à Untel, par exemple. Ou faire le ménage de ma table de travail, pour qu'elle soit bien propre et accueillante à mon retour. Toutes sortes de détails insignifiants. Tant et si bien que j'ai fini par faire : « Bon, là, ça suffit ! Allez ouste, dehors ! », que je me suis enfin mis en marche vers la sortie, mais là !… immédiatement, simultanément, deux choses se sont produites. D'abord, je me suis rendu compte qu'en faisant le ménage de ma table, j'avais refermé mon manuscrit, puis que je l'avais posé sur une chaise et que finalement j'avais déplacé la chaise, une fois, deux fois, trois fois… tant et si bien que le texte se retrouvait maintenant juste à côté de la porte, *entre* la porte et moi. Et que du coup, le texte… me bloquait le chemin !

R. Vous voulez dire que la chaise sur laquelle il était posé était au milieu de la place ?

D. Non, non, pas du tout. Elle était placée le long du mur, bien sagement. Seulement, posé sur elle, le texte *faisait un mur*. Un mur surgissait du manuscrit et rugissait : « Non ! Tu ne sors pas ! »

R. Sans blague ?

D. Un mur physique. Réel. Mille fois plus concret encore que le hurlement initial de Michaela. Et ce mur-là, il était composé des énergies combinées de Flip, de Weulf et de Michaela, qui refusaient mordicus, désespérément, que je quitte l'appartement, que je les abandonne. Il n'y avait pas là de mots, mais une connaissance immédiate de ma part, un accès direct : je les entendais. Je savais qu'ils ne voulaient pas que je sorte. Qu'il n'en était pas question. Que je ne pouvais pas les avoir mis dans les situations terribles où ils se trouvaient et simplement les abandonner à leur sort. Leurs hurlements étaient absolument terrifiants. Ils me menaçaient. À pleine voix ! Les images étaient monstrueuses. Fantastiques.
Aujourd'hui, je sais bien ce que je ferais : je leur répondrais. Je trouverais un moyen de négocier avec elles, ces voix. De les amadouer sans pour autant rompre le contact : je les mettrais en veilleuse jusqu'à mon retour au travail. Mais ce soir-là, j'ai été saisi par une véritable panique. Personne ne m'avait jamais prévenu qu'une telle chose pouvait se produire dans la vie réelle. De toute manière, même si quelqu'un l'avait fait, je n'en aurais jamais cru un mot. Rendez-vous compte : des personnages qui ne veulent pas être abandonnés et qui vous empêchent de sortir de chez vous !

R. Qu'est-ce que vous avez fait ?

D. Je me suis reculé. Je me suis détourné de la chaise. J'ai pris une bonne respiration, un bon élan, et je suis parti en courant vers la porte, sans jeter le moindre regard en direction de la chaise. Assailli par leurs hurlements déchaînés, j'ai déverrouillé comme si j'avais eu le diable aux trousses, je suis sorti, j'ai dévalé l'escalier en quatrième vitesse, et ce n'est qu'une fois arrivé dans la rue que j'ai enfin respiré à nouveau. J'étais en sueur. Sûrement livide. Je venais de vivre une expérience que, n'eût été ma connaissance de l'imaginaire, j'aurais certainement cru être une apparition de démons.

R. …

D. C'est pour cela qu'un peu plus tôt j'ai si longuement insisté sur la puissance de l'intelligence passive : des images qui remontent soudain des fins fonds de vous-même avec une puissance à couper le souffle, et qui n'ont aucune espèce de conscience du temps, du corps et de l'espace. Ce n'est pas une figure de style. Elles peuvent parfaitement se matérialiser, sembler surgir devant vous. Imaginez un peu tout ce que j'ai appris, au cours des années suivantes, en réfléchissant à ce qui m'est arrivé ce soir-là… et bien d'autres fois encore par la suite. Ce samedi-là, ma conscience rationnelle était en éveil, elle savait parfaitement ce que j'avais fait depuis trois ou quatre jours sans discontinuer, ce qui m'habitait depuis des semaines. Elle a pu rapidement faire le lien… mais imaginez quelqu'un qui tout à coup ressentirait une terreur pareille, totalement inexplicable, et qui n'aurait pas suffisamment exercé son attention pour discerner la nature de ces voix qui viendraient de surgir en lui… alors que lui serait convaincu que c'est *devant* lui qu'elles auraient surgi ! Il serait convaincu que quelqu'un de réel, je veux dire d'objectivement extérieur à lui, vient d'apparaître, venu de nulle part, pour tenter de l'empêcher de sortir de son appartement ! Il y aurait très largement de quoi devenir fou ! Ou croire qu'on l'est. En tout cas, ce serait amplement suffisant pour lui faire tellement peur qu'il ne tenterait plus jamais de retourner dans ces régions-là, à l'intérieur de lui-même. Et puis imaginez, même, le nombre d'occasions où, en format réduit, des événements semblables se produisent dans la vie courante…

R. Vous pensez que ça arrive ?

D. Non, je ne le pense pas, *je le sais*. Croyez-vous donc qu'après avoir vécu une expérience pareille je n'ai pas sondé le terrain, autour de moi ? Un nombre incalculable de fois.

R. Alors qu'est-ce que c'était ?

D. J'étais tout bonnement entré sur un territoire, davantage en profondeur que jamais encore au cours de ma vie – consciemment, en tout cas –, et je venais de découvrir que je devais sérieusement étudier ses lois.

R. Et qu'est-ce qui s'est passé après ?

D. Vous voulez dire : à propos de la pièce ?

R. Oui.

D. Il m'a fallu des mois avant de pouvoir me remettre au travail sur elle.

R. Vous aviez peur ?

D. Non. Je ne crois pas, en tout cas. Non, ce qui s'est passé, c'est d'abord qu'encore une fois ma raison a tenté de passer la moppe. Mais elle ne l'a pas pu, bien entendu : les preuves de ce qui venait de se passer étaient trop flagrantes. Non, le plus déterminant, il me semble que c'est que, dans mon mouvement de panique, j'avais rompu le contact. Complètement. Il m'a, là aussi, fallu inventer : comprendre comment je pourrais retourner là-bas.

R. Fiou…

D. Cela dit, il est bien possible, en effet, comme Yves Dubé, mon éditeur à l'époque, me l'a dit plus tard, que cet accident-là m'ait été extrêmement bénéfique, au bout du compte – qu'il m'ait peut-être même sauvé la vie… ou l'esprit. Si j'avais continué à la vitesse à laquelle j'allais là, et compte tenu du peu d'expérience que j'avais de ce qui était en train de se passer, qui sait où j'aurais pu finir par me retrouver ? Je ne le saurai jamais. Et c'est peut-être aussi bien comme ça. Je n'en sais rien du tout.

R. Mais vous êtes parvenu à la terminer, l'écriture?

D. Bien sûr. Mais pas avant d'avoir vécu un autre moment à couper le souffle.

À la toute fin de la pièce. Les trois sont pris dans un véritable tourbillon, ils *sont* un tourbillon, à eux trois. Autour d'eux, les hélicoptères, les trains militaires, les centres de transmission, les quartiers généraux, tout est pure folie destructrice. Et tout à coup, j'entends... un des hélicoptères qui hurle : il vient d'apercevoir quelque chose. Une tempête de sang gelé, qui tourbillonne. Et, derrière elle, une immense bête qui surgit. Je suis là, en train d'écrire, je ne sais absolument pas ce qui est en train de jaillir là.

R. Vous ne l'avez pas souhaitée, cette tempête de sang?

D. Jamais de la vie ! Elle apparaît « d'elle-même », déjà déchaînée au moment où elle fait son apparition. Et puis... des répliques des trois, de Michaela, de Weulf et de Flip, des phrases qu'ils ont prononcées ici ou là depuis le début de la pièce, reviennent soudain, s'imposent, prennent toute la place, comme pour dire : « Tu vois, c'est ici que nous te révélons enfin ce dont nous étions réellement porteuses, au plus profond de nous. » Mais bien sûr ! Tout à coup, je comprends : La Bête, c'est les trois – les trois, en train de se fondre en un. De se transformer en la parole même de ce qui les anime. Et c'est comme si un sol cédait, au fond de moi. Je me sens tomber et, pendant que je tombe, une émotion bouleversante me saisit, à même chacune des cellules de mon corps. Un amour de la vie, de la beauté, de la tendresse. Et la voix de la Bête, qui retentit. Qui gronde : « Je suis pitié... pour la Vie ! » J'ai écrit ce passage-là en une nuit. Et il me semble... Il me semble qu'il m'a fallu des jours, par la suite, avant de pouvoir adresser la parole à qui que ce soit. Il me semblait que j'étais allé au-delà des mots. Que je n'en avais plus. Qu'il n'y en avait plus. Nulle part.

R. Et ensuite?

D. Au bout de la ligne, une fois l'écriture complétée, j'ai réalisé que le soir où, dans le bar, j'avais entendu le cri de Michaela, toute la pièce, toute, était dans son cri. Que je venais effectivement, comme je l'avais pressenti ce premier soir-là, de découvrir une nouvelle sorte de fragments. Que tout ce que j'avais étudié jusque-là prenait un sens nouveau, se redéployait.

R. Et… ?

D. Le texte de la Bête, lui aussi, m'avait pris complètement par surprise. Pour la première fois de ma vie, peut-être, je n'avais plus eu peur d'être *trop* sérieux.

R. « Trop sérieux » comme vous aviez confié à votre camarade de classe la crainte de le devenir, dans ce parking de la banlieue parisienne ?

D. Oui. J'étais tellement fasciné par ce travail à peine amorcé que je l'ai poursuivi : *Docteur Münch*, puis *26 bis*. En fait, ces deux pièces-là, en plus d'exprimer ce qu'elles portent explicitement, avaient une fonction essentielle à remplir : me permettre de continuer d'explorer les « profondeurs », même sans surgissement. Toute cette période-là de ma vie a été prodigieuse – j'avais réellement l'impression d'être un explorateur. Une espèce de Livingstone ou d'Amundsen.

R. Qu'est-ce que vous exploriez ?

D. L'écriture. Et puis… moi-même. Je découvrais des villes enfouies. Des forêts. Des mondes complets.

R. Et… ?

D. Je n'étais pas satisfait d'elles.

R. Des deux pièces ?

D. Oui. Les difficultés posées par leur écriture avaient été trop exigeantes. J'avais voulu faire trop de choses à la fois. Mais je ne regrettais pas, absolument pas, de les avoir écrites. Pour moi, elles étaient presque, elles aussi, de nouvelles portes – encore plus étonnantes que tout ce que j'avais pu rencontrer dans ma vie jusqu'alors. Qu'est-ce que je dis là ? Elles *étaient* la porte d'une nouvelle vie. J'ai continué de marcher. D'avancer. D'explorer. Jusqu'à ce que, finalement, je réalise que j'avais largement dépassé la limite de ce que je pouvais faire dans la culture où je me trouve. Pour l'écriture de *Münch* puis pour celle de *26 bis*, je m'étais complètement foutu de l'alternance auteur-lecteur. Quand j'émergeais des grands fonds, je n'écoutais qu'une seule chose : ma propre voix. Tout étonné d'en avoir une, qui commençait à peine à prendre forme.

Petit à petit, le malaise que j'avais ressenti durant l'écriture des *Bédouins* se précisait : je savais qu'il y avait un mur culturel auquel j'allais devoir tôt ou tard me confronter. Je n'avais aucune idée de la manière que je devrais adopter pour y parvenir. Mais petit à petit, le terrain allait se déblayer. Et un bon jour, assis devant Jean Duceppe, dans son bureau, j'allais comprendre : j'avais étudié les départs à froid chez Alain Knapp, ensuite j'avais été forcé d'inventer celui par surgissement. Il m'en fallait à présent un troisième… infiniment plus complexe que tout ce à quoi je m'étais attaqué jusque-là. La fable.

Pause

Deux textes
« Tessons » et « Surgissement »

D. Ici, je vous propose une petite diversion.
R. Ah bon ?
D. Après tout, ce livre devait à l'origine être composé essentiellement de textes déjà écrits mais restés inédits ou à peu près, et il y a déjà un certain temps qu'il n'y en a pas eu. Le moment me semble bien choisi pour corriger ça.
R. Vous en avez un en particulier à l'esprit ?
D. En fait, je vous en proposerais même deux.
R. Lesquels ?
D. Dans nos échanges, je parle souvent de plongée, de l'auteur qui remonte des objets à la surface, alors il y aurait, en toute logique, « Octobre 1990 ».
R. Oh, oh. Texte politique, donc ?
D. Oui. Oui, mais texte sur l'écriture, aussi. Et sur la révolte, surtout.
R. Bien. L'autre ?
D. Nous venons tout juste de parler des départs par surgissement et au passage vous m'avez demandé de vous en donner quelques exemples. Alors pourquoi pas *La lettre à Gaston* ?
R. Dans *La prière du Renard* ?
D. Oui. Le point de départ de son écriture.
R. Bien. On y va ?

D. Une petite chose, toutefois. Je ne crois vraiment pas que j'ai envie de les commenter, ces textes-là. J'aimerais plutôt seulement les… les laisser traîner ? Je suis bien prêt à vous les présenter, mais pas à en parler ensuite.
R. Pourquoi pas ?
D. Je. Parce que d'une certaine manière, les commenter, je l'ai *déjà* fait ?
R. Vous voulez dire : ici, dans ce qui a précédé ?
D. Oui. Les textes que nous avons lus jusqu'à présent me servaient en quelque sorte de plongeoirs : les commenter ensuite me permettait de développer certaines de mes idées, ou certaines de mes positions. Alors qu'ici c'est du contraire qu'il s'agit : j'ai envie de les lire surtout pour… pas pour illustrer, non, mais pour conclure, voilà, certains sujets que nous avons abordés.
R. Alors, on les lit et c'est tout ?
D. Quelque chose comme ça. À moins qu'il ne s'impose soudain une idée. Dans ce cas, nous aviserons.
R. D'accord. On y va ?
D. *Go.*
R. « 8 octobre 1990 », donc…
D. Oui. Mon premier texte explicitement politique.
R. Écrit à quelle occasion ?
D. Pour commémorer les vingt ans de la promulgation de la Loi des mesures de guerre, pendant la Crise d'octobre.
R. Petit rappel des circonstances ?
D. Des circonstances… de l'écriture du texte, vous voulez dire ?
R. Oui.
D. Au début de 1988, je crois bien, je reçois un appel de Linda Gaboriau – une amie très chère, et aussi la traductrice vers l'anglais de certaines de mes pièces. Quelques mois plus tôt, Michèle Rossignol a accédé à la direction du Théâtre d'Aujourd'hui et a presque aussitôt décidé de lancer un atelier sur le thème « Pourquoi n'y a-t-il pas de théâtre politique au Québec ? » – à moins que ce ne soit « Pourquoi

n'y a-t-il *plus* de théâtre politique au Québec ?», je ne sais trop.

R. Vous ne vous souvenez pas du thème précis ? Il y a quand même une différence sensible entre les deux, non ?

D. Oui, oui, je sais bien. Je me souviens même avoir eu une discussion avec Michèle, après l'événement sur lequel a fini par déboucher l'atelier, et qu'elle m'a alors corrigé : «Dans ton texte, tu dis *pas*, alors que c'était *plus*...», ou l'inverse... mais je ne me souviens pas – ou plus – si j'ai ou non par la suite corrigé l'erreur dans mon texte. Bref, c'est un des deux. Mon trou de mémoire s'explique facilement, vous allez voir : très rapidement, le thème de notre travail va se transformer, ou en tout cas se préciser, ce qui fait que nous n'utiliserons pour ainsi dire jamais son appellation officielle.

R. Je vois.

D. Michèle a donc l'idée de cet atelier et demande à Linda de l'animer. Linda m'appelle pour m'inviter à y participer, et j'accepte avec enthousiasme. L'idée générale consiste à réunir un groupe d'auteurs dramatiques qui se verront régulièrement pour discuter et qui, éventuellement, décideront – s'il y a lieu – de la forme à donner au fruit de leurs réflexions.

R. Vous n'êtes pas obligés à un résultat ?

D. Il me semble que non. Il est souhaitable qu'il y en ait un, pour sûr, mais je ne crois pas que nous nous engagions à quoi que ce soit de précis en ce sens. Allergique aux commandes comme je le suis, je m'en souviendrais, alors qu'il ne me revient en mémoire aucune espèce de contrainte de cet ordre-là. Ce dont je me souviens, c'est plutôt qu'à peu près tout est ouvert : si nous voulons faire quelque chose, nous pourrons décider d'écrire un texte tous ensemble, ou adopter n'importe quelle autre formule à notre convenance. Le seul cadre qui nous soit proposé, c'est celui-ci : dans un peu moins de deux ans, ce sera le vingtième anniversaire de la Crise d'octobre, si jamais nous décidions de tenir un événement public, il serait souhaitable de le faire coïncider avec cette période phare là.

R. Je vois.

D. Le groupe se réunit d'abord quelques premières fois pour déterminer l'allure que prendront nos travaux. À cette époque, il me semble que nous devons être… six ou sept auteurs, peut-être même davantage. Nous finirons moins nombreux, mais au départ, y a du monde à' messe. Très tôt, la discussion porte sur la nécessité que nous ressentons de nous trouver un thème plus concret que le « Pourquoi… ? » de départ. L'idée de traiter des procès politiques québécois, par exemple, est soulevée. Assez rapidement, nous optons toutefois pour la Crise d'octobre elle-même. Nous parlons d'elle, nous comparons nos impressions et nos connaissances à son sujet, et assez rapidement toujours, nous arrivons encore une fois à un constat : les interprétations et les mythes qui la concernent sont nombreux – il serait extrêmement difficile de l'aborder sans tomber dans des pièges de toutes sortes. De ce constat découle directement notre décision : nous allons remonter directement à la source et rencontrer face à face autant de membres ou de sympathisants du FLQ que nous pourrons. Nous verrons bien ce qui sortira de ces entretiens.

R. C'est ce que vous faites ?

D. Tout à fait. Un soir, nous rencontrons Charles Gagnon et les frères Rose. Une autre fois, ce sera Francis Simard. Il y aura Michel Chartrand. Pierre Vallières. Gérald Godin et Paul Chamberland. D'autres, encore. L'avocat Lemieux, par exemple.

R. Le négociateur ?

D. C'est ça. En fait, nous allons déborder des seuls Événements d'octobre et couvrir toutes les époques du FLQ, depuis les bombes dans les boîtes aux lettres jusqu'à l'incident de Mascouche.

R. Comment est-ce que les rencontres se déroulent ?

D. De manière très informelle. Parfois nous laissons les invités nous raconter ce qu'ils veulent dans l'ordre qui leur convient, et nous improvisons nos questions à la volée, leur demandant des précisions au passage, ou bien encore un ou plusieurs d'entre nous arrivent avec des préoccupations déjà très claires, très ciblées. Le ton est nettement différent d'une fois à l'autre. Michel Chartrand, par exemple, passe un bon moment à nous parler de sa période d'incarcération, en 1970, et à commenter l'actualité politique et sociale du moment, aussi bien ici qu'à l'étranger – son commentaire sur Claude Ryan est inoubliable : « Le sacrament ! Quant' y va mourir, faudrait l'enterrer à plat ventre ! De même, si jamais y s' réveille pis qu'y s' met à creuser pour sortir… y va s' renfoncer, le tabarnak ! »

R. Oh là !

D. Oui, l'image est cruelle. Mais elle exprime assez bien le genre de sympathie qu'inspirait le bonhomme.

R. Même à vous ?

D. En entendant Chartrand, je me rappelle m'être demandé en riant s'il fallait vraiment attendre que l'autre soit mort pour tenter l'expérience. Ça répond à votre question ?

R. …

D. Pierre Vallières, lui, nous parle longuement de l'écriture de *Nègres blancs d'Amérique* et de ses réflexions post-FLQ. Il a plusieurs envolées magnifiques à propos de la révolte. D'ailleurs…

R. Oui ?

D. Ce n'est sans doute pas un hasard si je les évoque ici l'un à la suite de l'autre.

R. Chartrand et Vallières ?

D. Oui. Parce que je me souviens avoir été très impressionné par deux points communs entre eux.

R. Lesquels ?

D. Eh bien d'abord, de tous les individus rencontrés, ils étaient sans doute ceux dont la révolte était restée la plus… intacte, je dirais. Je ne veux pas dire par là que celle des autres m'aurait semblé affadie, non, mais il y avait chez ces deux hommes-là une vitalité qui sautait littéralement aux yeux. Ou, plus exactement, *une sorte* de vitalité. Peut-être parce qu'ils sont les seuls que nous ayons rencontrés individuellement ? Je ne sais pas.

R. Et leur autre point commun ?

D. Ils étaient tous les deux croyants.

R. Catholiques ?

D. Oui. Je me suis interrogé un bon moment : y avait-il un lien entre les deux choses ?

R. Entre leur foi et la vigueur intacte de leur révolte ?

D. Oui. Je me souviens en avoir discuté avec Linda, durant les promenades que nous prenions souvent tous les deux après les rencontres.

R. Vous êtes parvenu à une conclusion ?

D. Non.

R. Il y a des événements en particulier, liés à l'atelier, qui vous restent en mémoire ?

D. Oh oui, plusieurs.

R. En tête de liste ?

D. Trois. Très différents l'un de l'autre.

R. Allez-y.

D. À la toute première rencontre, une fois que le projet a pris forme, nous avons, je ne sais plus, trois ou quatre invités – dont Paul Rose et Charles Gagnon. Je me souviens que je suis assis presque en face de Rose, et qu'il me fascine totalement. Tellement qu'en début de soirée, par exemple, j'ai beau être captivé par ce que raconte Gagnon, je suis incapable de détacher mes yeux de lui, Rose. Il ressemble à une forteresse murée. Presque littéralement : il a l'air d'un géant qui se promènerait avec une énorme muraille de pierres brandie devant lui comme un bouclier. C'est la seule fois de ma vie qu'un être humain m'a donné cette impression-là – avec cette force-là, en tout cas. Il n'est pas dur, non, il n'est pas coupé du monde – je ne le crois pas, en tout cas –, il est… emmuré. Emmuré vivant. Il n'y a pas d'autre mot. Ce n'est pas qu'il ne regarde plus autour de lui, c'est qu'il y a quelque chose, en lui, une énorme part de lui, qui n'est plus accessible.

R. Quel effet est-ce que ça vous fait ?

D. Je ne sais pas comment évoquer ça. Je suis bouleversé, certainement, mais… d'une manière très étrange. J'ai le sentiment… oui, voilà, j'ai le sentiment très net que cet homme-là *sait* quelque chose. Je ne veux pas dire qu'il connaîtrait un secret politique, ou qu'il serait lié par un pacte quelconque, non, je parle d'une… connaissance. D'une compréhension des choses. De la vie. Du monde. Ou de leurs sous-sols. Murée en lui. À jamais, sans doute. Je ne sais plus si j'en parle ou non à Linda, mais en tout cas, je me souviens très clairement de mon désir, extrêmement fort, de le rencontrer en tête à tête. Je voudrais l'interroger au sujet de cette connaissance-là. J'ai la nette impression qu'elle est… oh, extrêmement douloureuse, sans l'ombre d'un doute, mais aussi d'une très grande richesse. D'une très grande fertilité.

R. « Fertilité » ?! C'est tout un compliment, ça, dans votre bouche.

D. Peut-être le plus grand que je puisse adresser.

R. Vous le faites ? Vous vous arrangez pour le rencontrer ?

D. Non.

R. Pourquoi pas ?

D. Eh bien. Je ne sais plus qui, mais quelqu'un me dira, dans les jours qui suivent la rencontre, quelqu'un qui le connaît personnellement, que de toute manière ça ne servirait à rien : qu'il y a effectivement des régions où il refuse d'aller, désormais. Mais ce n'est pas la raison principale qui m'empêche de même formuler ma demande.

R. Quelle est-elle, alors ?

D. Que je ne saurais pas quoi lui demander, d'une part. Et que j'aurais très nettement l'impression de me mêler de ce qui ne me regarde pas, de l'autre.

R. …

D. Quelques années plus tard, une nuit, je reviens de Gaspésie, en train. Et tout à coup, je le vois, Paul Rose, qui descend l'allée – pour regagner sa place, sans doute. Je le reconnais tout de suite et j'amorce spontanément le mouvement de me lever et d'aller vers lui, pour le saluer. Cette fois-là aussi, je reconnais la muraille. Elle est moins évidente que lors de la rencontre pour l'atelier, mais elle est tout de même clairement visible.

R. Vous y allez ?

D. Non. À peine le temps d'amorcer le geste, l'impression que je serais un intrus me revient… et je me laisse retomber assis.

R. Vous ne l'avez jamais revu depuis ?

D. Non.

R. Deuxième souvenir ?

D. Michel Garneau.

R. Oui ?

D. Il participe aux toutes premières rencontres du groupe.

R. Vous voulez dire : à titre de participant à l'atelier ?

D. Oui. Mais finalement, il va passer la main.

R. Il ne continuera pas avec l'atelier jusqu'au bout ?

D. C'est ça. Un après-midi, lors d'une des rencontres de départ, donc, il y a un moment très fort. Nous venons de commencer à décider de nous concentrer sur la Crise d'octobre elle-même, et Michel se met à nous raconter cet automne-là. Je me souviens de son évocation de l'arrivée chez lui de la police et de l'armée. Il y a un tout jeune soldat qui est nerveux comme une puce et qui n'a vraiment pas l'air de se rendre compte de la direction dans laquelle il pointe son fusil-mitrailleur. Michel nous raconte qu'il lui lance quelque chose comme : « Heye, jeune homme ! Ça, là, ça s'appelle un chauffe-eau… pis ça marche au gaz ! Fa que si le coup part… tu fais sauter le building au grand complet ! O.K. ? Fa que, ça te dérangerait-tu de pointer ta bebelle ailleurs ? » Il est un remarquable conteur – nous sommes tous suspendus à ses lèvres. Et puis tout à coup, à la fin du récit, son ton se transforme – sa voix devient d'une fragilité surprenante, et il murmure presque : « Je n'ai plus jamais pu me promener, le soir, et entendre une voiture arriver derrière moi et se garer presque en silence le long du trottoir… sans avoir un frisson. »

R. …

D. Il y a tout un monde, dans ce quasi-murmure là. Il me reviendra à l'esprit, quelques mois plus tard, quand Chartrand, lui, nous racontera en riant à gorge déployée que son emprisonnement lui a surtout permis d'avoir enfin assez de loisir pour se remettre à la lecture de la poésie.

R. Beau contraste, en effet.

D. Pour un gars fasciné comme je le suis par la multiplicité des regards sur le monde, difficile d'en imaginer un plus frappant.

R. Troisième ?

D. C'est de loin le plus fort de tous. Pratiquement chaque fois que je repense à l'atelier, au spectacle qui a fini par en sortir et à toutes leurs conséquences pour moi, je me dis que même si « tout ça » n'avait porté aucun autre fruit que cette rencontre, le jeu en aurait déjà très largement valu la chandelle.

R. Quelle rencontre ?

D. Celle de Francis Simard.

R. …

D. Je pense bien que c'est la seule de toutes celles que nous organisons qui se déroule dans un appartement privé. À Outremont. Toutes les autres ont lieu à la salle de répétitions du Théâtre d'Aujourd'hui ou dans une classe de l'UQAM, ce qui fait que d'entrée de jeu, cette rencontre-là est déjà dans une catégorie à part. Mais il y a bien davantage que ça.

R. Quoi donc ?

D. Simard lui-même. Même à plus de quinze années de distance, le souvenir est extrêmement vif. Lui aussi, Simard, comme Paul Rose, me fait un effet que je n'avais encore jamais ressenti en présence de personne, et que je ne crois pas non plus avoir jamais ressenti depuis.

R. Celui de la forteresse ?

D. Oh non, pas du tout. C'est un effet qui est même aux antipodes de celui-là.

R. C'est-à-dire ?

D. Un. Une. Pas un envoûtement, non, mais… une résonance ! voilà ! Dès que nous nous installons tous autour de la table de cuisine et que les membres de l'atelier commencent à se présenter en quelques mots et à rapidement expliquer ce que nous venons faire là, dès que Simard ouvre la bouche… l'effet sur moi est extrêmement étonnant. J'ai l'impression très nette d'entendre ce qu'il y a « derrière » ce qu'il nous dit. À chacune de ses paroles ! Au fil de la soirée, nous abordons des foules de détails, des questions de toutes sortes… mais je ressors de là avec l'impression d'avoir… d'avoir fait un voyage. D'avoir eu accès… à sa culture !

R. Oh ?! Vous voulez dire : à sa représentation du monde ?

D. Oui. C'est vraiment la symétrique de ce que j'ai ressenti face à Paul Rose : ce premier soir-là, j'ai ressenti l'interdiction d'accès et j'ai eu l'impression de comprendre sa raison d'être, à cette interdiction. Même : de n'avoir le choix d'aucune autre attitude possible que le respect, devant elle. Alors que durant le moment passé en compagnie de Simard, tout au contraire, presque chacune de ses paroles me donne l'impression d'apercevoir des régions entières de lui *entre* les mots qu'il prononce.

R. Et cette impression-là est forte ?

D. Renversante. Et extrêmement lumineuse. D'entre toutes ces rencontres, la sienne gardera une couleur unique. Le sentiment d'avoir rencontré un homme d'une remarquable sensibilité, d'une écoute étonnante, et porteur d'un monde… au ras des yeux. Juste là. À même sa voix, à même ses mots et ses silences, à même son rire. J'entends un monde battre, juste là. C'est, vraiment, extrêmement impressionnant. Extrêmement troublant, aussi.

R. Pourquoi donc ?

D. Parce que je ne sais pas si les autres participants ressentent la même chose que moi, mais j'ai la très nette impression qu'il n'en est rien. Et qu'en fait j'entends là, en somme, quelque chose que je ne devrais pas entendre. Je n'ai pas simplement accès à ce qu'il y a entre les mots qu'il prononce ou entre les images qu'il évoque, j'ai l'impression d'entendre très loin au-delà d'eux et d'elles. D'entendre des choses qui n'ont aucune espèce de rapport direct avec ce dont nous discutons là, mais qui sont pourtant fondamentales pour comprendre l'homme et ses choix. En fait – encore une chose que je n'ai jamais dite à personne –, je suis extrêmement mal à l'aise de le rencontrer dans ce contexte.

R. Celui de l'atelier ?

D. Oui. Je sais bien que son implication dans le FLQ a dû être capitale dans sa vie. Et il n'est bien sûr pas question pour moi de remettre ce caractère-là en question. Mais ce que je ressens, c'est que là nous sommes en train de l'écouter parler « à travers » son implication dans le FLQ, alors que si je suivais mon instinct, j'arrêterais tout et je lui dirais : « Non, non, écoute, Francis ! Écoute : on inverse les termes, tu veux ? Ce que je voudrais, ce serait ne pas te… te déduire de ton action politique, mais le contraire : parle de toi ! Parle de ta vie ! Et je suis convaincu que c'est là que le sens de ton action va couler de source. »

R. Vous pensez que de l'aborder en tant que « gars du FLQ », c'est le prendre à l'envers ?

D. Absolument. Cela dit, je ne le « pense » pas, je le « reçois ». Mais alors là, très fort. Et puis…

R. Oui ?

D. Il y a une autre raison pour laquelle je suis mal à l'aise. Très, mal à l'aise.

R. Oui… ?

D. Sur le coup, ce n'est qu'une intuition. Mais elle ne se laisse pas écarter. Il va me falloir des années pour la tirer au clair, mais un jour, en 1997 ou en 1998, par là…

R. Sept ou huit ans plus tard, donc?

D. Oui. Un jour, en travaillant à mon essai, tout à coup les morceaux tombent en place. Et je me mets à hurler, tout seul dans mon appartement. Dans un état de furie… parfaitement indescriptible.

R. Quoi? Quels morceaux?

D. À ce moment-là, depuis deux ou trois ans, je suis en train de reconstruire la genèse du mouvement nationaliste. Et ce n'est… vraiment pas très beau. Je suis poli, là. Très poli. Mais soudain, deux visages surgissent à mon esprit. Celui de Rose. Et celui de Simard. Et je comprends une chose littéralement épouvantable.

R. …

D. Qu'on s'est servi d'eux. Que les élites nationalistes se sont servies d'eux. De leur douleur. De leur révolte. Pour les retourner contre eux. Qu'on leur a fait croire qu'il n'y avait qu'une seule façon de l'exprimer, leur révolte. Et qu'en acceptant de le croire, et qu'en passant aux actes… ils ont attaqué, en fait, cela même qu'ils souhaitaient défendre ou protéger.

R. Vous voulez dire… quoi? Qu'ils se sont fait fourrer?

D. Je ne vois aucune autre manière de le dire, en tout cas.

R. Et qu'est-ce que ça vous fait?

D. C'est ma révolte à moi qui bondit d'un seul coup. Qui s'enflamme aussitôt. Et qui n'a plus jamais reculé depuis.

R. …

D. Je suppose facilement que ce que je vous raconte là est totalement incompréhensible, dans cette société. J'imagine que si jamais l'un de ces deux hommes-là lit un jour que c'était à cause de son visage à lui, « au nom » de ce que j'ai lu un jour sur leurs visages à eux, que j'ai envoyé paître Andrée Ferretti et les Maîtres de la Nâtion, ils vont jeter le livre à leur chien. Il n'empêche. C'est tout de même ce qui est arrivé.

R. Mais ce soir-là, quand vous rencontrez Francis Simard dans un appartement d'Outremont, vous ne le savez pas encore, ça?

D. Non, mais je le pressens. Il n'y a encore que mon malaise, sans cesse croissant, à l'égard du nationalisme. Et le désir d'en apprendre plus à propos de cet homme fascinant, et de son regard sur le monde, que je sens palpiter juste là, à un pas de moi. Et de savoir que c'est impossible : qu'il faut suivre les règles, et que les règles imposent que tout ne soit interprété qu'à travers le seul prisme de la Côse.

R. Bien. Et l'atelier finit par s'achever ?

D. Oui. Nous décidons que la meilleure manière de clore nos travaux, c'est d'organiser une soirée publique au cours de laquelle chacune et chacun d'entre nous chantera, dira, lira ou récitera ce qu'il voudra : un texte écrit pour l'occasion, ou inspiré de notre travail.

R. Individuellement ?

D. Oui. Et puis que chacun de nous va aussi inviter un autre auteur à participer à la soirée – un auteur qui n'a pas suivi le travail.

R. Ah bon ?

D. Le spectacle a lieu le 8 octobre.

R. 1990, donc ?

D. Oui. À la Maison de la culture Frontenac. Il donne lieu à plusieurs moment très forts. Je pense bien que je n'oublierai jamais, entre autres, le texte d'Alice Ronfard, splendidement lu par Marthe Turgeon. Alice raconte sa première nuit d'amour. Et puis qu'elle rentre chez elle à pied, juste avant l'aube, toute déboussolée. Ses parents habitent à deux pas du quartier général de la police. Elle ne sait pas que les mesures de guerre viennent tout juste d'entrer en vigueur – elle n'a pas vu les convois de l'armée. Elle tourne un coin : éblouissement des projecteurs. Des soldats en armes, partout. Une voix qui lui hurle : « Papiers ! » Tout étourdie, elle sort son passeport, le tend. Le soldat lit : « Hein ?! T'es une Arabe ?! » Dans le passeport, sous la rubrique « Lieu de naissance », il est inscrit : « Alger – Algérie ».

R. Et vous, vous lisez donc le texte que voici?

D. Oui. Oh la joie! je me retrouve même désigné d'office pour lancer le bal, devant une salle archicomble!

---

8 octobre 1990

Je n'ai pas écrit de pièce sur la Crise d'octobre. Parce que la Crise d'octobre n'a jamais fini. Je ne peux donc pas m'emparer d'elle, ni espérer le faire jamais, la faire mienne et la remettre au monde. Elle ne peut appartenir à personne, elle est en suspens. La Crise d'octobre, ce que nous appelons la Crise d'octobre, les Événements, constituait la partie aiguë, visible, cernable, la pointe d'un iceberg. Ou, plutôt, la montagne formée des pointes de deux icebergs se heurtant. En surface : deux enlèvements et l'armée dans les rues, ce sont les pointes. En profondeur : la révolte de beaucoup exprimée par quelques-uns, d'un côté, et le mépris de quelques-uns exprimé par plusieurs, de l'autre.

Au cours des vingt mois durant lesquels s'est déroulé l'atelier de rencontres et de réflexion suscité par Michèle Rossignol *et animé avec entêtement, bel entêtement, par* Linda Gaboriau*, j'ai pu mesurer dans quelle impressionnante mesure la Crise d'octobre reste un tabou : un cadavre dans notre placard, si l'on veut bien me permettre cette image, mais un cadavre extrêmement signifiant, ne serait-ce qu'en vertu de la volonté que nous déployons depuis vingt ans pour l'ignorer – malgré l'odeur, pendant vingt ans. J'ai perdu le compte des tentatives d'écriture sur la Crise d'octobre dans lesquelles je me suis lancé, au cours de ces presque deux ans. Des pièces, des poèmes, des essais, des réflexions, des cris de rage. Je sentais monter une idée, une émotion, une vague, mais je n'arrivais jamais à avoir prise sur elle. Quelle que soit la forme qu'empruntaient mes tentatives.*

Je crois que l'artiste, dans sa société, est celui dont la tâche consiste à se laisser porter par les courants qui le traversent, pour synthétiser, fût-ce malgré lui, les courants qui traversent aussi les siens, ceux qui l'entourent et, aussi, à plonger dans les vagues et, d'instinct, aller chercher des tessons, des morceaux, des débris qui ornent le fond marin, et à les ramener à la surface. L'artiste n'a de responsabilité qu'à l'endroit de ce qui le porte intimement, mais, à cet égard, sa responsabilité doit être entière, sans aspérité, sans lâcheté, quel qu'en soit le prix. L'artiste est celui dont la tâche est d'être le fou qui fait la synthèse, le derviche qui se met en état de n'avoir plus aucun contrôle, pour pouvoir tourner, tourner, s'étourdir en se répétant sa douleur et sa joie, jusqu'à ce que, oubliant tout, il ne soit plus rempli que par un immense cri, qui le traverse, et qui n'est pas que le sien, qui est aussi celui des siens. L'un, en tout cas, de ceux des siens, car nous sommes porteurs individuellement et collectivement de bien plus que d'un seul cri.

Mais sachant cela, cette responsabilité de derviche, et ayant fait le choix de confier ma vie à cette danse des profondeurs, comment danser avec, dans la tête, la voix de l'un des hommes rencontrés, qui répète : En prison, les gars que j'ai vus là… ils ont pas appris à vivre[28] ? *Et celle d'un autre :* Ceux qui ont parlé des Événements, jusqu'à maintenant, ils ont surtout parlé du quotidien, de la cuisine. Mais il me semble qu'il y a un mythe dans ce qui s'est passé en octobre 70[29] ?

Et, en effet, cette image du premier ministre réfugié à l'hôtel Reine-Élizabeth*, blanc de peur au fond d'un couloir bourré de policiers la mitraillette à la main, ce côté bunker là recèle quelque chose de mythique. Mais aussi l'image de jeunes gens sautant dans le vide, qui en ont assez du silence et du mensonge sur la souffrance, et qui décident de tenter*

28. R. C'était qui ? – D. Francis Simard. Je le précise, un peu plus loin, vous allez voir.
29. R. Et ça ? – D. Je ne suis plus certain… mais Vallières ou Godin, je pense bien.

quelque chose pour au moins se faire entendre. Oh oui, il y a un gros morceau, là.

Et un autre de ceux rencontrés, nous racontant Trudeau, bien avant 1970, dans sa Jaguar, qui disait : Christ, on va brasser les affaires. On va faire le socialisme[30]. *Et puis, le même à qui Trudeau a dit ça, continuant :* Le fond du problème, c'est qu'on vient du fond des bois, pis qu'on en est pas encore sortis. *Et puis :* Eh oui – sauver la langue et pis laisser crever ceux qui la parlent. *Et puis :* C'est les femmes qui ont bâti ce pays. *Et puis :* Les Canadiens français ont peur de la pauvreté. Pis y a jamais eu un seul sociologue pour étudier la pauvreté pis notre peur devant elle. *Et puis :* Quand tu vends ton âme, plains-toi pas du reste. *Et puis :* L'humanité, c'est : *un* homme et *une* femme. *Un autre disait :* Ça m'a pris huit ans, après être sorti de prison, pour entrer dehors[31]. *Et :* La liberté, c'est des détails. *Et :* La mort, ça, on a pas le droit. *Et un autre :* Je recommencerais vingt fois. C'est ça qui manque, au Québec : la non-résignation, l'espoir. La subordination à la loi, au Québec, c'est phénoménal. Il nous manque la colère[32]. *Je pourrais vous en citer, des phrases comme celles-là, des magnifiques, pendant des heures. Mais. Mais je ne peux pas les faire miennes. Je peux vous les répéter, mais pas prétendre qu'elles m'appartiennent.*

J'ai cherché. J'ai cherché ce qui, dans la collision des deux icebergs, dans la collision du mépris et de la révolte, ce qui m'appartient, dans la mémoire d'Octobre. J'ai essayé, de vingt ou trente façons, de me mettre à danser, de plonger, et je n'y arrivais pas. Je n'arrivais pas à m'immerger dans ce qui est resté en suspens depuis vingt ans, à sentir de quoi est maintenant fait ce grand geste arrêté. Je n'arrivais pas… à regarder le cadavre dans les yeux. Parce que les yeux que

30. D. Ça, c'est Chartrand.
31. D. Simard…
32. D. Vallières.

je voyais, c'étaient ceux de certains des hommes rencontrés depuis presque deux ans, et tout ce qui leur passe dans les yeux. Mais ça, je ne peux pas le raconter, je ne suis pas là pour piller leurs vies. C'est ce qu'éveillent leurs yeux qui compte, l'écho, la pudeur aussi. Je ne peux pas prétendre à couler dans le bronze des mots ces vies-là, qui se poursuivent. Et je ne crois pas qu'il ait jamais été dans leur intention de se voir couler dans le bronze des mots. Alors pourquoi, depuis près de deux ans, ai-je si peur de les trahir, de fausser, de mentir ?

Pourtant, je ne peux pas rester silencieux. Ça, ce serait faire insulte à la révolte. Je m'essaie une dernière fois. À Dieu vat. J'essaie une prière. Mais une prière à aucun dieu en particulier, je crois, parce que je ne suis pas certain de croire. Une prière au courage, peut-être, celui qu'ont certains et celui qui, parfois, manque, et à la foi dans la nécessité d'aider, ne serait-ce qu'un tout petit peu.

Prière laïque

Je suis fait de taudis et de ruines. Et, longtemps, j'ai cru n'être fait que de cela. Et, longtemps, j'ai cru ne pouvoir mettre au monde que de nouveaux taudis et que de nouvelles ruines. Et, longtemps, j'ai cru que taudis et ruines suffisaient à résumer la vie.

À sept ans, au retour de l'école, les pieds dans la neige, dans le soir qui tombe, frissonner, silencieux, en regardant, sans être capable d'émettre le moindre son, ma mère, ivre morte, étendue sur le sol, immobile, à quelques pas de moi mais de l'autre côté des portes-patio verrouillées. Et ma mère hurlant, une nuit – je devais avoir neuf ans, cette fois-là –, ma mère hurlant, et puis des pas précipités dans la maison, par-delà la porte de ma chambre, close, et l'explication du hurlement, le lendemain matin : ivre, mais ayant encore soif, elle avait calé une bouteille d'alcool, trop ivre pour se souvenir qu'elle avait négligé d'enlever l'étiquette de la bouteille quand celle-ci avait été vide et remplie de Varsol ; cette attente, les pieds dans la neige, et ce hurlement, ces pas précipités, et cette explication au lever, c'était ça, la vie.

Ma mère, encore, ayant absorbé barbituriques et alcool, tenant une longue conversation téléphonique dans un cendrier, et mes sœurs et moi, glacés, nous concentrant désespérément sur le téléviseur en faisant semblant que tout était comme tout doit être, c'était ça aussi, la vie.

Et, durant des heures, matin, après-midi ou soir, assis, seul dans la voiture, à attendre mon père qui discutait avec des amis et sentait la bière quand il finissait par revenir, cette attente interminable, sans objet autre que d'être ailleurs où l'on n'attend pas, où l'on n'attend rien et où jamais l'on n'aura plus à attendre, c'était la vie.

Les huissiers qui me tendaient des mises en demeure à remettre à mes parents, et le regard méprisant, luisant de mépris, qu'ils lançaient par-dessus ma tête en direction de notre salon-taudis, c'était la vie.

À huit ans, neuf ans, dix ans, je ne jouais pas aux balles de neige, je jouais aux balles de glace, avec du gravier dedans. Dans les vitres des maisons, les pare-brise des voitures. Je me souviens d'un chantier de construction qui brûle. Et de vols à l'étalage. Et puis, en revenant de la piscine avec mon ami et sa sœur, je me souviens de plus grands que nous dans le boisé où s'élève maintenant le Stade. Je me souviens avoir été ligoté à un arbre. Et je ne sais plus si le viol a eu lieu, ou seulement les menaces. C'est la vie.

Ma mère retrouvée morte dans le bureau d'un des directeurs d'une grande société d'État, où son amant, ce directeur, l'avait abandonnée quand elle était tombée et s'était frappée, qui avait fui comme un lâche, la laissant mourir au bout de son sang, c'était la vie. L'article, dans le journal, annonçant sa mort... d'une crise cardiaque, le mensonge, pour ne pas perdre la face ; la tromperie, même devant l'horreur, c'était la vie.

Et puis l'arrachement à mon seul ami et à mes sœurs, pour être envoyé chez les grands-parents, dans un logement sombre où il fallait s'agenouiller autour du lit, à sept heures tous les soirs, pour dire le chapelet alors que, dehors, le soleil du printemps… eh non, ce n'était pas le soleil, la vie, c'était le chapelet, l'obligation, pour rien, parce que.

Et puis, dès cet âge-là, dix ans, je crois, je me souviens avoir su clairement que si je poursuivais sur ma lancée, je me souviens très clairement de l'image, venue peut-être en voyant un film ou une série policière, à la télévision, je me souviens avoir su que je mourrais égorgé dans un sous-sol. Et, malgré l'horreur, la mort c'était au moins la paix. Je ne me souviens pas avoir repoussé cette image, ou avoir décidé de changer de vie, mais ma vie changea.

Je passai alors dix ans de ma vie à faire de moi un premier de classe, d'abord parce que les mathématiques, on ne sent rien, quand on joue à ça, c'est merveilleux ; et puis un acteur, parce que en jouant les autres, les mots des autres, les émotions des autres, on sait au moins que cette pièce-là finit à un moment donné. Dans un cas comme dans l'autre, c'était pour cesser de sentir.

Et puis, tiens, soudain je sais pourquoi je n'ai pas écrit de pièce sur la Crise d'octobre. Et je sais pourquoi j'ai failli hurler quand Francis Simard a dit : Les gars, en d'dans, ils ont pas appris à vivre.

Et je sais pourquoi j'en veux aux gars et aux filles qui ont fait Octobre*: parce qu'une fois que la révolte a été criée, par eux, par elles, et bâillonnée, moi je n'ai pas trouvé d'autre façon pour la crier à mon tour, la révolte. Je leur en ai voulu, sans jamais oser le dire, parce que la vie est insupportable, avec ses mensonges, et la mort partout, et la souffrance, et toujours rien que la souffrance, des années de souffrance pour un instant de bonheur. Je leur en ai voulu parce que la vie n'est que ruines et taudis, pour moi, et qu'ils se sont arrêtés en chemin. Je leur en ai* *voulu parce que le soir où un bulletin spécial de Radio-Canada a interrompu l'émission que j'écoutais, pour nous apprendre que Pierre Laporte venait d'être enlevé, dans le personnage de quinze ans que j'étais, le premier de classe qui se shootait aux maths, il y a eu, et c'était déjà loin loin en moi, un petit écho qui disait à peu près ceci :* Tiens. Y a du monde qui ont décidé de brasser la cage pour dire que c'est pas vrai, que c'est pas rien que ça, la vie.

Et puis que quand, un dimanche, du balcon de mes grands-parents, j'ai vu l'armée, l'interminable convoi de l'armée, entrer en ville, je me suis dit : Y en a qui ont la chienne. Les huissiers, et pis les curés, et pis *Étoile du matin*[33]... vont manger leu claque.

Mais que, quand j'ai entendu, un peu plus tard encore, dans la cour d'école, à la récréation, que les hélicoptères et les militaires entouraient une maison de Montréal-Nord, et puis qu'il était question d'une auto en route pour Dorval, ou plutôt non : pour l'Expo, *et puis après, Cuba, la petite voix s'est tue. Elle a dit :* C'est la vie. *Et puis elle s'est tue.*

Elle est revenue, plus tard. Elle s'est imposée, même. Mais ce n'est qu'aujourd'hui que je la reconnais, tant elle a pris de détours et de visages différents pour revenir.

Je crois que lorsqu'elle s'est tue, ce n'était pas qu'elle était à bout de course, à bout de souffle, c'était que sur ce qu'était la vie, pour moi, il n'y avait plus rien à dire : je n'étais que... oui : que taudis et que ruines.

Que dit-elle, à présent ? Que dans le constat même des taudis et des ruines, il y a l'espoir d'autre chose. Et qu'à cette autre chose, peut-être, je n'atteindrai jamais. Mais que l'important n'est pas que dans l'achèvement. Si seule la victoire importait, nous ne serions pas ici, ce soir.

33. R. C'est quoi, ça : *Étoile du matin* ? – D. Les premiers mots de la chanson-thème du *Chapelet en famille*, à CKAC.

Ma prière est une question. Une question qui ne porte pas sur l'issue des événements qui nous attendent, mais sur la mémoire que nous avons de ceux qui sont déjà advenus, et sur la mémoire que nous aurons un jour, peut-être, des événements qui adviendront demain.

Cette question, elle est faite de fragments. Et ils sont encore plus difficiles à supporter, ces fragments-là, que le souvenir d'une mère ivre morte, d'un père absent ou d'un viol. Parce qu'ils parlent de la mémoire offerte, de la mémoire disponible pour les mères ivres mortes, les viols, les pères absents et les garçons de quinze ans qui veulent cesser de sentir de peur d'en mourir.

Il y a un traducteur new-yorkais qui parle du théâtre québécois. Il a lu plusieurs pièces de chez nous, peu de temps avant de dire ça. Il dit : C'est bizarre, mais les pièces de chez vous, ça se sent qu'elles sont écrites pour de petits théâtres. Et, *dans sa phrase et dans son ton, il y a l'évocation d'une culture morcelée, d'une culture par petits coups, dans laquelle ceux à qui elle appartient se reconnaissent peu.*

Il y a un metteur en scène argentin exilé à Caracas, avec qui je discute et qui attend une heure avant de tuer le taon qui voltige autour de lui, parce que, m'explique-t-il après coup : Je croyais que, pour un Canadien, tuer un animal ce doit être un crime. Et *il y a dans sa phrase un long commentaire sur le caractère en-dehors-du-monde, sur-une-autre-planète, hors-de-la-vie, de ce que c'est, un Canadien.*

Il y a un homme de théâtre nicaraguayen rencontré à New York. *À la fin d'une réception, au terme d'une rencontre de plusieurs jours, nous nous parlons finalement. Il me dit :* Je suis allé à Montréal, pendant quelques jours. Je suis allé chez vous. Un soir, en parlant avec quelqu'un, j'ai mis ma main sur son bras. Il l'a retiré, vivement. Ca m'a frappé parce que j'ai vu beaucoup de choses comme celle-là, pendant le court temps où j'ai été chez vous. Pourquoi est-ce que vous avez tous si peur, tout le temps ? Pourquoi croyez-vous que dès que quelqu'un s'adresse à vous, c'est pour vous fourrer ?

Il y a des hurlements, à la radio, l'été dernier[34]*, dans un taxi, pendant au moins vingt minutes, une tribune téléphonique* : Envoyez-leur les chars d'assaut ! vous verrez ben si y vont négocier ! *Et le chauffeur qui refusait de baisser le volume : il voulait être… informé.*

Il y a mon premier amant, en 1976. Nous nous sommes connus peu de temps avant l'élection du PQ. Pour lui, la lutte des classes passait avant tout. Et la langue c'était un détail. Il me faisait mon autocritique, le soir. Parce que ma douleur n'était pas traitable dans ses termes à lui, il disait que j'étais une potiche culturelle. Pourtant, dans le Manifeste *du FLQ, qui porte, lui, sur la lutte des classes, il y a un seul mot, pour décrire à quel point Trudeau est horrible : « tapette ».*

Il y a, au Maroc, un diplomate originaire de Québec qui a invité un de ses amis, poète marocain révolté. Le diplomate tient absolument à ce que nous nous rencontrions, mais moi je sens immédiatement que le poète n'est venu que par amitié pour le diplomate. Quelque chose dans son regard sur moi me fait perdre tout contrôle et je parle beaucoup trop fort, dans ce party poli. Je dis au poète marocain ce que j'ai dit à l'homme de théâtre du Nicaragua, mais, cette fois, c'est un cri : Écoute-moi ben ! Le mépris que je lis dans tes yeux, je l' prends pas. Toi, tu luttes pour les tiens, tu luttes pour ton peuple. Et tu me regardes comme un poète venu d'un peuple sans combat. Mais qu'est-ce que t'en sais ? Hen ? Qu'est-ce que tu sais de la douleur des gens qui vivent chez nous ? Parce que tu ne peux pas te la représenter, tu la méprises ? T'as pas le droit de mépriser comme ça, sans savoir ce que c'est que la douleur d'un peuple qui meurt dans le silence.

Et il y a que je n'ai pas écrit de pièce sur la Crise d'octobre. Et que je ne crois pas en écrire une un jour. D'abord parce que ce qui me fait danser, ce n'est pas la surface des icebergs, mais

34. D. « L'été dernier », c'était… la crise d'Oka.

leurs profondeurs. Et aussi parce que je n'ai pas d'ennemis. Je veux dire par là qu'il n'est personne au monde que je sois prêt à réduire à ce vocable-là : ennemi. Cela ne signifie pas que je sois d'accord avec tous les gestes posés par tous, cela ne veut pas dire non plus que pour d'autres je ne sois pas à abattre, mais ça c'est eux que ça regarde. Je crois que si l'on s'oppose irrémédiablement à ce qui nous heurte ou cherche à nous heurter, si de l'autre, quel qu'il soit, on consent à faire l'ennemi, rien n'est plus possible que les taudis et que les ruines. Et je crois qu'aussitôt que l'on a un ennemi, il ne peut plus être question que de victoire, et que la question n'est pas là. On hait dans l'autre ce que l'on hait chez soi. Il vaut mieux se souvenir. Et accepter de prendre en compte la mémoire de soi, toute la mémoire de soi.

Je suis ici parce qu'un dimanche soir on m'a demandé de me joindre à un atelier dont le thème était : « Pourquoi n'y a-t-il pas de théâtre politique, au Québec ? »

Et à cette question aussi, je crois venir tout juste de trouver une réponse.

Parce que les peuples en voie de disparition ne font pas de politique. Faire de la politique, ça veut dire se sentir légitimé de vivre. Ça veut dire s'écouter, soi, d'abord, et sa douleur, et sa joie. Mais pas que sa haine. Vivre le ressentiment, c'est admettre que le sens de sa vie est hors de soi : C'est à cause de… C'est la faute de… Si il ou elle ou eux ne m'avaient pas fait ceci ou cela… *Ou, au contraire :* Si il ou elle ou eux avaient…

Il n'y a pas de petite voix possible, avec le ressentiment, parce que soi est exclu, soi est une victime, soi subit et n'agit que pour adresser des reproches.

Les peuples en voie de disparition, en perte de mémoire, parlent aux cendriers et se couchent contre terre, immobiles, l'hiver, derrière les portes-patio. Et ils ont peur de se faire fourrer. Et ils trouvent les poètes bien ennuyants, comparés aux chars d'assaut.

Un peuple qui meurt, ce ne sont pas ses membres qui cessent de vivre. Ce sont ses membres qui cessent de se souvenir. Qui ne savent plus de quoi les souffrants d'hier sont morts.

Il y a un journaliste du seul quotidien québécois qui prétende réfléchir, au moins un peu, qui parle des auteurs québécois en disant Nos auteurs *et en mettant* Nos *entre guillemets.*

Il y a un ami romancier, rencontrant des étudiants, dans un cégep, je crois, et se faisant demander : Pour qui s' tu t' prends, écrire des romans ?

J'ai eu droit à ça, déjà, souvent : Tu t' prends pas pour d' la marde, Chose.

Et *je crois qu'il ne doit pas y avoir un seul poète, chez nous, qui n'ait jamais entendu cela.*

Il y a un ami, il y a quelques jours, poète lui-même, et aux prises avec toute l'illégitimité qu'il y a à être poète d'un peuple qui veut cesser de sentir, me disant : Pourquoi vous faites une soirée d' même, vous l' savez qu' ça changera rien.

Écoutez bien. Je vais danser.

Si, comme je le crois, nous sommes en train de disparaître à force d'avoir voulu cesser de sentir, tellement la douleur est grande

Si, comme je le crois, tous, ils nous faut faire des efforts surhumains pour arriver à seulement entendre la joie et la douleur de l'autre, tellement nous avons peur de l'autre

Si, comme je le crois, notre mémoire est en train de pourrir, reléguée au placard des accessoires de luxe, parce que nous sommes devenus un peuple d'arrivistes morts de peur devant la vie

D'arrivistes qui ne veulent pas qu'on déplace le moindre bibelot de leur beau salon, parce que ça pourrait rappeler quelque chose à notre mémoire

Alors que notre mémoire, et rien qu'elle, nous donne droit au nom d'humains

Je suis encore cet enfant de sept ans, les pieds dans la neige

Et celui de neuf ans qui comprend parfaitement pourquoi on veut se fondre au téléviseur :

Pour ne pas remarquer qu'à trois pas quelqu'un parle dans un cendrier parce qu'il n'y a personne d'autre sur terre à qui parler !

Mais je peux, moi, maintenant, ce soir, parler à l'enfant que j'étais, et calmer sa terreur, je peux le prendre par les épaules, c'est tout ce dont il a besoin, et je suis le seul à pouvoir le faire, et lui faire Chuuut !

Et lui expliquer, tout doucement, tenter, en tout cas, de lui expliquer que les balles de glace ne feront pas que ça va faire moins mal

Et les mathématiques non plus

Je peux, je dois, lui parler. Je n'ai pas le choix. Ou j'accepte de regarder en face de quoi je suis fait, ou je meurs.

Si, comme je le crois, tous, nous sommes convaincus de l'illégitimité de la mémoire, de l'art, chez nous, cette illégitimité qui est le reflet de la fondamentale, de l'essentielle illégitimité d'être, un point c'est tout, individuellement, ou collectivement, cette illégitimité dont je crois qu'elle nous habite, tous

Et si même, comme je le crois aussi, la prière que j'adresse en ce moment même à je ne sais qui, je ne sais quoi, je ne sais où

Si cette prière devait être entendue de vous, les seuls devant qui je suis redevable de la mémoire que je porte

Si cette prière devait être entendue comme la plainte d'un bébé gâté qui braille pour obtenir encore plus de pablum pour se jouer dans le nombril

Ce qui est ce que nous pensons, tous, plus ou moins, des poètes, dans un coin ou un autre de notre for intérieur

Si même vous deviez penser cela

Alors que je hurle la portion de mémoire qui m'est échue

Et que je hurle devant le néant que les miens, et moi avec eux

Le néant que nous sommes en train de devenir

Dans lequel il n'y aura plus aucune place pour cette mémoire-là, ni personne pour se soucier d'elle

Même si tout cela devait advenir

Et même quand tout cela sera advenu

Je continuerai d'écrire

Quand bien même ce serait pour que mes mots tombent dans le néant de l'oubli.

Mais j'écrirai sur la révolte

Pas sur la victoire du mépris de soi et sur la victoire de l'oubli

Parce que le peuple cynique que nous sommes devenus, ce n'est pas… la vie.

R. Envie de commenter ? Non, toujours pas ?

D. Prenez les *Entretiens*, commencez à la première page… allez jusqu'à la dernière puis ouvrez *Morceaux* et revenez jusqu'ici. Il est là, mon commentaire.

R. Bon. Et à présent ?

D. L'envers de « 8 octobre ».

R. C'est-à-dire ?

D. *La lettre à Gaston*, dont le surgissement a été à l'origine de *La prière du Renard*.

R. C'est cette lettre-là qui surgit un soir, en rentrant chez vous en taxi, après être allé au théâtre puis avoir mangé avec les acteurs de la pièce ?

D. Oui.

R. Et… ?

D. La pièce elle-même est toujours inachevée. Il me faudrait au moins un an sinon deux, à temps plein, pour la finir. J'imagine que je n'en aurai jamais les moyens. Et puis de toute manière, même si je la finissais, qui voudrait monter une pareille saga, ici?

R. Qu'est-ce que vous avez envie de raconter, à propos d'elle?

D. Très franchement?

R. …

D. Je mettrais le texte de la dédicace de la pièce, et puis ensuite je passerais directement à *La lettre*. C'est tout.

R. Alors, on fait ça?

La prière du Renard
Dédicace

À la fin de novembre 1988 – le 26, pour être précis –, j'assistai à une représentation du Mariage de Figaro *de Beaumarchais. Trois souvenirs très forts me restent de cette soirée. D'abord les interprétations de Guy Nadon en Figaro, de Robert Lalonde en comte Almaviva, de Markita Boies en Suzanne et de Louise Turcot en comtesse, qui me procurèrent une joie profonde et me parurent d'une honnêteté, d'une intelligence et d'un talent rares, vibrants de simplicité claire: par l'entremise de ces interprètes-là, les personnages prenaient en scène une vie, une épaisseur, en un mot: un sens, tel qu'il me semble être la fonction primordiale de l'art de tenter d'en… cerner un. Puis, après le spectacle, la rencontre – les retrouvailles, en quelque sorte – avec Robert et, un peu plus tard, ce fut le troisième moment, avec Guy.*

Il arrive parfois que l'émotion de moments marquants comme ceux-là s'associe à des pensées ou à d'autres émotions auxquelles rien, apparemment, ne semble devoir logiquement les unir. C'est ce qui arriva ce soir-là: de ces retrouvailles, celles de Robert, celles de Guy, et du magma, du rhizome des associations, cette pièce, le soir même, commença à naître, qui ne semble pourtant en rien leur être reliée. Un lien existe pourtant: dans un siècle ravagé par les tentations absolutistes, des signes comme en portèrent ces trois moments méritent qu'on leur réponde, fût-ce d'un signe de la main : « On peut être entendu. Merci. » Peut-être que toute tentative d'explication trop simple est vouée à être mensongère. Quoi qu'il en soit… cette pièce est dédiée à Guy Nadon *et à* Robert Lalonde, *avec toute mon affection.*

Quelques jours plus tard, j'assistai à une projection du film Le docteur Jivago, *dans un cinéma de répertoire. À la sortie, ébloui par la sensualité et la photographie, j'allai prendre un verre. Au moment de quitter le bar, un garçon m'aborda et me demanda si j'accepterais de lire le manuscrit d'une pièce qu'il était en train d'écrire. J'acceptai. Nous nous vîmes, plusieurs jours plus tard, afin qu'il me le remette. Et, une troisième fois, pour que je lui fasse part de mes commentaires. C'est au cours de cette troisième rencontre que le bouleversement commença à s'opérer : quand nous nous séparâmes, je sentis, à ma grande frayeur, ce que j'avais espéré ne plus jamais ressentir, tant je sais mon infirmité totale à l'égard de ce sentiment – je sentis qu'au fur et à mesure que cet homme-là s'éloignait, je devenais incomplet, que les objets semblaient perdre une dimension et le spectre des couleurs se rétrécir. Je m'étais pourtant juré, quelques années plus tôt, d'éviter comme la peste ces gens qui rendent les couleurs trop vives et la lumière si chaude. Même aux moments où la tristesse me gagne – quand il me semble que « tout ça » n'a aucun sens –, il me suffit de penser à lui pour que les véritables dimensions des objets et la véritable largeur du spectre se rétablissent. C'est pourquoi cette pièce est aussi dédiée à*[35]*…, à qui j'ai envie d'adresser ces deux mots qui composent le plus beau souhait que je connaisse et dont je souhaite qu'ils nous lient : « Bon voyage. »*

35. R. J'imagine qu'il y a un nom qui va là ? – D. Bien entendu. Celui de « Matane ».

Et puis, encore, parce que le thème de la maladie et de la mort a été présent dès les tout premiers instants de l'écriture de cette pièce, elle est aussi dédiée à celles et ceux qui, un jour, se voient annoncer que leur vie sera plus courte qu'ils ne se l'étaient imaginé, ou qu'elle risque de l'être.

La prière du Renard
« La lettre à Gaston »

Peut-être bien. Peut-être as-tu raison, mon ami, et l'homme n'est-il pas nécessairement plus grand debout qu'à plat ventre. Aussi ne te dis-je pas qu'il est plus grand ainsi, mais seulement que, debout, il respire mieux.

Je sais l'histoire de ce vieux roi trahi par ses filles, ses filles qu'il aimait, mais qui a répudié la seule d'entre elles qui ait su véritablement l'honorer. À la fin de sa vie, déçu par sa vie, désespéré de tout, il maudit ciel et terre, gouffres et étoiles. Qui peut se maudire soi-même ? Il me semble que le vieux roi ne maudit l'univers et son créateur que parce qu'il ne parvient pas encore à mourir, et que c'est de cela qu'il se plaint. Que puis-je te dire ? Je serais bien fat en osant juger sa colère. Sa douleur. Pourtant.

Pourtant.

Que te dire d'autre que : j'ai vu, moi, l'œil d'un père, allumé en parlant de son fils nourrisson ? Et l'étincelle, tout au fond de l'œil, la flamme, faible mais persistante, dans la voix de celle qui luttait pour n'être pas engloutie par sa douleur, par sa peur ?

Et ça, ça, mon ami, je prie, je prie avec autant de ferveur qu'en mettait le vieux roi à maudire, je prie, te dis-je, pour que le souvenir de cet œil allumé, de cette étincelle fugace, de cette flamme tremblotante me prenne par les épaules et me soutienne à l'heure de la trahison.

Car de trahison, l'histoire des humains ne manque pas. Mais de clins d'œil à son assassin ? d'à peine perceptibles hochements de tête, d'acceptation, au moment de l'amitié reniée, bafouée, disant : « Je te reconnais. Et par ma propre faiblesse, je puis témoigner de ce que le couteau dans ta main, le poison de tes mots ne te font pas moins mon frère ou ma sœur, mais plus encore. S'il te faut m'égorger comme le lapin pris au collet, soit. Je suis entre tes mains. Mais à l'instar de celle du lapin, que ma mort te fortifie. Sinon, si de ton geste, de sous lui, rien de plus grand en toi ne se découvre… alors la malédiction est déjà sur toi, en toi. Et n'a nul besoin de se nourrir, elle, de ma hargne, de mes appels à la vengeance » ?

Si c'est être bête que de souhaiter, au terme de sa vie, laisser une petite pierre dans ce mur-là, celui de la fraternité, qui ne sera jamais trop grand, plutôt qu'un éclat dans celui de nos haines, qui peut bien se passer de mon aide tant il trouve déjà de soutien de toutes parts, eh bien, oui, je suis bête.

Oh, comme je souhaite, à l'heure inévitable, mourir le sourire aux lèvres avec, sur le front, le signe de cette fraternité, oui, fût-elle celle de la faiblesse, plutôt que celui de la malédiction. Comme je souhaite rendre à la vie ses bienfaits – oh, parfois bien cachés dans les bosquets touffus – plutôt que de mourir avec les mots du ressentiment aux lèvres, blâmant la vie pour ce qu'il me semblerait qu'elle m'a refusé plutôt que lui rendant grâce pour ce qu'elle m'a sûrement donné.

Suis-je un faible, vraiment, en prononçant de telles paroles ? Il se peut. Il se peut que, par de tels discours, je fasse la preuve de ce que la cohérence que je pense lire dans la vie que je perçois autour de moi est une illusion.

Si tel est le cas… tant pis. Je suis peut-être faible, et fou sûrement, mais d'un monde où le regret serait aussi solide, aussi essentiel, aussi omniprésent que le ciel au-dessus de nos têtes et le sol sous nos pas ; d'un monde de chagrin, et rien que de chagrin, où le chagrin serait la règle et la joie, l'accident, je n'ai que faire. Or je ne suis jamais parvenu à me convaincre de ce que nos existences ne seraient qu'un hiatus entre deux plages de néant ; que nous vivrions en quelque sorte par inertie, n'osant pas quitter cette existence « misérable » par peur de ce que nous trouverions au-delà. Non. La vie est belle. Je dis bien : belle.

Qu'y puis-je, si la grâce naturelle des gestes de cette femme mûre ; ou le rire frais de cette autre, jeune ; si le désir qui transpire de ce jeune homme ; si la sagesse, souriante ou bougonne, de ce vieillard me transportent, me remplissent d'un bonheur indicible ?

Je sais bien que cette grâce peut cacher le calcul et être un artifice ; ce rire, être signe de sottise ; ce désir, un simple appétit des glandes ; et que ce vieillard peut ne porter qu'un mince masque au travers duquel l'ignorance se donne des airs de noblesse. Quand bien même cela serait ? Je m'accorde bien, fût-ce dans la solitude, d'avoir quelques faiblesses. Seraient-elles plus grandes à la lumière du jour et au grand air ? Que je ne sois pas qu'un esprit ne me semble pas si fâcheux. Dois-je refuser aux autres ce que je sais être incontournable pour moi ? Mes « vices » privés ne sont-ils pas encastrés à même ce que je prends pour mes « vertus », que je souhaite, elles, publiques ?

Je ne parviens pas à comprendre, malgré tous mes efforts, cette persistance de l'idée qui veut que la jouissance des glandes soit plus vile que celle des anges.

Ah. Mon ami. Mon ami. Je ne suis peut-être, après tout, que simplement aveugle à ce que d'autres voient. Mais ce que je vois, moi, dans le regard éperdu de désir de ce jeune homme, c'est peut-être – « peut-être » ne suffit-il pas pour courir le risque ? – c'est, peut-être, un jour où il sera emporté par ses glandes, une tendresse humaine le saisissant par surprise, au détour de gestes mille fois répétés ? Humaine. Et si les glandes étaient sa voie, son chemin à lui ? Qui me dit que cette jeune fille ne sera pas un jour surprise par la musique de son propre rire ? Ou si son rire ne fera pas découvrir à tel célibataire se desséchant que la vie continue ? À tel veuf, ne rappellera pas, le temps d'un éclair précieux, cette épouse morte bien trop tôt ? Qui me dit que la ruse de la grâce étudiée de la femme mûre, que cette grâce tellement connue à force de tant de pratique, reconnue chez une autre, n'ouvrira pas un tiroir secret ou ne révélera pas, sous le tain du miroir, quelque message secret, quelque espoir enfoui, oublié depuis longtemps ? Si la sagesse grimacée du vieillard ne laissera pas quelque empreinte réelle ? As-tu jamais entendu de ces contes sur les Blancs ayant vécu parmi les Chinois et singeant leurs coutumes, finissant par avoir les yeux bridés ? Tu me diras qu'ils ne jaunissaient pas. Et tu as raison. Tu me dis qu'il est terrible qu'ils n'aient pas jauni ? Je te réponds qu'il est grand qu'ils aient bridé.

Je ne suis pas jovial. Je suis amoureux. Amoureux de la vie. Et de ses surprises. Ah ! La peau. Les os. Et le sang qui coule dans nos veines. Et les larmes. Toutes les larmes. Une paume. Une paume, mon ami. Et l'extrémité des doigts. Je veux bien hurler de douleur, de terreur, et ne m'en suis jamais privé à mes heures. Mais permets-moi aussi de chanter une paume et des doigts qui méritent bien autant de nous que la lune, un lac au bleu si profond, des montagnes à couper le souffle, le soleil qui se montre enfin.

L'homme est un loup pour l'homme ? Soit. Mais est-ce bien une raison suffisante pour l'exterminer, sinon dans les faits, du moins en souhait ?

La chair ? Oui. Oui, la chair. Et ses faiblesses. Elle pourrira bien assez tôt. Laisse-moi m'y complaire. Le nez enfoui au plus creux d'une aisselle. Les lèvres sur une nuque. Les mains croisées sur un ventre qui n'est pas le mien. Et l'enfant que l'on réconforte après son cauchemar. Et la douleur, qui nous empêche de nous croire déjà morts. Oui, même elle. Bon sang, mais quand elle cessera tout à fait, il n'y aura plus rien. Ou alors… quoi ? L'infini glacé ? Un festin éternel ? J'aime jeûner… parfois… pour sentir l'appétit gonfler. Et me rappeler que rien n'est dû. J'aime le désir et pas seulement son assouvissement. Tu le sais bien ; penses-y : est-il rien de plus ennuyeux que les jeux de l'amour résolus en un instant ? Pourquoi en irait-il autrement de nos autres désirs ? Pourquoi devrait-il en aller autrement de la joie et de la sérénité ? Je ne parle pas de ces plaisirs-là, pour la mise en branle desquels il faut déployer d'étranges instruments qui durent sortir tout droit de quelque manufacture donnée en concession par la Sainte Inquisition, qui cernent les terres sur lesquelles délices et souffrances, les deux cousines, se confondent, jumelles ; ce ne sont pas là mes oignons et ces confusions-là ne sont pas de mon propos. Mais…

Mais s'éloigner un instant, au plus fort de la passion, pour admirer la splendeur avec un peu du recul que ne permet pas le parcours des détails ? Et prendre le temps de dire quelques beaux vers de sa propre plume si l'on en a le talent, ou de celle d'un autre, s'il nous fait défaut ?

J'aime trop mes mains quand elles caressent. Et le corps humain me semble déjà suffisamment vaste pour s'y perdre sans jamais en voir le bout pour que je voie quelque intérêt à y ajouter encore des ailes.

J'aime ces femmes, la gracieuse et la joyeuse ; ce garçon me bouleverse et ce vieillard me donne l'espoir. Qu'ils vivent, bon Dieu ! Qu'ils vivent ! Comment pourraient-ils et elles savoir par avance ce qu'ils et elles trouveront grâce à leurs glandes, leur rire, leur masque et leurs artifices ? Qui suis-je pour en présumer ?

Et puis.

La bêtise est amusante. Parfois.

Il me semble… « Humain. » *Il me semble qu'il n'est guère de mots plus beaux. Mais quel contrat !*

[Il éclate de rire.]

R. Vous souhaitez faire un commentaire ?

D. …

R. Eh bien alors… et ici ?

D. Ici, eh bien nous arrivons à l'écriture « par fable », tout simplement.

DÉPART PAR FABLE

Le regard, la parole et l'écoute

R. Alors nous attaquons le dernier droit ?

D. …

R. Le but de l'artiste est de laisser surgir de lui des regards sur le monde différents de ceux qu'il connaît déjà. Des regards posés sur le monde, à l'extérieur ou à l'intérieur de lui, qui apparaissent *entre* les morceaux du monde comme notre esprit le conçoit. Il se met en route vers ce but en écoutant, en lui, des constellations d'échos, des constellations que notre raison, à elle seule, n'aurait jamais pu concevoir. Il les écoute, ces échos, les détaille. Et, ce faisant, de nouveaux échos encore émergent à leur tour. Des liens qui se tissent entre tous ces pôles, de cette cosmogonie vivante, surgit une sensibilité au monde.

D. Une conscience, oui.

R. Seulement, ces échos et la conscience qui surgit de leur prise en compte sont destinés à être partagés. Les autres et ce qui se passe à l'intérieur d'eux font bien entendu partie du monde. Se mettre en route vers de nouveaux regards en soi pour pouvoir les partager suppose donc que l'on habite dans une société où la curiosité est une vertu, pas une tare. Si en revanche ce qu'il est demandé aux artistes, dans cette société-là, c'est de ne rien faire d'autre que répéter jusqu'à ce que mort s'ensuive les mêmes vérités déjà connues…

D. … ou les mêmes mensonges…

R. … la route est immédiatement bloquée ?

D. Eh oui.
R. Et c'est ce que vous avez vécu?
D. Tout à fait. Seulement, bien entendu, il y a deux manières de faire face à un obstacle. Rebrousser chemin, ou trouver une route qui mène par-delà lui.
R. Et...?
D. Il semble bien que ce soit la seconde que j'aie choisie. Bien avant même d'entrer à l'École nationale de théâtre, je m'étais mis, sans me rendre compte de ce que c'était ça que je faisais, à écouter en moi.
R. Quand vous jouiez à Beethoven?
D. Par exemple. Mais il y avait eu aussi d'autres occasions: lors de ma danse de l'ambulance ou des terribles tempêtes qui ont suivi la mort de ma mère et mon envoi chez mes grands-parents, par exemple. À ces occasions-là aussi, c'étaient les images venues du fin fond de moi qui entraient en action. En soi, les conditions de vie chez mes grands-parents n'étaient pas si terribles – pas les conditions physiques, en tout cas, même si elles étaient fort loin de l'idéal. Ce n'était pas ce qu'il y avait ou pas dans nos assiettes, ni ce que je pouvais ou non me mettre sur le dos, qui me faisait souffrir le martyre, mais le silence. Le silence *intérieur*. Et même et surtout: le silence intérieur *imposé*. Les images liées à la mort de ma mère et à l'absence de mes sœurs, de mon père et de mon ami étaient d'autant plus fortes que l'on exigeait de moi qu'il n'y en ait aucune, image, à l'intérieur de moi. N'avait droit de cité que l'extérieur.
Bref, ne refaisons pas tout ce trajet-là, précisons juste le point essentiel: je m'inventai dès cette époque une manière de les protéger, ces images, et de protéger surtout mon accès à elles. En vous inventant, vous. De la sorte, je pus continuer à les contempler, à ressentir leur force extraordinaire, et commencer à tout juste appréhender leur richesse. C'est à cette époque effectivement, que je me mis à jouer à Beethoven. C'est aussi là que je m'aperçus que même si la plupart des gens, autour de moi, ne pipaient

à peu près jamais mot de ce qui se passait en eux, il était bien clair à mes yeux qu'il s'y déroulait pourtant autant de choses qu'en moi. Et puis que les images respectaient aussi des règles précises. C'est comme ça que je me mis, par exemple, à écouter la télé en essayant de continuellement prévoir ce qui allait advenir l'instant d'après et qu'il m'arriva de m'oublier et de tout à coup dire à haute voix la prochaine réplique d'un personnage, juste avant lui… ce qui à l'occasion arrachait des petits cris de ravissement à mes sœurs. C'est encore comme ça qu'au collège je me mis à écrire à leur place les travaux de certains de mes amis, en m'amusant à les rédiger le plus possible comme eux les auraient faits – erreurs comprises. Tout ça, je le faisais… mais je n'avais aucune idée de ce que je faisais, en le faisant.

R. Et c'est là que vous entrez à l'École?

D. Oui. Et que, comme je vous l'ai raconté, je suis presque immédiatement atterré par la minceur de ce qu'on nous y enseigne. En y entrant, à dix-huit ans, il me semble rapidement que j'en sais déjà plus à propos de l'imaginaire que la plupart de mes profs. Et plusieurs de mes camarades sont dans le même cas que moi. Seulement voilà, nous ne sommes pas là pour apprendre, mais pour cesser de savoir. Alors, je me concentre sur le travail technique. Et je découvre l'amour.

R. L'amour qui, partagé ou non, protège de «Le peuple est tout! Tu n'es rien!».

D. Oui.

R. Et vous découvrez la résistance, avec André Pagé.

D. Jusqu'à ce qu'un jour se pointe ce professeur français invité qui, lui, en deux jours à peine, me remue davantage que je ne l'ai été durant toute l'année et demie qui a précédé.

R. Alain Knapp.

D. Ce que j'apprends durant les cinq ou six semaines passées avec lui à notre premier contact puis à nouveau lors de notre travail de l'année suivante me suffit pour mes deux premières années de vie professionnelle. Ensuite, je pars étudier avec lui à Paris. Et c'est là que se produit finalement le grand choc : dans l'apprentissage des fondements de tout ce dont je vous ai parlé ici.

R. Fragments, et tout.

D. C'est là que je commence enfin à comprendre ce qui se passait au fond de moi quand je jouais à Beethoven.

R. À ce moment-là, vous écrivez *Panique*, et vous revenez à Montréal.

D. Oui. Seulement il y a une toute petite chose, que j'ai mentionnée au passage quand nous avons parlé des fragments de départ auxquels j'ai recours lors de l'écriture de *Panique*, et qui se révèle bientôt cruciale.

R. Laquelle ?

D. Je vous ai bien dit que, dès le moment de l'écriture, le ton comique de la pièce m'apparaît essentiel ?

R. Oui, oui, vous avez souligné au passage qu'en l'écrivant vous êtes bien conscient du fait qu'elle va être créée ici, la pièce, et que si vous ne voulez pas vous faire étriper, vous savez déjà que vous devez un peu camoufler ce que vous voulez dire à propos de la folie de la bonne conscience.

D. Eh bien, c'est de ce petit point-là qu'au retour je mesure assez rapidement la portée réelle. Bien entendu, en rentrant à Montréal, je suis débordé : je dois trouver des sous pour survivre, puis des sous pour pouvoir créer *Panique*, puis trouver les acteurs, puis commencer à répéter… mais une fois que ce dernier processus-là est enfin mis en branle et bien engagé, aussitôt que j'ai donc quelques neurones de libres, qu'est-ce qui arrive ? Presque aussitôt ?

R. …

D. Le surgissement de Michaela !… et de la Bête ! *Et je suis. Pitié. Pitié. Pitié pour la vie !* À Paris, il m'était déjà passé par la tête que je devais écrire *Panique* sur le mode comique, parce que tout autre ton pour aborder ce dont je parle dans la pièce serait ici irrecevable. Or, dès mon deuxième texte, .presque aussitôt descendu de l'avion,

Michaela, Weulf, Flip, le jeune moine, la vieille femme moribonde, le garçon au totem surgissent, font irruption dans ma vie, sans prévenir, en hurlant à pleins poumons, individuellement et tous en chœur, à s'en arracher la gorge : « Sacrez-nous la paix ! » – « Laissez-nous vivre nos vies ! » Et ils surgissent *sans me demander mon avis* !

R. Ils s'imposent à vous.

D. Oui. Grâce à ce que j'ai appris au contact de Knapp, j'arrive à m'inventer à la volée une manière de décoder cette nouvelle sorte de fragments tout à fait inattendue que sont des surgissements comme ceux-là. Mais après ?

R. Comment ça, « après » ?

D. Une fois que j'ai fini de l'écrire, la pièce ? Qu'elle est sortie de moi ? Que je la relis ? Qu'est-ce que vous pensez donc qui me frappe, comme constat ? Quel effet croyez-vous qu'il me fait, le reparcours du processus ?

R. …

D. L'atterrement ! La terreur ! Même aujourd'hui, plus de vingt-cinq ans plus tard, je suis incapable – totalement ! – de relire les dernières paroles de la Bête, ou *a fortiori* de tenter de les murmurer, sans que de véritables ouragans de larmes se lèvent en moi. De tendresse. De douleur. Mais aussi de colère et de révolte. Dès que je la relis, à l'époque, je comprends sans l'ombre d'un doute de quoi elle parle, la pièce. Et il m'est impossible de ne pas voir qu'elle s'est littéralement imposée à moi comme si elle avait été dotée d'une volonté propre, même si, bien entendu, c'est de moi qu'elle a jailli. Il m'est évident qu'il y a toute une partie de moi qui savait que je devais impérativement dire *ça*. Ça… et rien d'autre !

R. Hurler « Sacrez-nous la paix ! »… ?

D. Oui. Mais cette partie-là de moi savait tout aussi clairement que jamais je n'accepterais de le dire en toute conscience. Je connais bien trop les limites de ce qui est ou non acceptable ici. Et le sort réservé à ceux qui osent transgresser les interdits.

R. Vous comprenez donc tout de suite que ce que *Les Bédouins* « veulent » dire… à côté de ça, votre crainte lors de l'écriture de *Panique*, ce n'était qu'un pet ?

D. Mais bien entendu. Alors, ce que la pièce a à dire, elle me l'impose. D'un coup sec.

R. Comme lors des exercices, à Paris, où vous vous êtes rendu compte qu'on ne peut pas empêcher les choses de se penser en nous, et que si nous le tentons, elles risquent fort de se passer de l'autorisation de la raison et de parler quand même ?

D. C'est ça. « N'essayez jamais de jouer au plus fin avec l'inconscient ! » La pièce sort toute seule. Or, elle c'est moi. Une *autre* partie de moi, que je ne connais pas. Pas encore. Certainement pas rationnellement, en tout cas. Mais que je reconnais immédiatement, à l'instant même où elle se met à parler. Et dont je sais tout aussi immédiatement que ce n'est sans doute pas en discutant avec mon entourage que je vais apprendre à la vivre et à la comprendre : à peu près la seule réponse à laquelle je puisse m'attendre, et la plus tolérante, c'est : « Mais non, voyons, mon petit chou. Calme-toi. Dis-moi plutôt : comment elle s'est passée, ton audition pour le commercial ? » J'ai à peine vingt-six ans, deux pièces seulement d'écrites… et je sais que je suis déjà *way out* au-delà de tout ce qu'on a le droit de dire et surtout de penser dans cette société. Qu'est-ce que vous voulez que je fasse ?!

R. …

D. Eh bien, deux choses. Un – Je dois écrire continuellement, de toutes mes forces. Je dois empêcher à tout prix l'énergie de s'accumuler en moi au point de finir par être suffisante pour prendre le contrôle et susciter un nouveau surgissement qui serait sans doute encore plus fort que celui de Michaela. Il faut que je me dépense, que je me défonce, que je m'épuise. Continuellement. Sans arrêt. Mais écrire, ce n'est absolument pas une punition ni une astreinte : c'est un bonheur de tous les instants – même quand les sujets abordés sont affreusement douloureux. Il y a même des moments où j'écris volontairement n'importe quoi : où je m'empêche à toutes forces de suivre le moindre fil logique. Eh bien, à tout coup, quand j'ai terminé et que je me relis, je me rends compte qu'il y a quand même un sens, là : pas un sens « après coup », qui surgirait de la lecture elle-même, pas des liens que je souhaiterais tellement lire que je les plaquerais sur le texte, non : plus je fais taire ma raison, et plus les images qui surgissent de mon esprit sont claires ! Clarissimes ! Quoi que je tente, ce qui monte des profondeurs de moi est explicite : quelque chose en moi cherche à se dire *à tout prix* ! Deux – Je dois explorer l'intérieur de mon esprit directement. Ne plus me contenter de le laisser parler « par lui-même », ne pas me satisfaire de ce qu'il impose à ma raison, mais partir à la rencontre de mes propres profondeurs, établir avec toutes les parties de moi un dialogue d'égal à égal – aller aussi loin que je le peux dans la zone frontière de l'intelligence passive. Apprendre *de visu* comment les choses se passent dans mon imagination, dans l'écho de ce que me fait le monde, aussi près que possible de la source.

R. Aller volontairement camper sur la fameuse plage aux « ping ! », quoi ?

D. Voilà. Et c'est comme ça, je vous l'ai dit, que j'écris *Docteur Münch* et *26 bis*, à toute allure : je sais qu'elles sont trop éclatées, je sais que je vais trop vite, je sais toutes les questions et tous les problèmes qu'elles soulèvent, mais je dois absolument y aller, à fond de train. Allez, ouste ! Le bloc d'incompréhension qui me barre la route, je me jette contre lui la tête la première. Regardez bien ce qui sort de moi. *Adieu, docteur Münch* : l'esprit d'un homme qui, à sa mort, quitte son corps – un esprit composé de myriades de tout petits fragments de souvenirs, de désirs, d'espoirs et de fantasmes qui se frappent, qui se répondent, qui s'entortillent les uns sur les autres et qui à eux tous composent « Lui » – la conscience que cet homme a développée de lui-même au cours de sa vie. *26 bis, impasse du Colonel-Foisy* : une princesse enragée contre son auteur, parce qu'elle est convaincue qu'il n'est pas à sa mesure à elle ! Comment est-ce que vous voulez être plus explicite que ça ?!

R. Qu'est-ce qu'elles vous apprennent, ces deux pièces-là ?

D. Que j'ai ouvert des portes, établi des contacts, en moi. Et que de plus en plus d'images sont en train de se rajuster les unes par rapport aux autres. Que j'ai lancé un mouvement : que des pans entiers de ma représentation du monde cherchent à faire surface. Que l'étrangeté de ce que j'ai déjà vécu en écriture, ce n'est encore rien du tout en comparaison avec ce qui s'en vient. Vous vous rendez compte ? Ce qui m'attend risque d'être cent fois plus fou que tout ce que je connais déjà... alors que dans ma société, je suis d'ores et déjà un intenable *weirdo* – qui parle de choses dont à peu près personne ne veut entendre parler. Pourquoi ? Parce que pour écouter ça, il faudrait renoncer à « Nous » et accepter « Je » ! Autrement dit : envoyer le nationalisme se faire foutre dans les grandes largeurs.

R. ...

D. C'est à ce moment-là qu'il m'apparaît clairement que je dois immédiatement faire machine arrière. Dans *Münch* et dans *26 bis*, j'ai exploré, je suis allé aussi loin que je le pouvais en si peu de temps dans l'étude de l'éclatement – dans le... comment dire ?... dans la prise en compte immédiate, à grande profondeur, des fragments. J'ai appris à nager dans les bulles qui remontent du fond marin, si vous voulez. Mais je sais à présent qu'il y a une limite à l'éclatement supportable. Alors je fais carrément demi-tour et je décide d'écrire, cette fois, une pièce on ne peut plus « classique » – à partir d'un décorticage on ne peut plus classique, lui aussi.

R. Et ça donne...

D. *Being at home with Claude* – qui sort à toute allure, encore plus vite que les précédentes : tout juste le temps qu'il faut pour taper le texte. Je ne veux pas penser, je ne m'en laisse même pas le temps : je me mets en position d'écrire, je me fixe un cadre stylistique très clair, hypersimple et très précis… et je fonce. Résultat ?

R. Une pièce à succès…

D. Pas du tout – ça c'est pour les autres, moi ça ne me concerne pas. Non, le résultat, pour moi, se lit tout autrement : deux gars qui tombent en amour l'un avec l'autre, en amour fou, dément. Mais tomber en amour, ça veut dire se reconnaître… se reconnaître l'un l'autre. Reconnaître, chacun, les profondeurs de l'autre. Alors qu'ils ne peuvent pas, ils ne *peuvent* pas, être en amour ! Pourquoi ? Parce qu'un des deux – Claude – met en danger tout ce que sa vie a été jusqu'alors, en acceptant d'être autre chose qu'un « gars du parti », en acceptant une autre force dans sa vie que celle de la Côse…

R. « La fille, au téléphone, a l'avait l'air en tabarnak après lui[36]… » ?

D. Précisément. Alors que l'autre, lui, Yves, est convaincu que ce qui vit en lui – *en lui* ! – est irrecevable dans le monde extérieur. Qu'est-ce qui arrive ? Tous les deux se reconnaissent, reconnaissent chacun ce qui se dit dans les yeux de l'autre, le sentiment que ce moment-là *est* la vie mais qu'il est aussi un accident qui ne pourra pas durer. Alors, plutôt que de retourner dans l'« à peu près » et le « c'est mieux que rien », ils se suicident. Tous les deux, mais à travers un seul. Yves tue Claude, mais juste avant de tirer sa *plug* à lui, il raconte. Il veut dire, il *doit* dire : « Nous deux, on a pas été capables. Mais c'est sûr qu'y doit y avoir moyen d'y arriver ! C'est sûr ! Y faut continuer de chercher. Y a rien d'autre qui importe. » Ce n'est pas « que » d'amour que la pièce parle, mais tout autant de notre capacité à croire ou non à la possibilité de vivre dans le monde extérieur ce qui vit d'abord dans les profondeurs de soi.

36. *Being at home with Claude*, 1986.

L'avertissement que je m'adresse à moi-même en écrivant cette pièce-là est impossible à manquer : « Parle ! Si toi tu ne parles pas, si tu ne prends pas volontairement la parole, je vais le dire malgré toi ! Et… oui, tu as parfaitement raison, cette fois-ci tout risque de sauter ! »
Mais comment ? Comment dire ce que j'ai à dire ? Comment le trouver, même ? Comment le savoir ? Je ressens le malaise, mais ce qui le cause, comment le tirer au grand jour ? Comment fait-on pour parler, dans une société qui ne veut rien entendre ?

R. …

D. Eh bien, c'est pour répondre à cette question-là qu'après avoir étudié le décorticage des fragments « à froid », puis après m'être inventé une manière de *dealer* à chaud avec les surgissements, je vais m'inventer encore une troisième manière d'écrire : par fable.

*

Plonger

D. Décembre 1985. *Being* joue au Théâtre de Quat'Sous. C'est le *hit*. Et, dans une très large mesure, je m'en fous comme de l'an quarante – pas du *show*, du *hit*. Parce que depuis mon retour de Paris, il y a six ans, nombre d'interrogations que je traîne depuis longtemps ont carrément muté et sont en train de prendre presque toute la place dans ma vie. Comme si j'avais vraiment besoin d'une preuve de ce que les obstacles que je perçois ne sont pas « juste dans ma tête », le *hit* de *Being* lui-même m'en vaut une, instantanément. Dès le lendemain ou le surlendemain de la première au Quat'Sous, j'en ai une autre, première…

R. Oui, oui, chez Omnibus : *Deux contes parmi tant d'autres*.

D. Une splendide mise en scène de Jean Asselin et plusieurs très, très belles interprétations – celle de Jean en *docteur Münch*, entre autres, mais, j'insiste, plusieurs autres aussi.

Pourtant, la production se fait ramasser, net. Pourquoi? Parce que ce que je dois écrire désormais, est-il décrété sans la moindre hésitation ni la moindre espèce de pudeur, c'est d'autres *Being*, bien sûr. D'autres *Being*, et rien d'autre. Alors que pour moi, bon, eh bien, *Being*, c'est fait, elle est écrite, je n'ai aucune envie de la recommencer. Même qu'à tout prendre *Deux contes* est sans doute beaucoup plus riche qu'elle, à de nombreux égards. Si quelqu'un s'intéressait si peu que ce soit à ce dont les pièces *parlent* plutôt qu'à la seule capacité à *pogner* de l'une ou de l'autre, une chose lui sauterait immédiatement aux yeux : que c'est le même gars qui, à quelques mois d'intervalle à peine, a écrit les deux, deux pièces aussi différentes entre elles qu'on puisse en imaginer.

R. Et ça n'arrive pas?

D. Ça n'arrive pas *du tout*.

R. *Deux contes*, vous m'en dites un mot?

D. Jean, avec qui j'ai déjà travaillé comme acteur, et qui est un artiste pour lequel j'ai énormément de respect, m'a approché pour que j'écrive, au départ, une adaptation de *L'Œuvre au noir* de Marguerite Yourcenar.

R. Wow. Et vous la faites?

D. Oui. Elle s'intitule *La soixantième nuit* : la soixantième nuit de son incarcération, c'est celle au terme de laquelle Zénon, le héros du roman, va être exécuté pour hérésie – l'action se déroule au XVIe siècle. Bien entendu, pour jouer une pièce tirée d'un de ses romans, il faut obtenir la permission de madame Yourcenar, mais nous ne pouvons pas attendre que j'aie terminé mon travail pour le lui soumettre, cela nous mènerait beaucoup trop près du début des répétitions. Alors nous décidons de plutôt lui envoyer mes pièces précédentes.

R. De lui demander d'entériner l'auteur plutôt que le texte, quoi?

D. C'est ça. Connaissant sa réputation d'irascibilité et de tempérament pointilleux à l'égard de l'utilisation qui est faite de son travail, je sais bien que nos chances d'obtenir son aval sont extrêmement minces, j'en fais même part à Jean : *Docteur Münch* et *Les Bédouins* ont vraiment très, très peu de chances de lui plaire. Mais nous n'avons pas le choix, il faut bien que nous lui montrions quelque chose. Effectivement, après avoir lu mes pièces, elle nous refuse son autorisation.

R. Ça doit vous mettre dans tous vos états ?

D. Non. Ça me déçoit, bien entendu – quel jeune écrivain ne rêverait pas d'obtenir un signe de confiance de la part d'une romancière aussi magnifique ? –, mais je comprends très bien les objections qu'elle peut avoir. Il n'en reste pas moins que dès le jour où sa réponse arrive, nous devons repartir à zéro : si mon souvenir est exact, elle nous arrive d'ailleurs le jour même où je rencontre Jean pour lui remettre mon adaptation, que j'ai terminée la veille. Moi j'arrive avec mon manuscrit... et Jean avec la lettre de Yourcenar.

R. La joie.

D. Je n'ai plus le temps, à si brève échéance, de me lancer dans un projet à partir de rien, alors je propose ceci : construire autour du personnage du docteur Münch, qui, dans la pièce qui porte son nom, est abordé de manière extrêmement éclatée. Écrire la version narrée de sa vie : non plus sa propre mort comme lui la ressent, mais sa vie comme on peut la raconter. Nous tombons d'accord là-dessus, je me mets au travail, et très rapidement le projet évolue et devient celui de *Deux contes* : une tribu qui ne possède encore que des rudiments de langage se réveille chaque nuit pour que le chaman lui invente des histoires, dans lesquelles chaque membre a, sous une forme ou sous une autre, un rôle à jouer. Au début, la tribu ne possède pour s'exprimer que des borborygmes, puis le langage commence à émerger, et soudain, le premier conte, *Le conte de l'étoile*, surgit.

R. Un peu comme vos fragments s'imposent lors de l'écriture ?

D. Précisément, c'est exactement l'image que j'ai à l'esprit en écrivant. Celle-là et celle de l'absolue nécessité du langage dans nos vies, mais pas uniquement pour compter les moutons et les pièces d'or : pour raconter nos rêves et nos cauchemars.

R. Qu'est-ce que c'est, *Le conte de l'étoile* ?

D. Une légende d'Amérique latine, d'origine amérindienne, je crois – c'est un ami nicaraguayen qui me l'a racontée. Un homme très pauvre est en amour fou avec une étoile. Chaque nuit, pour lui dire sa passion, il se relève et marche le nez en l'air jusqu'au bord de la mer. Durant des années et des années. Or, une nuit, elle lui répond – elle lui demande : « Tu m'aimes ? » Lui, bien entendu, se répand immédiatement en hommages et en déclarations solennelles, alors elle lui offre de venir la rejoindre. Elle envoie un de ses rayons miroiter sur les vaguelettes, à ses pieds : « Viens, monte sur le rayon et marche jusqu'à moi. » Ce qu'il fait. Sauf qu'une fois passé la lune, comme s'il se réveillait soudain, il se rend compte de l'endroit où il se trouve, se dit bien entendu que c'est absolument impossible, qu'on ne peut pas marcher sur la lumière, panique et retombe vers la Terre, où il se fracasse. L'étoile se penche sur son corps en lambeaux. Reste un long moment silencieuse. Puis finit par laisser échapper : « Que c'est triste… un si petit amour. »

R. …

D. Le deuxième conte, c'est bien entendu celui de la vie du docteur Münch, un médecin qui traverse toutes les grandes questions du XXe siècle occidental. Une espèce de héros de notre époque. Un Norman Bethune allemand.
Avoir ce texte-là créé littéralement au même moment que *Being*, c'est une occasion totalement inespérée, pour moi, un cadeau inestimable que la vie me fait. C'est quand même une chance incroyable, imaginez, pour un artiste, de voir ainsi, et à un aussi jeune âge, deux pôles de l'univers qui le constitue être déposés comme ça côte à côte. À mes

yeux, les deux pièces se répondent, elles abordent toutes les deux la même question – les rapports entre le monde intérieur et le monde extérieur –, mais en sens inverses : *Being* dans l'intimité, et *Deux contes* dans l'histoire et la politique. Toute la période qui précède les deux créations est pour moi une période de prodigieuse excitation : je vais enfin être à même de *voir*, d'un seul regard, deux aspects essentiels et contradictoires de ce qui m'anime.

R. Sauf que *Deux contes* est immédiatement écartée.

D. Presque comme si elle n'avait jamais existé.

R. Quel effet est-ce que ça vous fait ?

D. L'impression de recevoir du même geste un bouquet de roses et un coup de *bat* de baseball en pleine face. Comprenez-moi bien : à ce moment-ci comme en bien d'autres, ce n'est pas le fait que des gens préfèrent une pièce ou l'autre qui est douloureux, mais celui que l'une des deux soit littéralement *flushée* et, du même coup, un questionnement qui m'est essentiel. *Personne* ne soulève la question des liens qui peuvent exister entre les deux pièces, *jamais*. Sauf pour s'exclamer : « Wow ! Heye, c'est extraordinaire ! Deux créations en trois jours ! », bien entendu. Comme si mon but dans la vie n'était pas d'écrire des pièces qui parlent de quelque chose, mais uniquement d'allonger mon CV le plus vite possible. Quoi qu'il en soit, il y a soixante-douze heures, au milieu de novembre 1985, qui sont dans ma vie celles d'une prise de conscience qui a à peu près l'allure d'un tremblement de terre : il me devient impossible d'ignorer qu'il existe dans la société où je vis un mur, un mur culturel, un mur dans les esprits, qui fait qu'il est pratiquement impossible d'y parler de ce quelqu'un quelque part décide qu'on ne veut pas entendre.

R. Et en l'occurrence, ce qu'on ne veut pas entendre, c'est ce qui pour vous est au cœur de la vie.

D. Eh oui, c'est aussi simple et aussi clair que ça. Mais je décide très rapidement de faire comme si de rien n'était. Je ne *veux* pas penser à ce vertige-là que je viens de découvrir incontournable. J'en suis totalement incapable. Alors pour m'occuper l'esprit, je me raconte que j'ai besoin de nouveaux défis, n'importe lesquels, qu'il faut que j'essaie autre chose : tiens, écrire pour un gros théâtre, par exemple, pourquoi pas ?

R. Vous voulez continuer à dépenser votre énergie, l'empêcher de s'accumuler en vous de peur qu'elle ne fasse explosion, comme vous l'avez déjà fait quelques années plus tôt en écrivant *Münch* et *26 bis* ?

D. C'est ça. Sauf que la voie de l'exploration des fragments éclatés que j'ai suivie ces fois-là, j'ai été jusqu'au bout. Alors que, cette fois-ci, l'idée consiste à procéder plutôt en sens contraire : au lieu de plonger dans les enjeux, je vais m'imposer un défi formel dont je suis à peu près convaincu que je suis incapable de le relever.

R. Écrire pour un gros théâtre ?

D. Oui. Ce n'est pas que ça me tente particulièrement – ni que ça ne me tente pas non plus, d'ailleurs –, c'est tout simplement que ce genre de considérations-là ne m'intéressent pas. Mais oui : il faut que je m'occupe l'esprit, parce que je ne veux surtout pas penser à mon malaise.

R. Pourquoi ?

D. Qu'est-ce que vous croyez ? Mais parce que j'ai la chienne de m'apercevoir, si je le fais, que j'ai une tâche à accomplir qui ne me tentera pas du tout – genre : me jeter devant un char d'assaut. Ou parce que j'ai peur de m'apercevoir que je ne suis pas capable de le faire. Que je suis un lâche, une poule mouillée. Je sais que si je me penche sur ce malaise-là, quelle que soit ma manière de m'y prendre, il a toutes les chances du monde de me péter à la gueule.

R. Et vous aimez mieux vous péter la face sur des enjeux qui ne vous intéressent pas – comme votre nom ou votre carrière – que de risquer de vous apercevoir que vous êtes incapable d'assumer ce qui vous est essentiel ?

D. Nettement. En plus, ça me permettra de gagner du temps.

R. Comment ça ?

D. De deux choses l'une : ou bien je vais être capable d'écrire pour un gros théâtre, ou bien non. Si j'en suis capable – ce dont je doute fortement –, eh bien, comme ça tout le monde sera rassuré : « Ah bon ! Eh bien là, au moins, c'est clair : ce qu'il voulait, Dubois, c'était juste se faire un nom », et je ne serai plus dangereux. Je serai simplement un autre de ces gars et de ces filles qui crient fort quand ils sont jeunes mais qui, ce faisant, ne cherchent au fond rien d'autre qu'à faire monter les enchères pour pouvoir se vendre au meilleur prix possible. Et on me sacrera patience. Si, en revanche – hypothèse la plus vraisemblable –, je ne suis pas capable, eh bien, je pourrai être classé dans la catégorie des poètes ratés : « Ah, bien. Je l'ai toujours su, aussi, que son succès de *Being*, c'était rien qu'un accident. Bon, une bonne chose de tirée au clair ! »

R. Et dans ce cas-là aussi on vous sacrera patience ?

D. Et voilà. Alors, je me dis : « Je l'ai ! Va voir Duceppe ! Il a bien aimé *Being*, il te l'a dit. Il ne pouvait pas la monter chez lui, mais s'est empressé d'ajouter : "Rappelez-moi quand vous voudrez." » Je ramasse donc le premier prétexte venu, je décroche le téléphone, je l'appelle et je prends rendez-vous avec lui. Je me pointe à son bureau, et aussitôt que j'y mets le pied, je me fais : « Non, mais où est-ce que t'avais la tête, espèce de concombre ?! Qu'est-ce que tu viens faire dans le bureau de Jean Duceppe avec sous le bras un projet aussi délirant que *Rita Cournoyer joue Phèdre* ? Il va te sortir d'ici en rondelles, espèce de nouille à ventouses ! » Sauf que lui… il dit oui au bout de même pas dix minutes ! Ce qui fait que bing ! je me réveille tout à coup assis en face de lui, en tête à tête dans son bureau ! Et que je me rends compte soudain que c'était ça et rien que ça que je cherchais en réalité : être là, avec lui. Pourquoi ? Pour pouvoir lui poser ma question, à mon grand-père symbolique, à mon grand-père d'entre tous les grands-pères comme dans les contes de fées.

R. « Grand-père ! Parlez-moi ! Racontez-moi ! Qu'est-ce qui s'est passé ? Si vous, vous vous taisez, nous allons tous mourir de votre silence ! » ?

D. C'est ça. Mais lui, qu'est-ce qu'il fait ? Sitôt réglées les modalités de principe de notre entente, il me raconte toutes ses anecdotes, il me ramollit bien comme il faut, et puis zap ! de but en blanc, il me lance : « Non, toi ! Toi, dis-moi ce que j'ai fait. Écris-le, tu le sais déjà. » Je suis… bai-sé ! *Flabergasté* ! Retourné sur la doublure ! Eu !

R. …

D. Qu'est-ce que vous voulez que je fasse ? Je pars pour cinq semaines en vacances en Europe, demain ou après-demain ! Alors je me dis : « Bof, eh bien, écris-lui donc *Rita Cournoyer*, et puis, pour sa question, tu verras plus tard, c'est tout. » Sauf que non, rien à faire. J'arrive en Europe, les jours passent, et il n'y a pas un seul mot qui me vient, à propos de *Rita*. Qu'est-ce que je fais ? Ce que je fais toujours dans ces cas-là, tout simplement : j'arrête tout, je m'appuie au dossier de mon fauteuil, je ferme les yeux et je me demande : « C'est quoi, le problème ? » La réponse me saute aussitôt dans le crâne – cinémascope, dolby et tout ce que vous voudrez. L'image de monsieur Duceppe, sa tête grosse comme une maison à appartements, qui me dévisage et qui me répète, encore et encore : « Vous savez, j'ai joué presque tous les pères de Dubé… » Sacrebleu ! Rendu là, je suis à Paris et on est le… je ne sais pas trop, le 12 janvier, je crois. J'ai promis à monsieur Duceppe de le rappeler à la fin du mois, aussitôt que je serais de retour à Montréal. Alors je décide que j'ai deux semaines pour la lui écrire, ma maudite réponse, c'est tout ! Qu'est-ce que je pourrais bien décider d'autre ?! Je change mon billet d'avion et je rentre immédiatement. Sauf que pendant mon absence, les tuyaux de mon appart ont gelé. Merde ! Je vais en avoir pour une semaine au moins, pas moyen de prendre un bain ni de pisser en paix, avec les plombiers dans les pattes, qui vont me cogner du marteau dans les oreilles à longueur de journée. Je pars avec une copine, me trouve un nouvel appart, m'achète un lit, de la vaisselle, deux tables, deux chaises, me loue une machine à écrire, m'enferme à quadruple tour avec ça d'épais de papier, et…

R. Et… ?

D. … je me retrouve nez à nez avec le vertige. Tout seul avec lui. Bang ! Nez à nez avec la question de monsieur Duceppe. Et avec mon malaise. En pleine face. D'un coup sec. Je fige littéralement de terreur. Et je ne sais pas quoi faire : qu'est-ce qu'on fait, devant une des questions essentielles de sa propre vie, quand la seule personne de qui on a jamais cru pouvoir obtenir une réponse vient de vous lancer : « C'est à toi de me le dire ! » ? Hein ?!

R. Je ne sais pas. Quoi ?

D. Eh bien, on se dit : « Décortique, mon homme ! »

R. Décortique… quoi ?

D. Tout ! « Tu vas te sortir une poignée de fragments, et la réponse sera dedans. Allez ! au boulot ! »

R. Une journée de printemps – fin d'avant-midi – l'aréna de Villeray – le personnage fume un cigare ?

D. Et un père qui dit : « J'ai peut-être fait rien que ça, dans ma vie. Mais ça, au moins, je l'ai fait ! »

R. Fiou.

D. Et Jean Duceppe qui me dit : « Vous savez, j'ai joué presque tous les pères de Dubé… » Et l'orage ! Le terrible ciel d'orage auquel je rêve !

R. …

D. Écrire par fable, ce n'est plus partir de fragments choisis bien calmement et en apparence de manière arbitraire, et les décortiquer tout doucement. Ni même se retrouver catapulté sur la plage aux « ping ! » et voir soudain sortir de l'eau un personnage au grand complet, qui pointe derrière lui en hurlant à pleins poumons : « Attention ! Ils arrivent ! » Écrire par fable, c'est se planter sur ses deux jambes, les pieds bien enfoncés dans la dune, les poings sur les hanches, face à la mer… et la fixer des yeux. Fouiller du regard *tout* ce qu'on se sait être. Mais tout ce qu'on se sait être *de l'intérieur*, tout ce qu'on se sait être même si on serait incapable de seulement commencer à en dresser une liste. On le dévisage, on plonge son regard dans la mer, de toutes ses forces mais sans rien chercher, sans rien attendre… jusqu'à voir tout à coup les vagues se mettre à gonfler, gonfler, noircir et battre, d'énormes bulles se mettre à péter de partout – bien trop grosses pour être lisibles ou audibles –, jusqu'à savoir qu'une immense tornade sous-marine est en train de se déchaîner, alors on lève les bras au ciel, on hurle : « Je vais vivre ! »… et on se jette à l'eau pour aller voir de quoi elle est faite !

Ce qui est totalement différent, cette fois-ci, ce n'est pas le travail lui-même, mais ce sur quoi il s'exerce. Comme toujours je choisis des fragments, comme toujours je laisse surgir leurs échos et comme toujours les silhouettes des personnages émergent doucement du brouillard. Ce qui est en revanche complètement nouveau, c'est la manière que j'ai de les écouter, ces fragments puis ces esquisses de personnages. Et, encore bien davantage, la profondeur depuis laquelle ils surgissent.

R. Concrètement… ?

D. Je sais, dès le moment où je m'assieds devant ma machine à écrire, que cette fois-ci les échos des fragments ne vont pas parler seulement d'un *regard* autre, mais aussi d'un *monde* par certains de ses aspects radicalement différent de tous ceux que j'ai abordés jusque-là. Et que ce dont il s'agit d'abord et avant tout, c'est de le faire surgir, ce monde-là. De le faire surgir… presque de force.

R. Quel monde ?

D. Le mien ! J'en suis arrivé au point où je *dois* prendre le risque de *me* laisser parler. Cette fois-ci, il s'agit, pour la première fois en toute conscience, non plus de laisser surgir en moi d'autres regards que le mien et d'entendre ce qu'ils vont bien pouvoir m'apprendre sur le monde et sur l'effet qu'il nous fait, mais de plutôt laisser émerger mon regard à moi. Pas ce que je peux bien m'imaginer qu'il est, mais ce qu'il se révèle être… en pleine tempête.

R. Oh ! *Lord Jim* ?!

D. Exactement ! Mais dans ce cas-ci, Lord Jim ne tombe pas sur une tempête par malchance, il la crée ! Je dois utiliser les fragments pour provoquer un immense surgissement que je devrai alors décortiquer à toute allure.

R. Mais comme le jour de votre fête, l'été dernier, alors ? Quand vous vous êtes rendu à la rencontre du zozo pour qu'il vous mette à l'épreuve, pour apprendre enfin si oui ou non votre troisième voie allait tenir le coup sous les assauts ?

D. Oui.

R. Ce n'était pas la première fois de votre vie que vous faisiez ça ?

D. La *première* fois ?! Dites plutôt la quatrième ou la cinquième. Pourquoi donc pensez-vous que je vous ai laissé aller de l'avant, quand vous vous êtes lancé dans votre longuet discours ? Pourquoi croyez-vous que je n'ai pas soulevé d'objections ?

R. Vous saviez où je m'en allais ?!

D. Certainement pas. Mais vos arguments tenaient la route, et j'ai suffisamment l'expérience des détours que peut prendre l'intelligence passive pour avoir compris qu'il était tout à fait possible que tout autre chose que ce que j'en lisais soit caché sous les événements que je venais de vivre. Pourquoi donc croyez-vous que presque aussitôt votre laïus achevé, j'ai embrayé sur *Monsieur Deslauriers* ?

R. Parce que la mise à l'épreuve du jour de votre fête, tout de suite quand vous avez compris que vous veniez de vous livrer à elle, a éveillé l'écho de ce que vous vous êtes fait vivre au début de 1986 ? Vous rendre au parc pour vraisemblablement affronter zozo, ça ressemblait beaucoup à vous rendre dans le bureau de Jean Duceppe pour lui proposer un projet qu'il ne pouvait pas trouver à son goût ? Alors… « ping ! ».

D. « Ping ! », oui. Et pas qu'un peu.

R. Au début de 1986, vous vous réveillez donc soudain dans votre tout nouvel appartement, assis devant votre machine à écrire, et « ça passe ou ça casse » ?

D. Oui.

R. Mais pourquoi le nom d'écriture « par fable », alors ? Qu'est-ce qu'elle vient faire dans le portrait, la fable ? En quoi est-ce que ce que vous évoquez là en est davantage une que l'écriture des *Bédouins*, de *Panique* ou de *Being* ?

D. Ce n'est pas le contenu de la pièce qui est une fable, en tout cas pas plus ni moins que pour n'importe quelle autre pièce, vous avez raison. La fable à laquelle je fais référence, c'est celle que durant le travail je vais me raconter *à moi-même* pour que ma raison me laisse aller en paix à des profondeurs où elle ne peut pas se rendre. Je vous ai déjà expliqué qu'écrire, pour moi, ne *peut pas* se résumer à faire le tour de ce que je connais déjà : ça ne m'intéresse pas, faire ça. Ça ne me dit rien du tout, ça me rebute, même. Au moment d'écrire *Monsieur Deslauriers*, ce que j'ai à apprendre de l'écho du monde en moi, il faut donc que je trouve une manière de le faire apparaître sans le *déduire* de ce que je sais ou de ce que je pense savoir. Inventer l'écriture par fable, c'est littéralement imaginer une manière de devenir complètement fou, en sachant qu'avec un minimum de chance, la route du retour ne se refermera pas à mesure derrière soi. C'est me donner la permission de transgresser enfin toutes les règles dont la régie relève de la raison. Me donner la permission de regarder face à face ce que je ressens à propos de moi-même et du monde, sans me faire à tout bout de champ ramener au soi-disant bon sens et aux valeurs courantes de la culture du monde où je vis.

R. Racontez-moi ça ! Vite !

D. Je sais qu'il y a cet immense malaise, en moi, qui réclame mon attention à tue-tête, et qui menace de s'imposer malgré tous les obstacles dressés par ma raison, par mes peurs.
R. Oui.
D. Eh bien, au moment de plonger dans l'océan pour enfin aller voir de quoi il est composé, mon malaise, mais pour aussi et surtout aller faire face à ce qui m'anime, je me rends compte que je vais avoir besoin d'un point stable, d'un point de référence auquel me raccrocher. N'importe lequel.
R. Oui ?
D. Et je découvre que parmi les fragments que je me suis choisis au départ, il y en a un qui me permet de faire précisément ça. J'aurais voulu en toute conscience m'en construire un sur mesure que je n'y serais sans doute jamais aussi bien parvenu.
R. Lequel ?
D. L'histoire de ma famille.

*

Le printemps, monsieur Deslauriers
Le palais de glace, le roi et l'écho des tornades

D. Au travail ! Donc : le personnage fume un cigare. Donc : un père dit « J'ai peut-être bien fait rien que ça, dans ma vie, mais ça, au moins, je l'ai fait. » Donc : une fin d'avant-midi. Donc : un père arrive au bout de sa vie. Donc : l'aréna de Villeray. Donc : jour de printemps. Donc : un père se retourne et regarde le chemin parcouru au long de son existence. Parfait.
R. De là, qu'est-ce que vous faites ?
D. Rien du tout. Je dispose de dix jours à peine pour faire le voyage, alors je n'ai absolument pas le temps de me

livrer à un décorticage en règle. Je décide d'improviser une toute nouvelle manière de commencer une pièce – à la volée. C'est épouvantablement risqué, mais je n'ai pas le choix. Je ne ferai rien. Rien d'autre que me concentrer, que sauter d'une image à l'autre, pour lancer un grand mouvement, en moi, pour appeler un méga-surgissement, une tornade. Je ne sais pas si ça se peut et, si ça se peut, je ne sais absolument pas si je vais pouvoir survivre à ça sans que le cerveau me fende en deux… mais il n'y a rien d'autre que je puisse imaginer.

R. Vous partez danser une rumba en raquettes dans un champ de mines ?

D. Quelque chose comme ça, oui. D'abord, je ferme les yeux, et je respire tout doucement. En tremblant comme une feuille. Il faut coûte que coûte que je me calme, que je réussisse à faire fondre le sentiment de panique qui me fait vibrer des orteils au bout des cheveux. Que je parvienne à… pas à faire taire ma raison, mais à entendre autre chose qu'elle.

R. Pourquoi ?

D. Mais parce qu'elle est folle de terreur. Ça ne se fait pas, commencer une pièce de cette manière-là. Ça *n'existe pas*, ça, comme manière de s'y prendre. Ma raison, elle s'époumone : « Mais tu peux pas faire ça ?! T'es fou à enfermer ! À l'aide ! Au secours ! Au feu ! Tu vas tout perdre ! Il va te pousser des boutons partout ! Y a plus un chat sur la planète qui va vouloir t'adresser la parole ! Le nez va te crochir ! » On ne peut pas *faire taire* un sentiment de panique comme celui-là. Tout ce qu'on peut – avec un peu de chance et beaucoup de concentration –, c'est le remplacer.

R. Par quoi ?

D. Par une autre émotion. Aussi forte qu'elle, mais dont on maîtrise les images qui l'animent. Une panique comme celle-là, ce n'est souvent qu'un flot d'images désordonnées que la raison fait surgir dans un but très précis : pour faire taire les deux autres intelligences, pour les faire décrocher. Pour y arriver, elle sort de ses tiroirs des séquences hyperfortes et se met à jouer au squash avec elles, en les envoyant rebondir dans tous les coins, de toutes ses forces et à toute vitesse. Il y a deux choses essentielles à comprendre, pour parvenir à se tirer d'un état pareil : d'abord qu'on ne peut pas simplement le quitter – il faut aller *ailleurs*. Ensuite que ces images-là sont *utilisées*, et qu'elles visent donc un but précis.

R. En l'occurrence, celui de vous faire renoncer à votre projet ?

D. Précisément. Dès que je m'installe la toute première fois pour travailler à ce qui va devenir *Le printemps, monsieur Deslauriers*, je sais que si je ne parviens pas à faire dérailler ma panique, je suis cuit : je vais rester paralysé sur ma chaise ou trembler tellement fort que je ne parviendrai pas à taper sur les bonnes touches de mon clavier, et au bout du compte je n'aurai plus assez de temps pour travailler. Alors je ferme les yeux, je respire aussi calmement que je le peux et, tout doucement, je commence à me construire un mur intérieur.

R. Un mur de quoi ?

D. De peurs. Je me penche sur ma mémoire, et je choisis méticuleusement les pires images que je puisse trouver. Les images les plus douloureuses, les plus honteuses – je n'ai pas vraiment d'effort à faire pour en trouver. J'en prends une, et je la maintiens au centre de mon attention. Une autre, que je dépose à côté de la première. Et ainsi de suite. Au bout de deux ou trois heures de ce remède de cheval là, ma panique commence à avoir des ratés. Puis elle finit par se taire.

R. Mais vous, vous devez être dans un état de désolation… lunaire ?

D. Oui, bien sûr. Mais au moins je sais de quoi il est composé, cet état. Tandis qu'avec la panique, il n'y a rien du tout à savoir : on ne peut que plier sous ses assauts. Eh oui, l'image de moi qui se compose dans mon esprit est désolante, mais je sais sur quoi elle repose et je sais qu'elle, au moins, est vraie. Incomplète, mais vraie. Je laisse défiler toutes les peurs, toutes les douleurs qui me passent par la tête. Ensuite, quand je ressens que la panique a définitivement perdu pied, j'approfondis encore ma respiration et, une à une, j'entreprends de remplacer chacune des briques du mur que je viens d'élever.

R. De les remplacer par quoi ?

D. Par d'autres. Par d'autres qui appartiennent, elles, à mon malaise. Bien entendu, le fait de décrire ici ce qui se passe à l'intérieur de moi durant ces heures-là ne peut que donner une impression complètement fausse : celle que tout ce travail-là est tout bonnement la mise en application d'un plan mûrement réfléchi. Il n'en est rien. Durant ces heures-là, je nage dans un véritable fleuve de lave. Je ne réfléchis pas à ce que je fais : je le fais. Avec la même confiance, la même humilité que je déploie au cours d'un décorticage, mais avec une urgence comme je n'en ai sans doute jamais connue : *il faut* que je fasse ce qui doit être fait, et c'est tout. Et que je le fasse *immédiatement*. Or, pour y parvenir, je ne dispose de rien d'autre que de mes connaissances, de mon expérience et de ma sensibilité. Je ne décide pas de faire ceci puis cela, *je me retire* et je laisse ma connaissance prendre le relais.

R. Vous laissez le champ entièrement libre à votre intelligence passive ?

D. Précisément. Plus tard, je me rendrai compte qu'en fait, ce que je viens de vous décrire là ne constituait absolument pas une simple préparation à l'écriture, mais bel et bien son début.

R. Vous tremblez comme une feuille, votre esprit n'est qu'un brouhaha de hurlements de terreur, vous vous asseyez à votre table de travail flambant neuve, sur votre chaise flambant neuve, vous fermez les yeux, vous plongez en vous-même et vous ressortez la pire collection possible des pires images de votre vie ? Pour arriver à faire taire votre panique ?

D. Ben oui. Après tout, si j'ai survécu à toutes ces situations dont les souvenirs remontent, pourquoi est-ce que je ne survivrais pas à leur simple évocation ? Et puis...

R. ...

D. À quoi bon avoir survécu tout ce temps-là, à quoi bon cette longue, longue, longue période supplémentaire qu'est ma vie depuis l'âge de dix ans, si c'est pour m'évanouir de terreur au moment d'enfin plonger en moi pour la première fois à la recherche de la lumière ?
Une fois que ma panique s'est tue, j'entreprends donc de récapituler les morceaux de mon malaise. Un à un. Je les ressors, ou les laisse remonter, et tout doucement je les empile pour en faire un nouveau mur... ou un grand tumulus. À mesure qu'il se présente un morceau, je le prends, le retourne dans tous les sens, l'observe, le détaille, le caresse, le renifle puis le dépose et passe au suivant. Des monceaux de souvenirs. De craintes. D'angoisses. De colères. D'interrogations. Je les laisse défiler dans mon esprit, et je me répète : « C'est le moment. » Je les appelle. Je les invoque. Je les rassemble. Je n'essaie pas de retenir quoi que ce soit. Je passe tout en revue, c'est tout.

R. Et... ?

D. Il y a une nouvelle montée d'angoisse absolument terrifiante. Mais je ne fais rien. Je laisse la vague déferler. Elle se calme. Je laisse alors s'écouler un bon moment, puis je prends ma liste de fragments. Je l'étudie. Dix fois, vingt fois. Toujours sans rien écouter, sans rien chercher : je me contente de lire bien calmement l'énoncé de départ de chacun des fragments et de m'en faire la représentation la plus... la plus mince possible, la plus dépouillée qui se puisse. Jusqu'à ce que chacun des fragments ait son... son fanion. Son petit drapeau qui l'identifie instantanément à une région de moi. Le printemps – un gros arbre solitaire qui, il y a quelques semaines encore, était couvert de neige et qui commence à bourgeonner. Fin de l'avant-midi – le personnel d'une cafétéria qui s'agite pour les derniers préparatifs avant le *rush*. L'aréna – vue de l'extérieur, de loin. Sans mouvement, sans personne autour. Un gros cigare qui fume – il vient tout juste d'être allumé. Un très vieil homme – il est dans son lit, à l'hôpital, les yeux clos, et il se dit : « J'ai peut-être fait rien que ça. Mais ça au moins, je l'ai fait. »

R. Tout simplement ?

D. Aussi simplement que possible. Ensuite, la liste, je la relis. Je récapitule les fanions.

R. Et il ne se passe rien ?

D. Rien du tout. Puis je retranscris la liste à la main. Lentement. Avec application, comme un écolier qui fait ses devoirs, le bout de la langue qui pointe entre les dents. Et encore une autre fois.

R. Toujours sans rien chercher ?

D. Rien. Puis je relis mes transcriptions, une à une, sans rien essayer. J'attends de voir quelles sortes d'images vont bien pouvoir surgir de là, et c'est tout. Je descends, remonte et redescends les listes, encore et encore. Et encore. Dans l'ordre et le désordre. Tous les désordres que je peux imaginer. Je laisse danser les images, sans presque les regarder – juste... du coin de l'œil. Une vie qui s'achève. Une fin d'avant-midi. Le printemps. « Qu'est-ce que j'ai fait de ma vie ? » Un cigare. La fumée. L'odeur. La texture de la cendre. Rien d'autre. Je lis... puis je recommence. Et encore. Et encore. Je ne cherche pas, j'écoute.

R. Quoi ?

D. L'éventuel passage d'un « ping ! ».

R. Et... ?

D. Il n'y en a pas. Pas encore. Alors je recommence. Allez hop ! Printemps – la lumière chaude est de retour. Le bleu du ciel commence à changer. Printemps – la boule de chaleur, dans le ventre, quand soudain la première brise douce nous caresse la peau. Aréna – un immense tableau noir sur lequel on inscrit le pointage des deux équipes. Printemps – le vert neuf des feuilles des arbres. Fin d'avant-midi – onze heures et demie : dans trente minutes, le dîner. Fin d'avant-midi – les enfants vont rentrer de l'école. Fin d'avant-midi – onze heures : il y a tout juste une heure que les banques sont ouvertes. Fin d'avant-midi – onze heures et quart : « Si je commence pas tout de suite, j'aurai jamais fini pour midi. » Printemps – les gros orages soudains qui lavent la ville. Fin d'avant-midi – les hommes d'affaires qui mettent leur bel imperméable beige tout neuf, se dirigent vers la porte du bureau et lancent à leur secrétaire, en passant : « Je mange avec Tétreault. Je reviens vers deux heures et demie. Si Lafleur arrive avant mon retour, dites-lui que ses chiffres sont trop hauts. Qu'il commence sans moi. » Aréna – les vestiaires. Les crochets de métal aux murs, les longs bancs de bois à la peinture écaillée, l'odeur de sueur. Aréna – une chaussette oubliée sous un banc. Printemps – ce jour-là, au primaire, où la gouvernante me donne enfin la permission de cesser de porter mes caleçons longs, que j'haïs. Printemps – le sable, sur les trottoirs, qui crisse quand on sort la première fois en souliers. Bout de la vie – « Est-ce que j'ai fait ce que je savais devoir faire de ma vie ? » Aréna – les couloirs aux murs de blocs de béton cru, éclairés au néon. Printemps – les gros tas de neige sale qui n'ont pas encore fini de fondre, dans les parcs. Cigare – « Par courtoisie pour les autres clients, madame Germaine vous demande de ne pas fumer le cigare ou la pipe. » Printemps – un gros bourgeon juteux, juste sur le point d'éclater. Printemps – une mouche qui se réveille entre deux fenêtres. Les premières bibittes de la saison. Cigare – « C'est vraiment mauvais pour toi, tu sais. Tu devrais vraiment arrêter. » Fin d'avant-midi – les serveuses des restos, qui fument une dernière cigarette avant le coup de feu. Fin d'avant-midi – « Dites-lui que je rappellerai cet après-midi. » Bout de la vie – « Qu'est-ce que j'aurais pu faire d'autre ? » Mille, dix mille images. Que je ne cherche même pas à retenir. Aréna – une gang de gars tout nus, qui rient aux éclats malgré leur défaite, et qui se sacrent des coups de serviettes humides sur les fesses. Bout de la vie – «Même si je l'avais fini, mon cours de génie, qu'est-ce que ça aurait changé?» Bout de la vie – «Je fais ce testament l'âme en paix, sain de corps et d'esprit. Mes témoins sont…» Aréna – «Le score est à présent…» Bout de la vie – «J'ai peut-être fait rien que ça, mais…» «Rien que ça, mais…» «Rien que ça…» «Rien que ça…» «Ça!» «J'ai fait ça!» Wô! Quoi? Qu'est-ce que c'était, cette image-là? Rembobine! Vite! «J'ai peut-être fait rien que ça» «J'ai fait ça!» «Ça!» Quoi, «*ça*»?

R. C'est votre première question?

D. Oui. La toute première qui me vient. Je m'accroche les pieds dedans, tout à coup. C'est presque rien, comme s'il était passé un maringouin à toute allure, juste à la frange de mon esprit. Je viens de m'apercevoir que quand monsieur Duceppe m'a dit sa phrase, elle m'a semblé évidente. Mais qu'à la réflexion elle ne l'est pas, *pas du tout*. Je me la suis répétée mille fois, depuis, mais c'est seulement maintenant que je prends conscience de toute son étrangeté. Qu'est-ce qu'elle veut dire, au fond? «J'ai fait ça!»: mais quoi, *ça*? Bon, parfait. J'y vais. *Go*! Qu'est-ce que j'ai comme indices, pour commencer à le découvrir? D'abord, le fait que l'homme qui prononce ces mots-là a réussi… au moins quelque chose. «Quelque chose», mais quoi? Et puis ces mots… il les prononce? Ou il se contente de les penser? C'est lui qui les dit? Ou bien alors on les lui adresse? Quand? Qui? Où? Pourquoi l'autre? Ou *les* autres? Pourquoi lui? Pourquoi le dire? Pourquoi le penser? Pourquoi le taire? Pourquoi tout de suite? Pourquoi aujourd'hui? Qu'est-ce que c'est, «aujourd'hui»? Est-ce qu'il est plus près de la mort aujourd'hui qu'hier?
– *Oui!*
Hein?! Quoi?! – *J'ai dit: oui! Oui, il va mourir!*
Comment ça? – *Je ne sais pas.*

Pourquoi ? – *Je ne sais pas.*
Mais il va mourir ? – *Oui ! Et il le sait !*
Il va… mourir ?! – *Je te dis que oui !*
Bientôt ? – *Pas tout de suite.*
De quoi ? – *Je ne sais pas, je te dis !*
Lui, il le sait ? – *Oui !*
Il a peur ? – *Oh oui !*
Le temps presse ? – *Oui.*
Il est important, le temps ? – *Capital !*
Pourquoi ? – *Parce que… parce qu'il n'en a presque plus.*
Il est malade ? – *Peu importe.*
Mais alors… ? – *Arrête ! Tu ne poses pas les bonnes questions ! Réfléchis !*
Les bonnes questions, c'est… quoi ? – …
Allô ? – …
Tu es encore là ? – *Oui.*
Les bonnes questions… à propos de ? À propos de la mort ? – *Non.*
De *sa* mort ? – *Non.*
À propos… du passage du temps ? – *Non.*
Mais de quoi, alors ?! – …
Je. Attends, attends. Les bonnes questions. À propos de… du temps qui… qu'il lui reste ? – *Oui !*
Il est important, le temps qu'il lui reste ? – *Oui ! Super important ! Crucial ! Plus important que tout au monde !*
Pourquoi ? – …
Tu ne sais pas ? – *Oui, je sais.*
Qu'est-ce que c'est… ? – …
Un homme ? C'est bien un homme ? – *Oui.*
Un vieux ? – *Oui.*
Un vieil homme qui va mourir… et qui le sait ? – *Oui.*
Et le temps qu'il lui reste, le *peu* de temps qu'il lui reste, est… encore plus important que le fait qu'il va mourir ? – *Oui !*
Parce qu'il a fait « ça » ? – *Non.*
Parce que… parce qu'il n'a *pas* fait… autre chose ? – *Oui !*

Attends, attends, attends ! Un vieil homme sait qu'il va mourir. Il ne lui reste presque plus de temps. Et il a peur. Peur de manquer de temps ? – *Oui ! Mais pas seulement…*
Comment ça ? – …
Hé ho ! Qu'est-ce que tu veux dire par « pas seulement » ?!
Il a peur de manquer de temps, parce qu'il a fait « ça », mais… mais pas « autre chose » ? – *Oui !*
Oh, je l'ai ! Il a peur de manquer de temps et de ne pas être capable de faire l'« autre chose » ? – *Ouiii !*
Et cette autre chose-là, elle commence par… par la nécessité de dire : « J'ai fait ça ! » ? – *Voilà !*
Wow ! Bon. « J'ai fait ça ! » Quoi, « ça ? » Et pourquoi est-ce qu'il est si important de le dire ? Qu'est-ce qui résonne, là ? Qu'est-ce que j'entends ? Qu'est-ce qui vibre ?
Pourquoi est-ce que c'est si important, d'avoir fait « ça » ? C'était quelque chose… de visible, sans doute ? Sans doute, oui. Alors je la sors, la question. Je la retire du lot, du bout des doigts, fragile comme une bulle de savon. Et je la dépose délicatement au centre de la table, devant moi. Je respire tout doucement. Je cherche son rythme, à la bulle. Je me penche sur elle. Mais vraiment, comme sur une boule de cristal. Tout irisée : « J'ai fait ça ! » Je me concentre sur elle. Rien que sur elle. « J'ai fait ça. » « Rien que ça. » Je me laisse au ralenti tomber en elle. Et tout en entrant en elle. « Rien que ça… » Je laisse défiler. « Ça… » La liste des autres fragments. « Ça… » Savoir qu'on va mourir. Un gros nuage de fumée argentée. « Rien que ça… » Et que l'essentiel reste encore à être fait. Je la laisse voltiger, la liste. « C'est mon dernier printemps » « Ça… » Deux mains d'homme qui déballent un havane. Au gré du vent. Le dire. Dire : « J'ai fait ça. » Les crottes de chiens partout : sur les trottoirs, les pelouses. Toujours sans chercher. L'énorme bourgeon qui se déploie. Sans rien attendre. Des gens qui patientent pour leur table, à l'entrée d'un resto. Comme je me laisserais flotter. Trois

ti-culs jouent au ballon dans une ruelle. « Ça... » Entre les eaux d'un lac. « Rien que ça... » Le printemps. Un cigare posé sur un cendrier. Des cris : « *Go! Go! Go!* »... « Et c'est le buuut ! » La glace étincelante. Aveuglante. Bleue à force d'être blanche. La ligne rouge. La ligne bleue. L'odeur de sueur des vestiaires. Les hurlements. Je relève les yeux. L'éclairage au mercure : les grosses lampes suspendues au bout de longs fils, tout là-haut, éblouissantes. Le trille suraigu des transfos électriques, dans l'air. Je me mets à tourner doucement sur moi-même, lentement. Les gradins, vides... et puis soudain remplis. La foule qui crie. De tous les côtés à la fois. Le crissement des patins qui freinent sec, la glace qui gicle contre la lame. Je relève à nouveau la tête : les arcs-boutants de béton. Les poutrelles d'acier. La porte de la bande, qui claque : « Punition ! » « J'ai fait ça ! »

Je sursaute ! Je ne me suis pas endormi, je n'ai pas rêvé, je suis allé... ailleurs ! Et là, il y avait... l'aréna. La vie de l'aréna. Je suis entré là sans même m'en apercevoir. « J'ai fait ça ! »

R. Le fragment-aréna vient de faire « ping ! » ?

D. Oh, bien pire : il vient de faire « Bedigne bong petif paf pow ! ». Mais pourtant... ce n'était pas encore juste.

R. Qu'est-ce que vous voulez dire ?

D. L'aréna, la patinoire...

R. Oui ?

D. J'y suis allé, mais l'image n'était pas. Pas immédiate, pas au foyer. Les couleurs n'étaient pas les bonnes, pas tout à fait.

R. Qu'est-ce que ça signifie ?

D. Que l'image que je viens de parcourir n'était pas assez... pas assez... immédiate, voilà ! Qu'il y a quelque chose, par rapport à l'aréna, oui, quelque chose de capital, oui, mais que c'est l'aréna *autrement* qu'il me faut !

L'aréna ! Vite, vite ! Qu'est-ce que c'est, l'aréna de Villeray ? Qu'est-ce que c'est *d'autre* ? Qu'est-ce que

c'est *de plus* ? C'est la grande ville. Nord de la ville. Quartier essentiellement résidentiel. L'écho du hockey, évidemment. Les légendes des petits Maurice Richard et des petits Jean Béliveau en herbe. Le rêve de centaines et de centaines de jeunes gens, année après année, qui se sont entraînés là. Oui, oui, ça je le sais déjà ! Quoi d'autre ?! Allez ! C'est... une construction somme toute récente. Allez, allez ! En béton. Grand terrain de football, juste à côté. Un équipement public. Et c'est... un gros édifice – oh, oh ! – « ping ! » : un *gros* édifice ! Gros ! Des ombres encore ténues commencent à flotter tout doucement dans le brouillard : « une construction ». « Une... *grosse* construction. Grosse ! Posée au milieu de rien, au beau milieu de son parc, comme sur un présentoir. Grosse ! » C'est ça ? C'est ça, le « ça » ? C'est l'aréna ? – *Oui !*
Les poutres de béton, à nouveau : je les regarde, juste devant moi. Les poutrelles d'acier. Les rivets. Des barriques et des barriques de rivets, à installer. Les colonnes. Les conduites de ventilation. – *C'est ça, c'est ça ! Continue !*
La mousse isolante soufflée, sous le grand plafond. Les plans : des rouleaux et des rouleaux de plans. Les conduites électriques. Les murs de blocs. La plomberie. Je me promène, je regarde comment elle est construite : la salle des fournaises, la salle des relais électriques, la salle des concierges... – *C'est ça !*
Je regarde à travers les murs, les plafonds, les planchers. Les compresseurs à gaz réfrigérant. – *Oui !*
La patinoire, de quoi est-ce qu'elle a l'air, vue de tout là-haut ? – *Continue !*
Et de là-bas ? Et d'ici ? Cette poutre, là... il a fallu l'installer avant celle-ci... mais après celle-là. Ce mur-là, regarde : ses blocs ne sont pas tout à fait comme ceux des autres murs, plus granuleux – il a dû être rajouté plus tard. – *C'est ça !*
Et puis, tout à coup... elle est en train d'être construite. C'est un chantier. – *Oui, oui, oui !*

Je me repromène dans les couloirs. Partout, il y a des peintres, des plâtriers, des maçons, des plombiers, des électriciens. – *Oui !*
Comment est-ce qu'ils sont habillés ? À quelle époque est-ce qu'ils se trouvent ? Je ne sais pas. Je sors de l'aréna. – *C'est ça ! Continue !*
Je sors du chantier qu'elle est encore. – *Tu y es presque !*
Le terrain est boueux. Les voitures des ouvriers. De grosses voitures comme on en conduisait dans les années... au début des années cinquante ! 1950 ? – *Par là ! Par là ! Vas-y ! Oui !*
On est en... 1950 ? – ...
1960 ? – ...
70 ? – ...
80 ? Oh, oh, pas loin. Ça bouge, ça bouge ! – ...
Alors ? Maintenant ? De nos jours à nous ? – *Ouiiii !*
Oh ! ? L'action ? L'action se déroule au présent, maintenant – au milieu des années 1980 ? – *Oui ! ! !*
Et l'homme, le vieil homme, il dit. Il dit : « J'ai fait ça ! » ? – *Oui !*
Et il est... presque parvenu tout au bout de sa vie ? – *Oui !*
Il dit : « J'ai fait ça ! », et « ça », c'est... l'aréna ? – *Oui ! Regarde !*
Wow ! La patinoire ! Il y a un homme, debout en plein milieu. Un vieil homme. Il marche lentement, il fait bien attention de ne pas glisser. Dieu du ciel !

R. Quoi ?

D. Tout à l'heure, quand je regardais l'aréna, quand je l'étudiais du regard, c'était lui ! Ce que je voyais, c'était lui qui le voyait, qui l'étudiait. C'était lui qui regardait les poutres, les poutrelles, les murs, les revêtements, les canalisations, c'était lui qui se promenait dans les sous-sols, dans les salles, les vestiaires. À présent, il est au milieu de la glace, et il tourne lentement sur lui-même, le nez en l'air. Il regarde *son* aréna. Il est chez lui, ici. L'aréna, c'est... son palais !

R. …

D. Les ombres floues, dans le brouillard, ont commencé à gagner en densité. À prendre forme. Un tout petit peu. L'homme continue de tourner sur lui-même. Il écoute… le silence. Le silence de *son* aréna. Il écoute le souvenir des hurlements enthousiastes des foules passées, les rires des majorettes qui répétaient leurs chorégraphies ici, un party, sur la glace, après un match : un gars, saoul mort, qui vomit dans un coin, le long de la bande. Le silence !

R. Il est tout seul dans l'édifice ?

D. Oui. Oui, mais ça ne durera pas.

R. Pourquoi ?

D. Parce qu'il attend… des gens. Tout un groupe.

R. Qui ?

D. Aucune idée. Mais sa peur, en tout cas, son angoisse… est liée à eux. À eux… et à elles – il y a des femmes, aussi. Elle est liée à leur venue prochaine. L'homme a quelque chose à faire, qu'il ne sait pas comment faire. Et qui est encore plus important que son palais. Oh !

R. Quoi ?

D. C'est la dernière fois ! C'est la dernière fois… qu'il vient ici !

R. À l'aréna ?

D. Oui. Il va partir.

R. Il n'est pas sur le point de mourir ?

D. Oui, oui, bien sûr. Mais… mais ça, ce n'est pas grave. Ce n'est pas ça qui est grave. Non, ce qu'il faut, ce qu'il faut par-dessus tout, c'est dire ce qu'il a à dire. Et puis… partir ! Et c'est tout.

R. Quoi ?!

D. C'est tout : l'image s'éteint. Je viens d'avoir un surgissement. D'une invraisemblable force. D'une clarté, d'une précision… renversantes. Mais là, il est parti. Il vient de se taire, net, d'un coup sec, sans prévenir. Comme Michaela, Weulf et Flip faisaient dans *Les Bédouins*, quand le moment était venu pour moi de passer à autre chose.

Alors vite, vite, j'insère une feuille autour du rouleau de ma machine à écrire, et je me mets à taper : je décris la patinoire. Je prends des notes, le plus rapidement possible, avant que les volutes de souvenirs ne se dispersent. C'est sa fête !

R. À l'homme ?

D. Oui. L'idée me frappe, tout à coup ! C'est son anniversaire : ces gens qu'il attend, c'est pour sa fête. Et puis soudain, il se retourne… et là ! Sur la patinoire ! Il y a un grand tapis qui vient d'apparaître. Un grand tapis de laine. Luxueux. Riche. Sombre. Un immense tapis. Installé… au beau milieu de la patinoire. Et sur le tapis, une grande table de salle à manger. À nappe blanche matelassée, immaculée. Et tout autour d'elle, des chaises. Des fauteuils. Une table de banquet. D'une incroyable opulence. Il y a du cristal, de l'argenterie. Et tout ça scintille de mille feux, sous l'éclairage au mercure. Et puis une autre grande table, aussi, à roulettes, en bordure du tapis. Sur elle, des plats d'argent, posés sur des réchauds allumés. Et des bouteilles de vin. Et des bouteilles d'alcool. Et des seaux à champagne. Et des seaux à glaçons. Tout un bar. Cet homme-là, c'est un roi. Et il règne ici… comment dire ? Une telle solitude ! Tout à coup, je suis tout en haut, debout sur une des poutrelles, sous le toit, et je le vois, en bas, minuscule dans l'immense salle. Il attend. Il *les* attend. Et il a peur. Peur de ne pas être capable. C'est tout.

R. Ouf. D'un coup sec, comme ça ?

D. Oui. Plus tard, il y en aura d'autres, surgissements comme celui-là. Je le verrai, l'homme… il porte un smoking… je le verrai s'allumer un cigare. Avec un soin méticuleux. Et je saurai qu'il y a des années qu'il n'en a plus allumé un. Je le verrai aspirer la première bouffée, lentement, avec recueillement… retenir son souffle puis laisser la fumée sortir de sa bouche grande ouverte tandis qu'un grand sourire le transfigure… et qu'il se met à pleurer, tout doucement, sans un son. À la fois de ravissement et de douleur. Je le verrai assis, aussi, qui fixe des yeux un verre de scotch posé sur la table, devant lui. Je le regarderai attendre un long, long, long moment avant de le prendre. De le humer. Et de le porter, le plus lentement du monde, jusqu'à ses lèvres. Je sentirai la douce brûlure de l'alcool qui descend en lui, qui se diffuse dans son corps mourant. Je le verrai… arpenter, toujours aussi seul, le pourtour de la patinoire, en longeant la bande. Plus anxieux que jamais. Et regarder sa montre. Et être sur le point de s'enfuir. Mais se raviser. Lever la tête, encore une fois, lever le nez au ciel, encore une fois, et se perdre dans cet immense volume-là. Son palais ! Le symbole incarné de toute son œuvre !

R. Et tout ça vous vient… d'un seul coup ?!

D. Non, non, oh non. Au fil des heures. Mais sans chercher. Sans rien chercher du tout, jamais. Les scènes émergent d'elles-mêmes comme une ville qui fait surface à travers le brouillard. Et elles sont de… d'une telle splendeur, ces images ! D'une telle chaleur ! Il y a une telle humanité, chez cet homme-là. Dans sa solitude, dans son anxiété, dans son attente fiévreuse. Mais dans sa fierté, aussi. Et puis…

R. …

D. Petit à petit, je me rends compte que tous les morceaux de mon malaise m'ont quitté. Ont complètement disparu. Se sont volatilisés. Jusqu'à ce que je comprenne qu'ils sont à présent tous… en lui… en cet homme.

R. Attendez, attendez, attendez ! Vous voulez dire qu'il…

D. Oui. Que c'est *lui* qui va me répondre. Que c'est lui que va jouer Jean Duceppe… et que, oui : j'entendrai mon troisième grand-père, oui, oui, oui ! celui qui les contient tous ! répondre enfin à ma question !

R. …

D. Ah, comme je voudrais… pouvoir vous raconter ce que je vois, durant ces heures-là où je le regarde, en esprit, tourner en ronds sur la patinoire. Tout seul. En smoking. Des heures et des heures durant. Qui fait semblant d'envoyer un *slapshot* fulgurant au fond d'un filet… qui n'y est pas – on les a enlevés, les buts. Sans bâton, sans rondelle. Et puis lancer les bras au ciel en riant, en hurlant en silence. Je voudrais pouvoir vous faire voir son rire, tandis qu'il a son grand geste de triomphe : qu'il se redresse, plus grand qu'il ne l'a été depuis des années et des années, jeune à nouveau. Fou d'amour. Fou de force. Fou de rêves ! Je voudrais vous le faire voir… qui se prend tout à coup pour cette majorette, la grande blonde un peu potelée, avec des lulus, qu'il a rencontrée ici un jour qu'il était venu pour affaires… et avec laquelle il s'est envoyé en l'air, un peu plus tard, là… dans la dernière rangée, tout en haut. Il se tient debout, en smoking, trente-cinq ans plus tard, et il regarde l'endroit où elle se tenait quand il l'a aperçue pour la première fois. Il esquisse en riant le geste qu'elle répétait alors, avec sa gang de ricaneuses. Et lentement, il fait demi-tour et regarde, l'air espiègle… un banc, un seul… entre tous les autres. Il se retourne vivement : il vient d'entendre, surgi d'un tout autre souvenir, une pétarade de flashes d'appareils photo. Il regarde la grande porte, dans la bande, celle à deux battants, : elle était ouverte, ce jour-là, ouverte à pleine grandeur. Et il l'avait passée, bras dessus bras dessous, avec Drapeau. Le Maire et le Maître d'œuvre, ensemble, qui faisaient leur entrée triomphale, le jour de la solennelle inauguration.

R. …

D. Ça y est. Je sais désormais qu'il existe, l'homme qui dit : « Ça, au moins, je l'ai fait ! » Il est là : je le vois. Je l'observe. Je l'entends. À présent, il faut qu'il parle.

R. Vous le… quoi ? Vous le décortiquez ?

D. Oh non. Non, le mot ne convient pas du tout. Non. Non, non. Ce qu'il faut, c'est que je l'écoute. Que j'écoute, tout doucement, en moi, de quoi il est fait, lui.

R. Alors… ?

D. Je me détends. Et je commence par détourner mon attention de lui. Pour pouvoir respirer. Faire le point.

R. Vous émergez ?
D. Oui. Pour noter. Pour « fixer » toutes ces images-là, mais souplement, sans forcer, sans rien brusquer. De toute manière, je sais que ce serait inutile.
R. Quoi ?
D. De les fixer trop fortement. Je sais parfaitement que je n'aurai plus, désormais, qu'à amorcer à l'intérieur de moi le mouvement de me pencher vers cet homme pour me retrouver « là ». Alors, les images, je me contente de. De les récapituler. Du bout des lèvres. Ouf. Ça y est, j'ai attrapé un bout du fil. Un constructeur ! Un constructeur qui dit : « Ça, au moins, je l'ai fait ! » Juste au bord de la mort. Et aussitôt, je me rends compte !
R. De quoi ?
D. Mais évidemment, voyons ! Mais bien sûr ! Ça coule de source ! Comment ai-je bien pu ne pas y penser tout de suite ! Au milieu des années quatre-vingt, quelle est *la* marque de la génération des Grands Aînés, sinon la construction, justement ? Hein ? Manic 5. Les îles artificielles d'Expo 67. Vous voyez ?
R. Oui, oui.
D. Et puis le Stade olympique. Les routes. Le métro. Hydro-Québec. La Place des Arts.
R. La Compagnie Jean-Duceppe…
D. Précisément ! Et puis, même la Révolution tranquille ! Au grand complet !
R. Oui, oui, oui. Fiou.
D. Mais là, presque tout de suite… Attention, rappelez-vous : la pièce, je n'ai même pas deux semaines pour l'écrire. À peine dix jours. Ce qui signifie en réalité : une semaine seulement, une semaine à peine, puisqu'il faudra bien que je la tape au propre, que je corrige au moins les plus épouvantables de mes fautes.
R. Vous avez *une semaine* ?
D. Même pas ! Arrivé à ce point-là, il me reste cinq jours, je crois.

R. Quoi ?! Il vous a fallu deux jours pour avoir accès à l'homme ?!

D. Peut-être davantage, je ne sais plus. Mais il me semble bien qu'à partir du moment où il surgit, je n'ai plus que cinq jours au grand maximum, en tout cas. Mais je n'ai pas fait qu'« avoir accès à lui », comme vous dites. Je l'ai regardé, aussi. Je l'ai écouté.

R. Mais quoi qu'il en soit, vous êtes bien obligé de suivre cette piste-là, à présent, non ? Vous n'avez certainement plus le temps d'en fouiller d'autres ?

D. Effectivement. C'est dans cet océan-là qu'il va falloir que je plonge. Et que je plonge *immédiatement*. Il n'y a pas un instant à perdre. Et puis même si j'en avais à revendre, du temps, je ne changerais sans doute pas les prémisses qui viennent de s'imposer. Elles sont bien trop fabuleusement invitantes. Sauf que... !

R. Que... ?

D. Je me rends compte immédiatement qu'en plus des aspects... euh... objectifs du fragment « aréna de Villeray » qui viennent de surgir, il y en a aussi de très forts qui sont, eux, directement liés à mon histoire à moi.

R. Comme... ?

D. Comme le fait que mon grand-père Dubois en est un, constructeur !

R. Oh !

D. Et mon père aussi. Et deux de mes oncles. Et mon arrière-grand-père : le grand-père maternel de mon père. Des images de chantiers, des images d'ouvriers, de travaux, de contremaîtres, de toupies à béton et de plans... j'en ai partout, plein la mémoire. Mieux encore : mon grand-père Dubois a construit toute une grande partie du quartier Villeray. Il y a des dizaines et des dizaines d'anecdotes de la saga familiale, à ce sujet-là, avec lesquelles je me fais rebattre les oreilles depuis mon premier biberon.

R. Oh, oh.

D. Déjà, je sais donc que je risque d'avoir un gros problème : il risque de sans cesse me remonter des images familiales, au beau milieu de ce que je vais essayer de raconter.

R. Mais vous l'avez déjà fait, ça, non ? Et ça n'a pas porté à conséquence ? Dans *Being*…

D. Oui, oui : la scène du sténographe, vous avez raison. Mais il y a une différence essentielle, ici. Dans *Being*, la scène du sténographe, celle durant laquelle on apprend tous les détails que la police est parvenue à rassembler à propos de la vie d'Yves, elle n'est pas cruciale du tout. Je vous l'ai raconté, déjà : elle sert surtout à démontrer à l'Inspecteur que ce n'est pas du côté de ces détails-là qu'il doit creuser et que le cliché du prostitué ne s'applique pas, dans le cas d'Yves. Ça n'avait donc pas grande importance, en cours d'écriture, d'utiliser des éléments à peine retouchés de mon histoire à moi, puisque de toute façon aucun des éléments énumérés n'allait prendre un sens déterminant dans la suite du récit – au contraire, même : ces éléments, ils étaient justement là pour *n'être pas* importants.

R. Tandis que dans le cas de l'aréna et du quartier de Villeray, c'est tout le contraire : ils risquent de se révéler capitaux ?

D. Voilà. En acceptant de faire reposer tout le projet sur un fragment aussi intimement lié à mon histoire personnelle et familiale que l'est l'aréna, je prends un très gros risque.

R. Celui de vouloir écrire l'histoire de votre famille ?

D. Non, non, pas du tout. Non, parce que la décision de ne pas l'écrire, cette histoire, il y a déjà un bon moment qu'elle est prise. Plus jeune, j'ai quelques fois été tenté de le faire : d'essayer de me venger de ce qui m'est arrivé durant mon enfance et mon adolescence, mais…

R. Mais… ?

D. J'y ai renoncé, complètement. Ça ne me dit plus rien. Aussitôt que j'avais la moindre velléité de passer aux actes, tout foutait le camp, alors j'ai fini par comprendre qu'un projet de cette espèce-là n'avait plus sa place. Non, le risque, il n'est pas d'essayer de me venger, il est de *me soupçonner* de le tenter.

R. De vous prendre les pieds dans des filets de culpabilité ?

D. Oui. De culpabilité sans le moindre intérêt. La raison pourrait bien revenir à la charge et tâcher à nouveau de me faire lâcher prise. En plaçant le fragment-aréna au centre de tout le dispositif, est-ce que je ne lui offre pas une occasion en or de parvenir à ses fins ?

R. Alors qu'est-ce que vous faites ?

D. Je me dis « tant pis » et je plonge. Il n'y a pas d'autre possibilité. Et puis de toute façon, je suis presque convaincu que cette pièce-là n'ira jamais plus loin que le pupitre de Jean Duceppe.

R. Même avec des images de la force de celles qui viennent tout juste de surgir là ? Vous ne croyez toujours pas que la pièce sera jouable ?

D. J'en suis tellement convaincu que je ne me pose même pas la question. Et puis de toute manière, ça ne m'intéresse pas le moins du monde. Ce n'est pas du tout le désir que la pièce soit jouée qui m'anime, mais celui de l'écrire. D'enfin entendre la réponse de mon troisième grand-père. D'enfin avoir accès au cœur de l'orage, et par-delà lui... à la lumière. Enfin !

R. Donc vous foncez avec l'aréna de Villeray comme fragment central malgré les risques de vous retrouver aux prises avec des images familiales très fortes ?

D. Et avec des images personnelles, aussi, en quantité. L'aréna de Villeray, je suis passé à côté de lui, rue Jarry, des années durant, matin et soir, en allant et en revenant de l'école Georges-Vanier où j'ai fait une partie de mon secondaire.

R. La polyvalente ?

D. Non, non, avant qu'elle ne soit construite. Le bâtiment où j'étudie, moi, c'est une manufacture de trois ou quatre étages, un peu plus loin à l'est, juste un peu avant Papineau, une manufacture qui a été louée par la commission scolaire en attendant que la polyvalente soit bâtie.

R. Et marcher depuis chez vos grands-parents jusqu'à l'école vous obligeait à longer le terrain où s'élève l'aréna ?

D. C'était un des deux choix possibles, oui : quand je passais par la rue Jarry. Les autres fois, je marchais sous la voie élevée du boulevard Métropolitain, de Saint-Laurent à Christophe-Colomb – très pratique, en hiver.

R. Donc, l'aréna est associée à la fois à l'histoire de votre famille et à vos souvenirs personnels ?

D. Oui. Au moment d'« accepter » le fragment-aréna et son constructeur, je n'ai donc aucune espèce d'idée des images qui risquent de surgir.

R. Mais vous n'avez pas le choix, parce que vous n'avez plus que cinq jours. Et que, par-dessus le marché, les images du vieil homme vous captivent déjà complètement.

D. Il y a une autre raison encore, au moins aussi essentielle à elle toute seule que ces deux-là ensemble. Souvenez-vous de ce que je vous ai expliqué à propos de la nécessité d'assumer les fragments.

R. Vous voulez dire que c'est trop tard ? Que de toute manière, à présent que vous avez choisi l'aréna, il n'y a plus de retour en arrière possible à son égard ?

D. Absolument. Ce fragment, c'est moi qui me le suis choisi, personne ne me l'a imposé. Donc, au boulot… quoi qu'il advienne. *That's the name of the game.* D'autant plus que, justement, ce fragment-moteur là a déjà donné lieu à un surgissement d'une force renversante. Ce à quoi je m'exposerais cette fois-ci en tentant de « jouer au plus fin », j'aime mieux ne même pas tenter de l'imaginer.

R. Et qu'est-ce qui va arriver, à propos de ces images ? Elles vont surgir ?

D. Les images familiales, oh que oui – vous allez voir. Mais les autres, les personnelles, elles, non, pas du tout, pas l'ombre d'une.

R. Alors, le surgissement, l'image de départ, c'est… ?

D. Un homme âgé qui, au terme de sa vie, le jour de son anniversaire, marche sur la patinoire de l'aréna de Villeray.

C'est la salle du Trône, au cœur de son palais. Il avance, il recule, il glisse, il brûle d'angoisse, il va et il vient en attendant un groupe d'hommes et de femmes à qui il a le devoir absolu, impossible à fuir, de dire, en ouvrant grand les bras vers le plafond : « J'ai peut-être fait rien que ça, dans ma vie, mais ça, au moins, je l'ai fait ! »
Et ici, il faut que j'apporte tout de suite une précision essentielle, en prévision de ce qui approche. Nous allons aborder l'« écoute » que j'accorde au personnage en smoking qui se promène sur la patinoire, pour arriver à comprendre de quoi est constitué son regard. Et il est impossible de les décrire, cette écoute et ce décorticage, autrement que dans une séquence logique, bien entendu : pour que mon récit soit compréhensible, vous avez besoin que j'en regroupe les éléments, que je les classe, les mette en perspective.

R. Bien sûr.

D. Eh bien là, le bât va blesser, il va *nécessairement* blesser. Parce que, voyez-vous, l'écriture de *Monsieur Deslauriers* ne se déroule pas du tout en termes logiques et déductifs. Je ne m'installe pas avec une liste de questions à aborder, ni avec une série de thèses et d'antithèses à présenter, à illustrer et à développer. C'est même le contraire de ça que je fais : je me jette à l'eau, convaincu de ce que je n'ai strictement rien d'autre à faire de ma vie que de me laisser glisser vers le fond de cet océan-là pour y croiser des multitudes d'éclats pris dans des tourbillons. Et que les images, les arguments logiques, eux, vont s'organiser *d'eux-mêmes*.

R. Vous ne vous en préoccupez pas ?

D. Pas une seconde. À aucun moment en cours d'écriture je ne suis en train de tenter d'*exprimer* quoi que ce soit. Ce que je fais, c'est suivre *quelque chose qui s'exprime à travers moi*, et c'est tout.

R. …

D. Pour arriver à la suivre, cette chose, pour effectivement parvenir à la laisser surgir, pour lui rendre justice, je dois laisser danser en moi toutes les images, *toutes*! qui se présentent. Sous quelque forme qu'elles le fassent. Quelles que puissent me sembler en être les conséquences.

R. Ce qui implique que pour pouvoir raconter cette écriture, vous devez ici mettre en ordre un phénomène qui au moment où elle a lieu n'en a aucun?

D. Aucun qui ressemblerait à un ordre logique rationnel, en tout cas.

R. Je vois. Oui, oui, je crois que je saisis ce que vous voulez dire. Un tout petit peu.

D. Je vais vous parler bientôt des échos « Dubé », par exemple, des échos qui résonnent au cœur de ce personnage qui vient de surgir. Ensuite, il va me falloir encore situer ces échos-là dans le cadre plus large d'images et de mythes fondateurs de notre culture et de tout un pan de notre littérature. Ce n'est que de cette manière que je peux espérer parvenir à – peut-être – vous faire saisir, quand je vous la révélerai enfin, cette phrase-clé de mon œuvre, selon mon cœur, cette phrase que je vous ai promise il y a… des mois, maintenant.

R. Je vois. Donc, à partir d'ici, vous êtes bien obligé de raconter de manière linéaire quelque chose qui en réalité s'est déroulé… comment?

D. Comme… comme une explosion ou… une tornade, un ouragan d'images fragmentées me sifflant aux oreilles, à toute allure, dans toutes les directions. Et même, en fait, comme des explosions à l'intérieur de tornades advenant elles-mêmes à l'intérieur d'autres explosions encore au cœur d'ouragans déchaînés.

R. Bon.

D. …

R. On y va?

D. Ouf. J'ai donc vécu ce surgissement bouleversant : tout à coup, sans prévenir, les simples mots « aréna de Villeray » entrent en résonance avec la phrase de monsieur Duceppe – « Ça au moins, je l'ai fait ! » –, et je me retrouve projeté à la vitesse de l'éclair dans un monde intérieur : celui d'un vieillard qui arpente son palais de glace en attendant… je ne sais qui. Tout ce que je sais, c'est que j'ai vu passer à toute allure des myriades d'images éclatées résonnant dans tous les sens, et qu'il me reste à présent à me laisser revenir tout doucement en arrière et à les explorer dans le détail, ces éclats, à les sonder pouce à pouce, à me laisser aspirer par chacun d'eux, un à un puis par grappes entières, jusqu'à ce que toute la phrase de monsieur Duceppe entre en résonance à son tour avec mon malaise à moi, et que j'apprenne enfin – si je ne me suis pas trompé – de quoi est constitué le ciel d'orage de Camus et de Jünger, et de quoi est composé l'atroce sentiment de malaise que m'inspire ma propre société.

R. D'accord.

D. Bon. « Vous savez, j'ai joué presque tous les pères de Dubé, des pères qui arrivent au bout de leur vie, se retournent, la regardent et disent : "J'ai manqué mon coup." Je sais que ça ne marche pas de même, qu'un auteur doit suivre sa propre inspiration, mais… si jamais vous aviez l'idée d'un père qui arrive à la fin de sa vie, qui se retourne et qui dit : "J'ai peut-être fait rien que ça, mais ça, au moins, je l'ai fait !"… venez me voir ! »

R. Ouf. Oui.

D. Cette phrase-là, je sais parfaitement qu'elle est là, au cœur de l'homme qui, le jour de sa fête, se promène sur la patinoire de l'aréna de Villeray. De cet homme qui se tient juste sur le seuil d'un moment parmi les plus importants de sa vie, de son rêve. Je sais que ce n'est qu'en l'écoutant, cette phrase que je sens battre en lui, qui est à la fois son souffle, ses poumons, son sang et son cœur, que je saurai ce qu'elle signifie… pour lui ! Que je saurai pourquoi il a tellement peur. Et qui sont ces gens qu'il attend anxieusement. Et ce qu'il espère d'eux. Et pourquoi. Que j'apprendrai ce que signifie cette image de lui prenant une bouffée de son cigare et se mettant aussitôt à en pleurer de douleur et de ravissement. Et puis celle de lui regardant le verre de scotch posé devant lui, avec un respect quasi sacré. Ça va?

R. Ça va.

D. Alors allons-y. Aussitôt que monsieur Philippe Deslauriers m'apparaît, je sais qu'il y a, au cœur de la phrase de Jean Duceppe, un tout premier enjeu qui explose, littéralement, avec une force saisissante. Et que cette explosion, je dois la creuser sans attendre un instant. La creuser de toutes mes forces. Elle se présente instantanément comme… comme une porte d'entrée.

R. Qu'est-ce qu'elle est donc?

D. Monsieur Duceppe m'a dit, en introduction: «Vous savez, j'ai joué presque tous les pères de Dubé…» Eh bien, c'est ce bout-là de la phrase qui explose en premier et que je me mets instantanément à écouter de toute urgence. Je ne me mets pas à relire toute l'œuvre de Dubé, non, je n'en ai absolument pas le temps. Et puis de toute manière, je sais que ce n'est pas de cela qu'il s'agit: je n'ai pas du tout à me livrer à une recherche universitaire sur son œuvre, mais au contraire à écouter les images de son œuvre qui vivent *déjà* en moi.

R. Et il y en a des masses, non?

D. Et comment.

R. Après tout, votre baptême des planches, ça a été *Zone*.

D. Oui. À l'école secondaire Georges-Vanier, justement. En me repassant les images de monsieur Deslauriers qui arpente la patinoire et qui, bouleversé, admire une dernière fois la pièce maîtresse de sa vie, je me mets donc à laisser tourbillonner en moi toutes les images qui me reviennent des pièces de Dubé. Il y a celles de *Bilan*, bien entendu, compte tenu de ce qui habite cet homme-là, en smoking, qui soulève délicatement les couvercles des plats d'argent, sur les réchauds, pour humer l'osso buco, les pâtes, le gibier en sauce, le pain. Et puis qui réarrange pour la centième fois les bouteilles de vin, les verres. Il y a celles qui me reviennent des *Beaux dimanches*, aussi.

R. La pièce qui pendant des décennies a donné son titre à l'émission culturelle du dimanche soir, à la télé de la SRC – ce qui n'est pas rien, quand même.

D. Non, en effet. Et qui n'est pas du tout anecdotique non plus : ce ne sont pas seulement les images tirées des pièces de Dubé que j'ai à écouter et à passer au crible, mais tout autant celles liées à la place primordiale qu'occupe Dubé lui-même dans notre représentation du monde en commun. Je vais y venir dans un petit instant. Pour le moment, je laisse monter les images de monsieur Duceppe dans le film que Richard Martin a tiré des *Beaux dimanches*. Et puis celles de lui dans *Florence*, aussi, à la télé de Radio-Canada toujours. Et puis toutes celles encore du *Monde de Marcel Dubé*, une série remarquable qui a été diffusée… je ne sais plus trop… fin des années soixante ou début soixante-dix.

R. Oh oui, je me souviens. C'est vrai, c'était une superbe série. *Le temps des lilas*, vous vous rappelez ? Est-ce que ce n'était pas Huguette Oligny et Jean-Pierre Masson qui jouaient ce vieux couple d'amoureux ?

D. Il me semble bien, oui. Ou Gisèle Schmidt, peut-être ? En tout cas, j'avais été bouleversé, en l'écoutant. C'est resté un des plus beaux souvenirs de télé de mon adolescence.

R. Et puis *Médée*, avec Raymond Lévesque ?

D. Oui.

R. Je me souviens de son cri : « Vespasien ! »

D. Oui. Une très belle scène. Elle aussi m'a marqué – très, très fortement.

R. Et puis encore *Le retour des oies blanches*, aux… *Beaux dimanches*.

D. Oh que oui. Avec Serge Turgeon. Lui aussi, extrêmement touchant. Bref. À toute vitesse, avec une clarté inouïe, je sens danser en moi le… les mille parfums que dégage l'univers dramatique de Dubé. Ça part dans tous les sens.

Les évocations sont d'une richesse époustouflante. Et je me demande, j'essaie de ressentir, totalement à l'affût, le... le manque auquel monsieur Duceppe a fait référence : « Des hommes qui arrivent au bout de leur vie et qui disent : *J'ai manqué mon coup.* » Les images tourbillonnent de partout, dans mon esprit, j'ai toutes les antennes, tous les radars, tous les sonars qui roulent à pleine puissance. Les images, je les détricote toutes jusqu'au trognon, je les scanne à des vitesses fulgurantes, je me laisse être touché par elles, être bouleversé par elles, par chacune de leurs moindres parcelles – être relancé par elles de tous les côtés. Tout en me répétant la phrase « *J'ai manqué mon coup* », j'écoute à la fois ce qu'elle fait résonner chez monsieur Deslauriers qui continue de se promener, de regarder l'heure toutes les trente secondes et de se tordre les mains, et je me demande : « Quoi ? Raté quoi ? Quel coup est-ce qu'il a manqué, cet homme-là ? De quel échec est-ce qu'il parle ? » Je sais que la réponse est là, à fleur de peau, à fleur de souffle... mais je ne parviens pas à la saisir. Jusqu'à ce que je me rende compte qu'il y a, surnageant dans le torrent, une image qui plus que toutes les autres refait sans cesse surface.

R. Laquelle ?

D. Dans le film de Richard Martin : *Les beaux dimanches*. Duceppe joue un homme d'affaires qui a réussi. Soi-disant. Mais dont la vie est complètement vide. Il y a cette scène qui m'avait jeté à terre. Le rôle de l'épouse est tenu... il me semble bien que c'est par Denise Pelletier. Dans mon souvenir, elle est assise dans l'escalier intérieur de leur grosse maison, et... peut-être qu'elle pleure ? En tout cas, elle file un très mauvais coton. Son mari s'approche d'elle. S'assied. Il a tout l'air de chercher des mots doux pour la consoler, mais il finit plutôt par sortir quelque chose de sa poche et par le lui tendre en faisant : « Tiens, prends donc cent piasses pis va donc manger chez Ruby Foo's avec tes amies de filles », ou quelque chose dans ce genre-là. Je me souviens qu'assis dans le noir de la salle de cinéma, je m'étais sacré la main sur les yeux en faisant : « Yaaaark ! » Tout le vide de cette réussite-là !

R. Pourquoi est-ce que c'est cette image-là qui insiste tellement ?

D. Parce que, comme je finis par le ressentir, l'échec à répétition auquel Jean Duceppe a fait référence dans son bureau, c'est *peut-être* cette réussite-là, tout simplement ?

R. Oh ? La réussite… vide ?

D. Et du même coup, en transparence, peut-être bien celle de toute la Révolution tranquille elle-même ?

R. Oh, le lien ! Vous détaillez, s'il vous plaît ?

D. Nous venons tout juste d'en parler. Au cœur de ce que je suis en train d'écouter là, il y a les images qui me reviennent des pièces de Dubé elles-mêmes, mais il y a aussi, peut-être surtout, l'importance symbolique de l'ensemble de cette œuvre-là. Il y a une harmonique essentielle, là, liée à *toute* l'œuvre de Dubé. De la même manière qu'après lui Michel Tremblay va être le chantre du populisme – et, plus tard encore, des paradoxes engendrés par le populisme porté au pouvoir –, de la même manière qu'avant lui Gratien Gélinas, de son côté, a été celui de la génération de la Conscription et des débuts de la modernisation de la société québécoise, Dubé est le poète de la Révolution tranquille. De *toute* la Révolution tranquille. Depuis la révolte initiale – *Zone*, au tout début – jusqu'à l'échec que représente la réussite elle-même. Ça aussi, je le sais, constitue un élément crucial de ce qui anime monsieur Deslauriers. C'est ça aussi que j'écoute, que je palpe.

R. Tous ces pères que Duceppe a joués et qui, tous, ont dit : « J'ai manqué mon coup », ce seraient donc…

D. Eh oui. Ni plus ni moins que les maîtres d'œuvre de la Révolution tranquille, bien sûr.

R. Les Grands Aînés ?

D. Oui.

R. Et ça vous mène où ?

D. Droit à une question bouleversante. Si cet homme-là, sur la patinoire, était un habitant du monde de Dubé, la pièce au sein de laquelle il vit ne pourrait, selon Duceppe, qu'être celle d'un constat d'échec ?

R. J'imagine, oui.

D. Eh bien, si j'écoute « Dubé en lui »…

R. Dubé en monsieur Deslauriers ?

D. Oui. J'ai peut-être une chance de trouver ce à quoi ce sentiment d'échec est lié, non ?

R. Oh.

D. Et c'est peut-être à partir de là que je pourrai enfin me lancer à la recherche de ce en quoi peut bien consister le « ça au moins » qui a été réussi par le père que Duceppe n'a jamais joué ?

R. Trouver, donc, en quoi l'aréna de Villeray est « au moins ça » ?

D. Mais oui. Monsieur Deslauriers est là, qui se promène le long de la bande en se laissant traînasser la main contre la surface blanche. Qui est continuellement saisi par des bouffées d'émotion, où qu'il pose les yeux, partout dans l'aréna. Qui part se promener aux sous-sols, errer dans les bureaux, marcher dans le grand hall. Il n'y a pas âme qui vive. Et tout ça, c'est son palais.

R. Oui, oui.

D. Eh bien alors, dans ce cas-là, pourquoi dit-il de son palais que « ça *au moins* je l'ai fait ! » ? Pourquoi ne s'exclame-t-il pas plutôt : « Admirez mon œuvre ! » ?

R. Oh, je vois ! votre question, c'est : si son palais lui est infiniment précieux, alors pourquoi diable n'est-il qu'« au moins ça » lorsqu'il parle de lui ?

D. Mais oui ! Ce magnifique palais qui l'émeut tellement, il est pourtant, au même instant, *presque un échec* à ses yeux ! Pourquoi ?!

R. Donc, aussitôt que l'aréna a surgi, et avec lui le sentiment de son importance dans la vie de monsieur Deslauriers, le premier fragment que vous écoutez, c'est le sentiment d'échec qui lui est aussi associé ? Le sentiment d'échec… commun à tous les pères de Dubé ?

D. Oui.

R. Pour chercher ce qu'un succès, lui, aurait pu être ?

D. Oui ! Donc : et si ça n'avait pas été la réussite qu'il a finalement atteinte qu'en fait cet homme-là a visée toute sa vie ? Hein ? Et si ce palais-là qu'il arpente, quelque magnifique qu'il puisse être, était tout autant la marque d'une défaite, à ses yeux ? Ou encore : et si, en cours de route, son objectif de vie avait changé, si son rêve s'était transformé ? Et que son quasi-échec était celui du rêve de remplacement ? Hein ?

R. Le rêve de remplacement, ce serait le palais ?

D. Oui ! Et si le « J'ai manqué mon coup » de tous les pères de Dubé devenait, avec monsieur Deslauriers : « Je n'ai pas réussi la bonne chose » ? Vous voyez ?

R. Oh oui.

D. C'est de cette piste-là que j'écoute les échos. C'est elle qui a immédiatement fait explosion. Elle « résonne ». Elle résonne incroyablement fort.

R. Ensuite ?

D. Eh bien, ensuite, évidemment, la question qui prend tout de suite toute la place, c'est nécessairement : « Le rêve initial, lui, le *bon* rêve, le rêve qui aurait pu être plus fertile encore mais qui a été écarté, en quoi est-ce qu'il pouvait bien consister ? »

R. Et… ?

D. Je recommence. Je me remets à écouter, de toutes mes forces.

R. À écouter quoi ?

D. Tout ! Tout ce qui me tombe sous la main, tout ce qui m'apparaît de près ou de loin lié à cette phrase que, selon monsieur Duceppe, presque tous les pères de Dubé ont prononcée par sa bouche. Je suis penché sur monsieur Deslauriers qui déambule, et j'écoute en lui, aussi concentré que lorsque je me suis laissé hypnotiser par la bulle – j'en ai le ventre qui brûle. De quels indices est-ce que je dispose, cette fois-ci ? Un constructeur, *le* Constructeur, *le* Père-fondateur – l'archétype. Il arrive au bout de sa vie et constate qu'il a manqué son coup : pour tous ceux qui l'entourent, qui le regardent de l'extérieur, il *est* le succès incarné. Mais pas à ses propres yeux, non. Pourquoi ? Parce qu'il n'a, tout simplement, pas réussi la bonne chose. Quelle a-t-elle bien pu être, à ses yeux, cette *bonne* chose-là qu'il aurait dû accomplir ? Qu'est-ce qui peut bien manquer à un homme qui a tout ? Qu'aurait donc bien pu vouloir réussir d'autre un homme qui a tout réussi, et à partir de rien ? Et… et…

R. Et… ?

D. Les ombres, dans le brouillard, commencent à prendre forme. Et si, et si, et si… justement l'échec résidait dans le fait… d'avoir fait quelque chose ? Hein ? Dans le fait même d'avoir *construit* ?

R. Je…

D. Réfléchissez ! Si « construire » a été le contraire du rêve initial, qu'est-ce qu'il a bien pu être, ce rêve de départ ?

R. …

D. Qu'est-ce que c'est, le contraire de construire ? Pourquoi est-ce qu'on construit ?

R. Pour s'installer ?

D. C'est ça ! Et qu'est-ce que c'est, le contraire de s'installer ?

R. Partir… ?

D. Oui !

R. Oh ! Et si la faute avait été… de ne pas être parti ?

D. Oui !

R. Wô ! Attendez, attendez. Ça voudrait dire. Ça voudrait dire que non seulement cet homme-là n'a pas fait ce qu'il voulait faire, mais qu'il a… qu'il a même fait le contraire ?

D. Oui !

R. Donc, sa phrase voudrait dire : « Mon succès le plus précieux est la preuve de l'échec de mon rêve ! » ?

D. Oui !
R. Quand il se promène dans l'aréna, qu'il la caresse du bout des doigts, qu'il colle son oreille contre les tuyaux et les conduites pour l'écouter vivre, il est donc à la fois ravi et dévasté ?
D. Tout à fait ! Ce que l'univers entier considère comme son magnifique succès est, à ses propres yeux, la preuve même de la défaite de son rêve. Une preuve irréfutable. Littéralement en béton armé. Littéralement plus grosse qu'une maison. Et même qu'une très très grosse maison ! À la fois il l'adore, et à la fois elle est la mort du cœur de sa vie, de son rêve.
R. Il voulait partir ? Pour aller où ?
D. Je n'en sais strictement rien. Et pour tenter de le découvrir, il faut que je recommence encore. Que je me laisse tomber dans mes questions et dans les images encore plus profondément. Que je redéploie à nouveau mes antennes, mais cette fois sur de tout autres longueurs d'ondes, en direction de tout autres régions de l'univers, en moi.
R. Saints du ciel…
D. Cette fois, des indices, des fragments, j'en ai des quantités, à foison, de toutes les sortes imaginables. Ça déborde de partout. C'est un véritable raz de marée.

*

Le printemps, monsieur Deslauriers
La tornade théorique et la tornade tragique

D. Au sein du regard que j'entends, de très loin, vivre en monsieur Deslauriers, la région où nous prenons pied à présent est encore plus profonde et plus complexe que celle que nous venons de parcourir. Ici foisonnent des échos déjà beaucoup plus variés encore que dans le monde de Dubé. Ici, nous ne sommes plus dans le domaine des images tirées d'une seule représentation du monde, mais dans celui d'une infinie quantité d'impressions qui se sont accumulées en moi, sous toutes les formes, en des foules de circonstances diverses, tout au long de ma vie. Ce qu'elles ont en commun, ces impressions, c'est de toutes avoir trait, d'une manière ou d'une autre, à… au discours que la société où je vis – et où vit monsieur Deslauriers – tient sur elle-même. Mais, cette fois, ce discours, elle ne le tient pas sur la scène ni à la télé : elle le tient dans la vie quotidienne, au fil des jours « ordinaires ». Ce domaine-ci, c'est celui de tout un pan extrêmement profond de mon malaise. C'est celui d'un immense paradoxe. D'une image, en moi, qui est celle d'une impossibilité… flagrante, déchirante, mais que j'entends et que je vois pourtant chaque jour animer la vie en commun, là où je vis – sans jamais être questionnée d'aucune façon, par qui que ce soit.

Entre la phrase de monsieur Duceppe et l'aréna… zouf ! monsieur Deslauriers est apparu sur la patinoire, au cœur de son palais. Et il s'est tout de suite mis à se promener, à s'assurer que tout est fin prêt pour l'arrivée de celles et ceux qu'il attend. Dès cette apparition, j'ai entendu en lui les échos de tous les pères de Dubé créer une énorme explosion et, dans le fracas de leur échec, j'ai entendu que monsieur Deslauriers, lui, est différent d'eux. Lui, il n'a pas échoué, oh non : il a réussi. Il a triomphé ! Et c'est sa splendide réussite elle-même qui est son échec. Lui, il a construit. Et il en est fier. Sauf que ce qu'il avait à faire, c'était… partir.

À présent, nous entrons de plain-pied dans la zone qui s'étend précisément là : *entre* partir et construire. L'immense et profond paradoxe au sein duquel s'affrontent ces deux projets prend lui aussi forme dans mon esprit à la vitesse d'un éclair, avec toute sa force et avec toute sa soudaineté. Il n'apparaît pas *après* mon écoute de l'échec des pères de Dubé, non, il surgit *en plein cœur d'elle*. À l'intérieur même du trouble que je sens frissonner chez monsieur Deslauriers, qui rectifie pour la dixième fois la position exacte de chacun des fauteuils, autour de la table, sur le grand tapis de Turquie, puis qui se met à s'éloigner d'elle, à en faire le tour sans la quitter des yeux, examinant chacun des points de vue, à toutes les distances possibles. Ce trouble frissonnant, c'est le sentiment d'une faute. Mais d'une faute qu'il lui a été impossible d'éviter. Qu'il lui est même impossible de regretter avoir commise. La faute… d'avoir construit alors qu'il aurait dû partir. Mais pourquoi n'est-il pas parti ? Où serait-il allé ? Pourquoi ? Savait-il, en ne partant pas, qu'il commettait peut-être l'irréparable ? Quel irréparable ? Qu'est-ce que cela voulait dire, pour lui, « partir » ? Qu'est-ce que cela changeait, « rester » ? Tout ça, je le sens qui palpite, en lui. Et la seule manière, pour moi, d'avoir accès au cœur de ce trouble-là, c'est l'étude d'un étau géant, qui m'apparaît soudain. Un étau composé de millions de parcelles d'images, d'émotions, de questionnements… qui tout à coup trouvent leur forme.

R. Laquelle ?

D. Celle d'un constat qui se formule enfin, en moi.

R. Mais lequel ? Quoi ?

D. Il manque quelque chose !

R. Où ça ?

D. Ici ! Dans la culture québécoise ! Dans la représentation en commun que cette société se fait d'elle-même !

R. Quoi ?! Qu'est-ce qui manque ?

D. Un des deux pôles…

R. Hein ?!

D. Toutes les fois où, depuis des années, je me suis répété : « Ça ne marche pas ! », « Il y a quelque chose qui ne marche définitivement pas, ici ! Quelque chose… d'essentiel. »

R. Oui ?

D. Eh bien, tout à coup, je vois ce que ça pourrait bien être.

R. Quoi donc ? Allez !

D. À cette époque, il y a déjà un moment que j'ai commencé à remarquer un phénomène dont on ne m'a jamais parlé, à propos duquel je n'ai rien lu non plus, en tout cas pas directement, et qui va me turlupiner durant des années. Jusqu'à aujourd'hui, en fait – inclusivement.

R. Vous voulez dire : jusqu'à aujourd'hui, là, tout de suite – vingt ans presque jour pour jour après avoir écrit la pièce ?

D. Oui. Toutes les cultures que je connais un tant soit peu sont paradoxales. Je veux dire qu'elles sont déchirées. Qu'elles sont *nécessairement* déchirées. Que c'est même de leur déchirement qu'elles semblent tirer leur force et leur richesse – ou que c'est de lui que jaillit, dans les cas où il est mal assumé… leur mort.

R. Bon. Et… ?

D. Et je m'aperçois que dans la culture québécoise… il n'y en a pas, de déchirure.

R. Hein ?! Et la question nationale ?

D. Mais non, jamais de la vie. Je vous en ai déjà parlé je ne sais combien de fois : la question nationale, ce n'est absolument pas une déchirure, c'est une bataille entre deux factions *d'un même mouvement*. Ce n'est pas un dilemme entre être végétarien ou être carnivore, c'est une chicane entre les tenants du T-bone médium-bien cuit et ceux du T-bone médium-saignant. Ce n'est pas de ça que je parle en évoquant une déchirure mythologique. Au contraire, même. À l'époque de l'écriture de *Monsieur Deslauriers*, j'ai déjà commencé à me rendre compte que cette chicane de clocher entre deux factions, au contraire de constituer un affrontement mythologique, sert justement à en masquer *l'absence*. Je n'en suis pas certain, à cette époque ce n'est encore qu'une hypothèse, mais une hypothèse qui après la création de *Monsieur Deslauriers*, au cours des années quatre-vingt-dix, va se confirmer au-delà de tout ce que j'aurais pu imaginer : la question de la survie du fait français en Amérique du Nord est d'ores et déjà réglée.

R. Comment ça ?

D. Parce que, sur la voie adoptée par le Québec en particulier et par le Canada français en général, le français ne peut tout simplement pas survivre. Ce n'est plus qu'une question de temps avant qu'il ne disparaisse.

R. Mais pourquoi ?!

D. Oh, pas à cause d'un immonde complot anglo-saxon – rassurez-vous. Parce que le français, on tente de le protéger de l'américain dans les termes mêmes qui depuis ses origines ont justement fait la force de l'américain !

R. Quoi ?!

D. Parce que ce nationalisme – canadien-français ou québécois, peu importe – ne tient tout simplement pas debout : il prétend protéger du danger ce qu'il affirme lui être essentiel, mais il le fait en définissant cet essentiel dans les termes mêmes sur lesquels repose ce contre quoi il faudrait le protéger ! La guerre est perdue d'avance !

R. Je ne comprends pas un traître mot à ce que vous me racontez là ! Soyez clair !

D. Non, désolé – ce sera pour une autre fois. Ce n'est pas de ça que je veux parler ici. Si voulez des pistes de méditation, retournez lire plus attentivement ma réponse à Antonine Maillet.

R. Vous ne pouvez pas me faire ça !

D. Oh que oui, je peux. À preuve.
Au moment où j'écris *Monsieur Deslauriers* – restons-en là pour le moment –, je ne crois déjà plus à l'affrontement qu'on nous fait sans cesse gigoter sous les yeux. En fait, je ne sais même pas si j'y ai jamais vraiment cru. Je ne pense pas. Je ne veux pas dire qu'il serait sans conséquences, cet affrontement, bien entendu, ni que sa résolution, quelle qu'elle doive être, ne sera pas déterminante de mille manières. Ce que je veux dire, c'est que les fondements de la question soulevée et les arguments auxquels on a recours dans le cadre du débat ne tiennent tout simplement pas debout.

Par ailleurs, je me rends compte que si je l'exclus, cet affrontement qui me semble de pure diversion, je constate *ipso facto* que la culture qui est censée être en cause « à travers » lui présente une anomalie grave, fondamentale même, essentielle : elle n'est pas paradoxale !

R. Vous voulez dire que… quoi ?

D. Qu'une culture, comme tout ce qui relève de l'entendement humain, est une tension. Une tension *entre* deux pôles, donc – deux pôles *au moins*. Alors qu'ici, ce qu'il s'agirait dit-on de protéger, ce serait un objet fini, stable, définitif.

R. La langue ?

D. Oui. Ou la culture. Mais elle aussi, la culture : figée, réglée comme du papier à musique. Pétrifiée, momifiée, immuable. Peu importe ce que vous dites : n'importent que le nombre d'anglicismes que vous utilisez ou pas, et que la grosseur des lettres sur les affiches. Peu importe ce en quoi vous croyez : n'importe que votre capacité à avoir les larmes aux yeux aussitôt que quelqu'un vous hurle par la tête : « Féliiiix Leclêêêrc ! » Eh bien, dans la représentation que je me fais du monde et de la vie, c'est une impossibilité, ça. Une impossibilité *radicale.* Une culture unipolaire, ça n'existe pas. Nulle part. Et une bataille pour la survie culturelle, *ce n'est pas* un paradoxe culturel fondateur.

R. Pourquoi pas ?

D. Parce qu'un des deux termes est nécessairement *extérieur* à cette culture soi-disant menacée, voyons ! Une culture en commun, ce n'est pas d'abord une discussion entre un groupe et son environnement : c'est d'abord une discussion *à l'intérieur* de ce groupe. Et pour qu'il y ait discussion, il faut qu'il y ait altérité, différenciation. Autrement, il ne pourra y avoir qu'une seule voix… qui parlera toute seule. Or, parler tout seul, ça ne s'appelle pas discuter, ça s'appelle radoter.

R. …

D. C'est tout simple : ou bien la culture québécoise n'existe pas – et il n'y a donc rien à protéger –, ou bien elle existe

– mais ce ne *peut pas* être le combat pour sa survie qui nous indique ce qu'elle est. Il faut *nécessairement* qu'il y ait « autre chose ». L'« autre chose » que vous voudrez, mais forte – aussi forte que le terme auquel elle s'oppose. La culture d'une société, ce n'est pas ceci ou cela, c'est la tension *entre* ceci ou cela, *entre* deux courants fondamentaux qui la traversent. Alors si vous voulez, oui, un des deux termes de la culture québécoise peut parfaitement être la langue – si vous y tenez absolument –, mais chose certaine *ça ne peut pas n'être qu'elle.* Si elle constitue l'un des termes, alors il y a nécessairement, face à elle – ou en dessous, ou derrière, ou là où vous voudrez... – « autre chose ». Mais une « autre chose » qui vit *à l'intérieur* de la culture québécoise et qui est fondamentalement en contradiction soit avec la langue elle-même, soit avec un des aspects de comment nous la considérons. Est-ce que c'est plus clair, comme ça ?

R. ...

D. Le discours politique omniprésent qu'on me hurle par la tête depuis que je suis haut comme trois pommes est une invraisemblance pure et simple. Une lubie, dans le meilleur des cas. Et, autrement, un mensonge éhonté.

R. Attendez. De deux choses l'une, donc ? Ou bien ce qu'on appelle « la culture québécoise » est en train de mourir, déjà morte ou pas mieux que morte ? Ou bien elle est en train de se transformer de fond en comble *en dépit* de tout ce qu'on raconte à son sujet ?

D. En plein ça.

R. Et. Et tous les chamaillages constitutionnels et autres perpétuels raz de marée de chantages émotifs n'auraient aucune autre raison d'être que de camoufler cette mutation ou cette agonie ? C'est ça ?

D. C'est *exactement* ça. Maintenant, revenons à *Monsieur Deslauriers*. Ce paradoxe, cette impossibilité qui se trouve au cœur même de notre culture, au moment où je rencontre monsieur Duceppe, ça fait déjà des années qu'elle me trotte derrière la tête et que de temps en temps elle m'électrocute par des fulgurances. Mais ces éclairs soudains, j'ai été jusque-là incapable de les retenir ou de les fixer, même de ne serait-ce que les observer. Ils étaient trop étonnants, trop complexes. Ma raison ne savait pas quoi faire d'eux, alors elle les évacuait. Ce n'est que ce jour-là, dans mon tout nouvel appartement, en écoutant et en observant monsieur Deslauriers, en moi, que tout à coup l'image surgit, *à l'intérieur même de mes questions sur les pères dans l'œuvre de Marcel Dubé.* Cette fois-ci, je suis totalement incapable de même seulement songer à l'écarter : elle me happe instantanément. Je réalise d'un coup sec que cet invraisemblable pôle manquant dans notre culture et ce rêve écarté, raté, chez les pères de Dubé… *sont une seule et même chose* !

R. Wooo…

D. Aussitôt que je me rends compte de ça, la réaction, en moi, est encore plus forte qu'en entendant le cri de Michaela, dans le bar de la rue Sainte-Catherine. Je me rends compte qu'un pan entier de mon malaise est en train de prendre forme, de surgir comme… comme si une île au grand complet faisait surface dans mon évier de cuisine. Je perçois tout à coup, pour la première fois, le lien, le lien flagrant, impossible à manquer, saisissant, entre mon malaise et tout ce questionnement auquel la phrase de monsieur Duceppe vient de m'obliger à m'attarder.

R. Vous commencez à comprendre pourquoi la phrase de Jean Duceppe vous a instantanément semblé indissociable de votre malaise ?

D. Exactement.

R. Et ce lien, il est tissé entre ce pôle manquant qui vous chicote tellement depuis si longtemps, la phrase que monsieur Duceppe vous a envoyée, et… ce que monsieur Deslauriers se prépare à dire à ces gens qu'il attend ?

D. Tout à fait. L'enjeu vital, je viens de mettre la main directement dessus, du premier coup.

R. Et où est-ce que ça vous mène ?

D. Attendez. Pour que nous puissions continuer d'avancer, il faut d'abord que je détaille un peu plus profondément les termes de ce que je viens d'évoquer là à toute vapeur.

R. D'accord.

D. Commençons par nous faire une image plus étoffée de ce que j'appelle « une déchirure culturelle fondamentale ». Prenons le rêve états-unien, par exemple…

R. Oui.

D. Au moment où j'aborde l'écriture de *Monsieur Deslauriers*, je viens tout juste de lire *Une planète et quatre ou cinq mondes*, d'Octavio Paz : une série de courts essais qu'il a écrits au fil des ans, dans lesquels il évoque les différentes conceptions du monde qui s'affrontent à notre époque. J'ai été fasciné. Un des textes qui m'a le plus frappé a été celui sur les USA. Paz y décrit une société qui alterne continuellement entre deux attitudes contradictoires. D'une part les États-Uniens veulent dominer le monde, prouver à l'univers entier qu'ils sont les seuls à avoir raison, et à l'autre bout du spectre, quand ils ne sont pas en train de dire à tout le monde quoi faire et quoi penser, ils se replient chez eux et ne veulent plus entendre parler de personne : s'ils pouvaient accrocher une fusée à chaque coin de leur territoire et sacrer leur camp dans l'espace, ils le feraient. D'ailleurs, soit dit en passant, il existe un roman de science-fiction des années soixante qui traite précisément de ce thème-là, un conte extraordinairement intéressant – *Cities in Flight* de James Blish. Je ne me souviens plus si Paz lui-même le souligne, mais une des choses qui me frappe en le lisant, c'est qu'il me paraît trompeur de dire que les deux comportements qu'il décrit chez les États-Uniens alterneraient, qu'ils se remplaceraient l'un l'autre à tour de rôle. En réalité, ils coexistent en permanence, bien entendu. Ce qui varie, c'est l'*équilibre* entre eux. Tantôt c'est l'impérialisme qui domine, puis l'isolationnisme parvient à prendre pied, écarte l'autre du devant de la scène, et ainsi de suite.

R. Je vois.

D. Une autre manière de percevoir ce déchirement, c'est par l'entremise de l'art. Prenez deux œuvres américaines majeures, toutes les deux de la première moitié du XIXe siècle. Une peinture et un roman : la toile *The Peacable Kingdom* de Hicks, et le *Moby Dick* de Melville. Dans sa peinture, hypercélèbre, dont je me demande même si une de ses nombreuses versions n'est pas accrochée dans un couloir du Capitole, à Washington, Hicks évoque un monde enfin pacifié. Complètement, définitivement pacifié : à gauche, au lointain, au bord d'une large rivière, Blancs et Premières Nations sont en train de signer un traité de paix, tandis qu'à droite, tout près de nous, à l'orée de la forêt, deux petits bébés sont couchés sur le dos à même le sol devant un groupe serré très édifiant – ils ont l'air de poser pour un portrait de famille : ours, brebis, chien, lion, bœuf, tigre, les ambassadeurs de toutes les créatures du monde, enfin décidées à vivre toutes ensemble en parfaite harmonie.

R. Le paradis terrestre, quoi.

D. Sans doute. Mais attention : un paradis terrestre *façonné par l'Homme*. Eh bien, moins de vingt ans après que Hicks a achevé sa toile, Melville, lui, fait paraître son roman : le capitaine Achab est la fureur personnifiée. Il est prêt à tout sacrifier, y compris sa propre vie, celle de tout son équipage et même son navire, pour enfin parvenir… à détruire la plus grande force vivante que la nature ait jamais placée sur le chemin de l'Homme : la Grande Baleine Blanche. Nous avons donc d'un côté, chez Hicks, la fin de l'histoire – l'harmonie ultime enfin atteinte –, de l'autre, chez Melville, la force destructrice déchaînée, terrifiante – le refus d'être quoi que ce soit d'autre que le maître plein et entier de toutes les formes de vie : tout ce qui ne peut pas être harnaché doit être impitoyablement détruit.

R. Mais le capitaine Achab, c'est à nouveau le professeur Lidenbrock de Jules Verne, non ?

D. Oui, presque. Il y a chez lui ce côté dominateur à tout prix que Verne prête à son savant et dont nous avons discuté dans les *Entretiens*, sauf qu'Achab est infiniment plus brutal encore que Lidenbrock : l'Européen provoque une éruption volcanique et s'en fout complètement, mais il n'en reste pas moins que cette éruption est accidentelle. Tandis que détruire, c'est d'entrée de jeu le *seul* objectif d'Achab. Il y a donc deux images primordiales, deux mythes extrêmement profonds et puissants qui s'affrontent dans le projet révolutionnaire américain : la paix définitive et la guerre totale. C'est cet affrontement même qui fonde la culture, le rapport au monde en commun – et c'est de lui que l'imaginaire tire sa force. Les États-Unis *sont* cette déchirure. Un siècle après Hicks et Melville, le citoyen Kane d'Orson Welles aussi est un Achab, à sa façon. Et le premier *King Kong*, dans les années trente, exprime encore une volonté de contrôle *total* de la nature, à quelque prix que ce soit. Tout comme, de l'autre côté, *Star Trek*, la série originelle, un des plus grands succès de la télé américaine, présente une espèce d'éden à la Hicks : une fédération de planètes qui vit dans la paix, la sérénité et l'opulence – le cosmos a enfin trouvé l'harmonie parfaite. Bon, bien sûr, il reste encore le petit problème des affreux Klingons... mais ça c'est une autre histoire. Alors vous voyez ce que je veux dire par « déchirure fondamentale » ou « déchirure mythologique » ?

R. Oui, oui, tout à fait.

D. On retrouve un déchirement fondateur comparable en France. Par exemple : entre Voltaire et Rousseau – culture contre nature. Ou encore, j'y ai fait référence dans mon texte sur la « jolie parlure » de madame Maillet, entre de Maistre et Voltaire. Voltaire qui, après le grand tremblement de terre de Lisbonne, pousse un véritable hurlement de terreur et de vertige, et de Maistre qui des années plus tard lui répond depuis Saint-Pétersbourg: «Mêle-toi de tes oignons – si Dieu a fait ce qu'il a fait, il devait avoir ses raisons.» La prise en compte de la douleur de l'autre chez Voltaire, la soumission absolue à l'autorité chez de Maistre. Ou entre Maurras et Camus – culte de la pure grandeur de l'État chez Maurras et, chez Camus empathie, fraternité et quête de la dignité au sein d'un univers absurde. En Russie: même après la révolution bolchevique, l'impérialisme hérité des tsars et le nationalisme russe d'un côté, et de l'autre le grand rêve de Tolstoï – la guerre entre le Pouvoir et la Poésie. Celle aussi entre une Russie tournée vers les grandes steppes d'Orient et une autre regardant vers l'Occident. Mieux, même: entre réformisme et despotisme – Ivan IV dit le Terrible assassinant son propre fils dans un accès de rage, Pierre le Grand sacrifiant la vie de cent cinquante milles ouvriers pour construire Saint-Pétersbourg en plein marécage… puis l'impératrice Catherine invitant le philosophe Diderot à venir admirer sa belle capitale toute neuve, et les brillants débats qui s'y tiennent.

R. Et ici?

D. Ici, eh bien… rien!

R. Rien?!

D. Rien au présent, en tout cas.

R. Et au passé?

D. Au passé: l'habitant contre le coureur des bois.

R. Oh? Ah bon? C'est fou, j'étais certain que vous alliez me répondre: «La ville contre le monde rural».

D. Jamais de la vie. Et c'est justement là qu'est le cœur de toute l'affaire.

R. Où ça?

D. Dans le fait que vous pensiez que j'allais dire: «La ville contre le monde rural».

R. …

D. L'immense étau «paradoxe» qui surgit soudain devant moi, composé d'une multitude de fragments d'images venus de tous les horizons de mon existence, il surgit, je vous l'ai dit, aussitôt que je me penche sur l'échec des pères de Dubé. Je viens tout juste de comprendre que ces pères, ils se définissent par lui, par leur échec, alors même qu'ils sont pourtant essentiellement des constructeurs dont tout le monde chante les louanges. Ce qui vient de me frapper, autrement dit, c'est que ces hommes-là symbolisent collectivement le succès de la Révolution tranquille, alors même que, du propre aveu de chacun d'entre eux, leur vie, elle, leur vie personnelle, intime, est un échec parfait *et rien d'autre* ! C'est en tout cas ce que m'en a dit Jean Duceppe dans son bureau de la Place des Arts.

R. Oui.

D. Eh bien, en d'autres mots : la Révolution tranquille est sans doute un incontestable succès politique, mais cet énorme succès politique-là est aussi *un indéniable échec humain… complet*. Surtout pour ses héros ! Alors, la question s'impose : « Mais pourquoi » ? Quel est donc le lien entre les deux choses ? Je veux dire : « Est-ce que le succès *là* impliquerait nécessairement l'échec *ici* ? » Avant même que j'aie eu le temps de finir de formuler ma question, la réponse explose en un « Oui » sans équivoque – gros comme Manic 5. Parce que, justement, Dubé s'y livre explicitement, à la mise en opposition entre succès extérieur et échec intérieur. L'échec des pères, dans ses pièces, n'est pas un échec existentiel – pas dans l'évocation que m'en a faite Jean Duceppe, en tout cas. Il ne m'a pas demandé « Écris-moi un traité sur le fait que l'échec de l'existence est inévitable, que la vie est absurde mais qu'il y a quand même moyen d'avoir du *fun* », pas du tout. Il m'a demandé : « Réponds à Dubé ! » Et les termes de cette réponse, il me les a clairement indiqués : « J'ai manqué mon coup » *versus* « Ça au moins, je l'ai fait ! » Donc, ce qu'il m'a demandé, ce n'est pas de me pencher sur le sens de la vie, mais sur le sens de ce qu'on *fait* dans sa vie, de ce qu'on fait *avec* sa vie. D'accord ?

R. Oui.

D. Si l'échec ressenti par les pères est de quelque manière que ce soit lié à leurs actions, je suis bien forcé d'admettre qu'ils vivent un échec *à cause* de ce qu'ils ont fait, non? Or qu'est-ce qu'ils ont fait...?

R. Ils ont... construit?

D. Eh oui!

R. D'où l'hypothèse que ce qu'ils ont surtout souhaité dans leur vie, en fait, c'était de partir, mais qu'ils ont plutôt fini par opter pour l'inverse: l'établissement?

D. C'est ça. Autrement dit: quand je me penche sur les images qui brûlent dans l'esprit de monsieur Deslauriers errant sur la patinoire de l'aréna de Villeray, que j'écoute ce qui le hante au plus profond de lui-même, ce que j'écoute, c'est l'opposition entre *ce qu'il a fait* et *ce qu'il n'a pas fait – ce qu'il fait* et *ce qu'il ne fait pas – ce qu'il va faire* et *ce qu'il ne fera pas*. Toujours d'accord?

R. Oui, oui.

D. Bon. Eh bien, l'immense étau «paradoxe» dont l'image vient de surgir, ce de quoi il est composé, c'est de l'affrontement entre «ce qu'à l'intérieur de soi on sait devoir faire de sa vie» et «ce que de l'extérieur de soi on se fait ordonner d'en faire».

R. Wahou! Redites-moi ça!

D. Ce n'est pas simplement le fait d'avoir finalement concrétisé le contraire de leur rêve qui caractérise l'échec des pères de Dubé, mais surtout celui d'avoir réalisé un rêve qui n'était pas le leur *en plus* d'être la négation pure et simple du leur.

R. Vous voulez dire que... que leur échec ne serait pas, je ne sais pas, moi, le fruit d'une erreur? Qu'«on» leur a volé leur vie?

D. Leur rêve, oui. Et qu'en échange, «on» leur a promis une récompense dont ils ne se rendent compte que trop tard qu'elle est un leurre.

R. Mais d'où est-ce qu'il sort, ce «on»-là, tout d'un coup? Qui est-ce que c'est?

D. Peu importe son identité précise – en tout cas pour l'instant. Mais en ce qui concerne « D'où est-ce qu'il sort ? », la réponse est toute simple. Il y a nécessairement un « on » extérieur à monsieur Deslauriers, parce que, dans l'univers qu'il habite, ce ne sont pas les idées ni les principes qui vivent et qui s'affrontent, mais les gestes et, donc : les volontés. Nous venons juste de le voir : le rapport au monde de monsieur Deslauriers – et des pères de Dubé – se définit par « faire » *versus* « ne pas faire », ou inversement, mais c'est tout. Parvenus au bout du chemin de leur vie, ces hommes-là ne se demandent pas : « Que suis-je devenu ? », ni « Quel est le sens de tout ça ? », jamais de la vie. Ce qu'ils se demandent, c'est : « L'ai-je fait, oui ou non ? » Paragraphe, fin du chapitre. Nous ne sommes pas dans un monde de supputations morales, éthiques et philosophiques, ici, pas du tout. Nous sommes en plein cœur d'un univers d'actions, de gestes, de présences concrètes, fermes, solides.

R. Dans un monde de l'intelligence du corps ?

D. Exactement ! Or, dans un tel monde, il y a des règles impossibles à contourner, l'une d'entre elles étant que si « j'ai voulu faire ceci » mais que « j'en ai été empêché », alors c'est nécessairement qu'« une autre volonté que la mienne s'est opposée à mon geste ». Point.

R. Donc, cette autre volonté-là a convaincu monsieur Deslauriers non seulement de construire, mais aussi de renoncer à son véritable rêve, à son véritable projet : partir ?

D. Tout à fait.

R. En échange, il a reçu la gloire, l'argent et un palais. Pour se rendre compte en bout de course que c'est bien beau, tout ça, mais que ça ne change strictement rien au fait que ce qu'il avait à faire, il ne l'a pas fait ?

D. Voilà.

R. Il a donc vécu… la vie de quelqu'un d'autre ?

D. Le *rêve* de quelqu'un d'autre.

R. Mais comme. Comme dans les histoires de la chasse-galerie, alors ? Dans tous ces récits du diable et des bûcherons qu'il essaie d'enfirouaper pour leur piquer leur âme ?

D. Non : comme le contraire de ces histoires-là.

R. Le contraire ?!

D. Mais oui. Parce que, dans les contes de la chasse-galerie, les bûcherons finissent presque à tout coup par tirer leur épingle du jeu, par retourner la situation à leur avantage et par enfermer le diable dans une bouteille. Alors qu'ici ce sont les bûcherons qui se font baiser. À plate couture.

R. Ouf.

D. Ça va ?

R. Oui, oui.

D. Je continue. Ce que je viens de vous dire mène droit à une considération de la plus haute importance pour la suite des choses. Parce qu'elle implique que cet étau « paradoxe », il porte un nom : « tragédie ». Qu'est-ce que c'est, une tragédie ? Ce n'est pas un « très gros drame », non, pas du tout. Une tragédie, c'est même *le contraire* d'un drame. Un drame, c'est une histoire dans le cadre de laquelle un ou plusieurs personnages subissent des événements fâcheux. Dans un drame, ce sont donc ces événements qui constituent le moteur du récit, son principe actif. Ce qui est au cœur d'une tragédie, en revanche, ce n'est pas ce que subit un personnage, mais sa manière de réagir devant cet événement et ses causes et, plus que quoi que ce soit d'autre, *ce au nom de quoi il réagit*. Une tragédie, c'est l'histoire d'un personnage qui se fait imposer une situation qu'il considère inacceptable, et qui se la fait imposer par une force qu'il est inimaginable qu'il puisse vaincre ou qu'il puisse même seulement rêver à infléchir si peu que ce soit. Malgré cela, le personnage se dresse, regarde cette force en pleine face et lui lance : « Je ne peux pas te vaincre, mais je peux me tenir debout devant toi. Écoute-moi ! Je me dresse sur ton chemin pour te déclarer solennellement que je m'oppose à toi… que je m'oppose à toi sans espoir, *au nom d'un principe plus grand encore que tu ne le seras jamais et auquel toi aussi tu es soumis !* » Ce personnage, on l'appelle un héros tragique. Il sait qu'il sera écrasé. Il sait même qu'il ne peut pas en aller autrement. Mais qu'à cela ne tienne, il déclare jusqu'au bout de ses forces qu'il est des choses plus importantes encore que la vie… même éternelle. Eh bien, ce que je viens de vous dire là, c'est qu'au moment où l'étau surgit, je suis immédiatement traversé par un grand frisson : parce que ce que je viens d'entendre résonner à l'intérieur de Philippe Deslauriers, c'est qu'il se prépare à faire du drame de son échec… une tragédie.

R. Vous voulez dire : qu'il va se dresser devant le dieu ?

D. Précisément. Ou devant le diable – qui est aussi un dieu.

R. Mais *quel* dieu ? Quel principe supérieur ?

D. C'est précisément ce que je suis en train d'écouter en lui, qui vient de faire explosion et de me submerger d'éclats d'images de toutes sortes.

*

Le printemps, monsieur Deslauriers
La tornade « paradoxe »

D. Il y a donc pour moi, depuis aussi loin que je puisse me souvenir, un paradoxe qui détermine mon rapport à la culture québécoise. Un paradoxe en trois points. Attention : pas un paradoxe *à l'intérieur* de cette culture, mais un paradoxe *à propos* d'elle – ce n'est absolument pas la même chose.

R. D'accord.

D. Premier terme du paradoxe. Je me souviens, adolescent, à la grande table de la salle à manger, au camp de la rue Clark, de discussions emportées, à Noël et à Pâques entre autres occasions, au cours desquelles s'affrontaient mon grand-père et le plus jeune de mes oncles. Mon grand-père portait l'étiquette de « fédéraliste » et mon oncle celle de « séparatiste ».

R. Nous sommes à quelle époque, là ?

D. Fin des années soixante. La dispute finissait toujours par s'échouer sur le même nœud : la défense de la langue et de la culture. Mon grand-père, écarlate de rage, tapait du poing sur la table de chêne en vitupérant que si ce n'était que ça le problème, si ce n'était que la nécessité de nous distinguer culturellement des Américains qui justifiait la destruction ou en tout cas le démantèlement du Canada, eh bien, nous n'avions qu'à nous en inventer une, langue, le « canadien », qui serait la seule à être officielle d'un océan à l'autre... tandis que l'oncle, lui, formé chez les clercs de Saint-Viateur, défendait avec tout autant d'ardeur le devoir que nous aurions de préserver les racines soi-disant plantées ici par d'Iberville, Madeleine de Verchères et Lambert Closse.

R. Et le second terme ?

D. Lui, il surgissait de ce que, en dépit de tous mes efforts, je n'arrivais jamais à saisir le lien entre ce que j'entendais quand mes profs, mon grand-père, mes oncles ou les animateurs de télé et les politiciens parlaient quand ils disaient « nous » et... ce que j'avais sous les yeux.

R. Comment ça, vous ne voyiez pas le lien ? Qu'est-ce que vous voulez dire ?

D. Que ça ne raboutait pas. En rien. Comme si un orateur se présentait devant une assemblée de brebis, commençait son allocution par : « Chers amis loups, chers confrères carnivores... » et que personne ne bronchait. Ça ne raboutait pas davantage que... ah, tenez : pas davantage que la quasi-totalité des gens que je voyais aller à la messe ne me semblaient en quoi que ce soit avoir la foi.

R. ...

D. Je vous ai raconté, déjà, que ce même grand-père m'avait obligé, sous peine d'être séparé de mes sœurs et envoyé en famille d'accueil, de devenir enfant de chœur ?

R. Oui.

D. Eh bien, dans un premier temps, je vous l'ai dit aussi, cette obligation-là m'avait été un enfer. Au bout d'un certain temps, toutefois, il avait quand même bien fallu que je me fasse à l'idée que cet enfer-là, j'avais tout intérêt à m'y trouver une place, parce que si je continuais à ne m'y définir que par mon désir de le quitter, j'allais me faire péter tous les plombs.

R. Qu'est-ce que vous avez fait ?

D. Je me suis mis à observer. À me demander ce qu'ils faisaient là, tous ces gens qui se pointaient à la messe à cinq ou six heures du matin, ou qui se mettaient en ligne pour recevoir « le corps du Christ » à la grand-messe du dimanche, dans le parfum obsédant de l'encens et le froufrou des surplis.

R. Et… ?

D. Et rien du tout. Ils n'avaient rien dans les yeux, rien nulle part, qui semblait parler de quoi que ce soit, sauf…

R. Sauf… ?

D. D'obligation sociale. *Il fallait* y être. *Il fallait* le faire. Et *il fallait* y être vu. C'est tout. Eh bien, en écoutant mon oncle et mon grand-père se crier par la tête à propos de la langue et des forges de Jean Talon, ou en écoutant mes innombrables profs militants, ou en regardant les débats à la télé, je retrouvais exactement la même fougue qu'avait déployée mon grand-père décrétant qu'*il fallait* que je devienne enfant de chœur et servant de messe, ou que celle dont faisaient montre mes amis et leurs parents quand ils m'expliquaient qu'*il fallait* aller la messe… « Tais-toi ! Parce que c'est comme ça et c'est tout ! » Autrement dit : j'écoutais tout ce beau monde se chamailler sur la langue et la culture, et la seule certitude que je parvenais à ressentir, c'était que quels que soient les arguments auxquels ils prétendaient avoir recours, ce n'étaient pas du tout eux qui me semblaient importer en définitive, mais « autre chose » : une chose qui préexistait à ces arguments et qui n'avait rien à voir avec eux.

R. Eux, les arguments, ils étaient des faux-semblants ?
D. Oui.
R. C'était « quelque chose d'autre » qui était à l'œuvre « à travers » eux ?
D. C'est ça.
R. Comme la foi… vide que vous constatiez de toutes parts ?
D. Tout à fait. Jamais, jamais ! jusqu'à ce qu'enfin je parvienne à m'enfuir de la rue Clark, jamais aucune des dizaines et des dizaines de personnes qui au fil des ans m'ont parlé de l'obligation de la messe ne m'a expliqué qu'il ou elle voulait parler à son Dieu – jamais ! Et ce que je vous dis là, ce n'est pas une impression vague, ni une construction *a posteriori*, non : je le sais que ce n'est jamais arrivé, parce que cette phrase-là, je l'ai attendue de toutes mes forces, des années durant.
R. Pourquoi ? Comment ?
D. Parce que je me disais que si jamais quelqu'un de cette gang-là finissait par me parler de son Dieu, de sa foi, je pourrais au moins finir par lui poser ma question : « Explique-moi » ou « Dis-moi, parle-moi. » Mais non, jamais. Eh bien, les débats sur la sauvegarde du français me laissaient exactement la même impression : peu importait cet argument-ci ou celui-là, peu importait qu'il soit utilisé en faveur de cette thèse-ci ou de l'autre… ce n'était pas de ça qu'ils parlaient.
R. « Pas de ça », quoi ?
D. Pas de la langue. Pas de la culture. Pas de la mémoire. En fait : même pas de la vie non plus.
Regardez bien : mon grand-père parlait de défendre notre culture canadienne en virant de la couleur d'une cerise et en se redressant à moitié dans son fauteuil avec une telle fougue que ma grand-mère finissait presque chaque fois par se mettre à lui tapoter une main en psalmodiant tout bas : « Calme-toi, Siméon, là, mon vieux. Tu vas faire une crise de cœur, là »… alors que pourtant ne l'intéressaient, lui,

dans la vie, que la mécanique, la chimie et la construction. Les États-Unis, à l'entendre, auraient constitué la menace la plus terrible à être apparue sur Terre depuis que Lucifer a envoyé la syphilis aux Italiens de la Renaissance, alors que ses bricolages et ses patentes étaient la seule chose qui le passionnaient, la *seule* ! et alors qu'il n'avait jamais pu se rendre au bout de sa curiosité parce qu'il était issu d'une famille de... je ne sais plus... vingt-trois enfants, je crois, et qu'il avait dû, comme des millions d'autres avant lui et après, abandonner ses études en troisième année de primaire, parce que l'éducation, dans cette société qu'il défendait devant moi avec furie, était considérée comme une tare ! Mon grand-père passait tous ses moments libres, dans son atelier, à inventer et à construire d'énormes machines à équarrir les troncs d'arbres et à découper et aplanir le bois, puis il passait ses soirées, à la maison, à se patenter dans la cuisine des expériences de chimie qui tôt ou tard finissaient par faire explosion et par nous obliger à repeindre le plafond. Toute une armoire, au-dessus du poêle, était réservée exclusivement à ses pots à café de métal ou de verre percés d'électrodes, sur lesquels il passait des heures, penché, à zigonner et à marmonner. Des pots qui contenaient des espèces de brouets verdâtres striés de bruns et de jaunes ternes, qui avaient l'air de sortir tout droit d'un film de Martiens visqueux... et d'y retourner en courant. Si cet homme-là avait eu ne fût-ce que trois ou quatre années de scolarité de plus, il sautait aux yeux – littéralement, boum ! – que sa vie aurait été radicalement différente. Il aurait pu trouver le chemin pour se lancer en chimie ou en mécanique avec un appareillage conceptuel suffisant pour espérer aboutir quelque part. Mais non. Il en avait été empêché dès le départ, dès le début de sa vie. Par qui ? Par quoi ? Par personne en particulier. Par la culture même que je le voyais, quatre ou cinq fois par année, défendre de toutes ses forces. Les autres membres de la famille se moquaient gentiment de ses « recherches » et, en les écoutant, moi je songeais à un long article biographique que j'avais lu à propos de Thomas Edison.

R. L'inventeur états-unien de l'ampoule électrique et du phonographe.

D. Oui. Je repensais aux anecdotes à son sujet à lui, au sujet de ses « recherches », à lui aussi, lui aussi venant d'un milieu très pauvre, je songeais à comment, adolescent, employé par une compagnie de chemin de fer, il avait installé un laboratoire à bord du train sur lequel il travaillait, et je me disais, encore et encore : « Ce que Siméon défend là, mais il ne s'en rend donc même pas compte ?! Mais c'est sa propre mort ! »

R. Quelle horreur.

D. Eh oui. Oui. « Horreur ». C'est le mot. Et il n'y en pas d'autre. La culture qu'il défendait, ce n'en était pas une qui pouvait s'opposer à celle des USA et prétendre promouvoir à sa place quoi que ce soit d'autre qu'elle, bien au contraire : ce n'était qu'un projet informe et stérile. Un projet qui n'était rien d'autre qu'un non-accomplissement. Le non-accomplissement du projet états-unien, certes, mais le non-accomplissement aussi de quoi que ce soit d'autre sinon la poursuite… du non-accomplissement.

R. Un projet qui ne se définissait que par la négative : qui désignait ce qu'il ne fallait surtout pas faire, mais sans dire un mot de ses visées à lui ?

D. Et dont l'argument central se résumait par : « Il le faut ! il le faut ! il le faut et c'est tout ! » Qu'était-ce donc qu'il fallait tant ? Résister de toutes nos forces à la culture qui aurait peut-être permis à mon grand-père de vivre son rêve – ou en tout cas de se rapprocher de lui –, qui aurait pu lui permettre de déployer la fertilité qui lui était propre, pour plutôt défendre celle où il avait grandi et qui lui avait tout pris… sans jamais rien lui donner en retour. Rien d'autre en tout cas que des rêves qui pourrissaient dans des pots à café, dans une armoire de cuisine.

R. Et sa manière de lancer cette attaque, de se livrer à cette défense, vous rappelait…

D. Point pour point, mot pour mot, intonation pour intonation, tous ces discours qui affirmaient qu'*il fallait* aller à la messe et faire semblant de prier. Et même, en fait, non, elle ne me la « rappelait » pas, cette manière, elle était *la même.*

R. Ouf…

D. Mais c'est loin d'être tout. Un jour, ma grand-mère m'avait raconté sa rencontre avec celui qui allait devenir son mari, ce même homme qui était mon grand-père. Savez-vous comment ils s'étaient rencontrés ?

R. …

D. Un magnifique soir de printemps, jeune femme, elle est assise sur le perron de ses parents. Tout à coup passe un beau jeune homme. Il porte une casquette. Il s'arrête et s'accroupit pour rattacher un de ses lacets. Elle le regarde faire. Il se redresse. Et au moment où il se remet en marche, elle lui lance :
— Monsieur ?
Il suspend son mouvement, se tourne vers elle.
— Savez-vous quoi ?
— Non, quoi ?
— Porter une casquette, quand il fait une aussi belle lumière que ce soir et qu'on a les cheveux de la couleur des vôtres, c'est un crime, monsieur.
Et ils ne se sont plus jamais laissés.

R. …

D. Seulement, savez-vous ce qu'il faisait à Montréal, ce soir-là, le jeune Siméon-Aubert ? Il n'était que de passage chez un de ses frères… en route vers les manufactures de la Nouvelle-Angleterre.

R. Quoi ?!

D. Comme je vous le dis.

R. Pour les États-Unis ?!

D. Oui, monsieur. La culture contre laquelle, devenu vieux, il croyait impératif de nous défendre à tout prix, ce n'était pas seulement celle qui, s'il avait vécu en son sein, lui aurait peut-être permis de réaliser ses rêves – en tout cas, ses chances d'y parvenir ne pouvaient certainement pas être pires là-bas qu'ici –, c'était aussi celle qu'il était passé à… à un cheveu, littéralement, d'embrasser. Or, quand il défendait celle qui était la sienne, comment est-ce qu'il s'y prenait ? En tapant sur la table et en criant : « Il le faut et c'est tout ! »… exactement comme *il fallait* aller la messe, et ça s'arrête là.

R. Et votre oncle, lui, en face ?

D. Il tenait exactement le même raisonnement, et dans les mêmes termes – à deux détails près.

R. Assavoir ?

D. Qu'il remplaçait l'Église par la langue et la foi par l'histoire. Point à la ligne.
Lui, mon oncle, le mode de vie états-unien, c'était ici même qu'il l'épousait, d'un bout à l'autre. Pour ensuite entonner que nous étions profondément différents des États-Uniens. Pourquoi « différents » ? Parce que « nous » parlions une autre langue qu'« eux » ! Point. Alors moi, je l'écoutais, et je me faisais : « Oui… pis ? Depuis quand est-ce que les États-Unis se définiraient *uniquement* par leur langue ? Il me semble que ce qui les caractérise, c'est d'abord une vision du monde, un projet, une certitude, bien avant d'être la langue dans laquelle cette vision-là, ce projet-là et cette certitude-là s'expriment, non ? Si nous sommes pour faire exactement la même chose qu'eux avec pour seule différence la langue dans laquelle nous le ferons, c'est quoi l'intérêt de toute cette bataille, au juste ? »

R. …

D. Et c'était ça qui me frappait, voyez-vous : que ni dans le cas de mon grand-père ni dans celui de mon oncle il ne s'agissait d'agir de telle manière plutôt que de telle autre parce qu'il y aurait eu un objectif à atteindre *par-delà* les moyens mis en œuvre. Non, dans aucun des deux cas il ne s'agissait de quoi que ce soit d'autre que… d'obéir. Et, qui plus est, d'obéir à une chose qui ne *pouvait pas* être changée. D'obéir à une chose sur laquelle on ne pouvait avoir aucune espèce d'influence : obéir à l'Église… ou obéir au passé.

R. Pas de projet ?

D. Politique ?

R. Oui.

D. Aucun. Mieux encore : en politique, aucune curiosité non plus – aucune. Ce qui à bien y penser était inévitable, puisque les routes que tous les deux évoquaient étaient par définition entièrement tracées d'avance. C'était fascinant à observer, imaginez : deux hommes qui dans la vie courante se montraient curieux, fouilleurs, fouineurs, allumés comme c'était pas possible, inventifs, bourrés d'imagination, mais qui, aussitôt qu'il n'était plus question d'eux-mêmes personnellement mais de leur société, s'éteignaient le cerveau d'un coup sec et viraient à cent quatre-vingts degrés : ils ne vantaient plus soudain que les mérites du déjà connu, de l'inquestionnable et de l'invariable.

R. Fascinant à observer, peut-être, mais un brin angoissant aussi, j'imagine ? Alors qu'ils se mettaient à faire la promotion de projets qui allaient carrément à l'encontre de ce qui pourtant, le reste du temps, les animait ?

D. Presque mot pour mot. Il y avait donc ce paradoxe-là : celui de voir deux personnes s'affronter régulièrement de toutes leurs forces, mais s'affronter toutes les deux exactement dans les mêmes termes et, dans chacun des cas, en faisant la promotion d'un projet sans objectif, dont les fondements niaient précisément ce qui faisait leur vigueur à tous les deux.

R. Mais ce que vous me décrivez là, ce sont des projets suicidaires !

D. En tout cas, des projets disjonctifs, ça c'est sûr.

R. Comment dites-vous ?

D. Des projets qui un jour ou l'autre finissent nécessairement par vous faire péter tous les neurones du cerveau. Parce qu'il est immanquable qu'ils en viennent à se retourner contre eux-mêmes : ils ne tiennent pas debout. En fait, non seulement ils ne visent aucun autre objectif que celui de permettre aux assoiffés de pouvoir – qui en définissent les termes – de rester bien assis dessus, mais en plus leur seul effet concret sur la vie des gens qui leur sont soumis consiste à bloquer net leur curiosité en un point ou un autre de leur vie. Ce sont tous les deux, essentiellement, des énoncés dogmatiques – et rien d'autre. Dans leurs effets, ils vont même encore bien plus loin que ce que je viens d'évoquer : non seulement ils enraient la curiosité aussitôt qu'ils s'activent, mais ils empêchent même d'avoir accès à ce qu'on sait déjà, même jusqu'au plus intime de sa propre vie.

R. Hein ?!

D. Quand mon oncle se mettait à hausser le ton pour expliquer à son père l'urgence de sauvegarder nos traditions, qu'est-ce qu'il était en train de faire en réalité ? Qu'est-ce qu'il était en train de dire là, d'après vous ?

R. Je. Je ne saisis pas le sens de la question.

D. Imaginez la scène. Hall d'entrée du camp de concentration. On a ouvert les portes doubles de la salle à manger afin d'en tirer la grande table de chêne verni – sous laquelle je dors à longueur d'année sur un lit de camp – et d'y ajouter deux panneaux supplémentaires pour pouvoir caser autour d'elle la douzaine au moins de membres de la tribu. En bout de table, présidant, le *pater familias*, Siméon. À l'autre bout, André, étudiant en médecine ou jeune médecin. Ça placote dans tous les sens, sur tous les sujets. Le repas avance. Arrive le dessert. À ce moment-là, nécessairement, quelqu'un autour de la table – peu importe qui – prononce un mot-clé, et immédiatement le cérémonial se met en branle : *les* discussions se taisent pour que *le* débat puisse avoir lieu. La… politique ! Vingt minutes ou une demi-heure plus tard au grand maximum, Siméon est au bord de l'apoplexie et Fleurette lui tapote une main, tandis que, à l'autre bout de la table, André explique doctement que nous avons au Québec une manière d'être qui est unique au monde et que nous avons le devoir sacré de la préserver. Alors moi, je vous demande : sous l'anecdote, qu'est-ce que cette scène-là raconte ?

R. Je ne comprends toujours pas.

D. Eh bien, l'ado que je suis, qui assiste éberlué à ce rituel pour la vingtième fois au moins de sa vie, ce qu'il voit advenir, c'est ceci : un jeune homme qui explique avec fougue à son propre père qu'il faut coûte que coûte préserver les traditions… alors que non seulement ce jeune homme-là n'a pu voir le jour que parce que son père, ces traditions, il les a fuies à toutes jambes, ce qui a fini par le mener à Montréal – qui en est la négation radicale –, mais encore que personne – les grands-parents n'ayant eu que des garçons –, personne ! autour de cette grande table, ne serait vivant s'il les avait respectées ! Personne… sauf les épouses.

R. Et le grand-père, non ?

D. Jamais de la vie ! Êtes-vous fou ?! S'il avait respecté les traditions ancestrales et était resté sur la terre de ses parents, le jeune Siméon-Aubert, il y aurait crevé de faim. Et tout le reste de sa famille avec lui. Crevé de faim… littéralement. Jamais cette terre-là n'aurait suffi à nourrir ses parents et ses presque deux douzaines de frères et sœurs ! Jamais ! Et puis même dans la très improbable éventualité où tous ces rejetons seraient parvenus à survivre jusqu'à l'âge adulte, ça aurait été pour faire quoi ? Pour tous rester célibataires – trahissant ainsi une autre tradition immémoriale, amen ? Ou bien pour remorceler la terre en lopins encore plus petits afin de pouvoir s'établir sur un mouchoir de poche et refaire vingt-cinq bébés chacun ? D'après vous, au bout de trois générations – c'est moi, ça, la troisième génération ! –, on serait parvenu à faire pousser quoi, au juste, sur un timbre-poste ? Hein ? Savez-vous ce que ça bouffe, par année, vingt-cinq personnes ? Savez-vous ce que ça bouffe, à la génération suivante… plus de quatre cents personnes ?

R. …

D. Eh bien, rendus à ma génération à moi, sur le lopin de terre de mes arrière-grands-parents Dubois, nous aurions été huit mille !

R. …

D. Siméon, dans les années vingt, il quitte Lotbinière d'abord pour aller dans les chantiers d'abattage puis pour gagner « les États », parce que dès les années 1860, plus d'un siècle avant les discussions dont je suis le témoin incrédule, ces traditions que son propre fils et lui défendent aujourd'hui chacun à sa façon se sont transformées en un véritable cul-de-sac. Dès cette époque-là, *quarante ou cinquante ans avant même la naissance de Siméon*, elles ne mènent déjà plus nulle part ailleurs que droit à la mort, d'inanition.

R. Bonne fête…

D. En conséquence, ce que j'entends cet étudiant en médecine ou ce jeune médecin proclamer, c'est qu'au nom de la tradition sacrée, aucun des hommes assis autour de cette table, ni aucun de leurs enfants, ne devrait exister.

R. Quoi ?!

D. Mais bien entendu ! Puisque nous sommes tous, les gars, les fruits d'une trahison caractérisée des traditions et que, de ce fait, ces traditions, nous en sommes *la trahison incarnée*… médecin compris ! Or, le fait que lui, le jeune médecin, preuve incarnée de la trahison par son père de la tradition sacrée, le soit justement devenu, médecin, c'en est une nouvelle, trahison – encore plus profonde que la première : il ne l'est pas, cultivateur, ses enfants ne le deviendront sans doute jamais non plus et il n'a même jamais, lui, contrairement à son père le traître, ni abattu ni essouché un seul arbre de sa vie. Quant à sa jeune épouse, Nicole, assise juste là à côté de lui, croyez-moi, elle n'a pas du tout l'air d'être prête à élever presque deux fois plus d'enfants à elle toute seule qu'il n'y a de monde autour de cette grande table de salle à manger – et ce n'est certainement pas moi qui vais lui en faire reproche, soit dit en passant.

R. L'aboutissement logique auquel mène la démonstration que votre oncle est en train de servir à son propre père, c'est : « Nous tous, fils Dubois, n'aurions jamais dû voir le jour » ? Parce que « Nous ne sommes pas ce que nous devrions être » ?

D. Eh oui… et il ne s'en rend même pas compte. Ce garçon brillant n'est même pas conscient des implications de ce qu'il est en train de démontrer à la tribu assemblée. Pas davantage qu'il ne se rend compte de *qui* est cet homme à qui il s'adresse : cet homme dont il connaît pourtant le parcours de vie et la curiosité sur le bout de ses doigts. Soudain, il ne se souvient même plus pourquoi son père a été bien obligé de la trahir, cette tradition : *elle était invivable, elle était la mort – elle est la stérilité incarnée, cachée sous le masque de la frénésie.*
Aussitôt que dans son esprit le programme « nation » s'enclenche, ce jeune homme brillant là ne sait plus rien – rien d'autre que ce que la nation exige de lui. Il ne sait plus rien de ce qu'il est, rien de ce qu'est son propre père, rien de ce que sont ses frères et leurs enfants, *rien* ! Moi, je suis là, la fourchette en l'air, estomaqué, la tête qui tourne, et je me dis et me répète : « Mais c'est pas vrai… il va bien y avoir quelqu'un pour lui répondre, non ? » Tous ces gens-là, autour de la table, ils le sont tous et toutes, chacun chacune à leur manière : allumés, curieux, rigolards. Mais non – rien ! Dites « Nation ! », dites « Langue ! », dites « Monsieur le curé ! » et dans les trois cas le résultat est précisément le même, instantanément : tout le monde a le cerveau qui s'éteint.

R. Mais, mais, mais… attendez ! « Tout le monde a le cerveau qui s'éteint »… exactement comme dans le cas de vos trois cloches de l'avenue du Mont-Royal, cette fameuse nuit d'été là, en sortant du Valentin ?

D. E-xac-te-ment ! « Monsieur le curé », « Langue » et « Nation » ont précisément, chacun, le même effet sur le cerveau que le fait de prendre trois tapons par surprise en se mettant à leur postillonner par la fiole une crise de nerfs d'*Obersturmbannführer* !
En fait, non, c'est même infiniment plus grave encore, parce que ma fausse crise d'autorité en faux allemand, quand je la leur balance, l'effet qu'elle a sur les trois idiots se contente de les paralyser. Alors que les trois formules magiques de la foi et de la nation, elles, loin de se contenter de faire disjoncter la pensée, la connaissance et la sensibilité, *les remplacent par un discours complet écrit d'avance*.
Bref. Les deux premiers termes du paradoxe consistent en ceci que, de mille manières, la presque totalité du discours de la société sur elle-même parle de « préserver », alors que pourtant – deuxième terme –, si j'examine de quoi on parle en disant qu'il faudrait le préserver, je ne vois strictement aucun intérêt à le tenter – ni dans un cas, ni dans l'autre : c'est la mort. Ce n'est pas de préservation qu'il s'agit, en réalité, mais de pétrification. Non seulement, aussitôt que son laïus sur les Patriotes et « la bouche de mes canons » est fini et qu'il redevient lui-même, je n'aurais aucune difficulté à imaginer mon oncle nous annoncer qu'il s'embarque tout de go pour Baltimore ou pour L.A., mais c'est même le contraire qui me renverse chaque fois : qu'il ne nous l'annonce justement pas. Toutes ses préoccupations devraient l'y inciter : mode de vie, science, finances, tout. Son discours nationaliste, il cadre autant avec le reste de sa vie qu'une mobylette avec une betterave. Son discours, il a l'air accroché sur le reste de sa vie comme une couronne de Noël sur une porte de grange : il ne raboute pas. Avec rien. Même chose pour mon grand-père : tout ce qu'il nous raconte, tout ce qu'il fait, tout ! donne à penser qu'il ne rêve qu'à une seule chose : faire de sa vie le contraire de ce qu'on l'a obligé à devenir. Eh bien non – ce qui lui a été imposé, aussitôt que

la question politique surgit – et rien qu'à ces moments-là – ... pif! il se met à l'appuyer de toutes ses forces, à en réclamer la poursuite et même le renforcement jusqu'à ce mort s'ensuive. Dans les deux cas, quand ces discussions-là embraient, j'ai l'impression de voir deux hommes partir en transe et se mettre à défendre des points de vue qui n'ont aucune espèce de rapport avec quoi que ce soit qu'ils pourraient dire ou défendre à aucun autre moment de leur vie. C'est hallucinant. Comme... comme une démonstration d'hypnose. «Monsieur le Président de la République, quand je vais dire le mot "œuf", vous allez compter jusqu'à trois puis être convaincu que vous êtes une poule. Le sac de grains est là, servez-vous. Une... deux... trois... œuf!»

R. Et le troisième terme, lui?

D. Oh, lui, il est encore plus rigolo à lui tout seul que les deux premiers ensemble. Non seulement il s'oppose à la notion même de préservation, mais en plus il consiste même en l'affirmation de ce que les deux projets posés devant nous représentent la négation radicale de tout ce qui, à une époque, a fait la fertilité de la culture de nos prédécesseurs.

R. Hein?!

D. La foi catholique obligatoire de mon grand-père ne parle de rien d'autre que de respect absolu de l'autorité, le nationalisme de mon oncle de rien d'autre que de nécessaire enracinement, alors que si j'étudie les origines dont la préservation se trouve pourtant selon eux au cœur de leurs discours, je trouve... le rejet de l'autorité et le nomadisme!

R. Redites-moi ça?!

D. Le troisième terme, lui, c'est que de toute manière, ce que mon grand-père et mon oncle défendent à tour de rôle comme étant le trognon de l'identité collective est... aux antipodes de ce que depuis ma première année de primaire on m'a obligé à apprendre par cœur dans mes

cours d'histoire du Canada. C'est-à-dire que les hommes et les femmes qui ont fondé cette société sous le régime français se définissaient par deux traits de tempérament absolument saisissants : ils étaient des coureurs des bois, de la baie d'Hudson à la Louisiane, et de l'Acadie aux plaines de l'Ouest, des courailleux, des têtes de cochon qui ne tenaient pas en place et qui ne supportaient *aucune espèce d'autorité.* « Rejet de l'autorité et nomadisme » – hurlent à pleins poumons et à longueur d'année mon grand-père, mon oncle, les curés, mes profs, mes amis, leurs parents, tous les journalistes et la caste politique au grand complet – « dont il faudrait de toutes nos forces protéger la mémoire par le recours… à l'obéissance et à l'enracinement ».
C'est de la folie pure : j'écoute mon oncle et mon grand-père s'affronter, il y a déjà sept, huit, dix ans que j'étudie l'histoire je ne sais combien d'heures par semaine – bien obligé… – et qu'à chaque fois, quand on reprend du début, ce qui m'allume, et allume instantanément chacun de mes copains presque sans exception, c'est… Radisson et Des Groseilliers qui descendent des fleuves en canots, des fleuves qu'aucun Blanc n'a jamais vus avant eux. C'est des gangs de gars qui sentent le yab' et qui s'en vont triper avec les Indiens parce que les administrateurs de la colonie leur tombent radicalement sur le système. C'est d'Iberville qui part avec sa gang secouer les puces aux marchands de la baie d'Hudson. Jamais les cultivateurs ! ni les fonctionnaires ! Jamais ! Quand le père Brébeuf et le père Lallemand, attachés à leur poteau, les deux pieds dans les flammes et un collier en lames de haches rougies au feu autour du cou, appellent le petit Jésus en latin pour lui dire : « Regarde comme je suis fin. Regarde tout ce que je fais pour toi, là », les gars, dans la classe, les regards que nous échangeons entre nous en cachette de la maîtresse dont la voix tremblote d'extase mystique, ils ne signifient pas : « Oh, le courageux récollet », ni : « Vite, vite, que je devienne à mon tour un exemplaire jésuite »… ça je

peux vous le garantir ! Ce qu'ils disent, nos regards, c'est : « Non, mais vous auriez pas pu leur sacrer patience, aux Indiens, aussi, bande de tartes ?! » Parce que les pauvres Indiens excédés, nous sommes parfaitement à même de comprendre ce que ces deux zigotos-là ont essayé de toutes leurs forces de leur enfourner dans le crâne : exactement la même chose que ce que notre maîtresse à nous est en train d'essayer d'enfoncer dans le nôtre !

Je vous jure que dans toutes les bandes de copains dont j'ai pu faire partie, quand nous jouions « à l'histoire du Canada », si un de la gang s'était avisé de nous proposer de... de passer la charrue... d'embrasser la bague de monseigneur Tartempion... de nous mettre à genoux pour écouter une messe en latin... ou bien de chanter les louanges du Roy de France, il aurait joué tout seul un sacrament de bout de temps !

Eh bien, le cœur des anciennes histoires de fabuleuses aventures, il n'est pas du tout enterré, pour moi, quand je les écoute : ce qu'évoquent les coureurs des bois, les têtes de cochon, les explorateurs, les grand gueules et autres « pas tenables » n'a strictement rien à voir avec la préhistoire ou l'archéologie, ni avec une forme de vie ou de culture irrémédiablement disparue de la surface de la Terre – jamais de la vie ! Les traits de caractère des coureurs des bois, je les vois partout, autour de moi, dans ma famille. Intacts. Vivaces. Visibles à l'œil nu. *Et ce sont précisément eux que « La langue », « Le curé » et « La nation » cherchent de toutes leurs forces à écraser !*

Siméon n'a jamais de toute sa vie été capable de rester plus que quelques semaines au service de qui que ce soit : dès qu'il tente de prendre un emploi, il tombe malade. Il n'est pas *capable* de supporter un patron. Physiquement pas capable. Mon père est pareil. Et je pressens déjà, à l'époque, qu'avant longtemps j'ai toutes les chances du monde de me rendre compte de ce que le gène de la tête de cochon n'a pas sauté ma génération à moi non plus.

Mon parrain que j'aime tant, mon cher, cher, cher oncle René – à qui vous devez le préfixe de votre prénom, admirable ami –, une espèce de colosse tranquille et doux, a commencé sa vie active comme pilote de brousse dans le Grand Nord. Presque chaque fois que je regarde ses yeux tristes, ce que je vois défiler derrière eux, c'est des plages de pierraille, des banquises, les vagues qui font onduler au ralenti un océan glacial presque aussi dense que du Jell-O, et j'entends le vent qui siffle et qui mugit en faisant le tour du pôle, sans obstacle, sans rien sur son chemin, aussi loin que porte le regard. Adolescent, chaque fois que je le vois, René, chaque fois ! j'ai envie de le prendre dans mes bras, de le serrer de toutes mes forces et de lui dire à l'oreille : « Heye, mononk René ? O.K., tu t'en vas ? O.K., tu retournes là-bas ? Hein ? À place de rester ici où je le sais que tu t'ennuies pour mourir ? Hein ? À place de remplacer tes voyages par des lectures de romans d'espionnage ? Hein ? À place de t'éteindre ? O.K., tu retournes ? O.K., tu vas m'envoyer des photos pis des histoires de tout ce qui va t'arriver là-bas ? Hein ? Ou… euh… O.K… euh… tu… tu m'amènes avec toi ? Hein ? Hein ?! Hein, dis oui, O.K. ? Dis oui, mononk ?! Si te plaît ! ? » Durant des années, je collectionne dans de gros cartables à anneaux les circulaires que le ministère fédéral des Transports continue de lui envoyer à l'adresse de mes grands-parents : les mises à jour des interdictions et des restrictions de vols, les fréquences d'appels et de balises de tous les aéroports du pays – jusqu'aux plus misérables d'entre eux. Je peux passer des heures à les feuilleter, ces cartables que je lui dois et dont lui ne supporte pas la vue, à tenter de m'imaginer ce que signifient et ce que représentent ces cartes, ces schémas et ces colonnes de chiffres et de signes cabalistiques, à essayer de me représenter à quoi toutes ces contrées peuvent bien ressembler… vues des airs. Vues du sol. Parcourues.

Le deuxième tiroir du haut d'un des imposants buffets « Louis XIV » de la salle à manger qui est ma caverne sert de tabernacle aux rêves de Siméon. C'est pour l'ouvrir, ce tiroir, et se perdre dans la contemplation des totems qu'il renferme que, deux ou trois fois par année, il ouvre soudain la porte de « ma chambre » à la volée – sans même se donner la peine de frapper – et qu'il me lance, sans m'accorder un regard, sans se soucier du fait que j'ai un travail scolaire à finir pour demain matin : « J'ai besoin de la salle à manger » – ce qui signifie : « Dehors ! » Je le sais, ce qu'il va faire, durant deux ou trois heures, tout seul dans la pièce. Il va lentement l'ouvrir, son tiroir sacré. Puis rester immobile, un long moment, à en contempler le contenu. Lentement en sortir ses deux trésors inestimables, lentement les poser sur la grande table, lentement s'asseoir et s'abîmer dans leur contemplation. Il y a d'abord un cube de bois précieux, verni, dont les faces ont la dimension d'un boîtier de CD. Lourd – étonnamment, lourd. Sur le dessus : un couvercle à glissière. Tirez-le, et vous découvrez une boussole de métal, fixée à l'intérieur d'épais cerceaux sur deux axes successifs, de manière à ce que, quoi que vous fassiez du cube, la boussole reste toujours à l'horizontale : un grand cadran rempli de liquide translucide. Une boussole marine – le dernier vestige du bateau que Siméon a possédé autrefois, au temps de sa gloire et de ses succès : « Un yacht de quarante-cinq pieds ! Capable de prendre la haute mer ! » précise-t-il à tue-tête, les yeux en flammes, la gorge serrée, les quelques rares fois où il se risque à l'évoquer. Et puis un vieux compteur Geiger, un détecteur de radiations datant de la fin des années cinquante au plus tard : une boîte à lunch bleu pâle, plate, à laquelle on raccorde une paire d'écouteurs en bakélite au bout de leur gros fil raide gainé de tissus. Un compteur Geiger : la clé de la porte donnant directement sur le cœur d'un monde plus mystérieux encore que ceux que pourront jamais évoquer tous les ostensoirs de l'univers, mais aussi, mais surtout, la clé de l'autre rêve de Siméon : le prospecteur qu'il ne s'est jamais résolu à devenir. Au Labrador, et aux confins du monde.

DÉPART PAR FABLE

Vers mes quatorze ans, ma sœur Nénette gagne dans un concours un énorme atlas du *Reader's Digest*. Des jours et des nuits durant, je me perds dans la contemplation des cartes, des reliefs, des photographies de « méandres » et d'« affluents », de celles illustrant les différents types humains. Des jours, des nuits, à m'en arracher les yeux. Un bon soir, je n'y tiens plus : ces cartes fabuleuses, il faut que je me les approprie, je ne peux plus me contenter de ne rien faire d'autre que les reparcourir sans fin, que les caresser du bout des doigts en prononçant sur le souffle tous ces noms impossibles. Alors je déroule un plan devenu inutile et à son endos j'entreprends de recopier la carte de l'Australie… en plus grande encore que dans l'énorme atlas. Je redessine, je fais mienne, une à une, chacune des baies, chacune des embouchures, chacune des échancrures de l'interminable côte, avant d'y ajouter les noms des villes et des villages, que je trace, un à un, aussi lentement, aussi méticuleusement que je le peux, en les créant de toutes pièces dans mon esprit : Perth, Darwin, Melbourne, une à une, rue à rue, pierre à pierre.

Lorsqu'un premier membre de la tribu traverse enfin le Grand Lac Atlantique et prend officiellement possession de la France au nom de la famille Dubois, c'est mon oncle André, le jeune médecin, qui fait figure d'émissaire. Et qui, au retour, en a pour des mois à avoir des feux d'artifice qui lui sortent des yeux et des oreilles.

Et puis des forêts au sein desquelles courir et se perdre, des fleuves restés vierges, des montagnes à escalader – sur le ventre, s'il le faut ! –, depuis le sommet desquelles embrasser la Terre elle-même, des contrées où croiser tous les peuples imaginables, il n'y a pas que dans les atlas qu'on en trouve. Et ça aussi, je le sais très tôt. Il y a tous les univers… des livres. De la culture. Des représentations du monde et de la vie. À ces univers-là aussi, je rêve. En écoutant mon père me parler des auteurs grecs et latins, et les citer dans le texte – capacité que je viens quant à moi de me voir interdire de jamais posséder à mon tour par la réforme de l'éducation. Je l'écoute, des soirées de temps, dans son appartement de Québec-Ville la Vieille, appuyé à la tablette du foyer, un verre de Cutty Sark à la main, me réciter les *Catilinaires*, me raconter Socrate, *L'amitié*, *La guerre des Gaules*, Catulle. Je le sais, que ces planètes-là, celles des livres, des idées, des récits, sont aussi prodigieusement envoûtantes que tous les Grand Canyon et tous les Mississipi de l'univers.

Et puis, les planètes de la musique, encore, qu'il me fait aussi découvrir. Avant la mort de maman, il y avait déjà eu Brel, Léveillé, Roche et Aznavour, Clay, Piaf. Et puis Tchaïkovski, Beethoven. À Québec-Ville, il y aura Bach, Mozart.

Et puis, il y a encore les mystères, les envoûtements. L'oppressante atmosphère de la maison d'Outremont, l'antre de l'autre clan, celui de ma mère. Avec, au-dessus de la porte de la cuisine, là où paraît-il aucune famille du Canada français ne peut décemment rien accrocher d'autre qu'un crucifix, un masque… de diable. Écarlate. Vernissé. Deux longues et minces plumes de paon lui sortant du front. Le Méphistophélès en lequel se déguise Rastapopoulos, lors du bal masqué interrompu par Tintin, dans *Coke en stock*, trait pour trait. Il y a tous les amis juifs, hongrois, polonais, que je me fais à l'école Lajoie, l'année où, nos parents ayant été séparés de force, mes sœurs et moi habitons le sous-sol de la grosse maison de la rue Stuart, à Outremont. Il y a l'étrange, le sombre et fantastique cabinet de dentiste d'Edmond, le grand-père, sur le boulevard Saint-Laurent, près de Laurier, à quelques pas de l'étonnante station de pompiers qui ressemble à une maquette du château de Walt Disney. Le cabinet des mille fascinations : le grand calendrier, au mur, publicité pour une compagnie pharmaceutique, sur lequel s'affairent des êtres invraisemblables, mi-farfadets mi-lémures, aux immenses yeux sans paupières, au teint verdâtre et au crâne chauve… auxquels je rêverai durant des années.

Je le sais que le cœur de la société où je vis n'a strictement rien à voir avec le rebutant désert qu'évoquent « Curé », « Langue », « Nation » et les envolées suicidaires de Siméon, d'André, de tellement de mes profs et de mes amis aussitôt qu'ils se transforment en zombis. Je le sais que, non, le présent ne se résume pas à être ce champ de décombres jonché de morts-vivants, d'incantations et d'élucubrations masochistes, et au cœur duquel on veut à tout prix me forcer à m'agenouiller. Non ! Je ne m'agenouillerai pas ! La vie n'a rien à voir avec les répugnantes baudruches dont la litanie s'immisce dans tous les recoins des existences !

Et je sais aussi, je sais surtout quel est le lien qui les unit, cette vie prodigieuse, foisonnante, tumultueuse et enivrante et tous ces « Il le faut ! Il le faut !... il le faut et c'est tout ! », en tapant du poing sur les tables. Le rapport entre eux, il est impossible à manquer. Ce qu'« il faut ! il faut ! il faut ! », c'est que la vie se taise !

J'ai vu de mes propres yeux de quoi elles sont tissées, ces obligations vides, ce qu'ils servent à repousser, à écarter, à écraser, ces mots d'ordre, cette haine de la joie et de la curiosité. Je le comprends, à l'œil nu quand, tout à coup, un bon jour, sans prévenir, ma grand-mère Fleurette laisse tout à coup échapper son masque de garde-chiourme et se met à me raconter une soirée de printemps des années trente, un jeune homme qui rattache son lacet, une casquette et des cheveux sur lesquels voudrait jouer la lumière d'un soleil couchant. Quand à ma totale stupéfaction je vois les traits de son visage se transformer, s'adoucir, se remodeler jusqu'à laisser percer ceux d'une toute jeune femme aux yeux scintillants, envoûtée par le parfum de la vie. Je la revois, cette jolie jeune femme rieuse et coquine, cet après-midi-là où tout à coup elle se met à me raconter, cette fois, son homérique balade en voiture avec... « un monsieur ». Où elle refuse douze fois, en riant aux éclats, de répondre à mes questions au sujet de qui il était, ce « monsieur », au sujet des liens qui l'ont rattachée à lui. En riant aux éclats, elle dont je suis pourtant incapable de me souvenir du rire, elle dont la seule évocation du prénom ou de la silhouette ne m'inspire jamais pour les résumer que le mot « hargne ». Cet après-midi-là, pourtant. Trois jeunes filles en voiture avec « un monsieur ». Trois amies qui ont tellement ri, toute cette journée-là, qu'elle en a eu, me dit-elle, « trois jours de temps mal au ventre et aux joues ». L'évocation des routes boueuses, des habitants des villages qu'ils traversent à toute allure en trompetant, des habitants qui n'ont jamais vu une seule voiture automobile de leur vie et qui s'écartent en criant et elle, la jeune coquine, qui s'écrase toute une tablette de chocolat dans le visage et s'en barbouille pour tout à coup surgir à la fenêtre de la portière en hurlant, langue sortie : « Baaaarrrhhhh ! ! ! » Et son rire, son rire en me racontant la terreur des villageois, hommes, femmes, enfants, vieillards, au bord de la route, s'époumonant en se couvrant les yeux à deux mains... qui viennent de voir surgir le diable ! Le feu de joie dans ses yeux, tandis qu'elle me raconte ça ! Et la voix qu'elle a pour se souvenir du bal à l'hôtel Mont-Royal, advenu bien avant un soir de printemps et de casquette. Sa voix, la douceur de sa voix pour parler de l'orchestre, des murs dorés, des hautes colonnes, des jolies robes, des volants et de l'élégance, du tourbillon de la danse et des beaux messieurs en habit de soirée. Et puis la douceur de sa voix, surtout, quand elle lève des yeux méconnaissables pour son petit-fils vers le plafond de la cuisine pour mieux évoquer les légers filets de toutes les couleurs, tendus ce soir-là plusieurs mètres sous le grand plafond de la salle de bal, retenant des centaines d'oiseaux exotiques qui voltigent en tous sens, et puis ses mains qui lentement quittent la table, qui s'élèvent tout doucement tout au long d'un interminable silence. « Et puis, à la fin de la soirée... », ses mains sont immobiles, à présent, comme si elle retenait du bout des doigts un ballon fragile, « ... tout à coup... », sa voix tremble... à peine, « ... sans prévenir, ils ont retiré tous les filets à la fois et les oiseaux se sont envolés vers nous, qui avions les yeux levés vers eux... »... et on jurerait que ses mains ont connu l'Amazonie.

R. ...

D. ...

R. Vous. Je. Les coureurs des bois ? Ils n'ont. Ils n'ont jamais disparu, vous croyez ?

D. Jamais. Oh, ils ont été vaincus, oh oui. Ils ont été massacrés sans pitié, partout où l'on est parvenu à les débusquer. Et on continue de les traquer. Chaque jour, dès le berceau, dans tous les coins, partout. Mais ils reviennent sans cesse. Ils ressurgissent. Ils sont la vie. Le jour, prochain, où ils ne ressurgiront plus, ce sera la fin. C'est tout.

R. On les traque ?

D. Sans relâche. Depuis un siècle et demi, à chaque table familiale ou si peu s'en faut, à chaque repas, partout à la radio, à la télé, dans chaque salle de classe ou à peu près, derrière chaque discours électoral, dans les innombrables poèmes, chansons et romans au service de la Côse, entre les mots de chaque nouveau règlement absurde, entre ceux de chaque nouvelle injonction, de chaque nouveau mot d'ordre. Au moment où je vous parle, en cet instant même, dans un demi-million de familles québécoises, sans doute, une mère enragée, un père défait, une grand-mère hargneuse, mais qui sourient tous, guettent le signe de son apparition, au coureur des bois, dans les yeux d'une jeune fille, les soupirs d'un garçon. Une mère enragée, un père défait, une harpie, prêts à la gifle, à la remarque cinglante, à la *joke* épaisse. Prêts à tout pour empêcher qu'un autre « mooonstre » ne voie le jour. Ouvrez le journal, allumez la radio, la télé et sous le déluge d'imbécillités, de radotages et de mots d'ordre, soyez aussi assuré que vous pouvez l'être que ce n'est ni des yeux de ces jeunes filles-là ni des soupirs de ces garçons-là qu'il est question. Sauf pour les attaquer. On vous parlera de tout, de tout ! même des dents des poules, avant de vous parler d'eux !

R. …
D. …
R. Vous écoutez votre grand-père, votre oncle, vos professeurs, la radio et la télé, vos amis défendre de toutes leurs forces ce qui nie jusqu'au trognon la vie même qui les anime. Puis vous repensez aux récits tirés des premiers chapitres des livres d'histoire, et vous vous rendez compte que ce que l'on vous pousse à faire sous prétexte de préserver l'essentiel n'est en réalité rien d'autre qu'une attaque, qu'une nouvelle phase de la guerre d'extermination sans pitié visant précisément ce qui a fait la vitalité de nos prédécesseurs ?
D. Oui. Mais pas que la vitalité de nos prédécesseurs *ici*, non, *partout !* La curiosité de d'Hérelle, c'est aussi celle de Pasteur, d'Avicenne, de Marie et de Pierre Curie, d'Ambroise Paré, de Harvey. Celle de Will Durant porte l'écho de celle de Socrate, de Freud, d'Einstein, de Hawking. La curiosité qui dans leur jeunesse a bien dû animer mon oncle René et Siméon renvoie directement à celle de Des Groseilliers, certes, mais aussi à Marco Polo, à Amundsen. Ce ne sont pas seulement de très problématiques « racines nationales » que je vois être menacées, mais un pan entier, parmi les plus précieux, du rêve humain.
R. Au profit de l'obéissance aveugle ? Et ce… cette opposition-là entre ce que vous voyez être défendu – l'enracinement ou la foi – *versus* le versant le plus vivant de l'histoire, c'était elle, la déchirure d'autrefois, la déchirure mythologique fondatrice de la culture d'ici ? Au même titre que celle qui est lisible entre Hicks et Melville, ou entre Voltaire et de Maistre ?
D. …
R. Et elle a disparu ? C'est sa disparition que vous croyez qu'on veut camoufler par les faux débats nationalistes ?
D. …
R. Et c'est pour ça que lorsque je vous ai dit que je croyais que cette déchirure avait dû être entre ville et campagne,

vous m'avez répondu : « Le fait que vous croyiez ça est justement au cœur même du problème » ?

D. …

R. La disparition de la déchirure – le massacre des coureurs des bois et l'éradication de leur mémoire –, c'est elle, l'explosion qui retentit tout à coup en vous, lorsque vous écoutez monsieur Deslauriers qui marche le long de la bande, le long du grand tapis ? Quand vous cherchez à entendre en lui l'écho du rêve qui a autrefois été le sien et qui a été remplacé de force par un autre ?

D. …

R. Le « J'ai manqué mon coup » des pères de Dubé ne signifie donc pas seulement : « Je ne suis pas parti » ? Il dit aussi : « Je ne suis que la moitié de moi-même » ?

D. La moitié *stérile*.

R. Vous avez l'air épuisé. Nous terminons d'abord ce passage ?
« Je ne suis que la moitié de moi-même, la moitié stérile », malgré l'Expo, malgré l'Hydro, malgré les Olympiques, malgré… malgré le palais de glace, malgré… tout ? C'est cette terrible douleur-là que vous sentez s'agiter en monsieur Deslauriers ? Et lui tordre le ventre ?

D. …

R. À présent, quoi ?

D. À présent, il lui reste la tragédie. Il lui reste à faire face à Dieu ou au diable. Et à lui hurler au visage : « Tu as eu ma vie. Tu n'auras pas mon rêve. »

R. Prochaine étape… ?

D. Nous venons de survoler la région *entre* partir et construire. À présent, il faut examiner « ailleurs ».

*

Le printemps, monsieur Deslauriers
La tornade littéraire, de la mort du juge et des fantômes

R. Un roi talonné par la mort, qui erre au cœur du palais qu'il s'est construit. Vous savez qu'il se prépare à s'arracher à son royaume. Vous savez qu'il n'a pas peur de la mort mais de l'échec. Vous savez qu'il attend des gens – hommes et femmes. Vous savez qu'il a le devoir de leur parler mais qu'il ne sait pas s'il en aura le courage ou la force. Vous savez qu'ensuite, de toute manière, il devra poser *le* geste essentiel de son existence, le geste qui à ses propres yeux résumera sa vie, et que ce geste signifiera de se dresser devant le démon ou le dieu qui lui a volé son être et de lui hurler : « Tu n'auras pas mon rêve ! » Vous savez que le volcan, en lui, est une conscience : il n'est plus que la moitié stérile de lui-même. La moitié qui produit mais qui ne crée pas. Et que l'autre, celle qu'il doit tout tenter pour recouvrer, celle qu'il veut arracher aux mains du démon ou du dieu, est liée à « ailleurs ».

D. Et cet « ailleurs » m'apparaît, lui aussi, avec la soudaineté et la force de l'éclair. Lui aussi composé de myriades de fragments. Ce qui me désarçonne, c'est la forme qu'ils revêtent immédiatement, ces innombrables fragments.

R. Comment ça ?

D. Ils parlent d'« ailleurs », certes, mais ils en parlent en semblant d'abord parler d'« ici ». J'entre dans une étape totalement différente, à tous égards, de celles que je vous ai déjà décrites. Depuis que je me suis assis à ma table, je me suis enfoncé dans un immense entonnoir, un entonnoir fait d'interrogations, d'explosions, de tornades d'images, d'énormes paradoxes, vivants, animés, vibrants. Des paradoxes qui sont des êtres de chair et de sang : des géants fous de colère, de rage, de douleur ou de tristesse, des géants qui se battent, qui s'enfuient, qui hurlent, qui se frappent la tête sur les murs ou qui hurlent du fond de leur cellule. Tous ces événements se sont produits les uns à l'intérieur des autres – ils ont tous été à la fois indépendants les uns des autres et indéfaisablement imbriqués. Soudain, le mouvement en plongée s'inverse : plutôt que de continuer de m'enfoncer à toute allure, je me sens soudain être aspiré vers la surface. Mais ce n'est absolument pas à la surface que je me retrouve, mais plutôt à l'intérieur d'un cœur gigantesque. Au moment où j'y fais irruption, il a déjà commencé à se contracter et il va continuer, se resserrer sur moi jusqu'à ce que je me croie sur le point d'être écrasé par lui mais que, sans le moindre signe avant-coureur, le mouvement s'inverse à nouveau et que je m'en retrouve expulsé.

R. Attendez. Vous venez de parler du sentiment d'être sur le point d'être écrasé.

D. Oui.

R. Mais vous avez bien parlé aussi d'un étau, pour évoquer le paradoxe du mortel projet de survivance, non ?

D. Oui, oui, tout à fait. Ce dont nous venons tout juste de parler c'était, en quelque sorte, de l'étau lui-même : de l'objet, de ce qui le compose. À présent ce que je vais tâcher d'évoquer, c'est son mouvement : le resserrement lui-même. Et de quoi lui, ce mouvement, est composé.

R. C'est celui d'un cœur qui bat ?

D. Oui. Une seule immense pulsation. Au moment où je me retrouve transporté en lui, il est déjà en cours de contraction. Une contraction d'une force d'autant plus colossale qu'elle est lente. Cette lenteur donne à la contraction et à la sensation d'écrasement un caractère inéluctable. Ce qui l'a lancée, cette contraction, ça a été le fait de me pencher sur la question de monsieur Duceppe : elle s'est mise en branle aussitôt que monsieur Deslauriers m'est apparu, ce qui fait qu'au moment où je prends conscience d'elle, qu'au moment où je me retrouve aspiré dans le cœur, elle est déjà très avancée. Et en y arrivant, ça, je le sais immédiatement. Pour être encore plus fidèle, je ne devrais pas, encore une fois, dire que j'avance, que je vais d'une image à l'autre, que je me retrouve d'abord «devant» l'étau puis ensuite, encore plus loin, «en lui», mais bien que tous ces mouvements n'en sont qu'un seul: «Prends donc cent piasses pis va donc manger avec tes amies de filles», des ribambelles de ministres qui se mettent à vomir et à être secoués par des spasmes aussitôt que quelqu'un a le malheur de prononcer devant eux le mot «art», les déplacements de monsieur Deslauriers sur la patinoire ou dans les sous-sols de l'aréna, Siméon et André en train d'argumenter au-dessus d'une bûche de Noël, Perth, Darwin, Melbourne, Maurice Duplessis se moquant de «joueux de piano», Fleurette qui perd son masque et qui, transfigurée, se met à me décrire la salle de bal et son masque en chocolat, mononk René, les banquises et les avions, Thomas Edison dans son wagon postal ou son wagon à bestiaux, en train de raccorder un fil à une pile, cinquante personnes en ligne qui attendent la communion devant moi qui ai la paterne à la main et qui ne comprends rien à ce que je fous là, nom de Dieu! le Mississipi, Des Groseilliers et Catulle, ce ne sont pas des images successives, mais toutes simultanées, toutes tricotées les unes à même les autres. De même, je ne vois pas l'étau *avant* de ressentir son mouvement, mais *au même instant*.

R. Bon. Mais puisqu'il faut bien découper les images pour pouvoir en parler, découpons…?

D. Eh oui.

R. Vous vous retrouvez dans le cœur, donc, et dès que vous y pénétrez, vous savez que sa contraction a commencé avant même votre arrivée?

D. Oui.

R. Où êtes-vous?

D. Dans le monde des représentations en commun. Dans le monde de la littérature. Du mythe vivant, actif. Pas celui qui agit à l'intérieur d'une œuvre en particulier, mais celui qui surgit, qui se révèle *entre* les œuvres. Nous entrons sur de nouvelles terres foisonnantes, riches. Celles où la mort et la calcification trouvent leur forme.

R. Aïe!

D. Plusieurs auteurs, ici. Grignon – Guèvremont – Lemelin – Languirand – Tremblay – Savard. Je viens d'entendre surgir toute une partie de mon malaise et de la réponse à ma question: «Grand-père! Grand-père, parlez-moi!»

R. Sauf que le grand-père qui vous répond, ce n'est pas du tout celui auquel vous vous attendiez?

D. Non, pas du tout, en effet.

R. Lequel, alors?

D. Les quatre à la fois.

R. Les… «quatre»?!

D. Oui. Siméon, Edmond, Jean… et Philippe.

R. Expliquez.

D. Mes deux grands-pères naturels: Siméon et Edmond.

R. Edmond, le dentiste, est là?

D. Oui. Dans la confiance, la solidité dont je perçois l'écho chez monsieur Deslauriers. Elle ne lui vient pas de Siméon, pas du tout – elle ne lui ressemble pas. C'est d'Edmond qu'elle vient.

R. Monsieur Duceppe, ensuite?

D. Oui. Mon grand-père théâtral, culturel.

R. Et Philippe?

D. Oui. Je viens de me rendre compte que «le grand-père de tous les grands-pères», ce n'est pas Jean Duceppe, mais celui dont il a provoqué le surgissement en moi.

R. Monsieur Deslauriers, donc. Et c'est lui, Philippe, qui va répondre?

D. C'est lui qui répond *déjà*. À même sa réponse, j'entends les explosions et les tornades qui accompagnent la phrase que monsieur Duceppe voudrait prononcer. Et, ici, dans ce cœur immense tissé de fragments de romans, formé d'éclats surgis de mille intelligences passives à l'œuvre autour de moi ou m'ayant précédé, la mienne s'embrase, et c'est à propos du ciel d'orage sur la plaine que je vais apprendre quelque chose.

R. « J'ai vu le ciel bleu », « J'ai vu arriver la nuée » et « Je n'ai jamais vu que la nuit » ?

D. Oui. On dit sans cesse que le Québec se définit par opposition à ce qui l'entoure.

R. Le sempiternel cliché du village gaulois assiégé par les Romains.

D. Oui. Eh bien, là où je me retrouve, c'est à l'intérieur même du lien qu'il entretient avec cet environnement, justement. Pas dans les pétitions de principe ni les grands discours sur « ce que nous sommes » et à propos de ce que « tous les autres » nous ont fait subir au fil des siècles, mais au cœur d'œuvres marquantes où l'on voit mourir les coureurs des bois, bannir leur mémoire et surgir l'enfermement.
Prenons pour commencer *Un homme et son péché*, de Claude-Henri Grignon.

R. Pourquoi lui ?

D. Parce que, au moment où surgissent les fragments d'images qui composent le grand cœur, « il est là », tout simplement.

R. Mais il y en a d'autres aussi ?

D. Bien entendu, mais l'ordre chronologique est le plus simple à adopter et dans une séquence de ce type-là, le roman de Grignon vient en premier. *Ergo*…

R. D'accord.

D. *Un homme et son péché*, donc. Roman des années trente duquel est d'abord tirée une émission radiophonique puis un téléroman, parmi les plus célèbres de l'histoire de la radio et de la télévision françaises au Canada.

R. Oui.

D. Pour connaître un pareil succès, ce roman-là a bien dû toucher quelque chose d'essentiel, vous ne pensez pas ? Quelque chose que lecteurs, auditeurs et téléspectateurs reconnaissaient, qui les captivait, qu'ils en soient ou non conscients ?

R. Oui ?

D. Eh bien, cette impression-là aussi fait partie de ce qui « parle » dans les fragments que j'évoque ici : il y a *Un homme et son péché*, il y a son contenu, et il y a l'aura de l'œuvre telle que je l'ai perçue. Vous croisez un copain, vous vous mettez à pester contre votre gérant de caisse populaire, vous vous écriez : « Non, mais le salaud ! Quelle espèce de Séraphin ! », mais l'autre vous regarde sans comprendre de quoi ou de qui vous pouvez bien être en train de parler : « Hein ? Quoi ? Qui, ça, Séraphin ? Un ami à toi ? » Qu'est-ce que vous allez vous dire ?

R. Que ce gars-là a sauté une marche sacrément importante de la culture d'ici.

D. Eh bien, « cette marche-là », dans tout ce que je vais vous raconter ici, à propos de chacune des œuvres, c'est elle qui est au cœur.

R. Oh, je vois.

D. Donc. Qu'est-ce que ça raconte, *Un homme et son péché* ?

R. Le… le péché de Séraphin Poudrier.

D. Lequel ?

R. L'avarice.

D. Très bien. Et quel est le deuxième personnage-pôle du récit ? Qui est-ce qui est le plus profondément en contradiction avec ce qu'il représente, monsieur Poudrier ?

R. Donalda, sa femme ?

D. Mais pas du tout, voyons. Donalda incarne *l'enjeu* de la contradiction, elle en est profondément déchirée, bien entendu, mais ce n'est pas du tout elle qui est le véritable vis-à-vis de Séraphin. Attendez, je repose ma question autrement : Donalda a été *forcée* d'épouser Séraphin, non ?

R. Oui.

D. Si elle avait eu le choix, qui est-ce qu'elle aurait pris comme compagnon ?

R. Alexis ?

D. Tout à fait. Et qui est-il, lui, Alexis ?

R. Ah, je vois ce que vous voulez dire. Oui, oui, il est l'opposé de Séraphin – point pour point. Lui, il est parti courir les routes, c'est un batailleur, il est pauvre mais c'est un meneur d'hommes… quand il a le goût, en tout cas. Il sait comment les toucher. Alors que Séraphin, de son côté, ne convainc personne : c'est par le chantage qu'il oblige les autres à se plier à ses quatre volontés.

D. C'est ça. Le roman, comme son titre l'énonce clairement, a donc pour but de décrire les méfaits de Séraphin. Or, le négatif de Séraphin, c'est Alexis. D'un côté l'avare terré dans sa sombre et étouffante demeure, de l'autre celui qui n'a jamais eu un sou à lui mais que cela n'a pas empêché de partir voir au moins un tout petit peu le vaste monde.
Bien. Maintenant, passons tout de suite à un autre roman qui, lui, paraît tout juste à la fin de la Deuxième Guerre, qui lui aussi connaît un immense succès et qui lui aussi donne lieu à une adaptation télé extrêmement populaire. Vous voyez duquel je veux parler ?

R. *Le Survenant*, j'imagine ?

D. Oui. De Germaine Guèvremont.

R. Pourquoi lui ?

D. Mais parce que le Survenant est un coureur de grands chemins.

R. Une autre mouture d'Alexis, quoi ?

D. Eh oui. Sauf qu'ici, « Alexis » ne se contente plus d'être l'opposé du personnage central, c'est lui qui se retrouve au centre : le Survenant vient au passage s'établir quelque temps dans un village et, par sa simple présence, y bouleverse tout. Déjà, entre les parutions des deux œuvres, en une quinzaine d'années, quelque chose de capital a changé. Dans le roman de Grignon, il y avait le « pécheur » au centre et sur la marge, s'opposant à lui, Alexis qui symbolise sinon la liberté, du moins un grand air qui fait contrepoids à l'étouffement que font ressentir les descriptions de la maison des Poudrier. Ici, au contraire, chez Guèvremont, « Alexis » est au centre, soit, mais qu'est-ce qui arrive ? On se rend compte que ce n'est pas un individu isolé qui lui fait contrepoids, mais la communauté dans sa presque totalité.

R. Ah ?

D. Encore une fois, je précise : je ne suis pas en train de me livrer à une analyse universitaire des textes, je ne suis pas en train d'écrire une thèse. Ce dont je vous parle, c'est des images qui ont été suscitées en moi par leur lecture ou par les émissions tirées des œuvres, par les images que suscite aussi la manière que nous avons d'évoquer des fragments de ces œuvres-là dans la vie de tous les jours et par ce que suscite en moi l'émergence soudaine de toutes ces images.

R. Pas « seulement » ce qu'elles sont, mais aussi l'effet qu'elles suscitent en nous ? Comme dans le cas de Dubé : vous n'êtes pas retourné lire les romans, vous vous êtes laissé tomber dans les images qu'ils vous avaient laissées ?

D. Tout à fait. Eh bien déjà, rien qu'entre ces deux premiers romans, je suis frappé, des années après les avoir lus tous les deux, après avoir passé des années à écouter régulièrement *Les belles histoires des pays d'en haut* inspirées d'*Un homme*, et après avoir aussi passé des années à en entendre les personnages « résonner » partout autour de moi dans ma société, par une formidable opposition entre elles. Dans les années trente, dans le roman de Grignon qui parle d'une époque révolue – la colonisation des Laurentides, à la fin du XIXe siècle –, puis dans la série télé qui en est tirée, l'esprit libre, c'est Alexis et il est le pendant du « mal » : de l'avarice, de la thésaurisation, de la quête de pouvoir. En revanche, dans *Le Survenant*, le personnage présentant les mêmes traits fondamentaux qu'Alexis se retrouve au centre de l'attention, mais – ô surprise ! –, lui, il n'a pas un pendant unique – comme Séraphin n'en avait qu'un –, c'est la quasi-totalité de la communauté qui s'oppose à lui. Assez frappant comme contraste.

R. En effet.

D. Si j'écoute en moi les images semées par mes lectures au fil des ans d'*Un homme et son péché*, puis par la série télé, et si je me concentre sur le personnage d'Alexis et sur les échos qu'il suscite chez les autres personnages, je trouve donc : « Heureusement qu'on l'a, lui ! Heureusement, sainte bénite, qu'on a au moins *un* bon homme qui a le courage de s'ouvrir la trappe en face de monsieur le maire ! Bon, bon, c'est vrai qu'il prend un coup, qu'il est pas fiable pour cinq cennes, et puis Dieu sait ce qu'il a bien pu faire pendant ses voyages… mais si c'est ça que ça prend pour en avoir un qui a pas peur de parler, tant pis, y faut ce qu'y faut ! » Tandis que si j'écoute ce qui se pense dans la communauté où le Survenant, lui, se retrouve, ce que j'obtiens plutôt, c'est : « Vous voyez ben ! Vous voyez ben, qu'y faut pas sortir du village ! Quand on revient, après, juste à marcher sur le trottoir, on dégage un parfum tellement fort qu'il ensorcelle tout le monde. Pareil comme les démons de la chasse-galerie, pis leurs rigodons tellement envoûtants que si vous avez le malheur de pas vous sauver en courant, de rien que commencer à les écouter, vous vous mettez à danser pis vous êtes plus jamais capables de vous arrêter ! Jusqu'à la mort ! »

R. C'est complètement différent !

D. Eh oui. Est-ce que vous vous rappelez de la fin du *Survenant* ?

R. Il reprend la route, non ?

D. Oui. Et… ?

R. …

D. Et le père Didace, qui s'est attaché à lui, ne trouve personne, *personne* ! qui accepte de parler de lui. À la fin du roman de Grignon, Séraphin meurt calciné dans sa maison en flammes : après l'incendie, en desserrant les poings de son cadavre, on trouve dans l'un des pièces d'or, et dans l'autre du grain – c'était donc dans les sacs de sa réserve qu'il cachait son trésor. Eh bien, dans le roman de Guèvremont, c'est le Survenant qui part, et lui non plus n'est pas regretté par la communauté qui l'a un moment accueilli en maugréant. Il n'y a qu'Angélina et le père Didace pour pleurer son départ. Vous voyez ?

R. D'une œuvre à l'autre, le personnage d'Alexis et les traits qui lui sont associés ont « glissé » vers la position réservée auparavant à Séraphin ?

D. Tout à fait. Et assis à ma table, regardant par mes grandes fenêtres le mont Royal couvert de neige, j'entends monter un cri, à propos de ce glissement. La voix grave, profonde, de Germaine Guèvremont… ou d'Angélina, je ne sais pas – mais d'une Angélina ayant pris du recul, accédant soudain à la compréhension mythologique de ce qu'elle vient de vivre –, et cette voix est entremêlée à celle, aiguë, de Donalda, en larmes, terrifiée, à la fois atterrée et révoltée.

R. Quel cri ?

D. « Attention ! En rejetant le Survenant comme vous avez rejeté Séraphin, c'est le cœur même de la vie que vous repoussez ! » Et puis un autre cri, encore – avec la voix du père Didace, celui-là, – accompagnée par celles de dizaines et de dizaines de personnages des *Belles histoires*.

R. Qui dit… ?

D. Qui hurle : « Vous ne vous rendez donc pas compte ?! Mais quand Séraphin reviendra, il n'y aura plus aucun Alexis pour lui tenir tête ! »

R. Oh ! Et il y a ça, à l'intérieur de monsieur Deslauriers ?

D. Oh, absolument. Il y a ça à la puissance vingt-cinq : la conscience de ce qu'un monde de richesse, de pouvoir, de succès politique mais sans Alexis et sans le Survenant, c'est le monde *de la victoire de Séraphin*.

R. Holà ! Vous voulez dire que monsieur Deslauriers, en ne partant pas, à la place de devenir l'Alexis ou le Survenant qu'il se sait être, est devenu… Séraphin ?!

D. Précisément. Mais attention : Séraphin, pour monsieur Deslauriers, n'est pas du tout le monstre qu'il a été pour Grignon. *Son* aréna, ce n'est quand même pas la même chose qu'un tas de pièces d'or qui dorment dans des sacs d'avoine et qu'on va caresser en cachette. Son aréna, c'est la joie et les rêves de centaines de jeunes gens, c'est la passion, la fougue, la vie. Monsieur Deslauriers n'a ni honte ni peur de la richesse, lui. Simplement, il sait parfaitement qu'elle ne suffit pas. Et même que, prise isolément, elle est stérile.

R. Autrement dit : à quoi bon des sacs bourrés d'or, si ce n'est que pour en accumuler davantage ?

D. Oh non, bien pire que ça : à quoi bon des sacs bourrés d'or, *s'ils vous coûtent votre rêve* ? Lui, monsieur Deslauriers, n'a ni honte ni peur de la richesse, mais « celui » à qui il a obéi, lui, celui dont la volonté l'a empêché de partir, pourquoi est-ce qu'il y tient donc tellement, à cette richesse et, plus que tout, à la mort d'Alexis ?!

R. Oh ! Le… le diable ou le démon ?

D. Oui ?

R. C'est Séraphin ?! Celui de Grignon, mais devenu d'une force colossale ? Comme Voldemort ! ?

D. Et comme Sauron, oui.

R. L'assoiffé de puissance ? Celui qu'on a cru mort, qui a disparu depuis des lustres mais qui tout ce temps-là ne faisait qu'errer à la recherche d'une nouvelle forme sous laquelle s'incarner ? Et qui reparaît soudain, encore plus terrible que jamais ?

D. Eh oui.

R. Et ce que monsieur Deslauriers doit faire, c'est détruire l'anneau qui le soumet à la volonté qui l'a forgé ?

D. S'il ne veut pas continuer à se transformer en Gollum, oui.

R. Mais… ! Il… ! L'anneau, c'est l'aréna ? Son palais ?!

D. Oui. Mais pas que lui, hélas.

R. Quoi d'autre ?

D. L'amour.

R. Quoi ?!

D. N'oubliez jamais – relisez tous les contes que vous voudrez, et vous verrez que ce que le diable vous offre en échange de votre âme, c'est toujours un bien précieux, *vraiment* précieux. *Toujours*. Le problème tient rarement à la valeur du gage, il est plutôt enfoui au cœur de ce qu'« on » a « négligé » de préciser au moment de l'échange. Allez écouter *L'histoire du soldat*, de Stravinsky et Ramuz. Ou bien méditez cette jolie phrase de Staline, sur laquelle je suis tombé un jour par hasard je ne sais plus où : « Pour parvenir à faire passer un train de mensonges, il faut que la locomotive, au moins, soit vraie. »

R. Saint sacrebleu !

D. À présent, passons à un troisième roman, qui a été encore plus célèbre, et qui a lui aussi donné lieu à une adaptation télé, encore plus légendaire, si c'est possible, que *Les belles histoires* et *Le Survenant*.

R. *Les Plouffe*, bien sûr ?

D. Bien sûr. De Roger Lemelin. *Les Plouffe*. À mon sens, un des deux romans les plus extraordinaires à avoir été écrits ici dans la première moitié du XXe siècle – avec *Les demi-civilisés* de Jean-Charles Harvey.

R. Ouf, oui ! Quel livre, celui de Harvey !

D. *Les Plouffe* aussi, quel livre ! Un véritable monde, au grand complet. Avec, sous son ton apparemment presque anecdotique, mine de rien, ses sous-sols et ses voûtes, ses portes dérobées et ses couloirs secrets. Au moment où surgissent les images de monsieur Deslauriers, il y a déjà longtemps que les noms d'Ovide Plouffe, de Guillaume, de Napoléon et de Cécile, et même celui du père Gédéon, bien entendu, me sont familiers. Ils font partie du langage courant, au moins autant que « Séraphin », même si je suis trop jeune pour avoir vu la série télé. Il y a plusieurs années aussi que j'ai lu le roman de Lemelin.

R. Et puis vous avez joué dans le film de Carle. Un tout petit rôle.

D. Oui, le rôle du copain d'entraînement de Guillaume. Gilles Carle a dit à Serge Dupire, qui joue Guillaume : « Choisis qui tu veux », et Serge a eu la gentillesse de me l'offrir. Comme mon personnage n'a pas de nom, entre nous nous l'appelons « Phil ». Sans doute le pire joueur de baseball de l'histoire du cinéma nord-américain : tellement mauvais, en fait, qu'il a même amené un changement au scénario – pour le mieux, je dois dire –, mais passons. Au moment où je plonge dans *Monsieur Deslauriers*, le roman de Lemelin, je le connais donc très bien, et j'en ai retenu des tonnes d'images. Seulement voilà, cette connaissance et ces images, je n'en ai aucune conscience. C'est là, dans mon appartement tout neuf, le crayon à la main ou les doigts courant sur le clavier, que tout à coup une véritable montagne, en moi, se révèle. « Je » ne réalise pas son existence, non, c'est « elle » qui se présente à moi en plein mouvement. Je me rends compte soudain que, sans jamais avoir remarqué le moindre signe à cet effet, s'il y a *une* œuvre québécoise que je devais choisir pour synthétiser à elle seule mon malaise à l'égard de ma société, et même tous les paradoxes qui me sifflent chaque jour aux oreilles, ce serait elle : *Les Plouffe*.

R. Sans jamais vous en être rendu compte ?

D. Jamais. Une lecture en surgit de but en blanc à mon esprit, qui me lance littéralement au plafond. Et je ne me suis jamais douté de rien auparavant.

R. Avec *Les Plouffe*, nous sommes tout à fait dans autre chose que dans Grignon et dans Guèvremont.

D. Ah, vous croyez ?

R. Il me semble, oui. Là-bas : le terroir, la colonisation, le curé Labelle ou un village au bord du fleuve – le terroir, quoi. Alors qu'ici : la ville, l'industrie, la guerre.

D. Eh bien non, pas du tout.

R. Non ?!

D. Non, ce n'est pas autre chose du tout. Vous allez voir. Qu'est-ce qui se passe, dans le roman ?

R. C'est… C'est l'histoire d'une famille des quartiers populaires de Québec, au début de la Deuxième Guerre mondiale.
D. Et qu'est-ce qui arrive ?
R. Les échos de la guerre, au loin, qui chambardent la vie.
D. Comment ça ? Quels chambardements ?
R. Les femmes qui partent travailler en usine.
D. Et… ?
R. …
D. Plus important que tout… ?
R. La crise de la conscription ?
D. Évidemment. Qu'est-ce qu'elle provoque, cette crise ? Parlez-moi d'elle.
R. Le gouvernement fédéral veut obliger tous les hommes valides à s'enrôler et à aller se battre.
D. Et ? Comment est-ce que la famille réagit ?
R. Elle n'est pas d'accord du tout. Elle participe même à une grande marche de protestation.
D. Pourquoi est-ce qu'elle n'est pas d'accord ? Elle est pacifiste, la famille ?
R. Euh. Je ne crois pas, non. On pourrait peut-être en faire l'hypothèse, mais en tout cas je ne me souviens pas qu'il y ait de grands discours contre la guerre elle-même. Non, on ne veut pas être obligé d'y participer, c'est tout : « Ça ne nous regarde pas. »
D. C'est tout ?
R. Pas seulement, non. Il y a le père.
D. Qu'est-ce qu'il a ?
R. Lui, il est contre la conscription parce qu'elle signifierait d'avoir à aller se battre pour le compte des Anglais. Et que pour lui, c'est hors de question. Tiens, ça me rappelle un détail.
D. Quoi donc ?
R. Dans le film de Gilles Carle, derrière la chaise berçante du père, au mur, il y a un portrait de l'empereur Guillaume. Guillaume II, l'empereur d'Allemagne. Celui qui a déclenché la Première Guerre.

D. Vous savez pourquoi ?
R. Pourquoi quoi ?
D. Pourquoi l'empereur Guillaume a déclenché la Première Guerre ?
R. Euh, non.
D. Parce qu'il y avait des années qu'il essayait par tous les moyens imaginables d'enfin mettre la patte sur un empire colonial bien à lui.
R. Ah bon.
D. Et monsieur Plouffe père a accroché son portrait au mur de la cuisine, donc ?
R. Oui. Je ne me souviens pas si ce détail-là se trouve ou pas dans le roman, mais en voyant le film, ça m'avait frappé.
D. Bien. Donc, résumons-nous. La famille Plouffe, une famille ouvrière de Québec. La Deuxième Guerre éclate et le gouvernement fédéral annonce qu'il va tenir un référendum sur l'instauration du service militaire obligatoire, afin de pouvoir envoyer davantage de troupes au front. Or, les Plouffe ne sont pas d'accord. Et les Plouffe, ici, sont très nettement présentés comme exemplaires d'à peu près toutes les familles ouvrières *et rurales* du Québec francophone.
R. Comment ça ?
D. Parce que le référendum sur la conscription, savez-vous quel pourcentage de « non » il remporte, dans le Québec francophone ?
R. Je. Non.
D. Quatre-vingt-cinq pour cent.
R. Attaboy !
D. Oui, monsieur. Alors les Plouffe, il serait peut-être exagéré de prétendre qu'ils *sont* le Canada français à eux tout seuls, mais il ne l'est certainement pas d'affirmer qu'ils en sont un maudit gros morceau, en tout cas. Pourquoi ne sont-ils pas d'accord avec le projet de conscription ? De manière générale parce qu'ils trouvent que la guerre mondiale ne les concerne pas. Et, dans le cas précis du *pater familias*, parce qu'il faudrait se battre du côté des Anglais et qu'à

ses yeux ce serait une impardonnable trahison. C'est bien ça ?

R. Oui.

D. L'enjeu central semble donc être la conservation des choses dans l'état où elles se trouvaient avant la guerre : on ne veut pas avoir à sortir de ce qu'on connaît déjà, et même les Anglais sont haïs parce qu'ils représentent une menace à ce qui est, justement. S'ils n'étaient pas venus jusqu'ici chambarder nos belles traditions, alors que de toute manière on ne les y invitait même pas, on ne se retrouverait pas en plus à risquer d'être obligés de participer à *leur* maudite guerre. Ça va toujours ?

R. Hm… oui.

D. Qu'est-ce qui arrive ensuite ?

R. Eh bien, un des fils Plouffe, le bébé, Guillaume… oups.

D. Eh oui : « Guillaume », comme l'empereur. Il a de la suite dans les idées, le père Plouffe, dites donc.

R. Guillaume, donc, va s'engager volontairement.

D. Et… ?

R. C'est la catastrophe. Pour le reste de la famille, s'entend.

D. Et… ?

R. À la fin du roman – et du film –, la famille reçoit une lettre de lui. Il raconte qu'il est au front, en Europe. Et qu'au cours d'un combat, il a lancé une grenade qui a d'un seul coup réglé son compte à toute une patrouille allemande. Il en est très fier, parce que, au moment où la guerre a éclaté, il était sur le point d'être recruté par une équipe américaine de baseball professionnel. C'est le même talent qui vient de lui permettre de lancer sa grenade droit au but.

D. Ensuite ?

R. La mère de la famille s'élance sur le balcon et pousse un hurlement de douleur, à pleins poumons. Quelque chose comme : « Mon p'tit gars ! Mon p'tit gars à moi qui tue des hommes ! » C'est bouleversant.

D. C'est vrai. À présent, dites-moi : qu'est-ce qui se passe, en profondeur, d'après vous, dans le récit que vous venez de me résumer là ? Sous l'anecdote, qu'est-ce qui est en jeu ?

R. …

D. Il n'y a rien qui vous frappe, là-dedans ?

R. …

D. Eh bien moi, oui. La phrase-clé, à mon sens, dans tout ce que vous avez dit, c'est celle qui résume la raison officielle à laquelle ont recours les Plouffe, y compris Guillaume, pour refuser d'être obligés de participer à la guerre. Vous avez dit : « Ça ne nous regarde pas. »

R. Pourquoi est-ce que vous dites que Guillaume, lui aussi, prétend que ça ne le concerne pas ? Il y va, à la guerre.

D. Oui, mais pas du tout parce qu'il pense qu'elle le concernerait. Il part parce qu'il s'ennuie, qu'il a frôlé la gloire et la fortune mais qu'elles lui ont glissé entre les doigts, et puis parce qu'il a envie de voir du pays. Les raisons pour lesquelles le monde se retrouve à feu et à sang ne l'intéressent pas, pas un seul instant. À ses yeux, la guerre n'est en aucune façon une obligation, de quelque ordre que ce soit – politique, historique, ou moral –, c'est au contraire une opportunité : « Je ne peux pas aller à Cleveland ou à Philadelphie… ? » – ou quelle que soit la ville du club qui voulait l'engager –, « Eh bien tant pis, je m'en vais en Normandie ! »

R. Et pourquoi est-ce que vous trouvez que « Ça ne nous regarde pas » est davantage une phrase-clé que n'importe quelle autre ?

D. Parce qu'elle est celle qui est la plus clairement indépendante des circonstances engendrées par la guerre.

R. Hein ?

D. Tout le récit est déterminé par un immense événement extérieur : la guerre qui fait rage en Europe et dans le Pacifique. Or, ce que redoutent les Plouffe, c'est que cet événement extérieur ne les force à changer. Vous vous souvenez de la chanson-thème du film ?

R. *Il était une fois des gens heureux.*

D. Oui, monsieur. Il était une fois une fois des gens heureux… et puis advint la guerre, terrible, tout là-bas, là-bas, tout au loin et à cause d'elle leur bonheur se transforma en angoisse. Si la seule particularité que nous connaissons des Plouffe, c'est que ce qui importe le plus à leurs yeux est de ne pas changer – et si nous voulons les comprendre, nous devons donc nous demander ce qu'ils sont *avant* d'être menacés par le changement. Ce n'est qu'en comparant ce à quoi ils refusent de renoncer et ce que la guerre risque de leur faire perdre que nous pourrons avoir accès à leur angoisse.

R. Il nous faut un point de comparaison entre « avant » et « après », quoi ?

D. Bien évidemment.

R. Un point de comparaison « en dehors » de la guerre, donc ?

D. Tout juste. Or, qu'est-ce que nous avons comme éléments datant d'avant la guerre ? Deux choses seulement : le portrait de l'ex-empereur allemand, au mur, renforcé par le prénom donné au benjamin de la famille – ou vice-versa –, et une attitude dont rien ne nous indique qu'elle serait nouvelle : celle d'affirmer que rien de ce qui passe dans le monde ailleurs qu'ici ne les concernerait. Rien, même pas une guerre *mondiale*.

R. D'accord, mais juste un petit instant : pourquoi est-ce que le portrait de l'empereur est représentatif de ce qui se passait dans la famille *avant* la guerre ?

D. Parce que, au moment du vote sur la conscription, Guillaume, le fiston, n'a pas dix-huit jours, il a au moins seize ans – l'âge à partir duquel s'applique la conscription. Si le bébé de la famille était un nouveau-né, au moment du vote, au printemps de 1942, nous pourrions toujours imaginer que la guerre a éclaté, que le gouvernement fédéral a annoncé le plébiscite sur la conscription, que le petit dernier est venu au monde tout de suite après cette annonce et que son père, ardent pacifiste, a voulu protester contre ce qui lui est apparu comme le fruit de sombres machinations de la part de la perfide et belliqueuse Albion et de ses laquais d'Ottawa. Il aurait alors donné au petit le prénom d'une grande figure historique récente chère au cœur du pauvre ennemi agressé.

R. Oh, je vois.

D. Mais ce n'est pas du tout de ça qu'il s'agit. Si Guillaume Plouffe a au moins seize ans en 1942, ça veut dire qu'il est né, a été baptisé et a donc reçu son nom au plus tard en 1926. Peu importe l'âge précis que Lemelin donne à son personnage au moment de son engagement dans l'armée, il serait surprenant que les recruteurs des clubs américains de baseball aient eu l'intention, un ou deux ans plus tôt, d'engager un adolescent de tout juste seize ans – ce qui fait que Guillaume Plouffe en a plus vraisemblablement au moins dix-neuf ou vingt, et qu'il a donc dû naître au plus tard en 1922 ou 23, par là. De toute manière, très peu de temps après la fin de la Première Guerre. C'est donc en temps de paix, et pleinement conscient des responsabilités historiques de Guillaume II, que le père Plouffe a décidé de donner son nom au petit dernier de la famille : le nom d'un des principaux, sinon du principal, responsables du déclenchement de la Première Guerre mondiale. Difficile d'interpréter ça comme un geste pacifiste, vous ne trouvez pas ?

R. En effet.

D. Et c'est encore bien plus difficile si on pense au terrible traumatisme qu'elle a causé, cette guerre déclenchée par Guillaume II. Un traumatisme tellement profond que, durant les années 1920, une très grande partie, essentielle, des débats internationaux peut parfaitement être résumée par une seule phrase : « Plus jamais ça ! » Ce mouvement mène tout droit à la fondation de la Société des Nations et à la signature du pacte Briand-Kellogg qui affirme que le déclenchement d'une guerre d'agression est un acte criminel. La prise en compte de ce que nous venons de dire là entraîne donc une nouvelle question : si c'était contre la guerre que le père Plouffe voulait protester durant les années 1920, pourquoi n'a-t-il pas plutôt donné à son fils le prénom d'Aristide, par exemple ?

R. « Aristide » ?

D. Comme dans « Aristide Briand », le diplomate français qui donne la première moitié de son nom au pacte Briand-Kellogg. Briand reçoit le prix Nobel de la Paix en 1926, mais il est déjà très connu, partout dans le monde, bien avant ça : dès la fin des hostilités, en 1918, il s'est mis au travail pour que la France et l'Allemagne se rapprochent l'une de l'autre et qu'une calamité comme celle qui vient de ravager l'Europe ne se répète jamais. Lui, Briand, c'en est un, pacifiste. Et il y en a plusieurs autres comme lui, et de très connus, en Europe, à cette époque. Romain Rolland, par exemple, ou Hermann Hesse – deux autres Prix Nobel. Mais non, ce n'est pas le prénom de Briand, ni celui d'aucun de ses camarades pacifistes, que le père Plouffe choisit pour son fils le plus jeune, il prend au contraire celui d'un des principaux chefs de guerre, et toc toc ! il accroche même son portrait au mur. On est vraiment très, très, très loin du pacifisme, ici. En fait, on est même très ouvertement en faveur de la guerre. Seulement, dans cette guerre… on préfère le camp adverse.

R. Oh là ! Vous voulez dire que quand le père Plouffe prétend qu'il faut « ne surtout pas aider les maudits Anglais », ce n'est qu'une excuse ?

D. Oui, monsieur. Et non, monsieur. Oui c'est une excuse, mais non ce n'est pas *que* ça.

R. Sa vraie raison de refuser la participation du Canada à la guerre, ce serait que ce ne sont pas seulement les Anglais qu'il haït mais surtout les Allemands qu'il aime ?

D. Plus précisément encore : qu'il abhorre ce que *représentent* les Anglais, leur préférant de très loin ce que *représentent* les Allemands, tout particulièrement les impérialistes et, par-dessus tout, l'empereur Guillaume.

R. Est-ce qu'on ne pourrait pas trouver une explication totalement différente à son attitude ?

D. Laquelle ?

R. « Les ennemis de mes ennemis sont mes amis », par exemple ?

D. Vous voulez dire qu'il pourrait espérer que les Allemands vont débarrasser les Canadiens français des Anglais, et c'est tout ?

R. Oui.

D. Eh bien, certainement pas.

R. Pourquoi ?

D. Parce qu'en déclenchant la guerre en 1914, le but des Allemands, à commencer par leur empereur, n'a strictement rien eu à voir avec une quelconque volonté de débarrasser le monde de l'impérialisme. L'empereur, il s'appelle « Guillaume », pas « Zorro ». Ce qu'il veut, ce n'est pas mettre un terme au colonialisme – tout, mais pas ça ! –, c'est au contraire un empire colonial pour lui tout seul, c'est *prendre la place* des Anglais. Alors, dans la première moitié des années 1920, au moment où il a choisi le prénom de son fils, le père Plouffe n'a absolument pas pu s'imaginer – pas s'il est sain d'esprit, en tout cas – que si dix ans plus tôt son héros avait réussi dans son entreprise, lui se serait retrouvé tout à coup libre comme l'air : ou bien les Allemands seraient venus s'installer à la place des Britanniques, ou bien ç'auraient été les Américains qui se seraient empressés de le faire pour combler le vide laissé par l'effondrement de l'empire britannique. Dans un cas comme dans l'autre, le Canada français se serait retrouvé soumis à une influence autrement plus lourde de conséquences et autrement plus contraignante que celle dont le père Plouffe prétend se plaindre en 1942. Nettement plus lourde en termes démographiques et économiques, dans le cas des USA, ou nettement plus contraignante en termes d'autoritarisme politique, dans le cas de l'Allemagne.

R. Mais voyons, les Allemands n'ont quand même pas pu rêver de s'établir en Amérique du Nord ? Pas au XXe siècle ? Ce sont des façons de faire du XVIIe et du XVIIIe, ça, non ?

D. Ah oui ? Eh bien, dans ce cas, pourquoi, de 1890 à 1914, et à l'instigation de Guillaume, justement, l'Allemagne s'est-elle construit à toute allure une flotte de guerre de tous les tonnerres de Zeus, une flotte de guerre justement destinée à damer le pion à celle des Anglais ? Pourquoi, à la toute fin du XIXe, le grand état-major du même Guillaume s'est-il penché sur un plan pour bombarder Boston, débarquer cent mille soldats à New York et envahir le pays ? Pourquoi, durant la Première Guerre mondiale, l'ambassadeur états-unien à Berlin utilise-t-il auprès de son gouvernement l'argument d'une éventuelle attaque allemande contre les USA pour plaider la cause de la participation de son pays au conflit ? Pourquoi, au déclenchement de la Deuxième Guerre, le président Roosevelt, officiellement neutre à ce moment-là, prend-il la peine de mettre solennellement les belligérants européens en garde : les USA ne toléreront *aucune* intervention étrangère sur le sol nord-américain ? À qui croyez-vous donc qu'il l'adresse, son avertissement ? Certainement pas aux Britanniques, ils y sont déjà, en Amérique du Nord. Aux Français ? Aux Italiens ? Ben voyons. Je suis tombé il y a quelques années sur un reportage, à Télé-Québec : des documents restés secrets jusque-là venaient d'être rendus publics et on y apprenait qu'aussitôt après la débâcle française de 1940 les responsables militaires états-uniens, britanniques et canadiens ont très sérieusement envisagé l'éventualité d'un débarquement allemand… en Gaspésie, et ont préparé des plans de défense en conséquence. Ce qui fait que le portrait accroché dans la cuisine des Plouffe et le prénom donné au benjamin de leurs fils peuvent bien être considérés comme des symboles de tout ce que vous voudrez sauf de deux choses : du pacifisme et de l'anti-colonialisme.

R. Donc ?

D. Donc, ce que le père Plouffe prétend reprocher aux Anglais – leur présence étrangère – n'est qu'un prétexte. Sa vraie raison pour préférer le souvenir de Guillaume II au règne de George VI a toutes les chances d'être simplement, au contraire, que, oui, il préfère bel et bien les valeurs bismarckiennes à celles du parlementarisme.

R. Ouf.

D. Ce qu'il aime, c'est l'autoritarisme. D'ailleurs, je suppose que vous vous rappelez le prénom du frère aîné de Guillaume, celui qui lui sert d'entraîneur au baseball ?

R. « Napoléon » ?

D. Bingo. Encore un autre, ça, Napoléon, qui est passé à l'histoire pour la profondeur de l'affection que lui inspirait la démocratie. Le père Plouffe peut bien fabuler tout son saoul tous les reproches qu'il veut à l'égard des maudits Anglais, s'il se retrouvait citoyen de l'empire dont le portrait de l'ancien monarque orne sa cuisine, en cas de guerre, il ne se tiendrait certainement pas de référendum comme celui qui se prépare à Québec au printemps de 1942. Dans le système allemand, ce serait : « Vos gueules ! En rangs ! Et que ça saute ! » On peut bien trouver désolant qu'au Canada ceux qui vont refuser d'obéir à la loi de conscription se retrouvent traqués jusqu'au fond des bois pour être envoyés de force faire leur service, mais il ne faudrait quand même peut-être pas oublier qu'un jeune Allemand qui tenterait la même chose dans son pays à lui, à la même époque, serait sans doute abattu sur place ou immédiatement pendu au premier réverbère venu avec un écriteau accroché dans le cou : « Déserteur ». Par ailleurs, et c'est loin d'être un détail, la Deuxième Guerre, en Europe, n'est pas déclenchée par « les maudits Anglais ». Ils y sont même tellement mal préparés qu'ils passent à un tout petit cheveu de se faire écraser aussi purement et simplement que les Français. Déclenchée, elle l'est, et plutôt trois fois qu'une, par un monsieur qui l'est, lui, préparé, et pas à peu près. Allez demander ce qu'ils en pensent aux Autrichiens, aux Tchèques, aux Polonais, aux Belges, aux Français, aux Norvégiens, aux Danois, aux Russes, aux Grecs, aux Yougoslaves, aux Nord-Africains, aux Hollandais. Un monsieur qui se réclame directement de pans entiers de l'héritage idéologique de l'empereur Guillaume. Un certain monsieur Adolf Hitler. Dans une ville de l'Empire britannique, en 1942, accrocher au mur un portrait de Hitler, ce serait se payer un aller simple pour la prison. Ce qu'on peut se permettre de plus approchant, c'est…

R. … un portrait de Guillaume ?

D. Eh oui. Mais je ne veux pas m'éterniser sur le sujet des opinions politique d… j'allais dire d'Émile Genest… du père Plouffe, je voulais simplement souligner au passage qu'il y a au moins une autre explication, et autrement plus crédible, de son opposition à la conscription que celle qu'il claironne continuellement.

R. Vous pensez qu'il ment ?

D. Je ne vais pas jusque-là. Je dirais plutôt qu'il ne dit pas toute la vérité. Et qu'il a, en l'occurrence, d'excellentes raisons objectives pour ne pas le faire.

R. Le risque de se retrouver derrière les barreaux.

D. Tout juste. Je ne lui fais pas un procès d'intention, je me contente de regarder ce que j'ai sous les yeux et de constater que l'énoncé qu'il fait de sa position est nettement moins cohérent et mauditement moins convaincant que ce que suggèrent ses autres choix et les valeurs qu'il chérit. En deux mots : que sa position politique est on ne peut plus éloquente, mais que l'explication qu'il en sert, elle, ne tient tout simplement pas debout. Si vous croyez vraiment qu'en 1942, à Québec, le fait d'accrocher au mur un portrait du Kaiser serait insignifiant et que l'impérialisme anglais et l'impérialisme allemand seraient interchangeables sans aucun problème – qu'un maître ou l'autre, ça ne ferait aucune espèce de différence –, imaginez-vous rien qu'un instant comment réagirait la Gestapo entrant le même jour dans une maison de la France pétainiste, à Lyon par exemple, et découvrant au mur de la cuisine un beau grand portrait de la reine Victoria. Vous savez ce que ça fait, dans le front, une balle de Lüger ? Vous savez ce que c'était, la « baignoire » ? Vous savez dans quel état on se retrouvait, après deux mois passés au camp de Ravensbrück ?

R. …

D. Donc, il y a tout lieu de penser que si le père Plouffe ne veut pas que les Canadiens français se battent aux côtés des Anglais, c'est tout simplement parce que ce n'est pas leur victoire à eux qu'il souhaite. Et que s'il souhaite la victoire de l'autre camp, c'est qu'il est d'accord avec lui et c'est tout. Or, compte tenu de l'âge de son fils nommé en mémoire du grand Guillaume, il saute aux yeux que cette position politique était déjà la sienne bien avant le déclenchement de la Deuxième Guerre. Dans son cas, c'était ça que ça signifiait, *Il était une fois un homme heureux* : attendre le jour où, enfin débarrassé des encombrants Anglais, le Canada français pourrait à son tour embrasser les valeurs « de fer et de sang » héritées du glorieux Otto von Bismarck, de l'empereur Guillaume II et de son grand-père Guillaume Ier.

R. …

D. Bon. Assez pour le moment sur le compte du père Plouffe et de ses faux-semblants. Passons à l'argument auquel a recours le reste de la famille. « Ça ne nous regarde pas. » Qu'est-ce que vous en pensez ?

R. Je. Je ne sais pas trop. Avant votre démonstration sur la position du père, je pense que je pouvais le comprendre, l'argument. Je ne sais pas si je le trouvais très convaincant, mais je pouvais au moins le prendre en compte. Tandis qu'à présent, il me semble qu'il y a quelque chose qui cloche… mais je suis incapable de mettre le doigt dessus.

D. Essayons.
R. D'accord.
D. Commençons par examiner votre malaise. Vous venez de dire qu'avant ma démonstration, l'interprétation « classique » du portrait que présente la famille Plouffe ne vous posait pas de problème.
R. C'est vrai.
D. Mais qu'à présent vous sentez qu'elle ne tient plus. Ou, en tout cas, qu'elle tient nettement moins bien. C'est donc ma petite démonstration qui, d'une manière ou d'une autre, a provoqué cette transformation de votre perception ?
R. Il y a de fortes chances, oui.
D. En examinant en quoi a consisté ma démonstration, nous aurons donc peut-être une chance de déterminer ce qui a, du même coup, engendré votre malaise ?
R. …
D. Alors ? En quoi est-ce qu'elle a consisté, ma petite démonstration ? Qu'est-ce que j'ai fait ?
R. Je.
D. Comment est-ce que nous avons d'abord évoqué le roman de Lemelin ?
R. Vous m'avez demandé de le résumer à très gros traits. Une famille ouvrière. La menace que la guerre et la conscription font planer. Et puis la résistance face aux transformations des traditions et du mode de vie. Ensuite, nous avons tenté de discerner ce que nous avons sous la main pour comprendre ce à quoi tiennent les Plouffe, et les transformations qu'ils craignent.
D. Qu'est-ce que nous avons identifié, jusqu'à présent ?
R. Le fait que le père a recours à des arguments sans doute trompeurs pour justifier son opposition à la conscription.
D. Et comment est-ce que nous avons déduit ça ?
R. En… en étudiant ce que signifie le portrait de l'ex-empereur allemand accroché au mur ?
D. Tout à fait. Ce que symbolisent, ce qu'impliquent, le portrait *et* le prénom du plus jeune des enfants.

R. Oui.

D. Comment est-ce que nous nous y sommes pris, pour étudier ces deux éléments-là ?

R. Nous avons parlé… de l'empereur lui-même ?

D. Oui. Donc… ?

R. Hein ?

D. Nous avons un peu étudié l'empereur lui-même, donc… ?

R. Je ne comprends pas la question ?

D. Ce n'est pourtant pas sorcier, nom d'un petit bonhomme. Nous avions la cuisine des Plouffe – les enfants installés devant leurs assiettes autour de la table, la mère au fourneau, le père qui se berce en dessous du portrait de l'empereur d'Allemagne, en grognant : « Ah, les maudits Anglais. Ah, les maudits Anglais. » Qu'est-ce que j'ai fait ?

R. Vous avez dit : « Ah ! Attention ! Approchons-nous de lui, ce portrait… »

D. Oui ! Et… ?

R. Nous avons parlé de lui, de l'empereur.

D. Oui ! Donc… ?

R. …

D. Donc… nous sommes sortis de la cuisine !

R. Oh !?

D. Nous sommes sortis de la cuisine, pour aller très rapidement voir ce que signifient et ce qu'impliquent ce portrait et ce prénom, dans le monde *extérieur* à elle ! Pour aller voir à quoi ils font *réellement* référence. Non plus seulement l'interprétation farfelue qu'en fait le père, mais le sens qu'ils recèlent *en eux-mêmes*.

R. Donc pour parvenir à comprendre ce qui anime le père, il fallait sortir de la cuisine et de l'interprétation de lui-même qu'il se forge ?

D. Voilà. Je vous ai obligé à ne pas vous contenter d'écouter uniquement ce que, selon lui, signifie le discours du père Plouffe, mais à aller voir ce qu'il implique ou risque d'impliquer dans les faits. C'est cette écoute-là qui a provoqué chez vous l'ébranlement de votre certitude.

R. Vous voulez dire que le fait d'examiner de plus près les explications du père provoque une… une remise en question de… de l'autre argument aussi ? Celui des autres membres de la famille ?

D. Évidemment. D'ailleurs, Lemelin utilise le même procédé que celui auquel je viens d'avoir recours – et dans le roman et dans le scénario du film : il introduit le regard d'un jeune Français qui vient tout juste d'immigrer au Québec avec sa mère. Pourquoi, pensez-vous ?

R. Pourquoi quoi ?

D. Qu'est-ce que ça nous apprend, que le simple fait d'introduire un regard extérieur provoque immédiatement une faille comme celle dont nous discutons ici ?

R. Que l'explication du père ne fonctionne que… qu'en circuit fermé ?

D. Oui ! Cent points ! Ma démonstration n'a absolument pas pour but d'accuser le père Plouffe de quoi que ce soit, mais simplement de faire ressortir que son discours fonctionne peut-être à l'intérieur de la famille, mais que, aussitôt que le monde extérieur intervient, il cesse immédiatement de tenir debout !

R. Je vois.

D. Et qu'aussitôt que le discours du père change de sens, celui du reste de la famille en fait autant. Pourquoi est-ce que les autres membres de la famille, eux, ne veulent pas de la conscription ?

R. Parce que son instauration mènerait à une remise en question de leurs valeurs essentielles.

D. Lesquelles ? Non, non, non, non, non : ne cherchez pas dans les souvenirs hérités de vos cours d'histoire, restez dans les images que vous a inspirées le roman. Commencez par le début, tenez. Comment est-ce qu'il s'appelle, le roman ?

R. *Les Plouffe.*

D. Et qu'est-ce que c'est, ça : « Plouffe » ?
R. Un nom de famille.
D. Lequel ?
R. Celui de. Oh ! Je. Celui du père ?
D. Voilà ! La tradition la plus fondamentale de cette famille, celle dont elle tire jusqu'à son nom, c'est donc… ?
R. L'autorité paternelle ?
D. Eh oui. Et qu'est-ce qu'il symbolise, l'empereur Guillaume ?
R. L'autorité ?
D. Et… paf !
R. Donc… ?
D. Donc, quand les autres membres de la famille Plouffe entonnent en chœur : « Nous autres, cette guerre-là ne nous concerne pas, lalala lalaire… », ce qu'ils expriment, en version complète, devient : « Cette guerre-là risque de chambouler tout ce qui nous fait ce que nous sommes – à commencer par le respect de l'autorité qui est à nos yeux fondamentale : celle du père. » Or le père Plouffe, ce qu'il dit, c'est : « Non, ce n'est pas de ce bord-là, de toute façon, que nous devrions nous battre, mais de l'autre. » Or, cet autre bord-là, c'est justement celui du culte sans questions de l'autorité *absolue*.
R. Donc, les Plouffe haïraient les Anglais parce que, au chapitre de l'autorité, ils sont trop différents d'eux, alors que les Allemands, eux, leur ressemblent davantage ?
D. Eh oui. En tout cas, si vous avez une meilleure explication, je suis bien prêt à l'entendre.
R. Alors quand la mère et les enfants affirment que les Canadiens français ne doivent surtout pas être obligés de se battre parce que cette guerre-là ne les concerne pas et qu'elle risque de tout changer, ils affirment qu'ils ne veulent pas changer ?
D. Ben, évidemment. Qu'est-ce vous voulez qu'ils veuillent dire d'autre ? Ils veulent rester là où ils sont, comme ils sont, c'est-à-dire…

R. … sous le règne du père ? Et, donc, du rêve que représente l'image de l'empereur d'Allemagne ?

D. Et voilà.

R. Fiou.

D. Attendez, ce n'est pas fini. C'est même juste le début. Tout ce que je voulais, pour le moment, c'était briser l'image d'Épinal associée aux Plouffe. Pas du tout pour les réduire en bouillie, simplement pour faire ressortir quelque chose qui me paraît fondamental dans leur histoire. Et fondamental dans la phrase que m'a adressée Jean Duceppe. Et puis fondamental du même coup pour monsieur Deslauriers lui-même. Le fait qu'en 2005 encore, c'est-à-dire soixante ans *après* la fin de la Deuxième Guerre mondiale, il faille toujours, pour parvenir à comprendre ce qui anime les Plouffe au plus profond d'eux-mêmes, *sortir* de leur univers. Alors qu'eux, luttant de toutes leurs forces contre la conscription en 1942, c'était précisément ce à quoi ils s'opposaient déjà : ils ne voulaient pas en sortir. Parce que c'était trop dangereux.

R. Wô ! Redites-moi ça.

D. Je vous dis que le rêve et le projet de la famille Plouffe, et d'abord et avant tout le rêve et le projet du père Plouffe, c'est celui qui anime toujours l'essentiel du Québec francophone, *soixante ans après la fin de la Deuxième Guerre mondiale* ! Voilà. Je vous ai dit plus tôt qu'il y a deux points capitaux à étudier, si nous voulons finir par nous faire une image du bonheur passé des Plouffe, puis nous en faire une aussi de leur angoisse quand ce bonheur se trouve menacé.

R. Oui, oui. Le premier, c'est le portrait et le prénom, et le deuxième c'est le fait de dire que « Ça ne nous concerne pas », puisque que ce sont deux aspects qui préexistaient à la guerre, et qui étaient donc constitutifs de leur bonheur.

D. C'est ça. Nous savons maintenant que le premier aspect constitutif de leur bonheur, c'est le culte de l'autorité. Et le deuxième… ?

R. …

D. Vous l'avez juste sous les yeux. Le deuxième, c'est de considérer que quoi que ce soit qui puisse se passer ailleurs que dans leur cuisine ne les concerne pas. Pas seulement la guerre, non, *tout* !

R. Pourquoi ?

D. Parce que quoi que ce soit qui se passe ailleurs risque de menacer ce qu'ils sont, tout simplement. Parce que ce qu'ils sont, ce qu'ils pensent qu'ils sont, ce qu'ils se racontent qu'ils sont, ne tient la route que si rien, *rien* ! ne vient de l'extérieur l'éclairer autrement que de la manière rassurante qui fait leur affaire.

R. Mais pourquoi ?

D. Parce qu'à leurs yeux le monde extérieur est menaçant. Et rien d'autre. Dangereux. Parce que tout ce qui sort risque de revenir et que ce qui est dehors, par définition, n'est pas « nous ». Parce que le monde extérieur, lui, contrairement à « nous »… *parle* !

R. …

D. Nous venons de voir qu'au cœur de la situation des Plouffe il y a le père et son projet. Eh bien, à présent, refaisons l'exercice que nous avons fait tout à l'heure à propos de *Un homme et son péché*. Qui est le vis-à-vis de monsieur Plouffe père, d'après vous ?

R. Je n'en ai pas la moindre idée.

D. Essayez. Maman Plouffe ?

R. Certainement pas.

D. Alors qui ? Napoléon ? Le curé Folbèche ? L'aîné : Ovide ?

R. Non. Non, je serais plutôt enclin à dire… Guillaume ?

D. Pourquoi donc ?

R. Parce qu'il est le seul qui agit.

D. Qu'est-ce qu'il fait ?

R. Il part.

D. Bingo ! Il part ! Et… ?

R. …

D. Sur quoi débouche son départ ?

R. La guerre ? Il tue ?

D. Oui ! Et sa mère se précipite immédiatement sur le balcon – sur le balcon ! – pour hurler à pleins poumons : « Mon p'tit gars qui tue du monde ! » Elle ne part pas, catastrophée, pour pleurer dans sa chambre, non. Elle ne s'évanouit pas de terreur à l'évocation des dangers épouvantables que court son fils. Elle ne continue pas à brasser sa soupe en murmurant : « Oh, mon Dieu, mon Dieu, pauvres d'elles », en pensant aux mères des garçons que Guillaume vient de tuer. Elle ne s'en va pas, tout étourdie, prendre une longue marche silencieuse. Elle ne s'élance pas à toutes jambes vers l'église pour aller se confesser : « Qu'est-ce que j'ai bien pu faire de mal ? », ou pour prier : « Petit Jésus, je t'en supplie, pardonne-lui, il ne sait pas ce qu'il fait. » Non, elle s'élance sur son balcon ! Donc, elle prend l'univers à témoin : quand on crie du haut d'un balcon, ça s'appelle faire une déclaration solennelle. Elle ouvre grand les bras et hurle de toutes ses forces à tous ceux qui peuvent l'entendre : « Je vous l'avais bien dit qu'il ne faut pas sortir d'ici : le monde extérieur est dangereux ! »

R. Ayatah ! Je. Précisément ce que les gens du Chenal du Moine se disent à propos du Survenant ?

D. Oui, monsieur. Je peux vous garantir que si la guerre n'avait pas éclaté, que si Guillaume était parti pour les États jouer au baseball au lieu de partir pour l'Europe, un jour ou l'autre il aurait fini par envoyer à sa famille une lettre qui aurait provoqué une réaction parfaitement identique à celle-là de la part de sa mère. Il aurait appris à la famille qu'il venait d'avoir un enfant avec une Noire, une Protestante ou une Pakistanaise, ou qu'il s'était fait arrêter pour je ne sais quelle raison, peu importe, mais je suis convaincu que la mère Plouffe aurait de toute manière fini par se retrouver un jour ou l'autre debout sur son balcon à hurler : « Mais c'est donc ben effrayant ! Mon p'tit gars qui… »

R. …

D. « Ça ne nous concerne pas », c'est une excuse. Une autre balloune, aussi fallacieuse que celles du père Plouffe. Et qui ne résiste pas mieux à l'examen que celles du pacifisme et de l'anticolonialisme. « La guerre ne nous concerne pas » ?! Les sous-marins allemands coulent tellement de navires dans le golfe Saint-Laurent et le bas du fleuve qu'il faut y interdire la navigation. Savez-vous combien ? Vingt-trois ! Dans le reportage dont je vous parlais tout à l'heure, celui qui évoquait l'éventualité d'un débarquement allemand en Gaspésie, on apprend aussi qu'après la guerre, on a découvert au fond des eaux d'un port de pêche, toujours en Gaspésie, une torpille allemande qui a fait long feu. Vous vous rendez compte ? Un sous-marin a réussi à s'approcher assez près des côtes pour tirer en direction des navires de pêche amarrés dans un port. On va un jour capturer un espion qui vient de débarquer, toujours d'un sous-marin, à New Richmond. Dès le début de la guerre, en 1939, aussitôt que l'armée canadienne est officiellement créée, une des toutes premières unités mises sur pied est un groupe de défense antiaérienne. Savez-vous où on l'installe ? Dans le port de Montréal. Pourquoi ? Parce que les appareils d'un porte-avion allemand qui se pointerait au large des côtes canadiennes seraient parfaitement capables de bombarder le principal centre industriel de l'Empire britannique en dehors du Royaume-Uni. « La guerre ne nous concerne pas » ?! Savez-vous quel est le premier acte de guerre ouverte des Allemands, le 3 septembre 1939 ?

R. …

D. Non ?

R. …

D. Eh bien, une semaine *avant* que le Canada ne leur déclare la guerre, un de leurs sous-marins torpille le paquebot canadien *Athenia*, qui transporte 1400 passagers dont de nombreux Canadiens. Devinez où il s'en allait ? À Montréal ! Qu'est-ce que ça prend, exactement, pour qu'une guerre les concerne, les Plouffe ? Leur argument, c'est de la folie furieuse. Ce n'est absolument pas du fait que la guerre ne les concernerait pas qu'il s'agit – puisque de toute façon, *elle les concerne*. Qu'ils le veuillent ou non. Ce dont il s'agit, c'est du fait qu'à leurs yeux, le monde extérieur est dangereux. *Avec ou sans guerre*. Tout ce qu'ils ont à faire de leur vie, d'après eux, c'est de bien sagement rester assis dans leur cuisine à se raconter des histoires. Des histoires auxquelles ils vont tous faire semblant de croire dur comme fer, tant et aussi longtemps en tout cas que rien ne viendra de l'extérieur leur faire réaliser que c'est du délire. Il ne leur suffit donc pas de ne pas sortir, il ne faut pas davantage que quoi que ce soit *entre*. Il ne leur suffit pas de ne pas y aller, dans le monde, il leur faut surtout, de toutes leurs forces, oublier *qu'il existe*.

R. Une folie, une abstraction, comme celle de votre oncle et de votre grand-père, tout à coup, quand ils partaient en transe ?

D. Voilà. À un détail près, toutefois.

R. Lequel ?

D. Pas une abstraction *comme* celle de Siméon et d'André : *la même*. Et déjà, chez les Plouffe, déclenchée par les mêmes mots-clés magiques que dans ma famille à moi.

R. « Curé », « Langue », « Nation » ?

D. Précisément.

R. C'est fou. Dans ce dont vous parlez là, je ne peux pas m'empêcher de voir un lien avec le personnage de Marcel, dans Tremblay.

D. Celui qui s'imagine que quand il met ses lunettes il devient invisible ?

R. Oui.

D. Vous avez parfaitement raison. À partir du moment où tout ce qui se passe en dehors du village ou de la paroisse est dangereux, ce n'est plus qu'une question de temps avant que ce soit tout ce qui se passe à l'extérieur de la maison familiale qui le devienne. Puis en dehors de la chambre. Puis en dehors de sa tête.

R. Ouch. Ça voudrait dire… ?

D. Oui. Qu'en ce sens-là, contrairement à ce qu'on aime tellement se raconter dans le Québec contemporain, l'œuvre de Tremblay n'est absolument pas en rupture avec ce qui l'a précédé. Elle en est même l'aboutissement direct.

R. Le roman de Grignon, il paraît quand, déjà ?

D. Milieu des années trente ?

R. Et *Les Plouffe* ?

D. Fin des années quarante, tout de suite après la guerre.

R. À peu près à la même époque que *Le Survenant*, donc ?

D. En gros.

R. Pour vous, Guillaume est donc une suite d'Alexis et du Survenant ? Un Alexis poussé encore plus loin ?

D. Oui, tout à fait.

R. Et après, qu'est-ce qui arrive ?

D. Aux Plouffe, vous voulez dire ?

R. Oui.

D. Eh bien, après la guerre, la famille continue à se raidir en se racontant qu'il n'est rien arrivé du tout. Et le mythe du nomade continue de se dégrader, de se momifier.

R. Comment ça ?

D. D'abord parce que Guillaume est parti. Ensuite parce que le rêve de son père a été battu.

R. Holà ! En détail ?

D. Guillaume part se battre. Puis il revient.

R. Oui.

D. Dans *Le crime d'Ovide Plouffe*, que Denys Arcand réalise un peu après que Gilles Carle a sorti *Les Plouffe*, et qui lui aussi est scénarisé par Lemelin, on se retrouve quelques années après la guerre.

R. Et Guillaume est de retour ?

D. Oui. Mais il est en exil intérieur.

R. Comment ça ?

D. Il s'est installé au fin fond des bois, je ne sais plus où. Il vit en ermite. D'ailleurs, dans ce deuxième film-là, il est devenu un personnage très secondaire.

R. Qu'est-ce que ça raconte, d'après vous ?
D. Qu'en fait il n'a pas compris ce qu'il a fait – pas vraiment.
R. Pourquoi ?
D. Parce que déjà, quand il est parti, il ne savait pas pourquoi il partait, tout simplement. Ce n'est pas à cause des enjeux de la guerre qu'il y est allé, mais parce qu'il s'ennuyait et que comme il s'était déjà préparé à partir pour les États, son élan était pris, de toute façon. Eh bien, ça a eu pour résultat qu'il n'est pas vraiment allé en Europe, il est simplement allé « ailleurs » – « n'importe où ». Ça aurait aussi bien pu être aux îles Mouk-Mouk. Quand il revient, il ne rapporte rien.
R. De son voyage, il ne reste pour sa famille, en tout et pour tout, que le récit d'une grenade qui explose ?
D. C'est ça. Et d'avoir causé la mort de son pauvre père.
R. Mais ça veut dire qu'il a uniquement servi à confirmer que sa mère a raison : que le monde extérieur est dangereux et rien d'autre ? Pour la famille, il n'a servi qu'à justifier le hurlement du haut du balcon ?
D. Eh oui. Et c'est précisément ce qui est capital : l'argument « Ça ne nous concerne pas », qui a si bien servi pendant la guerre, n'a jamais été remis en cause. Il ressort même de la guerre plus solide que jamais.
R. Et c'est pour ça que, soixante ans plus tard, vous dites que c'est toujours le rêve des Plouffe qui est au cœur du projet québécois ?
D. Tout à fait. Le rêve *du père* Plouffe. Non seulement il n'a jamais été remis en cause, il n'a même jamais été… *nommé*. Simplement, la guerre a fini et c'est tout. On le pense toujours, que « Ça ne nous concerne pas »… on n'a tout simplement même plus besoin de le dire. Contre ça, Guillaume-Alexis-Survenant ne peut rien. Parce qu'il ne sait pas ce qu'il a fait : ni en posant le geste de partir, ni en étant « là-bas, dehors », ni en revenant. Son départ, la guerre, son retour, il fait tout ça « par oreille », sans même

être conscient des enjeux en cause. Après son retour, il se résume à avoir été celui qui a brisé le cœur de son père et qui l'a sans doute tué de chagrin. Il n'y a rien d'autre à en dire, puisque rien d'autre n'est «audible» dans cette culture-là : tenter de parler de quoi que ce soit d'autre obligerait à parler du reste de la planète, et de ça il ne saurait être question. Alors il se tait.

R. C'est pour ça qu'il part se cacher dans le bois ?

D. En très grande partie, en tout cas – j'imagine. Et c'est justement pour ça que *Les Plouffe* est une œuvre aussi essentielle à mes yeux : parce que c'est en elle que nous voyons advenir tout à coup une bascule déterminante. Celle de l'évincement *définitif* du coureur des bois. Le mythe vient d'être retourné sur sa doublure : le Survenant, on ne se contente plus de lui faire sentir qu'il n'est pas le bienvenu, *on le chasse*. Il vient de devenir l'ennemi intérieur, le traître. À compter des *Plouffe*, il ne suffit plus de ne pas le laisser rentrer, il faudra surtout l'empêcher de naître.

R. Alexis, le Survenant et Guillaume ont été déclarés traîtres à la nation ?

D. Et il n'y a pour eux aucun moyen d'interjeter appel.

R. Pourquoi pas ?

D. Parce que le Juge est mort.

R. Le père ?

D. Qui d'autre que lui fait figure d'autorité, au sein de la famille ?

R. …

D. Il est mort sans avoir changé d'idée. Sans même avoir eu le courage de la proclamer à haute et forte voix, son idée. Il en a accroché un signe au mur de sa cuisine, il a obligé le plus jeune de ses fils à devenir un autre signe d'elle pour le restant de ses jours, mais *il ne l'a pas dite*. L'héritier Hitler de son héros Guillaume II s'est fait écraser, et son propre fils – en dépit du prénom qu'il porte – a participé à cette ignominie. Lui, le père, tout ce qu'il a pu faire, ça a été de paralyser d'abord, puis de s'éteindre.

R. Sans avoir changé d'idée.

D. Eh non. Ce qui fait que son épouse et ses autres enfants, qui n'avaient jamais de leur vie eu à se poser la moindre question sur son projet – par définition, ce sujet-là était de son ressort à lui et à personne d'autre –, se retrouvent, en apparence, purement et simplement abandonnés. Non seulement le père est parti, mais il n'a rien laissé derrière lui comme enseignement qui puisse leur être de quelque utilité que ce soit, tandis que son vis-à-vis, qui a entraîné sa défaite, part se cacher et devient littéralement « muet » : lui non plus n'a plus rien qu'il puisse dire qui pourrait apprendre quoi que ce soit à qui que ce soit.

R. Mais alors… Mais c'est la défaite sur tous les fronts à la fois ?

D. J'ai bien peur qu'il n'y ait effectivement pas d'autre manière de décrire la situation.

R. C'est le vide, donc ?

D. Oh non, non, pas du tout : tout est détruit, mais le résultat ne se résume pas que par le vide.

R. Par quoi alors ?

D. Par les ruines. L'excuse qui a servi aux autres membres de la famille, par exemple – « Ça ne nous concerne pas » –, s'est vu confirmer au-delà de toute mesure : Guillaume est parti, a tué son propre père, a tué son rêve et a même assassiné des gens. Ce que le monde extérieur à sa cuisine inspire à la famille Plouffe, ce n'est plus uniquement une crainte diffuse, mais, désormais, le ressentir d'une blessure et d'un deuil tout à fait tangibles. Et dont, bien entendu, personne ne parle, parce que pour pouvoir en parler, il faudrait d'abord en nommer les enjeux et que ça, ce serait pire que tout. Non, ce qu'il faut absolument, c'est *ne rien dire du tout*.

R. Qu'est-ce qui arrive ?

D. Rien. Rien qui concerne les Plouffe dans leur forme originelle, en tout cas. Ils s'enfoncent dans le silence comme un navire qui prend la mer pour aller se saborder quelque part au large, sans témoin.

R. Guillaume compris ?

D. Guillaume ?! C'est même le premier à se taire. Au cœur de toute la situation monstrueuse dans laquelle se retrouvent plongés les Plouffe à la fin des années quarante, il y a donc le rêve du père. Un rêve effondré qui n'a jamais été nommé à haute voix et dont la réalisation dépendait totalement de ce que d'autres que lui allaient faire à des milliers de kilomètres de là. Dès le point de départ, le père était coincé, puisque quoi qu'il advienne, l'autorité qui le fascinait tellement resterait pour toujours hors de son contrôle. Il ne *devient* pas paralysé tout à coup à cause d'un accident cérébrovasculaire – paralysé, il l'est en réalité depuis le début. Son attaque ne fait que révéler ce qui était déjà – et qui va continuer d'être. Il se transforme en fantôme.

R. Quoi ?

D. Comment est-ce que vous appelez ça, un être qui ne peut pas agir par lui-même, qui ne peut qu'espérer qu'un autre agisse à sa place pour réaliser son rêve, et qui passe son temps à psalmodier sa défaite ? C'est un fantôme. Exactement comme le père de Hamlet ou celui des deux enfants dans le *Fanny et Alexandre* de Bergman. Ou comme les grands-parents des *Cent ans de solitude* de García Márquez. Un regret enchaîné. Pour l'éternité, si personne ne vient le délivrer. Et c'est bien ce qui est le plus vertigineux, dans toute cette histoire.

R. Quoi donc ?

D. Que personne ne va pouvoir le délivrer, personne. Parce que dans cette cuisine, prisonniers du silence et de la peur comme ils sont tous, ni sa femme ni aucun de ses enfants n'est plus matériel que lui. Le seul à n'avoir pas été totalement désincarné, ils l'ont banni. Et puis ensuite, parce que la situation continue de dégénérer.

R. Comment ?

D. Dix ans après *Les Plouffe*, en 1957, Jacques Languirand crée *Les grands départs*.

R. Tout un programme, en fait de titre.

D. Qu'est-ce qui s'y passe? Une famille attend les déménageurs… qui ne se pointeront jamais. Les parents – Hector et Margot – s'engueulent. Hector prétend qu'il veut finir d'écrire son roman et Margot se moque de lui: elle est convaincue que, quoi qu'il advienne, il n'y parviendra jamais. Le même soir, la sœur de Margot, Eulalie, se fait ravir par son ancien amoureux qui revient la chercher en lui annonçant que «la vie commence à cinquante ans». Elle part avec lui. Et revient deux heures plus tard, terrorisée par la laideur du monde extérieur. La fille de Margot et d'Hector, quant à elle, Sophie, a accepté une invitation pour le cinéma que lui a lancée son petit ami. Elle compte profiter de l'occasion pour s'enfuir loin de cet enfer. Elle part. Et revient elle aussi deux heures plus tard: le petit ami ne voulait rien d'autre, finalement… qu'aller au cinéma. À la toute fin de la pièce, c'est le grand-père *paralytique*, couché derrière la montagne de boîtes et de meubles et qui a tout entendu, qui s'arrache à son grabat, se traîne jusqu'à la porte et sort en la claquant derrière lui.

R. Il n'y a même plus de dehors?

D. Non. Je vous l'avais bien dit: le cercle se resserre. Plus de dehors, sauf…

R. Sauf…?

D. Pour le grand-père. Autrement dit, pour le personnage qui appartient à la génération…

R. … du père Plouffe?!

D. Précisément.

R. Sacrebleu. Ensuite?

D. En vingt-cinq ans à peine, nous sommes partis de l'affrontement entre Séraphin et Alexis – entre Crésus terré dans sa demeure étouffante et l'homme qui a vu un petit bout du monde –, nous sommes passés par le Survenant qui n'est qu'en visite et qu'il est interdit d'évoquer après son départ, passés encore par Guillaume qui, en s'éloignant, provoque la mort de son père, en tue le rêve, confirme le danger du monde extérieur, n'apprend rien, ne dit rien et part se cacher, et nous nous retrouvons avec une famille enfermée dans son appartement, encore plus paralysée qu'un paralytique, menacée par le dehors et incapable même de dire ce qui se passe en elle !

R. Incapable de… ?

D. D'écrire son roman. Rien dehors. Rien dedans.

R. Qu'est-ce que ça raconte ?

D. Qu'un des deux termes du déchirement mythologique est en train de bouffer l'autre.

R. Quoi ?!

D. *Les grands départs* repose sur le même mantra que récitent les Plouffe derrière la façade du « Ça ne nous concerne pas » : « Dehors, c'est le danger ! Dehors, c'est le danger ! » Eulalie, écrasée, qui au retour évoque l'ampoule jaunasse de la chambre sordide où l'a entraînée son ancien amant, et Sophie, désespérée, atterrée par l'étroitesse des rêves de son petit ami, ne font toutes les deux rien d'autre que compléter la phrase de la mère Plouffe. Il n'y a même plus besoin de la guerre pour faire ressortir leur enfermement : il ne reste que l'enfermement lui-même, à l'état pur.

R. J'ose à peine répéter ma question.

D. « Et ensuite… » ?

R. Oui.

D. Ensuite, eh bien, tout est en place pour l'affrontement final. Pour le coup de grâce.

R. Comme si tout un pan de la littérature approfondissait de plus en plus ses enjeux, de décennie en décennie ?

D. Je dirais plutôt : comme si certaines œuvres avaient le pouvoir de rendre visibles les développements qui adviennent dans les mythes. Ce qui est tout à fait cohérent avec la fonction de l'art comme je le conçois. Et tout à fait cohérent aussi avec ce que je vous ai décrit comme étant advenu aux USA, à propos des aspects de l'œuvre de Miller qui une génération plus tard continuent leur chemin dans celle de Kerouac.

R. Qu'est-ce qu'il y avait, avant Miller ?

D. Aux USA?

R. Oui.

D. Oh, des splendeurs. Thoreau. Emerson. Whitman.

R. Miller et Kerouac, eux, en quoi est-ce qu'ils participent au mythe déchiré entre la toile de Hicks et le roman de Melville?

D. Ce n'est pas de l'un ou l'autre des deux pôles qu'ils parlent, mais de l'horreur que provoque leur fusion: la concrétisation du paradis terrestre – l'*American Way of Life* – réalisée au prix de la destruction de l'ultime Baleine Blanche.

R. Pourquoi est-ce qu'elle a été détruite?

D. Pour la même raison que King Kong devait l'être: parce qu'elle est une force qui ne se laisse pas contrôler. Quoi qu'on tente, elle finit par ressurgir. Si on ne parvient pas à la faire taire, elle est à mettre en cage ou à abattre. Aux USA, la répression des artistes n'est pas évoquée seulement chez Miller, c'est un thème qui revient sans cesse dans la littérature des années 1950 et 1960: dans *Fahrenheit 451* de Ray Bradbury, par exemple, le Pouvoir affirme qu'il faut brûler tous les livres parce qu'ils engendrent des rêves inassouvissables et que les rêves inassouvissables et le paradis ne font vraiment pas bon ménage. La réponse que Bradbury imagine à cette situation-là est prodigieuse: il faut apprendre tous les livres par cœur – devenir des «hommes-livres». Pensez à ça en lisant *Souvenirs souvenirs* ou *On the road*, et je vous garantis que vous risquez d'éclater en sanglots deux fois par page. Après Miller et Kerouac, à la fin des années soixante, les contestataires de la guerre du Vietnam seront bien d'accord avec eux: ils décideront même de rouvrir le dossier Hicks.

R. «Faites l'amour, pas la guerre»: reprenez la quête du paradis terrestre?

D. Mais bien sûr. Si le monde où vous êtes prisonniers est trop affreux, stonez-vous la bine. Ce ne sera pas de la lâcheté, ce sera simplement parce qu'il n'y a plus aucune autre voie possible : ce n'est même plus sa vie qu'il s'agit de sauvegarder vaille que vaille, c'est son âme – se la geler, c'est préserver un contact minimal avec elle, avec ce qui reste d'elle.

R. …

D. Nous pourrions encore reprendre le même exemple, mais cette fois par l'entremise de la politique. Nous pourrions parler du sénateur McCarthy, de sa chasse aux sorcières, des *Sorcières de Salem* d'Arthur Miller et du *Manchurian Candidate*, le film de Frankenheimer. Nous pourrions aussi examiner tous ces grands mythes impériaux qu'à partir de la même époque la littérature états-unienne se met à créer presque à la chaîne : *Star Trek*, le cycle de *Dune* de Frank Herbert, celui du *Hyperion* de Dan Simmons – un véritable chef-d'œuvre –, et jusqu'à *Star Wars* : tous constituent des mises en garde, de véritables cris d'alarme à l'égard du cul-de-sac impérial dans lequel les USA s'engagent aveuglément après la Deuxième Guerre.

R. Quand est-ce qu'elle a commencé, cette fusion ?

D. Quand le capitaine Achab a décidé que c'était lui, et lui seul, qui savait comment réaliser le paradis sur terre. Et qu'il a commencé à raser tout ce qui s'opposait à lui.

R. Mais alors, ce ne sont donc pas simplement les deux pôles de la déchirure qui se superposent l'un à l'autre ? En fait, l'un des deux *s'empare* de l'autre ? La mort de l'âme dont parle Miller, ce serait donc ce qui advient quand un des pôles de la déchirure bouffe l'autre ?

D. Oui. Et surtout lorsque le pôle qui prend le contrôle est celui qui se définit par la quête du pouvoir, la rage et la peur. Cette culture se meurt du fait que le dialogue n'y est à peu près plus possible, du fait que la déchirure y a été résolue. Il n'y a plus de pôles qui discutent entre eux. Ne reste qu'un pouvoir à défendre. Or, c'est impossible, il ne *peut pas* être défendu. Parce que la faille dont il tirait sa source s'est refermée. Au fil des décennies, des dizaines et des dizaines d'artistes ont tenté l'impossible pour mettre leurs concitoyens en garde. En vain.

R. Et au Québec, la déchirure mythologique ouverte entre Alexis et Séraphin, entre Guillaume et son père, elle aussi, elle se met à dégénérer ? Les gens du Chenal du Moine et le reste de la famille Plouffe les expulsent ?

D. Oui.

R. Et ensuite ?

D. Ensuite, eh bien, il reste à interdire le retour à ceux qui sont partis. Et à assassiner ceux qui pourraient être tentés de les imiter.

*

Le printemps, monsieur Deslauriers
La tornade dégénérée –
Achab, Séraphin, le père Plouffe… et leurs filles

R. Où est-ce que nous en sommes rendus, là ? Je veux dire : dans les myriades de fragments qui composent l'âme de monsieur Deslauriers ? Il y a d'abord eu la tornade des échecs qui résonnent chez les pères de Dubé, puis l'immense paradoxe de la fausse survie, ensuite vous avez été aspiré dans les images d'Alexis et de Séraphin, du Survenant, de Guillaume envoyé en exil intérieur pour avoir osé sortir et affronter le rêve innommé de son propre père, d'Hector qui écoute le son de sa voix dans la maison vide. Où est-ce que vous êtes arrivé ?

D. Là où je commence à ressentir que je vais sans doute me faire écraser. Que la contraction va se poursuivre inexorablement.

R. Historiquement, après Languirand, qu'est-ce qu'il y a ?

D. Dubé.

R. L'échec des pères, donc ?

D. Oui. On reconstruit tout : la maison, de fond en comble. Mais en vain : elle est vide.

R. La maison que l'on reconstruit, c'est celle de Séraphin, en fait ? Et du père Plouffe ?

D. Oui, nécessairement. Elle n'abrite que des fantômes. Et puis tout à coup, au début de la deuxième moitié des années soixante, deux pièces de théâtre sont créées presque au même moment. Deux pièces qui représentent chacune un pôle de la déchirure.

R. C'est leur création, le dernier sursaut dont vous venez de parler : le coup de grâce ?

D. Oui. *Les Belles-Sœurs* contre *La Dalle-des-morts*.

R. Michel Tremblay contre Félix-Antoine Savard.

D. Jamais de la vie.

R. Non ?!

D. Mais non, pas « Tremblay contre Savard », non, pas du tout : ce ne sont pas des individus qui s'affrontent, mais des regards. Pas des volontés, mais des représentations du monde. Tremblay n'évince pas davantage Savard ou Dubé que Dubé n'a, lui, évincé Gratien Gélinas. Ce ne sont pas eux qui se font face : l'affrontement, il n'a pas lieu sur les scènes de théâtre. Ce qui se passe sur les scènes est une *image* de ce qui se passe dans la société. Les pièces ne sont pas la guerre elle-même, elles sont comme des lettres que les soldats envoient du front : « Cher papa, chère maman, aujourd'hui j'ai lancé une grenade. » Ce ne sont pas les artistes qui décident de ce que leur société va choisir ou rejeter. Leur fonction essentielle se résume à dire ce qu'ils entendent, et à en rendre compte le plus fidèlement possible. Ce ne sont donc pas du tout Tremblay et Savard eux-mêmes qui se font face, mais deux regards profondément différents qui trouvent leur forme et s'expriment. Seulement, pour qui écoute les deux récits, il est pratiquement impossible de s'empêcher de constater que la sortie presque simultanée de leurs œuvres témoigne d'un immense combat qui s'achève « derrière le rideau noir ». La dernière bataille.

R. …

D. *La Dalle-des-morts*. Élodie, la grand-mère métisse, raconte les grands espaces de sa jeunesse, très loin dans l'ouest : la vie nomade, l'odeur du lit en branches de sapin où elle a fait l'amour avec François, son mari. Aux yeux d'Élodie, peu importent les dangers qui guettent : parcourir la beauté du monde vaut très largement tous les risques encourus. Elle ne l'affirme pas sur un coup de tête, ce ne sont pas des mots en l'air : le grand amour de sa vie en est mort, de ces dangers-là, il y a des années de ça. Qu'est-ce qu'elle a fait, depuis ? Elle a macéré dans ses regrets ? Elle s'est terrée dans le silence ? Elle s'est roulée en boule autour de ses souvenirs ? Jamais de la vie : de temps à autre, elle rouvre le tiroir où se trouve la veste préférée de son amant, s'enfouit le visage dedans, respire à fond, imagine son odeur à lui et replonge dans les paysages et les parcours qu'ils ont connus ensemble. Ensuite, elle descend au rez-de-chaussée et raconte le monde et la vie à son fils, puis à son petit-fils – pour que la vie engendre la vie.

Cette ancêtre-là est aux antipodes de la mère couveuse. La mère Plouffe la ferait sans doute taire à coups de poêle de fonte en plein front. Elle ne proclame pas que le monde est un endroit dangereux, non, elle proclame qu'il faut vivre, qu'il faut *y* vivre, être tout seul, debout au beau milieu d'espaces infinis, faire du portage, escalader les montagnes, se jeter à plat ventre dans les lacs. Parcourir le monde ! Pour elle, tout vaut mieux que de passer sa vie à faire des allers-retours derrière une charrue sur un lopin de terre grand comme la main, avec rien d'autre à admirer qu'une fleur en pot sur le bord de la fenêtre.

R. La liberté ? Et puis, en face… *Les belles-sœurs* ?

D. Oui. Ici, il ne reste même plus trace du souvenir de la lumière du jour et de la joie de vivre. C'est le camp de concentration dans sa plus pure représentation, où est enfermée une tribu de harpies enragées, bavant l'acide sulfurique jusque par les trous de nez, claquemurées dans leur cuisine du Plateau, qui n'ont plus rien d'autre à faire de leur vie que d'empêcher à tout prix qui que ce soit de s'échapper de la prison commune. Eulalie, Sophie, Margot, les villageoises du Chenal du Moine, la mère Plouffe, Fleurette, brûlantes de hargne. Devenues maîtresses du monde. Les pièces d'or dans la main du cadavre de Séraphin se sont transformées en timbres *Pinky*.

L'affrontement entre *La Dalle-des-morts* et *Les belles-sœurs*, ce n'est pas l'opposition entre le grand air et la ville, jamais de la vie. Cette explication-là est bien trop superficielle. L'enjeu, c'est celui de la guerre à finir, de la guerre à mort, sans merci, des sédentaires contre les nomades.

Jusque-là, il y avait le choix entre être assiégé pour l'éternité ou libre au risque d'en mourir. Au terme de la bataille, le choix est fait.

R. Et... ?

D. Ce sont *Les belles-sœurs* qui gagnent. À plate couture. Après *Les belles-sœurs*, le monde extérieur a disparu. Cette victoire-là est cruciale. Dans le monde qui en résulte, Guillaume, Alexis, le Survenant, mais aussi Donalda et Élodie, tous ceux qui se définissent par leur rapport à « dehors », ne sont plus seulement des gens dangereux, ce sont des monstres, des fous furieux – au mieux : des phénomènes de foire qu'il faut à tout prix tenir enchaînés. Et bâillonnés. Ne peuvent plus apparaître, sous une forme ou sous une autre, que des individus qui croient que l'intérieur de leur tête suffit à résumer le monde.

R. La mère Plouffe a gagné... ?

D. Sur toute la ligne. La mère Plouffe, c'est-à-dire...

R. C'est-à-dire ?

D. Le chanoine Groulx : l'obéissance aveugle à l'enracinement suicidaire et à la foi vide.

R. *La Dalle-des-morts*, c'est un baroud d'honneur ?

D. Oh non, c'est bien davantage que ça. Infiniment, plus que ça. C'est la dernière flambée d'images. Elles y sont toutes. Et c'est là que je suis, dans le grand cœur de *Monsieur Deslauriers* : dans toutes les fulgurances qui jaillissent de toutes parts *entre* toutes ces œuvres-là. Et j'étouffe. À la fois d'horreur et de ravissement. Je reconnais le camp de concentration de la rue Clark, projeté et sublimé à la grandeur de la société. Je reconnais la folie des discussions de mon grand-père et de mon oncle, la tristesse de mon parrain, la haine de la joie de vivre de ma grand-mère. Je reconnais la source de l'échec des pères de Dubé. Je saisis pour la première fois l'étendue et la profondeur de leur défaite, mais aussi l'étendue et la profondeur de la haine qu'ils ont trouvée sur leur chemin.

R. L'aventurier contre le sédentaire ?

D. Non, non, non, jamais ! Ce n'est pas l'aventurier, le voyageur qui s'oppose au sédentaire, c'est le contraire ! Le voyageur, lui, n'essaie pas d'imposer à son vis-à-vis une vision de ce que devrait être sa vie, jamais. Ni Alexis, ni Élodie, ni le Survenant, ni Guillaume, ni même Donalda ne fait le procès de ceux qui ont fait un autre choix que le leur. Aux yeux du Survenant, le sédentaire a parfaitement le droit d'être ce qu'il souhaite. C'est au Survenant, c'est à Alexis, c'est à Guillaume, c'est à Élodie qu'on fait des procès, ce sont eux qui sont à tout coup condamnés par les sédentaires comme étant à abattre sur l'heure !

R. …

D. Et puis, le cœur continue encore à se contracter. Il me vient des images que je passerai les quinze prochaines années à approfondir, à contempler sous toutes leurs coutures, l'âme en ruine. Celles de tout ce qui est visé à travers Alexis et les autres. La profondeur des liens avec les Premières Nations. L'occupation de cet immense empire que la France a prétendu contrôler mais qui était en fait celui des coureurs des bois : c'étaient eux et rien qu'eux, la Nouvelle-France. En dehors d'eux, quoi ? Trois bourgades et quelques milliers de cultivateurs, tous entassés dans un coin, au nord-est.

R. Le rêve de départ d'Alexis et des autres, ce n'est donc pas seulement celui du nomadisme ? Il y a aussi le métissage ?

D. Mais bien entendu. L'opposition féroce dont aujourd'hui on ne parle plus jamais, et qui a été fondamentale dans la culture francophone d'Amérique du Nord – dès avant la Conquête –, de très loin plus essentielle encore que le fait de parler français. La déchirure essentielle qui *est* leur culture même, qui n'a rien à voir avec la conservation de leur langue, rien à voir avec les Anglais pas plus qu'avec les Français ou les Américains, issue directement, indissociablement, de l'affrontement entre deux manières irréconciliables d'*imaginer* le monde : comme un enclos ou comme un paysage infini à parcourir.

R. Ce qui oppose Alexis et Séraphin, ou le Survenant et les gens du Chenal du Moine, ou Élodie et la mère Plouffe, ce n'est pas ce qui oppose le « rat des champs » au « rat des villes » ? Il s'agit en fait, encore bien plus profondément, du rapport à la notion même de frontière ?

D. Oui. Du *rejet* de la notion même de frontière. Et même de la notion d'appartenance. C'est là que je comprends, tout à coup, à quelle incroyable profondeur les débats d'André et de Siméon me troublaient. Je suis électrocuté par les images qui remontent des fins fonds de moi. C'est fou. Imaginez : le Québec contemporain en est venu à se convaincre que sa culture se définirait par une soi-disant opposition entre la Grande Ville et les Régions – entre citadins et ruraux. Foutaises. Les preuves du contraire sont tellement énormes qu'elles en sont écrasantes. *Un homme et son péché*, *Le Survenant*, *La Dalle-des-morts* – la première œuvre se passe en milieu rural dans les Laurentides, la deuxième en milieu rural près de Sorel, la troisième en milieu rural à Sainte-Anne-de-Bellevue – *toutes les trois* en milieu rural ! Je ne pense même pas que Montréal soit mentionnée dans aucune des trois. Et pourtant, la contradiction fondamentale, fondatrice, dont je vous parle, elle, y est omniprésente. Prenez *Les belles-sœurs*, à présent : l'interdiction de sortir, de se démarquer, sous peine de se faire immédiatement écraser la face à coups de talons hauts. Qui est le personnage le plus ridicule de la galerie ? Lisette de Courval. Pourquoi ? Parce qu'elle a eu le culot, l'idiote, d'aller « dans les Europes », la folle, la vendue, d'aller là où elle n'avait strictement rien à faire. Interdiction formelle de sortir, interdiction formelle de même seulement y rêver.

R. Comme pour Guillaume ?

D. Trait pour trait, mais en encore plus féroce et hargneux. Comparez les quatre œuvres, à présent : le thème est le même, l'affrontement n'a pas changé d'un iota si ce n'est qu'il n'y a plus personne, dans *Les belles-sœurs*, pour défendre le point de vue d'Alexis, du Survenant, d'Élodie et de Guillaume. Personne sauf une snobinarde même pas foutue de parler comme du monde dans aucune langue que ce soit : une parfaite dénaturée. L'opposition entre la ville et la campagne n'a rien à voir là-dedans. Il n'y a plus rien d'autre que la condamnation sans appel de tous ceux qui auraient la folle audace de seulement songer à ne pas être de purs sédentaires.
Savez-vous quel crime est puni par l'enracinement, dans l'Enfer de *La divine comédie* ?

R. Non.

D. Le suicide.
Il n'y a pas, et il n'y a jamais eu de culture québécoise ou canadienne-française, appelez-la comme vous voulez, qui aurait été monolithique. Pas avant la Seconde Guerre mondiale, en tout cas. Pas avant la défaite du rêve du père Plouffe *dehors*, et sa victoire *dedans* – cette victoire que finit par cristalliser le triomphe des *Belles-Sœurs*. Tout au contraire : ce qui a défini notre culture a été et demeure une opposition entre deux façons d'être irréconciliables. Pas entre Français et Anglais, jamais de la vie, mais entre enracinés et citoyens du monde. Peu importe enracinés où. Peu importe de quel monde il s'agit.

R. Et le Québec moderne ? L'identité ? Le fait français ?

D. Foutaises. Non, en fait – bien pire que ça encore : négations complètes dans les faits de ce qu'on prétend défendre en principe. Une culture de voyageurs. Pas d'« émigrants ». Sillonner le continent, parcourir le monde, ce n'est pas devenir éleveur de bœufs au Texas ou de chenilles à poils en Somalie sous prétexte qu'on en avait marre de faire pousser du lin en Beauce. Pas une quête de nouvelles attaches, mais une vie *sans* attaches.

R. *Un Canadien errant*, mais sans avoir été déporté ?

D. Absolument. Le Canadien errant – excellente image. Une des composantes essentielles du sempiternel et stérile mythe de la Révolution tranquille consiste à prétendre qu'avant elle, la quasi-totalité des Québéco-Canadiens français auraient été des ruraux : agriculteurs, éleveurs. Ensuite, qu'il y aurait eu migration vers la ville putride, vers Montréal où leur identité se retrouvait en grand danger du fait de la présence, éminemment corruptrice par nature – comme chacun sait –, des anglophones et des immigrants de toutes provenances.

R. La « trop belle Laurelou » se fait voler son âme.

D. Eh oui. D'où : nécessité de la Loi 101. Les francophones n'auraient commencé à découvrir le monde qu'*après* la Révolution tranquille. Avant ? Eh bien, avant, pour les Canadiens français, le monde c'était là-bas, tout au loin. Beaucoup trop loin pour nous. Foutaises. Faux, et archifaux.

Deuxième moitié du XIXe siècle. Désert du Sahara. Un Canadien français voyage à dos de chameau en compagnie des Hommes bleus.

R. Wow !

D. Attendez. À la fin d'une journée, ils descendent de leurs montures et établissent leur campement. Tandis qu'ils s'affairent, une autre caravane arrive de l'autre côté de l'oued et commence elle aussi à dresser ses tentes, mais un peu plus loin. Chacun des deux groupes allume son propre feu, prépare le repas puis se sustente. Après ça, eh bien, la veillée commence : je ne pense pas qu'on fasse fondre de guimauves, mais on se met à discuter de choses et d'autres, on se raconte sa vie, on compare ses souvenirs. Quelle n'est pas la stupeur de notre Québécois d'entendre tout à coup s'élever, venant de l'autre campement, un chant triste qu'il reconnaît aussitôt.

R. Non ! Non, taisez-vous, je ne vous crois pas !

D. Oui, monsieur.

R. C'est invraisemblable !

D. Tant que vous voudrez, mais le fait est là : au beau milieu du désert, venus de directions opposées avec deux caravanes distinctes, deux Québécois bivouaquent. L'un se met à chanter *Un Canadien errant*, et l'autre se retrouve aussitôt avec la mâchoire qui lui traîne sur les genoux. Pas *un*, Québécois, *deux* ! En plein désert africain. Quatre-vingts ou cent ans avant la fumeuse Révolution tranquille.
1884. Plus de trois cents Canadiens, y compris des Métis de l'Ouest et des gens de Trois-Rivières, pour la plupart des draveurs et des spécialistes de la descente des rapides en canot, participent à l'expédition militaire qui remonte le Nil pour se porter au secours du général Gordon assiégé dans Khartoum. Dans leurs rangs, on compte même un père Arthur Bouchard, dont on dit qu'il connaît le Soudan comme sa poche et maîtrise l'arabe.

R. En 1884 ?!

D. Oui, monsieur. Avez-vous déjà vu un roman à leur sujet, pour ne rien dire d'un film ?
En 1936, quand éclate la guerre civile d'Espagne, des volontaires progressistes de tous les pays s'engagent pour aller se battre pour la république attaquée par les fascistes. Au prorata de la population du pays d'origine, le contingent canadien – les « Mac-Pap », pour « Mackenzie-Papineau » – est le deuxième plus important, venant tout de suite après celui de la France. Eh bien, il faudra que j'attende la fin des années 1990 et la publication – en anglais, ça va sans dire – d'un ouvrage sur leur compte pour que j'apprenne enfin le nom d'un, *un seul* d'entre les francophones qui

s'y sont enrôlés : Lauradin Roy, de Rimouski. Croyez-vous que l'idée de faire un film à son sujet ne pourrait pas avantageusement remplacer un quarante-troisième *remake* de Séraphin ou de la petite Aurore ? Vous pouvez toujours attendre.

R. …

D. Vous avez déjà entendu parler de la Chase Manhattan Bank, j'imagine ?

R. Évidemment.

D. Dans les *Mémoires* de Georges-Émile Lapalme, on apprend qu'à la fin des années vingt ou début trente, par là, alors que la Chase Bank est la plus importante banque au monde, un de ses vice-présidents s'appelle… Beaudoin : c'est un ami d'enfance du père de Lapalme, ils ont fait leurs études ensemble au collège de Joliette.

R. Ouf.

D. Oui, « ouf. » Quand vient l'âge pour lui de prendre sa retraite, il s'installe où, Beaudoin, d'après vous ? À Gaspé, ou dans Charlevoix ?

R. Comment voulez-vous que je le sache ?

D. En Colombie !
Vous avez déjà entendu parler de la Société des Nations ?

R. Bien sûr : la SDN – l'ancêtre des Nations unies, créée après la Première Guerre mondiale.

D. Eh bien, en 1925, savez-vous comment s'appelle le président de son Assemblée générale ?

R. …

D. Raoul Dandurand. C'est un avocat de Montréal, sénateur à Ottawa. Il a fait ses études à l'Université Laval.

R. Mais ces exemples-là vont tous dans le même sens que ceux de d'Hérelle et de Durant dans votre texte en réponse à madame Maillet, non ?

D. Précisément. Je ne vous les donne que pour illustrer rapidement le fait que la bataille menée par les sédentaires contre les nomades n'a pas seulement *été* capitale dans l'histoire de la culture canadienne-française, elle *l'est* toujours. On ne peut pas avoir simplement *oublié* Dandurand, Durant, d'Hérelle et tous les autres, non : on les a *effacés*. Comme on a aussi effacé *La Dalle-des-morts*.

R. Pourquoi donc ?

D. Parce que leur existence bat en brèche les litanies de la Grande Noirceur. Pour gommer la contradiction. Parce que, dans la cuisine des Plouffe, rien d'autre n'a droit de cité que les canulars que profère le fantôme du père. Pour que le nationalisme fonctionne, il *faut* que, sans lui, la vie ait été impossible ou au moins effroyablement difficile. Il *faut* que le monde extérieur soit une source de terreur. Ou un simple objet de conquête économique. Et rien d'autre. *Il faut* que la vie ne puisse être rien d'autre qu'un perpétuel combat acharné. Mais si un médecin montréalais né en 1873 a pu partir à Paris étudier à l'Institut Pasteur puis participer à la Révolution bolchevique et devenir l'un des fondateurs de la biologie moléculaire ; si le descendant immédiat d'émigrants québécois a pu, rien qu'en s'arrachant à l'emprise des curés et de ses parents, devenir un des plus grands vulgarisateurs d'histoire et de philosophie de son siècle ; si deux, *deux* ! Québécois ont pu en 1870 ou 1880 se croiser *par hasard* en plein désert, à dos de chameau ; si un avocat montréalais a pu se retrouver président de l'Assemblée de la SDN avant même le Krach de 29 ; si un ancien collégien de Joliette a pu, lui, à la même époque, se retrouver à New York vice-président de la plus grande banque au monde… le moins qu'on puisse dire c'est que le mythe de Révolution tranquille a des méchants trous, vous ne pensez pas ?

R. …

D. Et pourtant, on continue de le diffuser comme si de rien n'était : « Avant 1960, avant que le nationalisme encore balbutiant ne vienne nous sauver tous, rien n'était possible. » Ce qui est un mensonge. Les choses n'étaient pas du tout « impossibles » avant 1960, ce qu'elles étaient, c'était « impossibles *ici* » ! Or, où est-ce donc qu'il ne faut pas aller ? Sous aucun prétexte ? Nulle part ! Et je reviens ainsi à Dubé. À l'origine même, de Dubé, en fait.

R. Qu'est-ce que vous voulez dire ?

D. *Zone* – sa pièce de jeunesse. Celle qui l'a immédiatement projeté sur la scène comme un auteur marquant. De quoi est-ce qu'elle parle ?

R. C'est l'histoire de Tarzan, un jeune contrebandier, et de sa bande.

D. Eh oui. Précisément.

R. Je ne comprends pas.

D. Qu'est-ce que ça fait, dans la vie, un contrebandier ?

R. Ça passe les fr… Dieu du ciel.

D. Eh oui. Allez-y, dites-le !

R. Ça passe les frontières.

D. Oui, monsieur.

R. En secret.

D. Oui, monsieur. Et ça rapporte des choses qu'on n'est pas supposé ramener. Et comment est-ce que vous venez de dire qu'il s'appelle, notre contrebandier ?

R. « Tarzan ». Donc, vous pensez que…

D. Oui. Que le rêve originel de Philippe Deslauriers, Grand Aîné, était bel et bien celui de partir. Mais pourquoi a-t-il renoncé ? Parce que ce rêve-là n'avait pas sa place, ici.

R. Alors il a remplacé son rêve par une entreprise de construction ?

D. Tout à fait : par une entreprise d'incessantes reconstructions de maisons hantées.

R. Ensuite ?

D. D'autres images qui me viennent. Dubé a commencé son œuvre en parlant de la frontière à ne pas franchir. Mais celui qui me pose la question, Jean Duceppe, lui ?

R. Quoi ?

D. Qu'est-ce qui le caractérise ?

R. À quel titre ?

D. De producteur : c'est à une compagnie de théâtre qu'il a donné son nom, après tout. Si on la situe dans l'ensemble du théâtre montréalais, cette compagnie, qu'est-ce qui fait sa particularité ?

R. Eh bien, le th… Oh.

D. Dites !

R. Le théâtre… américain ?

D. Eh oui.

R. Ensuite ?

D. Ensuite, pensant au désir de partir « pour les États », il me revient encore une autre image. Celle de Siméon, bien sûr, qui, dans sa jeunesse, s'est arrêté à Montréal, en route vers l'« ailleurs », vers la Nouvelle-Angleterre. Et je me rends compte que tous les morceaux, tous les fragments dont je peux avoir besoin, je les ai déjà. Dans l'histoire de ma propre famille.

R. À commencer par l'aréna de Villeray.

D. Oui. Et c'est là que je suis transpercé par un éclair de douleur. Je pense tomber en bas de ma chaise. Je me casse en deux, le souffle coupé net.

R. Quoi ? Qu'est-ce que c'est ?

D. Qu'est-ce que j'ai fait, moi ?

R. Hein ?

D. Qu'est-ce que j'ai écrit ? Quelle est-elle, ma pièce *Zone* à moi ?

R. Oh, saint sacrebleu ! *Panique* ?

D. Oui : *Panique à Longueuil*. Un homme réfugié derrière l'Achéron parce qu'il a peur de la ville : du monde, de la vie. Qui se rend compte que quel que soit l'endroit où il se réfugiera, elle le traquera toujours, ne cessera jamais de le talonner. Que s'il poursuit sur sa lancée, il finira replié dans une forteresse, poursuivi par des fantômes, muré en lui-même et ne souhaitant lui aussi rien d'autre qu'une bague ou une paire de lunettes qui le rendra invisible et le livrera pieds et poings liés à sa mort elle-même. Comprenez-vous ce qui m'apparaît, tout à coup ?

R. Que vous aussi, vous êtes un descendant du père Plouffe ?

D. Précisément. Et qu'en conséquence, j'ai le choix : mourir d'enfermement, ou sortir. Mais que je dispose, moi, d'un avantage marqué sur Guillaume et sur Élodie, comme Frodon dispose du récit de son oncle. Guillaume et Élodie, moi, j'ai entendu leurs récits, grâce au courage de leurs auteurs. Il faut que je reprenne la route. Pas seulement pour moi : pour eux. Pour la vie.

R. Sortir, comme le garçon escalade le totem interdit ? Comme le jeune moine japonais se tient entre les deux armées ? Comme Breswick, au risque de perdre votre numéro matricule ? Comme Michaela, Weulf et Flip regardent leur propre défaite au fond des yeux ?

D. Oui. Regarder sa défaite au fond des yeux, et lui dire : « Je ne te crains pas. » Pourquoi ? Parce que non, ce n'est pas leur défaite qu'ils contemplent, mais leur terreur. Et que la terreur est toujours un mensonge, *toujours* ! quand il n'y a qu'elle. Je suis dans ce même appartement où nous nous trouvons aujourd'hui, plié en deux de douleur, presque incapable de respirer tellement je brûle. Je suis convaincu que ce que je « vois » là ne me laisse plus aucune vie à vivre, aucun espoir. Que quelque geste que ce soit m'est impossible à tenter. Que je n'aurai plus jamais la force de seulement lever une main, de seulement écrire un seul mot. Je sens que je vais m'écraser, imploser, me dissoudre. Je repense à la question que je voulais poser à Duceppe. Je le maudis d'avoir refusé de me répondre, de m'avoir obligé à m'aventurer moi-même sur ces terres-là, de désolation parfaite, et soudain. Un cri m'échappe. Un appel au secours. Désespéré. Que personne n'entendra jamais. Qui jaillit de lui-même. « Grand-papa ! »
Et paf ! Je suis debout sur une grande patinoire éclatante. À bout de souffle. Une grande table brille de mille feux d'argent. Mon hurlement résonne encore dans l'immense

aréna. Je n'ai plus d'air, plus… plus rien. Mais il y a, là-bas, à l'autre bout, près de la bande, me tournant le dos, un homme. Un vieil homme. En complet noir. Le dos raide. Je halète. Je le fixe. J'espère soudain, j'espère à nouveau qu'il va me lancer… un seul mot ! Un ! Je t'en supplie ! Parle-moi ! Il amorce lentement le mouvement de se tourner vers moi. Comme s'il craignait ce qu'il va voir. Comme s'il avait peur… de… de moi ! Il me regarde. Les yeux grands ouverts. Il me dévisage. Il n'a pas fait un seul pas dans ma direction. Ni levé la main. Rien. Il me fixe des yeux. Et je sais qu'il ne me voit pas. Un véritable torrent de larmes lui coule sur le visage. Il ne doit voir de moi qu'une ombre floue, qu'un lointain fantôme et. Et ses sourcils sont relevés, en signe d'interrogation : « Et pis ?! » « Et pis !!! » : il me demande, sans un mot, sans un son, sans un geste, malade de terreur : « Pis ? As-tu ma réponse ? » Et elle fuse de moi, avec une chaleur qui me vide de tout, je lui hurle :
Grand-papa ! Phe… Philippe ! J' m'en sac', de savoir les probabilités qu'y a ou qu'y a pas qu' le soleil se lève demain matin. Si y s' lève pas, ben tant pis. On fera c' qu'on pourra sans lui !

R. Vous lui dites… ?

D. De faire pour le mieux. Qu'il a raison.

R. Et… ? Sa réaction ?

D. Il a un grand et lent sourire. Triste. Il s'essuie les paupières. M'adresse un minuscule « oui » de la tête. Ensuite, il détourne le regard, très lentement. Regarde la porte dans la bande, puis le corridor au-delà d'elle : le chemin qu'il va devoir emprunter bientôt. Un long moment. Et puis tout à coup…

R. Quoi ?

D. Un coup de sonnette, au lointain. Ça y est, les invités commencent à arriver : ses enfants.

R. …

D. …

R. «J' me sac' de savoir les probabilités qu'y a ou qu'y a pas que l' soleil se lève demain matin. Si y s' lève pas, ben tant pis, on fera c' qu'on pourra sans lui ! »?

D. …

R. C'est elle… la phrase ?

D. C'est elle.

*

Le printemps, monsieur Deslauriers La tornade du printemps

R. Vous savez qu'il doit partir ?

D. Non. Je sais qu'il *va* partir. Qu'il doit reprendre la route d'Alexis et des autres. Quel qu'en soit le prix.

R. Autrement ?

D. Autrement il n'y a que la mort.

R. Vous plongez ?

D. Oui.

R. Ensuite ?

D. J'ai fini d'écrire une première version, qui à l'époque s'intitule *Moi, je rêvais de Watertown* – un titre que je déteste, mais il ne m'en vient pas d'autre sur le moment. Je suis en train de retaper le texte au propre, à toute vitesse. Et je suis convaincu que Jean va me le renvoyer à la figure. En plus de mon nouvel appartement, j'ai conservé l'ancien.

R. Celui aux tuyaux pétés ?

D. Oui. Et le téléphone est toujours branché, là-bas, je n'avais absolument pas le temps de le faire transférer. Un jour, je décide d'aller me promener. Je suis épuisé. Il me reste des pages et des pages à transcrire, mais il faut absolument que je prenne l'air. J'arrive à mon ancien appartement, la lumière du répondeur clignote : «Oui. Ici Jean Duceppe. On s'était dit qu'on se reparlerait à la fin de janvier. Là, on est presque rendus. Appelez-moi, pour me dire au moins où est-ce que vous en êtes. »

R. Il n'est pas au courant, pour ce que vous êtes en train d'écrire ?

D. Non. Pour lui, si j'ai travaillé depuis notre rencontre, ça ne peut avoir été qu'à *Rita Cournoyer*.

R. Vous le rappelez ?

D. Bien sûr.

R. Et ?

D. Je pense que nous sommes… le mercredi après-midi. Je lui dis que je suis en train de taper le texte au propre, et qu'il l'aura sur son pupitre au plus tard vendredi à cinq heures. C'est de la folie furieuse, mais je n'ai pas le choix : j'avais d'abord pensé lui proposer lundi, mais je n'ose pas.

R. Pourquoi ?

D. Trop peur de passer deux jours enfermé tout seul avec le texte. Je suis certain que je le *flusherais*. La seule manière pour moi de combattre la crise de panique dont je sens qu'elle prépare son retour, c'est de la prendre de vitesse.

R. Vous y parvenez dans les temps ?

D. Oui. Le vendredi, je finis de taper vers quatre heures, et je pars en courant. J'arrive à l'entrée des artistes de la Place des Arts, rue Saint-Urbain, pour donner l'enveloppe au gardien. J'ai juste envie de m'en débarrasser et de partir au galop revirer la brosse de ma vie. Mais le gardien regarde le coin de l'enveloppe et me retient :
— C'est vous, ça, monsieur Dubois ?
— Oui ?
— Monsieur Duceppe fait dire qu'il veut vous voir.
Trois minutes après, je suis dans son bureau. Il me fait un grand sourire, prend l'enveloppe, en sort le texte, lit le titre… et reste figé là. Sans le moindre geste. J'ai l'impression qu'il ne respire même plus. Au bout de trois ou quatre cents ans, il relève les yeux vers moi, les sourcils au milieu du front. Je lui fais une face, genre : « Eh oui, ça a été plus fort que moi. Désolé… »

Prochain souvenir : samedi matin – il n'est même pas midi. Je prends mes messages à distance.

R. …

D. Il y en a un seul. « C'est Jean… » Un temps interminable. « … on la fait. »

R. Dès le lendemain ?

D. Peut-être seize heures plus tard. Elle est créée au printemps de l'année suivante.

R. Mais ce n'est pas Jean qui crée le rôle ?

D. Non. Il est hospitalisé. C'est Gérard Poirier qui crée le rôle et qui fait un travail admirable. Dans une mise en scène de Daniel Roussel. Le soir de la première, aux saluts, l'habilleuse de la compagnie vient me chercher sur la scène, entre deux rappels : elle me tire par la manche, de toutes ses forces. « Vite, vite, viens-t'en ! Monsieur Duceppe, au téléphone ! Vite ! » Je la suis. Elle m'entraîne jusque dans sa salle de lavage et de repassage, me pointe l'appareil du doigt et ressort en fermant derrière elle. Je m'approche lentement du téléphone décroché, sur l'armoire. Prends le combiné. Le porte à mon oreille. J'entends seulement une respiration, très forte.

— Jean… ?

Toujours rien que les respirations. Et puis, tout bas :

— Vous les avez eus, les petits gars, hein ? Hein ?! Hein, vous les avez eus ?!

Je pense que je n'ai jamais été aussi fier de ma vie de pouvoir répondre la vérité :

— Oui, Jean. Oui. On les a eus !

R. …

D. Quelques années plus tard, je rentre chez moi, un soir. Et il y a un message. C'est un dimanche, il me semble. « Bonjour, Daniel. C'est ton oncle, André – André Dubois. Je voulais juste te dire que ton grand-père, monsieur Deslauriers… est mort. »

R. Dieu du ciel.

D. Oui.

R. Mais. Vous n'étiez plus en contact, avec la famille?

D. Non, depuis la mort de mon père, je n'ai plus de liens qu'avec mes deux sœurs. Sur son message, André me laisse les détails : salon funéraire, heures de visite. Je décide d'y aller. J'entre dans la grande salle. Le cercueil est tout à fait à l'autre bout. Je me sens dans une scène de duel au revolver de Sergio Leone. Je salue mes oncles, ma grand-mère. Vais me recueillir un instant devant la dépouille, puis me prépare à partir. Nicole, l'épouse d'André, m'intercepte. Elle me met la main sur le bras et me dit :

— Comment t'as fait, pour savoir?

— Savoir quoi?

— Une des toutes dernières fois qu'il s'est réveillé… sais-tu ce qu'il m'a dit?

— Non.

— Il m'a dit : « Nicole, sais-tu quoi? On vend tout pis on part pour la Floride. »

— …

— Comment t'as fait, pour savoir?

R. …

D. Je ne me souviens plus de ma réponse.

*

Tourner la page

R. Samedi, le 21 janvier 2006.

D. Seize heures trente.

R. Quelle aventure. Vous ne vous étiez pas attendu à ça?

D. À quoi?

R. À parler d'écriture dans ces termes-là?

D. Oh non, jamais. Un autre rêve de mené à terme. Et vingt années de ma vie.

R. Deux rêves réalisés en un an? Deux rêves que vous aviez fini par croire irréalisables?

D. …

R. Vous aviez renoncé ?
D. À décrire ce que j'ai raconté ici ?
R. Oui.
D. En effet. Et je me sens tout étourdi. Vide, étourdi. Et tellement heureux que je n'ai même pas envie de chercher des mots pour tenter de l'exprimer. Il faut absolument que je sorte de chez moi. Que j'aille marcher, respirer. Me perdre dans la ville. J'ai l'impression de retenir mon souffle depuis juillet. Mais j'ai un peu peur.
R. De… ?
D. D'ouvrir la porte et de me retrouver nez à nez avec Jean, ou avec Siméon, ou Edmond. Ou Philippe. Ou les quatre.
R. …
D. J'aimerais partir en voyage. Aller me perdre dans les montagnes ou au fond d'une vallée. M'installer le derrière sur une butte, au bord de la mer, et regarder la marée monter… puis redescendre. Marcher. Voir des visages inconnus. Entendre des rires jamais entendus.
R. Vous installer derrière des colonnes blanches et écouter chanter toute la nuit ?
D. Peut-être bien, oui.
R. Il y a vingt ans, presque jour pour jour, vous entriez pour la première fois ici, dans cet appartement.
D. Oui.
R. Qu'est-ce que vous avez fait, durant ces vingt années ?
D. J'ai fait le tour de toutes les images qui ont surgi en moi durant ces deux semaines-là d'écriture. À peu près rien d'autre. Et ça a été un voyage invraisemblable. Comme jamais dans ma vie je ne me serais attendu à en vivre un. Qui se termine. Aujourd'hui. Là, dans un instant. Et je me sens aussi différent de celui que j'étais ce jour-là de 1986 que si j'étais effectivement devenu médecin.
R. Vous croyez que le surgissement avait raison ? Celui dont vous avez cru qu'il vous disait d'aller jusqu'à Zurich ?
D. Sans l'ombre du moindre doute.

R. Et à présent, qu'est-ce que vous allez faire ?
D. Je ne sais pas. Essayer de payer mon loyer de janvier, pour commencer.
R. Ensuite ?
D. Aucune espèce d'idée.
R. …
D. …
R. Vous venez de débarquer du navire, sur un continent tout neuf. Vous allez vous relever de la table du café et vous enfoncer dans les terres ?
D. Très certainement.
R. Le roman ?
D. Je l'espère. De toutes mes forces.
R. Et le tome III ?
D. Mes voyages ?
R. Oui. *Trajets.* Et puis *Les morts de ma vie* ?
D. Je ne sais pas. Pas avant plusieurs années, sans doute. On verra bien.
R. J'en serai ?
D. …
R. Bon. On termine comment ?
D. Par ma lettre à Jean Duceppe.
R. Vous expliquez ?
D. Je crois que pour l'essentiel elle se suffit à elle-même. Au moment de commencer les répétitions, un an après la remise de la première version, les choses se mettent à tourner en eau de boudin : tout à coup, la pièce est trop longue, trop ceci, nettement pas assez cela. J'essaie de faire un premier de classe de moi-même et me prête à toutes les demandes. Mais tout à coup *tilt* ! tout s'enraye. Et je réalise que la pièce doit se faire telle que je l'ai écrite ou pas du tout. J'appelle Jean, lui annonce que je veux lui lire la pièce moi-même. Quand je me pointe à son bureau, le lendemain ou le surlendemain, il est plein de monde : gens du conseil d'administration, acteurs. Heureusement, j'ai pris la peine d'écrire un petit laïus avant de partir de chez

moi, c'est la version « de ce côté-ci du rideau noir » de la réplique du petit-fils.

R. « Je me sacre de savoir si mon rêve se peut ou pas, je n'ai que lui » ?

D. Oui. Je demande qu'on m'installe une table, face à Jean. Et je lis la lettre. Pour lui et rien que pour lui. Ensuite, je lis la pièce.

R. Trois petits détails, nécessaires pour suivre le texte ?

D. Ah, les noms ? « Louise », c'est la fille de Jean, qui administre la compagnie avec lui. « Daniel », c'est Daniel Roussel, le metteur en scène. Et puis « Boubou », eh bien, c'est Robert Bourassa, le premier ministre libéral du temps.

R. ...

D. ...

R. C'est tout ?

D. Presque. Tout à l'heure, je me suis rendu compte qu'une idée faisait un peu de grabuge, tout au fond de mon esprit. Mais je n'arrivais pas à mettre le doigt dessus. J'ai bien tenté de l'écouter, mais rien à faire, elle n'avait pas de forme. Alors, en dernier recours, j'ai repris le manuscrit et je me suis mis à le feuilleter du tout début. Et puis soudain, c'était là. Là. Noir sur blanc.

R. Quoi donc ?

D. « Djinrokû Takichirô et les mots ». Un homme qui dit merci à son père. Ou à son grand-père. Nous avons commencé par là et c'est là que nous revenons, au terme de notre périple : à dire merci. Nous revenons à un homme qui rentre d'un long voyage étrange et qui dit : « Grand-père. Il ne suffit pas de dire que la nuit est sombre et que l'ébène est noire. Pour celui qui sait voir les mots, il y a des étoiles dans l'ébène. Et cette découverte, je vous la dois. » Le sentiment d'une profonde reconnaissance.

R. ...

D. Et puis le sentiment, aussi... que dans un instant je vais me lever. Que ma silhouette va se découper devant celle d'une montagne. Que je n'ai plus rien à faire ici. Et que je vais partir pour un très, très long voyage.

Lettre à Jean Duceppe

Le 29 janvier 1987

Monsieur Duceppe,

Je vous écris une lettre, que je vais vous lire avant de vous lire Monsieur Deslauriers, *parce que quand je parle sans feuilles, quand je ne me force pas à écrire d'avance ce que j'ai à dire avant de rencontrer le monde, je me mets à patiner, à négocier tout' pis n'importe quoi, pis que chus bon à rien à ce jeu-là.*

Fait que là, je prends de l'avance : j'écris ce que je sens. Comme ça, je saurai quoi vous dire. Sans fuites possibles. Devant témoins.

Je prends pour acquis que c'est la dernière fois qu'on se voit. Je prends pour acquis qu'étant données les contingences que représente le fait d'avoir un gros théâtre pis un gros public, la pièce que je vous ai donnée, vous avez l'impression qu'elle s'est trompée de porte. Sauf qu'y en a pas d'autre, porte. Fait que je sonne pareil. Je viens pas passer un examen, après-midi – ni moi, ni elle. Je viens vous dire que parce que vous m'avez posé une question, y faut qu'on trouve un père au Québec, pis que c'est pas évident. Vous m'avez demandé, il y a treize mois, d'écrire queuk chose. Après-midi, je viens juste livrer le paquet, même si ça a ben l'air qu'on va me le remettre sur les bras.

C'est sûr : j'appartiens à une génération qui l'a pas bâtie, la Place des Arts. Depuis le temps qu'on se le fait répéter, on l'a compris, le message. Par contre, j'appartiens à une génération pour laquelle la Place des Arts, c'est un acquis. Mais pour l'instant, c'est un acquis pour les autres. Les parfaits. Les Américains.

Mais moi, monsieur Duceppe, ce que vous m'avez demandé, c'était pas d'être parfait, c'était d'être ici.

Pis ici, monsieur Duceppe, les jeunes artistes, y se sauvent à pleines portes. Comme, au dix-neuvième, les jeunes faisaient. Comme dans les années vingt. Pis ici, on a le record mondial de suicides chez les jeunes. Pis les comptables règnent, mur à mur. Je suis sûr, monsieur Duceppe, je suis sûr que je me suis pas trompé, quand j'ai entendu, quand vous m'avez dit : « Écris la pièce que j'ai pas encore jouée », que vous vouliez dire par là : « Dis-moi-le, ti-cul, que Boubou pis sa gang de comptables, c'est pas ça, not' avenir. »

Peut-être que cette rencontre-là, on aurait dû l'avoir ben avant. Peut-être que j'ai été lâche d'attendre jusqu'à après-midi pour vous dire tout ça. Pis chus prêt à accepter le blâme pour ne pas l'avoir provoquée avant.

Tout ce dont on a parlé, vous, Louise et moi, vendredi passé pis lundi, que le monologue est trop long, pis tout ça, j'ai travaillé dessus. Pis après, je l'ai retravaillé avec Daniel une soirée de temps. Quand on a eu fini, le monologue qui au début faisait trente-huit pages, y en faisait vingt-quatre. Entre autres, on avait coupé tout le voyage entre l'Abitibi pis Montréal, pis à peu près tout le texte qui suit le poème d'amour à la femme de monsieur Deslauriers.

Je les ai faites, les coupures, en toute bonne foi. Sauf qu'une fois qu'elles ont été faites, ce que le père disait de son amour pour sa femme, ça avait l'air d'un trip. D'une balloune. Tellement que Daniel et moi, on a spontanément parlé de le réécrire, le poème. Pis j'ai dit « non ». Parce que le cadeau, pour le public, ce qu'on a jamais vu ici, ce qui y est pas, dans Bilan, *c'est un père qui se tient debout, sur un* stage, *pis qui dit : « Je t'aime » – pis le dit comme monsieur* Philippe Deslauriers *le dit.*

En gardant les coupures que Daniel et moi on a faites, je suis sûr, absolument sûr, qu'un jour ou l'autre, à l'usure, je finirais par flancher pis par le réécrire, le poème d'amour. Pis ça, je veux pas. Je veux pas, parce que sans ces mots-là, le père, c'est encore une fois un homme défait, qui a manqué son coup. Pis c'est pas vrai, que les pères de chez nous sont des ratés. Ils sont peureux, ça c'est sûr – mais c'est pas moi qui va le leur reprocher. Mais c'est pas vrai : y sont pas des ratés. Même si eux autres le croient, c'est pas mon problème. Je fais pas du théâtre pour dire au monde qu'ils sont une gang de plugs. *Je fais du théâtre parce que je sais que le monde ont besoin de se faire brasser le misérabilisme, une fois de temps en temps. De se faire dire : « Arrêtez de vous plaindre pis grouillez-vous ! » Je le sais : chus pareil.*

Lundi après-midi, Louise disait : « Tu le sais, papa, qu'on va finir par se retrouver encore une fois à notre point de départ. » A l'avait raison. Sauf qu'entre-temps, je l'ai essayé, ce que vous m'avez demandé de changer. Pis ça marche pas.

Ça marcherait peut-être dans une autre pièce. Mais pas dans celle-là. Parce qu'après les avoir faites, les coupures, elle veut pus rien dire, la pièce. En tout cas, elle veut pus dire la même chose. A répond pus à votre extraordinaire exigence d'il y a un an : « Si jamais vous aviez l'idée d'une pièce où un père arrive au bout de sa vie et à la place de dire "J'ai manqué mon coup", y dise "J'ai peut-être fait rien que ça, mais ça, je l'ai fait", venez me voir. »

C'est peut-être trop long, mais y faut que monsieur Deslauriers *prenne le temps de douter en s'en venant à Montréal. Et puis, après avoir dit à sa femme la douleur de la quitter, y faut qu'il prenne le temps de redescendre avec le public. Y faut pas qu'y ressorte de l'aréna sur quoi que ce soit qui puisse ressembler à un* high. *Eh oui, y est trop long. Y a envie de parler.*

En fait, le problème, c'est pas « trop long » ou « pas assez ». Le problème, c'est : « Une fois qu'est écrite, la pièce où un père québécois dit d'autre chose que "J'ai manqué mon coup", "Chus un trou-de-cul"... y a-tu quelqu'un pour la jouer ? »

Je le sais, monsieur Duceppe, je le sais que si c'était une grand-mère à la place d'un grand-père, on aurait même pas besoin de penser à couper. On n'en aurait même pas parlé. Pis on aurait au moins douze actrices en tête. Pour crier « la rage », Tremblay a pas de problème à en trouver, des actrices. La raison « c'est trop long », c'est une excuse. Pis vous le savez aussi bien que moi. La vraie raison, c'est qu'y faut « ménager » l'acteur qui va jouer le rôle. Parce qu'ici, les hommes se croient pas. Il faut que je prouve ma bonne volonté, pour qu'après ça, on baisse la barre d'un cran par semaine jusqu'à temps que, le soir de la première, ça soit une pièce juste un peu touchante. J'ai pas écrit une pièce touchante, monsieur Duceppe. Vous m'avez demandé, sans prononcer le mot, une tragédie. Pis je vous l'ai écrite.

Un homme, au théâtre, qui se tienne debout pis qui hurle « Christ que ça fait mal » assez fort pour que les murs du Port-Royal en tremblent, ça fait un bout qu'on n'en a pas eu.

Pas parce que ça fait pus mal.

Juste parce qu'y en a pus qui osent en parler.

Vous, vous m'avez tendu une perche. Vous allez peut-être me trouver ben ben présomptueux, mais... quand on veut pas entendre la réponse, on pose pas la question.

C'est votre droit le plus strict et le plus absolu de ne pas prendre le risque de vous casser la gueule, je veux dire : de ne pas demander à votre compagnie de risquer de se casser la gueule. C'est votre nom. C'est votre public. C'est votre théâtre. C'est vos cennes. Mais votre question, asteur, c'est moi qui est pogné avec. Oh, pas moi tu-seul. Nous deux. Nous deux.

Pis c'est le genre de questions qui ne se répond pas techniquement, en comptant les pages. Pis chus sûr que vous le savez.

Je veux entendre un père se lever debout pis crier à ses enfants : « O.K., O.K., j'ai fait' une erreur de cinquante ans ? Peut-êt'. Mais si vous saviez, ah, si vous saviez, mes enfants, comme j'ai eu raison de traîner de même. Mais là, le monde est à moi. Même si c'est rien que pour six mois. Bye. Soyez heureux. »

C'est pas moi qui parle trop, monsieur Duceppe. C'est lui. Pis, nonon, j'essaye même pas de vous convaincre. C'est la première fois de sa vie, qu'y parle. Y a ben le droit de prendre de la place pis du temps, non ? On vient de passer une heure et demie à s'arracher la face pis à se crier des bêtises, pourquoi lui, y aurait pas le droit, après s'être tu pendant vingt ans, de parler pendant trois quarts d'heure ? Pour nous raconter la bataille qu'il a passé cinquante ans à vivre, entre son rêve pis son amour ?

Si y a pas personne pour la dire, cette bataille-là, si y a pas, sur six millions d'habitants, un seul père pour la dire comme je pense qu'elle peut être dite, ben, m'as attendre le temps qu'y va falloir pour en trouver un. En espérant qu'y en arrive un avant qu'on aye tout' disparu.

Monsieur Duceppe, chus pas ici pour vous faire le coup du pathos. Pis chus pas un naïf. Mais y a toujours ben un' affaire que m'as vous dire. Vous êtes mon troisième grand-père. Vous m'avez fait. Même si vous saurez jamais comment, ni par quels détours. En fait, même si cette pièce-là nous regarde rien que tous les deux, vous, le délinquant qui a réussi, pis moi le bum qui a essayé longtemps d'être tranquille pis va peut-être se péter la gueule en sang, je veux vous lire, devant témoins, pour être sûr que ça aura pas été un rêve – une pièce pour vous, pis pour vous dire à quel point des hommes comme vous donnent envie de vivre, même si c'est pour se péter la gueule en sang.

Après, on verra.

Quand je vais avoir fini de lire, je parlerai pas. Pis j'écouterai rien. M'as prendre ma tuque, mon pack-sack *pis mon* coat *pis m'as m'en aller. En silence. La seule chose que je vous demande, c'est de me laisser un message. Un. Je veux l'entendre de votre voix. Parce que la pièce est pour vous. Telle qu'elle est là. Telle que m'as vous la lire. Un message de vous. Pis un de Daniel.*

« Oui, on la fait. » Ou ben : « Non, on la fait pas. » Si y a pas deux oui, ça finit là.

De toute façon, sentez-vous pas obligé pour moi. Parce que moi, je pourrai jamais vous dire assez merci pour m'avoir demandé de l'écrire.

MORCEAUX
PLAN

PREMIÈRE PARTIE

Deuxième partie

PLAN

DU MÊME AUTEUR

Panique à Longueuil..., Leméac, 1980.

Adieu, docteur Münch, Leméac, 1982.

26 bis, impasse du Colonel-Foisy, Leméac, 1982.

Ne blâmez jamais les Bédouins, Leméac, 1984.

Combien dites-vous, courte pièce parue dans le recueil commémorant les 20 ans du CEAD, VLB Éditeur, 1986.

Being at home with Claude, Leméac, 1986.

Le printemps, monsieur Deslauriers, Guérin littérature, coll. « Tragédie et Quête », 1987.

Le troisième fils du professeur Yourolov, Leméac, 1990.

... Et Laura ne répondait rien, Leméac, 1991.

Julie, Boréal, 1996.

Entretiens, janvier-avril 2005, Leméac, 2006.

Bob, Leméac, 2008.

OUVRAGE RÉALISÉ PAR
LUC JACQUES, TYPOGRAPHE
ACHEVÉ D'IMPRIMER
EN SEPTEMBRE 2009
SUR LES PRESSES
DE MARQUIS IMPRIMEUR
POUR LE COMPTE DE
LEMÉAC ÉDITEUR, MONTRÉAL

DÉPÔT LÉGAL
1re ÉDITION : 3e TRIMESTRE 2009
(ÉD. 01 / IMP. 01)